Alfred Witte

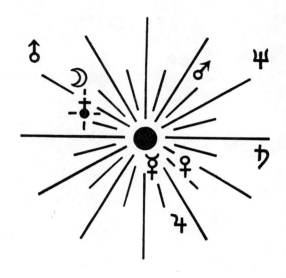

Alfred Witte

DER MENSCH –

eine Empfangsstation kosmischer Suggestionen

Ludwig Rudolph (WITTE-VERLAG) Hamburg 62

Alle Rechte vorbehalten.
Nachdruck auch auszugsweise nicht gestattet.
Copyright by Ludwig Rudolph (WITTE-VERLAG), Hamburg 62
Gesamtherstellung: Alsterdruck, Hamburg 71
ISBN 3-920807-11-1

Inhaltsverzeichnis:

Die Witteschen Original-Arbeiten bringen alle in ihrem ersten Teil die kosmischen astronomischen Grundlagen, aus denen sich die astrologischen Folgerungen der Deutung ergeben.

WITTE führt das an den Horoskopen prominenter Personen vor wie

    Johann Wolfgang Goethe   Seite 48- 60
    Strindberg   " 70-104
    Ex-Kaiser Wilhelm II   " 61- 66

Goethe inspirierte ihn zu dem Thema:
    Das Planetenbild   " 54- 58

Strindberg inspirierte ihn zu den Themen: " 74-104

    Das Erdhoroskop
    die Häuser des Aszendenten
    das Tageshoroskop
    die Häuser des Geburtsmeridians
    das progressive Horoskop
    die Berechnung einer Konstante für
        Tage des progr. Horoskops
    die Häuser der Planeten u.a.

Ex-Kaiser W.II inspierierte ihn zu den Themen: " 105-195

    Nach einmal das oder ein Horoskop v. W.II.
    das Tageshoroskop mit dem persönlichen Meridian.
    Ereignisse mit anderen Menschen.
    Auswertung eines aktuellen Planetenbildes.
    Jahreshoroskop der Erde.
    Synodische Lunation.
    Profektion und Lunation.
    Berechnung der Deklinationen mit Hilfe zweier Tab.
    der progr. Meridian während eines Jahres.
    Planetenbilder und sensitive Punkte.
    Differenzierung der Radix-Sonne und des unteren
        Meridians.
    Aktuelle, chronologisch geordnete Horoskope.
    das horoskopische System des Planeten Erde.
    Vergleichende Astrologie u.a.

Die nächste größere Gruppe behandelt das Thema
" Transneptunische Planeten"   Seite: 196-237

Diese Gruppenunterteilung dient der <u>Vor-</u>Information.

Es folgt nun die Seiten-Aufteilung des Inhaltes:

Inhaltsverzeichnis

	Seite:
Vorwort des Kommentators	1
"In memoriam" Alfred Witte	3
Das Horoskop von Alfred Witte	4
Einleitung	5
Die Transneptun-Planeten	12
Die Planetenbilder	13
Das Häusersystem nach Witte	13
Betrachtung über Farbe, Zahl und Ton	15
Die magnetischen Farben der Tierkreiszeichen	22
Sensitive Punkte	26
Die Minuspunkte	30
Leichte Berechnung der Deklinationen von vorgeschobenen Planeten mit Hilfe von Tabellen	41
Graph. Darstellung der Deklinationen von Jupiter, Saturn, Uranus, Neptun und Pluto für 1975-1979	47
Das Planetenbild (Goethe's Horoskop)	48
Das Horoskop Goethe's	54
Das Planetenbild	54
Die synodische Lunation und die Profektion und die Lunation	59
Das Erdhoroskop (das Horoskop Strindbergs S.71)	67
Die Häuser des Aszendenten	78
Das Tageshoroskop	82
Die Häuser des Geburts-Meridians	89
Das progr. Jahreshoroskop und Berechnung einer Konstante für Tage des progressiven Horoskops	96
Die Häuser der Planeten	101
Noch einmal ein oder das Horoskop des Exkaisers	105
Das Horoskop von Wilhelm II	107
Das Tageshoroskop mit dem persönlichen Meridian	113
Die Auswertung des Erd-Horoskops und die Auslösung seiner sensitiven Punkte	117
Daten von Prinz Joachim von Preußen	125
Das Erdhoroskop und die Auslösung seiner sensitiven Punkte	126
Die Ereignisse mit anderen Menschen aus dem eigenen Radixhoroskop	136
Die Auswertung eines aktuellen Planetenbildes	139
Das Jahreshoroskop der Erde	146
Berechnung der Deklinationen mit Hilfe zweier Tabellen	151
Tabellen der Rektaszension und Deklination	156
Neptun und Cupido	157
Der progressive Meridian während eines Jahres	158
Die Deklinationen der vorgeschobenen Planeten	162

Planetenbilder und sensitive Punkte	163
Die Differenzierung der Radixsonne und die des unteren Geburtsmeridians und Differenzierung der Planeten	168
Aktuelle, chronologisch geordnete Horoskope	176
Das horoskopische System des Planeten Erde	180
Das Horoskop von Sarajewo (28.6.1914)	182
Vergleichende Astrologie	189
Kommentar zum Kongreßreferat von Sieggrün über Astrophilosophie, transneptunische Planeten und sensitive Punkte	196
Sicherung der vier Transneptun-Planeten LR	202
Tafel des Planeten Uranus für alle Zeiten	203
Synodischer Lauf des Planeten Uranus	204
Unterschiede im Lauf des Planeten Uranus	205
Tafel des Planeten Neptun für alle Zeiten	206
Synodischer Lauf des Planeten Neptun	207
Der erste Transneptunplanet Cupido	209
Wahrscheinlicher Lauf des zweiten Transneptun-Planeten Hades	215
Synodischer Lauf des Planeten Hades	217
Planetentafel	221
Berechnung der Deklination mit Hilfe zweier Tab. (Deklinationstabellen für Neptun u. Cupido)	225
Der vierte Transneptun-Planet Kronos	231
Die Bestimmung der unbekannten Geburtszeit	238
Zum Kapitel: Die Bestimmung der unbekannten Geburtszeit. Kritik v.Alex. Baradoy	247
Witte's Entgegnung	249
Unterscheidung der Spiegelung um die Solstitien Krebs und Steinbock	256
Das Verhältnis der sensitiven Punkte zueinander	257
Jahr, Monat und Stunde	268
Das Lunarhoroskop eines Tages	274
Das Schlußwort des Kommentators	276
Begleitworte von LR. zur Schrift von W.Hartmann/Sieggrün: Einführung in die Arbeitsmethode der Hamburger Schule	278
Spätere Arbeiten Wittes	281
Direktionen und Planetenbilder	281
Ein Beitrag zur kriminalistischen Studie (Dekl.)	285
do. zur Aufsuchung des Geburtsmeridians	292
Zur Kritik der Hamburger Schule v.Wilh.Th.H.Wulff	296
Einführung in die Astr. Arbeitsmethoden der Hamburger Schule von Wilhelm Hartmann	297
Überblick über die Arbeiten von Alfred Witte	323
Die Fliegerbombe. Astr.Skizze v.Friedrich Sieggrün	326
Teilnehmergruppe des Astr. Kongreß in Hamburg 1926	358

> Wer sich über die Wirklichkeit
> nicht hinauswagt, wird nie die
> Wahrheit erfahren !
>
> Friedrich Schiller (1759 - 1805)

Vorwort des Kommentators

Herr Rudolph trat an mich mit der Bitte heran, die Sichtung und Kommentierung der in den Jahren 1913 bis 1924 in zwei astrologischen Fachzeitschriften erschienenen Artikel von Alfred Witte zu übernehmen. Ich war zunächst überrascht, weil es ungewöhnlich ist, einen " Gesellen " zu beauftragen, die Arbeiten des " Meisters " zu kommentieren.

Hinzu kommt, dass alles, was über die Hamburger-Schule zu sagen ist, bereits in den verschiedenen Veröffentlichungen des Verlages Ludwig Rudolph (Witte-Verlag) ausführlich behandelt wurde. Meine Kommentare enthalten also lediglich das, was in gleicher oder ähnlicher Form schon einmal gesagt oder geschrieben wurde. Diesen Hinweis bin ich den Lesern schuldig.

Wenn ich trotz aller Bedenken die mir angebotene Arbeit übernahm, dann deswegen, weil ich glaube, dem Urheber des geistigen Gedankengutes einer modernen Astrologie, Herrn Alfred Witte, und dem Verleger der einschlägigen Bücher und Hamburger-Hefte, Herrn Ludwig Rudolph, meinen aufrichtigen Dank abstatten zu müssen. Dank deswegen, weil ich meinen derzeitigen astrologischen Wissensstand ausschliesslich den genannten " Wegweisern " zu verdanken habe.

Gehen musste ich den Weg selbst.

Ich habe mich bemüht, die Kommentare nicht zu kurz, aber doch aufschlussreich genug abzufassen. Das Wesentliche dieses Buches ist die Tatsache, den Freunden der Hamburger-Schule die grösstenteils vergriffenen Originalartikel von Alfred Witte in einem Gesamtwerk wieder zugängig zu machen.

Ich wünsche dieser Ausgabe recht guten Erfolg. Hier kann der ernsthaft Studierende Erkenntnisse von unschätzbarem Wert erwerben. Bei einem Grossteil der Buchbesitzer wird es nicht damit abgetan sein, die Arbeiten nur zu lesen. Der Inhalt soll mit der drehbaren Gradscheibe nachgearbeitet werden. Nur so kann begriffen werden, was Witte bahnbrechend und wegweisend aufgezeigt hat. Ohne Anstrengung kann nichts erreicht werden. Aber wer die Erkenntnisse von Witte intensiv und konsequent durcharbeitet, hat die Möglichkeit, durch einen kleinen Schlitz des grossen Vorhanges die Bühne des Kosmos zu betrachten, um dadurch manch unerklärliche Zusammenhänge zu begreifen.

Die Leser mögen mir verzeihen, wenn ich mein Vorwort mit einem spöttischen Zitat von Lichtenberg (1742 - 1799) schliesse:

" Ein Buch ist ein Spiegel !
Wenn ein Affe hineinguckt,
So kann freilich kein
" Apostel " heraussehen ! "

Hermann Sporner

" In memoriam " Alfred WITTE.

Alfred Witte, der Begründer der Hamburger-Schule, hat der Astrologie moderne Impulse gegeben. Die wesentlichen Besonderheiten seiner Findungen sind:
1. Die Entwicklung der 360°-Scheibe
2. Die Arbeit mit Planetenbildern über Formel-Gleichungen.
3. Die Benutzung von Transneptun-Planeten
4. Ein eigenes Häusersystem, sowie die Benutzung der Kardinalpunkte für die Deutung.

Witte war von Beruf Vermessungstechniker und widmete sich privat der astrologischen Forschung. In den Jahren 1919 - 1923 erschienen von ihm viele Artikel in den Fachzeitschriften "Astrologische Rundschau" und " Astrologische Blätter ". Seine Erkenntnisse, die er in dieser Zeit erst richtig entwickelte, wurden von seinem engsten Mitarbeiter, Friedrich Sieggrün, auf mehreren Kongreßen unter dem Namen "Hamburger-Schule" der Fachwelt unterbreitet. Es begann ein Meinungsstreit, der bis heute fortdauert.

Sein Werk wird heute von Ludwig Rudolph und Udo Rudolph, Hermann Lefeldt und Heinz Schlaghecke, Carl Perch u.a. fortgesetzt.

In Zusammenhang mit seinen Forschungen interessieren uns die kosmischen Suggestionen des "Astrologen" Alfred Witte. Wir finden in seinem Horoskop:

Uranus + Apollon - Poseidon   25°49 Krebs
                  = Meridian   26 30 Krebs

mit der Deutung: Ich bin ein erleuchteter Astrologe

Meridian + Uranus + Apollon   27°11 Widder
                  = Jupiter   27 40 Steinbock
                  = Sonne   12 10 Fische

mit der Deutung: Ich bin ein erfolgreicher Astrologe.

Sein Horoskop folgt auf der Seite - 4 -

Horoskop von Alfred WITTE
des Begründers der Hamburger-Schule
geboren am 2. 3. 1878 in Hamburg 21 Uhr 12 OZ.

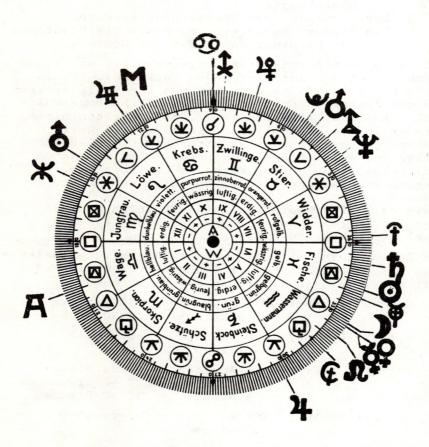

- 4 -

Einleitung

Zum besseren Verständnis der in diesem Buch beschriebenen Arbeiten und Kommentare ist es unerlässlich, dass sich diejenigen Leser, die bisher vom Gedankengut Witte's noch nie etwas hörten, eingehend mit den nachstehenden Hinweisen befassen. D. h. nicht nur lesen, sondern mittels der drehbaren Gradscheibe nacharbeiten. Wer diese Hinweise nicht beherrscht, wird den Arbeiten und Kommentaren nicht folgen können.

" Sehen - Erkennen - Wissen, nicht glauben " schrieb Heinz Schlaghecke in einem Hamburger-Heft. Das " Wissen " kann der Studierende erreichen, wenn er den erforderlichen Fleiss aufbringt.

1.) Die 360°-Scheibe und ihre technische Anwendung

Die drehbare 360°-Scheibe wurde von A. Witte entwickelt und dient zur Untersuchung und Aufschlüsselung des Horoskopes. Am äusseren Rand der Scheibe sind die Grade markiert, dann folgen die Winkel, die Symbole und Bezeichnungen der 12 Tierkreis-Abschnitte, die Farbzuordnungen, die Elementangaben, die Häusereinteilung und nahe am Scheibenmittelpunkt die Polarität des betreffenden Tierkreiszeichens.

Nach der Berechnung der Radix-Faktoren (unter dem Sammelbegriff " Faktoren " verstehen wir die Himmelskörper und astronomisch oder terrestrisch gegebene Punkte, also Sonne, Mond, Planeten, Meridian und Ascendent, Mondknoten und Kardinalpunkte) bereiten wir unser Arbeitsgerät für die praktische Arbeit vor. Dies geht etwa so vor sich:

1.1. Als Unterlage dient eine Plastik- oder Aluminium-Platte (Format meist 21 x 21 cm), die in der Mitte eine etwa 6 mm grosse Bohrung aufweist.

1.2. Auf diese Platte legen wir ein Blatt Papier (blanko) in der Grösse der Platte. Dieses Blatt müssen wir an der Stelle, an der die Platte eine Bohrung hat, mit einem Loch versehen (Dorn der Verschraubung von oben durchstechen). Diesen Dorn führen wir dann von unten in die Bohrung der Platte.

1.3. Dann ist es zweckmässig, zwei runde Papierscheiben (⌀ 19 cm und 17 cm) auf die Papierunterlage zu legen (zuerst die grosse, dann die kleine Papierscheibe). Beide Scheiben müssen ebenfalls mit einem Loch versehen sein.

1.4. Wir legen dann die Metallscheibe (15 cm ⌀) auf die drei Papierunterlagen.

1.5. Der letzte Handgriff dient dem Aufschrauben der Mutter auf den von unten hervorstehenden Dorn (Schraube).

Das Ganze sieht dann so aus:

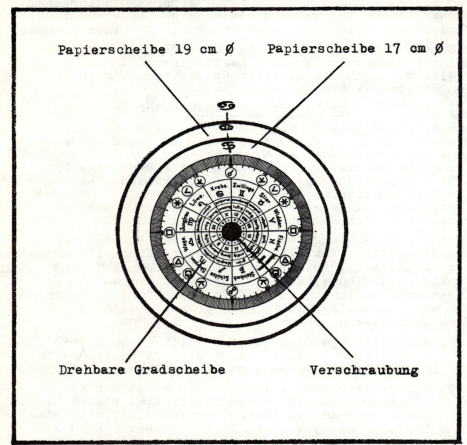

Papierscheibe 19 cm ⌀   Papierscheibe 17 cm ⌀

Drehbare Gradscheibe   Verschraubung

↑ Plastikunterlage, darüber ein Blatt Papier

Die hier genannten Arbeits-Utensilien (Plastik-Unterlage, die zwei runden Papierscheiben in verschiedenen Grössen, die Gradscheibe und Messingverschraubung)sind beim Verlag Ludwig Rudolph (Witte-Verlag) erhältlich.

Wir können dann schon mit dem Eintragen der Radixfaktoren beginnen. Dazu empfehle ich, den Krebs-Punkt der Gradscheibe genau auf den Krebs-Punkt der zwei runden Papierscheiben und der Papierunterlage einzustellen, und dann die Verschraubung so fest anzuziehen, dass sich die Scheibe nicht mehr drehen kann. Dieser Hinweis muss unbedingt beachtet werden. Nach Eintragung der Faktorenstände ist die Verschraubung wieder zu lockern, damit die Scheibe für das Aufsuchen der Planetenbilder, Häuserbesetzung usw. gedreht werden kann. Der Punkt 0.00 Krebs entspricht dem Hochstand der Sonne eines jeden Jahres und soll " naturgemäss " immer oben liegen. Diese Arbeitsweise hat sich eingebürgert, weil man dann bei jedem Horoskop weiss, wo die einzelnen Kardinalpunkte (in unserer Sprache das " Kreuz ") liegen. Für Reihenuntersuchungen ist die Beachtung dieses Hinweises unerlässlich. Man kann selbstverständlich die Eintragung der Faktoren auch so vornehmen, dass der obere Meridian immer oben ist.

Die beiden aufgelegten runden Papierscheiben (siehe 1.3.) versehen wir dann mit den Symbolen der Radixfaktoren. Die Standorte müssen auf beiden Papierscheiben an der gleichen Stelle und möglichst exakt eingezeichnet werden. Die kleine Papierscheibe bleibt immer in der Grundstellung (also $0°$ Krebs oben). Die grosse Papierscheibe verwenden wir für die " direktionale " Arbeit. Dies geschieht in der Weise, dass wir einen fixen Punkt (z. B. $0°$ Krebs) um die gewünschten Grade des Direktions-Bogens, den wir für die Untersuchung verwenden, " vorschieben ". Dabei ist selbstverständlich die Linksdrehung anzuwenden, also entgegengesetzt zur Uhrzeiger-Drehung.

Das Blatt Papier, das auf der Plastikunterlage liegt, können wir sehr vielseitig verwenden, z. B. für folgende Eintragungen:

>Laufende Faktorenstände,
>progressive Faktorenstände,
>sensitive Punkte je nach Fragestellung,
>Faktorenstände für Partnerschaftsuntersuchungen (Kontakt-Horoskopie).

Hier ist es zweckmässig, die Eintragungen mit verschiedenen Farben vorzunehmen (z. B. laufende Stände schwarz, progressive Stände rot, Stände der Faktoren für Kontaktpersonen grün).

Mit den nun durchgeführten Eintragungen können wir in
das innere Gefüge des Horoskopes eindringen, einschliesslich Auswertung der Direktionen und laufenden
Stände (Transite).

Die drehbare Gradscheibe ist sehr vielseitig verwendbar. Der Punkt 0° Krebs ist mit einem Pfeil gekennzeichnet, er ist unsere " Sonde ", mit der wir durch
entsprechende Drehung der Scheibe einen bestimmten
Punkt einstellen und dann die optische Sucharbeit verhältnismässig leicht bewerkstelligen können. Ferner
können wir mit der Gradscheibe die verschiedenen
Häusersysteme bearbeiten, über die noch zu sprechen
ist. Ausserdem können wir Planetenbilder, sensitive
Punkte (dazu zählen auch Summen und Differenzen)
ermitteln. Wir können mit der Gradscheibe also addieren und subtrahieren. Über das " WIE " wird noch ausführlich berichtet.

Die drehbare Gradscheibe ist unser " Seziermesser ",
mit dem wir das Horoskop in verschiedene Teile zerlegen können, um die " kosmischen Suggestionen " zu
ermitteln.

2.) Die 90° - Scheibe und ihre technische Anwendung

Die 90°-Scheibe (und auch die 45°-Scheibe) hat Herr
Ludwig Rudolph auf Grund einer Anregung des Herrn
Witte entwickelt und geprüft. Lange vorher wurde der
graphische Aufriss in der gleichen Aufteilung, also
45° und 90°, von der Hamburger Schule verwendet.

Hier soll nun die 90°-Scheibe erläutert werden, weil
sie vollauf genügt. Eines muss in aller Deutlichkeit
gesagt werden: Die 360°-Scheibe ist die unerlässliche
Arbeitsgrundlage. Mit ihr - und nur mit ihr - können
wir die Häuserbesetzung feststellen. Vergessen wir
auch nicht, dass die Astrologie eine " Raumsymbolik "
ist. Aus der Besetzung der einzelnen Raumhälften
(Ost oder West, Süd oder Nord) des Horoskopes
können wir schon brauchbare Hinweise erhalten, ob
ein Horoskopeigner " Ich-bezogen " oder " Du-bezogen ",
" Extravertiert " oder " Introvertiert " ist. Die
Ausdeutung der Raumhälften ist jedoch nicht Gegenstand
dieser Veröffentlichung. Hierauf wurde lediglich in
Zusammenhang mit der grossen Bedeutung der von Witte
geschaffenen drehbaren 360°-Scheibe hingewiesen.

Welchen Zweck hat dann eigentlich die 90°-Scheibe ?
Sie dient dazu, die im 360°-Kreis oft etwas schwierig
feststellbaren Planetenbilder (insbesondere die indirekten) optisch sofort zu erkennen.

Das " Geheimnis " bezw. der Wert der 90°-Scheibe bestehen darin, dass in den ersten 30° der Scheibe alle Faktorenstände der Kardinalzeichen Widder, Krebs, Waage und Steinbock eingetragen werden, in den Graden 30 - 60 die Faktorenstände der fixen Zeichen Stier, Löwe, Skorpion und Wassermann, und in den Graden 60 - 90 die Faktorenstände der veränderlichen Zeichen Zwillinge, Jungfrau, Schütze und Fische.

Dadurch ergibt sich, dass Konjunktionen, Quadrate und Oppositionen bei Anwendung der 90°-Scheibe sich decken, d. h. die Faktoren stehen alle beisammen. Dagegen werden 45°- und 135°-Winkel bei Verwendung der 90°-Scheibe als " scheinbare Oppositionen " ausgewiesen, denn hier stehen die Faktoren, die diese Winkelbeziehung aufweisen, gegenüber. Dem Leser werden die gebrachten Hinweise sicher restlose Aufklärung geben, wenn die Praxis durch zwei Beispiele dargestellt wird.

Quadraturen und Oppositionen im 360°-Kreis

Quadraturen und Oppositionen decken sich im 90°-Kreis, sie bilden eine scheinbare Konjunktion.

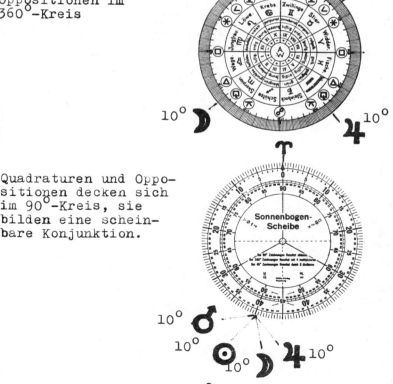

Ein indirektes Planetenbild
Venus/Merkur = Mond
im 360°-Kreis.
Mit dem Auge, ohne
entsprechende Drehung
der Gradscheibe können
wir es nicht erkennen.

Wir erkennen das Planetenbild erst, wenn wir den
Pfeil der Gradscheibe
zwischen Venus und Mer-
kur stellen und dann im
135°-Abstand (auf der
Scheibe bei 15° Skor-
pion) den Mond-Stand
ablesen.

Bei der 90°-Scheibe
können wir das Plane-
tenbild Mond =
Merkur/Venus sofort
erkennen, weil der Ab-
stand zwischen Mond
und Merkur bezw. Mond
und Venus gleich gross
ist (jeweils 25°).
Bei Drehung des Pfeiles
auf den Mond wird dies
noch viel besser ersichtlich.

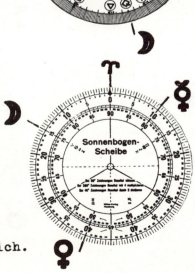

Die Vorbereitung des Arbeitsgerätes für die Arbeit mit der 90°-Scheibe geschieht in der gleichen Weise, wie bei der Beschreibung der " 360°-Scheibe und ihre technische Anwendung " (1.1. bis 1.5.) dargestellt. Wir legen statt der 360°-Scheibe lediglich die 90°-Scheibe auf.

Jeder Astrologe entwickelt im Laufe der Zeit diejenige Technik, mit der er am besten zum Ziel kommt. Es ist zweckmässig, mit beiden Scheiben gleichzeitig zu arbeiten, wozu selbstverständlich für jede Scheibe ein eigenes Arbeitsgerät zu verwenden ist. Besonders im Anfangsstadium des Lernens ist die zusätzliche Verwendung der 90°-Scheibe empfehlenswert, weil dann Planetenbilder mit mehreren Faktoren (es können ja 8 und mehr Faktoren in einem Planetenbild erscheinen), schneller erfasst werden. Ausserdem kann man mit der 90°-Scheibe die einzelnen Glieder eines Planetenbildes wesentlich genauer ermitteln, als mit der 360°-scheibe, da ja eine vierfache Vergrösserung der Grade vorhanden ist. Die Arbeit mit den zwei Scheiben ist auch deswegen angebracht, weil eine gute Kontrolle gewährleistet ist. Fehler sind schnell gemacht. Dies ist besonders dann blamabel, wenn eine Arbeit veröffentlicht wird.

3.) Erklärung der Begriffe Kreuz und Halbkreuz

In der Hamburger Schule sind die Kardinalpunkte 0° Widder, Krebs, Waage und Steinbock (Kreuz oder auch Hauptkreuz genannt), sowie 15° Stier, Löwe, Skorpion und Wassermann (Halbkreuz oder auch Nebenkreuz genannt) von grosser Bedeutung. Dieses " achtstrahlige " Kreuz ist bei der Untersuchung eines Horoskopes die Entsprechung für die Beziehungen zur Allgemeinheit bezw. Öffentlichkeit.

Witte war der erste Astrologe, der die Kardinalpunkte in die Deutung einbezogen hat.

Man muss sich diese Punkte gut einprägen. Auf der Gradscheibe sind sie entsprechend markiert.

Die Kardinalpunkte sind auch diejenigen Punkte, die für die Berechnung der " Quartal-Horoskope " von Bedeutung sind. Quartal-Horoskope werden berechnet für den Zeitpunkt, in dem die laufende Sonne genau in 0° Widder, Krebs, Waage bezw. Steinbock steht. Es werden hierzu noch ausführliche Hinweise gegeben.

4.) Die Transneptun-Planeten

Die Astrologen der Hamburger Schule verwenden bei der Auswertung eines Horoskopes 8 Transneptun-Planeten. Vier Transneptun-Planeten wurden von A. Witte entdeckt (Cupido, Hades, Zeus und Kronos), weitere vier von Sieggrün (Apollon, Admetos, Vulkanus und Poseidon).

Bei der ersten Veröffentlichung über die Transneptun-Planeten hat Witte die Astrologen gebeten, die Stände in ihrem eigenen Horoskop einzutragen, damit sich die Kollegen von der Richtigkeit seiner Behauptungen überzeugen können. Witte hat auch darum gebeten, ihm bei der Namengebung zu helfen. Weder das eine noch das andere haben die meisten Astrologen beherzigt. Ein Teil der Astrologen hat Witte mit unsachlichen Argumenten bekämpft. Der Rest hat ihn totgeschwiegen.

Wegen der Einbeziehung der Transneptun-Planeten in die Deutung wurde die Hamburger Schule von Anfang an bis auf den heutigen Tag angegriffen. Nichts hat in der Astrologie in den letzten Jahrzehnten so viel Staub aufgewirbelt, wie die 8 " Transneptuner ", weil sie hypothetisch und mit dem Fernrohr nicht zu sehen sind.

Wir wissen bis heute noch nicht, ob die Transneptuner materielle, in ferner Zukunft sichtbare Planeten sind oder nicht sichtbare Energiezentren. Aber die Richtigkeit der Transneptuner ist tausendfach bestätigt. Es gibt genügend Menschenschicksale und Ereignisse im Weltgeschehen, die ohne Verwendung der Transneptuner entweder überhaupt nicht, oder nur sehr mangelhaft aufgehellt werden können.

Selbstverständlich dürfen die Transneptuner nicht bevorzugt oder gar überbewertet werden, weil diese Planeten nur vermutet, bisher aber nicht gesichtet sind. Letzteres ist jedoch kein Argument, die Verwendung der Transneptuner von vornherein zu bekämpfen. Auch die historische Astrologie arbeitet nur mit Hypothesen, d. h. also mit Annahmen, die auch nur die Wahrscheinlichkeit für sich haben.

Uns, die wir aus vielfacher Erfahrung auf die Verwendung der Transneptuner nicht verzichten wollen (und meist gar nicht verzichten können), ficht es nicht an, wenn man uns auch dieserhalb " angeifert ".

Den Unbelehrbaren möchte ich aber ein Wort von Ernst Schiebeling in's Stammbuch schreiben, das er 1923 in seinem Büchlein " Fahrten in's Unendliche " niedergeschrieben hat:

" Es ist möglich, dass die Astronomen
späterer Menschengeschlechter neue
Planeten finden werden. Ja, es kann
sogar geschehen, dass diese Himmelskörper nur auf dem -- Papier entdeckt werden. Mit dem Fernrohr sucht
man sie vielleicht stets vergeblich,
weil sie zu lichtschwach sind, um
uns bemerkbar zu werden. "

Schon wenige Jahre nach der Niederschrift der hier zitierten Hinweise, genau am 21. 1. 1930, wurde Pluto entdeckt.

5.) Die Planetenbilder

Zur kritischen Prüfung ihrer Hypothesen und darüberhinaus der des ganzen astrologischen Gedankengutes, wendet die Hamburger Schule eine Forschungsmethode an, die die historische Astrologie nicht kennt. Diese Forschungsmethode verlangt die mathematische Gleichung, d. h. Beweismittel für die Richtigkeit der Theorien ist die Zahl ! Dadurch bürgt ein untrügbares Beweismittel für die Richtigkeit der Resultate.

Die Grundlage für die Planetenbilder ist die kreisgeordnete Symmetrie. Die Symmetrie aber ist ein kosmisches Urgesetz !

Das Können des Astrologen liegt darin, die Gewichte der einzelnen, sich mischenden Glieder eines Planetenbildes richtig einzuschätzen und zu werten. Der Studierende wird in dieser Veröffentlichung noch genügend Gelegenheit bekommen, Theorie und Praxis der Planetenbilder kennen zu lernen.

6.) Das Häusersystem nach A. Witte

Es gibt über ein Dutzend Häusersysteme, die sich in der Hauptsache in der Begrenzung der einzelnen Häuser unterscheiden. Im frühen Altertum kannte man nur eine Nativitätsaufzeichnung mit 12 gleich grossen Häusern. Erst vom Mittelalter an begann man, das Häuserproblem " exakt und wissenschaftlich " zu erforschen, weil die bis dahin erzielten Ergebnisse unbefriedigend waren. So entstanden im Laufe der Zeit neue Häusersysteme. Ich nenne hier nur die wichtigsten: Regiomontanus, Placidus, Campanus, Montanus, sowie aus der neueren Zeit Glahn, Vehlow, Grimm, Tiede und von Sebottendorf. Dr. Koch hat vor wenigen Jahren sein GOH-System vorgestellt. Einige dieser Systeme sind absurd und geradezu lächerlich. Bei einer Geburt, die unter einer nördlichen Breite von 66°33' und östlichen Länge von 18°55' am 22. 8. um 18 Uhr 30 Min. stattfindet, sind das erste und siebte Haus je etwa 160° gross, die restlichen Häuser 2. - 6. bezw. 8. - 12. insgesamt nur je 20° gross. Ein barer Unsinn.

A. Witte hat auch hierzu eigene Forschungen durchgeführt, deren Ergebnisse hier kurz zusammengestellt sind:

1.) Die Hamburger Schule benutzt gleich grosse Häuser. Ascendent und Meridian werden wie bei der klassischen Astrologie berechnet.

2.) Die Bedeutung der Häuser ist die gleiche wie in der klassischen Astrologie.

3.) Die Hamburger Schule benutzt drei verschiedene Einstellpunkte (0° Widder, Krebs und Steinbock), um gezielte Betrachtungen für jeden einzelnen Faktoren des Horoskopes, auf die Häuserstellung bezogen, durchzuführen.

4.) Die Begründung für die verschiedenen Einstellungen der drehbaren Gradscheibe ergibt sich aus den Fundamental-Bewegungen unserer Erde:

   a) Der Rotation (Drehung der Erde um die eigene Achse von West nach Ost).

   b) Der Revolution (Bewegung der Erde um die Sonne).

5.) Die Häusereinteilung der Hamburger Schule beginnt bei 0° Waage = I. Haus.

Kommentar zu den beiden Witte-Artikeln
" Betrachtungen über Farbe, Zahl und Ton " und
" Die magnetischen Farben der Tierkreiszeichen ".

In der Literatur der Hamburger Schule habe ich nichts gefunden, was darauf schliessen lässt, dass sich ausser Witte noch ein Autor mit diesen Themen befasste. Auch für mich sind sie völliges Neuland. Ich muss daher bekennen, dass ich hier der mir zugedachten Aufgabe nicht in dem gewünschten Masse nachkommen kann.

Auch die übrige astrologische Literatur befasst sich sehr spärlich mit diesen Themen. Ich entnehme aus dem Buch " Astrologische Farbenlehre " (v. Bressendorf/Dr. Koch, erschienen 1930 im O. W. Barth-Verlag), dass sich alle Autoren dieserhalb recht uneinig sind. Hier mischen sich oft hellseherisch gewonnene Erkenntnisse mit Überlieferungen, die hauptsächlich aufgebaut sind auf Farben, die seit altersher den Planeten zugeordnet sind, und dann auf Grund der Herrschertheorie (Zuordnung der Planeten zu den einzelnen Tierkreiszeichen) entsprechend übertragen wurden. In der Hinduastrologie hat man andere Vorstellungen über die Zusammenhänge zwischen Farbe und Tierkreiszeichen, als die Astrologen in Indien. Alles in allem scheint dieser Komplex doch eine recht subjektive Angelegenheit zu sein. Es wird auch nicht mehr feststellbar sein, wer von wem abgeschrieben und kleine eigene Gedanken hinzugefügt hat.

Es werden also recht vage Behauptungen aufgestellt. Nirgends habe ich gelesen, dass ein astrologischer Forscher ein handfestes, wissenschaftlich nachweisbares Experiment durchführte, wie Witte es tat. Er betrachtete eine schwarze Linie durch ein dreiseitig geschliffenes Glas, die eine Seite rechtwinklig zum Lichte, und stellte fest, dass die Linie zerlegt ist in Blau, Indigo, Rot und Gelb. So entstand die Zuordnung der auf der Gradscheibe angegebenen Farben.

Das Thema " Ton " ist in der Literatur noch weniger vertreten. Hier hätte ein akademisch gebildeter Tonkünstler mit guten astrologischen Kenntnissen ein reichliches Betätigungsfeld. Auf eine beachtliche Veröffentlichung möchte ich aber hinweisen, die 1974 auf den Büchermarkt kam: " Musik und Kosmos als Schöpfungswunder ". Hier schreibt der Autor, Thomas Michael Schmidt, hervorragende Findungen nieder. Das Verhältnis " Ton und Tierkreis " ist allerdings nicht erwähnt. Umso mehr aber beeindruckt die beschriebene mathematische Harmonie der Töne und Planetenbewegungen. Der Autor bringt hier u.a. zum Ausdruck, daß sich zwei oder mehr Umlaufszeiten eines anderen Planeten "summieren". Damit wird die Summentheorie von Witte aus einer ganz anderen Sicht bestätigt. Das Buch ist auch wegen der ausgezeichneten religiösen und philosophischen Hinweise sehr empfehlenswert. Es sollte daher im Bücherschrank eines Astrologen nicht fehlen.

Bleibt mir nur noch übrig, auf die "Zahl" einzugehen. Witte erwähnt hier die Oktavzahlen mit 1,2,4,8,16 usw. Hier liegt eine Parallele zu den Erkenntnissen Witte's bezüglich der "Winkel".
Die Hamburger Schule arbeitet nicht mit "Aspekten" (traditionelle Astrologie), sondern mit "Winkeln". Diese resultieren aus der Zweiteilung, Vierteilung und Achtteilung des Tierkreises. Das sind die Winkel des Kreuzes, wie sie in der von Witte geschaffenen drehbaren Gradscheibe verankert sind.

Hermann Lefeldt schreibt in seiner "Methodik I", Seite 23: " Überall, wo die Natur Kräfte in stärkstem Masse transmutiert, bedient sie sich des rechten Winkels, darin liegt eben die Dynamik des Geschehens."

Bedenkt man, daß Farbe, Zahl und Ton die Grundlagen der drei großen Kultur-Bereiche des Menschen auf der Erde sind: <u>1. Strahlung,</u> Strahlenbrechung des Sonnenlichtes, Farbenreichtum, direkt wahrgenommen durch das Auge, den umfangreichen Kulturbereich der Malerei.
<u>2. Zahl,</u> die Grundlage der Ordnung, die Wissenschaft, die Mathematik, die ingeniuesen, architektonischen Kulturbereiche, Bauten, Handel und Wandel, und
<u>3. Ton</u> die Grundlage der Schwingungen des vom Ohr wahrgenommenen Kulturbereiches der Musik, kommt man dem Verständnis Wittes wohl am nächsten und erkennt,

      warum er diese konstruktive Arbeit schrieb,
      "als eine astrologische Studie".

Ähnliches gilt von seiner Arbeit über die magnetischen Farben der Tierkreiszeichen. Wenn er feststellt, daß die Schnittpunkte des größten Umdrehungskreises der Erde, also des Äquators- mit dem Lauf der Erde um die Sonne, den Äquinoktien, <u>zwei Anfangspunkte</u> bilden für die magnetischen Felder.
Witte geht bei seinen astrologischen Betrachtungen immer von den <u>Bewegungen der Erde</u> aus, der Rotation und der Revolution, diese geben ihm den Grund Nullpunkte oder Anfangspunkte zu setzen, von denen die weitere Entwicklung ausgeht.

                                                L.Rudolph.

Betrachtungen über Farbe, Zahl, Ton.
Astrologische Studie.
Von *Alfred Witte*, Hamburg.

Betrachtet man eine schwarze Linie durch ein dreiseitig geschliffenes Stück Glas, die eine Seite des Prismas rechtwinklich zum Lichte, dann sieht man, daß die Linie zerlegt ist in Blau, Indigo, Rot und Gelb.

Dreht man das Prisma um, die eine Kante dem Lichte zugekehrt, so sieht man die Farben in anderer Reihenfolge und zwar Gelb, Rot, Indigo, Blau.

Wird das Prisma etwas gedreht, so daß die Brechung des Lichtes allmählich aufhört, dann tritt die schwarze Linie wieder zwischen Rot und Indigo hervor.

Eine schwarze Linie entsteht, wenn von einem Bleistift viele Moleküle des Graphits auf dem Papier haften bleiben. Je mehr Moleküle auf einer Fläche konzentriert sind, desto schwärzer erscheint die Linie, je weniger Stoffteile in einem Raume, desto weißer erscheint der Körper.

Konzentration von Staubteilen ist also Involution »Zusammenwickeln bis zum festesten Körper. Evolutution, Auswickeln ist das Gegenteil, Teilung der Materie und der Moleküle bis zum absoluten Nichts.

Wird für den, durch die Involution sich um sich selbst drehenden Körper die Farbe Schwarz und die Zahl 1 gesetzt, dann hat man für die äußerste Evolution, für den Ring in größester Ausdehnung die Zahl 0 und die Farbe weiß.

Die Involution durch Zahlen ausgedrückt kann daher 0 10 geschrieben werden, oder aber die 0, der Kreis wird um die 1 gelegt, die 1 erscheint dann von oben gesehen als Punkt ohne seitliche Ausdehnung.

Die Evolution 1 01 zeigt an, daß auch die kleinsten Körper in weitester Differenzierung immer noch einen Mittelpunkt, einen Körper besitzen, der sich um sich selber dreht, sich also in Bewegung befindet. Die Zahl 10 als 1 und 0 zeigt, daß Schwarz schon mit Weiß gemischt ist und zwar im Verhältnis von 1:10. Die Zahl 100 ist dann mit Weiß gemischt, also differenziert wie 1:100, 100 ist die erste Potenz von 10, 1000 die zweite Potenz von 10 usw.

Der Querschnitt des Prismas ist ein Dreieck, Gelb zeigt sich als erste Farbe von der Spitze des Dreiecks gerechnet, Blau zeigt sich als erste Farbe, wenn das Licht an der breiten Seite eindringt. Das Rot liegt zwischen beiden Farben.

Wenn Schwarz 1 durch das Dreieck mit der Spitze dem Lichte zugekehrt geteilt wird, dann hat man als zweite Differenzierung Gelb 2, als dritte Farbe Rot 3 und als letzte Farbe Blau 4.

Die Intensität der Farben Gelb, Rot, Blau richtet sich nur nach der Schwärze der 1. Je konzentrierter die Moleküle der 1 sind, desto intensiver werden die Farben sein, je weißer Schwarz 1 ist, desto blasser sind die Farben Gelb, Rot, Blau. Also ist Tiefschwarz 1 zusammengesetzt aus den intensivsten Farben Gelb, Rot, Blau in einem Körper, wenn 0 das weißeste Licht die 1 zerteilt; daher setzt sich $1 + 0$ zusammen aus Gelb $2 +$ Rot $3 +$ Blau $4 = 9$.

Die fortwährende Teilung der Zahl 10 ist aber das schöpfende Prinzip, die Zeugung, wenn 1 männlich, grobmateriell mit 0 weiblich, feinmateriell sich paart, entsteht die Zahl 9 als Schöpfungszahl, $1 + 9 + 0$ als Quersumme addiert gibt wieder 10 den neuen sich bewegenden, oder lebenden Körper.

1 grobstofflich ohne die Zahl 0, ohne den feinstofflichen Körper ist demnach nicht lebensfähig, kann sich nicht wieder vermehren, teilen; deshalb gehört zum neugeborenen Wesen nicht nur das Grobstoffliche, die feste Materie; sondern auch das Feinstoffliche, der Ring um das Grobstoffliche.

Die 9 als Polarisationssumme kann sich aus verschiedenen Zahlen zusammensetzen.
2 Gelb und 7 Indigoblau (Rot 3 $+$ Blau 4).
3 Rot und 6 Grün (Gelb 2 $+$ Blau 4).
4 Blau und 5 Orange (Gelb 2 $+$ Rot 3).
Gelb und Indigo sind als Spektralfarben Komplementärfarben, das heißt diese beiden Farben aufeinandergelegt, geben zusammen die Farbe Weiß.

Fixiert man die Farbe Gelb einige Zeit und blickt dann plötzlich auf weißes Papier dann sieht man auf dem Papier die Farbe Indigoblau erscheinen. Rot und Grün sind Komplementärfarben, Blau und Orange sind ebenfalls Komplementärfarben und geben zusammen Weiß.

* * *

Wenn der Ton c_1 doppelt so viele Schwingungen in der Sekunde hat als der Ton c in der tieferen Oktave, so ergibt sich, auf obiges Zahlenbeispiel angewandt, daß Schwarz 1 die Hälfte der Schwingungen hat als die Zahl 10, da der Oktavton c_1 als Farbe heller sein muß als der Ton c und zwar um die Hälfte der Schattierung heller, und die Zahl 10 ist 1 Schwarz mit 0 Weiß gemischt, so ist 10 die Oktave von 1.
Die Oktavzahlen sind:
1, 2, 4, 8, 16, 32, 64, 128, 256, 512, 1024, 2048 usw.
Die Quersummen der zusammengesetzten Zahlen sind:
1, 2, 4, 8, 7, 5; 1, 2, 4, 8, 7, 5; 1, 2, 4, 8, 7, 5 usw.
Teilt man 10 durch 7, so hat man die Zahlenreihe:
1, 4 2 8 5 7, 1 4 2 8 5 7, 1 4 2 8 5 7, 1 4 2 8 5 7 usw.
Setzt man diese wiederkehrenden Zahlen an die Ecken eines Sechsecks

```
        1
   4         7

   2         5
        8
```

so ergeben je zwei gegenüberliegende Zahlen zusammen die Zahl 9.
Multipliziert man den Quotienten 1, 4 2 8 5 7 1 mit 2, 3, 4, 5, 6, 7, 8 usw. bekommt man die Reihenfolgen:
20 : 7 = 2, 8 5 7 1 4 2 8 5 7 1 4 2 . .
30 : 7 = 4, 2 8 5 7 1 4 2 8 5 7 1 4 . .
40 : 7 = 5, 7 1 4 2 8 5 7 1 4 2 8 5 . .
50 : 7 = 7, 1 4 2 8 5 7 1 4 2 8 5 7 1 . .
60 : 7 = 8, 5 7 1 4 2 8 5 7 1 4 2 8 5 7 . .
70 : 7 = 9, 9 9 9 9 9 9 9 9 9 9 9 9 9 1 . .
80 : 7 = 11, 4 2 8 5 7 1 4 2 8 5 7 1 4 . .
150 : 7 = 21, 4 2 8 5 7 1 4 2 8 5 7 1 4 . .
220 : 7 = 31, 4 2 8 5 7 1 4 2 8 5 7 1 4 . .
710 : 7 = 101, 4 2 8 5 7 1 4 2 8 5 7 1 4 . .

Die Quersummen der Oktavzahlen kehren also bei Multiplikation von 10 mit 7 immer wieder und bildet die achte Multiplikation den Anfang einer neuen Oktave, sodaß die Zehner den Beginn dieser Oktave geben.
Mit 700 . 7 ist die 100 vollendet und die 10 . 7 dazu addiert bilden den Anfang einer neuen Oktavreihe.

Wenn man die Oktave der diatonischen Tonleiter in 12 halbe Töne teilt und die Intervalle fortschreitend ansteigen läßt, so bildet diese Oktave eine arithmetrische Reihe dritter Ordnung. Es sind dann die Intervalle: 12. 13. 14. 15. 16. 17. 18. 19. 20. 21. 22. 23. und 24. Diese Intervalle geben die Summe 210. Der erste Ton der Tonleiter muß also 210 Schwingungen in der Sekunde haben, dann ist die Reihenfolge, wenn annähernd der auf der internationalen Stimmkonferenz in Wien im Jahre 1885 festgesetzte Ton a mit 435 Schwingungen angenommen wird.

Schwingungen in der Sekunde.

gis	210	gis_1	420			
a	222	a_1	444	a_1	440	
ais	235	ais_2	470			
h	249	h_1	498	h_1	495	
c_1	264	c_2	528	c_2	528	
cis_1	280	cis_2	560			nach Helmholtz, »Die
d_1	297	d_2	594	d_2	594	Lehre von den Ton-
dis_1	315	dis_2	630			schwingungen.«
e_1	334	e_2	668	e_2	660	
f_1	354	f_2	708	f_2	704	
fis_1	375	fis_2	750			
g_1	397	g_2	794	g_2	792	
gis_1	420	gis_2	840			

Frankreich hatte früher den Kammerton a mit 444 Schwingungen in der Sekunde.

Die Quersummen der Intervalle von

c — cis
dis — e
e — f   verhalten sich wie die Zahlen in der
fis — g   Reihenfolge der Quersummen der Ok-
g — gis   tavzahlen.
a — ais
ais — h

Die Intervallenquersummen

gis — a
h — c   verhalten sich wie die Zahlen 3, 6, 3, 6, 3.
f — fis

Die Intervallenquersummen d — dis sind die Zahlen 9, 9, 9, 9.
Durch die Quersummen 3, 6, 3, 6
6, 3, 6, 3
9, 9, 9, 9
3, 6, 3, 6
6, 3, 6, 3
wird die Oktave in 4 Teile zerlegt. Teilt man einen Kreis in 4 Teile, jeden Teil wieder in 3 Teile, sodaß in den Kreisausschnitten die Quersummen der Intervalle stehen; werden auf den so erhaltenen Radien Kreise aufgetragen, deren Entfernungen voneinander fortschreitend größer werden wie die Intervalle der 12 Töne, also wie 12, 13, 14, 15, 16, 17, 18 usw. und an den Kreuzungspunkten die Bezeichnungen der Töne aufgetragen, dann gibt diese Anordnung der Töne eine sich vom Mittelpunkte entwickelnde Spirale. Die Entfernungen zweier aufeinanderfolgender

Töne ist dann die Hälfte der Entfernung der Töne der höheren Oktave. Betrachtet man durch ein Prisma Gegenstände, so sieht man, daß auf der einen Seite eines Gegenstandes sich die Farben Schwarz, Rot, Gelb, Weiß, auf der anderen Seite Schwarz, Violett, Blau, Weiß befinden. Schwarz, Rot, Gelb ist positiv, ist stofflicher als Blau, Violett, Schwarz, diese letzten sind negativ.

Negativ und Positiv vereinigen sich aber im Prisma mit Gelb und Blau zu Grün oder aber mit Rot und Violett zu Rosa. Grün und Rosa sind Komplementärfarben. Ein Lichtstrahl durch das Prisma gebrochen zeigt die Farbenreihenfolge von Rot, Orange, Gelb, Grün, Blau, Indigoblau, Violett.

Hier im Glase also, wo Negativ und Positiv vereinigt sind, gehen beide im Grün zusammen. Die Vereinigung von Positiv und Negativ geschieht, wie vorher gezeigt, in der Zahl 9.

Nun zeigen die Quersummen zwischen d und dis die Zahlen 9 nur allein.

Das Intervall von d und dis ist 18, 18 zum Quadrat erhoben gibt 3, 2, 4.

Die Quadratzahlen von

12	13	14	15	16	17	18	19	20	21	22	23	24	sind
144	169	196	225	256	289	324	361	400	441	484	529	576	
9	7	7	9	4	1	9	1	4	9	7	7	9	sind

die Quersummen der Quadratzahlen, hier zeigt sich wieder die 9 zwischen den Zahlen 1 und 1 als mittelste 9.

Setzt man die Farbe Grün in den Kreisausschnitt zwischen d und dis, indem zweimal Blau und zweimal Gelb aufgetragen wird, dann zwischen dis und e einmal Gelb und dreimal Blau, zwischen f und f viermal Blau; dreimal Blau, zweimal Blau und einmal Blau anschließend, so daß je sieben Felder mit einer Farbe in auf- und absteigenden Tönungen versehen sind, dann liegt zwischen gis und a viermal Rot, zwischen c und cis viermal Gelb und zwischen e und f viermal Blau. Die Farbenmischungen für die verschiedenen Töne sind dann:

g_1	Purpur	cis_2	Gelbgrün
gis_1	Rot	d_2	Grün
a_1	Zinnober	dis_2	Blaugrün
ais_1	Orangerot	e_2	Blau
h_1	Goldgelb	f_2	Indigoblau
c_2	Gelb	fis_2	Violett
		g_2	Rosa

Die verwandten Tonarten in Dur; die Dreiklänge in Farben gestalten sich danach folgendermaßen:

C-dur	{ Gelb	c	A-moll	{ Zinnober	a
	Blau	e		Gelb	c
	Rosa	g		Blau	e

1. Grad.

F-dur	{ Indigoblau	f	G-dur	{ Purpur	g
	Zinnober	a		Goldgelb	h
	Gelb	c		Grün	d

D-moll	{ Grün Indigoblau Zinnober	d f a	E-moll	{ Blau Rosa Goldgelb	e g h

2. Grad.

B-dur	{ Orangerot Grün Indigoblau	ais d f	D-dur	{ Grün Violett Zinnober	d fis a
G-moll	{ Rosa Orangerot Grün	g ais d	H-moll	{ Goldgelb Grün Violett	h d fis

3. Grad.

Es-dur	{ Blaugrün Rosa Orangerot	dis g ais	A-dur	{ Zinnober Gelbgrün Blau	a cis e
C-moll	{ Gelb Blaugrün Rosa	c dis g	Fis-moll	{ Violett Zinnober Gelbgrün	fis a cis

Der Unterschied von C-dur und A-moll liegt nach obigen Farben zu urteilen in der Verschiedenheit der Farbe Rot C-dur mit dreimal Rot und einmal Blau. A-moll mit dreimal Rot und einmal Gelb. Der verbindende Ton zwischen C-dur und A-moll müßte demnach gis sein, viermal Rot.

Die harmonischen Farben liegen in der Kreiseinteilung in der Form eines gleichseitigen Dreiecks.

Es gehören zusammen:

Rot	Orangerot	Zinnober	Goldgelb
Gelb	Grün	Gelbgrün	Blaugrün
Blau	Violett	Indigoblau	Rosa.

In dem Kreise liegen um den Mittelpunkt, um Schwarz, um dem Körper, um den Grundton herum die Obertöne als Farben, und zwar von Schwarz zum Violett in den verschiedenen Oktaven sich entwickelnd. In derselben Anordnung muß sich aber auch die Ausstrahlung, die Emanation eines jeden Körpers zeigen, so daß vom Körper aus die Emanationen sich vom Rot zum Violett entwickeln, beziehungsweise divassoziieren, die stofflichen Körper sich allmählich in verschiedene Elemente umformen, wie es auch die Radiumemanationen zeigen, wo grobstoffliche mit·feinstofflichen, mit gasförmigen Körpern abwechselnd auftreten.

Wenn man unser Planetensystem mit dem Ausgeführten vergleicht, kann man die Sonne als Mittelpunkt betrachten, um welchen sich die Planeten in verschiedenen, von der Sonne ausgehenden Farbenschichten gruppieren. Die Planeten sind dann die Emanationen der Sonne, welche sich in den verschiedenen Farbenschichten oder Schwingungsebenen zu Körpern verdichtet haben. Jeder Planet wird nun ebenfalls von Farbschichten, die sich teilweise zu Trabanten verdichtet haben, umgeben.

Nach dem Gesetz der gleichgestimmten Saiten, eine Stimmgabel mit dem Tone a in Schwingung gesetzt, bringt eine andere mit demselben Tone a durch die sich fortpflanzenden Schallwellen zum Mitschwingen, so daß auch von der zweiten Stimmgabel der Ton a hörbar wird, müssen die verschiedenen Schwingungsebenen der Gestirne mit einander verbunden sein, so daß man annehmen kann, daß ein jeder Körper auf dem Planeten Erde durch seine Emanation oder Evolution mit der Sonne und den Planeten in chemischer und daher auch thermoelektrischer Verbindung ist.

Also läßt sich die Evolution, die Entwickelung eines Körpers, - der Körper als Sonne gesetzt, - mit der Reihenfolge: Merkur, Venus, Erde, Mars; Planetoiden: Jupiter, Saturn, Uranus, Neptun usw. in Zusammenhang bringen.

Da nun ein jeder Körper nicht nur grobstofflich materiell, sondern auch in seiner Evolution, in seiner Entwickelung, feinstofflich intellektuell wirkt, so sind auch die Planetenbezeichnungen maßgebend für Stufen der seelischen und geistigen Entwickelung.

Die magnetischen Farben der Tierkreiszeichen.
Von *A. Witte*, Hamburg.

Die Schnittpunkte des größten Umdrehungskreises der Erde um ihre Achse mit dem Lauf der Erde um die Sonne bilden zwei Anfangspunkte der magnetischen Felder. Der Magnet Erde hat in der nördlichen Halbkugel negativen und in der südlichen positiven Magnetismus, wenn von der mathematischen Formulierung des Coulombischen Gesetzes ausgegangen wird, daß eine anziehende Kraft negativ und eine abstoßende positiv wirkt.

Nach der Aussage von Hellsehenden leuchtet die sogenannte blaue Nadel einer Boussole, die nach Nord gerichtet ist, in einem dunklen Raume bläulich; also muß der entgegengesetzte Magnetismus rot in der nördlichen Halbkugel vorhanden sein, da nur ungleichnamige Pole einander anziehen. Die Farbe blau gehört dann dem Südpole der Erde zu.

Die Sonne ist als der größte Magnet unseres Sonnensystems zu betrachten. Der größte Umdrehungskreis der Sonne schneidet die Ekliptik ungefähr in 15° Zwillinge und 15° Schütze, sodaß die Erde in den Tagen vom 5. Juni bis 6. Dezember oberhalb, in den Tagen vom 6. Dezember bis 5. Juni unterhalb des Aequators der Sonne ihre Bahn zieht.

Der Lauf der Planeten um die Sonne zeigt, daß ein elektrischer Strom durch die Sonne nach dem Nordpol der Ekliptik geht und daß die Erdbahn eine der vielen Kraftlinien ist, welche die Sonne umgeben. Die Mondbahn zeigt dasselbe für den Planeten Erde. Der Strom geht vom Südpol der Ekliptik durch die Erde nach dem Nordpol der Ekliptik.

Also haben Sonne und Erde in ihrer Nordhälfte und Südhälfte die gleiche magnetische Ausstrahlung; bei 15° Jungfrau am 5. September liegt der Höhepunkt der nördlichen Ausstrahlung des Magneten Sonne, bei 15° Fische der Höhepunkt der südlichen Ausstrahlung am 5. März. Der Aufstieg der Erde in den Ausstrahlungen der Sonne geht von Blau über weiß nach rot, der Abstieg der Erde von rot über gelb nach blau. Werden die Farben des Magneten Sonne gleichmäßig auf die Tierkreiszeichen verteilt, so ist

goldgelb	15° Wage	Indigo	15° Widder
gelb	„ Skorpion	Ultramarin	„ Stier
gelbgrün	„ Schütze	violett	„ Zwillinge
grün	„ Steinbock	Purpur	„ Krebs
blaugrün	„ Wassermann	rot	„ Löwe
blau	„ Fische	orangerot	„ Jungfrau.

Nun beeinflußt aber auch der Magnet Erde wieder seine Felder seinem Magnetismus gemäß mit den Farben, wenn 0° Steinbock blau und 0° Krebs orangerot sind. Es findet also noch eine Mischung von magnetischen Farben statt.

Es liegen die Farben von 0° bis 0° eines jeden Zeichens für den Magneten Erde, wie folgt:

gelbgrün	0° Widder	violett	0° Wage
grün	„ Fische	Purpur	„ Jungfrau
grünblau	„ Wassermann	rot	„ Löwe
blau	„ Steinbock	orangerot	„ Krebs
Indigo	„ Schütze	goldgelb	„ Zwillinge
Ultramarin	„ Skorpion	gelb	„ Stier.

Die Farben des Magneten Sonne können aber nur wenig auf die Farben der Erde einwirken, da die Deklination des Sonnenäquators nur ungefähr 6° beträgt, somit fällt das Hauptgewicht auf die Deklination der Ekliptik von 23°27', und die Farben werden nur ein wenig nach dem Rot hin, nach Jungfrau verschoben, sodaß die Farben beinahe bestehen bleiben könnten, wenn nicht eine kleine Unstimmigkeit vorhanden wäre in dem Stand von gelb im Stier.

Nach dem Gesetz der Schwingungszahlen müßte gelb auf dem Widderpunkte liegen, da im Gelb sich die Farbe blau und rot trifft, also scheinbar die Grenze von positivem und negativem Magnetismus angibt.

Werden die Mischungsverhältnisse gleichmäßig 1, 2, 3, 4, 3, 2, 1 auf die Zeichen verteilt, dann ist Löwe — rot, Schütze — blau, Widder — goldgelb, Jungfrau — Purpur, Steinbock — blaugrün, Stier — orange, Wage — violett, Wassermann — grün, Zwillinge — orangerot, Skorpion — Indigo, Fische — gelbgrün, Krebs — Zinnober.

Nach dem Biot-Savart'schen Gesetze lagern sich Kraftsphären um die Sonne, wenn durch diese ein elektrischer Strom hindurchgeht, der rechtwinklich zur Ekliptik steht. Die von der Sonne radial ausgehenden Kraftlinien sind positiv, die entgegengesetzten negativen ordnen sich konzentrisch um die Sonne an.

Nimmt man an, daß die Sonne immerwährend emaniert, also kleine Partikel aussendet, so ordnen diese sich nach grob- und feinstofflich gearteten in den konzentrischen Kraftlinien je nach ihrer Schwingungsart. Die grobstofflichen Partikel werden näher der Sonne bleiben, die feinstofflichen dagegen weiter abwandern.

Eine Probe kann man mit angefeuchtetem Löschpapier machen, wenn auf dieses ein Tropfen leichtflüssiger schwarzer Farbe, welche alle Farben enthält, geträufelt wird. Man wird finden, nachdem das Papier trocken geworden, daß die grobstofflichen Partikel in der Nähe des Tropfens liegen und die feinstofflichen weiter vom Mittelpunkte abgewandert sind. Um den Tropfen haben sich nämlich je nach der Kapillarität des Papiers in harmonischen Abständen farbige Ringe gebildet, und liegen die rotbraunen dicht am Mittelpunkte; dann folgen in spektraler Anordnung alle Farben bis lavendel.

In gleicher Anordnung stelle ich mir das Planetensystem vor. Werden danach die Planeten mit den Farben bezeichnet, so hätten:

Merkur rot, Venus zinnober, Erde orangerot, Mars orange, die Planetoiden in ihrer Gesamtheit gelb, Jupiter gelbgrün, Saturn grün, Uranus blaugrün und Neptun blau, die noch nicht entdeckten Planeten, wie »Pluto«, von Leverrier berechnet, Indigoblau; dann folgen α violett und β lavendel.

Ob nach dieser Farbenskala überhaupt die ultra Neptunplaneten mit den Glaslinsen entdeckt werden können, ist zweifelhaft, wahrscheinlich wird man dazu Quarzlinsen benötigen, die noch indigoblaue und violette Strahlen durchlassen. Nach der folgenden Mischfarbentabelle für Spektralfarben von Helmholtz:

	violett	indigo	cyan-blau	blaugrün	grün	grüngelb	gelb	orange	rot
rot	purpur	dkl. rosa	wß. rosa	weiß	weißgelb	goldgelb	orange	zinnober	rot
orange	dkl. rosa	wl. rosa	weiß	weißgelb	gelb	gelb			
gelb	wl. rosa	weiß	wß. grün	wß. grün	grüngelb				
grüngelb	weiß	wß. grün	wß. grün	wß. grün					
grün	wß. blau	wß. blau	blaugrün	grün					
blaugrün	rosablau	rosablau							
cyan-blau	indigo								

geben, wenn die Farben jetzt mit den Planeten in Verbindung gebracht werden:

Neptun und Mars weiß,
Jupiter und Mars weißgrün,
Saturn und Merkur weißgelb,
Jupiter und Neptun weißgrün,
Saturn und Neptun blaugrün,

Merkur und Jupiter goldgelb,
Mars und Jupiter gelb,
Mars und Uranus weißgelb,
Jupiter und Uranus weißgrün,
Saturn und Uranus grün.

Die Farben für Venus und Erde müßten noch dazwischen geschaltet werden, dann würde Erde und Uranus Neptun, und Venus und Uranus Saturn complementär sein, was sehr gut zu den Einflüssen von Neptun, Uranus und Saturn auf Venus und Sonne als Opposition der Erde stimmen würde. Auch Venus mit Jupiter — brandgelb würde sehr gut passen.

Hierzu müßte allerdings noch zwecks Auslegung der Farben die von Leadbeater und A. Besant in ›Der Mensch und seine Körper‹ veröffentlichte Tabelle für die psychischen Einflüsse der Farben angezogen werden.

Die Planeten Merkur, Venus, Erde, Mars würden dann in die Zeichen von Widder bis Jungfrau, die Planeten Jupiter, Saturn, Uranus und Neptun in die Zeichen Fische bis Wage zu stehen kommen.

Sonne und Mond wirken auf die Erde ein und geben dieser ihre Aura oder magnetische Bestrahlung.

Die Sonne wirkt in jedem Grad eines Zeichens in der Weise ein, daß sie die Polarität vom Steinbock von dem Grad an, wo sie steht, bis zu demselben Grad des nächsten Zeichens mit der Polarität dieser Grade mischt. Um soviel Grade wie die Sonne von $0°$ Steinbock entfernt ist, um ebensoviele Grade entfernt mischen sich die Polaritäten der einzelnen Grade der Tierkreiszeichen. Dasselbe gilt von der Entfernung der Spitze des IV. Hauses von der Sonne.

Der Mond, als Reflektor der Sonnenstrahlen, hat die entgegengesetzte Polarität der Sonne und verhalten sich seine Strahlen zu denen der Sonne, daß das zunehmende Licht rötliche, der Vollmond gelbliche und der abnehmende Mond bläulich einwirkende Strahlen aussendet.

Will man nach dem Stand des Mondes zur Sonne diese Einwirkung feststellen, so werden die Planeten Merkur bis Mars in zunehmender Stellung, die Planeten Jupiter bis Neptun in abnehmender Stellung wirken, je nach dem Abstand in Graden von der Sonne.

Die südliche Halbkugel gehört nach dem Magnetismus der Sonne an, die nördliche dem Monde.

Kommentar zum Witte-Artikel " Sensitive Punkte "

Hier muss ich zum besseren Verständnis etwas auf die Vergangenheit zurückgreifen.

Himmellose und bedeutsame Punkte im Horoskop werden schon lange verwendet. Der sagenhafte " Hermes Trismegistos " (2. Jh. v. Z.) hat in seinem " Panaretos" (von der Allmacht) sieben solche Himmellose unterschieden. In Zusammenhang mit den sensitiven Punkten sind auch bedeutsame Namen wie Firmicus Maternus und Ptolemäus (beide etwa 2. Jh. n. Chr.) zu nennen. Ptolemäus hat man teilweise den Vorwurf gemacht " der Glückspunkt ist bloss ein seinem phantasiereichen Hirn entsprungenes Phantom ".

Der sonst so verehrungswürdige Wilhelm Knappich liess verlauten: Wie man nun auch immer über die sensitiven Punkte urteilen mag, ob man sie physikalisch, geometrisch oder " kabbalistisch " begründen will, so viel ist jedenfalls sicher: Sie verdanken ihren Ursprung einem blossen Würfelspiel oder Losorakel ".

Durch den Wiedererneuerer der Astrologie in Deutschland, Karl Brandler-Pracht (11. 2. 1864- 10. 9.1939), wurden im Jahre 1909 erstmalig in der astrologischen Zeitschrift " Zodiak " die sensitiven Punkte der Ekliptik besprochen. Nicht nur das Glücksrad kam dabei zu Ehren, sondern eine ganze Serie neuer und antiker bedeutsamen Punkte.

Brandler-Pracht arbeitete mit folgenden sensitiven Punkten:

Punkt für			
Glück	Sonne	− Mond	+ Ascendent
Geschwister	Saturn	− Jupiter	+ Ascendent
Erbschaften	Saturn	− Mond	+ Ascendent
Krankheit und Tod	Saturn	− Mars	+ Ascendent
Ehe	Sonne	− Venus	+ Ascendent
Vater	Sonne	− Saturn	+ Ascendent
Mutter	Venus	− Mond	+ Ascendent
Kinder	Jupiter	− Saturn	+ Ascendent

Die vorstehenden Formeln gelten für Taggeburten. Bei Nachtgeburten sind die ersten beiden Faktoren umzustellen (also Mond - Sonne + Ascendent = Punkt für Glück).

Eines der Hauptargumente der Gegner lautet, dass in jedem Horoskop, besonders bei der Hamburger Schule, mehrere Tausend sensitive Punkte vorhanden sind, mit denen man dann letztendlich alles beweisen kann. Dem muss entgegengehalten werden, dass es im Horoskop eine grosse Reihe von sensitiven Punkten gibt, deren Empfindlichkeit so gering ist, dass sie bedeutungslos sind. Ein sensitiver Punkt erhält dann erst Bedeutung, wenn ein progressiver Planet – oder auch ein langsam laufender Planet, einen sensitiven Punkt erreicht. Im übrigen muss in diesem Zusammenhang an eine uralte astrologische Erkenntnis erinnert werden, dass

> kein Ereignis eintritt, das nicht
> im Radix-Horoskop fixiert ist !

Was die astronomische Einleitung der Arbeit von Witte anbelangt, muss ich den Leser auf die Ausführungen von Ludwig Rudolph im " Leitfaden der Astrologie ", Seite 30, verweisen. Dort ist zum besseren Verständnis das Sachgebiet zeichnerisch dargestellt, so dass der Leser eine recht gute Vorstellung erhält.

Bei der von Witte im Original abgedruckten Arbeit hat sich ein Druckfehler eingeschlichen. Es heisst hier: " Im vorliegenden Horoskop sind Sonne 53.42 Stier ". Richtig muss es heissen 23.42 Stier.

Besonders diese Arbeit von Witte bleibt für den Studierenden unverständlich, wenn er sie nicht nacharbeitet. Ich habe eine Horoskopzeichnung für den behandelten Fall beigefügt, der Leser soll sie anhand der im Text angegeben Faktorenstände und Daten nacharbeiten. Der innere Kreis enthält die Radix-Stände, der mittlere Ring die Stände um den Sonnen-Bogen für die Todeszeit (= 31.54)vorgeschoben und der äussere die laufenden Stände am Todestag. Bei der Nacharbeit werden noch Feststellungen getroffen, die von Witte nicht erwähnt wurden.

Auf das Thema " Jahreshoroskop der Erde " und " kurzes Beispiel im Horoskop Kaiser Wilhelm " gehe ich zunächst nicht ein, weil beide Themen später noch eingehend erörtert werden.

Bevor der Studierende an die Arbeit geht, muss er sich die Definition Witte's für den sensitiven Punkt einprägen:

> Ein sensitiver Punkt ist das fehlende Element
> eines nicht symmetrisch geformten Planetenbildes, das zur Herstellung der Symmetrie
> diesen Punkt verlangt.

Eine Aufklärung muss ich diejenigen Lesern geben, welche die Arbeit mit der Gradscheibe nacharbeiten. Wenn hier Witte z. B. schreibt:

Saturn : Mars + Sonne

dann handelt es sich um die Rechenformel

Mars - Saturn + Sonne.

Die Schreibweise Saturn : Mars + Sonne ist nicht mehr gebräuchlich, weil sie u. U. zu Irrtümern Anlass geben kann.

Der Studierende wird nun sagen: " Um einen sensitiven Punkt zu ermitteln, ist eine mehr oder weniger zeitraubende Rechenarbeit erforderlich ". In Wirklichkeit ist dies halb so schlimm. Eine genaue Errechnung eines sensitiven Punktes nehmen wir erst dann vor, wenn wir einer bestimmten Sache - und da kommt es auf die Fragestellung an - auf die Spur kommen wollen. Mittels unserer Gradscheibe haben wir die Möglichkeit, die sensitiven Punkte zu ermitteln. Erst wenn die Ermittlung mit der Gradscheibe den gefundenen Anhaltspunkt gibt, dann wird genau gerechnet.

Wie aber können wir Summen- bezw. Minuspunkte mit der Gradscheibe feststellen ? Es ist sehr einfach und soll hier am Beispiel der Faktoren Mars (11.57 Fische) und Saturn (11.31 Widder) des von Witte besprochenen Horoskopes gezeigt werden.

1. Summenpunkte

Wir zeichnen die Stände der beiden Faktoren wie folgt ein, wobei wir den Punkt 0° Krebs oben, und 0° Widder rechts markieren.

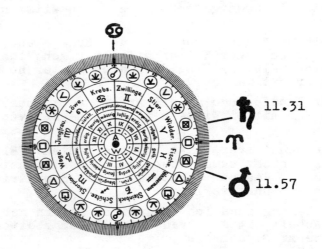

Dann drehen wir unsere Scheibe so, dass der Pfeil
(0° Krebs) genau in der Mitte von Mars und Saturn
steht. Das sieht dann so aus:

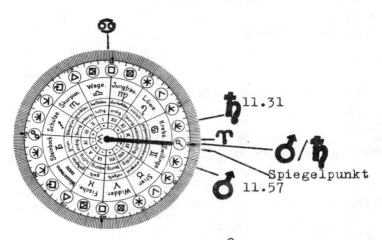

Der Pfeil steht also jetzt etwa 3° unterhalb des
Markierungspunktes von Widder. Und nun spiegeln wir
den markierten Widder-Punkt um die Pfeilachse, das
heisst, dass wir die Gradzahl zwischen Pfeil und
markiertem Widder-Punkt (der Widder-Punkt ist etwa
3° links von der Pfeileinstellung) von der Pfeileinstellung abziehen. Wir kommen dann auf ca. 27°
Zwillinge auf der Gradscheibe. Diesen Punkt markieren wir wieder (mit einem feinen Bleistiftstrich)
und stellen die Gradscheibe wieder in die Grundstellung (die beiden Kardinalpunkte Widder und Krebs
müssen sich decken).Das sieht dann so aus:

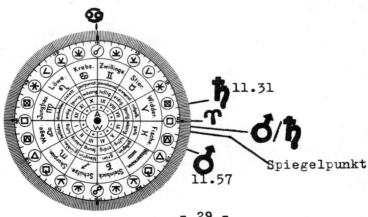

Lesen wir dann auf der so eingestellten Scheibe ab, wo sich der Spiegelpunkt Mars + Saturn - Widder befindet, dann kommen wir auf ca. 23° Fische.

Wir wollen aber jetzt genau rechnen:

    Mars   11.57 Fische   = 341.57
+ Saturn   11.31 Widder   = 11.31
                                          = 352.88
                                          = 353.28
                                          = 23.28 Fische

Rechenarbeit mit der Gradscheibe stimmt also.

2. Minuspunkte

Hier gibt es zwei Möglichkeiten:

    Den Stand des Mars vom Saturn abziehen, bezw. umgekehrt
    den Stand des Saturn vom Mars abziehen.

Vorsorglich weise ich darauf hin, dass es bei der Feststellung des Summenpunktes nur eine Möglichkeit gibt, denn ob wir Mars zu Saturn oder Saturn zu Mars addieren, es kommt immer das gleiche Ergebnis heraus. Bei der Feststellung der Minuspunkte ist dies anders. Entweder wir ziehen den Stand des Mars vom Saturnstand ab, oder umgekehrt.

Wählen wir wieder die gleichen Faktorenstände wie bei der Ermittlung der Summenpunkte. Die Grundeinstellung brauche ich nicht zu wiederholen, sie wurde bei der Summenpunkt-Ermittlung gezeigt. Ich brauche auch wahrscheinlich nicht mehr so genau zu beschreiben, wie das " Spiegeln " vor sich geht.

Wir wollen zunächst den Punkt von Mars minus Saturn feststellen.

Pfeil der Gradscheibe zwischen dem Widderpunkt und Mars stellen. Dann den Saturn um die Pfeilachse spiegeln. An der betreffenden Stelle eine Bleistiftmarkierung anbringen (bei etwa 10° Zwillinge auf der Gradscheibe). Das sieht dann so aus:

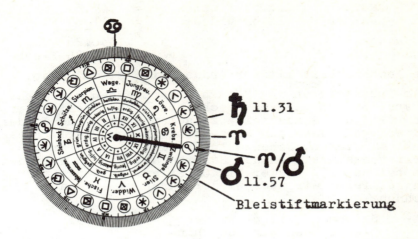

Bleistiftmarkierung

Wir stellen dann die Gradscheibe wieder in die Grundstellung (0° Krebs der Scheibe auf 0° Krebs der Papierunterlage drehen) und sehen jetzt, dass die Bleistiftmarkierung bei etwa 0° Fische steht. Hier die Zeichnung.

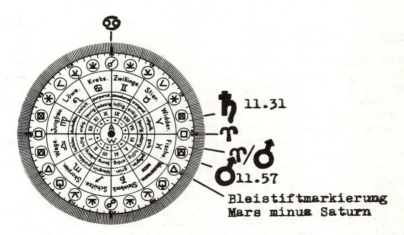

Bleistiftmarkierung
Mars minus Saturn

Der Studierende ist vielleicht noch misstrauisch, ob er mit der Gradscheibe richtig gearbeitet hat. Deswegen kontrolliert er durch eine genaue Rechnung.

```
    Mars        11.57 Fische     =   341.57
  - Saturn      11.31 Widder     =    11.31
                                     330.26
                                 =    0.26 Fische
```

Die Rechenarbeit mit der Gradscheibe stimmt also.

Beim Subtrahieren von Saturn - Mars gehen wir genau so vor, wie vorstehend beschrieben. Nur stellen wir den Pfeil der Gradscheibe zwischen Saturn und Widder, und spiegeln dann den Mars-Stand um den Pfeil. Diesen Punkt markieren, Scheibe in Grundstellung drehen, Markierungspunkt von der Scheibe ablesen. Wir finden ihn bei ca. 29° Widder bis 0° Stier. Vorsorglich kontrollieren wir aber wieder durch eine genaue Rechnung:

```
    Saturn      11.31 Widder     =    11.31
    hier müssen wir 360° hin-
    zuzählen, weil der Mars-
    stand vom Kreisnullpunkt
    ( 0° Widder ) aus grösser
    ist                          +   360.--
                                     371.31
  - Mars        11.57 Fische     =   341.57
                                      29.34
                                 =    29.34 Widder.
```

Die Rechenarbeit mit der Scheibe stimmt wieder.

Es ist vielleicht angebracht, hier noch auf den Begriff " Spiegelpunkt " bezw. " spiegeln " näher einzugehen. Ich nehme ein Beispiel aus dem täglichen Leben. Wenn Sie sich vor einen Spiegel stellen, der an der Wand hängt, dann sehen Sie sich naturgetreu (frontal). Nehmen Sie den Spiegel und drehen Sie ihn um ca. 30°, dann sehen Sie sich selbst nur noch zu einem Teil, der Rest ist im Spiegel als Zimmereinrichtung zu sehen. Bei den Spiegelpunkten der Hamburger Schule ist es ähnlich. Wenn ich z. B. die Sonne wäre, die in 1° Skorpion steht, und zum Mars (Spiegel) hinsehe, der in 9° Löwe steht, dann sehe ich durch den Winkeleinfall meines Auges zum Spiegel (Spiegelung) in eine andere Richtung.

Anhand einer Zeichnung, bei der wir ausnahmsweise zur besseren Darstellung auch den Innenraum des Kreises benutzen, sieht das so aus:

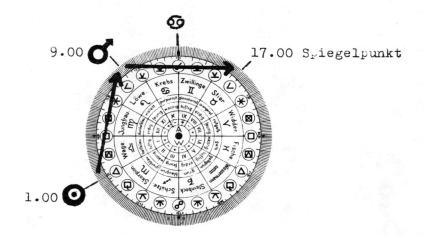

Die rechnerische Ermittlung des Spiegelpunktes der Sonne zum Mars geschieht wie folgt:

```
           Mars  +  Mars  -  Sonne
Also:      Mars     9.00 Löwe        = 129.00
         + Mars     9.00 Löwe        = 129.00
                                       258.00
         - Sonne    1.00 Skorpion    = 211.00
                                        47.00
                                    =   17.00 Stier
```

Wir können aber auch umgekehrt " spiegeln ", d. h. den Spiegelpunkt des Mars zur Sonne feststellen. Dann rechnen wir:

```
        Sonne  +  Sonne  -  Mars  = 23.00 Steinbock.
        211.00   211.00    129.00
```

Der aufmerksame Leser wird schon erkannt haben, dass man um jeden Punkt der Ekliptik spiegeln kann. Die Alten spiegelten nur über die Erdachse und gaben diesen Spiegelpunkten die Bezeichnung " Antiszien ". Die Formel lautet dann:

    Krebs + Krebs - Planet = Spiegelpunkt
    bezw.
    Steinbock + Steinbock - Planet = Spiegelpunkt.

Im Kommentar zu Wittes Arbeit " Das Verhältnis der sensitiven Punkte zueinander " werden wir nochmals auf dieses Thema zurückkommen.

Horoskop zum Thema " Sensitive Punkte "

Innerer Ring: Radix-Stände
Mittlerer Ring: Vorgeschobene Stände
Äusserer Ring: Transite Todestag

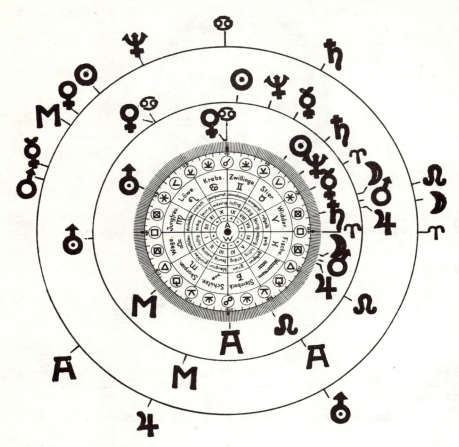

Sensitive Punkte.

A. ¡Witte, Hamburg.

Nach langjähriger Arbeit in der Astrologie wird man immer wieder finden, daß in allen Horoskopen die Aspekte der laufenden Planeten mit den Radixständen auslösend wirken, auch dann, wenn die Person über 60 Jahre alt ist.

Im Laufe von 60 Jahren wird der Widderpunkt ungefähr um 1 Grad rückwärts gegangen sein, trotzdem wirkt der Aspekt mit den Radixplaneten beinahe auf die Bogenminute. Hieraus macht man die Erfahrung, daß nicht die siderischen Standpunkte der Planeten, sondern der Stand in den magnetischen Feldern, die durch die Lage der Erdachse zur Erdbahn gebildet werden, maßgebend ist.

Die achsiale Ebene des Magneten Erde schneidet die Ekliptik, die Bahn der Erde um die Sonne im Krebs- und Steinbockpunkte; der größte Umdrehungskreis der Erde schneidet die Ekliptik im Wage- und Widderpunkte. Der Nordpol der Erde ist im Juni, der Südpol im Dezember der Sonne zugeneigt; daher bekommen die Zeichen Krebs und Zwillinge mehr polare Eigenschaften des Nordpols und die Zeichen Steinbock und Schütze mehr die polaren Eigenschaften des Südpols der Erde.

Ist die Sonne ansteigend vom Steinbock zum Krebs, so bekommt die Nord-Halbkugel der Erde den Druck des positiven Magnetismus; ist die Sonne absteigend vom Krebs zum Steinbock, dann hat die Süd-Halbkugel den Druck des positiven Magnetismus. Deshalb sind alle Zeichen des Tierkreises magnetisch verschieden zu bewerten; der Tierkreis ist eine Kreislinie der Schnittfläche durch den Magneten Erde.

Da nun die Tierkreiszeichen nicht dem Fixsternhimmel angehören, sondern nur Bezeichnungen für die verschiedene Art des Erdmagnetismus sind, so haben wir es auf der Ekliptik mit polaren Eigenschaften der Grade der Tierkreiszeichen zu tun.

Es sind die Oppositionen polarisiert, ebenfalls die Spiegelpunkte zur Äquinoktiallinie Widder-Wage. So ist beispielsweise 11° Wassermann ein Gegenpol zu 11° Löwe, zum 19° Stier und 19° Skorpion, weil eben beide Punkte denselben Abstand in Länge zu 0° Widder- und 0° Wage haben.

Die Spiegelebene ist in dem magnetischen Tierkreis die Äquinoktiallinie zwischen Widder- und Wagepunkt.

Die Erdkugel wird ferner noch durch die Sonne polarisiert durch den von der Sonne durch die Erde gesandten positiven Strom, der in der Erde ein magnetisches Feld erzeugt, dessen Kraftlinien konzentrische Kreise sind und deren Ebenen senkrecht zum Stromleiter stehen (nach dem Satze von Biot und Savart). Der Stromleiter ist in diesem Falle die Gravitationslinie Erde-Sonne.

Diese konzentrischen Kreise schneiden die Ekliptik in gleichem Abstande von der Sonne. Sehr schön kann man eine Polarisation durch das Licht bei einem runden Opal beobachten; die dem Lichte abgekehrte Seite des Opals zeigt immer die Komplementärfarbe des Steines.

Steht die Sonne in 0° Grad Steinbock, so deckt sich die Polarisation durch die Sonne mit der Polarisation des Magneten Erde.

Beim Lauf der Sonne durch die Tierkreiszeichen bekommen die verschiedenen Zeichen eine Mischung der Polarität der Erde sowie der Polarisation, die von der Sonne hervorgerufen wird.

Die laufende Sonne kann man durch die Übereinstimmung beider Polaritäten mit 0° Grad Steinbock in Verbindung bringen, nur zählt man jetzt die Abstände von 1—30 Grad von der Sonne aus, mit den Tierkreiszeichen gehend. So ist bis 30° Steinbock-Magnetismus und von 30—60° Wassermann-Magnetismus usf. Steht die Sonne in 23° 42′ Stier, so ist bis 23° 42′ Zwillinge Steinbockmagnetismus, und es findet eine Mischung der Polarität der Zwillinge mit der vom Steinbock statt.

Die Spiegelebene, die Ausgleichung von positivem und negativem Magnetismus, liegt in der Quradratur der Sonne, in diesem Falle 23° 42′ Löwe und 23° 42′ Wassermann auf der Ekliptiklinie.

Die Stellung der Erdachse zur Erdbahn verursacht die verschiedene Polarität der Tierkreiszeichen bei einer Geburt ist die Achse des Horoskops die Linie, welche vo burtsort durch den Mittelpunkt der Erde geht. Diese Meridianebene schneidet den Äquator in der oberen und der unteren Kulmination; der Zenit oder Mitthimmel steht zum größten Umdrehungskreis, der den Äquator ebenfalls in zwei Punkten schneidet, rechtwinklich.

Der Ort dreht sich mit der Erde in der geographischen Breite an einem Tag in einem Kreislaufe parallel zum Äquator um die Erdachse; somit ist die Bahn des Ortes dem Äquotor gleichzusetzen und die Schnittlinien der Felder liegen im Abstande von je 30 Grad auf dem Äquator, vom Meridian an gerechnet. Diese Felder sind auf der Äquatorlinie gleichmäßig polarisiert, nur der Mitthimmel oder der Geburtsort auf der Erde zeigt die Polarität der geographischen Breite, weil der Erdkörper ein Magnet ist, und die Stellung des Meridians zur Sonne in Rektascension gibt den Grad der Polarisation an; ist der Meridian weniger als 180° entfernt, so ist die Polarität in den Zeichen Steinbock bis Zwillinge zu finden, ist er mehr als 180° entfernt, so ist die Polarität in den Zeichen Krebs bis Schütze zu suchen. Der Ort Hamburg + 53° 33' nördl. Breite — ist nun auf der Ekliptik in demselben Grad vom Widder- oder Wagepunkt an auf dem nördlichen Halbkreis bis Krebs zu suchen, daher liegt die Polarität dieses Ortes entweder 23° 33' Stier oder 6° 27' Löwe. Den entgegengesetzten Pol findet man 23° 33' Skorpion und 6° 27' Wassermann.

Die Orte auf der nördlichen Halbkugel der Erde liegen auf dem Bogen Widder über Krebs bis Wage; die Orte auf der südlichen Halbkugel der Erde sind von Wage über Steinbock bis Widder zu finden.

Je nördlicher in der geographischen Breite ein Mensch geboren wird, desto größer sind die Gegensätze der Polaritäten, die ihn mit der Erde verbinden. Die Ähnlichkeit der Polarität mit den Tierkreiszeichen findet man in der Teilung des I. Vertikals, des Kreises, welcher den Zenit mit dem Äquatorschnittpunkt verbindet; so sind vom Geburtsort nach Osten auf dem ersten Vertikal bis zum Äquator hin die Tierkreiszeichen Krebs bis Jungfrau zu finden, vom Nadir bis zum westlichen Äquator hin die Zeichen Steinbock bis Fische usw.

Der Geburtspunkt auf der Ekliptik im geozentrischer System liegt in der Verlängerung der Gravitationslinie Sonne-Erde und führt mit der Erde in den Tagen nach der Geburt eine ostwärtige Bewegung um die Sonne aus, — ein Analogium zum Geburtsorte um die Erdachse. Im Augenblick der Geburt nimmt der Körper dieselbe Bestrahlung der Erde im Laufe um die Sonne als festbleibende Kristallisation in sich auf, und ist dieser geozentrische Stand der Gestirne zur Sonne und in den elektrischen Feldern der Erde maßgebend.

Die fortlaufende Erde in Tagen nach der Geburt nimmt nun diesen Stand zur Sonne mit sich und schafft dadurch zur Radixsonne in der Ekliptik Differenzbögen mit der ersten Kristallisation. Den Unterschied in Länge nennt man Sonnenbögen und werden diese neuen Stände der Planeten als von der Sonne in den Tagen nach dem Geburtstage vorgeschoben betrachtet. Diese vorgeschobenen Planeten behalten dieselben Breiten zur Ekliptik wie bei der Geburt und bilden dann zu den Radixplaneten neue Deklinationen, die für die Prognose außerordentlich wichtig sind.

Jetzt kann man von der Gravitationslinie Erde-Sonne und von der Bewegung ausgehend, die elektrischen Felder — ähnlich wie beim Meridian-Horoskop — mit den Zahlen X bis IX bezeichnen und sind diese Felder ähnlich zu bewerten, wie die Häuser des Meridians. Die Häuser I bis VII liegen der Sonne zugekehrt und deckt sich die Spitze des IV. Hauses mit dem Stand der Radixsonne. Der Unterschied der Häuser in Länge beträgt je 30 Bogengrade.

Die Erdachse hat eine sich nur wenig ändernde Neigung zur Erdbahn um die Sonne. Betrachtet man den Nordpol als den Mitthimmel des Körpers Erde und die Achse Nordpol-Südpol als Gravitationslinie des Erdhoroskops, so sind in der Bahn um den Mittelpunkt Sonne die magnetischen Felder des Erdhoroskops die Tierkreiszeichen der Ekliptik und ist für die Nordhalbkugel der Erde der Widder das VII. Haus, der Steinbock das IV., die Wage das I. und der Krebs das X. Haus dieses Horoskops.

Für die Südhalbkugel laufen die Tierkreiszeichen umgekehrt und ist Jungfrau das I., Zwillinge das IV., Fische das VII. und Schütze das X. Haus des Erdhoroskops.

Diese magnetischen Felder wirken auf den Erdkörper und somit auch auf den auf diesem Körper Geborenen; daher sind auch in diesem Horoskop die Stellung der Planeten ähnlich wie beim Horoskop der Sonne, welche dort im IV. Hause steht, und dem Horoskop des Geborenen, bei welchem der I. Vertikal vom Zenit aus, der Äquator vom Meridian aus in 12 Teile geteilt ist, zu bewerten.

Diese Punkte der verschiedenen Horoskope — Erdhoroskop IV. Haus Steinbock, Sonnenhoroskop VI. Haus Sonne im Radix, Meridianhoroskop X. Haus — Geburtsort, und das Horoskop des Ascendenten — haben zur Berechnung der sensitiven Punkte eine große Bedeutung.

Der Widderpunkt, die Spitze des VII. Hauses des Erdhoroskops, ist der Nullpunkt der Ekliptik und werden von diesem alle Stände der Planeten bestimmt. Will man alle Systeme auf dieselbe Form bringen, so muß entweder von der Gravitationslinie X—IV, Erde bis Sonne, Krebs bis Steinbock, und Quadratur Ascendent bis Quadratur Descendent gerechnet werden, oder man muß das Erdhoroskop vom Widderpunkt, das Horoskop des Ascendenten vom Descendenten und das Meridian- und das Sonnenhoroskop von der Quadratur der Sonne und von der Quadratur des IV. Hauses nehmen.

Besser ist es schon, es werden die beiden ersten vom IV. Hause bezw. von der Sonne gerechnet und die letzten vom Descendenten und vom Widderpunkte, da dann für die Punkte der beiden letzten die Quadraturen gelten.

Der gemeinschaftliche Punkt für zwei Planeten ohne Rücksicht auf irgendwelche Gravitationslinie ist die halbe Summe = die Spiegelkonjunktion, auch als Opposition. Als Beispiel sei Mars und Saturn für den 14. Mai 1879, 11 Uhr abends in Hamburg, genommen. X = 9° 53′ Skorpion, A. = 1° 24′ Steinbock, Sonne = 23° 42′ Stier, Mond = 14° 37′ Fische, Merkur = 28° 03′ Widder, Venus = 1° 01′ Krebs, Mars = 11° 57′ Fische, Jupiter = 9° 12′ Fische, Saturn = 11° 31′ Widder, Uranus = 0° 07′ Jungfrau, Neptun = 10° 07′ Stier, aufsteigender Mondknoten = 28° 15′ Steinbock, absteigender Mondknoten = 28° 15′ Krebs.

$$\text{Mars } 11° 57′ \text{ Fische} + 11° 31′ \text{ Widder} = \frac{353° 28′}{2} = 176° 44′ =$$

M. rs/Saturn 26° 44′ Jungfrau und ☌ ♂/♄ 26° 44′ Fische. Der Strich zwischen Mars und Saturn gilt als Spiegelebene.

Wird das Erdhoroskop jetzt genommen und Punkte zum Ascendenten oder Descendenten gerechnet, so hatte man bisher den Punkt für Tod entweder Saturn zu Mars $+$ A., oder Mars zu Saturn $+$ A. oder die Opposition dieser Punkte, wenn der Descendent addiert wird.
Saturn: Mars $+$ Descendent im Erdhoroskop ist dann $330° 26' + 360°$ $= 0° 26'$ ♓; Mars: Saturn $+$ D. im Erdhoroshop ist dann $29° 34' + 360°$ $= 29° 34'$ ♈ oder Mars $+$ D. — Saturn $= 0° 26'$ Fische und Saturn $+$ D. — Mars $= 29° 34'$ ♈.

Wenn wir also die Kristallisation der Planeten des Radixshoroskops mit dem Meridian, dem Ascendenten, dem Widder- und Steinbockpunkte uns auf eine runde Scheibe den Graden gemäß aufzeichnen, und haben dieselbe Kristallisation auf einem andern Bogen Papier festgehalten, und setzen jetzt jeden Planeten auf den Widderpunkt außerhalb, dann bekommen wir für jeden Bogen zweier Planeten zwei Punkte. Legen wir jetzt, nachdem alle Bögen aufgezeichnet sind, die Sonne der inneren Scheibe auf den Widderpunkt außerhalb, so beziehen sich alle Punkte vom Widderpunkte aus auf den Sonnenstand.

Wird für die innere Scheibe ein Gradbogen genommen und der Stand der Sonne auf Widder gelegt, dann geben die äußeren Punkte die Stände in der Ekliptik auf dem inneren Gradbogen an. Stand Sonne $= 23° 42'$ Stier. Wir haben dann für
Saturn: Mars $+$ Sonne $= 24° 08'$ Widder.
Mars: Saturn $+$ Sonne $= 23° 16'$ Zwillinge.

Die Stände der Bögen von Sonne radix aus geben auch den Zusammenhang mit den Radix-Sonnen umd den progressiven Sonnen anderer Personen und werden immer die gefundenen Planeten ausgelöst. Das IV. Haus Radix war $9° 53'$ Stier, der Ascendent war $1° 24'$ Steinbock.
Saturn: Mars $+$ IV $= 10° 19'$ Widder.
Mars: Saturn $+$ IV $= 9° 27'$ Zwillinge.
Saturn: Mars $+$ A. $= 1° 50'$ Schütze.
Mars: Saturn $+$ A. $= 0° 58'$ Wassermann.

Die laufenden Planeten am Todestage, 3. August 1912, mittags 1 Uhr 15 Min. waren: Neptun $24° 11'$ Krebs, Uranus $1° 06'$ Wassermann, Saturn $2° 27'$ Zwillinge, Jupiter $5° 33'$ Schütze, Mars $10° 49'$ Jungfrau, Venus $18° 39'$ Löwe, Merkur $5° 32'$ Jungfrau, Mond $9° 37'$ Widder, Sonne $10° 46'$ Löwe, aufsteigender Mondknoten $15° 42'$ Widder, X lfd. $=$ Uranus r. $= 0° 07'$ Jungfrau, absteigender Mondknoten vorgeschoben $= 0° 06'$ Jungfrau. Ascendent lfd. Quadratur Sonne lfd. $10° 46'$ Skorpion, Uranus radix $= 0° 07'$ Jungfrau, Uranus progr. $= 0° 47'$ Jungfr., Merkur pr. $= 23° 14'$ Zwillinge. ♂ $+$ ♄ — ☉ $= 29° 46'$ Steinbock.

Aus obigen Zusammenstellungen ersieht man deutlich, daß alle Punkte von den 4 angeführten Gravitationslinien aus wirken. Ferner sei noch erwähnt: lfd. Saturn/Uranus $= \frac{Saturn + Uranus}{2} = 1° 47'$ Waage, Saturn/Venus $= 10° 33'$ ☋, Venus/Uranus $= 9° 53'$ Skorpion ♂, X Hausradix lfd. Sonne/Venus $= 14° 43'$ Löwe Oppos. † IV. $=$ (Saturn r. $+$ Mars r. — IV r.) Saturn r. $+$ Mars r. — A. r. $= 22° 04'$ Zwillinge. Saturn vorgeschoben $13° 22'$ Stier Quadratur † IV, † Sonne v. $= 1° 37'$ Fische Quadratur Saturn: Mars $+$ A. (♂ $+$ ♄).

Dazu das Jahreshoroskop der Erde Sonne $0° 00'$ Steinbock, 1911, zeigt den Mars Konjunktion Sonne radix und andere Punkte, wie: Sonnenfinsternisse, Mondfinsternisse, Bedeckungen durch Mond usw. $\frac{\text{Mars} + \text{Saturn}}{2}$ = 19° 14′ Stier, Sonne r. + Sonne progr. = 19° 14′ Löwe, Sonne r./Sonne p. = 9° 37′ Zwillinge. X r. + X pr. = 21° 37′ ⊗, Mars $\frac{\text{lfd.} + \text{Saturn}}{2}$ lfd. = 21° 38′ ⊗. Und das Solarhoroskop Sonne = 23° 42′ Stier im Jahre 1912 zeigt Venus Konjunktion. IV r., Saturn Konjunktion. Sonne r., Jupiter Konjunktion. X v., ☊ Konjunkt. A. v. usw.

Nun zurück zur mathematischen Bestimmung der Punkte.

Es werden immer 2 Planetenstände (der Widderpunkt, das X. Haus und der Ascendent sind gleichwertig zu behandeln) addiert und ein dritter Stand von der Summe subtrahiert. Daher kann man setzen: Mars + Saturn — Widder = Saturn + Mars = 23° 28′ Fische, Mars + Saturn — Sonne = 29° 46′ Steinbock, d. h. Sonne: Mars + Saturn und Sonne: Saturn + Mars. Es ist dann der Bogen von der Sonne bis zur Hälfte der Summe von Mars und Saturn gleich dem Bogen von der Hälfte der Summe von Mars und Saturn bis zum gefundenen Punkt, sodaß der Punkt 29° 46′ Steinbock der Spiegelpunkt der Sonne radix zur Spiegelebene Mars/Saturn ist. Will man also von dieser Spiegelkonjunktion den Spiegelpunkt irgend eines Planeten finden, so addiere man die beiden Planeten und subtrahiere den dritten.

So ist Mars r. + Saturn r. — Sonne lfd. = 12° 42′ ♏, Quadratur † IV r. Mars lfd. + Saturn lfd. — Sonne radix = 13° 16′ Skorpion, Quadratur † IV r.

Das Jahreshoroskop vom 22. Dezember 1911 zeigt den Saturn = 13° 50′ Stier.

Mars + Saturn — Sonne r. = 14° 45′ Stier, Mars + Saturn — Sonne v. = 12° 54′ Widder Konj. Saturn r. Mondfinsternis = 11° 23′ Widder Konj. Saturn r. 11° 31′ Widder.

Sehr leicht lassen sich alle vorhandenen Punkte auf ein Stück Papier auftragen, indem auf das Papier ein Gradbogen gelegt, die Radixgestirne aufgezeichnet und dann nach Entfernen des Gradbogens eine runde Scheibe mit den Radixgestirnen, dem I., X. oder IV. Haus und 'em Widderpunkte auf den Bogen so gelegt wird, daß der Mittelpunkt sich um eine Heftzwecke drehen kann. Wird jetzt der Widderpunkt der nneren runden Scheibe auf jedes Gestirn gelegt und die auf der inneren Scheibe vorhandenen Stände auf das Papier weitergeführt, so ist einer dieser Punkte die Summe des Planeten der inneren Scheibe und des Planeten des äußeren Papiers, worauf der Widderpunkt der inneren Scheibe nach außen zeigt.

Legt man nach Fertigstellung aller Summen den Gradbogen auf das Papier, so zeigt der Widderpunkt des Gradbogens den Planeten an, der jedesmal von der Summe zweier Planeten subtrahiert ist.

Zum Beispiel: Sonne + Mars außerhalb, innen Widderpunkt auf Saturn außen, dann steht Sonne + Mars auf 24° 08′ Widder, Saturn + Mars — Saturn = 11° 57′ Fische = Mars rad. usw.

Über den Punkt A + D — Saturn ging am Todestage der laufende Jupiter.

In Quadratur zum Glückspunkt A + D — Sonne ging Neptun lfd. Wichtig ist vor allen Dingen, welche Planeten addiert und welch subtrahiert werden müssen.

Im vorliegenden Horoskop stand Sonne 53° 42' Stier mit Neptun 10° 01' Stier in Konjunktion im Todeshause Stier der Erde. Der Planet Mars ist der Komplementär-Planet vom Neptun, daher wird dieser subtrahiert, um die Sonne auszulöschen. Sonne + Neptun — Mars = 21° 46' ⊗, Konj. Neptun lfd. 24° 11' ⊗. Konj. Mars $\frac{\text{lfd.} + \text{Saturn lfd.}}{2}$ = 21° 38' ⊗. X vorgeschoben Quadratur Jupiter r. Quadratur Mars r., daher auch Sonne + Neptun — Jupiter = 24° 31' ⊗.

Einen besonderen Hinweis möchte ich noch auf die halben Summen der Planeten, auf die Spiegel-Konjunktionen machen, hauptsächlich ist auf den Durchgang der progressiven Sonne (der Sonne in Tagen nach der Geburt) durch diese Punkte zu achten, da diese Planeten dann immer das Ereignis anzeigen. Im vorliegenden Horoskop ging die Sonne p. durch Sonne/absteigender Mondknoten r.

Im Horoskop Kaiser Wilhelms ging die Sonne pr. durch Sonne/Uranus im Jahre 1914 und die Sonne lfd. Opposition Uranus lfd. gab den Tag der Kriegserklärung 1. August 1914. Mond: Uranus + Sonne, Sonne: Saturn + Sonne gab ebenfalls den Tag an.

Die laufende Sonne nimmt die Radixkristallisation mit sich, sodaß der Sonnenbogen zweier Planeten zur Sonne radix addiert, den Tag des Ereignisses angibt.

Das System der einzelnen Sonnen-Horoskope miteinander verbunden, gleicht der Pflanze Sonnentau, drosera rotundifolia, wo die Blätter mit den Greifarmen die Erde mit den Planetenständen und der Stiel der Blätter der Gravitationslinie Erde-Sonne gleichen.

Da nun alle Menschen an verschiedenen Tagen geboren sind und doch alle auf dem Planeten Erde sich befinden, so müssen auch die miteinander in Verbindung zu bringen sein, die tatsächlich miteinander in Berührung kommen und das wird in dem Erdhoroskop dadurch ausgeführt, daß man die Radixsonnen zweier Personen addiert und als Punkt benutzt. Die Hälfte der Summe gibt den Punkt an, der die Verbindung herbeigeführt hat. Der Tag der Trennung wird ermittelt durch die Summe der Sonnen minus Stand der lfd. Sonne.

Bei stärkeren Verbindungen werden die Spitzen der X Häuser addiert und man erhält dadurch den betreffenden Punkt.

Bei einer Person wird der Punkt gefunden, wenn die Radixsonne und die Progressivsonne addiert werden; ebenfalls wenn IV r. und IV p. addiert werden.

Im vorliegenden Falle 9° 53' Stier + 11° 44' Zwillinge = 21° 37' ⊗, Konj. Mars/Saturn lfd. und 9° 53' Stier + 11° 44' Zwillinge minus Sonne lfd. 10° 46' Löwe = 10° 51' Fische, Oppos. Mars lfd., Konj. Jupiter, Mars r.

Ascendend r. + Ascendent v. minus Sonne lfd. = 271° 24' + 303° 15' — 130° 46' = 23° 53' Zwillinge, Quadratur Mars + Saturn r. = 23° 28' ♓. Da das X. Haus über 180° von der Sonne entfernt ist, so gilt der Spiegelpunkt von 23° 42' Stier = 6° 18' Löwe und ebenfalls der Punkt für Hamburg 6° 27' Löwe.

Die Krankheit dauerte 4 Tage von Sonne laufend 6° 20' Löwe bis 10° 46' Löwe. Schwarzwasserfieber, nach einer Reise von Lokaja (Togo, Deklination des Merkur) in Hamburg verstorben, Merkur und Mondknoten radix standen in ☐ zu einander.

Kommentar zum Witte-Artikel
" Leichte Berechnung der Deklinationen von vorgeschobenen Planeten mit Hilfe von Tabellen ".

Die Deklinationen der vorgeschobenen Planeten werden im allgemeinen etwas vernachlässigt. Es mag wohl daran liegen, dass die Berechnung etwas umständlich ist. Witte war Vermessungstechniker, so dass er mit der Mathematik täglich Umgang hatte. Der Laie muss sich hier schon etwas einarbeiten. Aber wer die Angaben von Witte nacharbeitet, wird sich bald zurechtfinden. Ludwig Rudolph hat in seinem " Leitfaden der Astrologie (S. 152 - 157) ebenfalls eine gut verständliche Einführung in dieses Wissensgebiet gebracht. Er hat im Anhang des Leitfadens ein " Graphikon der Deklinationen für das Deutsche Reich " aufgeführt und den Beweis erbracht, dass aus diesem Graphikon bedeutsame Ereignisse ersichtlich sind. Die besagte graphische Darstellung wurde bis 1940 errichtet. Das schreckliche Ende des zweiten Weltkrieges ist auf diese Weise ebenfalls ersichtlich. Zur Demonstration wurden die Kurven von 1940 bis 1950 aufgezeichnet, aber lediglich ein Ausschnitt des Graphikons wiedergegeben, wobei lediglich die Faktoren Neptun rad. und die vorgeschobenen Deklinationen von Sonne und Saturn eingezeichnet sind.

Der Studierende kann hier sehr leicht die Krisenkonstellationen erkennen (siehe nachfolgende Zeichnung mit Erläuterung). Das Horoskop des Deutschen Reiches 1871 hat also immer noch Gültigkeit.

Ohne Zweifel sind die Deklinationen von vorgeschobenen Planeten ein Wissensgebiet, das nicht unbeachtet bleiben soll. Es wäre ein dankbares Arbeitsgebiet für einen Astrologen, der sich darauf spezialisiert.

Wesentlich leichter ist die Erstellung eines Graphikons der laufenden Deklinationen. Es ist ein solches für die Jahre 1975 - 1980 erstellt (siehe Abbildung), damit die Leser die Möglichkeit haben, die kosmischen Suggestionen mit dem Weltgeschehen zu vergleichen. Um die Übersichtlichkeit zu erhalten, wurden lediglich die Planeten Jupiter, Saturn, Uranus, Neptun und Pluto erfasst. *)

Der Leser kann hier selbst leicht erkennen, wann sich die Kurven der Planeten-Deklinationen schneiden. Es brauchen also keine besonderen Hinweise gebracht zu werden. Die Deutung erfolgt genau so, wie bei Zusammentreffen von Planeten in Länge.

Ausschnitt des Graphikons für das Deutsche Reich 1871.
Hier sind lediglich die Radix-Deklination für den Neptun und die vorgeschobenen Deklinationen für Sonne und Saturn erfasst.

+ = Nördliche Deklination,   − = Südliche Deklination

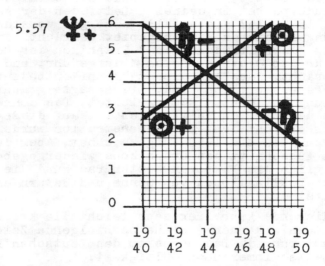

1940: Vorgeschobene Deklination des Saturn 5.56 S
= Radix-Deklination Neptun 5.57 N
Deutung: Dinge von langer Dauer, Leid, Verzicht

1944: Schneiden sich die Bahnen der vorgeschobenen Deklinationen von Sonne und Saturn. Die Invasion der Alliierten begann und leitete den militärischen Zusammenbruch ein.
Deutung: Hemmungen und Schwierigkeiten.

1948: Gegen Ende des Jahres erreicht die Deklination der vorgeschobenen Sonne die Radix-Deklination des Neptun. Das war die Zeit kurz nach der Währungsreform.
Deutung: Unsichere Zeiten, geschwächter Körper.

Damit sich der Studierende mit der verwendeten Terminologie etwas vertraut machen kann, hier die Definitionen:

Deklination
ist der Abstand (Abweichung) vom Himmelsäquator.
Er wird in der Ephemeride in Graden mit dem Zusatz
N (nördlich) oder S (südlich) angegeben.

Breite
ist der Abstand eines Gestirns von der Ekliptik
(Erdbahn bezw. scheinbare Sonnenbahn). Dieser Abstand wird in der Ephemeride in Graden mit dem Zusatz
N (nördlich) oder S (südlich) angegeben.

Zweckmässig ist es, die bildlichen Darstellungen von
Ludwig Rudolph im " Leitfaden der Astrologie "
(Seiten 6, 9 und 10) auf sich einwirken zu lassen.

Für die Aufstellung eines Graphikons wird mm-Papier
verwendet. Hier zeichnen wir eine senkrechte Linie
(Ordinatenachse) und eine waagrechte Linie (Abzisse) ein. Die Ordinatenachse versehen wir mit
24 Teilstrichen, die Abzisse in (Lebens-) Jahre,
je nach Bedarf.

---

*) Ein Graphikon der laufenden Deklination der Planeten gab Alfred WITTE für 1921 in seinen Sierius-Blättern für einzelne Jahrgänge heraus.

Mangels Verständnis der damaligen Astrologenschaft stellte er diese Arbeit ein.

Ablichtung eines solchen Graphikons nach diesem Artikel.

L.R.

Leichte Berechnung
der Deklinationen von vorgeschobenen Planeten
mit Hilfe von Tabellen.

A. Witte, Hamburg.

Im Geburtsaugenblick bilden die Planeten mit dem Sonnenstand eine feste Kristallisation, die während des ganzen Lebens dieselbe bleibt; eingeschlossen ist das X. Haus, der Aszendent und der Widderpunkt.
Diese Kristallisation wird von der progressiven Sonne, also der Sonne in den Tagen nach der Geburt mitgenommen, dadurch bilden

alle Planetenstände in derselben Breite wie im Radix mit den **Radix**planeten neue Stände, die man als vorgeschobene bezeichnet.

Sie bilden auch neue Deklinationen und horizontale Parallelen mit den Radixplaneten, die von großer Wichtigkeit sind.

Nachstehend soll eine leichte Berechnungsart dieser Stände geschildert werden.

Die Direktion liegt auf der Ekliptik und wird mit dem Sonnenbogen vorgenommen.

Beispiel: Planetenstand vom 14. Mai 1879, abends 11 Uhr, Hamburg.

$\odot^r = 23°42'\,\text{♉}$, $\Psi^r = 10°01'\,\text{♉}$, $\Omega^r = 25°35'\,\text{♉}$
Dekl. „ $= +18°42'$, „ $+13°12'$, „ $-20°31'$ „
Breite „ $= 0°00'$, „ $-1°43'$, „ $+0°46'$ „

Die progressive Sonne war für den 3. August 1912 $= 25°33'\,\text{♊}$; der vorgeschobene $\Psi = 11°52'\,\text{♊}$. ☋ v. $= 0°06'\,\text{♍}$. Für den vorgeschobenen Ψ soll die Deklination bestimmt werden.

Man findet in der Tabelle für Rektaszensionen und Deklinationen von 1—90° bei der Länge von 71°52'
die Deklination $+22°13'$
in Tabelle 2 bei 72° Länge 2'.

Diese werden von der Breite subtrahiert $= 1°43'$
$\underline{-0°02' = -1°41'}$
neue Deklinationen . . . . $= +20°32'$
$\|\,\Omega^r = 20°31'$

Der vorgeschobene ☋ war 0°06'. ♍ ☌ ☋^{r} = 0°07' ♍, ☋ laufd. Dekl. — 20°31'. Die $\odot^r$ Dekl. $= +18°42'$, ☽ lfd. $= +18°42$.

Bestimmung des $\odot$ Bogens, wenn ein Planet zum andern vorgeschoben wird: Die Formel lautet:

$$\sin.\text{ Länge} = \frac{\sin. \delta + \sin. \beta \cos. E}{\cos. \beta \sin. E};$$

wenn beide Vorzeichen von δ und β gleich sind, wird subtrahiert, wenn beide Vorzeichen von δ und β ungleich sind, wird addiert.

Mit Hilfe der Tabellen wird Ψ dirigiert zum ☋$^r = +20°31'$
$\Psi^r = 10°01'\,\text{♉}\,\beta = 1°42'$.

Es wird für die Deklination $+20°31'$ der ungefähre Ekliptikpunkt gesucht in Tabelle 1 $= 1°45'\,\text{♊}$. Jetzt wird β als Deklination behandelt und bei ca. 62° in Tabelle die Differenz gesucht $= -3'$ von β subtrahiert, gibt 1°40'; diese werden zu 20°31' addiert, weil $\beta = -22°11'$, und von dieser Deklination die Länge mit Tabelle 1 gesucht $= 11°38'\,\text{♊}$
$\Psi^r = \underline{10°01'\,\text{♉}}$
Die Diff. ist der $\odot$ Bogen $= 31°37'$.

Zur $\odot$ radix addiert, gibt den progressiven Sonnenstand $= 25°19'\,\text{♊}$.

Werden die $\odot$ Bogen der progressiven $\odot$ auf quadriertes Papier so aufgetragen, daß sie ¼ Jahre in Abscissen*) zeigen, und die vorgeschobenen Deklinationen dazu als Ordinaten,**) die Deklinationen der

---
*) d. h. in gleichen Abständen von links nach rechts.

**) d. h. von einer wagerrechten Linie werden die nördlichen und südlichen Deklinationen mit einem Maßstab nach oben aufgetragen, die —Deklination mit —, die +Deklination mit + bezeichnet.

Radixplaneten ebenfalls eingetragen, so hat man eine überraschende Übersicht über die meisten Hauptereignisse.

Da nun dieselbe Breite zur Ekliptik eine Parallele zur Ekliptik ist, braucht man nur von 10 zu 10 Jahren die neue Deklination zu rechnen und die Differenzen der Deklinationen derselben Längengrade zur ersten gefundenen Deklination und folgenden zu addieren.

I.
Tabelle der Rektascension und Deklination.

Länge ♈,♉,♊,♎,♏,♐	für ♈,♎ +180°	♈,♍ + ♓,♎ −	für ♍ ♓ +180°	für ♉ ♏ +180°	♉,♌ + ♏,♒ −	für ♌ ♒ +180°	für ♊ +180°	♊,♋ + ♐,♑ −	für ♋ ♑ +180°	Länge ♋,♌,♍,♑,♒,♓
	α	δ	α	α	δ	α	α	δ	α	
°	° ′	° ′	° ′	° ′	° ′	° ′	° ′	° ′	° ′	°
1	0 55	0 24	179 05	28 52	11 50	151 08	58 52	20 22	121 08	29
2	1 50	0 48	178 10	29 49	12 10	150 11	59 54	20 34	120 06	28
3	2 45	1 12	177 15	30 47	12 31	149 13	60 57	20 46	119 03	27
4	3 40	1 36	176 20	31 45	12 51	148 15	62 00	20 57	118 00	26
5	4 35	1 59	175 25	32 43	13 12	147 17	63 03	21 08	116 57	25
6	5 30	2 23	174 30	33 41	13 32	146 19	64 07	21 19	115 53	24
7	6 26	2 47	173 34	34 39	13 51	145 21	65 10	21 29	114 50	23
8	7 21	3 10	172 39	35 38	14 11	144 22	66 14	21 39	113 46	22
9	8 16	3 34	171 44	36 37	14 30	143 23	67 18	21 49	112 42	21
10	9 11	3 58	170 49	37 35	14 49	142 25	68 22	21 58	111 38	20
11	10 07	4 21	169 53	38 34	15 08	141 26	69 26	22 06	110 34	19
12	11 02	4 45	168 58	39 33	15 27	140 27	70 30	22 14	109 30	18
13	11 58	5 08	168 02	40 33	15 45	139 27	71 34	22 22	108 26	17
14	12 53	5 32	167 07	41 32	16 03	138 28	72 39	22 29	107 21	16
15	13 49	5 55	166 11	42 32	16 21	137 28	73 43	22 36	106 17	15
16	14 44	6 18	165 16	43 32	16 38	136 28	74 48	22 43	105 12	14
17	15 40	6 41	164 20	44 32	16 55	135 28	75 52	22 49	104 08	13
18	16 36	7 04	163 24	45 32	17 12	134 28	76 57	22 55	103 03	12
19	17 32	7 27	162 28	46 33	17 29	133 27	78 02	23 00	101 58	11
20	18 28	7 49	161 32	47 33	17 45	132 27	79 07	23 04	100 53	10
21	19 24	8 12	160 36	48 34	18 01	131 26	80 12	23 09	99 48	9
22	20 20	8 34	159 40	49 35	18 17	130 25	81 17	23 12	98 43	8
23	21 17	8 57	158 43	50 36	18 32	129 24	82 22	23 16	97 38	7
24	22 13	9 19	157 47	51 37	18 47	128 23	83 28	23 19	96 32	6
25	23 10	9 41	156 50	52 39	19 01	127 21	84 33	23 21	95 27	5
26	24 06	10 03	155 54	53 40	19 16	126 20	85 38	23 23	94 22	4
27	25 03	10 24	154 57	54 42	19 30	125 18	86 44	23 25	93 16	3
28	26 00	10 46	154 00	55 44	19 43	124 16	87 49	23 26	92 11	2
29	26 57	11 07	153 03	56 47	19 57	123 13	88 55	23 27	91 05	1
30	27 55	11 29	152 05	57 49	20 10	122 11	90 00	23 27	90 00	0

Die Längen für ♈, ♉, ♊, ♎, ♏, ♐ müssen links und die für ♋, ♌, ♍, ♑, ♒, ♓ müssen rechts abgelesen werden.

II.

Differenz der Deklination
von Breite subtrahieren = δ 1.

	bei Länge	Breite										bei Länge	
		1°	2°	3°	4°	5°	6°	7°	8°	9°	10°		
♈	0	5'	10	15	20	25	30	34	39	44	49	180	♍
	5									43	48	175	
	10	5	9	14	19	24	29	33	38	42	47	170	
	15			13	18	23	28	32	37	41	45	165	
	20	4	8	12	17	22	27	31	36	40	44	160	
	25				16	21	25	29	34	37	41	155	
	30	4	7	11	15	19	23	27	31	34	38	150	
♉	35			10	14	17	20	24	28	31	35	145	♌
	40	3	6	9	12	15	18	21	25	28	32	140	
	45			8	10	13	16	19	22	25	28	135	
	50	3	5	7	9	11	13	16	19	22	24	130	
	55			6	8	10	11	13	15	18	20	125	
	60	3	4	5	6	8	9	10	12	14	16	120	
♊	65	2	3	4	5	6	7	8	9	10	11	115	♋
	70	2	2	3	4	5	6	6	6	7	7	110	
	75			3	3	4	4	4	4	5	5	105	
	80	1	1	2	2	2	3	3	3	3	3	100	
	85			1	1	1	2	2	2	2	2	95	
	90	0	0	0	0	0	0	0	0	0	0	90	

Die Länge eines Gestirns ist: wenn β des zuführenden Gestirns und der Radixstand gegeben, sowie der Deklination des Punktes zu dem geführt werden soll.

$$\sin l = \frac{\sin \delta \mp \sin \beta \cos E}{\cos \beta \sin E}$$

Wenn beide Vorzeichen von δ und β gleich sind, wird subtrahiert, wenn beide Vorzeichen von δ und β ungleich sind, wird addiert.

Graphische Darstellung der Deklinationen der Planeten Jupiter, Saturn, Uranus, Neptun und Pluto für die Jahre 1975 - 1979

= Südliche Deklination,   = nördl. Deklinat.

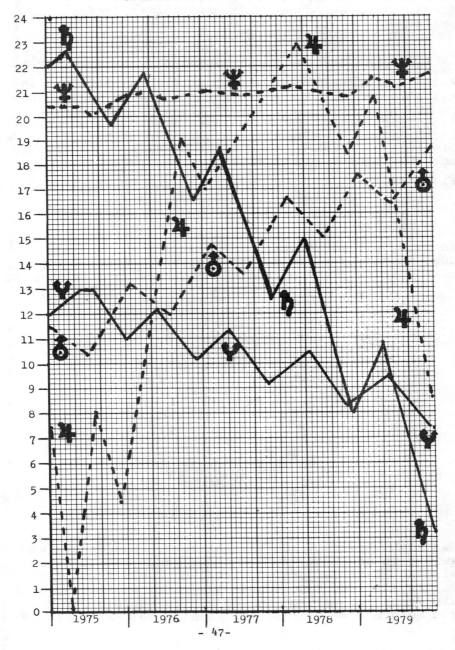

Kommentar zum Witte-Artikel " Das Planetenbild ".

Ich bringe hier nachstehendes Zitat von Goethe, weil hier sein Horoskop teilweise besprochen wird und dieses Zitat auf unser Wissensgebiet so treffend passt:

" Das schönste Glück des denkenden Menschen
ist, das Erforschliche erforscht zu haben
und das Unerforschliche ruhig zu verehren ".

Witte hat in seiner vorstehenden Arbeit über das Planetenbild eigentlich alles gesagt, was zu diesem Thema zu sagen ist. Sie ist auch nicht schwer verständlich geschrieben, nur haben sich manche Astrologen nicht intensiv genug mit dem Gedankengut befasst. Die Folge war, dass Witte nicht begriffen, dafür aber umso heftiger angegriffen wurde.

Witte sagt:

Ein Planetenbild wird von drei Planeten geformt, wenn einer von ihnen in der Mitte steht.

Am Beispiel des Horoskopes von Goethe sieht dies so aus, wobei wir zunächst der besseren Übersicht wegen hier nur die Faktoren Venus - Saturn - Mars verwenden.

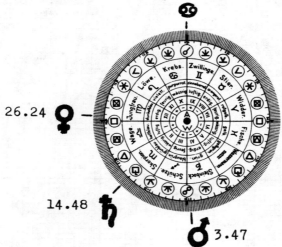

Man sieht hier mit dem blossen Auge, dass Saturn ungefähr in der Mitte von Mars und Venus steht. Wenn wir den Pfeil der Gradscheibe (0° Krebs) auf den Saturn stellen, dann können wir genau ermitteln, dass die Venus von Saturn etwa 48° entfernt ist, der Mars vom Saturn etwa 49°. Saturn steht also fast exakt in der Achse (Halbsumme) von Venus und Mars.

Die genaue rechnerische Ermittlung der Planetenbilder kann auf zwei Wegen erfolgen, die beide zum gleichen Ziel führen. Der Studierende braucht hier nicht zu erschrecken. Aber die zwei Möglichkeiten sollen hier aufgezeigt werden, um die Gedankengänge Witte's vollständig erfassen zu können. Vorweg muss erläutert werden, dass die Grade immer vom Kreisnullpunkt ($0°$ Widder) aus als Additions- bezw. Subtraktionsgrundlage zu ermitteln sind. Ein Faktor, der z. B. in $29°$ Stier steht, steht in $59°$ vom Kreisnullpunkt aus gerechnet. Ein weiteres Beispiel: $24°$ Schütze ist vom Kreisnullpunkt aus der 264. Grad.

Und nun die rechnerische Erfassung des Planetenbildes Venus - Saturn - Mars von Goethe nach den zwei Methoden.

1. Summenmethode

<u>Witte sagt</u>: Die Summe zweier Planeten ist schon ein sensitiver Punkt des Erdhoroskopes, denn a + b - Widderpunkt = a + b.

<u>Schreibweise der Formel</u>:

    Venus + Mars = Saturn + Saturn

<u>Rechnerische Ermittlung</u>:

Venus + Mars		Saturn + Saturn	
Venus	176.24	Saturn	224.48
+ Mars	273.47	+ Saturn	224.48
	450.11		449.36
./.	360.00	./.	360.00
	90.11		89.36
=	0.11 Krebs	=	29.36 Zw.

Die Summen liegen eng beisammen, sie " decken"sich, ein Planetenbild also.

Diese Schreibweise ist an und für sich etwas unkorrekt. Richtig müsste sie heissen:

    Venus + Mars - Widder.

Da aber Widder gleich " Null " ist, kann man aus Gründen der Bequemlichkeit den Widder (= Null) unberücksichtigt lassen.

Der Leser muss diesen exakten Hinweis wenigstens in Erfahrung bringen, in der Praxis kann er ihn " vergessen ".

2.) Halbsummenmethode

<u>Witte sagt</u>: Die Halbsummen bilden die gemeinschaftliche Symmetrieachse des Planetenbildes.

<u>Schreibweise der Formel</u>:

$$\frac{Venus + Mars}{2} = \frac{Saturn + Saturn}{2}$$

<u>Rechnerische Ermittlung</u>:

Wir rechnen wie bei der Summenmethode und teilen die Endergebnisse durch zwei. Also:

$$\frac{Venus + Mars}{2} \quad\quad \frac{Saturn + Saturn}{2}$$
$$\frac{450.11}{2} \quad\quad \frac{449.36}{2}$$
$$= 225.06 \quad\quad = 224.48$$
$$= 15.06 \text{ Skorpion} \quad = 14.48 \text{ Skorpion.}$$

Die Halbsummen liegen eng beisammen, sie " decken " sich, ein Planetenbild also.

Wir haben gerechnet:

$$\frac{Venus + Mars}{2} \quad\quad \frac{Saturn + Saturn}{2}$$

Diese Schreibweise ist etwas umständlich. Wir können aber die Halbsumme (Achse) auch so schreiben:

$$Venus/Mars$$

und wenn sie besetzt ist, wie im demonstrierten Beispiel

$$Venus/Mars = Saturn.$$

Diese Schreibweise hat, der Kürze wegen, im allgemeinen den Vorzug.

Witte hat in seiner Arbeit auch den sensitiven Punkt des Planetenbildes erwähnt. Er sagt:

> Ein sensitiver Punkt ist (also) das fehlende Element eines nicht symmetrisch geformten Planetenbildes, das zur Herstellung der Symmetrie diesen Punkt verlangt.

Die schon mehrmals besprochenen Faktoren Venus, Mars und Saturn sollen hier wieder als Beispiel für die Feststellung des " sensitiven Punktes " verwendet werden.

<u>Schreibweise</u>:

$$Venus + Mars - Saturn = Saturn$$

Rechnerische Ermittlung:

```
  Venus      26.24 Jungfrau    =  176.24
+ Mars        3.47 Steinbock   =  273.47
                                  ──────
                                  450.11
- Saturn     14.48 Skorpion    =  224.48
                                  ──────
                                  225.23
                               =   15.23 Skorpion
                      Saturn   =   14.48 Skorpion
```

Das Thema " Sensitive Punkte " werden wir noch eingehend erörtern, so dass wir es vorläufig abschliessen können.

Dieser Kommentar geht nicht auf jeden einzelnen, von Witte geschriebenen Satz ein. Es würde zu weit führen, wenn hier die von ihm sonst noch aufgeführten Planetenverbindungen alle erörtert werden müssten. Die wichtigsten Lehrsätze wurden demonstriert, so dass der eifrige Leser (sprich: Nacharbeiter mittels der Gradscheibe) sicher schon den " roten Faden " gefunden hat.

Der Studierende wird bemerkt haben, dass Witte ziemlich am Schluss dieser Arbeit eine Formel brachte, welche die Summe der drei Faktoren

>   Mars + Saturn + Sonne

enthält. Auch über die Summenpunkte mit drei Faktoren werden später noch Ausführungen gemacht.

Wir bringen hier das vollständige Horoskop (mit allen Transneptunplaneten) von Goethe, wie es von Ludwig Rudolph berechnet wurde. Die Horoskope werden im $360°$-Kreis und $90°$-Kreis gebracht, damit der Studierende eine gute Vergleichsmöglichkeit erhält.

Auf ein hervorragendes Planetenbild im $360°$-Kreis möchte ich aber besonders aufmerksam machen. Hier verbinden sich

>   Meridian, Sonne, Mars, Kronos,
>   Vulkanus und Poseidon

zu einem Planetenbild.

Die Deutung nach den Erkenntnissen der Hamburger Schule in kürzester Fassung:

>   Ich bin eine mächtige geistige Grösse.

In diesem Planetenbild sind noch andere Achsen vorhanden, die hier nicht aufgeführt sind, aber im $90°$-Kreis besonders gut zu erkennen sind.

Wir finden aber auch das Planetenbild

	Meridian	3.56
=	Sonne	5.09
=	Vulkanus	4.06
=	Jupiter/Apollon	20.25

Das heisst: Ich bin erfolgreich und mit Reichtümern gesegnet.

Der Leser wird bemerkt haben, dass hier die Faktorenstände nur in Graden und Minuten angegeben wurden, ohne Hinweis, in welchem Tierkreis diese zu finden sind. Dies ist eine etwas gekürzte Methode für den Fortgeschrittenen, mit der sich aber der Studierende jetzt schon vertraut machen soll. Es werden hier nur die Faktorenstände addiert und dann durch zwei geteilt.

Beispiel: Jupiter   26.00
          + Apollon   14.54
                       = 40.50
    geteilt durch zwei = 20.25

Der Meridian ist mit 3.56 angegeben, so dass zur Achse Jupiter/Apollon in 20.25 ein Abstand von ca. 15.00° ist. Unterschiede von ca. 15.00° weisen darauf hin, dass es sich bei den Achsen-Abständen um einen Winkel von 45° oder 135° handelt.

Um dem Studierenden die Wucht der Witte'schen Findungen bezüglich der Planetenbilder vor Augen zu führen, noch zwei markante Feststellungen im Horoskop von Goethe:

	Meridian/Neptun	15.16
=	Sonne/Neptun	15.52
=	Kronos	1.36
=	Apollon	14.54
=	Widder	0.00

Das heisst: Der Dichterfürst, der in der Öffentlichkeit grosse Erfolge hat.

Die Aussage " Der Dichterfürst " wurde nicht konstruiert, damit sie für Goethe passt. Sie ist im " Lexikon für Planetenbilder " auf Seite 67 (linke Spalte) sinngemäss aufgeführt.

Goethe bekannte, dass er selber die Fähigkeit zu allen möglichen Verbrechen in sich gespürt habe. Auch diese " kosmische Suggestion " ist im Horoskop von Goethe " verankert ":

```
Mars + Uranus - Hades        = 18.31 Stier
Ascendent                    = 16.59 Skorpion
mit der Aussage: Anderen plötzlich Schaden zufügen.
```
Und
```
Hades + Vulkanus - Mars      =  4.29 Schütze
Meridian                     =  3.56 Jungfrau
Sonne                        =  5.09 Jungfrau
mit der Aussage: Ich bin zu gewaltigen, gemeinen
                 Handlungen fähig.
```

Goethe hat diese kosmische Suggestion als Träger eines hohen Bewusstseinszustandes sublimiert und in seiner " Faustdichtung " ausgelebt. Hier schildert Goethe das Ringen zweier Welten, der sittlichen und teuflischen, um den Menschen. Goethe hatte am "Faust" von seinem 22. Lebensjahr bis zu seinem Tode gearbeitet.

Allein die 4 aufgezeigten, nach den Erkenntnissen Witte's erarbeiteten Achsenverbindungen zeigen klar und alles besagend, dass nur mit den Mitteln der Hamburger Schule die hervorragende Geistesgrösse Goethe's mit seinen Höhen und Tiefen, die Bestätigung findet. Wir wissen, dass wir noch viel zu lernen haben, wir wissen aber auch, dass wir nicht " auf dem Holzweg " sind. Es erhebt sich lediglich die Frage, welche und wieviele Beweise wir noch bringen müssen, um unsere Gegner endlich hellhörig zu machen.

Die Faktorenstände von Goethe's Horoskop, errechnet von Ludwig Rudolph:

```
Sonne          5.09 Jungfrau      Meridian   3.56 Jungfrau
Mond          11.42 Fische        Ascendent 16.59 Skorpion
Merkur        25.54 Löwe          Cupido    14.58 Schütze
Venus         26.24 Jungfrau      Hades      4.10 Waage
Mars           3.47 Steinbock     Zeus      13.32 Fische
Jupiter       26.00 Fische        Kronos     1.36 Steinbock
Saturn        14.48 Skorpion      Apollon   14.54 Stier
Uranus        18.54 Wassermann    Admetos   22.49 Schütze
Neptun        26.36 Krebs         Vulkanus   4.06 Fische
Mondknoten     3.30 Schütze       Poseidon   3.48 Krebs
Pluto     ca. 5.00 Schütze
```

Das Horoskop von GOETHE.
====================================

360°-Kreis   90°-Kreis

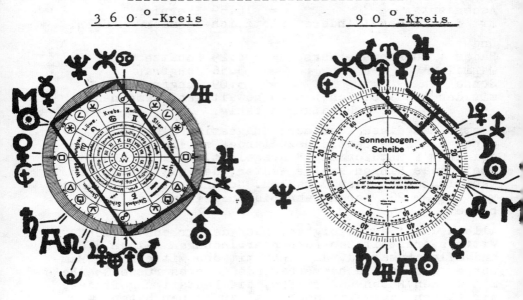

Das Planetenbild.
Von A. Witte, Hamburg.

Ein Planetenbild wird von drei Planeten geformt, wenn einer von ihnen in der Mitte der beiden andern steht.

Drei Planeten können nun in sechs verschiedenen Stellungen zueinander sein, es kann jeder von den dreien zweimal in der Mitte liegen.

Die Anzahl der Versetzungen (Permutationen), die auftreten können, richtet sich nach dem Produkte der Ordnungszahlen.

Hat man drei Planeten, so ist die Anzahl der Permutationen oder Umstellungen $1 \times 2 \times 3 = 6$, bei vier Planeten ist sie $1 \times 2 \times 3 \times 4 = 24$, bei fünf Planeten $1 \times 2 \times 3 \times 4 \times 5 = 120$ usw.

Sind a, b, c, die Planeten, so kann die Reihenfolge sein:

c, b, a | a, c, b | b, a, c
a, b, c | b, c, a | c, a, b

Die Stände denke man sich vom Erdmittelpunkte, vom Nord-Pol der Ekliptik aus gesehen und von rechts nach links, in der Aufeinanderfolge der Tierkreiszeichen, gelesen.

Ist in einem Radixhoroskop eine solche Komplexion oder ein Planetenbild vorhanden, so wirkt es auch als solches, wenn der mittlere Planet nicht genau in der Halbsumme der beiden anderen steht. Aber bei laufenden Planeten wirkt das Bild an dem Tage, an welchem der mittlere genau in der Halbsumme der beiden zugehörigen Planeten liegt.

Die Kräfte zweier Planeten treten vereint in ihrer Symmetrieachse oder in ihrer Halbsumme auf.

Steht ein Planet genau in der Halbsumme der beiden anderen, so ist der mathematische Ausdruck dafür: $a + c - b = a|e$.

$a|c$ ist die Halbsumme von $a + c$, der Bruchstrich zwischen beiden Planeten deutet die Symmetrieachse an.

Bei Radixplanetenbildern gewähre man dem mittleren Planeten einen Spielraum, und auch dann wird dieselbe Schreibweise für diese Komplexion angewendet.

Liegt b nicht in der Mitte von a und c, sondern etwas nach rechts, sodaß b von einem laufenden Planeten früher berührt wird, so tritt die Wirkung erst dann ein, wenn der Planet den
sensitiven Punkt
des Planetenbildes berührt.

Ein sensitiver Punkt ist also das fehlende Element eines nicht symmetrisch geformten Planetenbildes, das zur Herstellung der Symmetrie diesen Punkt verlangt.

Es ist dann $a + c - b = P$ oder $a - b + c = P$. Stehen in einem Horoskop die Planeten so, daß annähernd je zwei Planeten gleiche Bogenunterschiede zeigen, so ist die Summe der beiden innerhalb stehenden gleich der Summe der beiden das Bild abschließenden Planeten.

Die Halbsummen bilden die gemeinschaftliche Symmetrieachse des Planetenbildes.

Tritt nun in die Symmetrieachse eines solchen Planetenbildes ein laufender, ein vorgeschobener oder ein progressiver Planet, so hat man schon ein von fünf Planeten gestelltes Planetenbild.

Wird die Halbsumme zweier Planeten in die Symmetrieachse eines Planetenbildes geführt, so ergibt sich ein Planetenbild mit sechs Planeten.

Stehen in einem Horoskop je zwei Planeten in Konjunktion miteinander, so stellen sie zusammen ein Planetenbild.

Auch Quadraturen und Oppositionen je zweier Planeten zeigen ebenfalls Planetenbilder.

Haben die Summen von je zwei Planeten gleiche Werte in den Quadranten, so formen sie Planetenbilder miteinander.

Schließen zwei Planeten den Erdmeridian oder den Solstialkolur ein, so wirken beide Planeten auf die Erdachse und zeigen somit, daß auch schon zwei Planeten mit einem unsichtbaren Punkt ein Planetenbild geben können.

Schließen zwei Planeten den Aequator oder einen Nachtgleichenpunkt ein, so wirken beide auf den Mittelpunkt der Erde und auf das ganze Erdsystem.

Was von den Angelpunkten der Erde gesagt ist, gilt auch für jeden Meridian und für den Aszendenten und Deszendenten.

Stehen also zwei Planeten in gleichem Abstande vom Geburtsmeridian einer Person, so sind beide Planeten Herrscher der Geburtsminute und zeigen als progressive, vorgeschobene oder laufende Planeten in den Horoskopen anderer Personen diese betreffende Person.

Man richte aber dann noch die Aufmerksamkeit auf die Halbsumme der Planeten, da diese den Geborenen charakterisieren.

Goethe hatte die Venus am oberen, den Jupiter am unteren Meridian, stellte also das Liebesglück (♀, ♃) in persona dar; die Halbsumme dieser Planeten in den Zeichen Schütze und Zwillinge liegend, brachten ihm durch deren Herren Uranus und Venus und durch die Direktion des Uranus zum Jupiter und zur Venus das Zusammenleben mit Chr. Vulpius.

In diesem Horoskop ist nämlich auch der Bogenunterschied von Sonne und Venus annähernd gleich dem Bogen von Mond und Uranus, es ist demnach das Planetenbild

☉ - - ♀ - - - - ♅ - ☽

vorhanden, das in der Summe ☉ + ☽ Freundschaft und in der Summe ♀ + ♅ Liebesspiel oder verfeinerte Erotik zeigt.

Ein zweites Bild, ♀ - - ♄ - - ♂, der Saturn zwischen Venus und Mars stehend, zeigt die vielen Trennungen der erotischen Verbindungen Goethes.

Die Abneigung für eheliche Verbindung liegt in dem Bilde ☽ - - - ♂ - - ♄ - - - ☉ oder in den Summen ☉ + ☽ = ♄ + ♂, Freundschaft und Trennung.

Eine Heirat kam trotzdem zustande, weil neben dem Bilde ♅ - - - C - ♂ - - - ♃ der sensitive Punkt P - - ♃ - - - - ☉ - ♀ von dem laufenden Cupido ausgelöst wurde.

Es war also: ♀ + ♃ = ♂ + Cupido rad. und
☉ + ♃ = ♀ + Cupido laufend.

Auch das Bild $\frac{☉ + ♀}{2}$ □ C rad. oder ☉|♀ □ C.

zeigt wenig Neigung für den Ehebund durch die Quadratur des liebenden Mannes (♀, ☉) zum Eheplaneten Cupido. Dieses Bild wirkte jedoch auf die Mädchen wie eine Fliegenfalle.

Die bisher übliche Methode, die sensitiven Punkte nur mit dem Aszendenten zu rechnen, haben für zwei Planeten nur 2 Punkte ergeben, nämlich a — b + Asz. und b — a + Asz.

Nach der vorhergehenden Kombinationslehre müssen aber ein Punkt (Aszendent) und zwei Planeten immer 6 verschiedene unsymmetrische Planetenbilder zeigen.

Diese 6 Bilder werden rechnerisch durch die Formeln a + b — Asz., a + Asz. — b und b + Asz. — a ausgedrückt, deren Gesamtbeziehungen in dem Punkte a + b + Asz. zusammenfallen. Dieser Punkt ist der Spiegelpunkt der vorgenannten 3 Punkte zu den Summen a + b, a + Asz. und b + Asz. und verbindet die Halbsumme der Planeten mit dem Spiegelpunkte des Aszendenten zum Erdmeridian, denn wenn man den Aszendenten vom Erdmeridian (90 + 270) subtrahiert, also den Spiegelpunkt feststellt und diesen wieder von der Summe (a + b) subtrahiert, erhält man (a + b) — (— Asz.) = a + b + Aszendent.

Alle sensitiven Punkte basieren auf den Halbsummen. Die Halbsumme zweier Planeten ist die Symmetrieachse oder die Spiegelebene, zu der alle Planeten Spiegelbilder werfen. Die Summe zweier Planeten ist schon ein sensitiver Punkt des Erdhoroskopes, denn a + b — ♈ Punkt = a + b.

Dasselbe gilt von den Differenzen, denn a + ♈ Punkt — b = a — b.

In Goethes Horoskop wurde das Bild:

☽ - - - - ☿ - ☉ - - - - ♅

von der vorgeschobenen Halbsumme ♂/♄ berührt, so daß der Tod Goethes in den Summen (☽ + ♅) = (☿ + ☉) = (♂ + ♄) auftrat.

Auch der Todespunkt des Geburtstages ♂ + ♄ — ☉ = 13° 37 ♓ um den Sonnenbogen des Todes 81° 32, vorgeschoben = 5° 09 ♊ stand in Quadratur zur Radixsonne 5° 06 ♍, und X — ♆ (♆ im 8. Hause des Meridians) + ☉ Bg. 81° 32′ = 18° 52 ♌ stand in Konjunkion mit dem Punkte ♂ + ♄ — ♈ 18° 43 ♌ und in Opposition zum ♅ rad. 18° 57 ♒.

Haben je zwei Planeten annähernd gleichen Bogenunterschied, z. B. bei Goethe ♀ — ☉ = 21° 18′ und ☽ — ♅ = 22° 18′, so wirkt das betreffende Planetenbild in den Jahren, wenn der Sonnenbogen von ☉ progr. — ☉ rad. die halben Bögen, die ganzen Bögen und die doppelten Bögen der Unterschiede der betreffenden Planeten zeigt.

Goethes Radixsonne steht 5° 06 ♍ am 28. August 1749. Die Sonne durchläuft im August in einem Tage 0° 58′. Vom 28. August bis 0. Januar 1750 sind annähernd 4 Monate verflossen, das sind im Bogen 0° 19′, also steht die vorgeschobene oder die progressive Sonne am 0. Januar 1750 = 5° 25 ♍.

Nimmt man jetzt die Ephemeris von 1923 zur Hand und sucht den betreffenden Sonnenstand, so muß zum Stande vom 29. August 1923 = 5° 06′ ♍ noch 0° 19′ addiert werden, um den progressiven Sonnenstand Goethes am 0. Januar 1750 zu erhalten.

Demnach sind jetzt zu allen folgenden Tagen, die immer ein Jahr zeigen, 0° 19′ zu addieren, um den jedesmaligen 0. Januar zu erhalten.

Man addiere jetzt die beiden Bögen 21° 18 und 22° 18 zur Radixsonne 5° 06 ♍ und erhält 26° 24 ♍ und 27° 24 ♍, die die progressiven Stände der Sonne geben und deren Stände am 19. September 25° 50 ♍ und am 20. September 26° 48′ ♍ den Jahresanfang für Goethe zeigen.

Der Monat August hat 31 Tage.
+ 19. September = 19 Tage.
= 50 Tage.
— 29. August = 29 Tage.
= 21 Tage oder Jahre.
+ Jahr *1750*.

gibt das Jahr *1771* = 25° 50 ♍ am 0. Januar
und das Jahr 1772 = 26° 48 ♍ am 0. Januar.

Demnach liegt ♀ — ☉ Ende Juli 1771 und
☽ — ♅ Anfang Juli 1772, was auf
die Verbindung mit Charlotte Buff im Juni 1772 (Werthers Leiden)

hinweist. Auch die Bekanntschaft mit Friederike Brion im April 1770 in Straßburg hängt mit dem Planetenbild ☉ + ☽ = ♀ + ☊ zusammen. Die einzelnen Tage sind abhängig von gleichen oder ähnlichen am Himmel auftretenden Planetenbildern und den laufenden Planeten in den Halbsummen der Radixplaneten.

Die unglückliche Liebschaft Goethes liegt in dem Punkte
♀ + ♆ — ☉ = ☋ ☊ = ♂ + ♄ oder
♀ + ♆ = ♂ + ♄ + ☉ = ☉ + ☊

der auch zur selben Zeit fällig war. Die schriftstellerische Bearbeitung dieser Angelegenheit ist gegeben durch den Stand des ☿ zwischen ♀ und ♆, der außerdem noch eine Konjunktion mit der Sonne aufweist, wodurch die Oeffentlichkeit Kenntnis erhielt.

Die meisten Politiker, unter denen sich manch falscher Messias befindet, benehmen sich wie die Zauberlehrlinge, denen eines Tages die Retorte um die Ohren fliegt.

Wir beobachten diese Dinge nicht nur mit Interesse, weil diese Marionetten der Weltbühne für uns gute Studienobjekte sind, wir beobachten sie auch mit grosser Sorge. Wir haben es ja in den letzten 60 Jahren nicht nur zweimal miterlebt, was daraus wird, wenn Unwertige und Unfähige sich anmassen, Schicksal zu spielen.

Lassen Sie mich mit einem Wort von Johann Wolfgang Goethe, dem grossen Wissenden, schliessen:

   Vermächtnis (Ein Auszug daraus)

" " Kein Wesen kann zu Nichts zerfallen !
    Das Ewge regt sich fort in allen,
    Am Sein erhalte dich beglückt !
    Das Sein ist ewig: denn Gesetze
    Bewahren die lebendigen Schätze,
    Aus welchen sich das All geschmückt.

    Das Wahre war schon längst gefunden,
    Hat edle Geisterschaft verbunden:
    Das alte Wahre, f a s s   e s   a n ! " "

                              An der Jahreswende 1974/75
                              Hermann Sporner

Kommentar zu den Witte-Artikeln
" Die synodische Lunation " und
" Die Profektion und die Lunation "

Hier fühle ich mich in meiner Rolle als Kommentator nicht wohl, denn ich muss bekennen, dass ich mich mit diesen Direktionsarten noch nie befasste.

Wenn ich die Einleitung Witte's zum Artikel " Die Profektion und die Lunation " richtig verstanden habe, dann gibt es für ihn verschiedene Direktionsmöglichkeiten, denn er sagt dort:

> " Durch die Bewegung der einzelnen Himmelskörper in unserem Sonnensystem werden die verschiedenen Direktionen gebildet. "

Eine von diesen Direktionsarten ist die " Profektion ". Wir kennen sie durch unsere Studien der klassischen Astrologie. Hier geht man von der Annahme aus, dass die Sonne im Laufe eines Jahres scheinbar durch alle 12 Zeichen (= $360°$) wandert, also in einem Monat durch ein Zeichen. So wie bei den Sekundärdirektionen der Schlüssel 1 Tag nach der Geburt = 1 Jahr verwendet wird, hat man bei der Profektion den Schlüssel auf 1 Monat = 1 Jahr übertragen. Dieser Direktionsbogen ist aber ungenau. Witte erläutert in seiner Arbeit, warum nicht der Schlüssel $30° $ = 1 Jahr verwendet werden kann. Auf Grund seiner Ausführungen dürfen wir nur $29°08'$ als Direktionsmass für 1 Jahr (= pro Monat $2°26'$, pro Tag ca. $0°05'$) verwenden. Die im Witte-Artikel angegebene Monatsbewegung von $2°40'$ dürfte auf einen Satzfehler zurückzuführen sein.

In seiner Arbeit setzt Witte die Profektion und die Lunation in Beziehung, denn in 30 Tagen (genau in 29.53 059 Tagen = 29 Tage, 12 Stunden, 44 Minuten und 3 Sekunden) endet auch ein synodischer Umlauf des Monats (= die Zeit von Neumond zu Neumond).

1/12 scheinbarer Sonnenumlauf in einem Jahr und ein synodischer Mondumlauf sind etwa gleiche Perioden, die vom Geburtstag an zusammenwirken.

Eine andere Direktionsart ist die **synodische Lunation**. Witte hat diese Direktionsart genau erläutert.

In der Literatur der Hamburger Schule ist über die tropischen und synodischen Lunationen eine vergriffene Sonderschrift von Heinz Schlaghecke (Februar 1954) erschienen, die mir nicht bekannt war. Herr Rudolph hat sie mir für diesen Kommentar zur Verfügung gestellt. Heinz Schlaghecke schreibt hier:

" Die Monddirektionen spiegeln nicht nur Ereignisse die zwischen den verhältnismässig selteneren, - durch Primär- und Sekundärdirektionen angezeigten Hauptereignissen liegen , - sondern spiegeln auf eine ganz besondere Art auch die Hauptereignisse.....
Die Mondirektionen sind ganz vorzüglich geeignet, Situationen in den Details aufzuhellen, da Sie dem Bild eine zusätzliche Dimension zuführen. Nur muss man auch hier nicht nur Aspekte werten, sondern auch Planetenbildachsen herausgliedern. Ganz hervorragende Einsichten sind zu gewinnen, wenn man Sekundär- und Tertiärdirektionen (so werden die Monddirektionen genannt) in einem Plane vereinigt und auf die dominierenden Faktoren eines Geburtsbildes bezieht. Auf diese Weise ist es möglich, die Polarisationsachsen kosmischer Schwingungen richtungsmässig zu erkennen und zu sehen, wie sich dieselben in einem Geburtsbild und im Leben selbst auswirken. "

Es würde hier zu weit führen, die Direktionsschlüssel und die von Heinz Schlaghecke ausgearbeiteten Hilfstabellen aufzuführen. Vielleicht werden diese vom Verlag Ludwig Rudolph gelegentlich noch einmal neu aufgelegt.

Wenn ein so profilierter Astrologe der Hamburger Schule, wie Heinz Schlaghecke, den Monddirektionen so viel Bedeutung beimisst, dann sollten wir uns aus Gründen der Forschung doch mehr als bisher damit befassen. Wahrscheinlich ist die Vernachlässigung der Profektionen und Lunationen, wie Witte sie uns gezeigt hat, darauf zurückzuführen, weil wir mit den Sonnenbogen-Direktionen so gute Ergebnisse erzielen.

Vielleicht sind die beiden Witte-Arbeiten für einen Freund unseres Wissensgebietes der Anlass, die beiden Direktionsarten neu zu beleben.

Die Synodische Lunation.
Von A. Witte, Hamburg.

Der Geburtsort macht in einem Tage einen Lauf um die Erdachse parallel zum Aequator.

Nach einem vollendeten Umlaufe hat der Meridian wieder denselben Stundenwinkel, also den gleichen Unterschied von der Rektaszension der Sonne wie er am vorhergehenden Tage.

In der astrologischen Technik ist nun dieser Lauf des Geburtsortes ein Jahr.

Der Mond nimmt eine ähnliche Stellung der Sonne gegenüber ein, wie der Geburtsmeridian zur Sonne.

Ein Synodischer Monat ist verflossen, wenn der Mond mit der Sonne wieder denselben Unterschied in Länge bildet wie im Monat vorher.

Auch hier wird ein Umlauf des Mondes um die Erde gleich einem Jahre gerechnet.

Gibt der Mond aber in der astrologischen Technik dieselbe Zeitspanne an, so muß er auch als Vertreter aller Orte und aller Meridiane der Erde gelten. Er ist demnach der Vertreter der Erdoberfläche.

Der Ort und der Mond, deren Umläufe je ein Jahr bedeuten, werden von der laufenden Sonne, die, sich scheinbar fortbewegend, den Lauf der Erde wiedergibt, dargestellt; die laufende Sonne ist die Ausführende des Jahreslaufes beider, des Meridianes und des Mondes der Lunation und somit auch der auslösende Punkt der Ekliptik für den progressiven Stand des Meridians und den Stand des synodischen Mondes.

Ist eine Lunation ein Jahr, so müssen die Tage für die scharfen Aspekte des Mondes mit der Sonne, also für die Mondphasen, immer dieselben für einen bestimmten Geburtsmoment bleiben.

Man hat demnach nur die Tage des Zwölftelaspekte für die erste synodische Lunation zu bestimmen.

Als Beispiel möge hier die 63. Lunation des früheren Kaisers dienen.

27. Jan. 1859.   Nächste Lunation zw. 25. u. 26. Febr. 1859.

$\odot$ rad. $6^0\,58'\,\approx$ $\otimes$ $6^0\,24'\,\mathcal{H}$ $\odot$ $7^0\,24'\,\mathcal{H}$
$\mathcal{D}$ rad. $24^0\,22'\,\mathrm{m}$ $\mathcal{D}$ $16^0\,27'\,\nearrow$ $\mathcal{D}$ $28^0\,24'\,\nearrow$ (Diffz. $= 11^0\,57'$)
$\overline{72^0\,36'}$ $\overline{79^0\,57'}$ $69^0\,00'$
     $-\ 72^0\,36'$ $\overline{79^0\,57'}$
     $\overline{7^0\,21'}$ $\overline{10^0\,57'}$

Also: $\dfrac{7^0\,21' \times 11^0\,57'}{10^0\,57'} = 8^0\,01' + 16^0\,27'\,\nearrow = \mathcal{D}\ 24^0\,28'\,\nearrow$

$\odot$ $7^0\,04'\,\mathcal{H}$.

Dieser Mondlauf von $24^0\,22'\,\mathrm{m}$ bis $24^0\,29'\,\nearrow$ ist ein Jahr der 366 Tage eines Schaltjahres.

Der Unterschied der Mondstände ist $390^0\,04'$ für 366 Tg. Für 1 Tg. sind daher $1^0+4'$ des Mondlaufes zu rechnen.

Jetzt wird das nächste Zwölftelaspekt des Mondes nach der Geburt bestimmt, hier das Sechstil vor der Konjunktion.

Es liegt zwischen dem 28. und 29. Januar 1859

$\odot$ $8^0\,06'\,\approx$, $\mathcal{D}$ $7^0\,55'\,\nearrow$ (Diffz. $0^0\,11'$) $\dfrac{0^0\,11' \times 11^0\,58'}{10^0\,57'} = 12'$
$\odot$ $9^0\,07'\,\approx$, $\mathcal{D}$ $19^0\,53'\,\nearrow$
$\overline{1^0\,01'}$ $\overline{11^0\,58'}$
     $-\ 1^0\,01'$ $\mathcal{D}$ $7^0\,55'\,\nearrow + 0^0\,12'\,\approx\, \mathcal{D}\ 8^0\,07'\,\nearrow$.
     $\overline{10^0\,57'}$ $\odot$ $8^0\,07'\,\approx$

Der Unterschied von 8° 07 ♐ und 24° 22′ ♏ ist 13° 45′,
13° 45′ durch 1° 04′ gibt 13 Tage.

Die Geburt fand statt am 27. Jan.
+ 13 Tage
= 9. Febr. für ☽ ⚹ ☉ vor der Konjunktion.

Von diesem gefundenen Tage an werden die 365 Tage des Jahres mit je 30 und 31 Tage auf die Monate verteilt.

☽ ⚹ ☉ 9. Febr.	10. Mai	10. Aug.	9. Nov.
+ 30 Tg.	+ 31 Tg.	+ 30 Tg.	+ 31 Tg.
☽ ⚺ ☉ 11. März	☽ ⚹ ☉ 10. Juni	☽ ⚻ ☉ 9. Sept.	☽ △ ☉ 10. Dez.
+ 30 Tg.	+ 30 Tg.	+ 31 Tg.	+ 30 Tg.
☽ ☌ ☉ 10. April	☽ □ ☉ 10. Juli	☽ ☍ ☉ 10. Okt.	☽ □ ☉ 9. Jan.
+ 30 Tg.	+ 31 Tg.	+ 30 Tg.	+ 31 Tg.
☽ ⚺ ☉ 10. Mai	☽ △ ☉ 10. Aug.	☽ ⚻ ☉ 9. Nov.	☽ ⚹ ☉ 9. Febr.

Die 12. Lunation in einem Jahre tritt ungefähr 10—11 Tage früher im Monate ein, für 60 Lunationen wären demgemäß 53 Tage von dem Tage der ersten Lunation zu subtrahieren, um den Aspekt wieder aufzufinden.

Für 2 Jahre, die noch hinzukommen, werden noch 2 Tage subtrahiert, sodaß also 53 Tage vor dem 28. Januar des Jahres 1865 das ⚹ ☉ mit ☽ liegen muß, gerechnet für das 60. Jahr, gibt den 6. Dezember 1863. Das nächste ⚹ liegt 4. Janr. 1864 und das ⚹ am 3. Febr. 1864 ist maßgebend für den 9. Febr. 1864 des Jahres 1921.

Der Tod der Gemahlin des Exkaisers trat am 11. April 1921 ein. Maßgebend ist ☽ ☌ ☉ für den 10. April am 7. Febr. 1864 der 63. Lunation.

Der Sonnenstand ist 18° 20 ♒, der ☽ 18° 20 ♒ für den 10. April. Der Mond der Lunation rechnet für jeden Tag 1° 04′, also für den 11. April wäre sein Stand 19° 00 ♒, wenn die Zeit des Ereignisses in Betracht gezogen wird.

Als gegenseitige Aspekte des 7. Febr. 1864 finden wir ☉ 18° 00 ♒ △ ♄ 17° 58 ♎, ♀ ☌ ♂ 6° 31 ♑ am 6. Febr., ☿ ⚹ ♃ 25° 50 ♑, ♍ am 8. Febr. und Lunaraspekte ☽ △ ♄ 17° 58 ♒, ♎, ☽ △ ♅ 21° 15 ♒, ♊, ☽ ☌ ☉, ☽ □ ♃, 25° 45 ♒, ♍.

Die Konjunktion von ☉ und ☽ stand in der Spiegelkonjunktion ♅/♄ und die Konjunktion von ♂ und ♀ am oberen Meridian 7° 15 ♑ des Exkaisers.

Der ♃ war in ☌ mit dem ☽ rad. 24° 22 ♏, im △ ♂ rad. 26° 40 ♓ und ⚺ ♁ rad. 23° 52 ♐; der ☊ 23° 27 ♏ war ebenfalls in ☌ mit ♃ und ☽ rad. und im △ zu ♆ rad. ⚺ ♁ rad.

Die Verbindung ♀ ☌ ♂ und ☉ △ ♄ zeigt den liebenden Mann ☉, ♀ mit ♂, ♄; der ♄ 17° 58 ♎ hatte ⊡ zu ♂/♄ rad. 2° 52 ♊.

Der ♅ 21° 15 ♊ stand in ☌ mit dem ♃ rad. 21° 22 ♊ der Gemahlin. ♆ lfd. war 11° 00 ♌ ☌ ♄ rad. 11° 22 ♌ der Gemahlin und ♃ lfd. 9° 52 ♍ ☍ ♅ lfd. 8 03 ♓.

Die Konjunktion von ☉ und ☽, in der Mitte von ♄ und ♅ stehend, zeigten ein Familienereignis des Kaisers an, der ♄ und ♅ ☍ ☉ und ☽ rad. sind.

Der ♃ 25° 45 ♏ stand außerdem noch in □ zu ☽ progr. 25° 12 ♒ und ♀ progr. 25° 40 ♒ des Exkaisers, sodaß auch hier der ♃ die Gattin und Mutter beeinflußte; (♂+♄—☽) rad. ☍ ♃ rad.; Tod der Frau durch ♃. Daher Tod der Gattin ♅ durch ♃ rad. □ ♅ der Lunation und ♃ lfd. ☍ ♅ lfd. Der Unterschied der Sonne der Lunation 18° 24 ♒ und der Sonne Radix 6° 58 ♒ ist 11° 26 und der Bogen der Profektion.

Die Sonne ist mit allen Radixplaneten als feste Kristallisation verbunden, sie schiebt auch als Sonne der Profektion alle Planeten in denselben Abständen vor sich her und schafft dadurch die Stände der Profektion.

Es stand ♂ 8° 06 ♈ △ ♄ rad., □ X rad.; ♅ 11° 00 ♊ ☌ ♃ rad.; ☊ 12° 09 ♓ □ ♃ rad.; ♃ 23° 07 ♊ □ ♆ rad.

Der Profektionsbogen ist für 1 Jahr 29° 08', für 1 Woche 33,2' und für 1 Tag 5'; der sonst übliche Bogen 1 Jahr = 30° ist eine Anpassung an die Bequemlichkeit.

Die Profektion und die Lunation.

Von *A. Witte*, Hamburg.

Durch die Bewegung der einzelnen Himmelskörper in unserm Sonnensystem werden die verschiedenen Direktionen gebildet.

Ein Jahr ist verflossen, wenn die Sonne sich wieder in 0° Steinbock befindet, gerechnet von dem vorhergehenden Stand der Sonne in 0° Steinbock. Ein Lauf der Erde um die Sonne ist also ein Jahr.

Ein Tag ist vollendet, wenn die Sonne wieder im Unteren Meridian des Ortes sich befindet, gerechnet von Mitternacht des einen bis zur Mitternacht des nächsten Tages. Eine Tagesdrehung des Ortes um die Erdachse gleich einem Jahre in der astrologischen Berechnung.

Es besteht also ein Zusammenhang zwischen dem Geburtsmeridian einer Person und der laufenden Sonne. Der Schnittpunkt des Geburtsmeridians mit der Ekliptik wird immer ungefähr um denselben Bogen, den er zur Zeit der Geburt der Sonne voraus war, auch der laufenden Sonne vorauseilen.

Steht die Sonne in 0° Steinbock, dann hat das X. Haus einen bestimmten Stand in der Ekliptik bekommen.

Dieser Stand ist maßgebend für die Person in Verbindung mit dem Jahreshoroskop der Erde.

Der Mond als Bruder aller Erdbewohner und als Vertreter aller Orte der Erde bewegt sich ähnlich um die Erdachse wie die Orte.

Ein Mondjahr ist also verflossen vom Vollmond des einen bis zum Vollmond des andern Monats; ein vollständiger synodischer Mondlauf wird ebenfalls gleich einem Jahre in der astrologischen Technik gerechnet.

Die Sonne ist während dieser Zeit im Mittel um 30° vorgeschritten, welches der Zeit von 29,53 Tagen entspricht. Würde die Erde in jedem Tage 1° der Ekliptik durchlaufen, dann würden noch $^1/_2$° oder 30' an an den vollen 30° fehlen. Da der Lauf der Erde um die Sonne aber verschieden schnell ist und die Erde nur in den Monaten Dezember und Januar volle 30° in 29$^1/_2$ Tagen zurücklegt, im Juni und Juli sogar in je 10 Tagen 26' und 27' zurückbleibt, so hat man durch die Annahme von 30° in der Ekliptik für diese 29,53 Tage eines synodischen Monats wieder der Bequemlichkeit Zugeständnisse gemacht.

Die Profektion für ein Jahr ist also der Bogen, den die Erde während eines Synodischen Monats in der Ekliptik zurücklegt. Daher ist ein Mondjahr für den Geburtsaugenblick oder für ein Horoskop verflossen, wenn der Mond wieder dieselbe Distanz von der progressiven Sonne hat wie bei der Geburt.

Berechnet man für die erste Lunation nach der Geburt alle Tage der Mondphasen, so fallen auch alle Phasen der folgenden Lunation auf die betreffenden Tage.

Die Sonne, welche in dieser Zeit annähernd 30⁰ vorgeschritten ist, zieht durch die feste Kristallisation mit den Radixplaneten alle Ekliptikpunkte mit und es ist somit verständlich, daß nicht nur die Sonne, sondern auch die Planeten und die Kardinalpunkte der Geburt mit dem Bogen der Profektion dirigiert werden können.

In einem Jahre wird nach Ablauf der 12. Lunation das Jahr um 10—11 Tage verringert sein; die 12. Lunation tritt 10—11 Tage vor dem nächsten Geburtstage ein. Z. B. würde die Lunation für das 24. vollendete Lebensjahr 21 Tage vor dem Geburtstage des zweiten Jahres nach der Geburt liegen.

Der Mondstand dieses synodischen Mondlaufes für einen bestimmten Tag eines Jahres wird gefunden, wenn der Stand des Mondes von der vorhergehenden und von der kommenden Lunation bestimmt wird.

Diese Stände werden ungefähr 360⁰ + 30⁰ = 390⁰ von einander entfernt sein und es entspricht dieser Bogen 365 Tagen.

Berechnet man nun den ersten 12teiligen Aspekt nach der Geburt (Distanz von ☉ und ☽ rad. weniger dem Vielfachen von 30⁰), indem man für die Grade und Minuten die entsprechende Anzahl Tage festsetellt und diese zum Geburtstage addiert, so hat man für alle Aspekte des Mondes die betreffenden Tage, wenn nach je 3 Mondaspekten jedesmal 1 Tag mehr addiert wird, damit die 5 Tage über 360 richtig verteilt werden.

Die Formel wird ungefähr lauten: $\frac{365 \text{ Tg. Grade u. Min.}}{390^0} = $ Tg.

oder 1 Tag = 1⁰ 04' des Mondlaufs.

Für einen bestimmten Ereignistag werden die Tage von dem vorhergehenden Zwölftelaspekt des Mondes zur Sonne nach der Formel in Grade und Minuten umgewandelt und man erhält dadurch den progressiven Mondstand der Lunation.

Für diesen Mondstand wird der Stand der progressiven Sonne gesucht. Der Zwölftelaspekt zeigt schon ihren Stand in der Ekliptik an.

Der Sonnenstand dieses progressiven Mondes, vermindert um den Sonnenstand der Geburt, gibt den Profektionsbogen, mit welchem alle Planeten dirigiert werden müssen.

Der progressive Mond der Lunation vertritt gleichfalls den Geburtsmeridian in seiner Drehung um die Erdachse.

Als Grundlage aller Direktionen gilt immer der Lauf der Erde um die Sonne, die laufende Sonne ist also immer der auslösende Punkt der Ekliptik für den Tag, deshalb ist auch der Stand der Sonne der progressiven Lunation als Gravitationspunkt in Betracht zu ziehen. Seine Aussage bezieht sich auf den progressiven Meridian (Jahre mal 361⁰ + Tage vom Geburtstage bis zum Ereignistage addiert zum X. Hause Rad.).

_Eine Drehung des Ortes um die Erdachse ist ein Jahr, ein synodischer Mondlauf ist ein Jahr und ein Lauf der Erde um die Sonne ist ein Jahr in der astrologischen Technik.

Der Geburtsmeridian ist daher anzutreffen im progressiven Mond und in der laufenden Sonne, der vorgeschobene Meridian im Sonnenbogen, im Profektionsbogen und im Stande der laufenden Sonne als Gravitationspunkt.

Man achte daher auf die Aspekte des progressiven Mondes der Lunationen, weil er das X. Haus vertritt und es in seinem Laufe um die Erdachse erläutert und näher beschreibt im Zusammenhange mit der laufenden Sonne und ihren Aspekten zu den laufenden Planeten.

Ist bei unbekannter Geburtszeit durch den Ereignistag der Stand der laufenden Sonne bekannt und ist ferner der Stand der laufenden Planeten zu dieser Sonne bestimmt, so läßt sich mit Hilfe der progressiven Lunation und dem Stande des Mondes zu den Gestirnen der Lunation in ähnlichen Aspekten wie die laufende Sonne zu den laufenden Planeten der Stand der Sonne des progressiven Mondes bestimmen und man hat jetzt einen Anhaltspunkt für den Stand des Mondes zur Zeit der Geburt.

Auf diese Weise kann der Geburtsmoment bestimmt werden.

Bei der Berechnung der Daten für die Zwölftelaspekte der ersten Lunation diene zur Erleichterung der Aufsuchung der Tage umstehende Tabelle.

Man stelle zuerst den Mondstand des nächsten Zwölftelaspekts mit der Sonne fest, zur Kontrolle auch den der ersten Konjunktion mit der Sonne nach der Geburt.

	Monat	Tage		Monat	Tage
1. Janr.	1	0	1. Aug.	8	213
1. Febr.	2	31	1. Sept.	9	244
1. März	3	60	1. Okt.	10	274
1. April	4	91	1. Nov.	11	305
1. Mai	5	121	1. Dez.	12	335
1. Juni	6	152	1. Jan.	1	366
1. Juli	7	182	1. Febr.	2	397

Wird jetzt die Differenz des Mondstandes des Aspekts und des Radixstandes mit dem Faktor $\frac{366}{390}$ multipliziert, so erhält man die Tage vom Geburtstag bis zum Aspekt des Mondes; zur Kontrolle wird auch der Unterschied des Mondes der Konjunktion mit dem Radixstand festgestellt und auch diese Differenz mit dem Faktor multipliziert und als Tage zum Geburtstage addiert.

In den folgenden Lunationen ist dieser Tag des Jahres immer derselbe für den betreffenden Zwölftelaspekt von Sonne und Mond.

Erleichtert wird allerdings das Aufsuchen des Synodischen Monats mit der Konjunktion; denn nach 12 Lunationen tritt diese 10—11 Tage im Monat früher ein. Mit 24 Lunationen subtrahiere man 21 Tage, mit 36 Lunationen für 36 Jahre 31 Tage usw. Für die noch fehlenden Jahre wird demgemäß die 10 Tage auf die Jahre entsprechend verteilt, so hat man für 32 vollendete Jahre ungefähr 6 Tage zu 21 Tagen zu addieren und erhält damit den Aspekt 26 Tage früher.

Der Sonnenstand für einen bestimmten Tag der Lunation ist dann leicht aus den Ephemeriden zu entnehmen. Wird dann noch für die Zeit von einem Zwölftelaspekt bis zum gewünschten Tage der Mondlauf verteilt, indem man für 30 Tage ungefähr 32° rechnet, so hat man beinahe nur die Tage vom Aspekt an zum Sonnenstand zu addieren und den Mondstand dem betreffenden Aspekte gemäß festzuhalten.

Die Differenz dieses gefundenen Sonnenstandes mit dem Radixstand der Sonne ist der Bogen der Profektion.

Der **Mond** der Lunation vertritt den **progressiven Meridian** und die Opposition der **laufenden Sonne**. Der progressive Meridian ist der Lauf des Geburtsortes um die Erdachse.

Man beachte nun nicht nur die Aspekte des Mondes mit den Planeten (Lunar Aspects), sondern auch die Stände der Planeten zu den Radixgestirnen und zum Geburtsmeridian.

Da der Mond ungefähr ein Grad Länge in einem Tage zurücklegt, so gilt er als Vertreter der laufenden Erde und diese steht mit den Kardinalpunkten, durch die Lage ihrer Achse zur Ekliptik, in Verbindung. Daraus ergibt sich die Zusammengehörigkeit der Planeten mit den Radixplaneten.

Durch die gegenseitigen Aspekte (Mutual Aspects) läßt sich leicht der Monat für das Ereignis feststellen. Die Aspekte der Planeten mit den Radixplaneten geben in dem Monat die nähere Zeit an.

Selbstverständlich können nur die Personen, welche 3 oder 4 Jahrgänge der Ephemeriden nach ihrem Geburtsjahre besitzen, obige Methode anwenden und verabfolgen; sie bringt aber sehr interessante und verblüffende Aussagen, auch über die Horoskope der sonst noch beteiligten Personen.

Wer aber nur den Profektionsbogen benutzen will, rechne für jedes Jahr 30°, für jeden Monat dazu 2° 40' und für jeden Tag noch 5', subtrahiere sodann für jedes Jahr 52' und für jede Woche 1'. Das Resultat ist der richtige **Profektionsbogen**, mit welchem alle Radixplaneten dirigiert werden müssen.

Kommentar zum Witte-Artikel " Das Erdhoroskop ".

Bei allen Untersuchungen eines Horoskopes stellt man die Beziehungen und Abstände der Faktoren untereinander fest, jedoch der wichtigste Faktor - nämlich die Erde, auf der wir leben - wird ausser acht gelassen.

Nach den z. Zt. gültigen astronomischen Auffassungen ist die Sonne das Zentralgestirn unseres Planetensystems und hat die ihr zugeordnete Bewegung von ca. 1^0 pro Tag. Dies ist aber nur scheinbar der Fall, denn an der Sonne ist zu erkennen, welche Geschwindigkeit und welchen Stand die Erde in einem bestimmten Augenblick im Tierkreis einnimmt.

Für Witte war es daher naheliegend bezw. sogar selbstverständlich, dass man die Erde an die Stelle der Sonne setzt. Die Oppositionsstelle der Sonne ist immer der wirkliche Stand der Erde im Tierkreis, d. h. die Sonne ist nur Hilfsmittel, den Stand der Erde festzustellen.

Das von Witte eingeführte " Erdhoroskop " besteht also völlig zu recht. Die simpelste Antwort darauf, warum die Hamburger Schule mit dem Erdhoroskop arbeitet, könnte lauten: " Weil wir nicht auf der Sonne, sondern auf der Erde leben. Auf dem riesenhaften Leib unserer Erde, mit ihren Ozeanen und Kontinenten, der als Übungsfeld für unsere Inkarnationen dient, nach dem Gesetz, wonach wir angetreten ... ".

In der traditionellen Astrologie, mit der die meisten von uns ihre Studien begonnen haben, bezeichnet man die Grade 0 - 30 des Tierkreises mit Widder, die Grade 30 - 60 mit Stier usw. So steht am 21. 3. eines jeden Jahres (bei Frühlingsanfang) die Sonne in 0^0 Widder, im ersten Tierkreiszeichen. In dieser Zeit erfolgt der Übertritt der Sonne von der Südhälfte auf die Nordhälfte der Erdachse (Schnittpunkt der Ekliptik, der scheinbaren Sonnenbahn des Jahres, mit dem Äquator).

Wenn also - um diese Binsenweisheit noch einmal zu wiederholen, die Sonne im Widder-Punkt steht, dann ist die Oppositionsstelle hierzu der Waage-Punkt, der Stand der Erde.

Anders, vielleicht deutlicher dargestellt und unter Hinweis auf die sich für das Erdhoroskop ergebenden Folgerungen:

0° Widder = aufsteigender Punkt der Sonne
Oppositionsstelle dazu
0° Waage = Spitze 1. Haus der Erde

bezw.

0° Waage = absteigender Punkt der Sonne
Oppositionsstelle dazu
0° Widder = Spitze 7. Haus der Erde.

Der grossen Bedeutung wegen muss hier ein Hinweis Witte's noch einmal wiederholt werden:

" In diesem Häusersystem der Erde, in den Tierkreiszeichen, bewegen sich alle Gestirne von West nach Ost, auch die Sonne, die scheinbar sich fortbewegt und doch nur den Lauf der Erde anzeigt ".

Die scheinbare Bewegung der Sonne ist also von West nach Ost, sofern wir die Revolution der Erde (die Umwälzung der Erde um die Sonne, jährlich einmal) in Betracht ziehen. Es ist daher natürlich, wenn wir unsere Horoskopzeichnungen so anlegen, dass der Widder-Punkt im Westen steht, weil hier, im Frühling, der scheinbare Lauf der Sonne wieder einen neuen Umlauf beginnt. Wenn die Sonne ihren sommerlichen Hochpunkt erreicht hat, steht diese in 0° Krebs, um dann über den Waage-Punkt (Herbst) ihren Tiefstand in 0° Steinbock (Winter) zu erreichen. Bildlich dargestellt ergibt dies dann folgenden scheinbaren Sonnenlauf:

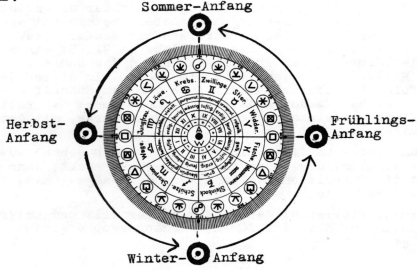

Diese Darstellung ist keineswegs mit der Rotation der Erde (Umdrehung der Erde um ihre Achse, täglich einmal) zu verwechseln, bei der (für den auf der nördlichen Hälfte der Erde lebenden Menschen mit Blickrichtung Süden) die Sonne scheinbar im Osten aufgeht (Morgen), im Süden ihren Höchststand hat (Mittag), im Westen scheinbar untergeht (Abend) um dann nicht mehr sichtbar zu sein (Tiefstand Mitternacht).

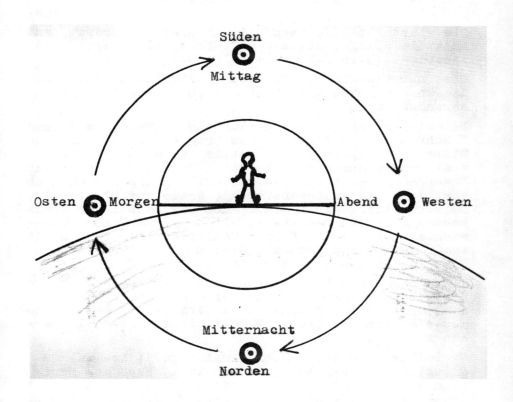

Der Studierende tut gut daran, zur Festigung dieser Hinweise, das Kapitel " Rotation und Revolution der Erde " im Regelwerk für Planetenbilder nochmals eingehend zu bearbeiten.

Witte bringt eine Aufstellung, die in der ersten Spalte die Radix-Stände in Graden geordnet enthält.

Die zweite Spalte, ebenfalls in Graden geordnet, enthält die Radix-Stände + 45°. Beispiel Neptun rad.

1.11 Fische + 45° = 16.11 Widder.

Die dritte Spalte, ebenfalls in Graden geordnet, enthält die Spiegelpunkte der Radix-Stände (über den Erdmeridian Krebs - Steinbock gespiegelt). Beispiel Spiegelpunkt Saturn 8.19 Waage. Wir ermitteln diesen Spiegelpunkt durch die Rechnung

```
    Steinbock + Steinbock - Saturn rad.
     270.00      270.00     21.41 Fische
  =            540.00     - 351.41 = 188.19
                                   =   8.19 Waage.
```

Die vierte Spalte, ebenfalls in Graden geordnet, enthält die Spiegelpunkte + 45°. Beispiel Spiegelpunkt Ascendent 15.15 Schütze + 45° = 0.15 Wassermann.

Dies nur als Hinweis für den Studierenden, damit er die knappe Andeutung Witte's richtig versteht und anwenden kann.

Bei dieser Gelegenheit gleich ein Hinweis zum Thema " Schreibfehler " in den vom Original reproduzierten Witte-Artikel. In dieser Arbeit ist z. B. die Rede vom " vorgeschriebenen Meridian ". Es muss natürlich " vorgeschoben " heissen. Es kommt gelegentlich auch vor, dass die Faktorenstände (Grade und Minuten) falsch wiedergegeben sind. Auch das Symbol des Mondknoten wird hin und wieder mit dem Löwe-Symbol verwechselt. Auf diese " Druckfehlerteufel " wird nicht immer aufmerksam gemacht. Dies nur als genereller Hinweis für den Studierenden.

Witte behandelt in dieser Arbeit das Horoskop von Strindberg (Faktorenstände sind dort angegeben, so dass diese bei der bildlichen Darstellung des Horoskopes am Schluss dieser Arbeit nicht wiederholt werden müssen).

Strindberg war der " Sohn einer Magd ", dreimal unglücklich verheiratet (Saturn im 1. Haus des Meridian). Er kannte das Gespenst der modernen Angst, die er im " Inferno " beschrieb. Er konnte hassen bis zur Krankhaftigkeit (Hades + Zeus - Neptun = Meridian) und schuf trotz seiner überreizten Empfindlichkeit (Mond + Vulkanus - Neptun = Meridian) ein hochdichterisches Werk in allen Kunstgattungen und Zeitströmungen, das in der schwedischen Gesamtausgabe 55 Bände umfasst. Er befasste sich auch mit Naturwissenschaften, machte Experimente auf okkulter, alchimistischer Grundlage und veröffentlichte auf diedem Gebiet einige Schriften. In deutscher Sprache ist u. a. erschienen " Ein Blaubuch " (Die Synthese meines Lebens). Astrologisch ist sein Leben nur dann zufriedenstellend zu analysieren, wenn wir die " verflixten " Transneptuner verwenden. Man betrachte den Achsenkomplex

Mond	) 7.47	Das eigene Denken umkreist
Meridian/Merkur	7.02	weibliche Personen
Knoten/Neptun	7.47	Auflösung von Verbindungen
Ascendent/Mars	8.32	Streit m. weibl. Personen
Merkur/Zeus	6.51	schöpferische Gedanken
Cupido/Kronos	7.37	grosse künstl. Fähigkeiten
Sonne/Kronos	) 21.59	Schriftsteller und
Merkur/Neptun	21.13	grosser Dichter.

Man untersuche auch die Achsen Meridian/Ascendent (das Verhältnis zur Umwelt), sowie Venus/Mars (Geschlechtsliebe) und der Studierende bekommt einen sehr guten Einblick über die Persönlichkeit Strindberg.

Die hier abgebildete Horoskopzeichnung ist nur mit den Planeten der Tradition ausgestattet, weil Witte seine Arbeit darauf aufbaute. Für diejenigen Leser, die tiefer in das Thema einsteigen wollen, gebe ich nachstehend den Stand der Transneptuner bekannt:

Cupido	3.32	Stier	Apollon	15.57	Krebs
Hades	15.50	Steinbock	Vulkanus	27.26	Widder
Zeus	2.28	Zwillinge	Admetos	21.21	Wassermann
Kronos	11.45	Fische	Poseidon	21.06	Löwe

Das Erdhoroskop.

Von A. Witte, Hamburg.

Ein aktueller Gesamtplanetenstand wirkt immer derartig, als ob der betreffende Mensch, welcher das Ereignis hat, alleiniger Bewohner der Erde oder besser, als ob er alleiniger Inhaber des Erdkörpers wäre.

Für einen Bewohner der Nordhalbkugel der Erde wäre demnach der Nordpol der Kopf mit dem Blick nach Süd gewendet, nach dem Krebspunkte, dem Schnittpunke der Meridianebene der Erde mit der Bahn der Erde.

Die Erdachse ginge dann vom Kopfe nach den Füßen durch den Mittelpunkt, der dem Sonnengeflechte gleichkäme.

Die obere Kulmination des Erdmeridians wäre der Nabel, die Aequatorebene der Gürtel und die Nachtgleichungspunkte die Hüften.

Von seinem Beobachtungsorte, dem Nordpol aus, ginge dann, wenn die Erde keine Rotation hätte, die Sonne an der rechten Seite am 21. März auf, würde am 21. Juni kulminieren und am 23. September wieder im Osten, im Wagepunkte untergehen. Der Lauf der Sonne vom Wagepunkte durch den Steinbockpunkt nach dem Widderpunkte würde von ihm nicht gesehen werden können und für ihn die Nacht bedeuten.

Die Zeitabschnitte des Erdtages, die Tierkreiszeichen, deren Spitzen Kristallisationspunkte des Erdkörpers, d. h. der Emanationskugel sind, und zwar zusammengesetzt durch den Generalnenner der Kristallisationszahlen 3 und 4 werden von der Sonne von West nach Ost durchlaufen.

Weshalb sollte die Erde als Atomgebilde im Weltall nicht auch aus einer mehrachsigen Kristallisation bestehen, wie sie uns von den Körpern der verschiedenen Stoffe bekannt sind?

Ich verweise auf „J. Oltmann, Mechanik des Weltalls". „Den Anhalt dafür kann nur die Winkelteilung geben, die wir auch sonst bei allen Stoffen und Gestaltungen als Grundlage ihrer regelmäßigen Formenbildung erkennen, bei den Kristallen, Kristalloiden und allen sonstigen sternförmigen Naturformen, seien es Blumen, Pflanzen, Tiere oder Teile derselben."

„Wir finden alle diese Formen nicht so sehr nach bestimmten Längen, sondern nach Achsen und deren Winkeln zueinander eingeteilt und die natürliche Grundlage dieser Winkelteilung ist die Kreisteilung in 360°; denn diese Zahl ist am meisten durch ganze Grundzahlen teilbar und gibt dadurch die denkbar größte und vielfältige Möglichkeit zur symmetrischen Aufteilung."

„2, 3, 4, 5, 6, 8, 9, 10, 12, 15, 18, 20, 24, 30, 36, 40, 45, 60 usf. lassen sich voll in 360 aufteilen und aus dem Sechseck ableiten und geben die statisch vollkommensten und vielseitigsten Möglichkeiten der Einteilung und Verteilung nach dem jemals besten Güteverhältnis."

„Das ist das Geheimnis dieser ganzen, so oft empfundenen Rhythmik und Harmonie des Weltalls, die einfache und natürliche Kreisteilung nach dem System der Sechstel- und Zwölftelteilung."

Analog dem Geburtshoroskope sind nun die Tierkreiszeichen für den Bewohner der Nordhalbkugel die Häuser des Nordpols, wenn dieser dem Geburtsort gleichgesetzt wird.

Die Erdachse hat jetzt eine Neigung von 66° 33′ gegen die Ekliptik, gegen den Lauf des Körpers um die Sonne, und es ist diese Erdbahn in 12 mal 30° vom Krebs oder vom Steinbockpunkte eingeteilt.

Die Angelpunkte oder Hängepunkte dieser Emanationskugel, die elektromagnetischen Charakters sind, sind die Nachtgleichenpunkte.

Für die Erde sind somit die Häuser der Nordhalbkugel.

♎ ♍ ♐	♑ ♒ ♓	♈ ♉ ♊	♋ ♌ ♍
I II III	IV V VI	VII VIII IX	X XI XII

Der Widderpunkt, der *aufsteigende* Punkt der Sonne die Spitze des *VII. Hauses*.

Der Wagepunkt, der *absteigende* Punkt der Sonne die Spitze des *I. Hauses*.

Zum Fixsternhimmel ist, mit Ausnahme der Präzession, *das Häusersystem der Erde* als feststehend zu betrachten, und zwar gilt als *Fundamentalkreis* die *Erdbahn,* als Anfangspunkt des Jahres der Stand der Sonne in der Achsenebene, im Steinbockpunkte.

Denn im Geburtshoroskop ist der Erdmittelpunkt der Gravitationspunkt, verlängert als Linie zeigt er auf den Nadir; die laufende Sonne ist die Verlängerung der Gravitationslinie Erde-Sonne. Es liegt also die Polstellung des jedesmaligen Fundamentalkreises rückwärts in der Meridianebene und es ist deshalb der Anfang eines bürgerlichen Tages Mitternacht und der Anfang des Jahres, d. h. des astrologischen Jahres der Lauf der Sonne durch 0° Steinbock, zwischen dem 21. und 23. Dezember.

In diesem Häusersystem der Erde, in den Tierkreiszeichen bewegen sich alle Gestirne von West nach Ost, auch die Sonne, die scheinbar sich fortbewegt und doch nur den Lauf der Erde anzeigt. Diese laufende Sonne ist aber der Vertreter des Häusersystems, und zwar gibt sie immer die Beeinflussung der Erdachsenebene von 0° Steinbock aus, an.

Die Oerter der Planeten in den Tierkreiszeichen wirken also je nach den Zeichen und den vorgenannten Häusern auf die Kardinalpunkte und durch diese auf die Achsenebene und auf den Erdmittelpunkt ein.

Der Ort der Sonne in den Zeichen wirkt auf den Erdmittelpunkt und von diesem wieder auf die Achsenebene und auf die Kardinalpunkte.

Die Zeitabschnitte des Tages von der oberen Kulmination der Sonne gleichen nun den Erdhäusern vom IV., von 0° Steinbock an. Es ist somit die Zeit von 12 bis 2 Uhr mittags dem Tierkreiszeichen Steinbock entsprechend, von 6 bis 8 Uhr abends dem Zeichen Widder, von 12 bis 2 Uhr nachts dem Zeichen Krebs und von 10 bis 12 Uhr vormittags dem Zeichen Schütze.

Die Stellungen der Planeten zur Sonne, bezogen auf diese Häuser, also *die Häuser der Sonne* und auf die entsprechenden Tierkreiszeichen gibt das *Tageshoroskop*. Es hat Gültigkeit für alle Menschen, deren Sonne in demselben Grad und in demselben Zeichen steht.

Deckt sich das Tageshoroskop mit dem der Erde, steht also die laufende Sonne in 0° Steinbock, so ist dieses Horoskop für alle Menschen der Erde für das betreffende folgende Jahr maßgebend und ist das *Jahreshoroskop*.

Das sonst fälschlich mit Jahreshoroskop bezeichnete einzelner Personen ist ihr Sonnen- oder Solarhoroskop. Das Solarhoroskop und das Tageshoroskop sind zwei sich ergänzende, und doch nicht dieselben, Horoskope.

Wenn auch die Oerter der Planeten dieselben sind, so sind doch die Häuser anders und durch diese werden auch dann im Tageshoroskop die Stände der Planeten geändert, treten also hier als sensitive Punkte auf.

Der Geburtsort, oder ein bestimmter Ort auf der Erde verhält sich zur Erdmitte und zur Sonne, wie der laufende Mond zur Erde und zur Sonne.

Es vertritt somit der Mond die Erdoberfläche.

Wenn aber der Mond irgendeinem Orte auf der Erde entspricht, so sind die Mondphasen mit dem Lauf des Ortsmeridians zur Sonne in Beziehung zu bringen; dann muß Mitternacht (Ort ☍ ☉) Vollmond und Mittag (Ort ☌ ☉) Neumond sein, der abnehmende Mond entspräche dann dem Morgen und der zunehmende Mond dem Abend. Es entsprechen dem Neumonde bis zum ersten Viertel die Zeichen Steinbock bis Fische, vom ersten Viertel bis zum Vollmond die Zeichen Widder bis Zwillinge, vom Vollmond bis zum letzten Viertel die Zeichen Krebs bis Jungfrau und vom letzten Viertel bis Neumond die Zeichen Wage bis Schütze.

Also ist das Alter des Mondes von der Sonne an gerechnet:

♑	♒	♓	♈	♉	♊	♋	♌	♍	♎	♏	♐
0°	30°	60°	90°	120°	150°	180°	210°	240°	270°	300°	330°
0^h	2^h	4^h	6^h	8^h	10^h	12^h	2^h	4^h	6^h	8^h	10^h
nachmittags							vormittags				

Die entsprechenden Stunden am Tage für einen Ort oder auch die astronomischen Längen des Ortes (Aszendent — 90°) müssen in Beziehung stehen mit dem Stande der Sonne zum Steinbockpunkte und zum Alter des Mondes.

Wenn für die Nordpolnativität, der des Inhabers des Erdballes, die Sonne im ♑ Mitternacht, die Sonne im ♈ Morgen, die Sonne in ♎ Abend und die Sonne in ♋ Mittag ist (die Zeichen gelten für 0°), so müssen den Stunden von 12^h nachts bis 6^h morgens den Zeichen Steinbock bis Fische, von 6^h morgens bis 12^h mittags den Zeichen Widder bis Zwillinge, von 12^h mittags bis 6^h abends den Zeichen Krebs bis Jungfrau und von 6^h abends bis 12^h nachts den Zeichen Wage bis Schütze entsprechen.

Diese Stunden liegen aber den der vorhergehenden Tabelle gegenüber, weil das System der Erde die Rotation des Erdballes nicht mitmacht und der Mond die Reflexstrahlen der Sonne der Erde übermittelt, also müssen Sonne und Mond in diesem Falle gegenüberliegende Stunden und Zeichen innehaben.

Wie vordem schon erwähnt, kann jeder sich als alleiniger Inhaber des Erdkörpers betrachten, es treten dann verschiedene Achsen von ineinanderliegenden elektromagnetischen feinstofflichen Kugeln auf, von denen eine das Erdhoroskop mit dem Erdmeridian ist; die zweite ist das Tageshoroskop mit seinen Häusern, die dritte ist das Lunarhoroskop usw.

Der Aszendent und der Geburtsmeridian wird vorläufig als Nebensache behandelt.

Als Beispiel zu den vorliegenden Ausführungen wird das Horoskop Strindbergs angezogen.

August Strindberg, geb. 22. Januar 1849, vorm. 8 Uhr, in Stockholm.

☉ 2° 13 ♒,	♀ 15° 07 ♓,	♄ 21° 41 ♓,	☊ 11° 23 ♍,
☽ 7° 47 ♑,	♂ 2° 19 ♑,	♅ 18° 37 ♈,	X 2° 50 ♐,
☿ 11° 14 ♒,	♃ 19° 30 ♌,	♆ 1° 11 ♓,	A 14° 45 ♑.

Die Tierkreiszeichen sind jetzt die Erdhäuser, die Sonne liegt im V. Hause der Erde, die astronomische Länge des Geburtsortes, also *„Stockholm“ 14° 45* ♎.

In diesem Häusersystem befindet sich aber der Körper des Geborenen in 2° *13* ♑ der Sonne gegenüber.

Die progressive Sonne zeigt also in ihrer Opposition an, in welchem Grade dieser Körper nach bestimmten Tagen sich befindet und, jeder Tag nach der Geburt als ein Jahr gerechnet, nach ebensovielen Jahren. Daher ist der Sonnenbogen (☉ progr. — ☉ rad.) der allein maßgebende Direktionsbogen für Jahre und Tage.

Strindbergs Tod fand statt am 14. Mai 1912, seine progr. Sonne stand 5° 50 ♈, der Sonnenbogen und der Zodiakaldirektionsbogen war demnach *63° 37′*.

In der Lebensuhr ist die Sonne als Stundenzeiger anzusehen, der Minutenzeiger ist der progressive Meridian, der Sekundenzeiger der laufende Meridian. Bei einer 24 Stunden zeigenden Uhr entsprechen die Stunden 24 und 12 dem Erdmeridian.

Alle Radixplanetenstände schreiten nun um den Sonnenbogen vorwärts, ebenso auch die Kardinalpunkte und die Angelpunkte des Geburtshoroskops.

Der Erdmeridian 0° ♋ ist demnach um den Bogen 63° 37′ vorgeschritten und steht jetzt als vorgeschobener Erdmeridian *3° 37* ♍. Er hatte die Opposition des ♆ rad. 1° 11 ♓ *2* Jahre vordem überschritten, das X. Haus oder den Geburtsmeridian ebenfalls in der Quadratur und fiel beim Tode auf den progressiven ♆ 3° 37 ♓, so daß dieser Planetenstand mit seinem Sonnenbogen vom Steinbockpunkte den Tod durch Blutzersetzung oder Blutentmischung brachte. Der Mars in Konjunktion mit dem Monde am Steinbockpunkte waren Herrscher der Erde. Demnach mußte eine zersetzende Magenkrankheit die Ursache seines Lebensendes sein.

Er hatte in den letzten Jahren Magenkrebs.

Es wirken also die Grade und Minuten der Radix- der Progressiv- und der laufenden Gestirne von den Kardinalpunkten an als Sonnenbögen.

Es gibt daher individuelle Jahresherrscher des Erdhoroskops, sie wirken gut oder schlecht in den betreffenden Jahren je nach den Aspekten zu den vorgeschobenen Kardinalpunkten und der progressiven Sonne, die ja auch mit ihrem Laufe von ungefähr 1° im Jahre als Tagesherrscher, also demnach auch als Jahresherrscher auftritt.

Die rhythmische Wiederkehr von gleichen oder ähnlichen Ereignissen findet man, wenn die Radixstände den Graden gemäß geordnet werden.

Hinzufügen muß man zu jedem Stande noch 15°, um auch das ∠ und das ⅋ Quadrat zu berücksichtigen.

Dasselbe geschieht noch mit den Spiegelpunkten der Radixstände zum Erdmeridian ♋ — ♑, auch diese werden den Graden gemäß geordnet und mit einem Stern versehen oder mit grüner Tinte geschrieben; die schlechten Aspekte wolle man der besseren Uebersicht halber unterstreichen.

Wie aus nachstehender Tabelle hervorgeht, bekam der Sonnenbogen vom Steinbockpunkte aus noch den Halbquadratschein des Uranus 3° 37 ♓.

Radixstände		∠		Spiegelpunkte		∠	
♆	1° 11 ♓	♀	0° 07 ♉	♄	8° 19 ♎	A	0° 15 ♒
☉	2° 13 ♒	♅	3° 37 ♊	♃	10° 30 ♉	☊	0° 37 ♊
♂	2° 19 ♑	♃	4° 30 ♎	♅	11° 23 ♍	☿	3° 46 ♑
X	2° 50 ♐	♄	6° 41 ♉	♀	14° 53 ♎	☽	7° 13 ♒
☽	7° 47 ♑	♆	16° 11 ♈	A	15° 15 ♐	X	12° 10 ♓
☿	11° 14 ♒	☉	17° 13 ♓	☊	15° 37 ♈	♂	12° 41 ♒
☊	14° 23 ♍	♂	17° 19 ♒	☿	18° 46 ♏	☉	12° 47 ♑
A	14° 45 ♑	X	17° 50 ♑	☽	22° 13 ♐	♆	13° 49 ♐
♀	15° 07 ♓	☽	22° 47 ♒	X	27° 10 ♑	♄	23° 19 ♏
♅	18° 37 ♈	☿	26° 14 ♓	♂	27° 41 ♐	♃	25° 30 ♊
♃	19° 30 ♌	☊	29° 23 ♎	☉	27° 47 ♏	♅	26° 23 ♎
♄	21° 41 ♓	A	29° 45 ♒	♆	28° 49 ♎	♀	29° 53 ♏

Zu obigen Planetenständen sind je nach den Sonnenbögen 30° oder 60° hinzuzufügen.

Der progressive Neptun lief, wie obenstehende Tabelle zeigt, über ☉, ♂, X. bis zum ∠ des ♅, der mit ihm den Tod brachte.

Planetenstände.

	☉	☽	☿	♀	♂	♃	♄	♅	♆	☊
Vorg.	5°50♈	11°24♓	14°51♈	18°44♉	5°56♓	23°07♎	25°18♉	22°14♊	4°48♉	18°00♍
Progs	5°50♈	2°37♉	8°20♓	19°25♉	19°52♒	12°46♌	29°00♓	21°18♈	3°37♓	11°0[illegible] ♍
Laufd.	23°18♉	22°06♈	27°29♈	9°06♉	21°55♋	12°43♐	23°30♉	3°27♒	21°29♋	19°59♈

Der Sonnenbogen 63° 37′ verband sich also mit □ X., □, ♅, ⊻, ☿ (4); der vorgeschobene ☽ mit ⊻ ☿ und □ ♅ (3), der vorgeschobene Aszendent. 18° 22 X mit ⊻ ♅, ✱ X. (2) und mit △ ☿ (3), der vorgeschriebene Meridian 6° 27 ♒ mit □ ♄ (21 und ☌ ☽ (4).

Die laufenden Planeten ☉ ☌ ♄ verbanden sich mit ☍ ♄ (4), die laufenden Planeten ♆ ☌ ♂ □ ☽ mit dem vorgeschobenen Meridian den ∠ und ⚼ Quadrat.

Der sensitive Punkt am Todestage für den 63jährigen Menschen ist in diesem Falle ☉ lfd. 23° 18 ♉ + ☉ Bg. 63° 37′ = 26° 55 ♋ in Verbindung mit □ ☊ (4); die Sonne rad. verbindet sich mit ☊ lfd.

Der progressive Meridian 27° 32 ♉ stand in □ zu dem sensitiven Punkte ☊ ♈ + ☊ ♈, − ☊ rad. = 26° 51 ♌, ♂ ♄ vorgeschoben und □ ☉ (3).

Kommentar zum Witte-Artikel " Die Häuser des Ascendenten ".

Der Studierende weiss sicher schon, wie der Ascendent (nachstehend nur mit A bezeichnet) berechnet wird und der am östlichen Horizont aufsteigende Grad der Ekliptik ist. Seine Achse teilt das Horoskop in eine südliche (obere) und nördliche (untere) Hälfte. Bei der Deutung des Horoskopes gibt der A Auskunft über die " Umwelt ". Bei Untersuchung von Ereignishoroskopen ist er die Entsprechung für den " Ort ".

Diese Arbeit von Witte ist die Grundlage für die Untersuchung des Horoskopes der Häuser des A. Eine gute Ergänzung hierzu sind die Ausführungen von Ludwig Rudolph im " Leitfaden der Astrologie " Seiten 20-22.

Witte hat hier mit dem Sternhaufen " Stockholm " bezw. " Nova Strindberg " ein sehr verständliches Beispiel gebracht, so dass hierzu sicher keinerlei weiteren Hinweise erforderlich sind.

Witte gibt eine Faktoren-Aufstellung bekannt, die manchem Leser vielleicht nicht ganz klar ist. Des Rätsels Lösung ist sehr einfach. Wir haben das Horoskop von Strindberg schon für die Bearbeitung des " Erdhoroskopes " in der bekannten Weise aufgezeichnet. Nun drehen wir die Gradscheibe so weit nach links, dass der Punkt 0° Waage (Spitze des 1. Hauses für das Erdhoroskop) sich mit dem eingezeichneten A rad. in 14.45 Steinbock genau deckt. Kurz ausgedrückt: Waagepunkt der Scheibe auf A rad. stellen.

    Diese Einstellung der Scheibe ist der Ausgangspunkt für die Auswertung des A-Horoskopes.

Wir erkennen dann, dass z. B. die Sonne rad. und der Merkur rad. im 1. Haus des A stehen. Blicken wir genau auf den Rand der Scheibe, dann sehen wir, dass die Sonne etwa zwischen dem 17. und 18. Grad Waage liegt. Witte hat hier genaue Gradzahlen angegeben. Es soll hier demonstriert werden, wie der von Witte angegebene Sonnen-Stand in 17.28 Waage errechnet wird.

```
    Sonne      2.13 Wassermann   =   302.13
  - A         14.45 Steinbock    =   284.45
              Differenz          =    17.28
```

Diese Differenz addieren wir zum Punkt
0° Waage (= Spitze 1. Haus des A) = 180.00
und erhalten somit den neuen Stand der
Sonne mit   197.28
                                       = 17.28 Waage.

Genau so rechnen wir, wenn wir die exakten Stände der anderen Faktoren für die A-Häuser ermitteln wollen.

Es muss bemerkt werden, dass es für die Ausdeutung des Radix-Horoskopes genügt, wenn wir mittels der Gradscheibe feststellen, dass ein Planet in einem bestimmten Hause des A-Horoskopes steht.

Für die schriftliche Darstellung wählen wir folgende Kurzbezeichnung:
Sonne 1./A
das heisst, die Sonne steht im 1. Hause des A-Horoskopes.

Zum Schluss vorsorglich nochmals der Hinweis, dass sich die Untersuchung der A-Häuser nur auf die Beziehungen zur Umwelt, zu anderen Menschen, erstreckt. Bei Strindberg steht Neptun im 2./A, so dass seine finanziellen Verhältnisse zu anderen etwas ungeordnet waren, dass er Geldverluste durch andere erlitten hat oder von anderen finanziell abhängig war. Mit anderen Worten: Hier zeigen sich die kosmischen Suggestionen des für den Neptun charakteristischen Eigenschaften in Bezug auf die Umwelt, auf andere Menschen.

Mond und Mars stehen im 12./A. Die Kurzdeutung: Streit mit weiblichen Personen.

Beide Aussagen stimmen mit dem Lebenslauf von Strindberg überein.

Das Horoskop von Strindberg wird hier gezeigt mit der Einstellung des Punktes 0° Waage auf den A.

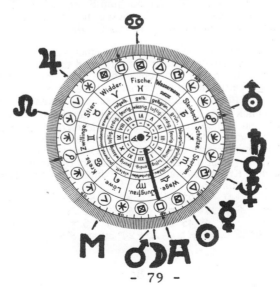

Die Häuser des Aszendenten.

Von A. Witte, Hamburg.

Wird der Planetenstand für eine bestimmte Minute, in der ein Ereignis stattgefunden hat, festgehalten, so kommt zuerst der Körper in Betracht, auf welchem dasselbe in Erscheinung getreten ist, nämlich der Erdkörper. Dieser wird im Planetenstand von der laufenden Sonne markiert und gilt als Hauptgravitationspunkt des Tages. Daher muß der Sonnenstand eines Ereignistages ein ganz besonderer Punkt im Radixhoroskop sein, der mit dem Vorfall verbunden ist.

Und weiter wirkt der Gesamtplanetenstand auf die durch die Rotation des Erdkörpers und der Lage der Aequatorebene in der Ekliptik fest verankerte elektromagnetische Emanationskugel der Erde ein. Es ist nun festzustellen, welcher Punkt der Ekliptik jetzt noch für das Ereignis in irgendeinem Orte der Erdoberfläche maßgebend ist.

Betrachtet man jetzt die Erde als eine Hohlkugel, was sie tatsächlich für die Strahlen der Gestirne ist, denn sämtliche durchdringen den grobstofflichen Körper derart, als ob dessen feste Masse überhaupt nicht vorhanden wäre.

Die Menschen, von dieser Voraussetzung betrachtet, beständen dann auch nur noch aus elektromagnetischen Gebilden und man könnte sie, wenn sie in Massen eine Stadt bewohnen, als Sternhaufen ansprechen und die verschieden bevölkerten Gegenden gäben im Zusammenhang einen der Milchstraße ähnlichen Gürtel, der vom Mittelpunkte der Erde angeschaut, in gleichmäßigen Zeiträumen einen tropischen Umlauf um die Erdachse ausführen würde.

Die Geburt Strindbergs wäre dann im Sternhaufen „Stockholm" und in einem Teile desselben, nämlich in der Familie Strindberg als ein neu erscheinender Stern, als „Nova Strindberg" anzusehen.

Bezieht man die Planeten auf einen Fundamentalkreis, auf den des Beobachters im Mittelpunkte und im Zusammenhang mit dem Hauptgravitationspunkt des betreffenden Tages, so gilt es als selbstverständlich, auch diesen neu aufgetauchten Stern in dasselbe Koordinatensystem zu bringen. Nun ist für diesen die astronomische Länge und Breite maßgebend und tritt im Horoskop als „Aszendent — $90°$" und als Breite auf.

Dieser neue Stern bewegt sich aber in einer zur Ekliptik mit $23°\ 27'$ geneigten Bahn von West nach Ost und wird täglich einmal in der oberen Kulmination, in der Erdachsenebene oder im Solstitialkolur liegen und dieser Zeitpunkt ist maßgebend für den Zusammenhang mit den Planeten und das weitere Schicksal des neuen Weltbürgers.

Im Augenblick des Erscheinens nimmt der neue Herr die Gesamtkristallisation in sich auf und schleppt sie fortan immer mit sich. Daher entstehen die Deklinationslinien, parallel zum Aequator und durch die Verbindung mit der Sonne die Breitenlinien parallel zur Ekliptik. Hält man jetzt das Bild fest, wenn der Stern im Zusammenhang mit seinen Kristallisationsplaneten durch die Erdachsenebene geht, so sind die Stände:

☉ $17°\ 28$ ♎   ♀ $0°\ 22$ ♐   ♄ $6°\ 56$ ♐   ☊ $29°\ 38$ ♉
☽ $23°\ 02$ ♍   ♂ $17°\ 34$ ♍   ♅ $3°\ 52$ ♑   X $18°\ 05$ ♌
☿ $26°\ 29$ ♎   ♃ $4°\ 45$ ♉   ♆ $16°\ 26$ ♏   A. $0°\ 00$ ♎

♂ + ♄ — X = $6°\ 25$ ♑,   ♂ + ♄ — A = $24°\ 30$ ♏,   ♂ + ♄ — ⊕ = $7°\ 02$ ♍.

Dieses Bild im Zusammenhang mit den Erdhäusern entsteht, wenn der Bogen „Stockholm" — ☉ rad. gleich 0° Krebs minus Sonne laufend oder Aszendent — Sonne radix gleich 0° Wage — Sonne laufend ist. Es decken sich jetzt die Häuser des Aszendenten mit denen der Erde und stehen die Aussagen der Planeten in den Zeichen mit den der Radixplaneten in Verbindung. Die laufende Sonne 17° 28 ♎ ist demnach für Strindberg immer ein wichtiger Punkt des Jahres.

Die Aspekte mit den Planeten beim Tode sind dann folgende:
♆ vorg. ♂ ♃, ♃ vorg. ♂ ☉/☿, ♀ vorg. ☐ X , ♂/♄ lfd. ☐ ☽,
☊ vorg. ♂ ♆, ☷ vorg. ☐ ☽ , ☽ vorg. ♇ ♂/♄, A. vorg. ☍ ♂,
☊ vorg. ☐ X, ♂ vorg. ☐ ♄ , ☿ vorg. ☐ ♐ , ☷ lfd. ☐ ♃.

Auch kämen hier noch die Spiegelpunkte in Betracht, wie sie in dem Beispiel des Tageshoroskops angeführt sind. Hier wäre dann noch — ☉ 12° 32 ♓ ☐ ♃ lfd. und — ♃ 25° 15 ♌ ☐ ☉ lfd., ♄ lfd., so daß wieder der Zusammenhang wie in dem Artikel „Aktuelle, chronologisch geordnete Horoskope" erscheint. Es ist ☉ rad. + ♃ lfd. = ♃ rad. + ☉ lfd.

Und weiter: — ♄ 23° 04 ♑ ☐ ♃ vorg. 23° 07 ♎ und — ♃ 25° 12 ♌ ☐ ♄ vorg. 25° 18 ♉, so daß also auch ♃ vorg. + ♄ rad. = ♄ vorg. + ♃ rad. ist.

Man vergleiche auch die vorgeschobenen Planeten mit den Spiegelpunkten des Radix, ☷ vorg. 22° 14 ♊ ☍ — ☽ rad. und ☽ vorg. ☍ — ☷ rad. Daher ist ☷ vorg. + ☽ rad. = ☽ vorg. + ☷ rad. und ☿ vorg. und ♀ vorg. + ♀ rad. = ♀ vorg. + ☿ rad.

Die aufgeführten Planetenstände sind sensitive Punkte des Aszendenten. Der Punkt A — ♎ — ☿ 3° 31 ♏ also A — (♎ +) = 3° 31 ♏ steht im ♋ zum ☷ rad. und empfing die ☍ des progressiven ♃ 3° 37 ♓. Der Sonnenbogen war 63° 37' und der vorgeschobene Krebspunkt stand in Konjunktion mit dem ersten Punkte, der laufende ♄ stand im Spiegelpunkte des vorgeschr. 10. Hauses, 6° 27 ♒. Der Aszendent hätte + 6' und der Meridian + 3' mehr aufweisen müssen, um die genauen Stände der Angelpunkte zu geben. Die Feinkorrektur gibt für beide *Punkte ein ~~Kurs~~ von 0° 03.*
Plus

Kommentar zum Witte-Artikel " Das Tageshoroskop "

Witte spricht in seinen Arbeiten immer von der Sonne als Gravitationspunkt. Im Radixhoroskop ist die Sonne der vom Geist beseelte Körper. Die um den Direktionsbogen vorgeschobene Sonne ist der Gravitationspunkt für den so alt gewordenen Körper. Im Tageshoroskop, das in diesem Artikel von Witte erläutert wird, ist die (laufende) Sonne der Gravitationspunkt des betreffenden Tages. Diese Hinweise bestätigen sich immer wieder, so dass wir bei jeder Untersuchung dem Stand der Sonne besondere Aufmerksamkeit zuwenden müssen.

Auch diese Arbeit muss vom Studierenden mit der Gradscheibe nachgearbeitet werden, wenn er sie verstehen will. Das Radixhoroskop zeichnen wir in der bekannten Weise auf (siehe Einleitung " Die $360°$-Scheibe und ihre technische Anwendung "). Wir zeichnen hier auch den Punkt $0°$ Steinbock ein, weil er in diesem Zusammenhang von Bedeutung ist.

Witte schreibt:

> Man dreht entweder die Scheibe so, dass $0°$ Steinbock mit der Sonne zusammenfällt, oder man stellt den Stand der Sonne der Scheibe auf den Steinbockpunkt des Papiers. Im ersten Fall (Sonne auf Steinbock) erhält man die Differenzen von Planeten und Sonne, im zweiten Falle (Steinbock auf Sonne) die Summen von Planeten und Sonne.

Wir wollen zunächst das erste Beispiel (Sonne auf Steinbock) darstellen. Dazu drehen wir die Papierscheibe so, dass der hier eingezeichnete Sonnenstand sich mit dem Punkt $0°$ Steinbock der festliegenden Papierunterlage deckt. Die drehbare Gradscheibe bleibt in der Grundstellung. Das sieht dann so aus, wie es auf der nächsten Seite dargestellt ist.

Wir verstehen dann die Angaben Witte's in der Planetenaufstellung (erste Spalte Sonne auf Steinbock). Der Mond ist hier mit 5.34 Schütze angegeben. Ein Blick auf die Scheibe bestätigt dies. Wir können selbstverständlich den genauen Stand des Mondes wieder genau berechnen.

```
      Steinbock  +  Mond      -  Sonne
        270.00      277.47       2.13 Wassermann
      =   547.47              -  302.13
                              =  245.34
                              =    5.34 Schütze.
```

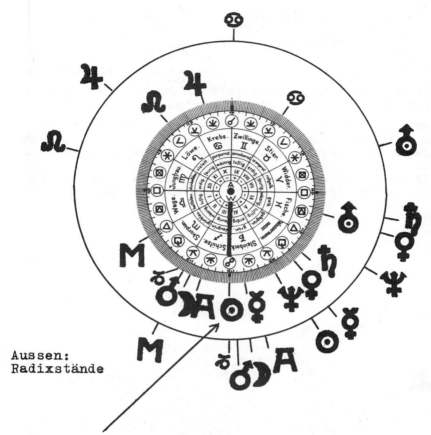

Aussen:
Radixstände

Die Innenscheibe wurde so gedreht, dass sich die
Sonne mit dem Punkt 0° Steinbock deckt.

Mit den übrigen Faktoren rechnen wir genau so und
kommen dann auf die von Witte angegebenen Faktorenstände in der Aufstellung (Sonne auf Steinbock).

Um die Spiegelpunkte (zweite Spalte der Planetenaufstellung) zu ermitteln, brauchen wir nur die jeweils
ermittelten Faktorenstände um den Erdmeridian (Achse
Krebs - Steinbock) zu spiegeln und auf der drehbaren
Gradscheibe abzulesen. Wie das " Spiegeln " mit der
Gradscheibe vor sich geht, wurde schon eingehend gezeigt und wird vom Studierenden sicher schon beherrscht.

Die genaue Berechnung lautet:

```
Steinbock  +  Steinbock    -  Mond
  270.00       270.00         5.34 Schütze
=            540.00        - 245.34
                           = 294.26
                           = 24.26 Steinbock
```

Ergebnis stimmt mit der Angabe in Spalte zwei (Spiegelpunkte) der Zeile Mond überein.

Wir wollen dann das zweite Beispiel (Steinbock auf Sonne) darstellen. Dazu drehen wir die Papierscheibe so, dass der hier eingezeichnete Steinbock-Punkt sich mit der Sonne rad. in 2.13 Wassermann der festliegenden Papierunterlage deckt. Die drehbare Gradscheibe bleibt in der Grundstellung. Das sieht dann so aus:

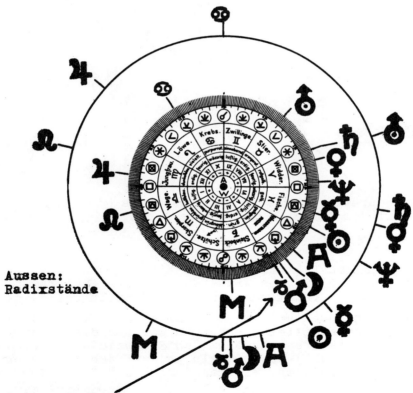

Aussen: Radixstände

Die Innenscheibe wurde so gedreht, dass sich der Punkt 0° Steinbock mit der Sonne deckt.

Wir verstehen dann die Angaben Witte's in der Planetenaufstellung (dritte Spalte Steinbock auf Sonne). Der Mond ist hier mit 10.00 Wassermann angegeben. Ein Blick auf die Scheibe bestätigt dies.

Wir können selbstverständlich den Stand des Mondes wieder genau berechnen. Diesesmal aber rechnen wir:

```
         Sonne     +   Mond        -   Steinbock
         2.13 Wass.    7.47 Stb.       270.00
    =    302.13    +   277.47      -   270.00
    =              580.00          -   270.00
                                   =   310.00
                                   =   10.00 Wassermann
```

Mit den übrigen Faktoren rechnen wir genau so und kommen dann auf die von Witte angegebenen Faktorenstände in der Aufstellung (Steinbock auf Sonne) der Zeile Mond.

Um die Spiegelpunkte (4. Spalte der Planetenaufstellung) zu ermitteln, brauchen wir nur die jeweils festgestellten Faktorenstände um den Erdmeridian zu spiegeln und auf der drehbaren Gradscheibe abzulesen. Die genaue Berechnung lautet:

```
     Steinbock    +   Steinbock    -   Mond
     270.00           270.00           10.00 Wasserm.
              = 540.00              -  310.00
                                    =  230.00
                                    =  10.00 Skorpion
```

Ergebnis stimmt mit der Angabe in Spalte 4 (Spiegelpunkte) der Zeile Mond überein.

Die von Witte dargestellten Verbindungen (z. B. mit dem vorgeschobenen Neptun in 4.48 Stier) kann der Studierende nunmehr selbst erkennen, so dass hierfür keine bildlichen Darstellungen erforderlich werden.

Zu merken ist für die künftige Arbeit Witte's Lehrsatz:

> Das Tageshoroskop der progressiven Sonne ist demnach das " progressive Tageshoroskop ".

Das Tageshoroskop.
Von A. Witte, Hamburg.

Wie in dem Artikel „Das Erdhoroskop" schon erwähnt, sind die Winkelstellungen der laufenden Planeten zur Sonne maßgebend für Ereignisse auf dem Erdball. Die laufende Sonne zeigt in ihrer scheinbaren Fortbewegung den Lauf der Erde in der Ekliptik und in ihrer Opposition. Es ist somit diese laufende Sonne der Gravitationspunkt des betreffenden Tages.

Steht nun irgendein Planet mit dieser in scharfen Aspekten, wie ☉ ☌ ♁, ☉ ☍ ♁ oder ☉ ☐ ♁ so bildet die Gravitationslinie Erde — Sonne mit dem Gestirn eine Gerade, wenn der Planet keine Breite hat, oder sie bildet einen rechten Winkel. Die Sonne gilt immer nur als der sichtbare Punkt der Gravitationslinie der *Erde*.

Die Radixsonne im Horoskop vertritt daher immer den Körper des Nativen. Der Bogen von der Radixsonne bis zur progressiven Sonne ist das Alter des betreffenden Menschen und wirkt als *sensitiver Bogen*.

Der Lauf eines Planeten über diesen Bogen gibt die Zeitdauer an, wie lange sein Körper mit dem Ereignis verbunden ist, also Krankheitsdauer usw. entweder Jahre, Monate oder Tage, je nach den Planeten.

Die Erde empfängt in ihrem Mittelpunkte die Strahlen aller Planeten, sie sind also auch in dem uns sichtbaren Oppositionstandpunkte des Erdmittelpunktes, in der scheinbar sich fortbewegenden Sonne vorhanden.

Jeder Durchmesser der Erdkugel enthält daher in seiner Mitte ebenfalls alle Strahlen der Planeten vereinigt. Es kann demnach die Sonne mit jeder Meridianebene in Verbindung gebracht werden; für das System der Erde ist nun selbstverständlich die Ebene durch die beiden Solstitialpunkte anzunehmen.

Nehmen wir als Beispiel wieder den Geburtstag Strindbergs, den 22. Januar 1849, so ist für diesen Menschen neben dem Erdhoroskop das *Tageshoroskop* der Geburt für weitere Ereignisse maßgebend.

Hat man sich zum Aufreißen der Planetenstände einer Gradscheibe bedient, so ergeben sich nun zwei Möglichkeiten, die Verbindung der Erdhäuser mit der Sonne herzustellen. Man dreht entweder die Scheibe so, daß 0° Steinbock mit der Sonne zusammenfällt, oder man stellt den Stand der Sonne der Scheibe auf den Steinbockpunkt des Papiers. Im ersten Falle (☉ auf ♑) erhält man die Differenzen von Planeten und Sonne, im zweiten Falle (♑ auf ☉) die Summen von Planeten und Sonne.

Beide neuen Planetenstellungen sind neben den noch auftretenden Spiegelpunkten zur Meridianebene ♋ — ♑ maßgebend.

Man vergleiche jetzt die in dem Aufsatz „Das Erdhoroskop" angeführten Planeten vorg. Progr. und laufend mit den nebenstehenden Planetenständen.

	☉ auf ♑	Spiegelpunkte	♑ auf ☉	Spiegelpunkte
☉	0° 00 ♑	0° 00 ♑	4° 26 ♓	25° 34 ♎
☽	5° 34 ♐	24° 26 ♑	10° 00 ♒	20° 00 ♏
☿	9° 01 ♑	20° 59 ♐	13° 27 ♓	16° 33 ♎
♀	12° 54 ♒	17° 06 ♏	17° 20 ♈	12° 40 ♍
♂	0° 06 ♐	29° 54 ♑	4° 32 ♒	25° 28 ♏
♃	17° 17 ♋	12° 43 ♊	21° 43 ♍	8° 17 ♈
♄	19° 28 ♒	10° 32 ♏	23° 54 ♈	6° 06 ♍
♅	16° 24 ♓	13° 36 ♎	20° 50 ♉	9° 10 ♌
♆	28° 58 ♑	1° 02 ♐	3° 24 ♈	26° 36 ♍
☊	12° 10 ♌	17° 50 ♉	16° 36 ♎	13° 24 ♓
X	0° 37 ♏	29° 23 ♒	5° 03 ♑	24° 57 ♐
A	12° 32 ♐	17° 28 ♑	16° 58 ♒	13° 02 ♏
♑	27° 47 ♏	2° 13 ♒	2° 13 ♒	27° 47 ♏

In der Spalte 1 treten sensitive Punkte als Differenzen auf, in der Spalte 3 treten sensitive Punkte als Summen auf, in der Spalte 2 sind die Differenzen wieder vom ♑ subtrahiert und in der Spalte 4 sind die Summen wieder vom ♑ subtrahiert.

Der Punkt der Ekliptik, welcher jedesmal auf einen Planetenstand der Gradscheibe gesetzt wird, ist dann immer subtrahiert.

Die sensitiven Punkte lauten nun mathematisch:

Spalte:	1	2	3	4
	♑ + ☉ − ☉	♑	☉ + ☉ − ♑	♑ − (☉ + ☉)
	♑ + ☉ − ☽	☉ − (♑ + ☽)	☉ + ☽ − ♑	♑ − (☉ + ☽)
	♑ + ☉ − ☿	☉ − (♑ + ☿)	☉ + ☿ − ♑	♑ − (☉ + ☿)

Spalte 2 zeigt die — Werte der Spalte 1

Spalte 4 zeigt die — Werte der Spalte 3

Es ist in (2) ♑ + ♑ − (♑ + ☉ − ☉) = ♑ − ☉ + ☉ = ♑
und in (4) ♑ + ♑ − (☉ + ☉ − ♑) = 3 ♑ − (☉ + ☉) = ♋ − (☉ + ☉)

In der Spalte 4 finden wir ♑ − (☉ + ♂) = ♄ vorg.
und ♑ − (☉ + ♄) = ♂ vorg

Es ist also: ♑ = ☉ + ♂ + ♄ vorg. und ♑ = ☉ + ♄ + ♂ vorg. Beide Werte sind gleich; wenn aber von den Planeten einer Summe ein Planet als vorgeschobener auftritt, so ist auch die Summe der Radixplaneten vorgeschoben. Demnach wäre (☉ + ♂ + ♄) rad. ein Todespunkt 26° 13 ♎, welcher geführt werden kann.

Der Spiegelpunkt dieses Todespunktes ist 3° 47 ♓, der in Konjunktion mit dem progressiven ♆ 3° 37 ♓ und mit dem Sonnenbogen 63° 37′ vom ♑ Punkte stand.

Diese beiden Todespunkte stehen in schlechter Verbindung mit dem ☿ und dem ♅ radix.

Die Summe (☉ + ♂ — ♑) Spalte 3 mit 4° 32 ♒ (männliche Person der Erde) wurde von dem vorgeschobenen ♆ 4° 48 ♉ schlecht bestrahlt. Wird diese Summe mit dem Sonnenbogen geführt = 8° 09 ♈, so steht sie dem persönlichen Todespunkte, also den für den Ort „Stockholm' (♂ + ♄ + Aszendent) 8° 45 ♎ gegenüber. In den Todespunkt für den Geburtsmeridian von Stockholm (♂ + ♄ + X) 26° 50 ♌ warf der vorgeschobene ♄ mit 25 ° 18 ♉ einen Quadratschein.

Und diese letzten beiden Punkte, die schon zum Ortshoroskop und zum Meridianhoroskop gehören, mit dem Sonnenbogen geführt, standen 12° 22 ♐ (♂ + ♄ + A) vorg. und 0° 27 ♏ (♂ + ♄ + X) vorg. Ersterer war mit dem laufenden ♃ 12° 43 ♐ in Konjunktion, in Opposition zu ☉ — (♑ + ♃) 12° 43 II., in Quadratur zu ♑ — (☉ + ♀) 12° 40 ♍ und zum vorgeschobenen ♈ 11° 34 ✕, außerdem mit dem Punkte (♑ + A — ☉) 12° 32 ♐ in Konjunktion. Der zweite Punkt berührte in derselben Spalte 1 den Punkt (♑ + X — ☉) 0° 37 ♏.

Die beiden laufenden Planeten ♂ 21° 55 ♋ und ♆ 21° 29 ♋ warfen mit ihrer Konjunktion einen Quadratschein auf den Todespunkt (♂ + ♄ — X) 21° 10 ♈, welcher wiederum mit dem progressiven ☊ 21° 18 ♈ in Konjunktion stand.

Die letztgenannten Punkte leiten über zum „Horoskop des Aszendenten".

Was mit dem Tageshoroskop der Geburt in vorstehender Ausführung gezeigt ist, gilt natürlich auch für das Tageshoroskop des 63. Tages nach der Geburt. Es kann also auch der progr. Stand ☉ 5° 50 ♈, ☽ 2° 43 ♉ usw. genau so behandelt werden, wie vorstehendes Radixbeispiel.

In diesen aufeinanderfolgenden Tageshoroskopen, die jetzt auch für ein Jahr gelten, hat der progressive Mond und der progressive Meridian eine bedeutende Rolle, denn es ist jetzt ungefähr 1 Grad des Mondlaufs maßgebend für einen Monat und 1 Grad des Meridians für einen Tag.

Das Tageshoroskop der progressiven Sonne ist demnach „das progressive Jahreshoroskop".

Kommentar zum Witte-Artikel " Die Häuser des Geburtsmeridians ".

Den Geburtsmeridian hat hier Witte erklärt. Ludwig Rudolph hat im " Leitfaden der Astrologie " Seite 20 folgende zusammenfassende Definition gegeben:

> Der Meridian ist das Lot des Ortes zu einer bestimmten Zeit auf den Fundamentalkreis der Rotation, den Äquator, er ist der Ausgangspunkt für die gleichmässige Unterteilung der Bewegung der Rotation in die 12 magnetischen Felder (Häuser), deren Vergleichsgrundlage der Tag ist und deren Pole die Äquatorpole sind (Meridianhoroskop, Zweistundenmeridiane).

Für die Astrologen der Hamburger Schule ist der Geburtsmeridian der Angelpunkt des Horoskopes. Seine Achse (Zenit - Nadir) teilt das Horoskop in eine östliche (linke) und westliche (rechte) Hälfte. Bei der Deutung des Geburtshoroskopes gibt er Auskunft über das " Ich " (Empfindungspunkt), im Ereignishoroskop ist er die Minute.

Die Häuser des Geburtsmeridians untersuchen wir wegen dessen überragender Bedeutung immer zuerst. Faktoren oder Achsen von Faktoren, die im Kreuz (90°) oder Halbkreuz (45° bezw. 135°) des Meridian stehen, sind maximalbedeutsam.

Die klassische Astrologie nimmt für sich in Anspruch, eine " Individualastrologie " zu sein, und diese steht und fällt mit dem Ascendenten. Diese sog. Individualastrologie geht in der Betrachtung vom Individuum aus und betrachtet astrologisch gesehen den Kosmos, wie er sich um das Individuum her ausbreitet. Die Einordnung des Menschen in seine Umwelt ist dabei eine natürliche und findet ihren Ausdruck im Horizontsystem, das bekanntlich Grundlage des klassischen Häusersystems ist. So sehen die Astrologen der traditionellen Astrologie ihr System (Dr. Krammer, Sonderdruck Zenit 1956).

Dagegen wird die Hamburger Schule von den " Klassikern " in die " Kollektivastrologie " eingeordnet, weil es das Häusersystem mit sich bringt, dass alle auf dem gleichen Meridian zur selben Zeit Geborenen die gleichen Häuserspitzen und damit die gleichen Schicksalskoordinaten haben. Man unterstellt uns, dass bei der Hamburger Schule der Ascendent zu einem bedeutungslosen Punkt herabsinkt, weil er angeblich seine Grenzwertfunktion nur in Bezug auf die tägliche Aufsteigungsbewegung ausübt.

Um hier einem unfruchtbaren Streitgespräch aus dem Wege zu gehen, überlasse ich es dem Leser darüber nachzudenken, ob die von unseren Gegnern vorgenommene Klassifizierung " Individualastrologie " (Klassik) oder " Kollektivastrologie " (Hamburger Schule) berechtigt ist.

Jeder von uns hat ein " Ich " und dieses " Ich " ist eingebettet in den Kosmos, in sein Volk und seine Familie. Jeder ist also " Individualität " und " Kollektiv " zugleich. Und wir, die teilweise so geächteten Freunde der Hamburger Schule arbeiten auch mit dem Ascendenten, der für uns die nicht wegdenkbare Umwelt ist. Nur wird bei uns der Ascendent nicht überbewertet. Vielleicht haben unsere Kritiker dieses wichtige Kapitel in der Literatur der Hamburger Schule noch nicht gelesen.

Jene aber, die an Witte's Findungen nichts Gutes lassen, möchte ich fragen: Welche Astrologie ist denn individueller. Diejenige, die mit exakten mathematischen Werten arbeitet (Hamburger Schule), oder diejenige, die gezwungen ist, teilweise " Orbishochstapeleien " zu betreiben (traditionelle Astrologie) ? Eine Astrologie, die einen Orbis bis zu $10°$ und mehr in die Deutung einbezieht (und teilweise einbeziehen muss, weil sonst nichts da ist), könnte man viel eher als " Kollektivastrologie " bezeichnen, denn bei manchen Planetenverbindungen werden dann Millionen von " Individuen " betroffen. Und so geht es ja nun wirklich nicht, aber man nennt sich " Individualastrologie ", vielleicht weil's besser klingt. Bei aller Wertschätzung der klassischen Astrologie und der profilierten Vertreter derselben, glaube ich, diese Rechtfertigung vorbringen zu müssen.

Wir haben keinen Grund, von den Erkenntnissen Witte's abzurücken. Das betrifft auch die grosse Bedeutung des Meridian mit seinem Häusersystem. Im Gegenteil. Je intensiver wir uns mit seinen Erkenntnissen befassen, umso mehr erkennen wir den Wert.

Witte bringt zum Schluss seiner Arbeit die Häuserspitzen nach Placidus für das Horoskop von Strindberg. Der Studierende hat hier eine gute Vergleichsmöglichkeit. Beachten Sie dabei besonders den Hinweis, dass im System von Placidus das 10. Haus nur $9.42°$ "klein" ist und das 7. Haus die überdimensionale Grösse von $77.29°$ hat.

Die Häuser des Geburtsmeridians.
Von A. Witte, Hamburg.

Gibt man sich wieder der Vorstellung hin, ein Mensch sei alleiniger Inhaber des Planeten Erde und die Rotation wäre nicht vorhanden, so wäre für den auf der Nordhalbkugel geborenen Menschen der Nordpol der Kopf mit dem Blick nach dem Punkte der Ekliptik, dem Krebspunkte, die kleinere Neigung zur Ekliptik hat.

Dann wären die anderen Planeten Geschwister der Erde, die mit ihr durch elektrische Wellen verbunden sind und deren gegenseitiges Verhalten durch die Eigenart eines jeden gegeben wäre. Wie sie sich die Erde gegenüber äußern, hängt nun von den mit ihr gebildeten Winkeln ab.

Wenn einige von ihnen schon durch ihre verschiedenen Charaktere als feindliche Brüder gewissermaßen prädestiniert sind, so würde die Feindschaft sich im Vaterhause, in der Sonne, bemerkbar machen, wenn sie sich heliozentrisch schlecht anblicken und doch ist die Möglichkeit vorhanden, daß die Erde als Schwester, von beiden, die miteinander im Streite liegen, gute Anblicke erhält. Auch umgekehrt kann es vorkommen, daß sich die Geschwister miteinander gut stehen und haben die Schwester als Zielobjekt ihrer gemeinsamen Teufeleien ausersehen.

Darum ist vielleicht für tiefer schürfende Astrologen von Wichtigkeit, zuerst die heliozentrische gegenseitige Beeinflussung zu kennen, ehe sie zur Auswertung der geozentrischen schreiten; denn jetzt kann trotz eines Trigonscheines doch eine heliozentrische Quadratur vorhanden sein, die sich immer im Radixsonnenstande bemerkbar machen müßte.

Das Eingangstor zum Vaterhause, zur Sonne, wäre der Punkt, welcher, in der Rotationsebene der Sonne im Zusammenhang mit ihrem Laufe um eine Zentralsonne, dieselbe Bedeutung hätte, wie 0° Steinbock in dem Häusersystem der Erde. Je nach der Lage seiner Rotationsebene zur Ekliptik hat jeder Planet sein ihm gehöriges Häusersystem. Als mechanisches Spielzeug gedacht, gliche es einem Geduldspiel, das mit je 12 Fächern versehene Ringe zeigt, die verschieden gelegene Oeffnungen zueinander aufweisen und durch welche eine kleine Metallkugel von einem Ringe zum andern hindurchgleiten muß.

Aehnlich verhält es sich mit den Planetenäußerungen. Ein weit entfernter Planet gibt schon viele Jahre vorher das Ereignis an, ohne daß er merklichen Einfluß auszuüben vermag, weil alle anderen Planeten noch nicht die ihnen zukommenden Stände zeigen, die nötig sind, um den Höhepunkt eines Ereignisses hervorzurufen. Im Horoskop ist nun das Mittelfeld des Spielzeuges die laufende Sonne, die als Gravitationspunkt den Einfluß aller Gestirne gesammelt hat.

In dem Häusersystem der Erde bewegen sich, durch das Rückwärtsgehen der Nachtgleichenpunkte, alle Fixsterne von West nach Ost und das System selbst vollführt eine vollständige Umdrehung von Ost nach West. Die Bedeutung und die Aussagen der Tierkreiszeichen oder Häuser haben beinahe dieselben für den Sonnenlauf, doch nicht für die Erde selbst, da sie die Beeinflussung der Fixsterne in den Tierkreiszeichen empfängt. In diesem großen platonischen Jahre haben also die Fixsterne eine große Bedeutung für Völkerschicksale, in dem Leben des einzelnen Menschen ist der Stand der laufenden Sonne das maßgebendste.

Das Häusersystem der Erde hängt also zusammen mit dem Ekliptikpol als Pol des Fundamentalkreises und mit dem rückwärtsschreitenden Nachtgleichenpunkten. Es zeigt:

Das platonische Jahr: den Lauf der *Fixsterne* von **West nach Ost**.

Das Erdjahr: den Lauf der *Sonne* von **West nach Ost**.

Zu den Fixsternen gehört auch unsere Sonne und diese ändert im Zusammenhang mit ihnen ihren siderischen Stand, so daß auch für Völkerereignisse im platonischen Jahre von einer progressiven Sonne gesprochen werden kann.

Das Rückwärtsschreiten des Widderpunkes während eines Jahres gliche dann dem Laufe der progr. Sonne durch die Zeichen und bezeichnet den Abschnitt eines Tages im plat. Jahre. D. h. der Bogen von Fixstern zu Fixstern gemessen mit der Präzession gibt Ereignisse im Völkerleben von einem Hauptereignis bis zum nächsten.

Kennt man daher die Verbindung der Sternbilder mit den Völkern, so kann man deren Auf- und Abstiege berechnen.

Durch die Rotation der Erdoberfläche um die Erdachse bekommen alle Orte der Erde eine kreisförmige Bahn, die alle den Aequator als Fundamentalkreis haben.

Die Häuser der Erde bestimmen sich durch die Lage der Rotationsachse zur Erdbahn. Die Häuser eines Ortes bestimmen sich also durch die Lage seiner Achse (Zenit — Mittelpunkt — Nadir) zum Lauf des Ortes um die Erdachse. Hier wird daher der Aequator vom oberen oder vom unteren Meridian an in 12 gleiche Teile geteilt analog der Teilung der Ekliptik und der Lage der Erdachse zu dieser.

Die Schnittpunkte dieser Zwei-Stunden-Meridiane mit der Ekliptik sind dann die Spitzen der astrologischen Häuser des Geburtsmeridians.

Es deckt sich also nicht das 1. Haus oder die Spitze des 1. Hauses mit dem Aszendenten.

Der Aszendent gehört mit der astronomischen Länge des Geburtsortes zu einem anderen System, und zwar zu dem des Erdlaufs um die Sonne. Es verbindet daher die **Häuser der Erde** mit den **Häusern des Aszendenten**.

Die je 30° großen Häuser des Aszendenten entsprechen dem Sonnenlauf und sind nur auf diesen und auf die laufenden Planeten zu beziehen. Nach diesem System rechneten schon die Orientalen seit Jahrtausenden und rechnen auch heute noch danach.

Da der Lauf aller Orte und mit diesen auch deren Insassen sich immer parallel zum Aequator bewegen, so ist und bleibt der Hauptfundamentalkreis des Geburtsaugenblicks der Aequator und sein Pol ist der Nordpol.

Der Stand der Sonne und der Planeten in diesen Häusern haben die größte Einwirkung auf den Geborenen selbst.

Der Stand der laufenden Sonne verbindet nun beide Häusersysteme miteinander, denn die Sonne ist der Hauptgravitationspunkt des Tages. Der Lauf des Ereignisortes kann sich aber nur auf die Häuser des Geburtsmeridians am Tage der laufenden Sonne beziehen und steht in keiner Verbindung mit den Häusern des Aszendenten, es sei denn nur durch die Aussage des Hauses und des Tierkreiszeichens.

Die Häuser des Aszendenten entsprechen den Monaten des Jahres.

Die halben Häuser des Meridians den Stunden eines Tages.

Der *Aszendent* verbindet dennoch die *Geburtssonnen* verschiedener Personen miteinander.

Der *Meridian* oder das *10. Haus* verbindet die *Geburtsminuten* der Personen und die *Ereignisminuten* miteinander.

Der Horizont hat auf diese beiden Systeme überhaupt keinen Einfluß; daß die astronomische Länge des Geburtsortes + 90° den Punkt des Aszendenten zeigt, kommt daher, daß durch das Zenitbild jetzt beide Systeme durch den Meridian und den Aszendenten vereinigt werden. Dieses Zenithoroskop weist *Häuser*, je 30° groß vom Südpunkte an, auf dem Horizont gemessen und *Orte*, je 30° vom Zenit und Radix auf dem Meridianskreis und auf dem ersten Vertikal gemessen, auf.

Für die alten Astrologen, die noch mit Sternbildern arbeiteten, waren deren Stellungen in diesen Häusern und in den Orten maßgebend für den Grundcharakter und für den Werdegang des Geborenen, da sie den Vorteil hatten, Horoskope für Personen zu stellen, die in tiefen geographischen Breiten geboren waren, entweder bis 30° südl. des Aequators, daß also alle Planeten mit ihren Paralleldirektionen den Zenit einmal schneiden mußten.

Findet eine Geburt in höheren Breiten statt, so denken doch die wenigsten Astrologen daran, auch die Aspekte der Paralleldirektionen mit der geographischen Breite in Verbindung zu bringen.

Ist jemand in Hamburg geboren, bei einer Breite von 53° 33′, so ist das ∠ Quadrat in der Parallele von 8° 33′ + oder − Deklination immer eine gefährliche Linie, die dann wirkt, wenn sie von einem vorgeschobenen Planeten geschnitten wird. Auf diesen Geburtsort wirkt zum Beispiel ein ⚹, wenn ein Planet eine Deklination von − 6° 27′ hat, und stärker mit einer + 6° 27′ Deklination, da dann ein △ gebildet wird, weil 53° 33′ + 120° = 173° 33′ oder + 6° 27′ ist.

Aus diesem Grunde ist auch der Aszendent ein ganz gefährlicher Punkt, weil er einen Quadratschein auf den Geburtsort wirft, und Planeten in Konjunktion oder schlechten Aspekten mit ihm führen immer Todesfälle herbei.

Man vergleiche den ♃ im Horoskop des Deutschen Reiches, d. h. mathematisch durch Direktionen und man findet bei allen mit ♃ und zu ♃ immer Todesfälle, die Einfluß auf das Reich hatten oder im öffentlichen Leben stehende Personen betrafen.

Befindet sich im Radixhoroskop ein Planet am Meridian und ein Planet am Aszendenten, so tritt meistens der Tod ein, wenn sie als progressive Planeten miteinander einen Quadratschein bilden. D. h. also, wenn sie mundan sich im Geviertschein anblicken, so bilden die progressiven Planeten mit dem Mittelpunkt der Erde beim Tode ebenfalls einen Geviertschein und diese Quadratur gilt dem Geborenen.

Daher sind die Zenitdistanzen und deren Aspekte miteinander von großer Wichtigkeit. Man darf aber daraus nicht ein Häusersystem ableiten, denn diese Parallelen zum Horizont und der Meridianebene sind Kristallisationsebenen des Geburtsortes; sie gleichen den Zweigen von symmetrisch gewachsenen Pflanzen, bei denen der Stamm oder der Stengel der Achse des Zenithoroskops ähnelt. Es gleicht die Blume einer Pflanze mit fünf Blütenblättern einem Zenithoroskop mit fünf Häusern. Die Häuser sind in diesem Falle Winkelgrößen und keine Zeitabschnitte.

In der Ekliptik, also in der Bahn, die die Erde um die Sonne beschreibt, empfängt sie im Mittelpunkte die geozentrischen Aspekte von den anderen Planeten. Für die astronomische Länge des Geburtsortes (Aszendent — 90°) sind deshalb die ekliptikalen Aspekte maßgebend und der ungleichmäßige Lauf der Länge des Ortes in einem Tage steht daher in Verbindung mit der laufenden Sonne eines Jahres.

Der gleichmäßige Lauf des Geburtsmeridians um die Erdachse in einem Tage hat den Aequator als Fundamentalkreis und steht deshalb in Verbindung mit den Rektaszensionen der Gestirne: der *Direktionsbogen für Tage im Jahre ist die Sternzeit* und kann dieser Bogen bis 361° groß sein.

Der Sonnenbogen oder der Direktionsbogen der Ekliptik gleicht dem kleinen Zeiger einer Uhr, welcher die Stunden anzeigt, die für den Menschen Jahre bedeuten.

Die Sternzeit oder der Direktionsbogen für den Aequator gleicht dem großen Zeiger einer Uhr, welcher die Minuten in einer Stunde oder auf den Menschen bezogen, die Tage im Jahre angibt.

Die mittlere Zeit des laufenden Meridians kann nun mit dem Sekundenzeiger verglichen werden, der wieder Zeitabschnitte des Tages angibt und die laufende Sonne, sowie den progressiven Meridian miteinander verbindet. Die laufende Sonne und der progressive Meridian sind zwei beinahe feste Punkte am Tage, die nur beide gleichmäßig um einen Grad weiterschreiten und deren Summe durch Addition oder Subtraktion mit dem laufenden Meridian verbunden wird, um den maßgebenden sensitiven Punkt für den Geborenen zu erhalten.

Da *nun zwei Bewegungen* des Ortes stattfinden, die eine in Opposition der Sonne in der Ekliptik laufend und die andere, die Hauptbewegung des Ortes parallel zum Aequator, die täglich vorhanden ist, so muß der Aequator auch der Hauptfundamentalkreis der Radixhäuser sein. Es steht daher die laufende Sonne in Verbindung mit den Häusern des Aszendenten und der laufende Meridian mit den Radixhäusern des Geburtsmeridians.

Die Zeitabschnitte eines progressiven Tages gleichen den Zeitabschnitten der laufenden Sonne in der Ekliptik. Daß ein Umlauf des Ortes um die Erdachse in der astrologischen Technik als ein Jahr angesehen werden muß, beweisen die Stände der progressiven Planeten, die dann wirken, wenn sie nach bestimmten Tagen, die Jahre nach der Geburt entsprechen, mit den Radixplaneten anderer Personen scharfe Aspekte bilden.

Die laufende Sonne kann als Zeiger für den Tag in den Häusern des Aszendenten angesehen werden, der laufende Ort als Zeiger für die Häuser des Geburtsmeridians und für die Minute am Tage.

Da aber für die Häuser des Aszendenten in jedem Tierkreiszeichen derselbe Bogengrad maßgebend ist, weil die Häuserabschnitte auf der Ekliptik gleich groß sind, so braucht man nur den Aszendenten in die Häuser des Geburtsmeridians einzutragen.

Die Spitzen der Radixhäuser können leicht mit der im Jahrgang 5, Seite 103 veröffentlichten Tabelle „Tafel der Rektaszension und Deklination" bestimmt werden.

Beim Tode einer Person werden meistens die Häuserspitzen des 8. Hauses aller drei Systeme von progressiven, vorgeschobenen und laufenden Planeten getroffen. In dem Zenithoroskop sind dann auch noch Paralleldirektionen der vorgeschobenen Planeten mit den Höhen der Radixplaneten fällig.

Ein gutes Beispiel, um dieses Häusersystem mit den jetzt allgemein üblichen Häusertabellen der von Placidus stammenden Methode zu vergleichen, bietet das Horoskop Strindbergs.

Stockholm nördl. Breite 59° 21', östl. Länge 18° 04'. Geburt am 22. Januar 1849 vormittags 8 h 00 m. Nach der Korrektur, Geburt 7 h 57 m vormittags, ergaben sich folgende Häuserspitzen:

(1)		(2)	
X. 2° 50 ♐	I. 14° 45 ♉	X. 2° 50 ♐	I. 28° 37 ♒
XI. 11° 57 ♐	II. 2° 14 ♈	XI. 0° 47 ♑	II. 0° 52 ♈
XII. 21° 33 ♐	III. 19° 17 ♉	XII. 28° 41 ♑	III. 3° 00 ♉

Aszendent = 14° 45 ♉.

Die unter (2) aufgeführten sind die 2-Stunden-Häuser vom Geburtsmeridian an und zwar die Schnittpunkte dieser Stundenmeridiane mit der Ekliptik. (Modus Aequalis.)

In dem System von Placidus nimmt das 10. Haus nur einen Bogen von 9° 42' und das 7. Haus den ungeheuren Bogen von 77° 29' ein.

Nach den vorhergehenden Erörterungen müssen aber die astrologischen Häuser, da sie Zeitabschnitte des der Geburt folgenden Tages sind, doch annähernd dem Lauf der Sonne durch die Zeichen gleichen, beide, der Lauf des Geburtsortes während 2 Stunden und der Lauf der Sonne während eines Monats müssen ungefähr gleich große Bogenunterschiede auf der Ekliptik beschreiben, denn 361° des Ortslaufs parallel zum Aequator sind 360° des Sonnenumlaufs in der Ekliptik.

Kommentar zu den Witte-Artikeln
" Das progressive Jahreshoroskop "
und
" Berechnung einer Konstante für Tage des progressiven Horoskopes ".

Die beiden Artikel gehören, das Sachgebiet betreffend, zusammen.

Da hier Witte eine leicht verständliche Berechnungsweise dargestellt hat, brauchen hier wohl keine weiteren Hinweise gegeben zu werden.

Als Ergänzung empfehle ich die Ausführungen von Ludwig Rudolph im " Leitfaden der Astrologie " (Seiten 134 - 139).

Das progressive Jahreshoroskop.
Von A. Witte, Hamburg.

In einem progressiven Jahre, das beispielsweise bei Strindberg vom 22. Januar 1849 bis zum 21. Januar 1850 zählt, schreitet die Sonne des ersten Lebenstages von 2° 13′ ≈ bis 3° 14′ ≈ weiter. Der Unterschied mit dem Mittagssonnenstand dieser Sonnenstände ist jedesmal — 0° 13′ (☉ über Greenwich = 2° 26′ ≈ und 3° 27′ ≈) für das Todesjahr 1912 wäre die Sonne über Greenwich 5° 44′ ♈ und 6° 43′ ♈, für den 22. Januar 1912 wäre demnach der progressive Sonnenstand 5° 31′ ♈ und für den 22. Januar 1913 ist er 6° 30′ ♈.

Des leichteren Rechnens halber bestimme man jetzt den Stand der progressiven Sonne für den 0. Januar 1912. In einem Monat dieses Jahres muß die Sonne 0° 05′ weiterschreiten, in 6 Tagen schreitet sie demnach um 0° 01′ weiter. In den 22 Tagen des Januar hat sie also 0° 04′ gewonnen, es ist daher vom Stande der Sonne 12 Uhr mittags in Grennwich jedesmal 0° 17′ zu subtrahieren, um für diese Geburt den Stand der progressiven Sonne für den 0. Januar zu erhalten.

Für den 0. Januar 1912 ist die progressive Sonne 5° 27′ ♈, für den Todestag, 14. Mai 1912, sind nun noch 22½′ zu addieren, so daß der progressive Stand für das Lebensende 5° 50′ ♈ ist.

Die laufende Sonne mit ihrem Weg durch alle Tierkreiszeichen entspricht dem Laufe des Geburtsortes in einem progressiven Tage um die Erdachse. Der Fundamentalkreis des Erdlaufs ist die Ekliptik, der Fundamentalkreis des Geburtsortes ist der Aequator. Der Geburtsort entspricht dem Planeten Erde, die Erdachse und in dieser der Erdmittelpunkt entspricht der Sonne.

Es ist also nicht der obere, sondern der untere Meridian eine Entsprechung der laufenden Sonne.

Die progressive Sonne in der unteren Kulmination oder im Meridian des Geburtsortes an dem betreffenden progressiven Tage gleicht nun dem Stande der laufenden Sonne am 22. Dezember, bei ihrem Gang durch den Steinbockpunkt.

Im Falle Strindberg, vom 22. Dezember bis 22. Januar wäre ein Monat oder 0° 05′ vom Sonnenstande zu subtrahieren = 2° 08′ ♒ und für 1912 = 5° 26 ♈. Diese Sonnenstände entsprechen dem astrologischen Jahresanfang.

Die laufende Sonne am Todestage 23° 18 ♉ hatte vom ♑ Punkte an vier Zeichen und ⁴/₅ durchlaufen, also 0° 24′ gewonnen, diese zu 5° 26 ♈ addiert, gibt wieder 5° 50 ♈ als den Ort der progressiven Sonne.

Die Häuser der Erde, die Tierkreiszeichen sind Zeitabschnitte der scheinbar laufenden Sonne, die Häuser des Geburtsortes oder des Geburtsmeridians sind Zeitabschnitte des Aequators durch den Lauf des Ortes parallel zu diesem.

Annähernd decken sich also die Häuser beider Systeme, wenn der Geburtsort am progressiven Tage im oberen Meridian der Erde, im Solstitialkolur liegt.

Durch den Stand der laufenden Sonne im Steinbockpunkte decken sich die Häuser der Erde mit denen der Sonne, und zwar einmal jährlich.

Durch den Stand der Sonne um Mitternacht eines progressiven Tages decken sich also auch die Häuser des Ortsmeridians mit denen der Sonne und durch den Kreislauf des Gebursortes um die Erdachse decken sich nun einmal die Meridianhäuser des Ortes mit denen der Erde und einmal am Tage mit denen der Sonne. Dadurch also haben die sensitiven Punkte des Sonnen- oder des Tageshoroskopes und die progressiven Planetenstände in den Tierkreiszeichen Einfluß auf den Nativen.

Da aber dieser Kreislauf des Ortes um die Erdachse dem Laufe der Erde um die Sonne entspricht, also ein Tag in den ersten Lebensmonaten einem Jahre, so haben auch die Planetenstände am 22. Dezember, dem Durchgang der laufenden Sonne durch den ♑ Punkt und die Stände der laufenden Planeten am Geburtstage Einfluß auf die Ereignisse im betreffenden Kalenderjahre.

Der Zusammenhang der laufenden Planeten mit der Sonne im ♑ Punkte gibt nun das „Jahreshoroskop" und hat für alle Menschen der Erde Gültigkeit.

Der Zusammenhang der laufenden Planeten mit der Geburtstagssonne hat nur Einfluß auf die an diesem Tage geborenen Menschen. Es wird allgemein das „Solarhoroskop" genannt.

Das Jahreshoroskop und das Solarhoroskop sind demnach ganz verschiedene Horoskope, die sich nur ergänzen. Zu diesen beiden tritt dann noch das „progressive Jahreshoroskop" hinzu, das wohl dieselben Planetenstände hat wie das „Progressiv-Horoskop" aber doch in den Häusern den Unterschied zeigt, daß das „Progressiv-Horoskop die Häuser des Geburtstages angibt, hingegen das progressive Jahreshoroskop die Zusammenlegung der Erdhäuser mit den Sonnenhäusern aufweist.

Um nun nicht erst die Stunde des progressiven Meridians für den Stand der laufenden Sonne im ♑ Punkte zu rechnen, der dem Stande der Sonne 5° 26 ♈ in unserem Falle entsprechen würde, wird dafür der Tag und der progressive Meridian für den Stand der progressiven Sonne um Mittag und für Greenwich gesucht, weil alle progressiven Planetenstände in der Ephemeris für diesen Zeitpunkt, der einem bestimmten Tage im Lebensjahre des Geborenen entsprechen muß, angegeben sind.

Die ausführliche Berechnung ist in dem Artikel „Berechnung einer Konstanten" zu finden.

Hier werden wir uns nur mit einer Kontrollrechnung begnügen, die doch praktisch immer dafür angewendet werden wird.

Sonne lfd. im ♑ + ☉ Bg. = $3^0\ 13$ ♓ ($63^0\ 27'\ -\ 0^0\ 24'$)
+ (X — ☉) rad. = + $300^0\ 37'$ ($602^0\ 50\ -\ 302^0\ 13'$)

X progr. = $\underline{3^0\ 50}$ ♑ (progressiver Meridian).

dieser gilt als Ortsmeridian am 22. Dezember 1912 für August Strindberg in Stockholm, denn

X rad. $2^0\ 50$ ♐ + ☉ Bog. $63^0\ 13'\ =\ 6^0\ 03'$ ♒
☉ rad. = $2^0\ 13'$ ♒

Unterschied $3^0\ 50'$

welcher mit jedem Monat um $0^\circ\ 05'$ zunimmt und immer der Sonne lfd. voraus läuft.

Dieser progressive Meridian mit seinen Häusern in Verbindung mit den laufenden Planeten am 22. Dezember gibt die Ereignisse für 1912 und für Strindberg.

Vergleiche den Anfang des Artikels.

Der Sonnenstand über Greenwich war $2^0\ 26$ ♒ (1849)
„   „   der Geburt $2^0\ 13$ ♒
„   „   über Greenwich $3^0\ 27$ ♒ (1850)

demnach durchläuft die Sonne am Geburtstage $1^\circ\ 01'\ =\ 365$ Tg. für $13'$ sind daher 2 Monate und 19 Tage zum Geburtstage zu addieren, um annähernd den Tag im Horoskop Strindbergs für den Sonnenstand über Greenwich zu erhalten, gibt den 11. April 1849 und 11. April 1912 für das in Frage kommende progressive Jahreshoroskop.

Für den 11. April wäre der Sonnenbogen $63^\circ\ 31'$
+ X rad. $\underline{2^0\ 50}$ ♐

Am 11. April 1912, X vorg. = $6^0\ 21$ ♒
+ 79 Tage oder $\underline{+\ 79^0\ 00'}$

Genäherter progressiver Meridian $25^0\ 21$ ♈

als Stand des Geburtsortes für Strindberg, wenn die progressive Sonne $5^\circ\ 44$ ♈ über Greenwich steht.

Zur Kontrolle benutze man den Sonnenstand des 11. April 21° ♈ und addiere den Bogen vom ♑ Punkte 110° zum gefundenen progressiven Meridian am 22. Dezember 1911 (4° ♑) $= 25^\circ$ ♈.

Der progressive Meridian durchläuft in einem Jahre 361° der Ekliptik und des Aequators.

Der progressive Mondort war $1^0\ 22$ ♉ (11. April 1912)
und wird $15^0\ 58$ ♉ (11. April 1913)

Unterschied $14^0\ 36'$ für 361°,

für 30° des Sonnenlaufs = $1^\circ\ 13'$, für $1^\circ = 2^{1/2'}$, für den laufenden Sonnenstand demnach ($23^\circ\ 18$ ♉ — $21^\circ\ 18$ ♈), für $32^\circ = 1^\circ\ 18'$, zum Mondstand addiert = ☽ $\underline{2^\circ\ 40}$ ♉.

Die progressiven Planetenstände sind nun mit 2 Uhr 08 Minuten nach dem Mittage in Greenwich zu rechnen und wie im Artikel „Das Tageshoroskop" auszuwerten.

Der progressive Meridian am Todestage stand annähernd (☉ lfd. 23° 18 ♉ + 4° 04′) = 27° 22 ♉ in Opposition zum Punkte rad. (♑ + ♑ — ☉).

Hat man noch keinen Ereignistag, so nehme man die progressiven Stände für 12 Uhr in Greenwich und verfolge hauptsächlich den Mondlauf und den Lauf des progressiven Meridians im progressiven Jahreshoroskop.

Wer von den Lesern Interesse für die Auswertung der progressiven und der laufenden Stände der Planeten hat, kann sie nach dem angeführten Radixbeispiel behandeln und über den Zusammenhang mit dem Radixhoroskop berichten.

Berechnung einer Konstante für Tage des progressiven Horoskops.

Von A. Witte, Hamburg.

Wenn eine Geburt am 13. Januar 1870 in Hamburg um $3^h\ 14^m$ nachts stattgefunden hat, so ist die astronomische Geburtszeit in

Hamburg am 13. Januar 1870	$+\ 15^h\ 14^m\ 00^s$
die östliche Länge Hamburgs	$-\ \ 0^h\ 40^m\ 00^s$
und die Geburtszeit in Greenwich	$+\ 14^h\ 34^m\ 00^s$
Korrektur für Sternzeit	$+\ \ 0^h\ \ 2^m\ 26^s$
	$14^h\ 36^m\ 26^s$

ist der Rektaszensionsbogen vom Mittagsmeridian in Greenwich bis zum Geburtsmoment des Nativen in Greenwich. Wenn zu diesem

Meridian die östliche Länge Hamburgs addiert wird, erhält man den Rektaszensions- oder den Zeitbogen vom Mittagsmeridian in Greenwich bis zum Geburtsmeridian in Hamburg = 15h 16m 26s
dazu addiert die Sternzeit für den 13. Januar 19h 31m 03s

mittags, gibt den Geburtsmeridian 10h 47m 29s

Die Sternzeit für einen synodischen Tag ist 24h 03m 57s, sie gilt für das Progressiv-Horoskop als ein Jahr. Wenn man also von der Sternzeit des folgenden Tages die Geburtssternzeit für Greenwich oder den Zeitbogen subtrahiert, so erhält man die Sternzeit für den Meridian am Mittag und den Mittagssonnenstand über Greenwich.

Also 1870, 14. Januar Sternzeit + 19h 35m 00s
Geburtssternzeit in Greenwich − 14h 36m 26s

ist die Sternzeit am 6. *Juni 1870* = 4h 58m 34s

sie zeigt den Tag für den Meridian und den Mittagssonnenstand *24° 11♉* der Ephemeride.

Probe: Der Sonnenstand der Geburt war *23° 47♉* für den 13. Januar, der Sonnenlauf vom 13. bis zum 14. Januar ist 1° 01′ für ein progressives Jahr, also ist der Sonnenstand für den 0. Januar 1870 des progressiven Jahres = *23° 47♉ − 0° 02′ = 23° 45′♉*.

Von 0. Januar bis 6. Juni sind 5 Monate und 6 Tage verflossen oder im Sonnenlauf 5 × 5′ + 1′ = 0° 26′, zum Sonnenstand für den 0. Januar 1870 addiert + *23 45♉* gibt den verlangten Sonnenstand *24° 11♉* für den 6. Juni 1870 des progressiven Jahres.

Sollen nun für die Geburt eines Kindes am 18. Dezember 1895 die progressiven Gestirnstände berechnet werden, so subtrahiere man von

der Sternzeit des 18. Dezember 1870 17h 48m 35s
die Sternzeit des 6. Juni 1870 4h 58m 34s

(7. Februar 1870) + 12h 49m 01s

und erhält somit die Stunden und Minuten nach dem Mittage in Greenwich für den 25. Tag nach dem 13. Januar 1870.

Wird zu dieser Zeit 12h 49m 01s
die Korrektur für Sternzeit 0h 2m 08s
die Sternzeit des 7. Februar 21h 9m 35s
und die östl. Länge Hamburgs 0h 40m 00s

addiert, so erhält man 35h 40m 44s
− 24h 00m 00s

den progressiven Meridian 11h 40m 44s

für den Ereignistag des Progressiv-Horoskopes.

Die Probe für diesen Meridian ist: ☉ lfd. − ☉ rad. + Bg. (☉ progr. − ☉ rad.) + X rad.

Die *Konstante* ist also die Sternzeit für den 6. Juni des Jahres 1870 = 4h 59m subtrahiert
oder 19h 01m addiert
zur Sternzeit des Ereignistages.

Kommentar zum Witte-Artikel " Die Häuser der Planeten"

Witte behandelt hier am Beispiel des Horoskopes von Strindberg wieder einige Hinweise. Insbesondere ist es das Horoskop des Jupiter, das er aufzeigt.

Wenn wir die Häuser eines bestimmten Planeten untersuchen wollen, dann setzen wir den Punkt $0°$ Steinbock unserer drehbaren Gradscheibe auf den zu untersuchenden Planeten.

Das Prinzip dieser Untersuchungsmethode wurde in den vorangegangenen Kommentaren so ausführlich behandelt, dass eine bildliche Darstellung nicht mehr erforderlich sein dürfte. Es wurde auch oft genug gezeigt, wie die genauen Werte rechnerisch ermittelt werden müssen. Es müsste dem Studierenden nunmehr möglich sein, die Angaben von Witte, die er in diesem Artikel bringt, ohne weitere Hilfestellung nachzuarbeiten.

Da nun das Thema " Häuser " am Beispiel des Horoskopes von Strindberg eingehend geschildert wurde, kann es zum Abschluss gebracht werden.

Um dem Studierenden einen kurzen Gesamtüberblick über die Technik des Auffindens der verschiedenen Häuser zu geben, hier nochmals eine Wiederholung.

1.) Die 6 Haupthäuser

Meridian-Horoskop

Punkt $0°$ Krebs der Gradscheibe auf den Meridian stellen.
Auskunft über die seelischen, persönlichen und sozialen Qualitäten des Geborenen.
Im Ereignishoroskop die Minute.

Ascendenten-Horoskop

Punkt $0°$ Waage der Gradscheibe auf den Ascendenten stellen.
Auskunft über die Beziehungen zur Umwelt, Verwandtschaft und Bekanntschaften.
Im Ereignishoroskop der Ort.

Sonnen-Horoskop

Punkt $0°$ Steinbock der Gradscheibe auf die Sonne stellen.
Auskunft über körperliche Beziehungen.
Im Ereignishoroskop der Tag.

Mond-Horoskop
Punkt 0° Krebs der Gradscheibe auf den Mond stellen.
Auskunft über weibliche Personen bezw. das Gemüt.
Im Ereignishoroskop die Stunde.

Mondknoten-Horoskop
Punkt 0° Waage der Gradscheibe auf den Mondknoten stellen. Auskunft über Verbindungen.

Erdhoroskop
Punkt 0° Krebs der Gradscheibe auf 0° Krebs stellen (Grundstellung).
Auskunft über die Beziehungen des Geborenen zur Allgemeinheit, Öffentlichkeit.

Nebenhoroskope
Das sind die sogenannten Planetenhoroskope, die vorwiegend für Spezialuntersuchungen verwendet werden.
Punkt 0° Steinbock der Gradscheibe auf den zu untersuchenden Planeten stellen.

Diejenigen fortgeschrittenen Schüler der Hamburger Schule, die sich mit dem Thema " Spiegelung der Häuser " befassen wollen, werden auf das Werk von Hermann Lefeldt " Methodik I " verwiesen, das im Verlag Ludwig Rudolph (Witte-Verlag) erschienen ist. Hier wird das Verhältnis der Häuser untereinander ausführlich und in gekonnter Weise behandelt.

Die Häuser der Planeten.
Von A. Witte, Hamburg.

Daß man für Winkelgrößen den Ausdruck Haus oder Ort benutzt hat, ist wohl nur aus praktischen Gründen geschehen; denn viel unverständlicher ist, die Entfernung eines Planeten von einem Meridian, von einem Breitenkreis oder von einem Planeten östlich oder westlich in Bogengraden anzugeben.

Da sich die Häuser des Aszendenten mit denen der Erde gut verbinden lassen, weil bei beiden die einzelnen Abschnitte je 30° groß sind, so können mit einer Gradscheibe die Stände der Planeten in den Häusern der Aszendenten leicht abgelesen werden. Die Planeten in den Erdhäusern, in den Tierkreiszeichen ersieht man aus der Ephemeris des betreffenden Jahres.

Dasselbe läßt sich nun auch beim Tageshoroskop ausführen, setzt man die Sonne auf 0° Steinbock der Gradscheibe, so können jetzt auch die Stände in den Häusern der Sonne leicht bestimmt werden. Die Aussage richtet sich nach dem Gravitationsplaneten, nach dem Meridianhause, in welchem er steht und dem Stande des zu bestimmenden Planeten im Radixhause und dem Hause zum Gravitationsplaneten.

Z. B. bei Strindberg. ♅ im 2. rad. ☉ im 12. rad., ♅ im 6. der Sonne; ♃ im 6. rad., im 10. der Sonne.

Neben dem ♃ im 6. Hause (Krankheit, Arbeit) merkt auf ♅ im 6. der Sonne (Krankheit des Körpers), mit ♆, ☋, ♀, ♄ in den Fischen im 6. der Erde und im 1. Hause rad.

Eine Verbindung des laufenden Uranus mit der Radixsonne, wie sie durch den Transit des Uranus auftritt, mußte demnach eine Krankheit geben. Daneben erscheint dann noch der Jupiter als Transitplanet über den Stand des Aszendenten im 3. Hause der Sonne, welches mit dem 6. eine Quadratur bildet. Dieser Stand ist ein sensitiver Punkt des Tageshoroskops oder des Sonnenhoroskops, und heißt mathematisch ausgedrückt ♑ + A — ☉ = 12° 32 ♐. ☌ ♃ lfd. 12° 43♐., △ ♃ progressiv. 12° 46 ♌.

Die im „Tageshoroskop" aufgeführten Punkte sind demnach sensitive Punkte der Sonne.

Ebenso wie die laufende Sonne im Steinbockpunkte in Verbindung mit den laufenden Planeten an demselben Tage die Ereignisse für alle Personen der Erde für das betreffende Jahr in sich trägt, und die laufende Sonne an irgend einem Tage dieses Jahres im Zusammenhang mit den Planeten des Ereignistages wiederum verbunden ist mit den Planeten des Jahres, so ist auch der Durchgang irgend eines Planeten durch den Steinbockpunkt maßgebend für das Horoskop dieses Planeten und für die Zeitdauer eines tropischen Umlaufs desselben Planeten. Die Verbindung des laufenden Planeten mit dem Steinbockpunkte und den Planeten, die mit dem Gravitationsplaneten am Ereignistage zusammen das Gesamtbild stellten, haben wieder mit dem laufenden Planeten Einfluß auf das Horoskop des Gravitationsplaneten. Es sind im H o r o s k o p d e s J u p i t e r s (Strindbergs Geburt).

☉ 12° 43 ♊	♀ 25° 37 ♋	♄ 2° 11 ♌	☊ 24° 53 ♑
☽ 18° 17 ♉	♂ 12° 49 ♉	♅ 29° 07 ♌	X 13° 20 ♈
☿ 21° 44 ♊	♃ 0° 00 ♑	♆ 11° 41 ♋	A 25° 15 ♉.

♃ lfd. 12° 43 ♐ ☍ ☉, ♅ lfd. 3° 27 ♒ ☍ ♄, ♃ progr. 12° 46 ♌ □ ♂, ☋ progr. 2° 37 ♉, □ ♄, ♀, ♂ progr. □ ☽, ♄ vorg. 25° 18 ♉ ☌ A.

Der Jupiter im 6. Hause des Geburtsmeridians gibt also Auskunft über Krankheit und Uranus im 2. Hause in Opposition zum 8. Auskunft über den Tod, da auch der Punkt ♂ + ♄ — 10 = 21° 10 ♈ mit ihm in Konjunktion steht. Der Punkt ♂ + ♄ — ☉ 21° 47 ♒ befindet sich in Opposition zum Jupiter, der Punkt ♂ + ♄ — A 9° 15 ♓ wurde von ♂/♄ progressiv eingeschlossen und ♂/♄ lfd. 15° 25 ♍ berührte die Radixvenus. Der Punkt ♂ + ♄ + ☉ lfd. 8° 43 ♍ stand in Quadratur zur laufenden Venus.

Die Punkte (♂ + ♄) lfd. — ☉ rad. 13° 12 ♍ und (♂ + ♄) lfd. — ☉ progr. 9° 35 ♍ standen mit dem progressiven Jupiter und mit dem Todespunkt des Aszendenten in Verbindung usw. Man vergleiche auch das Planetenbild des Saturn mit den Planeten.

Es ist X — ♄ = 11° 09 ♏ ☌ ☊ progr. 11° 03 ♏
☊ — ♄ = 22° 42 ♊ ☌ ♅ vorg. 22° 14 ♊
A — ♄ = 23° 04 ♎ ☌ ♃ vorg. 23° 07 ♎
♅ — ♄ = 26° 56 ♑ □ ☽ lfd. 27° 29 ♈ (? Zeit)
☉ — ♄ = 11° 32 ♏ □ ♃ progr. 12° 46 ♌
♆ — ♄ = 9° 30 ♐ ☌ ♃ lfd. 12° 43 ♐
und ☽ — ♂ = 5° 34 ♑ □ ☉ progr. 5° 50 ♈
♀ — ♂ = 12° 48 ♓ □ ♃ lfd. 12° 43 ♐ usw.

Das Planetenbild des Mondes wird vom Krebspunkte an gerechnet, da der Mond der Erde die Reflexstrahlen der Sonne sendet und die Sonne ihren Gravitationspunkt im Steinbockpunkte hat.

Es ist hier ☿ — ☽ = 3° 27 ♌ ☍ ♅ lfd. 3° 27 ♒
♆ — ☽ = 23° 24 ♌ □ ♋ lfd. 23° 18 ♉, □ ♄ lfd. 23° 30 ♉.

Der aufsteigende Knoten aller Erdorte ist der Wagepunkt, der absteigende der Widderpunkt; denn die Bahn des Aequators von West nach Ost, die auch die aller Orte ist, schneidet die Ekliptik in den Aequinoktialpunkten. Die Bahn des Mondes von West nach Ost schneidet die Ekliptik in den Mondknoten, der aufsteigende entspricht also dem Wagepunkte, der absteigende dem Widderpunkte, da der Mond der Vertreter der Erdoberfläche ist.

Das Horoskop der Mondknoten rechnet demgemäß vom absteigenden und vom Widderpunkte an.

Der Mondlauf im Verhältnis mit der Sonne gleicht dem Laufe des Meridianes um die Erdachse und zur Sonne; der Aszendent gleicht deshalb dem aufsteigenden Knoten des Mondes, weil der Mond als ein Ort der Oberfläche der Erde betrachtet werden kann, der aber nicht den Aequator als Fundamentalkreis hat.

Es ist hier ♄ + ☊ rad. — A = 21° 19 ♏
♄ + ☊ progr. — A = 18° 00 ♏ ☌ ☊ vorg. □ ♂ progr. % ♀ vorg.
X + ☊ rad. — A = 2° 28 ♌ ☍ ♅ lfd. □ ☽ progr.
♃ + ☊ rad. — A = 19° 08 ♈ ☌ ☊ lfd.

Jeder Planet nennt also nach vorhergehender Anschauung die ganze Skala der Planeten von der Sonne an sein eigen. Das muß daher kommen, daß jeder Planet in seinem Mittelpunkte ebenfalls wie die Erde und die Sonne das Gesamtbild der Planeten vereinigt und die im Mitelpunkte der Erde wieder geteilten Strahlen der einzelnen Planeten mit den der von außen kommenden verbindet. Man kommt nun zu der Annahme, daß in jedem Planeten das ganze die im Mittelpunkte der Erde wieder geteilten Strahlen der einzelnen Planeten entsprechen, enthalten sein muß und daß jeder Ring wieder das ihm eigene System in jedem Planeten zeigen muß. Es kann also jeder Planet im Planetenbild auf einen anderen gesetzt werden und man erhält dadurch unzählige sensitive Punkte.

Kommentar zum Witte-Artikel " Noch einmal ein oder das Horoskop des Exkaisers ".

Im Heft 1, X. Jahrgang (1919) der " Astrologischen Rundschau " erschien von Otto Steffen eine Studie mit dem Titel " Der Charakter des Exkaisers und die Ereignisse im Herbstvierteljahr 1918 ". Witte hat hierzu Stellung genommen und so ist die Überschrift " Noch einmal .... " zu verstehen.

Witte behandelt das Horoskop des Exkaisers über ein Dutzend mal. Die Originalartikel kommen hier alle zum Abdruck. Der Studierende tut daher gut daran, als Grundausrüstung zwei drehbare Scheiben in der 360°-Manier mit den eingezeichneten Radixständen anzulegen, die er für alle Artikel über den Exkaiser benötigt. Für jeden von Witte erörterten Artikel legt man zusätzlich eine eigene Blanko-Papierunterlage an, damit hier die jeweils behandelten Achsen, sensitiven Punkte, laufenden und evtl. progressiven Stände (zur besseren Unterscheidung mit verschiedenen Farben) nachgearbeitet werden können. Nur so ist mit Gewinn in die Erkenntnisse einzudringen.

Witte hat nur teilweise die von ihm entdeckten Transneptuner verwendet, weil er zum Zeitpunkt seiner Niederschriften seine diesbezüglichen Studien und Erfahrungen noch nicht abgeschlossen hatte. Dem Studierenden wird aber empfohlen, bei seiner Nacharbeit alle Transneptuner zu verwenden (auch die von Sieggrün). Er wird dadurch über die Angaben von Witte hinaus Feststellungen treffen. Das Horoskop des Exkaisers wird am Schluss des Kommentars abgebildet (mit den genauen Faktorenständen).

Witte verwendet in dieser Arbeit erstmals die Bezeichnung " Spiegelkonjunktionen ". Was versteht Witte darunter ? Nun - eine Spiegelkonjunktion ist nichts anderes, als der gleiche Abstand zweier Faktoren von einer Achse. So sagt er in dieser Arbeit:
" Der Ascendent wird am 9. 11. 1918 von 4 Spiegelkonjunktionen getroffen und zwar ":

    z. B.   Jupiter   15.46 Krebs
         + Mond   21.42 Steinbock

    Jupiter/Mond 18.44 Widder = A 19.25 Widder

Zeichnen Sie bitte die beiden genannten Faktoren Mond und Jupiter auf das Blanko-Papierblatt und stellen Sie den Pfeil (Erdachse Krebs - Steinbock) der drehbaren Gradscheibe auf den A rad., dann sehen Sie, wenn Sie den Jupiter lfd. um die Erdachse der Gradscheibe

" spiegeln ", dass der Spiegelpunkt auf den Mond lfd. fällt. Ebenso umgekehrt, Mond lfd. um die Erdachse " spiegeln ", fällt der Spiegelpunkt auf den Jupiter lfd. Das sind " Spiegelkonjunktionen " !

Dem Studierenden wird empfohlen, die in diesem Artikel aufgeführten Daten (mit Sonnenbogen) auf ein eigenes Blatt Papier zu schreiben, weil diese Daten in den nächsten Artikeln immer wieder benötigt werden. Ergänzen Sie diese Angaben mit dem Datum des Todes (4. 6. 1941 um 11 Uhr 30 Min. in Doorn , Sonnenbogen 82.10), damit Sie damit eigene Untersuchungen durchführen können.

Witte behandelt in dieser Arbeit auch die " Parallelen " (Schreibweise //). Es ist bekannt, dass die Deklinationen (Abweichung vom Himmelsäquator) genau so berechnet werden, wie die Längen. Die Werte sind jeweils aus den Ephemeriden zu entnehmen. Nur trägt man die Deklinationen nicht in die Horoskopzeichnung selbst ein, sondern daneben. Eine Parallele (auch Parallelschein genannt) ergibt sich nur, wenn ein Geburtsplanet und ein laufendes Gestirn die gleiche Deklination aufweisen, wobei es als gleichgültig angesehen wird, ob es sich um eine N- (nördliche) oder S- (südliche) Deklination handelt.

Die Hinweise des Witte-Artikels " Leichte Berechnung der Deklinationen von vorgeschobenen Planeten mit Hilfe von Tabellen " können hier nutzbringend angewendet werden. Fertigen Sie sich ein Graphikon des Exkaisers für die Jahre 1871 (Krieg mit Frankreich), 1888 (Tod Vaters) usw. an, um den Wert dieser Arbeit richtig verstehen zu lernen.

Das Horoskop der ersten Gattin des Exkaisers ist beim Witte-Artikel " Planetenbilder und sensitive Punkte " bildlich dargestellt.

Wilhelm II., ehemaliger Deutscher Kaiser

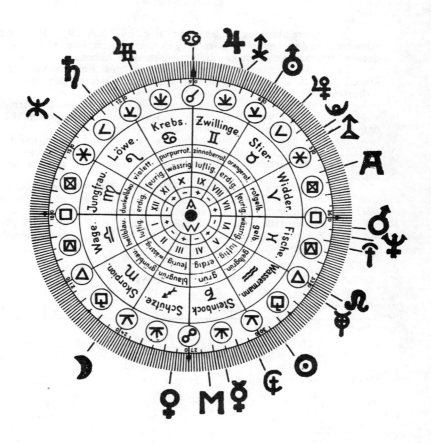

Meridian	7.15	Sb		Neptun	22.57	Fi
Ascendent	19.25	Wi		Pluto	5.32	St
Sonne	6.58	Ws		Cupido	17.24	St
Mond	24.22	Sk		Hades	25.52	Sb
Knoten	0.43	Fi		Zeus	10.33	Zw
Merkur	13.13	Sb		Kronos	18.44	Fi
Venus	23.52	Sh		Apollon	22.07	Kr
Mars	26.40	Fi		Admetos	27.12	Ws
Jupiter	11.42	Zw		Vulkanus	2.53	St
Saturn	9.03	Lö		Poseidon	25.56	Lö
Uranus	29.34	St				

Noch einmal ein oder das Horoskop des Exkaisers.

Von *A. Witte,* Hamburg.

Als einige Astrologie-Liebhaber sich im Jahre 1911 in Hamburg zusammenfanden, um ihre soeben gelernten Kenntnisse nicht zu vergessen, mußten sie auch ein Uebungshoroskop haben.

Es wurde beschlossen, das Horoskop des Kaisers zu nehmen. Durch Vermittlung verschafften wir uns vom Kabinett des Kaisers die Geburtsminute.

Nach schriftlicher Mitteilung wurde sie uns mit $11^h\,05^m$ vormittags angegeben. Nach Vornahme der Korrektur stellte sich jedoch heraus, daß die Geburtszeit $10^h\,07^m$ vormittags gewesen ist.

Ob nun hier ein Schreibfehler vorgelegen hat, denn der Unterschied beträgt genau eine Stunde, oder ob bei der schweren Geburt des Kaisers die Geburtsminute nicht genau festgestellt werden konnte, bleibt fraglich.

Nach Annahme obiger Geburtszeit von $10^h\,07^m$ vormittags ergibt sich aber ein ganz anderes Bild, als bei der Annahme der Geburtszeit oder der Bekanntgabe der Geburt um $3^h\,30^m$ nachmittags.

Die Planetenstände und die Häuserspitzen nach ungleicher Manier für $10^h\,07^m$ vormittags des 27. Januar 1859 in Berlin, 52^h 30' nördlicher Breite sind folgende:

♓	♒	♑	♐	♏	♎
☊ 0° 43. ♆ 22° 57. ♂ 26° 40.	☉ 6° 58. XII 23° 00.	X 7° 15. ☿ 13° 13. XI 25° 45.	♀ 23° 52. IX 19° 53.	☽ 24° 22. VIII 29° 15.	D = 19° 25.

♈	♉	♊	⊗	♌	♍
A 19° 25	II 29° 15 ♅ 29° 34	♃ 11° 41 III 19° 53	IV 7° 15 V 25° 45	♄ 9° 03 VI 23° 00	☋ 0° 43

Deklinationen.	Breiten.	Punkte für Tod, Krankheit od. Unglück.
☉ — 18° 43	— —	♂ + ♄ = 5° 43 ♌.
☽ — 23° 53	— 5° 13	♂/♄ = 2° 42 II, ♐.
☿ — 22° 26	+ 0° 21	♂ + ♄ — ☉ = + ☉ = 28° 45 ♍.
♀ — 18° 16	+ 5° 02	♂ + ♄ — IV = + IV = 28° 28 ♈.
♂ — 1° 47	— 0° 30	♂ + ♄ — A = + A = 6° 18 ⊗.
♃ + 21° 45	— 0° 28	♄ + ♈ — ♂ = 12° 23 ♌.
♄ + 18° 46	+ 0° 47	♂ + ♈ — ♄ = 17° 37 ♏.
♅ + 19° 55	— 0° 09	♄ + ☉ — ♂ = 19° 21 ♊.
♆ — 3° 55	— 1° 13	♂ + ☉ — ♄ = 24° 35 ♍.
☊ — 11° 13	— —	♄ + IV — ♂ = 19° 38 ♏.
X — 23° 13	— —	♂ + IV — ♄ = 5° 08 ♉.
A + 7° 36	— —	♄ + A — ♂ = 1° 48 ♍.
		♂ + A — ♄ = 7° 02 ♐.

Der Unglückspunkt A + D — ☉ = 6° 49 ♒ deckt sich mit der ☉ radix und steht beim Tod des Vaters in ☍ ♄ progressiv 6° 48 ♌, er ist zugleich als Thronbesteigung maßgebend. Die Planeten und Punkte bilden im Augenblick der Geburt mit der Gravitationslinie Sonne — Erde eine feste Kristallisation, die von der Erde in Tagen nach der Geburt mitgenommen wird.

Dieser neue Planetenstand, der auch als von der progressiven Sonne vorgeschoben betrachtet werden kann, bildet nun mit den Radixständen Differenzbögen auf der Ekliptik. Dieser Bogen, der auch von der Radixsumme und der Progressivsonne gebildet wird, heißt ⊙ Bg.

Im vorliegenden Falle waren für verschiedene Ereignisse folgende ⊙-Bogen maßgebend:

Vermählung	27. Febr. 1881 =	⊙Bg. 22° 22,	⊙prg. 20° 20 ♒,	⊙lfd. 9° 04 ♓
Tod des Vaters	15. Juni 1888 =	„ 29° 42,	„ 6° 40 ♓,	„ 24° 44 ♊
Tod Bismarcks	30. Juli 1898 =	„ 39° 51,	„ 16° 49 ♓,	„ 7° 17 ♌
Attentat	16. Nov. 1900 =	„ 42° 08,	„ 19° 06 ♓,	„ 23° 42 ♏
Attentat	6. März 1901 =	„ 42° 32,	„ 19° 30 ♓,	„ 15° 15 ♓
Tod der Mutter	5. Aug. 1901 =	„ 42° 52,	„ 19° 50 ♓,	„ 12° 20 ♌
Hochzt. d. Tocht.	24. Mai 1913 =	„ 54° 23,	„ 1° 21 ♈,	„ 2° 41 ♊
Kriegserklärung	1. Aug. 1914 =	„ 55° 46,	„ 2° 44 ♈,	„ 8° 22 ♌
Flucht n. Holland	9. Nov. 1918 =	„ 60° 02,	„ 7° 00 ♈,	„ 16° 27 ♏

Die ⊙ trägt die ☍ ♄ in sich, daher ⊙r 6° 58 ♒
— ⊙ Bg. 29° 42 (Tod des Vaters) = 7° 16 ♑.

Der ☽ trägt die ☍ ♅ in sich, daher ☽r 24° 22 ♏
+ ⊙ Bg. 42° 52 (Tod der Mutter) = 7° 14 ♑.

Das Mittel. 7° 15 ♑ ist das X. Haus radix und hat bei 52° 30' nördl. Breite den Aszendenten 19° 25 ♈.

Man vergleiche jetzt die Punkte für Tod, Krankheit und Unglück mit den progressiven und den laufenden Namen.

Tod des Vaters ⊙ prog. = 6° 40 ♓, ♂ + A — ♄ = 7° 02 ♐.
⊙ lfd. = 24° 44 ♊, ♂ + ⊙ — ♄ = 24° 35 ♍.

Tod der Mutter ⊙ prog. = 19° 50 ♓, ♄ + ⊙ — ♂ = 19° 21 ♊.
⊙ lfd. = 12° 20 ♌, ♄ + ♈ — ♂ = 12° 23 ♌.

Attentate ⊙ progr. 19° 06 ♓ u. 19° 30 ♓, ♄ + ⊙ — ♂ = 19° 21 ♊.
⊙ lfd. = 23° 42 ♏, ☌ ☽r = 24° 22 ♏.
⊙ lfd. = 15° 15 ♓, □ ♅ lfd. = 16° 47 ♐.

Hochz. d. Tochter ⊙ prog. = 1° 21 ♈, ☽r + ⊙r = 1° 20 ♎.
⊙ lfd. = 2° 41 ♊, ♂/♄ = 2° 52 ♊.

Kriegserklärung ⊙ prog. = 2° 44 ♈, ⊙r/♅r = 3° 16 ♈, ✱ ♂/♄ 2° 52 ♊.

Flucht n. Holland ⊙ prog. = 7° 00 ♈, □ X r = 7° ♑.
⊙ lfd. = 16° 27 ♏, ♂ + ♈ — ♄ = 17° 37 ♏, ♄ + IV — ♂ = 19° 38 ♏.

Flucht nach Holland X. Haus vorgeschoben = 7° 17 ♓,
A vorgeschoben = 19° 27 ♊.

$$♀/♈ \text{ lfd.} = \frac{1° 08 ♐ + 14° 29 ♐}{2} = 7° 49 ♐, ♄ + ⊙ - ♂ = 19° 21 ♊.$$

Parallele ☿ lfd. — 22° 26, ♃ lfd. + 22° 26, ☋ lfd. — 22° 32, ☿r — 22° 26.

Hier zeigt der ⚼ Aspekt zwischen ☿ lfd. und ♃ lfd. und das // zwischen beiden auf das glückliche Entkommen, da ☿ radix am oberen Meridian und lfd. ♃ im IV. Hause steht. Die Deklination der lfd. ⊙ — 16° 45 hat übrigens noch eine Parallele mit der Deklination des vorgeschobenen ♃ 11° 34 ♌ + 16° 50 und beide stehen im Radix im △ zu einander. Der Aszendent wird am 9. Nov. 1918 von vier Spiegelkonjunktionen getroffen und zwar:

♃ 15° 46 ♋	♆ 9° 20 ♌	☋ 14° 29 ♐	♅ 23° 48 ♒
☽ 21° 42 ♑	♂ 28° 40 ♐	♄ 27° 25 ♌	☋ 14° 29 ♊
♃/☽ 18° 44 ♈	♆/♂ 19° 00 ♈	♌/♄ 20° 57 ♈	♅/☋ 19° 09 ♈

Das Mittel 19° 27 ♈ ☌ Aszendent r 19° 25 ♈. Der ♂ lfd. 28° 40 ♐ steht im □ + ☉ r 28° 45 ♍ und in ☍ + IV vorg. 28° 30 ♊. Der ☿ lfd. 1° 08 ♐ in ☌ ♂/♄ r 2° 52 ♐ und in □ ♄ + A — ♂ 1° 48 ♍. Der ♄ lfd. 27° 25 ♌ hat ein ☌ ♅/☽ r = 26° 58 ♌.

Am 1. Aug. 1914 standen die Spiegelkonjunktionen von

♄ 27° 43 ♊	♆ 28° 21 ♋	☉ 8° 22 ♌	
♅ 9° 42 ♒	X r 7° 15 ♑	♑ 270° 00	und die
♄/♅ 18° 43 ♈	X/♆ 17° 48 ♈	☉/♑ 19° 11 ♈	□ ☿ 20° 10 ♋

im Mittel 18° 57 ♈ ebenfalls auf dem Aszendenten radix. Am 4. Aug. Kriegserklärung Englands stand ♆ lfd. 28° 28 ♋ □ + IV r 28° 28 ♈.

Beim Tode Bismarcks war der Aszendent vorgeschoben = 29° 16 ♉ ☌ ♅ r ♅ 29° 34 ♉ und ☍ ♅ lfd. 29° 34 ♏, das X. Haus vorgeschoben = 17° 06 ♒ □ ♂ + ♈ — ♄ = 17° 37 ♏ und ☿ lfd. 2° 43 ♍. □ ♂/♄ 2° 52 ♊, ☉ lfd. 7° 17 ♌ ☍ ☉ r 6° 58 ♒, ♂/☉ lfd. = $\frac{7° 50 ♊ + 7° 17 ♌}{2}$ = 7° 39 ♋ ☌ IV radix und ♂ lfd + ♄ lfd. — ☉ lfd. = + ☉ lfd. = 6° 18 ♎ □ + A radix = 9° 18 ♋, das IV. Haus vorgeschoben = 17° 06 ♒ im Spiegel von ☿ lfd./♈ lfd. = 17° 02 ♌ ♆ lfd. 23° 52 ♊ ☍ ♀ r + ♂ lfd. 7° 50 ♊ ☍ ♂ + A — ♄ = 1° 43 ♍. ☌ ☿ lfd. 2° 43 ♍ und ☌ ♄ + A — ♂ = 1° 48 ♍ und □ ♂/♄ = 2° 42 ♊.

Bei der Vermählung am 27. Febr. 1881 war ☉ progr. 29° 20 ♒ □ ♅ r, das X. Haus vorgeschoben 29° 37 ♑ △ ♅ r, ♂ v. 19° 02 ♈ ☌ A r 19° 25 ♈. A vorg. = 11° 47 ♉ ⚺ ♃ r 11° 41 ♊ ☌ ♆ lfd. 11° 56 ♉, ♃ lfd. 20° 05 ♈ ☌ A r ♅ lfd. 11° 51 ♍ □ ♃ r 11° 41 ♊ und ☊ lfd. 23° 33 ♐ ☌ ♀ r 23° 52 ♐. Die Summa der beiden Verbindungsplaneten der Ehe von ☉ und ☽, nämlich ♄ lfd. 25° 42 ♈ und ♅ lfd. 11° 51 ♍ = 7° 33 ♎ stand in □ zum X. Hause r 7° 15 ♑. Bei der Vermählung der Tochter am 24. Mai 1913 war die Spiegelkonjunktion von ♄ lfd. 6° 53 ♊ und ♅ lfd. 7° 25 ♒ = ♅/♄ lfd. 7° 11 ♎ und der ♃ lfd. 17° 18 ♑ war in □ zum A r. ♀ lfd. 27° 18 ♈ + ♂ lfd. 12° 18 ♈ = ♀/♂ lfd. 19° 53 ♈ ☌ A r.

Die Attentate, herbeigeführt durch ♆/♂ im XII. Hause; denn ♆/♂ 24° 49 ♓ + ☉ Bg. 42° 20 = 7° 09 ♉ □ ☉ r △ X r ☌ ♂ + IV — ♄ 5° 08 ♉.

♂ prog. 28° 00 ♈ war in ☌ + IV 28° 28 ♈ und ♆ prog. 24° 23 ♓ in △ ☽ r 24° 22 ♏.

Beim ersten Attentat war ☿ lfd. 2° 50 ♐ ☌ ☊ lfd. 2° 14 ♐ in ☌ ♂/♄ r 2° 52 ♐ und ♆ lfd. 28° 44 ♊ □ + ☉ r 28° 45 ♍ und ♅ lfd. 11° 34 ♐ ☍ ♃ r 11° 41 ♊ ♂ + ♄ lfd. = 29° 35 ♉ ☌ ♅ r 29° 34 ♉, ☉ lfd. 23° 42 ♏ ☌ ☽ r, ♆ lfd. + ♂ lfd. = 25° 44 ♏ ☌ ☉ lfd. ☌ ☽ r, ♂ lfd. 27° 00 ♌ ☌ ♅/☽ radix 26° 58 ♌.

Beim zweiten Attentat war ♂ + ♄ lfd. 12° 41 ♊ ☌ ♃ r, ♃ lfd. 8° 37 ♑ ☌ X r, ♂/♄ lfd. = 6° 20 ♉ □ ♂ + ♄ r, + ☉ lfd. 27° 36 ♊ ☌ ♆ lfd. 26° 27 ♊ □ ♂ r 26° 40 ♓ ☍ ☾ lfd. 28° 12 ♍. ♂ lfd. 28° 18 ♌ ☌ ☽/♅ r 26° 58 ♌ △ + IV r 28° 28 ♈.

Beim Tod der Mutter stand ♆ lfd. 0° 32 ♋ in der Spiegelkonjunktion von ☽/☉ r = 0° 40 ♋, ♂ + ♄ lfd. 24° 22 ♋ ☌ ♃ vorg. 24° 33 ♋, ♂/♄ lfd. 27° 11 ♏ □ ♅/♄ r 26° 58 ♌, ♅ + ♄ lfd. = 24° 00 ♍ □ ♀ r, □ ♆ r; ♂ lfd. 13° 22 ♎ □ ☿ r ♃/♄ lfd. = 7° 37 ♑, ☿ vorg. 26° 05 ♒ ☌ ☽/♅ r 26° 58 ♒, ☋ lfd. 18° 22 ♉ ☌ ♀ + A — ☽ 18° 55 ♉

Beim Tod des Vaters stand ♅ lfd. 13° 08 ♎ □ ☿ r, ♆ lfd. 0° 44 ♊ □ ☊ r 0° 43 ♓, ☽ lfd. 2° 18 ♍ ☌ ♄ + A — ♂, ♂ + ♄ lfd. = 19° 40 ♒ □ ♄ + IV — ♂ 19° 38 ♏, ♅ lfd. + ♄ lfd. = 17° 25 ♒ □ ♂ + V — ♄ 17° 38 ♏ ☿ prog. 27° 09 ♒ ☌ ☽/♅ r 26° 58 ♒, ♀ prog. 20° 00 ♑ □ A r, ♂ prog. 18° 28 V ☌ A r.

Bei den Todesfällen und Attentaten tritt jedesmal ♅/☾ auf. ♅ r steht aber in ☍ der Spitze des VIII. Hauses radix.

Obige Konstellationen müßten genügen, um den Wert oder Unwert des X. Hauses und des Aszendenten darzulegen.

Ich möchte noch auf das Erdhoroskop hinweisen. wie die Konstellationen zum Erdmeridian ♋ — ♑ auch auf den Menschen wirken. hauptsächlich in Verbindung mit andern Personen und in Horoskopen von Herrschern mit andern Nationen.

Der Planet ☿ hat vom ♑ den ☉ Bg. 13° 13', die ♀ vom X r den Bg. 13° 13', also wirkte ☿ und ♀ zwischen dem 13. und 14. Jahre, der ♃ pr. bis ♃ r vom 18° 00' bis 18° 19' ☉ Bg.; der ♅ wirkte im ♓ 29° 41' pr. zusammen mit dem ☊ r 29° 17' und dem ☊ pr. 30° 50 beim Tod des Vaters 29° 42'.

Der ☽ mit dem Bg. 35° 38' fällt ins Jahr 1894, die ☉ mit dem Bg. 37° 00' ins Jahr 1896. Der ♄ mit 39° 03' wirkte beim Tode Bismarcks.

Der ☽ mit dem Bg. 54° 22 vom ♈ Punkt und dann prog. ♄ 5° 38' ♌ vom ♎-Punkt, also ebenfalls 54° 22 ☉ Bg. deckt sich mit der Vermählung der Tochter 54° 23'. Die ☉ r 53° 02 zeigt den Schwiegersohn an; da den Ehegestirnen ☽ und ☉ in diesem Horoskop ♄ und ♅ beigesellt sind, fehlt zur Auslösung noch der ♅, welcher als laufender Planet 7° 19 ♒ in ☍ ☉ r die Bedingung erfüllt.

Der ♅ r mit 59° 34' spielt im Jahre 1919 als Planet des Volksaufruhrs, ☽ r ☍ ♅ r, ♅ lfd. □ ☽ und ♅ r; der prog. ♅ mit 60° 43 und der ☊ r 60° 43' wird sich wieder im Jahre 1920 bemerkbar machen. Der prog. ☊ mit 57° 30' wirkte im Jahre 1917, in den Deklinationen auch als vorgeschobener zum ☊ r.

Der Tod der Mutter und die Attentate stehen unter dem ⊻ ♃ r 11° 41 ♊ bis ⊻ ♃ p 13° 21 ♊.

Erstes Attentat ☉ lfd. + ♃ lfd. = 9° 24 ♌ ☍ ♄ r, ♃ lfd. 15° 42 ♐.
Zweites Attentat ☉ lfd. + ♃ lfd. = 13° 52 ♐ ☌ ♀ r, □ ♆ r, ♃ lfd. 8° 37 ♑.
Tod der Mutter ☉ lfd. — ♃ lfd. = 28° 07 ♋ □ + IV, ♃ lfd. 4° 13 ♑.

♃ vorg. + 20° 46' // A vorg. + 20° 37' und A vorg. = 2° 17 ♊ ☌ ♂/♄ r, ☽ lfd. ☌ A r.

Auch die vorgeschobenen Planeten wirken nicht nur in Aspekten mit den Radixplaneten, sondern ebenfalls in Verbindung mit dem Erdmeridian.

Es war am 1. Aug. 1914 die vorg. ☉ 2° 44 ♈, sie hatte also vom ♈-Punkt den Abstand in Länge von 2° 44', der ♂ r hat den Abstand von 3° 20', welcher im Jahre 1915 von der progr. ☉ erreicht wurde. Wird der ♈-Punkt von ♂ und ☉ eingeschachtelt, so wird auf der Erde Krieg ausbrechen.

Die Niederlage Deutschlands oder das Ende des Krieges ist ebenfalls durch die vorg. ☉ 7° 00' ♈ im gleichen Abstande wie ♆ r 7° 03' vom ♈-Punkte angezeigt. Die Auslösung der letzteren Konstellation geschah durch ♆ lfd. ☍ ☉ rad. 6° 58' ♒. Berlin und Potsdam liegt im Mittel 52° 27' nördl. Breite, der vorgeschobene ♂ 1914 war 22° 26' ♉. Paris liegt 48° 50' nördl. Breite, der vorgeschobene ♆ des Kaisers war 1914 18° 43' ♉. Petersburg liegt nördl. 59° 46', ♅ r des Kaisers steht 29° 34' ♉ und ♅ pr. 0° 24 ♊, im Mittel 59° 59', ☉ progr. des Zaren ☌ ♅ r des Zaren. Der vorgeschobene ♃ hatte einen Abstand von 52° 33' vom ♎-Punkt. Vergleiche auch die Paralle von ♃ und ♂ im Jahre 1914. London nördl. 51° 31'. Tokio nördl. 35° 39', ♄ r = 50° 47', □ ♄ progr. 5° 36' ♌, ☉ progr. England ist 29° 21' ⊗ = 60° 39' vom ♎-Punkt, ♅ progr. Deutschland 60° 24' vom ♈ Punkt. Dadurch ist der Krieg zwischen England und Deutschland angezeigt. Auslösung ☉ lfd. ☍ ♅ lfd. ♂ r England 5° 34 ♌ ☌ ♄ progr. Deutschland ♂ vorg. Deutschland 24° 26 ♉ im Jahre 1916 und ☍ ☽ rad. des Kaisers u.s.f.

Über die Parallelen.

Die vorgeschobenen Planeten in derselben Breite des Radixhoroskopes können zu den Radixdeklinationen sowie gegenseitig Parallele bilden.

Im Jahre 1871 (Krieg mit Frankreich) war das X. Haus vorgeschoben parallel ♅ vorg. Im Jahre 1888 (Tod des Vaters) war der vorg. ♅ parallel X. Haus radix. Zwischen 1887 und 1890 waren ☉ v und ♄ v // ♂ v, ♆ v und ♆ v // dem Aszendenten radix. Der laufende ♆ muß also, da der Aszendent der Trennungspunkt des Horoskopes ist, weil in □ zum Zenit, mit der Parallelen + 18° 43 auslösend für eine Trennung gewirkt haben. Er bildete mit dem X. Haus vorg. — 18° 33', der ☉ r — 18° 33' und dem ♄ r + 18° 46' Parallelaspekte. Ferner war noch beim Tod des Vaters ♄ lfd + 19° 48' // ♅ r, ☉ lfd + 23° 21' // X. Haus r. ♂ progr. + 7° 11' // ♆ v // A r + 7° 36', ♅ vorg. + 23° 20' // ☉ lfd, ♃ v + 22° 30 // ☿ r // ☿ lfd. 22° 36'. Durch die Konstellationen beim Tode des Vaters sind alle Bedingungen erfüllt. ♅ v // ☉ als Todesplanet in ☍ zum VIII. Hause r zeigt deutlich seine richtige Stellung im Horoskop, auch der Ausgang des Krieges läßt auf eine schlechte Stellung des ♅ schließen, weil ♅ immer der geistige Urheber von Kriegen ist; vergleiche dagegen die Stellung des ♅ r 28° 37' und ♅ prog. 1° 33' ♎ Englands, das durch diesen Stand die Erde beherrscht und mit Krieg überzieht. Sollte der König von England das Jahr 1927 noch erleben, so wird es im Jahre 1926 und 1927 mit diesem Königreich klapperig aussehen, denn ☽ r steht hier auch in □ ♅ r und p, was auf Volksaufstände hindeutet und der lfd. ♅ steht im Jahre 1926 □ ♅ r und im Jahre 1927 □ ♅ pr. und ☍ ☽ r, ferner erreicht der ♅ den Durchgang durch den Aequator in diesem Jahre, was Umwälzungen auf der Erde anzeigt, dann steht noch der ♅ lfd ☌ ♃ lfd, im Radix ♃ ☍ ♅ und der ♃ geht ebenfalls durch den Aequator.

Beim Tod der Mutter des Kaisers war ♂ prog. + 10° 52' // ☊ r ♃ pr. + 22° 06' // ☿ r, ♄ progr. + 19° 55 // ♅ r, ♅ v 22° 44 // ☿ // X r, ♂ v // ♀ v.

Die Attentate wurden bestimmt durch ☉ v — 4° 02' // ♆ r und ♄ r + 3° 55 // ♆ r, weil ♂ und ♆ im XII. Hause r stehen.

Im Jahre 1913 stand A v // ☿ r, 1915 ☿ v // A r, das Mittel zeigt auf 1914 und gibt die Trennung des Horoskopinhabers, ☿ am Meridian, von vielen Personen an, bestätigt durch ☿ lfd 20° 10' ⊗ □ A r.

Uebrigens zeigt ☿ am oberen Meridian die Vorliebe für Reisen ganz deutlich und ♀ im IX. Hause läßt auf religiöses Gefühl schließen, das aber durch ♆ ♂ vom XII her von böswilligen Menschen verspottet wird.

♃ r steht △ ☉ r und ✶ ♄ r, im Jahre 1914 war ♃ v ☍ ☉ r und ☌ ♄ r, es bestand also eine starke Verbindung von ♃, ☉ und ♄. ♃ vorg. // ♂ v 1914 bis ♃ v // ♆ v 1917 gab der ☉ und dem ♄ Sieg über die Feinde ♆ ♂ im XII. Hause. ♂ ist aber der Herr des I. Hauses, es muß deshalb die Verbindung von ♃ und ♂ für Deutschland Siege herbeiführen und die Verbindung von ♃ und ♆ den Feinden zum Vorteil gereichen.

♃ lfd ☌ ♆ r brachte die Kriegserklärung Italiens im Mai 1915, ♆ lfd ☌ ♃ vorg. und ♃ lfd die Niederlage Deutschlands.

♄ v, ☉ v steht // ♂ r im Jahre 1916 und ♂ vorg. steht im // ☉ r. ♄ r im Jahre 1918, ♂ r steht in ☌ ♆ r; sobald nun der lfd ♆ den ♄ r erreicht, wird die Kette ♂, ♄, ♆ geschlossen, der lfd ♆ steht am ♄ r bis Juni 1920.

Das vorgeschobene X. Haus zeigt Ende 1914 eine Parallele mit ☊ v. ☊ r steht aber in □ ♅ r, sodaß hierdurch schon ein unglücklicher Krieg und eine Gefahr für den Horoskopinhaber angezeigt wird. Im Jahre 1920 ist, wie vordem gezeigt, ☊ und ♅ fällig.

☉ v, ♄ v. // ♆ prog. — 3° 00' und ♆ r 3° 55', ☉ prog. von 7° 34 ♈ bis 9° 53 ♈ zeigen mit dem lfd. ♆ ☌ ♄ r und dem ♃ lfd. im Mai 1920, von ♅ lfd ☍ ♄ lfd bestätigt die Trennung von der Familie an.

Im Juli wird ♄ lfd ☌ X vorg., ♅ lfd // ☊ r, ♄ lfd // ☊ r und ♂ lfd ebenfalls // ☊ r sein. ♂ v // ♅ v läßt auf einen Gewaltakt vom feindlichen Volke schließen, da ♂, ♆ im XII und ♅ r ☍ ☽ r ☍ VIII r steht.

Kommentar zum Witte-Artikel
" Das Tageshoroskop mit dem persönlichen Meridian ".

Witte erklärt hier die Berechnung des persönlichen Meridian für das Tageshoroskop. In seinen Arbeiten bezeichnet er ihn mit " Xg ", weil

> sich der progressive oder vorgeschobene Meridian um den Betrag der Differenz der laufenden Sonne und der Radixsonne ostwärts um die Erdachse gedreht haben muss.

Um dem Leser noch ein Beispiel vor Augen zu führen, wird gezeigt, wie der persönliche Meridian (Schreibweise Witte " Xg ", heute schreiben wir M pr) am Todestag des Exkaisers berechnet wird:

```
Meridian rad.    7.15 Steinbock    = 277.15
+ Sonnenbogen                         82.10
                                     359.25
+ Sonne lfd.   13.22 Zwillinge    =   73.22
                                     432.47
./. Sonne rad.  6.58 Wassermann   =  306.58
                                  =  125.49
                                  =    5.49 Löwe
```

Dadurch ergibt sich folgende Aussage-Verbindung:

M pr   5.49 Lö=Ich (der Tag in diesem
                                 Jahr für den Geborenen)
= Mars + Saturn lfd.   4.06 St=sterbe
= Pluto rad.   5.32 St)
= Saturn/Vulkanus rad.   ) = im Exil (Gefangen-
                      20.58 Zw)   schaft)

Witte gibt in diesem Artikel noch einen wichtigen Hinweis:

> " Durch diesen Meridian Xg kann die Geburtszeit berichtigt werden, wenn die Zeit eines Ereignisses am bestimmten Tage bekannt ist, ferner wenn die Xg in Aspekten mit den Radixplaneten verglichen werden. "

Um Missverständnissen vorzubeugen wird darauf hingewiesen, dass z. B. der M pr in der Radix-Achse von Mars/Saturn nicht den Tod bedeutet oder auslöst, aber der M pr

> ist für den Geborenen ein wichtiger Tag in diesem Jahr !

Das Tageshoroskop
mit dem persönlichen Meridian.
Von A. Witte, Hamburg.

Die Stellung dieses Meridians zum Radix, zum progressiven und zum laufenden Gestirnstand wird unten geschildert.

Nach dem Geburtsmoment bewegt sich der Ort ostwärts in einem Tage einmal um die Erdachse. Dieser Lauf des Ortes parallel zum Aequator wird einem Laufe der Erde um die Sonne, also einem Jahre gleichgerechnet, sodaß der Meridian 361⁰ durchlaufen hat, wenn die progressive Sonne ungefähr um 1 Grad ostwärts weitergeschritten ist, was dem Fortschreiten der Erde um die Sonne in einem progressiven Tage entspricht.

Ist der Geburtsmoment bekannt und somit auch der Geburtsmeridian, so wird der persönliche Tagesmeridian gefunden, wenn die Differenz der Sternzeit des Ereignistages und des Geburtstages vermehrt um die Differenz der Sternzeit des progressiven Tages und der Sternzeit des Geburtstages zum Geburtsmeridian addiert wird.

Als Beispiel möge das Horoskop des Exkaisers dienen. Der Gestirnstand am 27. Januar 1859 vormittags 10 Uhr 7 Min. Berlin war:

♈	♉	♊	⊗	♌	♍
A 19⁰ 25′	II 29⁰ 15′	♃ 11⁰ 41′	IV 7⁰ 15′	♄ 9⁰ 03′	☋ 0⁰ 43′
	☊ 29⁰ 34′	III 19⁰ 53′	V 25⁰ 45′	VI 23⁰ 00′	

♎	♏	♐	♑	♒	♓
D 19⁰ 25′	☽ 24⁰ 22′	♀ 23⁰ 52′	X 7⁰ 15′	☉ 6⁰ 58′	☊ 0⁰ 43′
	VIII 29⁰ 15′	IX 19⁰ 53′	☿ 13⁰ 13′	XII 23⁰ 00′	♇ 22⁰ 57′
			XI 25⁰ 45′		♂ 26⁰ 40′

Für die nachfolgende Berechnung läßt sich jeder Jahrgang der Ephemeriden anwenden, hier wurde 1919 benutzt.

1. Ereignis: Vermählung 27. Februar 1881.

Sternzeit 27. Febr. 22ʰ 24ᵐ 53ˢ   Sternzeit 18. Febr. 21ʰ 49ᵐ 44ˢ
— „ 27. Jan. 20ʰ 22ᵐ 41ˢ   — „ 27. Jan. 20ʰ 22ᵐ 41ˢ

Differenz 1 = 2ʰ 02ᵐ 12ˢ   Differenz 2 = 1ʰ 27ᵐ 03ˢ

Differenz 1 und 2 zusammen 3ʰ 29ᵐ 15ˢ in Graden 52⁰ 19′
        dazu addiert A R X Radix = 277⁰ 54′

Persönlicher Meridian A R X   = 330⁰ 13′ = 28⁰ 2′ ♒.

Progressiv waren vom Jahre 1859 bis 1881 22 Tage verflossen, sodaß zum 27. Jan. 22 Tage addiert werden müssen = 49 Tage — 31 Tage für Januar = 18. Februar und die Sekunden der Sternzeit für 1 Monat = 20ˢ, wenn 4ᵐ 00ˢ für 1 Tag oder 1 Jahr gerechnet werden. In obiger Sternzeit sind die 20ˢ schon addiert.

Mit Hilfe des Sonnenbogens ist die Berechnung bedeutend einfacher, weil dieser Bogen jedem Horoskopinhaber bekannt sein muß. Der Sonnenbogen ist die Differenz der Radix- und der progressiven Sonne, er wird gefunden durch den Stand der ☉ am 27. Jan. und am 18. Febr., vermehrt um die Bogenminuten für 1 Monat, wenn für 1 Jahr 60′ gerechnet werden.

☉ 6° 28′ ♒, ☉ 28° 46′ ♒; Differenz = 22° 18′ + 0° 05′ für 1 Monat, daher ☉ Bg. = 22° 23′ oder Lebensalter.

☉ laufend 9° 04 ♓ — ☉ radix 6° 58 ♒ = 32° 06′, beide Differenzen addiert zur Länge des X radix 7° 15′ ♑ = 1° 44′ ♓ = Xg.

Da das X. Haus radix aber durch die progressive Sonne um den ☉ Bg. vorgeschoben wird, und die laufende Sonne annähernd denselben Platz am Geburtstage einnimmt, so kann einfach die Differenz der ☉ radix und des vorgeschobenen X. Hauses zur laufenden Sonne addiert werden.

☉ r = 6° 58′ ♒, X r = 7° 15′ ♑ + ☉ Bg. = 29° 38′ ♑, Differenz = 7° 20′ westlich der Sonne, daher ☉ lfd. 9° 04 ♓ — 7° 20′ = 1° 44′ ♓ = Xg. Diese Differenz nimmt bis zur ☉ r in jedem Jahre um ca. 1° ab, um dann über die Sonne hinaus in jedem Jahre um ca. 1° zuzunehmen.

Es wird hinfort der persönliche Meridian mit Xg bezeichnet, da sich der progressive oder der vorgeschobene Meridian um den Betrag der Differenz der laufenden und der Radixsonne ostwärts um die Erdachse gedreht haben muß.

Xg = 29° ♒. □ ♅ r 29° 34 ♉, ☌ ☉ pr 29° 21 ♒, ☌ ☊ pr 29° 33′ ♒, ☽ lfd. 23° ♒ bis 5° ♓, ferner △ ☉ der Kaiserin 28° 49 ♎ und ✶ ☽ 27° ♈. Die exakte □ des progressiven ☊ mit dem ♅ r hat also die Heirat verursacht, da der ♅ r in ☍ ☽ r steht und der ♅ daher in diesem Horoskop die Frauen angibt. Der Aszendent zu 29° ♒ bei 52° 30′ nördlicher Breite ist 4° ♋ in ☌ ♃ vorgeschoben, der ♅ lfd. 11° 51′ ♍ in □ ♃ r, der ♃ lfd. 20° 05 ♈ in ☌ des Aszendenten radix 19° 25′ ♈, der ♂ r ebenfalls in ☌ des A, ☊ lfd. 23° 33′ ♐ ☌ ☿ r 23° 52′ ♐; die ♀ von der Kaiserin 7° 40′ ♑ in ☌ X r des Kaisers, der ♂ r der Kaiserin ☌ ☉ r des Kaisers, der ♄ r der Kaiserin ☌ ☉ r + ☉ r (Summen der beiden Sonnen) = 5° 47 ♍ ☌ ☋ r 5° 52 ♍ der Kaiserin.

Der Meridian Xg des progressiven Horoskops, also das Horoskop zwischen dem 18. und 19. Febr. 1859, liegt 29° ♒ in ☌ der ☉ pr ☌ ☊ pr, das X pr ist 29° 37 ♑. In diesem Horoskop ist ☉ □ ♅, ☽ □ ♃, ♃/♅ = ☽/☉ ♀ □ ♂, ☿ △ ☽, ♃ □ ☉/♆, ☽ ☍ ☉/♆, ♅ = ♆/♄, ♅ = ☉/☋.

Die Sonnenbögen zwischen Sonne und Neptun = 24° 18′, zwischen ☊ und ♆ = 24° 5′, zwischen ♄ und ☋ = 22° 16′, zwischen ♃ und ☊ 24° 00′ ♑ = 22° 23 zeigen das Alter der Frau und des Mannes an, dieselben Bögen zeigt auch der laufende Gestirnstand zwischen ♂ und ☽ 23° 43′ ♃ und ♆ 21° 51′ und es steht der ☿ zwischen ♄, ♀ und ☽, die ☉ zwischen ☽ und ☿, der ☽ zwischen ♂ und ☉.

Der persönliche Meridian wird im Laufe eines Tages nur um 1° vermehrt, er ist daher für den betreffenden Tag als feststehend zu betrachten. Die laufenden Gestirne müssen jetzt zu diesem Meridian convers, also gegen den Lauf der Tierkreiszeichen geführt werden, um die Zeit für den Übergang eines jeden Planeten zu bekommen. Der lfd. ♃ 20° ♈ wäre nach Ablauf von 51° im Xg. Diesem Bogen entsprechen 3 h 24 m, welche zusammen mit dem ☉ Bg. 22° 23′ = 1 h 27 m zur Geburtszeit 10 h 07 m addiert werden = 2 h 58 m nachmittags.

Die wenigen Fälle, die ich bearbeitet, haben den Gewinn des ⊙-Bogens als Zeit zum Geburtsmoment gerechnet, ergeben. Hier also Xg = 11 h 34 m vormittags.

Eine Gewißheit ließe sich aber verschaffen, wenn Astrologen die Xg verschiedener Ereignisse prüfen würden, denn bei einschneidenden Vorkommnissen wie Verletzungen und Unfällen ließe sich leicht der Meridian g und die Übergänge der laufenden Planeten feststellen.

2. **Ereignis: Tod des Vaters 15. Juni 1888.**

⊙ Bg. = 29° 42′ + Xr 7° 15′ ♑ = ☌ ⊙r, daher auch ⊙ lfd. 24° 44 ♊ = **Xg.**
□♆r, □♂r, ♂/♆r = 24° 48′ ♓, ☽v = 24° 9′ ♐, ♀r 23° 52′ ♐.
⊙r + ⊙r (beider Personen) = 1° 01′ ♍ □ ♆ lfd. 0° 44′ ♊, □ ♌r 0° 43′ ♓.
⊙r/⊙r = 15° 30′ ♊ ☌ ♀ lfd. 17° 31′ ♊.
⊙ lfd. oder Xg = ♅/♆ lfd., ☽ lfd./Ar, A_1 bis ♀lfd. = ⊙ Bg. des Vaters.

3. **Ereignis: Tod der Mutter 5. Aug. 1901.**

⊙ Bg. = 42°52′ + Xr = 20° 7′ ♒, also ⊙ lfd. 12° 20′ ♌ + 13°09′ = 25° 29′ ♌ = **Xg.**
□☽r, △♀r, ⚻♂/♆r, ⊙lfd./♀lfd. = (12°20′ ♌ + 8° 9′ ♍) / 2 = 25° 15′ ♌, ♃/☽lfd. = 26° 11′ ♌.
☽lfd. ☌ Ar, ♅ lfd. 13° 00′ ♐ ☍ ♃pr 13° 21′ ♊ ♂lfd. 13° 22 ♎ ☌ ☋v 13° 35′ ♎.
⊙r + ⊙r (beider Personen) = 5° 58′ ♎ □ ♃ lfd. 4° 13′ ♑.

Durch diesen Meridian Xg kann die Geburtszeit berichtigt werden, wenn die Zeit eines Ereignisses am bestimmten Tage bekannt ist, ferner wenn die Xg in Aspekten mit den Radixplaneten verglichen werden.

Eine Übersicht der hier auftretenden Xg oder der progressiven Meridiane:

Vermählung	□ ♅, ☌ ♌
Tod des Vaters	□ ♆, ☍ ♀
Tod der Mutter	□ ☽
Erstes Attentat	♃/♅
Zweites Attentat	☌ ♂
Hochzeit der Tochter	□ ♂
Flucht	♃/♅

lassen auf einen richtigen Geburtsmeridian schließen, eine bestimmte Feststellung wird noch durch andere Berechnungsarten ermöglicht, die später folgen werden.

Kommentar zu den beiden Witte-Artikeln
" Die Auswertung des Erdhoroskopes und die Auslösung seiner sensitiven Punkte ".

Dieser Artikel (mit einer Fortsetzung) ist eine Ergänzung des bereits kommentierten Witte-Artikels " Das Erdhoroskop " in Verbindung mit der Besprechung des Erdhoroskopes von Strindberg.

Wer die vorhergehenden Artikel gewissenhaft durchgearbeitet hat, wird nunmehr die jetzt gegebenen Hinweise über das Erdhoroskop, sensitive Punkte, Spiegelpunkte und Deklinationen nur noch als Wiederholung des Wissensstoffes auffassen können.

Es wird jedoch dem Studierenden empfohlen, die hier gegebenen Hinweise ebenfalls durchzuarbeiten, auch wenn er glaubt, er hätte dies nicht mehr nötig. Ich bin der Auffassung, dass es gerade für den jungen Freund der Hamburger Schule von grosser Bedeutung ist, erst einmal ein Horoskop umfassend nachzuarbeiten. Es gibt so viele Varianten, die immer wieder neue Erkenntnisse bringen, die für die spätere Arbeit sehr wichtig sind.

Die Auswertung des Erdhoroskops und die Auslösung seiner sensitiven Punkte.

Von A. Witte, Hamburg.

Der Stand der Erde in unserem Sonnensystem ist in jedem Augenblick ein anderer in Bezug auf ihre Nebenplaneten und ihren Trabanten.

Für einen bestimmten Augenblick, für den der Geburt eines Menschen soll nun dieser Stand festgehalten werden.

Zunächst betrachte man die Erde nicht als Körper mit einer Ausdehnung, sondern als Punkt im Sonnensystem. Dieser Punkt steht dann zuerst in Beziehung zu seinem Gravitationspunkte, zur Sonne.

Es wird dieser Leitstrahl von der Sonne als Nullinie für die geozentrischen Winkel mit den Planeten und dem Monde angenommen.

Für den Geborenen ist dieser geozentrische Stand der Planeten zur Sonne sehr wichtig, da dieses Planetenbild als Kristallisation während des ganzen Lebens dasselbe bleibt und der Leitstrahl Erde — Sonne immer mit der laufenden Sonne verbunden ist.

Die laufende Sonne in den der Geburt folgenden Tagen und in den folgenden Jahren hält immer dieses Planetenbild fest. Während einer Umdrehung des Geburtsortes um die Erdachse haben die Planeten durch die scheinbar fortschreitende Sonne ungefähr einen Grad auf der Ekliptik gewonnen; es steht also die Sonne nach Ablauf eines Jahres in demselben

Punkt wie im Geburtsmoment. Die Opposition der Sonne ist der Körper des Geborenen, daher muß immer die laufende Sonne als Ersatz für die fortschreitende Erde die betreffenden Punkte auslösen.

Um die Stellung der Planeten zur Sonne festzustellen und zu bezeichnen, wähle man dasselbe System der Radixhäuser, bei welchem der Obere Meridian als Spitze des X. Hauses und der Untere Meridian als Spitze des IV. Hauses gilt, wenn der Blick nach Süden gerichtet ist. Es ist dann der Punkt zur linken Hand das I. Haus und der Punkt zur rechten Hand das VII. Haus.

In diesem chaldäischen System der Häuser wird der Fundamentalkreis des Geburtsortes vom Oberen Meridian an in 12 Teile zerlegt. Dieser Kreis ist ein Parallelkreis des Äquators und die Bahn des Geburtsortes um die Erdachse in Tagen nach der Geburt.

Da nun der Mensch oder der Geburtsort auf der Oberfläche der Erde sich zur Achse oder dem Mittelpunkt der Erde in einem gleichen Verhältnis befindet, wie die Erde zur Sonne, so wird man auch hier dieses Häusersystem anwenden können und es ist jetzt die Sonne als der untere Meridian, als Spitze des IV. Hauses zu betrachten. Die Planeten, welche bis zu 30^0 östlich der Sonne stehen, liegen dann im IV. Hause der Sonne, ein Planet, welcher 135^0 östlich der Sonne steht, würde im VIII. Hause der Sonne stehen.

Auf diese Weise lassen sich die Stände der Planeten zur Sonne leicht bestimmen und sie haben in der Bedeutung dieselbe Auslegung wie in den Radixhäusern des Geborenen, nur beziehen sich alle Deutungen auf die Radixsonne und nicht auf den Geburtsmeridian.

Der Stand der Sonne würde als Meridian und zwar als IV. Haus gelten, wenn die Erde als Geburtspunkt in 15^0 ♍ steht. Die Meridianebene der Sonne geht nämlich durch 15^0 ♍ und 15^0 ♓ und ist 15^0 ♍ der obere Meridian der Sonne in dem magnetischen System des Sonnenkörpers. Von 15^0 ♓ bis 15^0 ♈ ist das IV. Haus dieses Körpers. Ein Sonnenstand in 7^0 ♒ würde also im II. Hause des Sonnenkörpers liegen.

Es hätte also der Planet Erde als Geburtspunkt in dem magnetischen System der Sonne dieselbe Beziehung zur Sonne und den Planeten wie der Geburtsort zum Erdmittelpunkt und zum Monde. Auf die Erdoberfläche wirkten also in der Bestrahlung vom Mond alle Planetenkräfte zusammengenommen.

Anders würde sich die Sache für ein Wesen gestalten, welches auf dem Jupiter geboren wäre. Hier nähmen alle Monde die Wirkung der Planeten an, je nach der Entfernung der Trabanten von dem Mittelpunkt Jupiter und der Ordnungszahl von diesem an gerechnet. Der Dritte würde der Erde, der vierte dem Mars u. s. w. entsprechen.

Für den auf der Erde Geborenen trägt der Mond alle Strahlengattungen der Planeten in sich und stellt daher etwas Gleichwertiges wie der Erdmittelpunkt dar, der auch alle Strahlungen der Planeten in sich vereinigt; in der Erde wirken die Strahlen positiv und in dem Monde negativ.

Die geozentrische Stellung der Planeten zur Sonne würde das Radixhoroskop eines Menschen sein, wenn die Erde kein Körper, sondern ein Punkt im Sonnensystem wäre.

Wird nun die Erde als Körper genommen, indem man den vorher in Betracht gezogenen Punkt kugelförmig sich erweitert denkt, so hat dieser Körper eine bestimmte Lage in seiner Achse zur Erdbahn.

Die Meridianebene, in welcher die Erdachse liegt, schneidet die Ekliptik oder die Erdbahn in zwei Punkten, im Krebs- und im Steinbockpunkte.

Für die Nordhalbkugel ist der Krebspunkt das X. Haus oder der Obere Meridian des Erdkörpers und der Steinbockpunkt der Untere Meridian oder die Spitze des IV. Hauses.

Für die Bewegung der Erde um die Sonne steht die Sonne im IV. Hause des Erdhoroskops von $0°$ ♋ bis $0°$ ♒ und es ist der Erdlauf oder die Ekliptik in 12 Teile zerlegt. Es steht also die Sonne im Oberen Meridian, wenn sie sich in $0°$ ♋ befindet und läuft durch das X. Haus bis $0°$ ♌. Diese Teilung der Ekliptik gilt den 12 Tierkreiszeichen und ist das Zeichen ♉ das VIII. Haus der Erde.

Für die Bewegung eines Punktes des Erdkörpers wird der Aequator oder dessen Parallelkreise in 12 Teile zerlegt für einen bestimmten Moment vom Meridian an. Es wird also jedesmal der Fundamentalkreis der Bewegung in 12 Häuser geteilt.

Das Primäre ist der Stand der Planeten zur Sonne, das Sekundäre der Stand der Sonne in den 12 Zeichen, der Stand der Planeten in denselben und der Stand der Planeten zueinander.

Die Planeten wirken in dem feinverteilten Sonnenstaub und dessen magnetischer Lagerung um den Magneten Sonne auf die Sonne ein und deren Einfluß wirkt wieder vom Mittelpunkt der Sonne auf die Planeten und deren Emanation ein.

Die Wirkung der Planeten auf die Erde und deren Bewohner geschieht durch den Stand der Gestirne zur Meridianebene der Erde Krebs-Steinbock und den Einfluß auf die magnetische Lagerung der feinstofflichen Körper des Planeten Erde.

Die Strahlen der Planeten werden festgehalten von den feinstofflichen Emanationen des Erdkörpers, die der Geborene während des Geburtsmoments in sich aufnimmt.

Das gesamte Planetenbild des Magneten Erde mit dem Erdmeridian und dem Geburtsmeridian, sowie dem Horizont und dessen Schnittpunkte mit der Ekliptik, dem Ascendenten und dem Descendenten wird fortan von der fortschreitenden Sonne mitgezogen.

Außerdem führt aber der Geburtsort in jedem Tage nach der Geburt eine Drehung um die Erdachse aus, sodaß während eines Tages nach der Geburt die Sonne ungefähr $1°$ vorgeschritten ist.

Es stehen nun zwei Bewegungen im Zusammenhang miteinander, der Lauf des Ortes im Parallelkreis zum Aequator und der Lauf der Erde um die Sonne.

Es wird dadurch ein Tag nach der Geburt gleichgerechnet einem Jahre und die Konstellationen, welche durch die Bewegung der Erde in Tagen nach der Geburt entstehen, treten in Wirkung, wenn die Erde so viele Umläufe um die Sonne gemacht hat, wie Tage verflossen sind.

Der Ort aber, oder der Meridian, welcher in einem Tage eine Drehung um die Erdachse macht, ist dann der Erde gleich, die in einem Jahre einen Lauf um die Sonne zurücklegt.

Der Bogen von der Radixsonne bis zum Meridian oder dem X. Hause Radix bleibt immer derselbe. Auf diese Weise wird das X. Haus durch die progressive Sonne um ebensoviele Grade vorgeschoben, die die Sonne von der Geburt an zurückgelegt hat.

Es wird dann X vorg. + ☉ progr — ☉ radix.

Dieses X vorg. stellt den Geburtstag dar und es läuft der Bogen ☉ rad. bis X vorg. immer der laufenden Sonne vorauf. Man erhält auf diese Weise den progressiven Meridian, welcher den Lauf des Geburtsortes in Tagen nach der Geburt angibt.

Der Meridian der Erde, Krebs und Steinbock, wird von der progr. Sonne vorgeschoben, sodaß nach 20 Tagen nach der Geburt sein Stand 20 ♋ und 20 ♑ sein würde.

Dieser vorgeschobene Erdmeridian bildet nun Aspekte mit den Radixplaneten und läßt die betreffenden Planeten in Jahren nach der Geburt in Wirkung treten.

Auch die von der progr. Sonne vorgeschobenen Planeten bilden Aspekte mit dem Meridian ♋-♑ und sie treten in Wirkung in den betreffenden Jahren nach der Geburt.

Maßgebend ist aber nicht $1° = 1$ Jahr, sondern der ☉ Bogen, welcher von der ☉ rad. und der ☉ progr. gebildet wird.

Wenn vorgeschobene Planeten die Spitze des X. Hauses rad. aspektieren, so treten diese Planeten in Wirkung und geben das Ereignis mit dem ☉ Bogen an.

Das 1. vorgeschobene X. Haus kann ebenfalls 1. mit dem ☉ Bogen 2. Ereignisse angeben; wenn man aber die Rektascension des X. Hauses oder den Geburtsmeridian benutzt, so ist ungefähr die Differenz der Sternzeiten der maßgebende Bogen. Diese Direktion kann aber nur mit den Zeichen gehend, also nach links ausgeführt werden, denn nach rechts gilt der ☉ Bogen, da von rechts die Aspekte der Planeten in der Ekliptik auf die Spitze des X. Hauses wirken.

Die Direktion des Meridians wird herbeigeführt durch den Lauf des Geburtsortes um die Erdachse und ist jeder Grad in Rektascension ungefähr ein Tag, während der ☉ Bogen von rechts mit jedem Grad ungefähr ein Jahr angibt.

Der Schlüssel der Direktion mit der R. A. des X. Hauses oder dem Geburtsmeridian ist folgender:

$365 \, 1/4$ Tage = 361 Grade in Rektascension (der Meridian durchläuft in 1 Tage $361°$) und $1/10$ Jahr = 36,525 Tage = $36° \, 06'$, oder wenn 1 Tag = $1°$ gerechnet wird, so sind 36,525 Tage = $36° \, 32'$ und um $26'$ zu groß.

Daher Jahre = Grade + Tage = Minuten (6 Tage = 1 Minute) — $3/4$ der Grade als Minuten = $36° \, 32' - 27' = 36° \, 05'$, wie vordem mit $36° \, 06'$ gerechnet.

Dieser Direktionsbogen ist der Zeit- oder t Bogen, welcher nur direkt, also mit den Zeichen gehend, angewendet werden darf. Konvers, gegen die Zeichen, wirkt der ☉ Bogen.

Im Erdhoroskop bleibt der Meridian ♋-♑ stehen und es werden in diesem Horoskop die Kardinalpunkte nur von der progressiven Sonne vorgeschoben, der Erdmeridian kann also nicht mit dem Zeitbogen dirigiert werden.

Die Häuser des Geburtsmeridians ergeben sich nach der vorhin ausgeführten Methode der Fundamentalkreise.

Es wird vom Meridian an der Aequator in 12 gleiche Teile, zu je 30° eingeteilt und die Schnittpunkte dieser g e r a d e n Aufsteigungen mit der Ekliptik bestimmt, sodaß die Häuser je 2 Stunden nach der Geburtsminute mit ihrem Meridian angeben. Die ersten beiden Stunden nach dem Geburtsmoment ist das X. Haus, die nächsten beiden das XI. Haus u. s. w.

Die Chaldäer teilten den Aequator in 24 Teile oder Häuser und hatten dadurch eine Uebereinstimmung mit den Stunden nach der Geburt.

Daß die Chaldäer mit ihrer 24. Teilung nicht ganz Unrecht hatten, wird noch aus der nachfolgenden Aspekten-Aufstellung und deren Auslösung ersichtlich werden.

Als Beispiel zu den bisherigen Ausführungen wird das Horoskop des früheren Kaisers benutzt.

Die Planetenstände vom 27. Jan. 1849 vorm. 10h 07m sind:

☉ 6° 58 ♒	♀ 23° 52 ♐	♄ 9° 03 ♌	☊ 0° 43 ♓
☽ 24° 22 ♏	♂ 26° 40 ♓	♅ 29° 34 ♉	X 7° 15 ♑
☿ 13° 13 ♑	♃ 11° 41 ♊	♆ 22° 57 ♓	A 19° 25 ♈

Die Häuserspitzen der t Häuser (Radixhäuser) sind:

X 7° 15 ♑	I 8° 30 ♈	IV 7° 15 ♋	VII 8° 30 ♎
XI 5° 32 ♒	II 10° 19 ♉	V 5° 32 ♌	VIII 10° 19 ♏
XII 6° 07 ♓	III 9° 34 ♊	VI 6° 07 ♍	IX 9° 34 ♐

A R X = 277° 54'

Werden die Stände nach den Graden in den Aspekten so geordnet, daß auch das ∠ und das ⚼ aufgeführt wird, so ergibt sich die untenstehende Reihenfolge in jedem Tierkreiszeichen.

☊ 0° 43	♄ 9° 03	∠☊ 15° 43	∠♄ 24° 03
∠A 4° 25	∠☽ 9° 22	A 19° 25	☽ 24° 22
☉ 6° 58	∠♂ 11° 40	∠☉ 21° 58	♂ 26° 40
X 7° 15	♃ 11° 41	∠X 22° 15	∠♃ 26° 41
∠♆ 7° 57	☿ 13° 13	♆ 22° 57	∠☿ 28° 13
∠♀ 8° 52	∠♅ 14° 34	♀ 23° 52	♅ 29° 34

Vorstehende Reihenfolge gibt an, mit welchem ☉ Bogen der Krebs- oder Steinbockpunkt oder auch die beiden Aequinoktialpunkte Widder und Wagepunkt vorgeschoben sein müssen, um einen Aspekt mit obigen Planeten zu bilden.

Will man wissen, mit welchem ☉ Bogen ein vorgeschobener Planet die Kardinalpunkte aspektiert, so wird das Spiegelbild des Erdhoroskops genommen und dieses ebenfalls den Graden gemäß geordnet. Es folgen dann dieselben Planeten in umgekehrter Reihenfolge:

♅ 0° 26	♀ 6° 08	♅ 15° 26	♀ 21° 08
☿ 1° 47	♆ 7° 03	☿ 16° 47	♆ 22° 03
♃ 3° 19	X 7° 45	♃ 18° 19	X 22° 45
♂ 3° 20	☉ 8° 02	♂ 18° 20	☉ 25° 02
☽ 5° 38	A 10° 35	☽ 20° 38	A 25° 35
♄ 5° 57	☊ 14° 17	♄ 20° 57	☊ 29° 17

Zur besseren Uebersicht und um das Zusammenspiel der Planeten besser auszuwerten, können nun wieder beide Reihenfolgen miteinander vereinigt werden. Die Spiegelpunkte der Planeten werden dann mit einem ✕ bezeichnet.

Zur Feststellung des ☉ Bogens und des progressiven Sonnenstandes wird für den Geburtstag der Stand der Radixsonne genommen, hier ☉ 6° 58′ ♒.

Aus den Ephemeriden sieht man, daß die Sonne zwischen dem 26. und dem 27. Janr. 1° 01′ durchläuft, daher ☉ Bg. für ein Jahr = 1° 01′ = 365 Tage.

Für die verflossene Zeit vom 1. Janr. 1859 sind 5′ zu rechnen und für den nächsten Janr. 1860 nach dem Geburtstag werden 365 Tage — 27 Tage = 1° 01′ — 5′ = 0° 56′ gerechnet.

Der Stand der progressiven Sonne für den 1. Janr. 1860 wäre dann 6° 58′ ♒ + 0° 56′ = 7° 54′ ♒.

Die Ephemeride von 1859 gibt den ☉ Stand in Greenwich mit 8° 06′ für den Mittag daselbst an. Um den Stand für den 1. Janr. aller folgenden Jahre zu erhalten, muß man also von dem Mittagsstand jedesmal 12′ subtrahieren. Der Unterschied dieses progressiven Sonnenstandes mit dem Radixstand gibt den ☉ Bogen.

Es wird der 1. Janr. deshalb genommen, weil ein bequemes Rechnen damit verbunden ist. Auch kann man jetzt den Tag für den Stand der progressiven Gestirne am Mittag in Greenwich bestimmen. Es sind nämlich 12′ = 2 Monate und 12 Tage = 12. März eines jeden Jahres für den Geborenen und wenn die Zeit eines progressiven Mondaspektes nach dem Mittag in Tage umgewandelt und zum 12. März addiert wird, so erhält man den Ereignistag für diesen Aspekt. Umgekehrt kann man eine unbekannte Geburtszeit mit dem Ereignistag und dem progressiven Mondaspekt bestimmen. Ich wende letztere Auffindung der unbekannten Geburtszeit mit guten Erfolgen an.

Uebersicht des progr. ☉ Standes und des ☉ Bogens.

					☉ Bogen.
Geburtssonne	6° 58′ ♒	27. Jan. 1859			
progr. ☉	7° 54′ ♒	1. Jan. 1860	=	0° 56′
„ „	8° 55′ ♒	1. Jan. 1861	=	1° 57′
„ „	18° 02′ ♒	1. Jan. 1870	=	11° 04′
„ „	28° 09′ ♒	„ 1880	=	21° 11′
„ „	8° 12′ ♓	„ 1890	=	31° 14′
„ „	18° 13′ ♓	„ 1900	=	41° 15′
„ „	28° 10′ ♓	„ 1910	=	51° 12′
„ „	29° 10′ ♓	„ 1911	=	52° 12′
„ „	0° 10′ ♈	„ 1912	=	53° 12′
„ „	1° 09′ ♈	„ 1013	=	54° 11′
„ „	2° 08′ ♈	„ 1914	=	55° 10′
„ „	3° 08′ ♈	„ 1915	=	56° 10′
„ „	4° 07′ ♈	„ 1916	=	57° 09′
„ „	5° 07′ ♈	„ 1917	=	58° 09′
„ „	6° 06′ ♈	„ 1918	=	59° 08′
„ „	7° 05′ ♈	„ 1919	=	60° 07′
„ „	8° 05′ ♈	„ 1920	=	61° 07′
„ „	17° 55′ ♈	„ 1930	=	70° 57′
„ „	27° 42′ ♈	„ 1940	=	80° 44′

Die Radixstände und deren Aspekte, sowie die Spiegelpunkte der Planeten und deren Aspekte treten durch den Meridian der Erde in Wirkung. Ferner setzt auch die progressive Sonne die Planeten und deren Spiegelbilder in Tätigkeit.

1. Beispiel: Tod des Vaters am 15. Juni 1888.

Am 1. Jan. 1890 ist der ☉ Bogen 31° 14 — 2° 00′ = 29° 14 für 1888 + 5 Monate und 15 Tage = 25′ + 3′ = 28′, zusammen = 29° 42′ ☉ Bg. und ☉ progr. 6° 40 ♓.

Nach den aufgeführten Aspekten der Gestirne ist ☊ mit 29° 17 und 30° 43′, und der ♑ mit 29° 34 und 30° 26′ fällig. Der vorg. ♅ steht im Krebspunkt, der ☋ im Wagepunkt, d. h. plötzliches Ableben eines Familienmitgliedes; denn ☊ ist Familie und jede Verbindung mit anderen Personen. ♅ und ♄ sind Familienplaneten in diesem Horoskop, weil 0° ☽ und 0° ☉, da ☽ + ☉ die Familie anzeigt.

Die progressive Sonne mit 6° 40′ läßt die ☉, den ♄, die ♀ und den ♆ wirken.

Sobald nun ein progressives Gestirn ebenfalls einen Aspekt mit den Kardinalpunkten hat, das denselben ☉ Bogen zeigt, wie in diesem Falle ♅ progr. mit 29° 41 ♉, so ist dieser der Hauptplanet, welcher auslöst.

Der laufende ♅ stand 13° 08 ♎ in □ ☿ rad. 13° 13 ♑.
Der laufende ♆ stand 0° 44 ♊ in □ ☊ rad. 0° 43 ♓.
Die laufende ☉ stand 24° 44 ♊ in ☍ ☽ vorg. 24° 06 ♐.
Der laufende ☽ stand in ☌ ☋ rad. 2° 18 ♍ am Mittag.

Wenn laufende Planeten im Abstande des ☉ Bogens von den Kardinalpunkten stehen, so wirken auch diese Planeten auf das Ereignis.

Der laufende ♃ mit 28° 37 ♏ bildete mit dem ♑ Punkte den ☉ Bogen.
Der laufende ♆ mit 0° 44 ♊ mit dem ☉ Bogen 29° 16 hatte den Abstand vom ⊗ Punkte.

2. Beispiel: Krieg 1914. 1. August — 1918, 11. November.

☉ Bogen 55° 46, ☉ progr. 2° 44 ♈ und 60° 00′, ☉ progr. 6° 58 ♈.

Der vorgeschobene Krebspunkt hatte □ ☽, △ ☿, ⊼ ♂, 5/12 ♃ Aspekte.

Der Mond mit 24° 22, ♂ mit 26° 40 und ♃ mit 26° 41 traten in Wirkung.

Die progressive ☉ mit 2° 44 ♈ berührte den ☊ und den Ascendenten, trat in Verbindung mit der ☍ ♂ 3° 20 ♎, 7/12 ♃ 18° 19 ⊗ und rollte die Spiegelpunkte der Planeten in der Reihenfolge von ☿, ♃, ♂, ☽, ♄, ♀ bis zur ☍ des ♆ 7° 03 ♎ auf. In der Folge der Radixplaneten war A, ☉ und X maßgebend.

Die Hauptplanetenstände waren demnach □ ♀ und ☍ ♂ bis ☍ ♆, die von der progr. ☉ aufgewühlt wurden.

Als Schluß des Krieges machten sich ♅ mit 59° 34, ☊ mit 60° 43 und als Spiegelpunkt ♅ mit 60° 26′ bemerkbar, sodaß ♆, ♅ und ☊ das Ende des Krieges durch den Meridian der Erde ⊗ - ♑ und durch die progr. Sonne herbeiführten.

Der laufende ♆ in ☍ ☉ radix gab den Anstoß, der laufende ♆ ☌ ♄ das Ende des Krieges, weil ♆ radix ☌ ♂ radix steht. Somit ist die Verbindung von ♂ und ♄ durch ♆ hergestellt. Da nun ☉ und ♂ den Kriegsherrn darstellt, so muß der ♆ mit ♄ radix in Verbindung treten, um ♆ und ☉, die Niederlage des Feldherrn ☉ + ♂ (im Radix ☉ ☍ ♄) zu bestätigen.

Neptun grünlich blau und Mars rötl. gelb sind durch ihre Farben Komplementärplaneten.

Nicht nur die Meridianebene der Erde ♋-♑ wirkt als Spiegelfläche, sondern auch die Aequatorialebene ♈-♎. Die Deklinationen der Radixplaneten ziehen durch die Rotation der Erde Parallelkreise zu dieser Ebene, welche von den vorgeschobenen Planeten, in derselben Breite zur Ekliptik wie in den Radixständen, geschnitten werden. Diese Parallelkreise und der Weg der vorgeschobenen Planeten gehören zum Erdhoroskop; es zeigen die Schnittpunkte das Ereignis und die Zeit in ⊙ Bogen an.

Wenn quadriertes Papier zum Auftragen der Deklinationslinien benutzt wird, so nehme man für die Deklinationen für je 1° 2 Spalten und für die Jahre je 1 Spalte nach rechtslaufend, sodaß jede senkrechte Linie mit mit dem 1. Jan. eines Jahres abschließt.

Es werden dann die ⊙ Bögen für je 10 Jahre am Fußende verzeichnet und die Deklinationen der vorgeschobenen Planeten so eingetragen, daß sie mit dem runden ⊙-Bogen in die richtigen Felder hineinkommen.

Z. B. ⊙ progr. oder vorgeschoben für den 1. Jan. 1919 = 60° 07', vom 1. Jan. 1859 sind 60 Jahre verflossen, hier deckt sich beinahe der ⊙ Bogen mit dem runden Maß von 60° 00', mit denen alle Planeten vorgeschoben werden mit der senkrechten Linie, man muß aber hier schon 1/10 des Zwischenraums zurückbleiben, da der Bogen bis 1. Jan. 60° 07' beträgt. Der Unterschied kann aber bis zu 3° werden und werden bei falschen Eintragungen der vorgeschobenen Deklinationen die Schnittpunkte in eine falsche Zeit hineinkommen. Mit Hilfe einer graphischen Tafel für die Berechnung der vorgeschobenen Deklinationen kann man in 2 Stunden schon eine Uebersicht aller Schnittpunkte herstellen. Diese Uebersicht und die unten ausgeführte geben genügend Anhaltspunkte fürs ganze Leben. Die Auslösung erfolgt durch die Deklinationen der laufenden Planeten. (Tafeln à 1,50 Mk. können von mir, Hamburg 23, bezogen werden.)

Bei Geburten im März oder November würden Jahre und Sonnenbogen dieselbe Anzahl von Graden aufweisen, im Juni und Juli verliert die laufende Sonne schon mit je 10 Jahren ungefähr 26', darum muß bei Feststellung der Zeit der Sonnenbogen benutzt werden.

Aus der Reihenfolge der Aspekte der Radixplaneten und der Aspekte der Spiegelpunkte geht hervor, daß immer diejenigen Planeten zusammen das Ereignis angeben, die in annähernd denselben Graden stehen. So würden ♌ mit 0° 43' und ♋ mit 0° 26' zusammen alle 15 Jahre wirken, also im 1., im 16., im 31., im 61. usw., wenn die Sonnenbogen sich mit den Jahresbögen decken würden. Der Jahresbogen ist die übliche Rechenweise 1° = 1 Jahr.

Es wirkten bei der Heirat mit dem ⊙ Bogen 22° 22', ⊙ 21° 58', X 22° 15', ♆ 22° 57' und in den Spiegelpunkten ebenfalls ♆ 22° 03', X 22° 45' und ⊙ 23° 02'.

⊙ + ♂ ist der Gatte, so müssen also die beigesellten Planeten ♄ und ♆ die Partnerin mit ☽ geben. Der sensitive Punkt ⊙ + ♂ (Gatte) oder auch ♈: ♂ + ⊙ zeigt, das VII. Haus der Erde auf die ⊙ gesetzt, den neuen ♂-Stand an in Verbindung mit ⊙ und ist 4° 38' ♒ in ☌ mit dem laufenden ♂ 3° 10' ♒. Der sensitive Punkt ⊙ + ♂ — X. zeigt die eigene Person als Gatten und ist der Punkt ebensoviele Grade von der

Hälfte der Summe von ☉ und ♂ entfernt wie das X. Haus von der Hälfte.

☉ + ♂ — X. = 27° 23′ ♈ in ♂ mit ♄ 25° 42′ ♈ und ♂ ♀ 25°27′ ♈ laufend. Es kommen noch die Punkte ☉ + ♂ + ☽ und ☉ + ♂ + ♀, ☉ + ♂ — ☽ und ☉ + ♂ — ♀ in Betracht, die von den laufenden Planeten ausgelöst wurden.

Es sollen vorläufig die wiederkehrenden Ereignisse, modifiziert durch die laufenden Planeten, geschildert werden.

Stehen die Radixplaneten in scharfen Aspekten zu einander, so wirken sie im Zusammenhang. So wirken hier ☊ und ☋, ♂ und ♃, ☉ und X, ☽ und ♄ eng zusammen.

Bei Horoskopen, in denen die Planeten in ihren Aspekten mehr gehäuft stehen, wird man ohne weiteres die rhythmische Wiederkehr der Ereignisse erkennen.

Ist ein Planet in der Reihenfolge von zwei andern eingeschlossen, so wirken beide auf den mittleren ein, hier steht ♀ zwischen ♅ und ♄, ☽ zwischen ♂ und ♄. Die beiden Planeten ♂ und ♄ gaben bei der Hochzeit der Tochter dieses Ereignis an, Auslösung durch ☉ lfd. ☌ ♂/♄.

(Fortsetzung folgt.)

Für diejenigen Leser, die das Horoskop des Prinzen Joachim von Preussen, des jüngsten Sohnes des Exkaisers in ihre Untersuchungen einbeziehen wollen, gebe ich hier das Geburtsdatum bekannt:

17. 12. 1890 um 20 Uhr 45 Min. in Berlin.

Selbstmord durch einen Revolverschuss ins Herz am Morgen des 18. Juli 1920. Der Prinz soll schwer neurasthenisch gewesen sein, seitdem seine Frau ihn verlassen hatte und ein gerichtliches Verfahren zwecks Aufhebung der Ehe eingeleitet worden war.

Die Auswertung des Erdhoroskops und die Auslösung seiner sensitiven Punkte.

Von *A. Witte, Hamburg.*

Wie schon erwähnt, sind die Meridianebene ♋—♑ und die Äquatorebene Spiegelflächen des Erdhoroskops, diese beiden lassen 7 Spiegelpunkte eines Planetenstandes in Erscheinung treten, sodaß jeder Planet 8 mal vertreten ist.

Die Linien oder Parallelkreise zum Äquator, die durch die Deklinationen und durch die Rotation der Erde entstehen, werden zweckmäßig nur in einem Quadranten gezeichnet.

Die Spiegelpunkte in Länge müssen alle, oder doch mindestens einer bestimmt werden, denn der eine Punkt eines Planetenstandes liegt in seiner Opposition, während der andere um demselben Abstand in Länge vom ♋-Punkte entfernt ist wie der Radixplanet.

Tritt nun ein vorgeschobener, ein progressiver oder ein laufender Planet in einen dieser Spiegelpunkte, so ist der Meridian der Erde eingeschlossen von dem Radixplaneten und mit einem von den genannten. Auch Aspekte genügen schon, um den Planeten in Tätigkeit zu setzen.

Die Spiegelpunkte zum Erdmeridian, welche schon erwähnt, sind:

☉ 23° 02 ♏,	♀ 6° 08 ♑,	♄ 20° 57 ♉,	☊ 29° 17 ♎,
☽ 5° 38 ♒,	♂ 3° 20 ♎,	♅ 0° 26 ♌,	X 22° 45 ♐,
☿ 16° 47 ♐,	♃ 18° 19 ♋,	♆ 7° 03 ♎,	A 10° 35 ♍.

Das Erste, was wieder in Betracht gezogen werden muß, ist der Gravitationspunkt der Erde, die progressive Sonne oder richtiger die fortschreitende Erde in den Tagen nach der Geburt.

☉ pr. 6° 40 ♓. Tod des Vaters in Verbindung mit ☽, ♀ und ♆; ☉ r. und Xr.
☉ pr. 19° 50 ♓. Tod der Mutter „ „ „ ⚺ ☽ und ✱ ♄, △ ♃ = □ ♃/♄.

Die beiden Attentate auf den Kaiser fallen in dieselbe Zeit. ☉ pr. 2° 44 ♈ Ausbruch des Krieges, ☉ pr. 6° 58 ♈ Ende des Krieges, sodaß dieser ganz deutlich durch ☍ ♂, ☍ ♆, ✱ ☽ und □ ♀ gekennzeichnet ist.

Die vorgeschobenen Planeten beim Tode Bismarcks sind: ☉ 16° 49 ♓, □ ☿, ☿ v. □ ☉, ♂ v. □ ☽, ♀ v. △ ♂, ♃ v. ✱ ♃, ☽ v. □ ♂.

Beim Tode des Vaters war ♂ progr. 18° 28 ♈ □ ♃ und ♀ 20° 00 ♑ ☍ ♃. Das Mittel aus beiden 19° 14 hatte eine □ zum Ascendenten radix. Beim Tode der Mutter war ♀ progr. 3° 49 ♒ ☌ ☽, □ ♅, ♂ progr. 28° 2 ♈ ☌ ☊. Beim Ausbruch des Krieges war ☉ progr. ☍ ♂, ☽ progr. ✱ ♆, ☿ progr. △ ☿, □ ♃, ♀ progr. ⚻ ♃, ♂ progr. □ ☽, □ ☉ rad,. ♄ progr. ☍ ☽, ♅ progr. ✱ ♅.

Bei Ereignissen in der Familie und mit befreundeten Personen achte man hauptsächlich auf die progressiven Planetenstände des eigenen Horoskops im Zusammenhang mit den Radixgestirnen des Horoskopes der andern Person und auf die progressiven Gestirne der andern Person zu den eigenen Radixständen und deren Spiegelpunkten.

Z. B. waren die progressiven Gestirne des Prinzen Joachim am 18. Juli 1920, ☉ 26° 01 ♑. ✱ ♂ rad. K. W. ☽ progr. □ ☿ rad. ☿ progr.

□ Ascendent K. W. ♂ progr. □ ♆ rad., □ X. Spiegelpunkt K. W. ♃ progr. □ ☿ Spiegelp. ♅ □ ♅ Spg. ☊ progr. ☌ ♃ rad. K. W. und andererseits:

♆ progr. des Kaisers. □ ☉ radix des Prinzen Joachim, ♅ progr. □ ♂ rad. J. ♂ progr. □ ♃ rad. ♂, progr. ✱ ☽, △ ☿ rad. ♀ progr. ✱ ☉ rad. ☿ progr. □ ☉ progr. Joachims.

Die progressiven Gestirne des Prinzen Joachim zum Radix der Kaiserin: ☉ □ ☉ und ☽, ☽ □ ♂, ♀ ☌ ♀, ♂ ☌ ♆, ☊ □ ♀. Ascendent □ ♆.

Ich finde immer wieder obige Regel bestätigt.

Im vorliegenden Horoskop sind männliche Personen durch ☉ und ♄ angezeigt, da ♄ ☍ ☉. Für das Ereignis muß noch das Ehehoroskop hinzugezogen werden, weil dieses die Ereignisse in der Familie anzeigt. Da nun ♄ und ☉ laufend die männliche Person geben, so müssen beide mit dem Ehehoroskop in Verbindung stehen, um die Auslösung zu geben.

Es war ♄ laufend 9° 26 ♍ ☍ ☉ 9° 04 ♓ des Ehehoroskops, und ☉ laufend 25° 56 ♋ □ ♄ desselben Horoskops und ♆ laufend, ☊ laufend □ ♆. ☽ laufend ☌ ♅ ☍ ☉ der Ehe.

Das Erdhoroskop gibt im allgemeinen Verbindung mit andern Personen an; bei Herrschern zeigt es auch das eigene Reich und die Nachbarstaaten, sowie sonstige Ereignisse, die mit dem Reiche zusammenhängen.

Um die Meridianpunkte der Erde ♋ und ♑ mit den Planeten in Verbindung zu bringen, wird die halbe Summe, $\left(\frac{\text{♑} + \text{Planet}}{2}\right)$ als Spiegelebene genommen und die Spiegelpunkte der andern Planeten festgestellt. Dadurch ist der Erdkörper mit einem Planeten und dessen Wirkung vereinigt. Seine Beziehung zum andern Planeten gibt dann der Spiegelpunkt.

Es ist ♑ + ☉ = □ ☉r, $\frac{\text{♑} + \text{☉}}{2} = 18° 29$ ♑, die Spiegelebene vom Erdkörper und dem Körper des Geborenen oder auch Körper männlicher Personen. Diese halben Summen von ♑ und Planeten sind sensitive Punkte.

♑ + ☉ — X gibt den Punkt an, der den gleichen Abstand von der Spiegelebene $\frac{+ \text{☉}}{2}$ hat, wie das X. Haus von dieser, er bedeutet die eigene körperliche Verbindung mit der Erde und ihren Bewohnern.

Der Planet, der als Spiegelpunkt genommen wird, ist immer der neue Gravitationspunkt, welcher eine Aussage geben soll. Er wird immer von der Summe zweier Planeten subtrahiert. Die Aequinoktialpunkte sowie das X. Haus und der Aszendent werden als Planeten behandelt.

Der Unterschied der Punkte ♑ + ☉ — X und ♑ + X — ☉ ist der, daß der erste Punkt Auskunft über die eigene Person oder das X. Haus, der zweite Punkt aber Auskunft über die ☉, d. h. über den eigenen Körper erteilt. Er kann auch die eigene Beziehung zum Vater oder zu andern männlichen Personen geben. ♑ + ☉ — X = 29° 43 ♑, ♑ + X — ☉ = 0° 17 ♐, ♆ lfd. 0° 44 ♊. Tod des Vaters, ♀ lfd. 29° 58 ♋ Tod des Sohnes Joachim, ♂ lfd. 29° 10 ♋ und ☊ lfd. 0° 37 ♐. Geburt des Prinzen Wilhelm.

Zeichnet man sich alle Planetenstände auf und legt auf das Papier eine Gradscheibe, die um ihren Mittelpunkt drehbar ist, so liegt immer der Planet des Papiers mit dem ♈-Punkt zusammen, welcher von zwei Planeten subtrahiert ist, hier ♈ + Planet.

Werden die Radixstände in rot, die Spiegelpunkte zum Meridian der Erde in grün eingetragen, so kann man den ♈ der Scheibe mit einem Planeten zusammen bringen. Es ist dann der Planet (grün) mit dem ♈ addiert und alle andern grünen Planeten sind dann von dieser Summe subtrahiert. Die roten Planeten sind dann noch zu dieser Summe mit ♈ + grün addiert. Es wäre z. B. ♈ + ☉ − ♅ = 7°24 ♍, ♈ + ☉ + ♅ = 6°32 ⊗.

Sonne und Uranus geben bei Herrschern im Erdhoroskop Kriegserklärungen, bei sonstigen Personen Schlaganfälle.

Im Jahre 1914 stand der lfd. ☊ 8°57 ♓ beim Tode Franz Ferdinands am 28. Juni und 7°08 ♓ am 1. Aug., die laufende ☉ 5°50 ⊗ beim Tode des Erzherzogs.

Wenn man in der Zeichnung nacheinander alle Planeten auf den ♈ setzt, oder die Scheibe so dreht, daß die Planeten mit dem ♈-Punkt zusammenfallen, so gibt jeder Planet mit seinen Abständen in Länge zu den andern Planeten Auskunft über seine Eigenschaft, über das Zeichen, in welchem er sich im Radixstand befindet und über das Haus des Geburtsmeridians, in welchem er steht. Man beachte dann den Bogen bis zu dem Planeten, mit welchem er Verbindung hat. Der Stand der laufenden Planeten zum Erdmeridian löst die neuen Stände aus.

Z. B. im vorliegenden Horoskop. ☉ auf ♈ gesetzt, ☉ rad. im ♒ im V. Haus der Erde, im XI. Haus des Geburtsmeridians gibt Auskunft über männliche Kinder, männliche Freunde, ☉ im Zeichen des ♃, ♃ im IX. Haus der Erde und im III. der Geburt weitere Auskunft über lange Reisen, über Kolonien und über Nachbarn und deren Schriftwechsel.

♃ auf ♈, ♃ im IX. Haus der Erde im Zeichen der ♀, im III. der Geburt, und ♀ im III. Erdhause, im Zeichen des ♅ und im IX. der Geburt, gibt Auskunft über lange und kurze Reisen, über Kolonien und über Briefe.

♅ auf ♈, ♅ im VIII. Erdhause, im Zeichen des ☽, im II. der Geburt und ☽ im II. Erdhause, im Zeichen des ♆, im VIII. Hause der Geburt gibt Auskunft über Todesfälle, Erbschaften, feindliche Völker und Revolutionen.

IV auf ♈, IV. im X. Erdhause, im Zeichen des ☿ und ☿ im IV. Erdhause im Zeichen des ♄, ♄ im XI. Erdhause, im Zeichen der ☉ und ☉ ☍ ♄ rad., zeigt die eigene Person als Herrscher, da ☿ ☌ X radix, es gibt ferner Auskunft über eigene Angelegenheiten und psychische Erlebnisse.

A auf ♎, da ☍ ♎ das I. Haus der Erde, gibt Auskunft über neue Verbindungen, über Trennungen und Todesfälle.

☽ auf ⊗, da der Mond gleichbedeutend mit dem Geburtsort; denn der Mond hat dieselbe Drehung um die Erdachse wie der Geburtsort, und ein synodischer Mondlauf gleichgerechnet einer Rotation des Geburtsortes ist ein Jahr.

☽ auf ♋ gibt Auskunft über Frauen und über das Volk bei Herrschern, in Horoskopen von weiblichen Personen über weibliche Angelegenheiten.

Untenstehend sind einige sensitive Punkte des Erdhoroskops aufgeführt. Der Planet, welcher auf ♑ gesetzt ist, wird von der Summe subtrahiert, oder es werden die Grade, die an 30° fehlen, zum Radixplanetenstand des Auskunltsplaneten zu allen andern Ständen addiert und die Zeichen dafür auf der Scheibe abgelesen.

	☉ auf ♑	☽ auf ♋	♄ auf ♑	♅ auf ♑	X auf ♑	A auf ♎	☊ auf ♎
☉	0° 00 ♑	12° 36 ♍	27° 55 ♊	7° 24 ♍	29° 43 ♋	17° 33 ♋	6° 15 ♍
☽	17° 24 ♎	0° 00 ♋	15° 19 ♈	24° 48 ♊	17° 07 ♉	4° 57 ♉	23° 39 ♊
☿	6° 15 ♐	18° 51 ♌	4° 10 ♊	13° 39 ♌	5° 58 ♋	23° 48 ♊	12° 30 ♌
♀	16° 54 ♏	29° 30 ♋	14° 49 ♉	24° 18 ♋	16° 37 ♊	4° 27 ♊	23° 09 ♋
♂	19° 42 ♒	2° 18 ♏	17° 37 ♌	27°.06 ♎	19° 25 ♍	7° 15 ♍	25° 57 ♎
♃	4° 43 ♉	17° 19 ♑	2° 38 ♏	12° 07 ♑	4° 26 ♐	22° 16 ♏	10° 58 ♑
♄	2° 05 ♋	14°·41 ♓	0° 00 ♑	9° 29 ♓	1° 48 ♒	19° 38 ♑	8° 20 ♓
♅	22° 36 ♈	5° 12 ♑	20° 31 ♎	0° 00 ♑	22° 19 ♏	10° 09 ♏	28° 51 ♐
♆	15° 59 ♒	28° 35 ♎	13° 54 ♌	23° 23 ♎	15° 42 ♍	3° 32 ♍	22° 14 ♎
☊	23° 45 ♑	6° 21 ♎	21° 40 ♋	1° 09 ♎	23° 28 ♌	11° 18 ♌	0° 00 ♎
X	0° 17 ♐	12° 53 ♌	28° 12 ♉	7° 41 ♌	0° 00 ♑	17° 50 ♊	6° 32 ♌
A	12° 27 ♓	25° 03 ♏	10° 28 ♍	19° 51 ♏	12° 10 ♎	0° 00 ♑	18° 42 ♏
♑	23° 02 ♏	5° 30 ♌	20° 57 ♉	0° 26 ♌	22° 45 ♊	10° 35 ♊	29° 17 ♋

Die wagerechte Reihe eines Planeten gibt die Spiegelpunkte zum Erdmeridian der senkrechten Kolonne derselben Planeten.

Der Bogen zweier Planeten zum ♑-Punkt addiert, gibt den sensitiven Punkt. Der ☉-Bogen des Geborenen und die progr. ☉ setzt diese Punkte und Planeten in Tätigkeit.

Die Familienplaneten sind ☉ und ☽, hier in ☍ zu ♄. und ♅; ☉ : ♅ gibt also die Verbindung der männlichen mit einer weiblichen Person, daher wird der Bogen ☉ : ♅ + ♑ ausgelöst durch den ☉-Bogen 22° 22′ bei der Vermählung, und der sensitive Punkt ♑ + ♅ − ☉ 22° 36 ♈ zeigt diesen ☉-Bogen. Außerdem ist noch der Bogen ☉ : ☊ + ♑ 23° 45 ♑ bei der Geburt des ehemaligen Kronprinzen fällig.

Der laufende ♄ mit 25° 42 ♈ löste den Punkt ☉ : ♅ + ♑ aus; die laufende ☉ mit 9° 04 ♓ löste den Punkt ☽ : ♄ + ♑ aus; der laufende ♃ mit 20° 05 ♈ löste den Punkt ☉ : ☽ + ♑ aus; der laufende ♅ mit 11° 51 ♏ löste den Punkt ☽ : ☉ + ♑ aus.

Die progressive ☉ mit 29° 20 ♒ setzte das X. Haus in Tätigkeit. Die beigesellten Planeten zu ☉ und ☽ kommen ebenfalls in Betracht, so ist ♄ : ♅ + ♑ 20° 31 ♎ ☍ ♃ lfd. und ♅ : ♄ + ♑ = 9° 29 ♓ ☌ ☉ laufend.

☉r ☍ ♄r, daher ♄ der Mann, ☉ + ♂ ist der Gatte, deshalb ist hier auch ♄ + ♂ der Gatte, und der Gatte der Frau ist ♄ + ♂ − ☽ = 11° 21 ♐. ☍ ♃r 11° 40 ♊ und □ ♅ laufend 11° 51 ♍, somit ist die Verbindung von ☉, ♃ und ♅ gerechtfertigt. Siehe auch Hochzeit der Tochter ♄ + ♂ − ♅ = 6° 09 ♊, ☌ ♄ lfd. 6° 53 ♊, ♄ + ♂ − ☽ 11° 41 ♊, △ ♂ lfd. 12° 28 ♈, ☉ lfd. ☌ ♂/♄ radix und ♅ lfd. ☌ ☉ radix.

Der ☉-Bogen beginnt mit der Geburt bei 0° ♑ und 0° ♋ im Erdhoroskop und steigt nach beiden Seiten aufwärts vom ♑-Punkt und fällt hinab vom ♋-Punkt ebenfalls nach beiden Seiten der Ekliptik. Er setzt die Planeten in Tätigkeit, die denselben Bogen voneinander oder mit demselben in Aspekten zu einander stehen, also 90° + ☉-Bg. und 180° + ☉-Bg., 90° − ☉-Bg. und 180° − ☉-Bg.

Wenn zwei Planeten einen Bogen bilden, der so groß ist, wie der Bogen vom ♑ oder ♋-Punkt, oder auch von den beiden Aequinoktialpunkten ♈ und ♎ bis zur progressiven ☉, so werden beide Planeten in Tätigkeit gesetzt, also ♆ : ♅ = ♑ : ☉ progr.

Beim Tode des Vaters ☉-Bg. 29° 42 wurde der Bogen IV : ☉ + ♑, ☊ : ♑ und ♅ : ♑ in Tätigkeit gebracht. Die progr. ☉ mit 6° 40 ♓ setzte die Bogen ♆ : ♅ + ♑ = 6° 37 ♓, ☊ : ☉ + ♑ 6° 15 ♓, ☉ : ☿ + ♑ 6° 15 ♐ und ♀ : ☊ + ♑ 6° 51 ♓ in Schwingung. Die laufende ☉ mit 24° 44 ♊ löste den Punkt ♅ : ☽ + ♑ und den Punkt ☉ + ♂ − ♄ aus. Der Punkt A + ♂ − ♄ wurde von der progr. ☉ bestätigt.

Die Stände der laufenden Planeten zum Erdmeridian ♋ − ♑ löst alle sensitiven Punkte des Erdhoroskops aus, andererseits lösen auch die laufenden Planeten die selbständigen Planetenbilder der einzelnen Planeten des Radixhoroskopes aus.

Der Lauf der Erde um die Sonne läßt scheinbar die Sonne sich in der Ekliptik fortbewegen. Diese verschiedenen Stellungen der Sonne in der Erdbahn sind nun für das Erdhoroskop Gravitationspunkte des Erdmeridians. Jede Stelle der Ekliptik kann also Gravitationspunkt sein, und dieses ist der Fall für die Radixsonnenstände aller Menschen.

Es ist dann der Bogen ♑ bis ☉ Radix der Bogen, den die Sonne vom 22. Dezember an zurückgelegt hat, also muß schon dieser Bogen Unterschiede der Menschen angeben oder mit andern Worten: der Sonnenstand in den verschiedenen Zeichen wirkt verschiedenartig, da der Stand zur Meridianebene und die Deklination in Betracht kommt.

Für die nördliche Halbkugel sind die Zeichen ♈ bis ♍ Tageszeichen, für die südliche die Zeichen ♎ bis ♓, so ist für den Erdmeridian der Stand der Sonne in den Zwillingen mit 12—2 Uhr nachmittags, ihr Stand im ♒ von 1—15° mit 9—10 Uhr abends usw., der progressive Stand der Sonne im Widder mit 5—6 Uhr abends gleichbedeutend.

Der Stand der Sonne in 0° ♑ ist dann der Mitternachtsstunde gleichzusetzen. Danach hätte auch jeder Radixplanet seine bestimmte Minute, wenn die Planeten als Differenzierungen der Sonne betrachtet werden, und mit Recht, denn heliozentrisch vereinigt die Sonne in ihrem Mittelpunkt die Strahlungen aller Planeten und wäre z. B. der Jupiterstand der Vertreter der Kugelzone des Jupiters in der Sonne. Das ganze Planetensystem wird in dem magnetischen Sonnenkörper ein gleichartiges Bild in verkleinerter Form darstellen.

Der Stand des Jupiter mit 11° 41 ♊ würde mit der Breite als Rektaszension ungefähr den Zeitpunkt 1 Stunde und 13 Minuten nach dem Mittag angeben. Die Planeten in den Zeichen Krebs bis Schütze würden in umgekehrter Reihenfolge die Zeit von Mitternacht bis Mittag und die Zeichen Zwillinge rückwärts bis Steinbock die Zeit vom Mittag bis Mitternacht besetzen. Man könnte hieraus auf individuelle Planetenstunden schließen. Die Sonne würde wieder den Sonnenbogen von der Radixsonne bis zur progressiven beherrschen, also von 5 Uhr bis 10 Uhr abends, ☉ progr. bis ☉ radix.

Statt der Minute für den Radixstand eines Planeten wird die Zeit der Wirkung aber vergrößert durch den vorgeschobenen Stand derselben Planeten, und zwar wird sie mit jedem Jahre um 4 Minuten früher einsetzen, vom vorgeschobenen Stand nämlich bis rückwärts zum Radixstand.

Ueber die Stunden und Minuten der Herrschaft dieser Planetenstände habe ich noch keine Untersuchungen angestellt, wohl aber über Tage und Jahre der ☉-Bogen der Planeten.

Da der Kreisbogen der Ekliptik nicht nur Stunden oder einen Tag, sondern auch ein Jahr angibt, so kann der ☉-Bogen eines Planeten, Radixstellung bis vorgeschobener Stand, auch Tage des Jahres angeben und er zeigt sogar auch Jahre durch den Übergang eines langsam laufenden Planeten an.

So war z. B. ♄ r 9⁰ 03 ♌ auf ♑ gesetzt (☉-Stand radix 6⁰ 58 ♒, ☉-Stand progr. 6⁰ 58 ♈) der Stand der ☉ 27⁰ 55 ♊ bis 27⁰ 55 ♌, d. h. also, wenn ♄ die Erde beherrscht, so ist der ☉-Bogen der Sonne in diesen Graden und Zeichen zu finden, und er wurde vom ♄ durchlaufen vom Tage des Kriegsbeginnes bis Kriegsende 27⁰ 43 ♊ bis 27⁰ 31 ♌.

Für Deutschland war also ♄ der Beherrscher des Krieges und ♄ ☍ ☉ radix des Kaisers zeigt diesen tatsächlich als Obersten Kriegsherrn, denn der Herr des X. Hauses ist ebenfalls ♄, Xr = 7⁰ 15 ♑.

Die schneller laufenden Planeten zeigen durch ihren Uebergang über den Sonnenbogen die Dauer des Ereignisses in Tagen an; so zeigen ♀ und ♂ laufend Liebesperioden an und bei einzelnen Heerführern wird der ♂ über ihren ☉-Bogen die Kampfesdauer angezeigt haben in verschiedenen Kampfesperioden.

Betrachtet man jetzt jeden Planeten in seiner Zusammengestirnung mit den andern Planeten, so weist er starke und schwache Aspekte mit jenen auf. Starke Aspekte sind die Teilung des Kreises in 2, 3, 4, 6 und 8 Teile, schwache sind alle andern Winkel des betreffenden Planeten mit den andern. Der 5teilige Aspekt hat eine mittlere Wirkung.

Jeder Längenkreis, der die Ekliptik rechtwinklig schneidet und in welchem ein Planet steht, wirkt nun als Spiegelebene. Der Spiegelpunkt eines Planeten steht in demselben Abstand rückwärts gerechnet vom Hauptplaneten und werden diese sensitiven Punkte wie folgt gerechnet: z. B. sei ☉ der Hauptplanet, so ist ☉ + ☉ − ☽ der Spiegelpunkt des Mondes zur Sonne und ☉ + ☉ − ♂ der Spiegelpunkt des Mars zur Sonne.

Man findet die Stellungen aller Spiegelpunkte leicht, wenn die Grade der ☉ als Spiegelpunkt um so viele Grade vermehrt werden bis zu den Graden der Radixsonne, denn es soll sich die ☉ radix mit dem Spiegelpunkt der Sonne zum ♑ decken. Es wird also zu allen Spiegelpunkten der Planeten zum ♑ 6⁰ 58 + 6⁰ 58, also 13⁰ 56 addiert und das Zeichen für die Punkte bei den Spiegelpunkten zum ♑ abgelesen, wenn sich der Spiegelpunkt der ☉ mit dem Stand der ☉ radix 6⁰ 58 ♒ auf der Gradscheibe deckt. Es stehen dann alle grünen Planetenstände im umgekehrten Abstand von der ☉ (grün) wie die Radixplaneten von der Radixsonne. Die ☉ ist der Ausgangspunkt, auf der einen Seite stehen die Radixplaneten und auf der andern die Spiegelpunkte dieser zur Sonne.

Da die Radixstände bekannt, so werden nur die Spiegelpunkte zu den Planeten aufgeführt.

Spiegelpunkte

	zur ☉	zum ☽	zum ♂	zum ♄	zum ♅	zum X	zum A
☉	6° 58 ♒	11° 46 ♍	16° 22 ♉	11° 08 ♒	22° 10 ♍	7° 32 ♐	1° 52 ♋
☽	19° 34 ♈	24° 22 ♏	28° 58 ♋	23° 44 ♈	4° 46 ♐	20° 08 ♒	14° 28 ♍
☿	0° 43 ♓	5° 31 ♎	10° 07 ♊	4° 53 ♓	15° 55 ♎	1° 17 ♑	25° 37 ♋
♀	20° 04 ♓	24° 52 ♎	29° 28 ♊	24° 14 ♓	5° 16 ♏	20° 38 ♑	14° 58 ♌
♂	17° 16 ♐	22° 04 ♋	26° 40 ♓	21° 26 ♐	2° 28 ♌	17° 50 ♎	12° 10 ♉
♃	2° 15 ♎	7° 03 ♉	11° 39 ♑	6° 25 ♎	17° 27 ♉	2° 49 ♌	27° 09 ♒
♄	4° 53 ♌	9° 41 ♓	14° 17 ♏	9° 03 ♌	20° 05 ♓	5° 27 ♊	29° 47 ♐
♅	14° 22 ♎	19° 10 ♉	23° 46 ♑	18° 32 ♎	29° 34 ♉	14° 56 ♌	9° 16 ♓
♆	20° 59 ♐	25° 47 ♋	0° 23 ♈	25° 09 ♐	6° 11 ♌	21° 33 ♎	15° 53 ♉
☊	13° 13 ♑	18° 01 ♌	22° 37 ♈	17° 23 ♑	28° 35 ♌	13° 47 ♏	8° 07 ♊
X	6° 41 ♓	11° 29 ♎	16° 05 ♊	10° 51 ♓	21° 53 ♎	7° 15 ♑	1° 35 ♌
A	24° 31 ♏	29° 19 ♊	3° 05 ♓	28° 41 ♏	9° 43 ♋	25° 05 ♍	19° 25 ♈
♑	13° 56 ♓	18° 44 ♎	23° 20 ♊	18° 06 ♓	29° 08 ♎	14° 30 ♑	8° 50 ♌

Man achte zuerst wieder auf die Familienplaneten ♄ und ♅, da in ☍ von ☉ und ☽ radix. Bei der Vermählung hatte der laufende ♅ denselben Abstand in Länge vom Radixmond wie die Radixsonne von diesem.

♅ laufend 11° 51 ♍. Die Sonne laufend hatte denselben Abstand wie der ♄ vom Mond. ☉ laufend 9° 04 ♓ am Mittag. Die progr. ☉ 29° 20 ♒ stand in □ zum ♅ radix. Der laufende ♄ 25° 42 ♈ stand in □ zum ♆ und zur ♀ als Spiegelpunkte zum Mond.

Beim Tode der Mutter stand die ☉ progr. 19° 50 ♓; sie hatte denselben Abstand von der ☉ rad. wie die ♀ rad. 20° 04 ♓. Der laufende Mond 18° 08 ♈ war in ☌ mit dem Spiegelpunkt ☽ der ☉ und in □ mit dem Sppkt. ♅ der ♀ und in ☍ des Sppkt. ♅ zum ♄. Der ☿ stand 23° 22 ♋ in □ zum Sppkt. ☽ zum ♄. Der ♃ laufend 4° 13 ♑ in ☌ Sppkt. ♃ zum ♆ usw.

Beim Tode des Vaters ☉-Bogen 29° 42, ☉ pr. 6° 40 ♓ war sie ☌ X als Sppkt. zur ☉ radix, der laufende ♄ 4° 17 ♌ war in ☌ ♄ Sppkt. zur ☉ r., der laufende ♅ 13° 08 ♎ in ☌ ♅ Sppkt. zur ☉ r., der laufende ♆ 0° 44 ♊ □ ☿ Sppkt. z. ☉ und □ ☊ radix, ♅ lfd. ☍ ☿ rad., der laufende ☊ 2° 26 ♌. ☌ Sppkt. ♂ zum ♅ rad., ♃ laufend 28° 37 ♏. ☌ A Sppkt. zum ♄ rad. ♀ laufend ☍ Sppkt. ♂ zur ☉ rad. und ☉ lfd. ☍ ♀ radix.

Obige Beweise müßten genügen, um die Richtigkeit der Theorie der Spiegelpunkte und der sensitiven Punkte zu bestätigen.

Nicht nur die aufgeführten Spiegelpunkte, sondern auch die zu allen noch fehlenden Planeten wirken, hauptsächlich der ☊, da er Verbindungen und Trennungen angibt, wie der Aszendent. Die Spiegelpunkte zum ♑ müßten zuerst aufgeführt werden als grundlegend für das ganze System.

Wird jeder Planet des Radix im Zusammenhang mit den andern Planeten auf den ♑-Punkt gesetzt, so ist der ausgelöste Planet die Summe des Gravitationsplaneten, welche auf dem ♑ steht und des laufenden Planeten

Z. B.: ☉ rad. + ♆ lfd. = 7° 42 ♋ = IV. Haus rad. 7° 15 ♋ Tod des Vaters.
☽ rad. + ☉ lfd. = 6° 24 ♋ = IV. Haus rad. 7° 15 ♋ Tod der Mutter.
☽ rad. + ♅ lfd. = 7° 22 ♏ = □ ☉ rad. 6° 58 ♌ Tod der Mutter.

Nun können aber auch die Summen der Radixplaneten von laufenden Planeten ausgelöst werden. Die Summen werden nicht vom Widderpunkt gerechnet, sondern vom ♑-Punkte, vom Meridian der Erde. Es muß also immer 90° addiert werden.

So ist ☉ rad. + ☽ rad. = 1° 21 ♑ und nicht 1° 21 ♎, beim Tode der Mutter ☍ ♆ lfd. 0° 32 ♋, ☽ + ☽ rad. ☍ ☽ lfd. ☽ + ♄ = 3° 25 ♋ ☌ ♆ lfd.

Um alle diese sensitiven Punkte zu erhalten, wird immer der ♑ im Zusammenhang mit den Radixplaneten auf den jeweiligen Planeten gesetzt, also ♑ : ☉ + ☽ oder ☉ + ☽ − 270° oder auch ☉ + ☽ + 90°.

Dieses System hat den Vorteil, daß man immer nur mit zwei Planeten im Zusammenhang mit dem Erdmeridian zu rechnen hat.

Es ist ♀ + ♂ Geschlechtsliebe, oder auch Mutter und Vater, die Grundlage des Ehelebens. Im vorliegenden Horoskop 20° 32 ♓ ☌ ☉ progr. Tod der Mutter. ♀ + ☉ ist liebender Mann, da aber ☉ ☍ ♄, so ist auch ♀ + ♄ dasselbe in diesem Horoskop = 2° 55 ♌ ☍ ♂ lfd. 3° 10 ♒ bei der Vermählung. ♀ + ☽ ist liebende Frau, da ☽ ☍ ♅, so ist auch ♀ + ♅ dasselbe = 23° 26 ♉ ☌ ☿ lfd. Hochzeit der Tochter.

Einige sensitive Punkte im Zusammenhang mit der Gravitationsebene der Erde ♋ − ♑ sollen hier gegeben werden.

Auslösen kann der Sonnenbogen und die progressive Sonne, ferner können die laufenden Planeten auslösen.

	♑ auf ☉	♑ auf ☽	♑ auf ♄	♑ auf ♅	♑ auf IV	♎ auf A	♎ auf ☊
☉	13° 56 ♓	1° 20 ♑	16° 01 ♍	6° 32 ♋	14° 13 ♌	26° 23 ♌	7° 41 ♋
☽	1° 20 ♑	18° 44 ♎	3° 25 ♋	23° 56 ♈	1° 37 ♊	13° 47 ♊	25° 05 ♈
☿	20° 11 ♒	7° 35 ♐	22° 16 ♌	12° 47 ♊	20° 28 ♋	2° 38 ♌	12° 56 ♊
♀	0° 50 ♒	18° 24 ♏	2° 55 ♌	23° 26 ♉	1° 07 ♋	13° 17 ♋	24° 35 ♉
♂	3° 38 ♉	21° 02 ♒	5° 43 ♏	26° 14 ♌	3° 55 ♎	16° 05 ♎	27° 23 ♌
♃	18° 39 ♋	6° 01 ♉	20° 44 ♑	11° 15 ♏	18° 56 ♐	1° 05 ♑	12° 24 ♏
♄	16° 01 ♍	3° 25 ♋	18° 06 ♓	8° 37 ♑	16° 18 ♒	28° 28 ♒	9° 46 ♑
♅	6° 32 ♋	23° 56 ♈	8° 37 ♑	29° 8 ♎	6° 49 ♐	18° 59 ♐	0° 17 ♏
♆	29° 55 ♈	17° 19 ♒	2° 00 ♏	22° 31 ♌	0° 12 ♎	12° 22 ♎	23° 40 ♌
☊	7° 41 ♈	25° 05 ♑	9° 46 ♎	0° 17 ♌	7° 58 ♍	20° 08 ♍	1° 26 ♌
X	14° 13 ♒	1° 37 ♐	16° 18 ♌	6° 49 ♊	14° 30 ♋	26° 40 ♋	7° 58 ♊
A	26° 23 ♉	13° 47 ♓	28° 28 ♏	18° 59 ♍	26° 40 ♎	8° 50 ♏	20° 08 ♍
♑	6° 58 ♒	24° 22 ♏	9° 03 ♌	29° 34 ♉	7° 15 ♋	19° 25 ♋	0° 43 ♊

Die Hälfte der reinen Summe, also vom Widderpunkt gerechnet, sind sensitive Punkte der kosmischen Stellungen der Planeten, daher ohne Rücksicht auf den Erdmeridian. Solche Punkte sind sehr wichtig und ist hauptsächlich der Durchgang der progr. Sonne, da diese der Hauptgravitationspunkt ist, zu beachten. Es ist also der Punkt $\frac{\text{♂} + \text{♄}}{2}$ oder ♂ / ♄ = $\frac{26° 40 \text{ ♓} + 9° 03 \text{ ♌}}{2}$ = 2° 52 ♊ und 2° 52 ♐, $\frac{\text{☉} + \text{♅}}{2}$ = 3° 16 ♈. Die ☉ progr. im Jahre 1914 stand in diesem Punkte.

Diese sensitiven Punkte gehören ja eigentlich nicht zum Erdhoroskop, sondern sie haben nur Bezug auf den Mittelpunkt der Erde und seine Stellung zur Sonne radix und progressiv. Auch laufende Planeten lösen diese Punkte aus, das X. Haus oder der Geburtsmeridian im Fortschreiten wird ebenfalls von diesen halben Summen beeinflußt.

Die Summen vom Widderpunkt an gerechnet bilden nun die Grundlagen aller noch vorhandenen sensitiven Punkte, da von der Ebene der halben Summe ein Spiegelpunkt denselben Abstand haben muß wie der Radixplanet.

Es ist also ☉ + ☽ — ♀ der Punkt, welcher von ☽/☉ denselben Abstand in Länge hat wie die ♀ radix. Daher ☉ = 6° 58 ♒ + ☽ 24° 22♏ — ♀ 23° 52 ♐ = 7° 28 ♑. ☌ X. Haus rad. ☉ + ☽ — ♅ = 1° 46 ♌ in ☌ ☊ laufend 2° 26 ♌ beim Tode des Vaters.

Die ersten beiden Planeten geben als Summe den Gegenstand mit seiner Wirkung in der Hälfte auf eine Sache oder auf eine Person an.

Hier ist ☉ + ☽ die Ehe von Vater und Mutter, der ♅ die weibliche Person, weil ☍ ☽ also die Mutter. Der laufende ☊ gab die Trennung, weil im Radix ☊ mit ♅ eine □ bildet.

☉ + ☽ — ♄, ist die Ehe in Bezug auf einen Mann, = 22° 17 ♉. ☌ ☿ lfd. 22° 38 ♉ bei der Hochzeit der Tochter, zeigt also in ☿ den Schwiegersohn. ☉ progr. + ☽ radix — ♄ radix = 16° 40 ♋ in ☍ mit ♃ laufend 17° 18 ♋.

Es wird also der ☉-Bogen der beiden Sonnen in diesen sensitiven Punkten von den Planeten ☿ und ♃ berührt.

Der letzte Punkt mit der progr. Sonne zeigt, daß auch alle sensitiven Punkte vorgeschoben werden können.

Werden die Radixplaneten mit Hilfe einer Gradscheibe in rot aufgezeichnet und die Spiegelpunkte zum ♑ in grün aufgetragen und die Gradscheibe so gelegt, daß ein Radixplanet des Papiers sich mit dem Planetenstand eines andern Radixplaneten der Scheibe deckt, so ist der Planet außerhalb der Scheibe von dem auf der Scheibe subtrahiert und alle andern Radixplaneten sind dann zu dieser Differenz addiert.

Läßt man einen Radixplaneten der Scheibe sich mit einem Spiegelpunkt zum ♑ decken, so sind alle andern Spiegelpunkte von dieser Summe subtrahiert.

Deckt sich die Sonne radix mit einem Planeten der Scheibe, so ist jedesmal die Radixsonne von der Summe des Planeten der Scheibe und dem Planeten außerhalb subtrahiert.

Sobald nun die Sonne der Gravitationspunkt ist, der Gravitationspunkt wird immer subtrahiert, geben die andern Radixplaneten den Stand der Radixsonne eines andern Menschen an. Steht nun auch noch die progressive Sonne desselben Menschen mit einem andern Planeten zusammen, so ist der Sonnenbogen dieser Person gleich dem Bogen der Radixplaneten und geben diese das Ereignis mit dem Menschen an.

Findet man in seinem Horoskop die Differenz zweier Planeten gleich dem Sonnenbogen einer Person, so drehe man die Scheibe so, daß die Radixsonne der Scheibe sich mit dem ersten Planeten deckt, der zweite Planet wird dann mit der progr. Sonne der andern Person zusammenfallen und es zeigt dann der Widderpunkt oder ein anderer Kardinalpunkt den Planeten an, welcher maßgebend für das Ereignis ist.

Die Spiegelpunkte der einzelnen Planetenbilder zeigen auch den progressiven Sonnenstand einer andern Person an.

Es waren z. B. bei dem Gravitationspunkt Sonne die Spiegelpunkte vom ♂ 17° 16 ♐ und ♆ 20° 59 ♐ in ☌ mit den progressiven Sonnen Hindenburgs in den Jahren von 1914—1918, sodaß bei Hindenburg die Sonne den Herrscher und die eigene Person in Verbindung mit den Feinden des Reiches anzeigte, da ♂ und ♆ im XII. Hause des Kaisers und die Sonne als Gravitationspunkt den Herrscher Deutschlands angab.

Hier war auch die progr. Sonne des Zaren Nikolaus im Jahre 1916—1917 in □ des ♅ und in ☌ des ☋.

Ob die progr. ☉ eines andern Menschen in Betracht kommt, erkennt man aus den Planetenstellungen, wenn jeder Planet auf den ♑ gesetzt ist. Der ☉-Bogen oder das Alter der betreffenden Person ist dann in gleichem Abstande nach beiden Seiten vom ♑ entfernt.

Legt man anstatt der Gradscheibe eine Papierscheibe auf das aufgezeichnete Erdhoroskop und verlängert die Stände der Planeten außerhalbstehend auf die Papierscheibe, sodaß dasselbe Planetenbild erscheint, setzt jetzt jedesmal den Widderpunkt der Scheibe auf einen Planeten außerhalb und zeichnet dann alle Planetenstände der Scheibe wieder verlängert auf das Papier, so zeigen die neuen Stände die Summe vom Planeten, auf welchen der Widderpunkt gestellt und dem gezeichneten.

Man schreibe zu dem neuen Stand zuerst den Widderplaneten und dann den der Scheibe, und man erhält auf diese Weise die Summen aller Planeten. Das X. Haus und der Aszendent müssen mitgezeichnet werden.

Wird jetzt der Widderpunkt der Gradscheibe auf einen Planeten gesetzt, so ist dieser Planet jedesmal von den Summen der Planeten subtrahiert.

Die Radix- und progressiven Sonnen der eigenen und anderer Personen zeigen nun in der Summe das Ereignis mit den Personen an.

Z. B.: Widder der Scheibe auf ♅ außerhalb, ♅ ist die Frau, da er in ☍ vom ☽ radix, so gibt die Summe ♂ + ♀ Geschlechtsliebe einer Frau an.

♂ + ♀ = 20° 32 ♐. — ♅ rad. 29° 34 ♉ = 20° 58 ♎ ☍ ♃ laufend 20° 05 ♈ bei der Vermählung. Also auch die laufenden Planeten, wie schon vorher beschrieben, lösen die sensitiven Punkte aus.

Daß ♂ und ♀ in Frage kommen, zeigen die vorgeschobenen Planetenstände der Frau, ♀ v. 7° 40 ♑ ☌ X rad. des Kaisers und ♂ v. 7° 48 ♒ ☌ ☉radix des Kaisers und ♅ v. 26° 29 ♊ □ ♂ 26° 40 ♓ des Kaisers. ♂ v. des Kaisers 19° 02 ♈ ☌ A rad. desselben und ☽ v. des Kaisers ☌ ♀ rad. der Gemahlin.

Der Punkt ♂ + ♀ — ☊ 26° 10 ♈ wurde von dem laufenden ♄ 25° 42 ♈, der den Mann angibt (in ☍ ☉), und der laufenden ♀ 25° 27 ♈ ausgelöst. ♀ + ☉ ist der liebende Mann, in diesem Horoskop ist aber auch ♀ + ♄ dasselbe, weil ♄ rad. ☍ ☉rad. ♂ + ♀ — ♄ = 11° 29 ♌. □ ♆ lfd. 11° 56 ♉, der ♆ ist deshalb auslösend, weil er in ☌ mit ♂ rad.

Durch die in den vorhergehenden Ausführungen beschriebene graphische Methode erkennt man am leichtesten den Sinn und die Bedeutung aller sensitiven Punkte.

Kommentar zum Witte-Artikel " Die Ereignisse mit anderen Menschen aus dem eigenen Radixhoroskop ".

Witte veröffentlicht hier die ersten Hinweise für eine " Kontakthoroskopie ". Er bezieht die " Radixsonne einer anderen Person " in seine Untersuchung ein. Heute sprechen wir bei solchen Untersuchungen von
"Sonnen-Gleichungen".

In den Hamburger Heften wurden in den letzten Jahren mehrere Beispiele von Sonnen-Gleichungen dargestellt. Diese entwickeln sich aus den Radixsonnen von zwei oder mehreren Personen.

Wir, die die Gesetze des Kosmos und damit unseres Schicksals zu erforschen versuchen, wissen, dass uns jeder Mensch, mit dem wir zusammenkommen, von unserem Schicksal aus ganz bestimmten Gründen in den Weg geschoben wird. Entweder hat er uns etwas zu sagen oder etwas an uns zu vollstrecken, oder wir an ihm, vieleicht auch gegenseitig.

Die Kontakthoroskopie gibt uns über die kosmischen Ursachen bezüglich der " Anziehung und Abstossung " zweier Menschen einen tiefen Einblick. Witte hat uns auch hierzu den Weg gezeigt. Er weist darauf hin, dass die Radixsonne als bedeutender Gravitationspunkt des Horoskopes ein wichtiger Ansatzpunkt bei diesen Untersuchungen ist.

Selbstverständlich muss der Studierende auch diese Arbeit mit der Gradscheibe nacharbeiten, um den Zusammenhang der von Witte dargebotenen Hinweise zu erkennen. Man verwendet hier am besten drei Papierscheiben verschiedener Grössen (je eine Scheibe für die Kontaktpersonen und eine Scheibe für die laufenden Faktoren). Man kann diese Untersuchungen selbstverständlich noch erweitern, indem man auch noch die vorgeschobenen Faktoren berücksichtigt.

Die Ereignisse mit andern Menschen aus dem eigenen Radixhoroskop.

Von *A. Witte, Hamburg.*

In dem Häusersystem der Erde ist die laufende Sonne der Gravitationspunkt, denn zur Linie Erde—Sonne werden die geozentrischen Winkel der Planetenstrahlen gebildet. Die Erde ist hier gleichsam zu einem Punkt zusammengeschrumpft, wogegen sie als Inhaberin eines Horoskops zu einem Körper wird durch die eigene Rotation um ihre Achse. Der Punkt Erde im Laufe um die Sonne erscheint nun wieder in dem Häusersystem ebenso als Meridanebene wie der Geburtsort eines Menschen im Horoskop desselben. Der Geburtsmeridian bewegt sich in 24 Stunden einmal um die Erdachse uud durchläuft alle Häuser des Horoskops. Beim Menschen wird ein Lauf des Geburtsortes gleich einem Jahre gerechnet, im System der Erde ist ein Lauf der Erde um die Sonne ein Jahr. Somit ist der Lauf des Meridians im Geburtshoroskop gleich einem Laufe der Erde, oder die Erde als Träger des Horoskopeigners dem Geburtsorte gleichgesetzt, zeigt IV r gleich ☉ lfd.

Im Erdhoroskop ist 0° ♑ das IV. Haus der Erde und 0° ♋ das X. Die Sonne steht demnach am 22. Dezember im IV. Da nun nicht der Steinbock, sondern die Erde die Strahlen der Planeten empfängt und doch das IV. Haus die verlängerte Gravitationslinie Ort-Erdmittelpunkt ist, so wird zu dieser Meridianebene am 22. Dezember der Stand der Planeten gebildet, wodurch das Jahreshoroskop der Erde entsteht. Die laufende Sonne stellt nun das IV. Haus des Erdhoroskops dar und wandern alle Häuserspitzen mit der Sonne von West nach Ost einmal im Jahre bis zum Steinbock zurück. Im Erdmittelpunkt sind alle Strahlen der Planeten vereinigt, in der Sonne, als Mittelpunkt genommen, sind ebenfalls alle Strahlen vereinigt, so zeigt also die Sonne in 0° ♑, in ihrem Erdmeridian alle Strahlen der Planeten vereinigt, insofern, daß der Bogen ♑:♃ zum ♃ addiert werden muß, um den sensitiven Punkt für den Punkt 0° ♑ zu erhalten. Der fortschreitende Steinbock oder die laufende Sonne, durch diesen Punkt gehend, lösen den ♃ aus. Der Punkt ist ♃+♃−♑, ♑ als Gravitationspunkt. Wenn man ♃ auf den ♑ legt, so ist der nun entstehende ♃ der sensitive Punkt und es steht dann die lfd. ☉ in ☌ mit dem ersten ♃.

In dem Erdhoroskop einer Person, also die Radixplaneten in Beziehung gebracht zum Erdmeridian, geben die Radixsonnen anderer Personen den Gravitationspunkt an. Zu diesem Gravitationspunkt werden nun die eigenen Radixplaneten in Verbindung gebracht, indem man diese Sonne mit den eigenen Planeten auf 0° ♑ setzt, genau so wie man aus dem Jahreshoroskop der Erde das Ereignis für den Tag der laufenden Sonne rechnet, wenn diese laufende Sonne als Gravitation benutzt wird.

Die Radixplaneten des Exkaisers Wilhelm II. sind:

1.	☉ 6° 58 ♒	♀ 23° 52 ♐	♄ 9° 03 ♌	☊ 0° 43 ♓
	☽ 24° 24 ♏	♂ 26° 40 ♓	♅ 29° 34 ♉	X 7° 15 ♑
	☿ 13° 13 ♑	♃ 11° 41 ♊	♆ 22° 57 ♓	A 19° 25 ♈

Die Radixsonne des Kaisers Friedrich war 24° 03 ♎, dann werden die Planetenstände, wenn ♑ auf ☉ r B. gesetzt wird: (♑ der Gradscheibe)

2.	☉ 12° 55 ♈	♀ 29° 49 ♒	♄ 15° 00 ♎	☊ 6° 40 ♉
	☽ 0° 19 ♒	♂ 2° 37 ♊	♅ 5° 31 ♌	X 13° 12 ♓
	☿ 19° 10 ♓	♃ 17° 38 ♌	♆ 28° 54 ♉	A 25° 22 ♊

Die laufenden Planeten am Todestage des Vaters 15. Juni 1888 waren:

3.	☉ 24° 44 ♊	♀ 17° 31 ♊	♄ 4° 17 ♌	☊ 2° 26 ♌
	☽ 2° 18 ♍	♂ 15° 23 ♎	♅ 13° 08 ♎	♂+♄=19° 40 ♒
	☿ 18° 48 ♋	♃ 28° 37 ♏	♆ 0° 44 ♊	♂/♄=9° 50 ♍

Aspekte der laufenden Planeten zu 2:

☉☌A, ☽□♂, ♅△☿, ♀□☿, ♂☍☉, ♂☌♄, ♂⚹♃, ♃□♀, ♃☍♆, ♄☌♅, ♄☍☽, ♄□☊, ♅☌♄, ♅☍☉, ♆☌♂, ♆△☽, ☊□☊, ☌♅, ☍☽.

Für das Erdhoroskop sind ferner noch die Summen beider Radixsonnen 1° 01 ♍, □♆ lfd., ☍☊ rad. und die Hälfte der Summen, also der kosmische Stand ☉/☉=15° 31 ♐. □X (2) und ☍♀ lfd. Die lfd. ☉ war ☍♀ r, der ☿ lfd. □A r. Über den Punkt ♂ r. + ♄ r. − ☉ r. K. F. = 11° 40 ♑ ging ☉ (2) und die □ des lfd. ♅; dieser Punkt steht in ☌☿ r.

Das eigene Geschick aus den Planeten eines anderen Menschen mit der eigenen Radixsonne wird wie folgt festgestellt:

Radixplaneten des Kaisers Friedrich III:

4.	☉ 24° 03 ♎	♀ 8° 26 ♎	♄ 11° 00 ♍	☊ 18° 16 ♌
	☽ 15° 18 ♓	♂ 16° 56 ♎	♅ 11° 00 ♒	X 20° 49 ♍
	☿ 7° 51 ♎	♃ 12° 45 ♒	♆ 22° 16 ♑	A 26° 32 ♏

Die Radixsonne Wilhelm II. 6° 58 ♒ mit den Planeten Friedrich III. auf 0° ♑ gesetzt:

5.	☉ 17° 05 ♍	♀ 1° 28 ♍	♄ 4° 02 ♌	☊ 11° 18 ♋
	☽ 8° 20 ♒	♂ 9° 58 ♍	♅ 4° 02 ♑	X 13° 51 ♌
	☿ 0° 53 ♍	♃ 5° 47 ♑	♆ 15° 18 ♐	A 19° 34 ♎

Die Aspekte der laufenden Planeten zum Stand 5:

☉□☽, ☽☌☿, ♀□A, ⚹☉, ♀□☉, ♀☍♆, ♂⚹♆, ♂□☊, ♅⚹♆, ♅□☊, ♃□☿, □♀, ♃☌X r K W, ♄☌♄, ☊☌♄, ♆□☿, ♆□♀, ♂+♄△A, ♂/♄☌♂.

Aus obigen Aspekten geht deutlich hervor, daß die Radixsonne einer andern Person schon genügt, um auf Auslösung durch laufende Planeten über die nun entstehenden Stände schließen zu können.

Kommentar zum Witte-Artikel
" Die Auswertung eines aktuellen Planetenbildes ".

Witte hat hier die kosmischen Zusammenhänge so ausführlich und klar dargestellt, dass sich weitere Hinweise erübrigen.

Bemerkenswert ist Witte's Aussage:

> " .... dass die Transite der laufenden Planeten über die Radixplanetenstände in den wenigsten Fällen einen Anhalt für das Ereignis geben..... Man wird aber immer wieder beobachten, dass laufende Planeten die sensitiven Punkte des Radix auslösen und diese Auslösungen das Ereignis angeben. Der Tag mit seinen sensitiven Punkten der Sonne, wie sie die drei Spalten zeigen, lösen aber die Radixstände und die Stände der vorgeschobenen Planeten aus ".

Die von Witte erwähnten Zusammenhänge müssen wir uns einprägen.

<u>Hinweis:</u> Die im Witte-Artikel zum Abdruck gebrachte Horoskopzeichnung enthält einen Fehler. Auf der rechten Seite über der Bezeichnung Äquator muss das Symbol für das Tierkreiszeichen Widder (nicht Stier) stehen.

Die Auswertung eines aktuellen Planetenbildes.

Von *A. Witte*, Hamburg.

Die Erde als Punkt betrachtet in ihrem Laufe um die Sonne wird von den geozentrischen Ständen der Planeten zur Sonne in der Eklitikebene oder parallel derselben beeinflußt.

Auf diesen Punkt, ausgedehnt zu einem Körper, wirkt die Bestrahlung der Planeten durch deren Stellungen zum Solstitialkolur oder zum Erdmeridian ein, weil die Achse des Erdkörpers in dieser Meridianebene Krebs—Steinbock liegt und diese Ebene auch rechtwinklig zur Erdbahn, zur Ekliptik steht.

Die Opposition der Erde, die scheinbar sich fortbewegende Sonne trägt als Vertreter der Erde den Gesamteinfluß der Meridianebene Krebs—Steinbock in sich.

Als Beispiel diene der Todestag der Gemahlin des Exkaisers, 11. April 1921 6^h 15^m morgens, Holland.

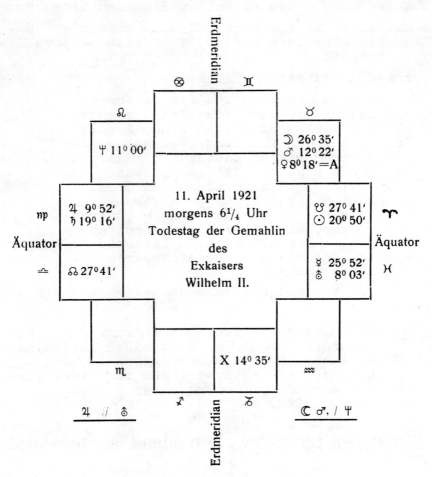

Das Erdhoroskop.

Die **Sonne** ist der Auslöser für den **Tag**, der **Mond** für die **Stunde** und der **Meridian** für die **Minute**.

Sobald die Sonne denselben Abstand in Länge von einem der Kardinalpunkten hat wie ein Planet, so wird dieser Planet durch den Stand der Erde ausgelöst, vertreten durch die laufende Sonne.

Es stehen die Planeten ☊ 21°57′ vom ♈ und ♃ 20° 08′ vom ♎-Punkt entfernt. Das Mittel 21° 03′ hat denselben Abstand wie die Sonne vom ♈-Punkt.

Der ♈-Punkt ist von ☉ und ☊, der ♑-Punkt von ☉ und ♃ eingeschlossen. ♃ und ☊ haben außerdem noch eine Deklinationsparallele und beide schließen deshalb den Äquator ein. ♃ und ♅ waren also am 11. April fällig.

Der Äquator wird ferner von einem Planeten beeinflußt, wenn die Erde oder die Sonne denselben Abstand vom ♈-Punkte hat wie ein Planet von der Sonne.

Der ♂ steht 21° 32′ von der Sonne, der ♆ 20° 10′ + 90° von der Sonne, das Mittel 20° 51′ hat dieselbe Entfernung, wie die Sonne vom ♈-Punkte. ♂ und ♆ waren demnach auch am 11. April fällig.

Der ☽ lief am Tage des 11. April von der Deklination des ♂ 15° 45′ bis zur Deklination des ♆ 17° 32′, das Mittel von beiden Deklinationen deckt sich annähernd mit der Deklination des Mondes 16° 47′ zur Zeit des Ereignisses.

Der Mondkörper stand noch in dem Mittel von beiden, da er ungefähr einen Durchmesser von 30° hat.

♂ und ♆ wurden ausgelöst durch den Mond in der Deklination.

Die Verbindung der Erd- und Mondbahn liegt in den Schnittpunkten der beiden Bahnen dieser Körper in den ☊ und ☋.

Diese Verbindung von Erde und Mond wurde hergestellt durch die gleichen Abstände des Mondknotens vom ♈-Punkte und des Mondes vom Mondknoten. Der ☊ lag zwischen ♈ und ☽, ☽/♈ = 28° 18′ ♈, ☋ = 27° 41′ ♈.

Der Mond, der die Stunde des Ereignisses angibt, wurde ausgelöst vom ☋ in der Länge vom ♈-Punkte.

☽ war also in Verbindung mit ♂, ♆ und ☋.

☉ war in Verbindung mit ♂, ♆, ♃ und ♅.

Hat der Mond denselben Abstand von der Sonne wie ein Planet, so bestätigt der Mond diesen Planeten und zeigt die Stunde des Planeten an.

☽ — ☉ = 35° 45′, ♃ — ☉ = 139° 02′, ♄ — ☉ = 148° 26′.

Das Mittel zeigt 143° 44′ von 180° = 36° 16′ Abstand vom Sonnenlängenkreis. Die Quadratur der Sonne bekommt den Einfluß von ♄/♃ und ☽.

Die ♀ steht zwischen ☽ und ☉, ☽/☉ = 8° 43′ ♉, ♀ lfd. = 8° 18′ ♉ Der Mond mit dem Abstande von 14° 13′ vom ♂ löst die Verbindung des ♂ mit dem ☋ aus; ♂ — ☋ = 14° 41′.

Hier ist der ☽ um 28′ zurück in der Vollänge, oben mit der ♀ und ☉ war er um 25′ vor in der Vollänge; die Länge des Mondes ist daher richtig, um die ♀ und den ♂ mit dem ☋ und der ☉ auszulösen.

☉ + ☽ — ♀ ist eheliche Liebe, ☽ + ☋ — ♂ Trennung der Frau vom Gatten; ♀ ☌ ♂ Gattenliebe, vom ☽ und ☋ eingeschlossen und ☋ ☌ ☉ Trennung vom Manne durch ♆ und ♂ im Eheleben.

☽, ♂ und ♀ im VIII. Erdhause zeigt den Tod einer mütterlichen Frau.

Als Übersicht der Auslösung durch die laufende Sonne diene untenstehendes Schema.

	♑ auf ☉	☉ auf ♑	☉ — Pl.
☉	**11° 40** ♌	0° 00 ♑	0° 00 ♑
☽	17° 25 ♍	5° 45 ♒	24° 15 ♏
☿	16° 42 ♋	5° 02 ♐	24° 58 ♑
♀	29° 08 ♌	17° 28 ♑	12° 32 ♐
♂	3° 02 ♍	**21° 32** ♑	**8° 25** ♐
♃	0° 42 ♑	19° 02 ♉	**10° 58** ♌
♄	10° 06 ♑	28° 26 ♉	0° 26 ♌
♅	28° 53 ♊	17° 13 ♏	**12° 47** ♒
♆	1° 50 ♐	**20° 10** ♈	**9° 50** ♍
☊	18° 31 ♒	6° 51 ♋	23° 09 ♊
♑	**20° 50** ♈	**9° 10** ♍	20° 50 ♈
X	6° 25 ♉	24° 45 ♍	5° 25 ♎
A	29° 08 ♌	17° 28 ♑	12° 32 ♍

Die beiden ersten Spalten zeigen die Auslösung des ♆ und des ♂ und die Beeinflussung der Erde (♑) durch ☉ und ♃.

Die dritte Spalte zeigt die Auslösung der sensitiven Punkte des Tages. ☉ — ♂ □ ♅, ☉ — ♃ ☌ ♆, ☉ — ♅ □ ♂ ☉ ♆ ☌ ♃ oder auch die Auslösung der Summen von ♂ und ♅ sowie ♃ und ♆ durch ☉.

Die gegenseitigen Aspekte der ersten beiden Spalten treten auch in Wirkung.

Die Transite der laufenden Planeten über die Radixplanetenstände geben in den wenigsten Fällen einen Anhalt für das Ereignis.

Es waren ☿ lfd. ☌ ♂ rad. und ♀, ♂ lfd. □ ♄, ☉ des Exkaisers. Die Gattin hatte ♆ lfd. ☌ ♄ rad. und ☊ lfd. ☌ ♂/♄ rad.

Man wird aber immer beobachten, daß laufende Planeten die sensitiven Punkte des Radix auslösen und diese Auslösungen das Ereignis angeben. Von diesen Punkten sollen noch einige geschildert werden.

Der Tag mit seinen sensitiven Punkten der Sonne, wie sie die drei Spalten zeigen, lösen aber die Radixstände und die Stände der vorgeschobenen Planeten aus.

Die vorgeschobenen Planeten des Kaisers, die maßgebend für den Tod der Gattin waren, standen wie folgt:

☉ vorg. 9° 21 ♈ ⚼ ☽ rad. 24° 22 ♏.
♂ vorg. 29° 03 ♉ ☌ ♅ rad. 29° 34 ♉. } ☉ ∠ ♆.
♆ vorg. 25° 20 ♉ ☍ ☽ rad. 24° 22 ♏.
♂ vorg. 29° 03 ♉ ⚼ ☿ rad. 13° 13 ♑.

♂ und ♆ trat in Verbindung mit ♅ und ☽ sowie ☿ und ☽.

☉ und ♂ trat in Verbindung mit ☽, ♅ und ☿.

☉ und ♂ ist der Gatte, ♂ ☌ ♆ rad., deshalb betrifft ☉ und ♆ den Gatten und weil ♂ und ♆ Komplementärplaneten sind, die Aufhebung als Gatte. ☉ rad. steht ☍ ♄ rad. (männliche Person), so ist also auch ♄ mit ♆ zu verbinden, um die Gatteneigenschaft zu vernichten.

♂ vorgeschoben ☌ ♅ rad. wurden am Tage durch ♀ und ♄ (siehe Spalte 1 und 2), ♆ vorg. ☍ ☽ rad. durch den ☽ (Spalte 3) und ebenfalls die vorgeschobene ☉ durch den ☽ ausgelöst.

Auch sonst bestehen noch viele Verbindungen mit den Radixplaneten und den sensitiven Punkten des Radix.

Z.B.: ☉ — ☽ = ☽ rad., ☽ — ☉ = ♂ + ♄ rad., ♂ + ☉ = ♂/♄ rad., ♆ + ☉ = ♂/♄ rad.

Die hauptsächlichsten Punkte des Radix, die mit dem Ereignisse zusammenhingen, waren (☉ + ♄) männliche Person 16° 01 ♊ (☉ + ♄ − ♂), diese Person als Gatte 19° 21 ♊ in □ ♄ lfd. 19° 16 ♍, ⚹ ☉ lfd. 20° 50 ♈.

(☽ + ♅) weibliche Person 23° 56 ♑ (☽ + ♅ — ♂), die Gattin 27° 16 ♑ □ ☊ lfd. 27° 40 ♎ ♇ ☌ lfd. 12° 22 ♉.

Dieselben Punkte aus den laufenden Planeten (☉ + ♄ — ♂) 27° 44 ♌ standen □ ☽ rad., □ ♅ rad., □ ♂, ♆ vorgeschoben. ☍ ☊ progr.

(☽ + ♅ — ♂) = 22° 16 ♓ ☌ ♆ rad. □ ♀ rad. des Kaisers, □ ♃ rad. 21° 22 ♊ und ☌ ♆ rad. 22° 36 ♓ der Gemahlin.

Außerdem war (☉ + ☽ — ♂) rad. 4° 40 ♏. □ ♄ progr. 5° 27 ♌ in ☍ (☉ + ☽ — ♂) lfd. 5° 03 ♉ und (☉ + ☽ — ♂) vorg. 7° 03 ♑ ☌ X. Haus rad. und (☽ + ♅) lfd. 4° 38 ♉.

☉ + ☽ — ♂ eheliche Verbindung von Mann und Frau war in Opposition der Gattin ☽ + ♅ lfd.

<u>Tod der Gattin rad.</u> = ♂ + ♄ — (☽ + ♅ — ♂) = ♄ — (☽ + ♅) = 8° 27 ♎ steht im Spiegelpunkt des ♆ rad. 7° 03 ♎ und vorgeschoben 10° 50 ♐ in □ zu ♃, ♅ lfd. und ☍ zum ♃ rad.

<u>Tod der Gattin lfd.</u> = 9° 22 ♏. □ ♄ rad. 9° 03 ♌. ☍ ♀ lfd. 8° 18 ♉. ☿ lfd. □ ♀ rad., ☌ ♂ rad.

<u>♂ + ♄ rad.</u> = Tod = 5° 43 ♌. ☍ ☽ — ☉ lfd. (Frau des Mannes) 5° 45 ♒ ☿ und ♀ lfd. standen in Verbindung mit dem Tode der Gattin. In den beiden ersten Kolumnen löste die Sonne den ☿ 16° 42 ♋ und die ♀ 17° 28 ♑ aus in der Opposition von ☿ und ♀.

☉ — ☽ lfd. (Mann der Frau) 24° 15 ♏ ☌ ☽ rad. 24° 22 ♏ zeigt die Anwesenheit des Mannes beim Tode der Frau.

Tod der Gattin rad. 8° 27 ♎ als vorgeschobener Punkt = 10° 50 ♐ ☍ ♃ rad. 11° 41 ♊ und <u>Tod einer Frau</u> rad. (♂ + ♄ — ☽) = 12° 21 ♐ in ☌ mit dem vorgeschobenen Punkt für den Tod der Gattin.

☉ + ☽ — ♀ lfd. = 9° 07 ♉ ☍ Tod der Gattin lfd., □ ♄ rad. 9° 03 ♌.

☉ — ♀ lfd. = 12° 32 ♓, ♀ — ☽ = 11° 43 ♓, beide in □ ♃ rad. und Tod einer Frau.

Beide Planeten ♃ und ♄ stehen lfd. in der ♍ im XII. Hause der Erde.

Die Stellungen der laufenden Planeten zur Meridianebene der Erde 0° Steinbock liegen latent und werden von den Stellungen der lfd. Planeten zur Sonne an dem betreffenden Tage ausgelöst.

Die Stellungen der Planeten zur Sonne liegen wieder latent und treten in Kraft durch die Stellung der Planeten zum Monde in der betreffenden Stunde.

Die Stellungen der Planeten zum Monde liegen dann auch noch latent und werden von dem Stande der Planeten zum Meridian und zum Horizonte der betreffenden Minute ausgelöst.

Daher lfd. Planeten, ☉ auf ♑, ☽ auf ☍ ☉, X lfd. ☌ ☽ und A. lfd. □ ☽ oder auch ♑ auf ☉, ☉ auf ☍ ☽, ☽ auf X lfd. und □ ☽ ☌ Aszendent.

Die Zeit des Ereignisses 6^h 15^m morgens gibt für Amerongen mit 52° 00 nördl. Breite und 5° 28 östl. Länge den Meridian 14° 54 ♑ und den Aszendenten 6° 50 ♉.

14° 54 ist das Mittel aus ☽ — ♂ und ☽ — ♆, ♂ — ☊ 14° 41 ♈. ♆ — ☊ 13° 19 ♋, ♄ + ☊ 16° 57 ♎, ♃ — ☽ 13° 17 ♎, ♃ + ☽ — ☉ 15° 37 ♈, ♅ + ☽ — ☉ 13° 48 ♎.

Alle diese Punkte werden ausgelöst durch ♂/♄ lfd. 15° 49 ♋ ♑.

Der Aszendent mit ♀ lfd. 8° 18 ♉ in Konjunktion gilt als Meridian 15° 35 ♑.

Der Tageslauf des Mondes vom 10. bis 11. April mit 13° 39′ verteilt sich auf den Lauf des Meridians 361° für den Tag.
Der Stand des Mondes zu den Planeten gibt die Stunde des Tages an, und es entspricht ungefähr 1° des Mondes 2 Stunden des Tages oder 31° der Ekliptik. Lauf des Mondes 13° 39′ + 360°.

$$24 \text{ Std.} = 373° 39', \quad 1 \text{ Std.} = \frac{373° 39'}{24^h}; \quad \frac{373° 39'}{24^h} \cdot 17^h 48^m = 277° 06'.$$

Diese 277° zum Stande des Mondes in Greenwich am 10. April addiert, 16° 12 ♉ + 277° 06′ = 23° 18 ♒ □ ☽ rad. des Exkaisers.

	☽ ☍ ☉	☉ ☍ ☽	☽ — Pl.
☉	15° 05 ♍	26° 35 ♏	5° 45 ♒
☽	20° 50 ♎	2° 20 ♑	0° 00 ⊗
☿	20° 17 ♌	1° 37 ♏	0° 43 ♓
♀	2° 33 ♎	14° 03 ♐	18° 17 ♉
♂	6° 37 ♎	18° 07 ♐	14° 13 ♉
♃	4° 07 ♒	15° 37 ♈	16° 43 ♍
♄	13° 31 ♒	25° 01 ♈	7° 19 ♍
☊	2° 18 ♌	13° 48 ♎	18° 32 ♓
♅	5° 15 ♑	16° 45 ♓	15° 35 ♎
♆	23° 56 ♓	3° 26 ♊	28° 54 ⊗
⚷	24° 15 ♓	5° 45 ♌	26° 35 ♉
X	9° 50 ♊	21° 20 ♌	11° 00 ♌
A	2° 33 ♎	14° 03 ♐	18° 17 ♈

Nebenstehende Stände geben die Auslösung durch den Mond für die Stunde des Tages und in der dritten Spalte für den Stand der laufenden Planeten und der Radixplaneten zum Steinbockpunkte. ♂ und ♆ wird ausgelöst durch den ☽ in Verbindung mit ♂/♄ laufend, ♃ und ☊ mit Mond löst den ♄ aus. ☊ mit ☽ den ☊ lfd. und ♆ wird ausgelöst durch den lfd. Meridian in Verbindung mit dem Monde.

Die ☉ steht in ☌ ♂ + ♄ des Kaisers und ☊ □ ☉ rad. der Gemahlin. ☿ und ☊ lösen in den ersten Spalten ♂ + ♄ lfd. und ♃, ☊ den ♂/♄ lfd. aus.

Die Quadratur von ♂ und ♆ und die Opposition von ♃ und ☊, die durch die lfd. ☉ ausgelöst wurden, werden durch die Stunde, die der Mond anzeigt, bestätigt.

Die gegenseitige □ von ♀ und ☽ der beiden ersten Spalten, und die □ von ☿ und ☊ zeigen die betreffende weibliche Person, die durch die vorgeschobenen Planeten des Gatten angezeigt war.

	X auf ☽	☽ auf X	X — Pl.
☉	1° 48 ♍	9° 52 ♐	25° 20 ♍
☽	7° 33 ♎	15° 37 ♉	19° 00 ♌
☿	6° 50 ♌	14° 54 ♏	19° 43 ♏
♀	19° 16 ♍	27° 20 ♐	7° 17 ♍
♂	23° 20 ♍	1° 24 ♑	3° 13 ♍
♃	20° 50 ♑	28° 54 ♈	5° 43 ♉
♄	0° 14 ♒	8° 18 ♉	26° 19 ♈
☊	19° 01 ⊗	27° 05 ♓	7° 32 ♏
♅	21° 58 ♐	29° 58 ♓	4° 35 ♏
♆	8° 39 ♓	16° 43 ♊	17° 54 ♓
⚷	11° 02 ♉	21° 08 ♌	15° 35 ♑
X	26° 35 ♉	4° 39 ♍	0° 00 ⊗
A	19° 20 ♍	27° 26 ♐	7° 17 ♍

Auslösung der durch den Mond angezeigten Aspekte durch den laufenden Meridian in Verbindung mit den laufenden Planeten und mit der Auslösung durch die Sonne.

☉ □ ♃, ☽ ☌ ♂/♄, ♂ ☌ ☉ pr. der Gemahlin und ♆ ☌ ♈. ♃ ☍ ☉ rad. der Gemahlin, ♄ ☌ ♀, ☊ ☌ ☊, (Spalte 1) ☉ ☌ ☉ + ♆, ♀ ☌ ♄, ♂ □ ♀, ☍ ♂ des Gatten, ♃ □ ☉, ☊ ☌ ☊, und (Spalte 3) ☉ ☍ ☿, ♆ des Gatten, ♀ ☍ ☊, ♂ ☌ ♂/♄ des Gatten, ♃ □ ♂ + ♄ des Gatten, ☊ □ ☉ rad. des Gatten, ☊ ☍ ☉ + ☉.

(Spalte 1) ♀ ☌ ♄ und ♃ □ ☉ zeigt die Liebe des Mannes und die Trennung durch den Tod der Frau (♄ + ♂ ☽ = ♃ rad.).

Der Aszendent zeigt entweder neue Verbindungen oder Trennungen.

	A auf □ ☽	□ ☽ auf A	A — Pl.
☉	9° **07** ♌	2° **43** ♑	18° 03 ♑
☽	14° 52 ♍	8° **18** ♒	**11° 43** ♐
☿	**14° 09** ♋	7° 35 ♐	**12° 22** ♒
♀	26° 35 ♌	20° 01 ♑	0° 00 ♎
♂	**0° 39** ♍	24° 05 ♑	**25° 56** ♐
♃	28° 09 ♐	21° 35 ♉	28° 26 ♌
♄	7° 33 ♑	**0° 59** ♊	18° 32 ♌
♅	26° 20 ♊	19° 46 ♏	**0° 15** ♓
♆	**29° 17** ♏	22° 43 ♈	**27° 18** ♍
☊	15° 58 ♒	**9° 24** ♋	11° 37 ♋
♑	18° 17 ♈	**11° 43** ♍	8° **18** ♉
X	3° 52 ♉	27° 18 ♍	22° 43 ♎
A	26° 35 ♌	20° 01 ♑	0° 00 ♎

Der Aszendent löst mit ☿ den ♂ lfd. und den ♆ lfd. aus, mit ☽ den Tod der Gattin und den ♃ rad. mit ♅ den ☊ rad., mit ♆ den ♆ rad., mit ♂ die ♀ und den ♂ rad. in der Spalte 3; in der Spalte 2 setzt ♄ den ☊ rad. und ☊ die ☉ prog. in Tätigkeit. ☉ ☌ ♀ prog. der Gattin.

In der ersten Spalte steht ☉ ☌ ♄ rad., ☿ ☌ ♂/♄ lfd., ☍ ☿ rad., ♂ und ♆ in Verbindung mit dem ☊ rad. ♄ ☌ X rad., ♅ □ ♂ rad.

Somit ist ♂, ♆, ♄, ♅ mit ☊ rad. und ♂, ♆ mit ♂, ♆, ♅ rad. verbunden. Der ☊ in Spalte 2 zeigt die □ mit ☉ pr., ☽ rad., den ☽ und die ☉ zeigt die ☉ rad. und den ♄ rad.

Der Tag eines Ereignisses wird durch die Verbindung der laufenden Planeten mit den sensitiven Punkten der Radixhoroskope und der sensitiven Punkte der laufenden Planeten mit den Radixgestirnen gefunden.

Kommentar zum Witte-Artikel " Das Jahreshoroskop der Erde ".

Witte hat hier die Faktorenstände für das Jahreshoroskop von 1922 angegeben und besprochen. Es sind auch Hinweise gegeben in Zusammenhang mit dem Tod der Gemahlin (1921) des früheren Kaisers. Es ist daher zweckmässig, das Jahreshoroskop für 1921 zu berechnen. A.a.O. wurde die rechnerische Ermittlung der Faktoren für ein Jahreshoroskop bereits erläutert. Um aber dem Studierenden ein zweites Beispiel vorzuführen, wird hier nochmals der Rechenvorgang aufgezeigt.

Sonnen-Stand am 21. 12. 1920 12.00 Uhr Greenwich-Zeit	$29°21'05''$ Sh
es fehlen bis $0.00°$ Steinbock	$- 38\ 55$
$0°38'55''$ in Zeit umgerechnet (Tageslauf der Sonne $1°01'06''$)	$15^h17'30''$
Korrektur der Sternzeit	$2'31''$
Sternzeit 21. 12. 1920	$17^h59'00''$
	$33^h19'01''$
./.	$24^h00'00''$
Kulminierender Punkt für Greenwich	$9^h19'01''$
Zeitkorrektur Doorn (Länge von Greenwich) +	$21'20''$
Kulminierender Punkt für Doorn	$9^h40'21''$

Das entspricht einem Meridian in 22.45 Löwe
und einem Ascendenten in 8.20 Skorpion

Die weiteren Faktorenstände:

Sonne	0.00 Sb	Knoten	3.30 Sk
Mond	13.18 St	Cupido	14.54 Lö
Merkur	17.17 Sh	Hades	27.28 Fi
Venus	11.32 Ws	Zeus	1.30 Lö
Mars	19.00 Ws	Kronos	1.53 St
Jupiter	18.39 Ju	Apollon	1.52 Ju
Saturn	24.38 Ju	Admetos	2.47 Wi
Uranus	2.27 Fi	Vulkanus	6.58 Zw
Neptun	13.24 Lö	Poseidon	26.23 Ju
Pluto	7.57 Kr		

Zur Untersuchung der von Witte erwähnten Verbindungen des Horoskopes des Exkaisers zum Jahreshoroskop für 1921 soll der Studierende die bekannten Faktorenstände des Exkaisers einzeichnen und ausserhalb dieses Kreises die vorstehenden Faktorenstände für das Jahreshoroskop 1921 (= 22. 12. 1920, 3^h17 Gr. Zt.).

Das Jahreshoroskop der Erde 1922.

Von *A. Witte*, Hamburg.

Die scheinbar sich fortbewegende Sonne ist die Vertreterin des Erdkörpers in ihrem Laufe um die Sonne.

Die Opposition des Sonnenstandes in der Ekliptik ist die Verlängerung des Leitstrahles Sonne—Erde.

Die Einwirkung der Planeten auf die Erde als Punkt geschieht durch die geozentrische Stellung der Planeten zum Leitstrahle Erde-Sonne.

Die Einwirkung auf die Erde als Körper wird durch die Stellung der Planeten zur Meridianebene der Erde ♋—♑, in der die Erdachse liegt und die auch rechtwinklig zur Erdbahn steht, verursacht.

Der Stand der Sonne in 0° ♑ bezeichnet den jährlich wiederkehrenden Gravitationspunkt der Erde in der Ebene seiner Rotationsachse mit dem Nordpol als Pol.

Der Nordpol ist der M. C. des Erdkörpers 0° ♋ ist der Schnittpunkt des Erdmeridians mit der Ekliptik, also der Obere Meridian oder O. M., der Schnittpunkt in 0° ♑ ist der Untere Meridian der Erde oder U. M.

Wird die Erde als Inhaberin eines Horoskopes betrachtet, so ist der Lauf der Erde, die Ekliptik der Fundamentalkreis, und seine Einteilung vom Meridian an ergibt die 12 Häuser oder Zeichen der Ekliptik.

Der Lauf der Sonne ist die sichtbare Fortbewegung der Erde in ihrem Unteren Meridian 0° ♑, d. h. die Sonne gilt nun als Vertreterin des Erdkörpers in seinem Meridian ♋—♑ und die Aspekte und Stellungen der Planeten zum Meridian werden von der Sonne ausgelöst.

Der Lauf der Erde um die Sonne zeigt die Erde als Punkt, die Stellungen der Planeten zur Meridianebene der Erde zeigt sie als Körper und dieser Punkt und die Kugel sind als ein Influenzkörper in jedem Horoskope vorhanden, auf den die Planeten in dem Augenblicke einwirken, wenn der Mittelpunkt des Planetensystemes, die Sonne, sich in der Meridianebene oder im Solstitialkolur befindet.

Die Stellungen der Radixplaneten eines Wesens zur Ebene ♋—♑ gibt die Zusammengehörigkeit mit den Planeten ungefähr am 22. Dezember in jedem Jahr.

Befinden sich nun die Planeten des 22. Dez. in Aspekten mit den Radixplaneten, so tritt das angezeigte Ereignis mit anderen Personen ein, da die Erde in ihrer Bestrahlung am 22. Dezember die gesamte Menschheit umfaßt.

Das Erdhoroskop ist also für alle Menschen maßgebend, mindestens aber für alle der Nordhalbkugel; der Stand der Sonne im 0° ♋ müßte demnach für alle der Südhalbkugel Gültigkeit haben, da für deren Bewohner der Südpol Zenit in der Gesamtheit ist.

Im Jahre 1921 wurde der Tod der Gemahlin des früheren Kaisers durch das Jahreshoroskop für 1921 in dem Stande des ♄ 24° 38 ♍ ☍ ♂ und ♆ □ ♀ radix und in dem vom ♅ 2° 27 ♓ □ zum Punkte ♂/♄ 2° 52 ♊ angezeigt.

Der sensitive Punkt des Jahreshoroskopes ♂—♄ 24° 22 ♉ stand in ☍ ☽ rad. in ☌ ♆ vorg. 24° 58 ♉ und ∠ ☉ vorg. 9° 00 ♈.

Der Punkt ♄—♂ 5° 38 ♌ stand in ☌ mit ♂ + ♄ rad. 5° 43 ♌.

Die anzeigenden laufenden Planeten ♄ und ♅ sind die Familienplaneten des Exkaisers, da ☽ ☍ ♅ und ☉ ☍ ♄ rad. stehen. Die beiden zeigten den Todesfall durch ♅ mit ♂, ♆, ♀ an.

Die vorgeschobenen Planeten ♆ ☌ ☽ rad., ♂ ☌ ☍ rad. und ☉ ♇ ☽ rad. gaben den Tod von ☽ und ☍ (Gattin) durch ♆ und ♂ im Eheleben ☉ ♇ ☽ im Horoskop des Kaisers an.

Die □ des ☽ mit ♆, ♂ und ♀ am 22. Dezember bestätigten das angezeigte Ereignis für 1921. ♂ + ♄ des Jahreshoroskopes 13⁰ 38 ♏ war ebenfalls □ ☽, ♆.

Die Punkte des Jahres ☍ — ☽ 19⁰ 09 ♎ und ☽ — ☍ 10⁰ 51 ♓ wurden am 11. April durch ☉, ♃ und ☍ lfd. ausgelöst.

Durch ähnliche Kombinationen der Radixplaneten mit den Planeten des Jahreshoroskopes von 1922 kann nun jeder Horoskopinhaber sich das ihm Bevorstehende herauslesen.

☉ Stand am 21. Dez. 29⁰ 05′ 39″ ♐ Sternzeit 17ʰ 58ᵐ 03ˢ ⎫ in Greenwich.
☉   „   „ 22. „   0⁰ 06′ 46″ ♑   „   18ʰ 01ᵐ 59ˢ ⎭
Diff.   61′ 07″   0ʰ 3ᵐ 56ˢ

$$3667'' : 406 = 236^s : x, \quad x = \frac{236^s \cdot 406''}{3667''} = 26{,}1^s$$

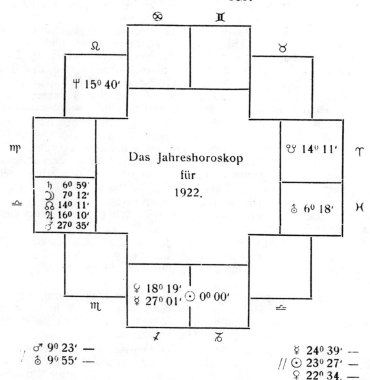

Das Jahreshoroskop für 1922.

♂ 9⁰ 23′ —   ☿ 24⁰ 39′ —
☍ 9⁰ 55′ —   // ☉ 23⁰ 27′ —
                              ♀ 22⁰ 34, —

Die Sternzeit für Greenwich ist also 18ʰ 01ᵐ 33ˢ

$\left(24^h - \dfrac{406'' \cdot 1440^s}{3667''}\right)$ $- : 21^h 20^m 36^s$

In Greenwich ist Oberer Meridian = 15ʰ 22ᵐ 09ˢ = 230⁰ 02′..

Für Orte östlich von Greenwich wird die östliche Länge zu diesem Meridian addiert, um für diesen betreffenden Ort das Jahreshoroskop zu erhalten.

Die nähere Feststellung der Ereignisse des Jahres für den Ort, der in Frage kommen sollte, gibt dann das Solarhoroskop des Ortes; d. h. die Stellung der laufenden Planeten zur Sonne, wenn die Sonne laufend im Unteren Meridian oder im gefundenen Meridian des Ortes des Jahreshoroskopes steht.

Z. B.: Berlin östl. 13° 24′ + 230° 02′ = 243° 26′ = 5° 21′ ♐.

Daher muß der Tag genommen werden, an dem die laufende Sonne 5° 21′ ♊ steht in Verbindung mit den dazugehörigen laufenden Planeten.

Der Stand des Mondes in 5° 21′ ♐ gibt Auskunft für die einzelnen Monate.

Für das Horoskop eines Menschen gilt als Ergänzung zum Jahreshoroskop sein Solarhoroskop; also der Stand der laufenden Planeten im Jahre 1922, wenn die Sonne denselben Stand wie zur Zeit der Geburt einnimmt.

Die sensitiven Punkte des Jahreshoroskopes sind folgende:

Summen der Planeten von 0° ♑ gerechnet.

	♋ auf ☽	♑ auf ☿	♑ auf ♀	♑ auf ♂	♑ auf ♃	♑ auf ♄	♑ auf ♅	♑ auf ♆	♎ auf ☊	
☉	7° 12′ ♈	27° 01′ ♐	18° 19′ ♐	27° 35′ ♎	16° 10′ ♎	6° 59′ ♎	6° 18′ ♓	15° 40′ ♌	14° 11′ ♑	☉
☽	14° 24′ ♑	4° 13′ ♎	25° 31′ ♍	4° 47′ ♌	23° 22′ ♋	14° 11′ ♋	13° 30′ ♐	22° 52′ ♉	21° 23′ ♎	☽
☿	4° 13′ ♈	24° 02′ ♐	15° 20′ ♐	24° 36′ ♎	13° 11′ ♎	4° 00′ ♎	3° 19′ ♓	12° 41′ ♌	11° 12′ ♑	☿
♀	25° 31′ ♓	15° 20′ ♐	6° 38′ ♐	15° 54′ ♎	4° 29′ ♎	25° 18′ ♍	24° 37′ ♒	3° 59′ ♌	2° 30′ ♑	♀
♂	4° 47′ ♒	24° 36′ ♎	15° 54′ ♎	25° 10′ ♌	13° 45′ ♌	4° 34′ ♌	3° 53′ ♑	13° 15′ ♊	11° 46′ ♏	♂
♃	23° 22′ ♑	13° 11′ ♎	4° 29′ ♎	13° 45′ ♌	2° 20′ ♌	23° 09′ ♋	22° 28′ ♐	1° 50′ ♊	0° 21′ ♏	♃
♄	14° 11′ ♑	4° 00′ ♎	25° 18′ ♍	4° 34′ ♌	23° 09′ ♋	13° 58′ ♋	13° 17′ ♐	22° 39′ ♉	21° 10′ ♎	♄
♅	15° 30′ ♊	3° 19′ ♓	24° 37′ ♒	3° 35′ ♑	22° 28′ ♐	13° 17′ ♐	12° 36′ ♉	21° 58′ ♎	20° 29′ ♓	♅
♆	22° 52′ ♏	12° 41′ ♌	3° 59′ ♌	13° 15′ ♊	1° 50′ ♊	22° 39′ ♉	21° 58′ ♎	1° 20′ ♈	29° 51′ ♌	♆
☊	21° 23′ ♑	11° 12′ ♈	2° 30′ ♎	11° 46′ ♌	0° 21′ ♌	21° 10′ ♋	20° 29′ ♐	29° 51′ ♉	28° 22′ ♎	☊

Der Mond und der Mondknoten werden vom Krebspunkte bezw. vom Wagepunkt gerechnet; denn der Mond ist der Vertreter aller Orte und aller Meridiane der Erde, der Mondknoten ist ein Analogon des Aszendenten der Erde, des Wagepunktes.

Differenzen der Planeten ebenfalls vom ♑ gerechnet mit Ausnahme von ☽ und ☊.

	☽ auf ♋	☿ auf ♑	♀ auf ♑	♂ auf ♑	♃ auf ♑	♄ auf ♑	♅ auf ♑	♆ auf ♑	☊ auf ♎	
☉	22° 48′ ♍	2° 59′ ♑	11° 41′ ♑	2° 25′ ♓	13° 50′ ♓	23° 01′ ♓	23° 42′ ♎	14° 20′ ♉	15° 49′ ♐	☉
☽	0° 00′ ♋	10° 11′ ♎	18° 53′ ♎	9° 37′ ♐	21° 02′ ♐	0° 13′ ♐	0° 54′ ♌	21° 32′ ♒	23° 01′ ♍	☽
☿	19° 49′ ♍	0° 00′ ♑	8° 42′ ♑	29° 26′ ♒	10° 51′ ♓	20° 02′ ♓	20° 43′ ♎	11° 21′ ♉	12° 50′ ♐	☿
♀	11° 07′ ♍	21° 18′ ♐	0° 00′ ♑	20° 44′ ♒	2° 09′ ♓	11° 20′ ♓	12° 01′ ♎	2° 39′ ♉	4° 08′ ♐	♀
♂	20° 23′ ♉	0° 34′ ♏	9° 16′ ♏	0° 00′ ♑	11° 25′ ♑	20° 36′ ♑	21° 17′ ♌	11° 55′ ♓	13° 24′ ♎	♂
♃	8° 58′ ♋	19° 09′ ♎	27° 51′ ♎	18° 35′ ♐	0° 00′ ♑	9° 11′ ♑	9° 52′ ♌	0° 30′ ♓	1° 59′ ♎	♃
♄	29° 47′ ♊	9° 58′ ♎	18° 40′ ♎	9° 24′ ♐	20° 49′ ♐	0° 00′ ♑	0° 41′ ♌	21° 19′ ♒	22° 48′ ♍	♄
♅	29° 06′ ♏	9° 17′ ♓	17° 59′ ♓	8° 43′ ♉	20° 08′ ♉	29° 19′ ♉	0° 00′ ♑	20° 38′ ♋	22° 07′ ♒	♅
♆	8° 28′ ♉	18° 39′ ♌	27° 21′ ♌	18° 05′ ♎	29° 30′ ♎	8° 41′ ♏	9° 21′ ♊	0° 00′ ♑	1° 29′ ♌	♆
☊	6° 59′ ♋	17° 10′ ♎	25° 52′ ♎	16° 37′ ♐	28° 01′ ♐	7° 12′ ♑	7° 53′ ♌	28° 31′ ♒	0° 00′ ♎	☊

Hat man mit Hilfe einer Gradscheibe die Planeten aufgezeichnet, und dreht dann die Scheibe so, daß ein Planet sich mit dem Steinbockpunkte deckt, dann ist dieser Planet a von der Summe 279° + Planet b subtrahiert.

Wird z. B. ♃ auf ♑ (der Scheibe) gesetzt und der Stand der ♀ bestimmt, dann ist der Punkt ♑ + ♀ — ♃ gefunden.

Oder auch der ♃ des 22. Dez. 1922 16° 10 ♎ ist um ebenso viele Grade von dem Breitenkreis (♑ + ♀) / 2 entfernt wie der gefundene Punkt von (♑ + ♀) / 2 der Spiegelkonjunktion ♑/♀.

Eine Drehung findet also bei allen Punkten in der Wirklichkeit nicht statt, sondern man hat durch diese Methode des Versetzens nur das Auffinden aller Punkte erleichtert. Die Punkte sind immer die Spiegelpunkte zu einem Breitenkreis, der durch den Nord- und Südpol der Ekliptik geht, zweier anderen Planeten bezw. dem Kardinalpunkte und dem Planeten.

Die dritte Kategorie von Punkten sind die halben Summen der Planeten, die vom Widderpunkte gerechnet werden

	☽	☿	♀	♂	♃	♄	♅	♆	☊	
·	18° 36′ ♏	28° 30′ ♐	24° 10′ ♐	28° 48′ ♍	23° 05′ ♏	18° 30′ ♏	3° 09′ ♒	22° 50′ ♎	22° 06′ ♏	·
☽	☽	17° 6′ ♏	12° 46′ ♏	17° 23′ ♎	11° 41′ ♎	7° 06′ ♎	21° 45′ ♐	11° 26′ ♍	10° 42′ ♎	☽
☿		☿	22° 40′ ♐	27° 18′ ♏	21° 36′ ♏	17° 00′ ♏	1° 40′ ♒	21° 20′ ♎	20° 36′ ♏	☿
♀			♀	22° 57′ ♏	17° 15′ ♏	12° 39′ ♏	27° 19′ ♌	17° 00′ ♎	16° 15′ ♏	♀
♂				♂	21° 53′ ♎	17° 17′ ♎	1° 57′ ♌	21° 38′ ♍	20° 53′ ♎	♂
♃					♃	11° 35′ ♎	26° 14′ ♐	15° 55′ ♍	15° 10′ ♎	♃
♄						♄	21° 38′ ♐	11° 20′ ♍	10° 35′ ♎	♄
♅							♅	25° 59′ ♏	23° 15 ♐	♅
♆	Halbe	Summen	der	Planeten				♆	14° 55′ ♍	♆
☊										☊

Diese letzten Punkte beziehen sich in diesem Horoskope nicht auf den Gravitationspunkt ♑ der Erde, sondern sind erst durch deren Verbindung mit den Radixplaneten und den Radixpunkten auch mit dem Widderpunkte des Radix verbunden.

Die Summen und Differenzen dagegen beziehen sich alle auf die Kardinalpunkte der Erde.

Nach dieser Methode des Versetzens können auch sensitive Punkte eines Radixhoroskopes gerechnet werden, indem IV rad. auf die Planeten und die Planeten auf IV. rad. gesetzt werden.

Diese gefundenen Punkte beziehen sich dann auf die eigene Person.

Zur Auslösung der Planeten des Jahreshoroskopes ist noch zu bemerken, daß der Punkt 0° ♑ von der laufenden Sonne mitgezogen wird und die Planeten um denselben Bogen rückwärts gehen, den die Sonne vom 22. Dez. an beschreibt.

Die laufenden Planeten lösen nun die neu entstehenden Stände aus, sodaß die laufende Sonne als Gravitationspunkt sich immer mit 0° ♑ deckt.

Es wird z. B. ♆ durch ♂ lfd. am 24. Mai ausgelöst, denn ♆ 15° 40 ♌ — ⊙ lfd. 2° 20 ♊ = ♂ lfd. 13° 20 ♓.

Kommentar zum Witte-Artikel
" Berechnung der Deklinationen mit Hilfe zweier Tabellen ".

Es wird auf den bereits behandelten Witte-Artikel " Leichte Berechnung der Deklinationen von vorgeschobenen Planeten mit Hilfe von Tabellen " verwiesen. Der Studierende hat nach eingehender Befassung sicher schon die Berechnung und Bedeutung der Deklinationen erfasst.

In dem hier erörterten Artikel behandelt Witte einige Ereignisse im Leben des Ex-Kaisers, insbesondere in Verbindung mit dem Transneptuner Cupido. Der Studierende, der diese Ereignisse nacharbeitet, wird mit Sicherheit der Arbeit mit den Deklinationen einiges abgewinnen und in seine eigenen Forschungen einbauen.

Berechnung der Deklination mit Hilfe zweier Tabellen.
Deklinationstabellen für Neptun und Cupido.
Von A. Witte, Hamburg.

Ehe die Deklinationen vom Neptun und Cupido gebracht werden, müssen noch die beiden nachfolgenden Tabellen, mit denen man leicht die Deklination, die Breite und die Länge eines Gestirns rechnen kann, erörtert werden.

Diese Tabellen sind höchst notwendig für die Sekundär-Direktionen, und zwar in Länge und in Deklination, und es wird noch in manchen folgenden Beiträgen auf sie hingewiesen werden.

Der Neptun hat eine Neigung gegen die Ekliptik von 1° 46,9′; sein aufsteigender Knoten liegt 10° 27 ♌.

Die Formel für die Berechnung der Breite ist folgende: sin. (Unterschied Länge des Neptun mit einem Knoten) mal sin. Neigung (i) = sin. Breite (β).

Gesucht Ort und Breite des Neptun für den 27. Januar 1859. Raphaels Ephemeris zeigt ihn mit 22° 57 ♓ und — 3° 54 Dekl.

$$(22° 57\ ♓ - ♌\ 10° 27\ ♒) = 42° 30' = 9.82968\ (\log.\ \sin.)$$
$$i = 1° 47' = 8.49304\ (\log.\ \sin.)$$
$$β = 1° 12' = \overline{8.32272}\ (\log.\ \sin.)$$

Die nachfolgend aufgeführten Breiten zeigen:
20 ♓ — 1° 08′
20 ♓ — 1° 15′ } Differenz 7′; $\dfrac{7' \times 3°}{5} = 4' + 1° 08'' = - 1° 12' = β.$

Die Tabelle I zeigt bei 22° 57 ♓ — 2° 48 Deklination.
Die Tabelle II zeigt (Breite 1° 12′ — 6′) = — *1° 06′.*
Da beide Vorzeichen gleich, so ist — 3° 54′ die Deklination. Raphaels Ephemeris gibt dieselbe Deklination, doch fehlt hier, wie in den älteren Jahrgängen die Breite des Neptun, die somit also leicht mit diesen Tabellen festgestellt werden kann, wenn von der gegebenen Deklination — 3° 54 die Deklination des Ekliptikortes — 2° 48 (Tab. I) subtrahiert und die Differenz — 6′ (Tab. II) addiert wird — 1° 12′ = β.

Im Geburtsmoment, d. h. beim ersten Atemzug des Geborenen bilden die Gestirne für diesen Menschen eine Kristallisation, die während des ganzen Lebens unverändert bleibt und die immer mit der scheinbar sich fortbewegenden Sonne, mit der Erde verbunden ist.

Es zieht also auch die progressive Sonne (die in den der Geburt folgenden Tagen des Geburtsjahres) diese Kristallisation mit sich fort und zwar mit denselben Radixbreiten parallel zur Ekliptik. Dadurch werden von diesen von der progressiven Sonne vorgeschobenen Planeten neue Deklinationslinien gebildet, die die Radixdeklinationen schneiden.

Im vorliegenden Falle stand die Radixsonne 6° 58 ♒, sie lief dem Widderpunkte zu und mußte die Deklinationslinie des Neptun in ihrem Laufe treffen.

Die Sonne hat keine Breite; es zeigt demnach die Tabelle I bei 3° 54' Deklination die Sonnenstände:
20° 10 ♓ und 9° 50 ♈; die progressiven Stände der Sonne: 19° 50 ♓ und 9° 21 ♈ brachten den Tod der Mutter am 5. Aug. 1901 und den Tod der Gattin am 11. April 1921. Für eine Berichtigung der Radixsonne und somit auch der Geburtszeit kämen die Stände 7° 18 ♒ und 7° 27 ♒ in Betracht, da beide ein Plus zeigen; doch läuft der Saturn etwas der Sonne vorauf, sodaß auch dieser mitgewirkt haben muß.

Für den Saturn mit einer Radixbreite von + 0° 47' gestaltet sich nun die Berechnung wie folgt:

Die Sonnenbögen sind 42° 52' und 62° 23'
                               ♄ vorgeschoben 21° 55 ♍ und 11° 26 ♎
(Tab. I) Deklinationen der Ekliptikorte   + 3° 12' und − 4° 31'
(Tab. II) (0° 47 − 0° 04') und (0° 47 − 0° 04') + 0° 43' und + 0° 43'
        Deklinationen des vorg. ♄ + 3° 55' und − 3° 48'
        Deklination des ♆ rad. ist 3° 54'

Mit solchen Deklinationsschnittpunkten oder Parallelen läßt sich demnach die jedesmalige Breite feststellen.

Planet Cupido rad. 17° 26 ♉, Deklination + 16° 01' und Breite − 1° 04' Cupido vorg. parallel ♃ rad.: Hochzeit der Tochter am 24. Mai 1913.
(rad. 17° 26 ♉ + 54° 23') = 11° 49 ♋ = + 22° 56 (Ekliptikort).
          Breite (1° 04 − 0° 01' = − 1° 03'
          Dekl. des vorg. Cupido = + 21° 53'
                     ♃ rad. = + 21° 45'
                       Diff. − 0° 08'
                    Breite C. = − 1° 04'
Bei Länge 17° 26 ♉ soll β sein − 1° 12'

Cupido vorg. parallel ☿ rad.: Tod der Mutter am 5. August 1901.
(rad. 17° 26 ♉ + 42° 52') = 0° 18 ♋ = + 23° 27' (Ekliptikort).
                   Breite C. = − 1° 04'
          Dekl. des vorg. C. = + 22° 23'
          Dekl. des ☿ rad. = − 22° 26'
                    Diffz. + 0° 03'
                    Breite C. = − 1° 04'
Bei Länge 17° 26 ♉ soll β sein − 1° 01'

C. v. II ☿ rad. Tod Bismarcks am 30. Juli 1898
   C. vorg. 27° 17 II = + 23° 25' (Ekliptikort)
                     − 1° 03' (Bismarck hatte C ☌ ☿ im VIII)
                     + 22° 22'
        Dekl. ☿ rad. − 22° 26'
              Diffz. + 0° 04'
          Breite C. − 1° 04'
     also Breite C. = 1° 00' bei 17° 26 ♉. (Soll).
C. v. II ♃ rad. Tod des Vaters am 15. Juni 1888.
   C. vorg. 17° 08 II = + 22° 50' (Ekliptikort)
                     − 1° 03'
                     + 21° 47'

$$\begin{aligned}
\text{Dekl. } ♃ \text{ rad.} &\;+ 21°\; 45' \\
\text{Diffz.} &= 0°\; 02' \\
\text{Breite C.} &- 1°\; 04' \\
\text{also Breite C} &= 1°\; 06' \text{ bei } 17°\; 26\; ♉ \text{ (Soll).}
\end{aligned}$$

C. v. II ♃ rad. Kriegsbeginn am 1. August 1914.

$$\begin{aligned}
\text{C. vorg. } 13°\; 12\; ⊗ &= + 22°\; 48' \text{ (Ekliptikort)} \\
&\;- 1°\; 03' \\
&\;\overline{+ 21°\; 45'} \\
\text{Dekl. } ♃ \text{ rad.} &\;+ 21°\; 45' \\
\text{Diffz.} &= 0°\; 00' \\
\text{also Breite C.} &- 1°\; 04' \text{ bei } 17°\; 26\; ♉ \text{ (Soll).}
\end{aligned}$$

♃ v. II C. Tod der Gattin am 11. April 1921.

$$\begin{aligned}
♃ \text{ vorg. } 14°\; 04\; ♌ &= + 16°\; 37' \text{ (Ekliptikort)} \\
\text{Breite } ♃ - 0°\; 28'\; (- 0°\; 01') &= - 0°\; 27' \\
\text{Dekl. des vorg. } ♃ &= + 16°\; 10' \\
\text{Dekl. des C. rad.} &= + 16°\; 01' \\
\text{Diff.} &\;+ 0°\; 09' \\
\text{Breite C.} &- 1°\; 04' \\
\text{also Breite C.} &= 0°\; 55' \text{ bei } 17°\; 26\; ♉ \text{ (Soll).}
\end{aligned}$$

Ψ v. II C. Hochzeit der Tochter am 24. Mai 1913.

$$\begin{aligned}
Ψ \text{ vorg. } 17°\; 20\; ♉ &= + 17°\; 01' \text{ (Ekliptikort)} \\
\text{Breite } Ψ - 1°\; 12'\; (- 0°\; 04') &- 1°\; 08' \\
\text{Dekl. des vorg. } Ψ &\;+ 15°\; 53' \\
\text{Dekl. C. rad.} &\;+ 16°\; 01' \\
&\;- 0°\; 08' \\
\text{Breite C.} &- 1°\; 04' \\
\text{also Breite C.} &= 1°\; 12' \text{ bei } 17°\; 26\; ♉ \text{ (Soll).}
\end{aligned}$$

Die aus den bekannten Ereignissen abgeleiteten Breiten des Planeten Cupido für diesen Radixstand sind:

$$\left.\begin{aligned}
&- 1°\; 12' \\
&- 1°\; 01' \\
&- 1°\; 00' \\
&- 1°\; 06' \\
&- 1°\; 04' \\
&- 0°\; 55' \\
&- 1°\; 12'
\end{aligned}\right\} \begin{aligned} &\text{Ort } 17°\; 26\; ♉ \\ &\text{Mittel } 1°\; 04' \text{ als Probe für die} \\ &\text{in der Tabelle gegebenen Breite.} \end{aligned}$$

Zweite Heirat am 5. November 1922.
♃ vorg. 15° 36 ♌, Dekl. + 15° 43'
C. lfd. 17° 54 ♌, Breite + 0° 09', Dekl. + 15° 37' (also Breite + 0° 15').

Tod der Mutter am 5. August 1901.
C. lfd. 17° 56 ⊗, Breite — 0° 23', Dekl. + 21° 53' (also Breite — 0° 31'). Dekl. ♃ rad. + 21° 45'.

Mit einigen Horoskopen von Personen desselben Geburtsjahres ist es möglich, die Breite dieses Planeten nach obigen Beispielen genau genug festzustellen.

Ich bitte also Forscher der Astrologie festgestellte Breiten und Längen dem Verlage einzusenden, damit eine Gesamtprüfung erfolgen und eine genauere Tafel ausgearbeitet werden kann.

Um eine gute Uebersicht von allen Deklinationen zu erhalten, verwende man quadriertes Schreibpapier $28^1/_2$: $44^1/_2$ cm, nehme je 2 Spalten nach oben für 1° Dekl. und je 1 Spalte nach rechts für 1 Jahr und lasse jedes Jahr mit dem 0. Januar beginnen. Es decken sich also nicht die Jahresabschnitte mit den Sonnenbögen, da diese immer verschieden groß sind. Man rechne sich die vorgeschobenen Planetenstände für den 0. Januar der Jahre 20, 40, 60, 80 vor dem 21., 41., 61., 81. Geburtstage und trage die Deklinationspunkte jedes Planeten gesondert auf.

Verwendet man immer dasselbe Format und die Quadrate der Linien von gleicher Größe, so ist es praktisch, sich ein diesem Formate angepaßtes Kurvenlineal aus Pappe anzufertigen, indem man sich den Ekliptikbogen (Tab. I) aufträgt und die senkrechten Linien als Gradabschnitte benutzt; dann diesen Bogen sich auf einen Pappstreifen von 50 cm Länge und 7 cm Breite durchsticht und den Bogen ausschneidet.

Mit Hilfe dieses Lineals lassen sich nun schnell alle gefundenen Punkte verbinden.

Wenn die Rechenarbeit nicht genehm ist, kann mit Hilfe eines Zirkels und mit einer von mir angefertigten „Tafel zur graphischen

Breite-Unterschied der Deklinationen.

	Länge	Breite									Länge	
		1°	2°	3°	4°	5°	6°	7°	8°	9°	10°		
♈	0°	5′	10′	15′	20′	25′	30′	34′	39′	44′	49′	30°	
	5									43	48	25	
♎	10	5	9	14	19	24	29	33	38	42	47	20	♓
	15			13	18	23	28	32	37	41	45	15	♍
	20	4	8	12	17	22	27	31	36	40	44	10	
	25				16	21	25	29	34	37	41	5	
	30	4	7	11	15	19	23	27	31	34	38	0	
♉	5			10	14	17	20	24	28	31	35	25	
	10	3	6	9	12	15	18	21	25	28	32	20	♒
♏	15			8	10	13	16	19	22	25	28	15	
	20	3	5	7	9	11	13	16	19	22	24	10	
	25			6	8	10	11	13	15	18	20	5	♌
	30	3	4	5	6	8	9	10	12	14	16	0	
♊	5	2	3	4	5	6	7	8	9	10	11	25	
	10	2	2	3	4	5	6	6	6	7	7	20	
♐	15			3	3	4	4	4	5	5	15	♑
	20	1	1	2	2	2	3	3	3	3	3	10	♋
	25				1	1	2	2	2	2	2	5	
	30	0′	0′	0′	0′	0′	0′	0′	0′	0′	0′	0	

Bestimmung der Deklinationen der vorgeschobenen Planeten" sich leicht und schnell eine Uebersicht über die meisten Ereignisse seines Lebens verschaffen.

Man hat dann nur einen Quadranten vor sich liegen, da die Deklination + sich an der unteren Linie, dem Aequator, wieder nach oben wendet, wenn die Deklination in — übergeht.

Tabelle der Rektaszension und Deklination

Länge ♈♉ ♊♎ ♏♐	für ♈ ♎ +180° ← α	♈♍+)(— δ	für ♍)(+180° → α	für ♉ ♏ +180° ← α	♉♎+ ♏ δ	für ♌ ♒ +180° → α	für ♊ ♐ +180° → α	♊♋+ ♑ — δ	für ♋ ♑ +180° → α	Länge ♋♌ ♍♓ ♒♓
°	°	°	°	°	°	°	°	°	°	°
1	0 55	0 24	179 05	28 52	11 50	151 08	58 52	20 22	121 08	29
2	1 50	0 48	178 10	29 49	12 10	150 11	59 54	20 34	120 06	28
3	2 45	1 12	177 15	30 47	12 31	149 13	60 57	20 46	119 03	27
4	3 40	1 36	176 20	31 45	12 51	148 15	62 00	20 57	118 00	26
5	4 35	1 59	175 25	32 43	13 12	147 17	63 03	21 08	116 57	25
6	5 30	2 23	174 30	33 41	13 32	146 19	64 07	21 19	115 58	24
7	6 26	2 47	173 34	34 39	13 51	145 21	65 10	21 29	114 50	23
8	7 21	3 10	172 39	35 38	14 11	144 22	66 14	21 39	113 46	22
9	8 16	3 34	171 44	36 37	14 30	143 23	67 18	21 49	112 42	21
10	9 11	3 58	170 49	37 35	14 49	142 25	68 22	21 58	111 38	20
11	10 07	4 21	169 53	38 34	15 08	141 26	69 26	22 06	110 34	19
12	11 02	4 45	168 08	39 33	15 27	140 27	70 30	22 14	109 30	18
13	11 58	5 08	168 02	40 33	15 45	139 27	71 34	22 22	108 26	17
14	12 58	5 32	167 07	41 32	16 03	138 28	72 39	22 29	107 21	16
15	13 49	5 55	166 11	42 32	16 21	137 28	73 43	22 36	106 17	15
16	14 44	6 18	165 16	43 32	16 38	136 28	74 48	22 43	105 12	14
17	15 40	6 41	164 20	44 32	16 55	135 28	75 52	22 49	104 08	13
18	16 36	7 04	163 24	45 32	17 12	134 28	76 57	22 55	103 03	12
19	17 32	7 27	162 28	46 33	17 29	133 27	78 02	23 00	101 58	11
20	18 28	7 49	161 32	47 33	17 45	132 27	79 07	23 04	100 53	10
21	19 24	8 12	160 36	48 34	18 01	131 26	80 12	23 09	99 48	9
22	20 20	8 34	159 40	49 35	18 17	130 25	81 17	23 12	98 43	8
23	21 17	8 57	158 43	50 36	18 32	129 24	82 22	23 16	97 38	7
24	22 13	9 19	157 47	51 37	18 47	128 23	83 28	23 19	96 32	6
25	23 10	9 41	156 50	52 39	19 01	127 21	84 33	23 21	95 27	5
26	24 06	10 03	155 54	53 40	19 16	126 20	85 38	23 23	94 22	4
27	25 03	10 24	154 57	54 42	19 30	125 18	86 44	23 25	93 16	3
28	26 00	10 46	154 00	55 44	19 43	124 16	87 49	23 26	92 11	2
29	26 57	11 07	153 03	56 47	19 57	123 13	88 55	23 27	91 05	1
30	27 55	11 29	152 05	57 49	20 10	122 11	90 00	23 27	90 00	0

Planet Neptun | Planet Cupido

Länge	Breite	Deklination	Länge	Breite	Deklination
10 ♌	− 0° 01′	+ 17° 44′	10 ♌	0° 00′	+ 17° 45′
15 „	+ 0° 08′	+ 16° 29′	15 „	+ 0° 05′	+ 16° 26′
20 „	+ 0° 18′	+ 15° 06′	20 „	+ 0° 11′	+ 14° 59′
25 „	+ 0° 27′	+ 13° 38′	25 „	+ 0° 16′	+ 13° 28′
0 ♍	+ 0° 36′	+ 12° 03′	0 ♍	+ 0° 22′	+ 11° 50′
5 „	+ 0° 45′	+ 10° 22′	5 „	+ 0° 27′	+ 10° 06′
10 „	+ 0° 53′	+ 8° 38′	10 „	+ 0° 33′	+ 8° 20′
15 „	+ 1° 01′	+ 6° 50′	15 „	+ 0° 37′	+ 6° 30′
20 „	+ 1° 08′	+ 5° 00′	20 „	+ 0° 42′	+ 4° 36′
25 „	+ 1° 15′	+ 3° 08′	25 „	+ 0° 46′	+ 2° 40′
0 ♎	+ 1° 21′	+ 1° 15′	0 ♎	+ 0° 50′	+ 0° 45′
5 „	+ 1° 27′	− 0° 39′	5 „	+ 0° 53′	− 1° 11′
10 „	+ 1° 32′	− 2° 34′	10 „	+ 0° 56′	− 3° 07′
15 „	+ 1° 37′	− 4° 24′	15 „	+ 0° 59′	− 5° 01′
20 „	+ 1° 40′	− 6° 15′	20 „	+ 1° 01′	− 6° 52′
25 „	+ 1° 43′	− 8° 04′	25 „	+ 1° 03′	− 8° 42′
0 ♏	+ 1° 45′	− 9° 49′	0 ♏	+ 1° 04′	− 10° 29′
5 „	+ 1° 46′	− 11° 27′	5 „	+ 1° 05′	− 12° 10′
10 „	+ 1° 47′	− 13° 07′	10 „	+ 1° 05′	− 13° 47′
15 „	+ 1° 47′	− 14° 39′	15 „	+ 1° 05′	− 15° 19′
20 „	+ 1° 45′	− 16° 05′	20 „	+ 1° 04′	− 16° 44′
25 „	+ 1° 43′	− 17° 23′	25 „	+ 1° 03′	− 18° 01′
0 ♐	+ 1° 41′	− 18° 34′	0 ♐	+ 1° 01′	− 19° 12′
5 „	+ 1° 37′	− 19° 34′	5 „	+ 0° 59′	− 20° 12′
10 „	+ 1° 33′	− 20° 28′	10 „	+ 0° 56′	− 21° 04′
15 „	+ 1° 28′	− 21° 10′	15 „	+ 0° 53′	− 21° 45′
20 „	+ 1° 21′	− 22° 03′	20 „	+ 0° 50′	− 22° 15′
25 „	+ 1° 16′	− 22° 06′	25 „	+ 0° 46′	− 22° 35′
0 ♑	+ 1° 09′	− 22° 18′	0 ♑	+ 0° 42′	− 22° 45′
5 „	+ 1° 02′	− 22° 19′	5 „	+ 0° 37′	− 22° 44′
10 „	+ 0° 54′	− 22° 11′	10 „	+ 0° 33′	− 22° 32′
15 „	+ 0° 46′	− 21° 51′	15 „	+ 0° 27′	− 22° 10′
20 „	+ 0° 37′	− 21° 22′	20 „	+ 0° 22′	− 21° 38′
25 „	+ 0° 28′	− 20° 41′	25 „	+ 0° 16′	− 20° 53′
0 ♒	+ 0° 19′	− 19° 52′	0 ♒	+ 0° 11′	− 20° 00′
5 „	+ 0° 10′	− 18° 51′	5 „	+ 0° 05′	− 18° 56′
10 „	+ 0° 01′	− 17° 44′	10 „	0° 00′	− 17° 45′
15 „	− 0° 08′	− 16° 29′	15 „	− 0° 05′	− 16° 26′
20 „	− 0° 18′	− 15° 06′	20 „	− 0° 11′	− 14° 59′
25 „	− 0° 27′	− 13° 38′	25 „	− 0° 16′	− 13° 27′
0 ♓	− 0° 36′	− 12° 03′	0 ♓	− 0° 22′	− 11° 50′
5 „	− 0° 45′	− 10° 22′	5 „	− 0° 27′	− 10° 06′
10 „	− 0° 53′	− 8° 38′	10 „	− 0° 33′	− 8° 20′
15 „	− 1° 01′	− 6° 50′	15 „	− 0° 37′	− 6° 29′
20 „	− 1° 08′	− 5° 00′	20 „	− 0° 42′	− 4° 36′
25 „	− 1° 15′	− 3° 08′	25 „	− 0° 46′	− 2° 41′
0 ♈	− 1° 21′	− 1° 15′	0 ♈	− 0° 50′	− 0° 46′
5 ♈	− 1° 27′	+ 0° 39′	5 ♈	− 0° 53′	+ 1° 11′

Gegenüberliegende Zeichen haben entgegengesetzte Vorzeichen der Breite und der Deklination.

Kommentar zum Witte-Artikel
" Der progressive Meridian während eines Jahres "

Es könnte sein, dass der Studierende hier nicht gleich richtig durchblickt. Es wird daher auf zwei wichtige Unterschiede aufmerksam gemacht.

1.) <u>Der vorgeschobene Meridian</u>

Dieser wird in der Witte-Arbeit eingehend erörtert. Es ist der um den Sonnen-Bogen (SB) für den so alt gewordenen Horoskopeigner vorgeschobene Radix -Meridian (M).
Besprochenes Beispiel Ex-Kaiser:

M rad.	7.15 Steinbock
+ SB für den Zeitpunkt des Todes seiner ersten Gattin	62.23
oberer M pr =	9.38 Fische
unterer M pr (Spitze IV. Haus) =	9.38 Jungfrau

2.) <u>Der persönliche Meridian</u>

Der persönliche M wurde in dem Witte-Artikel
" Das Tageshoroskop mit dem persönlichen Meridian" erörtert. Es wird, um Verwechslungen zu vermeiden, vorsorglich noch einmal darauf hingewiesen, dass der persönliche M von Witte in seinen Arbeiten mit " Xg " bezeichnet wurde, während wir heute die Bezeichnung M pr wählen. Wie der M pr berechnet wird, soll hier nocheinmal für das Horoskop des Ex-Kaisers (Todestag seiner Gattin) gezeigt werden:

M rad.	7.15 Steinbock	=	277.15
+ Sonnenbogen			62.23
			339.38
+ Sonne lfd.	20.50 Widder	=	20.50
			360.28
./. Sonne rad.	6.58 Wassermann	=	306.58
			53.30
	M pr	=	23.30 Stier

Witte erwähnt in seiner Arbeit diesen M pr (im VIII. Erdhaus) in Konjunktion zum laufenden Mond (26.35 Stier). Es ist dort auch eine Aufstellung zum Abdruck gebracht. Um die linksstehenden Stände zu verstehen, muss die nach der Aufstellung gebrachte Erklärung beachtet werden.

Der progressive Meridian während eines Jahres.
Von A. Witte, Hamburg.

Im Geburtsaugenblick ist der Mittelpunkt der Erde der Gravitationspunkt für den Geburtsort und demnach auch für den in diesem Orte geborenen Menschen. Da die Erde annähernd 60 Bogenminuten an einem Tage in ihrem Laufe um die Sonne zurücklegt, so nimmt sie im Geburtsaugenblick einen bestimmten Stand ein, der für den Geburtstag und die Zeit der Geburt dem Gravitationspunkte S o n n e in der Ekliptik gegenüberliegt, denn für den Mittelpunkt der Erde oder für den Erdkörper ist der Sonnenstand der Gravitationspunkt in der Kreisbahn der Erde.

Während eines Tages im Geburtsjahre vollendet der Geburtsort einen synodischen Umlauf um die Erdachse und zwar von der unteren Kulmination um Mitternacht bis zur Kulmination, bis Mitternacht, des nächsten Tages. Dieser Lauf des Ortes, parallel zur Kreislinie des Aequators, gleicht dem Laufe der Erde um die Sonne. Die Richtung Zenit—Erdmittelpunkt—Nadir an dem betreffenden Tage entspricht also der Richtung Erde—Sonnenmitte—Stand der Sonne in der Ekliptik im Jahre.

Während einer Rotation des Ortes um die Erdachse, also während eines Tages sind die Schnittpunkte des Meridiankreises mit der Ekliptik die maßgebenden Punkte für den Tag; der obere Meridian entspricht also dem Stande der Erde, der untere Meridian dem Stande der scheinbar laufenden Sonne.

Während eines Umlaufs der Erde in einem Jahre ist der Stand der Sonne der maßgebende Punkt der Ekliptik und während die Erde in ihrem jährlichen Umlaufe 360° beschreibt, vollendet der Geburtsort in einem synodischen Tage einen Bogen von 361°.

Diese beiden Bewegungen stehen nun in der astrologischen Technik derart miteinander in Verbindung, daß der Umlauf des Ortes Ereignisse zeitigt, wenn die Erde den jährlichen Lauf um die Sonne vollführt; es ist also entweder die Erde oder die laufende Sonne der auslösende Punkt der Ekliptik für den Lauf des Ortes um die Erdachse.

Bekanntlich werden die Häuser des Geburtsmeridians von der oberen Kulmination des Ortes je 30° fortlaufend auf dem Aequator, auf dem Fundamentalkreise der Bewegung des Geburtsortes errichtet. Die Schnittpunkte dieser Zweistundenmeridiane mit der Ekliptik sind demnach die Spitzen der Radixhäuser, weil die Bewegung des Ortes und die des Mittelpunktes der Erde oder der laufenden Sonne gleiche Winkelunterschiede bilden, je 30° des Sonnenlaufs entsprechen je einem Meridianhause und es wird der Sonnenlauf während eines Jahres dem Laufe des Geburtsortes durch die Radixhäuser entsprechend eingesetzt werden müssen.

Die Richtung Erde—Sonne entspricht der Richtung Zenit—Erdmittelpunkt—Nadir (Spitze des IV. Hauses). Die Spitze des IV. Hauses in der Meridianebene liegend entspricht also dem Stande der Radixsonne in der Ekliptik.

An einem Beispiel soll gezeigt werden, wann die laufende Sonne im progressiven Jahre durch die Häuser des Geburtsmeridians als a u s - l ö s e n d e r P u n k t wandert, da sich ja auf der Erde, dem Oppositionspunkte der Sonne, der Geborene befindet, der sich vordem, in den der Geburt unmittelbar folgenden Tagen des Geburtsjahres, im Geburtsorte, also im progressiven oberen Meridiane befand. Der Lauf des progressiven **unteren** Meridians **entspricht** demnach dem auslösenden Punkte der **Sonne**.

Im nachfolgenden Beispiele entspricht der untere Meridian $7°15'$ ♋ der Sonne $6°58$ ♒ im Radixhoroskop des früheren deutschen Kaisers Wilhelm II.

Verfolgt man die progressive Sonne während des Laufs des Meridians um die Erdachse, so wächst annähernd der Bogen der Sonne mit jedem Tage um 1 Grad, der Lauf des Meridians dagegen um $361°$. Mit jedem Grad der progressiven Sonne gewinnt also auch der Geburtsmeridian einen Grad, sodaß bei einem Sonnenbogen von $62°23'$ auch die Spitze des IV. Hauses um $62°23'$ vorgeschoben ist und jetzt den Stand $9°38$ ♍ am 11. April 1921, dem Todestage der Gattin, eingenommen hat.

Bis zum letzten Geburtstage, dem 27. Januar 1921, dem wiederkehrenden Stande der Radixsonne war ein Sonnenbogen von $62°11'$ zurückgelegt.

Wenn jetzt der vorgeschobene Meridian $9°26$ ♍ der Geburtssonne entspricht, so muß die Spitze des IV. Hauses des Radix einem Tage entsprechen, der einen um $62°11'$ verminderten Sonnenstand zeigt, zu dem noch $0°10'$ addiert werden müssen, da der Sonnenbogen für das progressive Jahr annähernd $0°60'$ beträgt und 62 Grad des Sonnenlaufs ungefähr 10 Bogenminuten für die 62 rückwärts liegenden Tage geben.

Am nächsten Geburtstage muß also diese Sonne um weitere $0°59'$ zurückliegen, demnach muß für ein Radixhaus je 5' fortlaufend subtrahiert werden.

Sonne radix	$6°58'$ ♒	$6°58'$	$6°58'$
	$-62°01'$	$-62°11'$	$62°23'$
Häuser-Stände	$4°57'$	$4°47'$ am Geburtstage	$4°35'$ am Todestage d. Gattin

Je 6 Grad des Sonnenlaufes entsprechen einer Bogenminute des Sonnenbogens und es zeigen die obigen Stände das Fortschreiten der R.A. der Häuser des Radix auf die Ekliptik übertragen. Die laufende Sonne, jetzt als progressiver unterer Meridian, wandert durch die Häuser des Radixhoroskops wie folgt:

Der ☉-Stand $4°57'$ ♐ zeigt 27. Nov. 1920 für die Spitze d. IV. Hauses $7°15$ ♋

$4°52'$ ♑ „ 26. Dez. 1920 „ „ „ V. „ $5°32$ ♌

♄ $6°23$ ♑
☊ $28°03$ ♑

$4°47'$ ♒ „ 25. Jan. 1921 „ „ „ VI. „ $6°07$ ♍

$4°42'$ ♓ „ 23. Febr. 1921 „ „ „ VII. „ $8°36$ ♎

Desc. $16°45$ ♓

$4°37'$ ♈ „ 25. März 1921 „ „ „ VIII. „ $10°19$ ♏

☽ $21°42$ ♈

$4°32'$ ♉ „ 25. April 1921 „ „ „ IX. „ $9°34$ ♐

♀ $21°12$ ♉

$4°27'$ ♊ „ 26. Mai 1921 „ „ „ X. „ $7°15$ ♑

☿ $10°33$ ♊

$4°22'$ ♋ „ 26. Juni 1921 „ „ „ XI. „ $5°32$ ♒

☉ $4°18$ ♋
☋ $28°03$ ♋

♄ $9°03$ ♌
☊ $0°43$ ♍

Desc. $19°25$ ♎

☽ $24°22$ ♏

♀ $23°52$ ♐

☿ $13°13$ ♑

☉ $6°58$ ♒
☋ $0°43$ ♓

♆ 20°17 ♌	4°17 ♌ zeigt 27. Juli 1921 für die Spitze d. XII. Hauses 6°07 ♓	♆ 22°57 ♓
♂ 24°00 ♌		♂ 26°40 ♓
	4°12 ♍ „ 28. Aug. 1921 „ „ „ I. „ 8°36 ♈	
Asc. 16°45 ♍		Asc. 19°25 ♈
	4°07 ♎ „ 27. Sept. 1921 „ „ „ II. „ 10°19 ♉	
C 14°46 ♎		C 17°26 ♉
♅ 26°54 ♎		♅ 29°34 ♉
	4°02 ♏ „ 27. Okt. 1921 „ „ „ III. „ 9°34 ♊	
♃ 9°01 ♏		♃ 11°41 ♊
	3°57 ♐ „ 26. Nov. 1921 „ „ „ IV. „ 7°15 ⊗	
IV 4° 35 ♐		

Die linksstehenden Stände der rechtsstehenden Radixplaneten sind sensitive Punkte des vorgeschobenen IV. Hauses am Todestage der Gemahlin, nämlich ☉ + Planeten — IV vorgeschoben. Diese Punkte können von der laufenden Sonne ausgelöst werden, sobald sie als aspektempfangende Planeten im Radix von den vorgeschobenen Planeten beeinflußt werden, wie in diesem Falle ♆ vorg. ☍ ☽ rad. und ♂ vorg. ☌ ♅ rad.

Der Sonnenstand am Todestage war 20° 5o ♈, die Sonne befand sich mit dem Radixaszendenten 19° 25 ♈ und mit obigem Mondstande in Konjunktion im VIII. Hause.

Subtrahiert man vom Sonnenstande 20° 50 ♈ die Spitze des obigen I. Hauses des Radix 8° 36 ♈ und addiert den Unterschied 12° 14' zum Punkte des I. Hauses der Ekliptik 4° 35 ♍, so erhält man 16° 49 ♍, den sensitiven Punkt des Aszendenten 16° 45 ♍.

Die laufende Sonne und der Punkt des VIII. Hauses 4° 35 ♈ zeigen einen Unterschied von 16° 15'; wird dieser zur Spitze des VIII. Hauses des Radix 10° 19 ♏ addiert, so erhält man 26° 34 ♏ die Opposition des laufenden Mondes 26° 35 ♉ am Todestage, am 11. April 1921 morgens 6¼ Uhr und den progressiven oberen Meridian im Zeichen Stier, im VIII. Erdhause. Der Ort der Erde in der Ekliptik 20° 50 ♎ löste auch den sensitiven Punkt der Halbsumme Cupido/Uranus 20° 50 ♎ aus und berührte den des Uranus 26° 54' ♎ am Bestattungstage.

Die Erde oder die laufende Sonne, der auslösende Punkt des Jahres, zeigt in diesem Horoskop auf den Mond im VIII. Hause und den Aszendenten im Radix. Die Stunde des Tages, die durch den laufenden Mond angezeigt wird, zeigt die Auslösung des Aszendenten und ist in Verbindung mit dem Radixmond und mit dem Punkte der auslösenden Sonne. Der laufende untere Meridian steht in der Halbsumme der sensitiven Punkte ☉/♌, der Deszendent ☌ ♃ 9° 01 ♏ □ ♄ rad. 9° 3 ♌.

Der sensitive Punkt (☉ + ☽) rad. — IV vorgeschoben, die Ehe des im 63. Lebensjahre stehenden Horoskopinhabers, wurde also von der laufenden Sonne ausgelöst.

Die Trennung der Ehe (☉ + ☽ − Asz.) rad. = 11° 55 ♍ steht in Quadratur und der Punkt »Tod einer Frau« (♂ + ♄ — ☽) = 11° 21 ♊ in Konjunktion mit dem ♃ rad. 11° 41 ♊. Durch diesen Planeten geschieht demnach die Aufhebung der Ehe, welche durch den laufenden ♃ 9° 52 ♍ am IV. Hause vorgeschoben 9° 38 ♍ stattfand.

Auch die sensitiven Punkte:

(☉ + ☽ — IV vorg.)	21° 42 ♈	☌	Aszendent	19° 25 ♈
(☉ + ♂ — IV vorg.)	24° 00 ♌	□	☽ radix	24° 22 ♏
(☉ + ♃ — IV vorg.)	9° 01 ♏	□	♄ radix	9° 03 ♌

zeigen die Trennung einer in Ehegemeinschaft lebenden Frau (☽, ♂, ♃) von dem jetzt verwitweten Gatten (☽, ♄ Asz.)

Vergleicht man noch die Punkte:

(☉ + ☊ — IV vorg.) 28° 03 ♋ □ ☉ radix der Gattin 28° 49 ♎
(☉ + ♅ — IV vorg.) 26° 54 ♎ ☍ ☽ radix „ „ 27° 00 ♈
(☉ + ☿ — IV vorg.) 13° 33 ♊ ☍ ♀ radix „ „ 13° 57 ♐

mit den Radixplaneten der Gattin des ehemaligen Kaisers, so zeigen diese Planeten die Liebesehe der Gemahlin und die maßgebenden progressiven (weil eine Verbindung mit einer anderen Person vorlag) Planeten des Gatten.

Diese standen:

☿ 27° 40 ♈ ☌ ☋ laufend 27° 41 ♈
♅ 0° 38 ♊ □ ☋ radix 0° 43 ♍
☊ 27° 26 ♒ □ (♀, ♆, ♂) vorg., □ ☽ lfd.

Dieselben Planeten wurden auch von den vorgeschobenen des Gatten:

☉ 9° 21 ♈ □ ☽ rad. 24° 22 ♏ △ ♄ rad. 9° 03 ♌
♆ 25° 20 ♉ ☍ ☽ rad. 24° 22 ♏
♂ 29° 03 ♉ ☌ ♅ rad. 29° 34 ♉
♂ 29° 03 ♉ □ ☿ rad. 13° 13 ♑ ausgelöst.

Alle diese Verbindungen zeigen somit deutlich auf den durch Korrektur gefundenen Meridian des Radixhoroskops 7° 15 ♑ und bestätigen die abgeleitete r i c h t i g e Geburtszeit 10h 07m morgens.

* * *

Die Deklinationen der vorgeschobenen Planeten, das in Länge (Ekliptik!) vorgeschobene Radixhoroskop ist schon oft Gegenstand eifriger Erörterungen in unserer Zeitschrift gewesen. Es ist bekanntlich das Direktionssystem der Hamburger Schule, welches, nach den oft erwähnten Arbeiten von A. W i t t e, in seiner graphischen Darstellung einen Gesamtüberblick über alle wichtigen Ereignisse des Lebens bietet, resp. bieten soll.

Aber gerade die Anfertigung dieser Zeichnung erscheint so umständlich, daß die meisten Astrologen es garnicht erst versuchen.

Es ist deshalb zu begrüßen, daß sich nunmehr Herr Wilhelm H a r t m a n n, Hamburg 4, Sophienstraße 91 bereit erklärt hat, solche Zeichnungen auf Wunsch anzufertigen (gegen ein Honorar von 6 Mark). Die Kurven sind auf Millimeterpapier gezeichnet (Größe etwa 45 mal 60 cm) und enthalten die Lebensereignisse für etwa 55 Jahre. Auf Wunsch auch für länger.

Es ist wirklich an der Zeit, daß einmal ein größerer Kreis von Astrologen diese Methode prüft. Wir machen deshalb auf diese Gelegenheit, in seinen Arbeiten in dieser Richtung Unterstützung und Anregung zu finden, aufmerksam. Alles Nähere teilt Herr Hartmann auf Wunsch mit.

Auf die im Jahrgang XI, XII und XIII der A. R. veröffentlichten Artikel von A. Witte verweisen wir noch ganz besonders, da diese Artikel ein zusammenhängendes Orientierungs- und Studienmaterial über die Arbeitsmethoden der Hamburger Schule bieten.

Kommentar zum Witte-Artikel
" Planetenbilder und sensitive Punkte "

Witte erläutert hier nocheinmal die Begriffe Planetenbilder und sensitive Punkte, wobei er speziell auf die im Horoskop des Exkaisers zum Zeitpunkt des Todes seiner Gattin sich ergebenden kosmischen Gegebenheiten eingeht.

Um dem Studierenden die Möglichkeit zu geben, auch das Horoskop von Augusta Viktoria, ehemalige deutsche Kaiserin und Königin von Preussen, zu untersuchen, wird nachstehend deren Horoskop abgebildet (geb. 22. 10. 1858, 7 Uhr 30 Min. a. m. in Dolzig, Kreis Sorau/Brandenburg, Breite N 51.38, östliche Länge 15.08).

Faktorenstände:	Radix:	Laufend:
Sonne	28.35 Wa	20.50 Wi
Mond	23.48 Wi	26.35 St
Merkur	23.18 Wa	25.52 Fi
Venus	13.46 Sh	8.18 St
Mars	13.48 Sb	12.22 St
Jupiter	21.23 Zw	9.52 Ju
Saturn	11.21 Lö	19.16 Ju
Uranus	2.47 Zw	8.03 Fi
Neptun	22.36 Fi	11.00 Lö
Pluto	6.34 St	6.54 Kr
Knoten	5.53 Fi	27.41 Wa
Meridian	20.30 Lö	14.35 Sb
Ascendent	8.00 Sk	6.30 St
Cupido	18.53 St	13.03 Lö
Hades	24.15 Sb	29.19 Fi
Zeus	11.47 Zw	0.18 Lö
Kronos	18.33 Fi	2.41 St
Apollon	23.00 Kr	0.41 Ju
Admetos	26.35 Ws	4.00 Wi
Vulkanus	3.32 St	6.56 Zw
Poseidon	26.12 Lö	25.32 Ju

Die wichtigsten " kosmischen Suggestionen " zum Zeitpunkt des Todes der Ex-Kaiserin (11. 4. 1921 um 6.15 a. m. in Doorn) sind:

```
    M pr                          15.50 Stier
  = Sonne/Uranus rad.             15.41 Löwe
  = Meridian/Saturn rad.          15.55 Löwe
  = Mars/Saturn vorg.              0.39 Krebs
  = Uranus/Neptun vorg.            0.46 Krebs
  = Sonne vorg./Steinb. rad.       0.50 Steinbock
  = Sonne/Neptun lfd.              0.55 Krebs

ferner
    M lfd.                        14.35 Steinbock
  = Saturn/Neptun lfd.             0.08 Jungfrau
  = Mars rad.                     13.48 Steinbock
  = Sonne/Widder rad.             14.17 Krebs
  = Saturn vorg.                  14.26 Waage

und schliesslich
    M rad.                        20.30 Löwe
  = Mond/Saturn vorg.             20.39 Löwe
  = Saturn/Hades vorg.             5.53 Steinbock
  = Meridian/Mars vorg.            5.14 Krebs
  = Mars/Saturn pr.               21.00 Stier
  = Sonne lfd.                    20.50 Stier
```

Planetenbilder und sensitive Punkte.
Von A. *Witte,* Hamburg.

Ein Planetenbild wird von drei Planeten gestellt, wenn einer von ihnen in der Mitte oder in der Halbsumme der beiden andern steht.

Drei Planeten können nun in sechs verschiedenen Stellungen zu einander sein, es kann jeder von den dreien zweimal in der Mitte liegen.

Die Anzahl der Versetzungen (Permutationen), die auftreten können, richtet sich nach dem Produkte der Ordnungszahlen. Hat man drei Planeten, so ist die Anzahl der Umstellungen $1\times2\times3=6$, bei fünf Planeten ist sie $1\times2\times3\times4\times5=120$ u. s. w.

Sind a, b, c die Planeten, so kann die Reihenfolge sein:

c, b, a | a, c, b | b, a, c
a, b, c | b, c, a | c, a, b

Die Stände denke man sich vom Erdmittelpunkte, vom Nordpol der Ekliptik aus gesehen und von rechts nach links, in der Reihenfolge der Tierkreiszeichen gelesen.

Ist in einem Radixhoroskop eine solche Komplexion oder ein Planetenbild vorhanden, so wirkt es auch als solches, wenn der mittlere Planet nicht genau in der Halbsumme der beiden andern steht. Aber bei laufenden Planeten wirkt es für diesen Horoskopinhaber erst an dem Tage, an welchem der mittlere genau in der Symmetrieachse der beiden zugehörigen Planeten steht. Aehnliche Ereignisse treten immer wieder auf, wenn wiederum dasselbe Planetenbild von den laufenden Planeten geformt wird. Man beachte dabei den Stand der Symmetrieachse und die Differenzierung des Radix durch die langsam laufenden Planeten.

Die Kräfte zweier Planeten treten gemeinsam in ihrer Symmetrieachse oder in ihrer Halbsumme auf.

Steht ein Planet genau in der Halbsumme der beiden anderen, so ist der mathematische Ausdruck dafür: $a+c-b=ac$, ac ist die Halbsumme von $a+c$. Der senkrechte Strich zwischen beiden Planetenzeichen ist das Zeichen für die Symmetrieachse.

Bei Radixplanetenbildern gewähre man dem mittleren einen Spielraum und auch dann wird dieselbe Schreibweise für diese Komplexion angewendet.

Liegt b nicht in der Mitte von a und c, sondern etwas nach rechts, sodaß b von einem laufenden Planeten eher berührt wird, so tritt die Wirkung erst dann ein, wenn der laufende Planet den **sensitiven Punkt des Planetenbildes** berührt. Ein sensitiver Punkt ist also das fehlende Element eines nicht symmetrisch geformten Planetenbildes, das zur Herstellung der Symmetrie diesen Punkt verlangt.

Es ist dann $a+c-b=P$ oder $a-b+c=P$. Stehen nun in einem Horoskop die Planeten so, daß annähernd je zwei Planeten gleiche Bogenunterschiede zeigen, so ist die Summe der beiden innerhalb stehenden Planeten gleich der Summe der beiden das Bild abschließenden Planeten.

Die Halbsummen bilden die gemeinschaftliche Symmetrieachse des Planetenbildes.

Tritt nun in die Symmetrieachse eines solchen Bildes ein laufender, ein vorgeschobener oder ein progressiver Planet, so hat man schon ein von fünf Planeten gestelltes Planetenbild.

Wird die Halbsumme zweier Planeten in die Symmetrieachse eines Planetenbildes geführt, so ergibt sich ein Planetenbild mit sechs Planeten.

Stehen in einem Horoskop je zwei Planeten in Konjunktion mit einander, so stellen sie zusammen ein Planetenbild, nämlich, wenn a ☌ b und c ☌ d ist, so ist $c+a = d+b$ und $d+a = b+c$. Auch Quadraturen und Oppositionen in zweier Planeten zeigen ebenfalls Planetenbilder.

Haben die Summen und die Halbsummen von je zwei Planeten gleiche Werte in den Quadranten, so formen sie Planetenbilder mit einander.

Schließen zwei laufende Planeten den Erdmeridian oder den Solstitialkolur ein, so wirken beide Planeten auf die **Erdachse** und zeigen somit, daß auch schon zwei Planeten mit einem nicht sichtbaren Punkte ein Planetenbild formen können.

Die Wirkung auf die **Erdachse** verteilt sich in der geographischen Breite eines Ortes auf den in dieser Breite um die Achse laufenden Geburtsort.

Schließen zwei Planeten den Aequator oder einen der beiden Nachtgleichenpunkte ein, so wirken beide auf den Erdmittelpunkt und von diesem auf verschiedenen Sonnen im Horoskop, im ersteren Falle dagegen auf den Geburtsort oder auf den progressiven Meridian.

Was von den Kardinalpunkten der Erde gesagt ist, gilt auch für jeden Meridian oder für die Horizontpunkte, den Aszendenten und den Deszendenten.

Stehen also zwei Planeten in gleichem Abstande vom Geburtsmeridian einer Person, so sind beide Planeten **Herrscher der Geburtsminute** und sind beide immer maßgebend für diese Person als progressive, vorgeschobene oder laufende Planeten in den Horoskopen anderer Personen.

Man richte aber dann noch die Aufmerksamkeit auf die Halbsumme dieser Planeten, da diese dem betreffenden Menschen charakterisieren.

So ist z. B. der **Herrscher des Geburtstages** des ehemaligen Deutschen Kaisers der **Saturn**, weil dieser in der Opposition der Radixsonne steht und daher die stärkste Verbindung mit dem Geburtspunkte, dem Erdmittelpunkte hat. Die Planeten im Kreuz der Radixsonne sind Herrscher des Tages, in der Quadratur zur Sonne liegend, haben sie auf den an diesem Tage Geborenen einen schlechten Einfluß.

Der **Merkur** dagegen, am oberen Meridiane stehend, ist **Herrscher der Stunde**, sein größter Feind ist der mit dem ihm im ♑ Schein stehende Uranus, der also auch zu den herrschenden Planeten gerechnet werden kann. Da nun der Uranus der Kriegsverkünder ist, so konnte dem deutschen Kaiser durch die Kriegserklärung kein Glück blühen. Auch die Stellung des Mondes in der Opposition zum Uranus, was im Horoskop einer herrschenden Person stets »Aufruhr im Volke« bedeutet, mußte für ihn oder für den Merkur verhängnisvoll werden, als der vorgeschobene Mond 6° 30 ♑ und 6° 48 ♑ an den beiden Tagen der Attentate, den 16. Nov. 1900 und den 6. März 1901 nahezu am oberen Meridiane 7° 15 ♑ und der vorgeschobene ♂ 8° 48 ♉ und 9° 06 ♉ sich in Quadratur zum Radixsaturn 9° 03 ♌, dem Herrscher des Tages oder dem des Körpers, befand.

Die vorgeschobene Sonne 19° 6 ♓ und 19° 24 ♓ trat während dieser Zeit in den Spiegelpunkt des Mars zum Radixneptun, nämlich ♆+♆ −♂=19° 14 ♓, ferner stand diese Sonne in der Halbsumme X ♅ 18° 24 ♓ und 18° 35 ♓, in welchen Graden sich auch der progressive Merkur 20° 15 ♓ und 20° 49 ♓ befand, der mit dem Uranus und dem Radixmeridian ebenfalls die progressive Sonne und den Spiegelpunkt des Mars zum Neptun berührte.

Die Sonne stand mit dem Merkur im Quadratschein zur Halbsumme der Radixplaneten Mond und Merkur.

Es war demnach auch:

(☽+☿) rad. = (☉+☿) progr.
und (☾+☿) rad. = (♅ +X) rad. oder ♅+☽ vorg.

diese letzte Gleichung ist der Beweis für die vorhergehende Behauptung der Wirkung von Mond und Uranus auf den Geburtsmeridian und auf dessen Herrscher Merkur, zumal dieser als laufender Planet beim ersten Attentate in der Opposition zum Uranus progr. und beim zweiten in Konjunktion mit (☿|☉) progr. und in der Halbsumme (♅|X) oder (♅|☽) Stand.

Beim Tode der Gattin am 11. April 1921 stand die progressive Sonne in der Halbsumme (☉|♃) rad. und in der Halbsumme ♂ progr. ♅ lfd. Der laufende Uranus löste also die Differenzierung der Sonne durch Mars (Ehemann) aus.

Die progressive Sonne, die dem Mittelpunkt der Erde entspricht, wurde in der Aequatorebene der Erde von den laufenden Planeten Sonne und Uranus, die beide gleichen Abstand zum Widderpunkte hatten, ausgelöst.

Untersucht man noch die Planetenbilder der in dem kommenden Artikel »Differenzierung der Planeten« angeführten progressiven Planetenstände, so findet man das symmetrische Bild:

☋ . . . . ♃ . . ♅ . . ♂ . | . ☿ . . ☉ . . ♆ . . . . ☿ rad.
□ ♄
□—☽ radix. (Antiscium des Mondes).

Alle progressiven Planeten, bis auf ☽ und ♀ weisen auf den Spiegelpunkt des Radixmondes zum Erdmeridiane, der wieder in Verbindung mit dem Radixmond durch die laufenden Planeten Uranus, Jupiter und Sonne ausgelöst wurde.

Der Punkt (☉+♃) lfd. + ☽ rad. stand in der Symmetrieachse der progressiven Planeten und der Spiegelpunkt der progressiven Planeten Mond und Venus fiel in der Todesminute mit dem laufenden Meridiane im Zeichen Steinbock zusammen.

Der progressive Meridian 23° 30 ♉ stand in dem Punkte (♂+♆) rad. — ☽ vorg. und der Punkt der laufenden Planeten ♂+♆—☽ löste den Stand des vorgeschobenen Mondes, des progressiven und des Radixmondes aus, da dieser Punkt der progressiven Planeten ♂+♆—☽ mit dem Radixjupiter zusammenfiel, der eine Konjunktion mit dem Punkte (♂ + ♄ − ☽) rad., »Tod einer Frau«, hat und dieser Punkt als (♂+♄) rad. — ☽ vorg in der Opposition der progressiven Sonne und in der Quadratur zum X. Radixhause lag.

Kommentar zu den Witte-Artikeln
" Die Differenzierung der Radixsonne und die des unteren Geburtsmeridians "
und
" Differenzierung der Planeten ".

Zunächst muss ich den Leser auf Fehler des Setzers hinweisen. Im ersten Artikel wurde neben der Gradangabe 20.50 bezw. 9.21 hin und wieder ein " V " (Vau oder eine römische 5) gesetzt. Das ist falsch. Der Setzer hat das " V " mit dem Symbol des Tierkreiszeichens Widder verwechselt, das ja so ähnlich aussieht.

Es ist sicher anzunehmen, dass der Studierende nunmehr in die Materie so weit eingedrungen ist, dass die hier von Witte vorgetragenen Hinweise ohne weitere Erläuterungen verstanden werden. Wichtig ist hier, bei der Nacharbeit zwei runde, verschieden grosse Papierscheiben zu verwenden, die mit den genauen Grad-Eintragungen der Planetensymbole versehen sind.

Wenn dann die grössere Papierscheibe um den Sonnenbogen von 62.23 vorgeschoben und die drehbare Gradscheibe entsprechend eingestellt wird, kommt man zum Ziel.

Die Differenzierung der Radixsonne und die des unteren Geburtsmeridians.

Von A. Witte.

Um Wiederholungen zu vermeiden, verweise ich auf den Artikel »Der progressive Meridian während eines Jahres«*), in dem in dem Schema rechtsstehend die Radixstände der Planeten und die der zugehörigen Häuser des ehemaligen deutschen Kaisers Wilhelm II. angeführt sind.

Am 30. März 1859, bei einem progressiven Sonnenstande von $9°\,21\,V$, hatte der Geburtsort etwas über 62 synodische Umläufe um die Erdachse vollendet.

---
*) Siehe Jahrg. XV, Heft 2, Astrolog. Rundschau. Von unserem Mitarbeiter Witte sind in den Jahrgängen XI, XII und XV der A. R. wertvolle Arbeiten veröffentlicht. Weitere Einführung in seine Arbeitsmethode ist in Vorbereitung.

Der Unterschied dieser progressiven Sonne mit der Radixsonne gab den Sonnenbogen 62° 23', der für alle Direktionen beim Tode der Gemahlin am 11. April 1921 maßgebend war.

Sieht man vorläufig von dem Laufe des Geburtsortes um die Erdachse ab und verfolgt nur den Geburtspunkt der Ekliptik, und zwar die Opposition desselben in dem Stande der progressiven Sonne, so ist dieser von der Radixsonne mit einem Bogen von 62° 23' bis zur progressiven Sonne gewandert. Aber auch alle Planeten, die im Augenblick der Geburt für den Geborenen eine feste Kristallisation mit der Radixsonne bildeten, sind um denselben Sonnenbogen von der progressiven Sonne, vom jetzigen Gravitationspunkte, getragen, parallel zur Ekliptik vorgeschoben.

Die erste Frage ist nun: »Wie stehen diese Planeten zu den Radixplaneten?« Dieser Zusammenhang nicht nur in den Aspekten, sondern auch in den geformten Planetenbildern gibt unbedingt die kommenden Ereignisse.

Diese Direktion mit dem Sonnenbogen ist unter allen Umständen richtig, da sie schon an Tausenden von Horoskopen erprobt ist und noch nie versagt hat, wenn auch die Planetenbilder ausgewertet werden.

Wenn immer wieder behauptet wird, die Direktionen seien der schwächste Punkt der astrologischen Technik, so liegt diese Schwäche nicht in den Direktionen, sondern im Gehirne des Astrologen.

Die Stände der vorgeschobenen Planeten sind (☉ progr. + Pl. — ☉ rad.):

☉ 9° 21 ♈	♀ 26° 15 ♒	♄ 11° 26 ♎	♌ 3° 06 ♉
☽ 26° 46 ♑	♂ 29° 03 ♉	♅ 1° 56 ♌	X 9° 38 ♓
☿ 15° 36 ♍	♃ 14° 04 ♌	♆ 25° 20 ♉	Asz. 21° 48 ♊
			Cupido 19° 49 ♋

Die zweite auftauchende Frage muß unbedingt die sein: »Wie stehen die Radixplaneten zu dem jetzigen Gravitationspunkte, zu der progressiven Sonne, und welchen Einfluß empfängt dadurch die Radixsonne?«

Graphisch läßt sich die Sache leicht ausführen, wenn die Progressivsonne des Papiers auf die Radixsonne der Gradscheibe gesetzt wird. Man erhält dann die sensitiven Punkte:

☉ rad. + Planeten — ☉ progr. oder ☉ rad. — ☉ progr. + Planeten

☉ 4° 35 ♐	♀ 21° 29 ♎	♄ 6° 40 ♊	♌ 28° 20 ♐
☽ 21° 59 ♍	♂ 24° 17 ♑	♅ 27° 11 ♓	X 4° 02 ♏
☿ 10° 50 ♍	♃ 9° 18 ♈	♆ 20° 24 ♑	Asz. 17° 02 ♒
			Cupido 15° 03 ♓

Man vergleiche auch die obigen Stände mit den Radix-, den vorgeschobenen, den laufenden und den Planeten der Gattin.

Da aber für den Horoskopinhaber nicht nur die Stände der Radixplaneten in den Tierkreiszeichen, also das Erdhoroskop und das der Sonne mit ihren je 30 Grade großen, vom Sonnenstande als Spitze des IV. Hauses der Sonne, gerechneten Häusern, sondern auch das vom unteren Meridiane als Spitze des IV. Meridianhauses, gerechnete individuelle Horoskop, maßgebend ist, so müssen jetzt beide aufgetretenen Fragen auf den unteren Meridian ausgedehnt werden.

Die erste Frage, die jetzt auftaucht, muß die sein: »Wo befindet sich in dem betreffenden Progressiv-Horoskop der Meridian des nach Ost laufenden Geburtsortes?« Denn von diesem werden die Planetenstände differenziert.

Der Geburtsort beschreibt in den der Geburt unmittelbar folgenden Tagen, an jedem von diesen einen synodischen Umlauf um die Erdachse mit einem Bogen von 361 Graden, nämlich von der unteren Kulmination der Sonne bis zur Kulmination der Sonne des nächsten Tages.

Da nun die Progressivsonne am 62. Tage ungefähr 62 Grade der Radixsonne vorausgeschritten ist, so muß am wiederkehrenden Geburtstage, hier bei der Wiederkehr der 63. Geburtsminute, auch der untere oder der obere Meridian ebenfalls um denselben Sonnenbogen vorgeschritten sein.

Der Lauf des oberen Meridians entspricht nun dem Lauf der Erde um die Sonne, wenn ein synodischer Umlauf des Ortes um die Erdachse einem tropischen Umlaufe der Erde um die Sonne in der astrologischen Technik gleichgesetzt wird.

Die laufende Sonne entspricht demnach an jedem wiederkehrenden Geburtstage dem Stande des vorgeschobenen unteren Meridians.

Es ist daher IV vorgeschoben = IV rad. + Sonnenbogen 62° 11' am 27. Januar 1921, am Geburtstage des ehemaligen Kaisers. Der Sonnenstand an diesem betreffenden Geburtstage wird in der astrologischen Technik dem Sonnenstande der Geburt gleichgesetzt = 6° 58 ♒

Da nun der Bogen des Ortes 361 Grade und der des Sonnenlaufs 360 Grade groß ist, so muß in einem Jahre von dem Lauf der Sonne 0° 60' oder in jedem Monat je 5' von dem Bogen, um den das vorgeschobene IV. Haus oder jetzt der progressive Meridian der Sonne vorausläuft, subtrahiert werden.

Der Stand des progressiven unteren Meridians ist daher am Todestage der Gemahlin: IV rad. + ☉ Bg. — ☉ rad. + ☉ laufend. 7° 15 ♋. + 62° 23 — 6° 58 ♒ + 20° 50 V = 23° 30 ♏ und liegt hier im Spiegelpunkte der Radixsonne zum Erdmeridian und ein Grad vor dem Stande desRadixmondes 24°. 22 ♏, der die Opposition des vorgeschobenen Neptun 25° 20 ♉ und die Quadratur der vorgeschobenen Venus 26° 15 ♒ empfing.

Dieser Stand des progressiven unteren Meridians differenziert den Stand der progressiven Sonne 9° 21 V.

Mit Hilfe der Gradscheibe ist diese Differenzierung leicht festzustellen, wenn der untere Meridian 23° 30 ♏ auf den Sonnenstand 9° 21 V der Scheibe gesetzt wird. D. h. also 23° 30' soll 9° 21 werden, daher sind zu allen Radexplanetenständen 15° 51' zu addieren und die Tierkreiszeichen den jetzigen Ständen beizufügen. Die Punkte sind dann:

☉ progr. + Planeten — IV progr.

☉ 22° 49 ♊	♀ 9° 43 ♉	♄ 24° 52 ♐	♌ 16° 34 ♋
☽ 10° 13 V	♂ 12° 31 ♌	♅ 15° 25 ♎	X 23° 06 ♉
☿ 29° 04 ♉	♃ 27° 32 ♎	♆ 8° 48 ♌	Asz. 5° 16 ♍
			Cupido 3° 17 ♎

Man vergleiche auch diese den Tag bestimmenden Stände mit den verschiedenen Örtern der Planeten.

Der progressive Meridian und die laufende Sonne sind zwei zusammengehörige auslösende Punkte, die entweder einzeln oder durch ihre Halbsumme Radixplaneten auslösen.

Die Halbsumme fällt auf die Radixsonne und auf die Halbsumme des progressiven und des Radixsaturn. Die laufende Sonne stand in den Halbsummen: ♂ | Cupido, ♌ | ♃, ☉ | X, ☽ | ♄ lfd. der progressive Meridian in den Halbsummen Deszendent | ♀, IV. | ☉ progr. vom Jupiter mit den Halbsummen der progressiven Planeten oder mit der Quadratur vom pro-

gressiven Saturn, von ⊙ rad. | ♃ lfd. und löste das Planetenbild von ☊ + ⚷
— ☽ in der Halbsumme ☊ | ⚷ aus.
Man beachte die Verbindungen der Jupiterstände mit den Sonnen und
den Meridianen, ⊙ progr. = ⊙ rad | ♃ rad., Erdmeridian = (⊙ | ♃) lfd..
Äquator = (⊙ | ☊) lfd., progr. Meridian = ♃ lfd. | ⊙ rad. = ☐ ♃ rad.
⊙ rad. = ☐ ⊙ vorgeschoben | progr. Aszendent.

Ferner beachte man den laufenden Uranus zwischen Radixsonne und
Progressivsonne, den laufenden Saturn zwischen dem Radixmonde und dem
laufenden Meridian, sowie in Quadratur zum progressiven oberen Meridian
und zum laufenden unteren Meridian; denn der laufende Meridian differenziert wieder die laufende Sonne und den progressiven Meridian.

Ich will diese Differenzierung nicht weiter erörtern, man sieht aber aus
den Ausführungen, daß es möglich ist, nur durch Direktionen und den
durch diesen gestellten Planetenbildern den Tag und die Minute eines Ereignisses festzustellen.

Die obigen Erörterungen sollen zur Anregung dienen, um den Lesern
Anleitung und Gelegenheit zu geben, für die in ihrem Leben stattgefundenen Ereignisse, von denen der Tag und die Minute bekannt ist, nach obiger
Methode zu analysieren.

Man beginne nach den beiden ersten Aufstellungen der progressiven
Sonne mit den von der laufenden Sonne differenzierten progressiven Sonne
in Verbindung mit den Radixplaneten und zwar mit den Punkten:
⊙ progr. — ⊙ lfd. + Radixplaneten und
⊙ rad — (⊙ lfd. + ⊙ Bg.) + Radixplaneten,
also differenziert auf den, hier im 63. Lebensjahre, stehenden Horoskopinhaber.

Bei Bekanntschaftshoroskopen in Verbindungen mit den Horoskopen
der beteiligten Personen wird man dann deutlich die kommenden Ereignisse
herauslesen können.

Die Differenzierung der Planeten.

Von A. Witte.

Es soll auch hier wieder, wie in dem vorhergehenden Artikel, der Tod
der Gemahlin des ehemaligen deutschen Kaisers die Grundlage für die
Zahlenbeispiele geben, da nur durch diese der Beweis für die Ausführungen
erbracht werden kann.

Während die progressive Sonne des 63. Tages nach der Geburt ungefähr
einen Grad vorwärts schreitet, umläuft der Geburtsort die Erdachse in einem
Bogen von 361 Graden.

Der Planetenstand dieses betreffenden Tages in Verbindung mit dem
sich nach Ost bewegenden Orte zeitigt nun für den in diesem Orte geborenen
Menschen Ereignisse, wenn die Erdachse, um das sich der Geburtsort
bewegt hat, selber einen Umlauf um die Sonne ausführt. Die Ereignisse
treten daher erst im 63. Lebensjahre auf, die durch die progressiven Planetenstände angezeigt sind.

Da der Mond während eines Tages annähernd 12° zurücklegt; also ungefähr 1° des Mondlaufs dem Laufe des Ortes durch ein Meridianhaus entspricht und die Erde oder die scheinbar laufende Sonne auch in einem Monate rund 30° oder den 12. Teil des Tierkreises durchläuft, so steht 1° des Mondlaufes in Verbindung mit einem Hause des Radix und mit einem Monate des Ereignisjahres, der wieder durch den laufenden Mond differenziert wird.

Es sind also 5 Bogenminuten der progressiven Sonne
= 1° des progressiven Mondes,
= 30° eines Meridianhauses,
= 30° der laufenden Sonne,
= 390° des laufenden Mondes.

Die 12 oder 13° des progressiven Mondes differenzieren den einen Grad der progressiven Sonne, die in dem Spiegelpunkte des Mondes zu dieser Sonne differenziert wird.

Der progressive Planetenstand des ehemaligen Kaisers für den Todestag der Gattin war folgender:

☉ 9° 21 ♈	♀ 25° 40 ♒	♄ 5° 27 ♌	☊ 27° 25 ♒
☽ 25° 12 ♒	♂ 12° 06 ♉	♅ 0° 38 ♊	X 23° 30 ♉
☿ 27 40 ♈	♃ 15° 51 ♊	♆ 25° 07 ♓	A. 3° 00 ♍
			Cupido 18° 09 ♉

Der Spiegelpunkt des Mondes zur Sonne ist demnach: ☉ + ☉ — ☽ = 23° 30 ♉, in welchem der progressive Meridian 23° 30 ♉ für Todestag sich befand.

Der progressive Stand des Meridians ist gegeben durch
☉ lfd. + ☉ Bogen — ☉ rad + X radix = 23° 30 ♉.

Der progressive Aszendent des Geburtsortes richtet sich nach diesem Meridiane und nach der Polhöhe des Ortes, in diesem Falle 3° 00 ♍. Die astronomische Länge des Geburtsortes (Aszendent — 90°) gibt Verbindung mit anderen Personen oder fremden Kräften, der Meridian dagegen zeigt die Person selbst.

Wie schon bemerkt, deckt sich die Differenzierung der progressiven Sonne durch den Mond mit dem progressiven oberen Meridian, der in der Halbsumme Cupido | Uranus des Radix und mit dem Radixmonde in Opposition stand.

Auch die Differenzierung des Radixmondes durch den progressiven Mond (☽+☽) rad. — ☽ progr. = 23° 30 ♌ zeigt denselben Wert wie der progressive Meridian und der Spiegelpunkt des progressiven Mondes.

Dieser progressive Mondstand und der progressive Meridian verbunden mit der progressiven Sonne und dem Radixmonde weisen auf den richtigen Geburtsmeridian 7° 15 ♑ und auf die von diesem abgeleitete Geburtszeit 10 h 07 morgens des 27. Januar 1859.

Es ist also: X rad + ☉ lfd. + ☉ Bg. — ☉ rad = progr. Meridian
☽rad + ☽rad — ☽progr. = progressiver Meridian.

Die Differenzierung des progressiven Mondes, die durch den Lauf des Ortes stattfindet und zwar einmal durch die Projizierung auf den Äquator und einmal auf die Ekliptik, zeigt die Stände 26° 54 ♏ und 17° 24 ♉, welch letzterer sich in Konjunktion mit dem Radixcupido 17° 26 ♉ und ersterer sich in Quadratur mit der Halbsumme von ♀ | ☊ progr. 26° 33 ♒ befand und vom laufenden Monde 26° 34 ♉ ausgelöst wurde.

Die weitere Differenzierung des progressiven Mondes durch den laufenden Mond in dem Punkte 23° 50 ♉ zeigt wieder den progressiven Meridian und den Radixmond.

Die laufende Sonne, differenziert durch den laufenden Mond, zeigt den für den Mond gültigen Punkt 15° 06 ♓ = (☉ + ☉) lfd. — ☽ lfd. Die weitere Differenzierung des Mondes durch diesen Punkt ist ☽ + ☾ — (☉ + ☉ — ☽) = 8° 02 ♌ □ ♀ lfd. 8° 18 ♉ □ Aszendent lfd. oder in Konjunktion mit der astronomischen Länge des Ereignisortes und mit dem Radixsaturn 9° 03 ♌

Das im Radixhoroskop vorhandene Planetenbild ♂ + ♄ = ☽ + ♃ zeigt den »Tod einer Frau« in dem Punkte (♂ + ♄ — ☽) = 11° 21 II = ♃ rad. 11° 41 II.

Das individuelle Horoskop des 63. Jahres in dem Artikel »Der progressive Meridian während eines Jahres« zeigt in den sensitiven Punkten ☉ + Planeten — IV vorgeschoben und zwar:

☉ + ♃ — IV vorg. □ ♄ rad.
☉ + ♂ — IV vorg. □ ☽ rad.

Den eintretenden Tod einer Frau, weil jetzt das Planetenbild ♂ + ♄ = ☾ + ♃ zu dem Bilde ♂ + ♃ = ☽ + ♄ umgeformt ist und ausgelöst werden muß.

Außerdem stehen noch die Punkte:

☉ + ♄ — IV vorg ☌ X rad.
☉ + ☽ — IV vorg ☌ Ascendent rad.

in Aspekten, d. h. ♄ + Aszendent = ☽ + X und ♄ + ☽ = X + Aszendent, welche Summen in ihren Halbsummen für Einflüsse empfänglich sind.

Die Halbsumme der sensitiven Punkte:

(☉ + ♄ — IV vorg) 6° 23 ♑ }
und (☉ + ☽ — IV vorg) 21° 42 ♈ } kranke Frau 29° 02 ♒

empfing die Quadratur vom ⛢ rad. 29° 34 ♉ und vom vorgeschobenen ♂ 29° 03 ♉ und stand in Konjunktion mit der Halbsumme X | Aszendent 28° 20 ♒ und mit dem progressiven Mondknoten 27° 26 ♒.

Die Halbsumme der sensitiven Punkte:

(☉ + ♃ — IV vorg) 9° 01 ♏ }
und (☉ + ♂ — IV vorg) 24° 00 ♌ } eheliche Gemeinschaft 1° 32 ♈

und die der Radixplaneten

♄ 9° 03 ♌ }
☽ 24° 22 ♏ } kranke Frau 1° 43 ♈

standen in der Quadratur zur progressiven Sonne der Gattin und empfingen die Quadratur des sensitiven Punktes der progressiven Planeten (♂ + ♄ — ♃) 1° 42 ♋, welcher den Tod der 63 jährigen Frau durch den Aspekt mit der progressiven Sonne bestätigte und vom progressiven Meridiane 23° 30 ♉ in dem Punkte der Radixplaneten (♂ + ♄ — ♃) 24° 02 ♉ ausgelöst wurde.

Die Punkte (♂ + ♄ — ♃) beziehen sich auf den Tod der Frau. Die Halbsummen der Radixplaneten ♂ | ♄ 2° 52 II und ☽ | ♃ 3° 02 ♓ wurden im Progressiv-Horoskop von der astronomischen Länge des Geburtsortes und vom progressiven Deszendenten, welche Verbindungen mit anderen Personen oder Trennungen von Personen anzeigen, durchlaufen. Also auch hier wird durch die Verbindung dieser Halbsummen mit dem progressiven Horizont der Geburtsmeridian 7° 15 ♑ bestätigt.

Der Punkt der progressiven Planeten (♂ + ♄ — ☽) 22° 21 ♎, der auf Auslösung wartete, wurde von der laufenden Sonne 20° 50 ♈ und noch mehr von der Halbsumme der laufenden Planeten ♄ | ☽ 22° 55 ♋ und von der Summe ♂ + ♃ 22° 14 ♎ ausgelöst.

In den Halbsummen der progressiven Planeten ♂ | ♄ 23 ° 37 ♊ und ☽ | ♃ 20 ° 32 ♈ lagen die laufende Sonne und der um den Sonnenbogen 62 ° 23' vermehrte Punkt der Sonne, welcher für den im 63. Lebensjahre stehenden Manne maßgebend war.

In den Halbsummen der laufenden Planeten ♂ | ♄ 15 ° 49 ♑ und ☽ | ♃ 18 ° 13 ♋ muß nun der laufende Meridian liegen, um den Tod der Frau des Horoskopeigners, der das Bild ♂ + ♄ = ☽ + ♃ sein eigen nennt, herbeizuführen. Die Symmetrieachse des Bildes des laufenden Planeten ist das Mittel aus beiden Halbsummen 17 ° 01 ♋.

Doch ehe dieser laufende Meridian auf seine Richtigkeit durch die Differenzierung der laufenden Planeten untersucht wird, muß noch das Bild ♂ + ♄ = ☽ + ♃, umgeformt zu ♂ + ♃ = ☽ + ♄ weiteren Betrachtungen unterzogen werden.

Die Summe der Radixplaneten ♂ + ♄ 5 ° 43 ♌ und die Summe der Radixplaneten ☽ + ♃ 6 ° 03 ♒, wurden vom progressiven Saturn 5 ° 27 ♌ bestätigt und von der Summe der laufenden Planeten ☽ + ♃ 6 ° 26 ♏ ausgelöst.

Ferner zeigten die Summen

♂ + ♄ = 3° 03 ♑
☽ + ♃ = 3° 23 ♋
♂ + ♃ = 3° 01 ♈
☽ + ♄ = 3° 25 ♈

den Stand der progressiven Sonne der Gattin, also den Tod der 63 jährigen Frau in dem Spiegelpunkte des Radixmars 3° 20 ♈. Die Summe der progressiven Planeten ☽ + ♃ 11 ° 03 ♉ und die Summe von ♂ + ♄ 17 ° 33 ♍ wurden von dem laufenden ♆ 11 ° 00 ♌, vom laufenden ♂ 12 ° 22 ♉ und vom laufenden Saturn 19 ° 16 ♍ ausgelöst, die Halbsumme ☽ | ♃ von der laufenden Sonne. In der Halbsumme der progressiven Planeten ♂ | ♃ stand die Konjunktion ♅ rad., ♂ vorgeschoben, welche wieder mit der Halbsumme von ☽ | ♄ der individuellen Stände 29 ° 03 ♒ eine Quadratur bildete, und hierdurch der Zusammenhang des Radixplaneten Uranus mit den vorgeschobenen Mars und Neptun, den progressiven Mars und Jupiter und den individuellen Saturn und Mond betont wird.

Der besondere Aspekt der Halbsumme der laufenden Planeten Saturn und Mond 22 ° 55 ♋ in der Quadratur der Summe der laufenden Planeten Mars und Jupiter 22 ° 14 ♎ in Verbindung mit den Halbsummen der Radixplaneten Mond und Neptun 23 ° 40 ♑ und Jupiter/progressiver Aszendent 22 ° 20 ♋ bestätigt den Tod, welcher im Erdhoroskop durch ♂ | ♆ □ ☽ | ♅ angezeigt ist, durch Auslösung des Radixpunktes ☽ + ♆ − ♃ im Aszendenten vom laufenden Punkte ☽ + ♂ + ♃ = ♄ lfd.

Solche Spiegelpunkte sollen später näher erörtert werden. Man beachte das durch den progressiven Meridian und den laufenden Mond ausgelöste Planetenbild des Radixhoroskops:

♅ . ☽ . C, welches für den Horoskopeigner auslösend wirkt, wenn ein . . ☽ . . gleiches oder ähnliches Bild von den laufenden Planeten gestellt wird. Dasselbe Bild, der Mond zwischen dem Uranus und dem Cupido stand um die Todesstunde der Kaiserin am Himmel und zwar war die Halbsumme der laufenden Planeten ♅ 8 ° 03 ♓, C 13 ° 05 ♌ = 25 ° 34 ♉, die von der Halbsumme des laufenden Mondes 26 ° 34 ♉ und des progressiven Meridians 23 ° 30 ♉ eingeschlossen wurde.

Was von diesem Bilde behauptet ist, gilt auch für das im Radix, in welchem der zweite Transneptunplanet von der Sonne und dem Merkur eingeschlossen ist. ☉ 6° 58 ♒, Hades 25° 53 ♐, ♀ 13° 13 ♐

Am Tage des Todes der Gattin stand wieder der Hades zwischen den laufenden Planeten Sonne und Merkur. ☉ 20° 50 ♑, Hades 29° 15 ♓ ☿ 25° 52 ♓ und im Zusammenhang mit dem vorigen Bilde ☉ 20° 50 ♑, Hades 29° 15 ♓. ⚷ 8° 03 ♓.

Die Krankheit der Frau war angezeigt durch den vorgeschobenen Mond zwischen Sonne und Merkur des Radix in Konjunktion mit dem Radixhades, der Tod durch den Punkt (♂ + ♄) rad. — ☽ vorg. = 8° 58 ♑ in Konjunktion mit der progressiven Sonne 9° 21 ♑.

Der laufende Uranus zwischen der Radix- und der Progressiv-Sonne, sowie zwischen der laufenden Sonne und dem Radix-Hades, zwischen dem Radix-Cupido und dem Steinbockpunkte und zwischen der laufenden Venus und dem Geburtsmeridiane zeigt die Änderung der Ehe durch Krankheit und Tod der durch ☽ ☍ ⚷ im Radix angezeigten Frau.

Kommentar zum Witte-Artikel
" Aktuelle, chronologisch geordnete Horoskope "

Hier schneidet Witte ein sehr wichtiges Thema an. Der Studierende soll von Anfang an Notizen machen, die nicht nur sein eigenes Tagesgeschehen erfassen, sondern auch das der Angehörigen. Beim Betrachten des Kontakthoroskopes einer Familie wird man sehr bald die " sensitiven Punkte " im Horoskop finden, die immer wieder bei Ereignissen angesprochen werden (transitär oder direktional), wenn die ganze Familie betroffen wird. Dabei sind besonders die Sonnengleichungen zu untersuchen.

Auch das Ausschneiden von Artikeln in Zeitungen oder Illustrierten von Personen, die im öffentlichen Leben stehen, soll vorgenommen werden. Auf diese Weise erhält man ein Archiv, das für die Metagnose und damit für eine etwaige Korrektur der Geburtszeit, von grosser Bedeutung ist. Selbstverständlich hat diese Archivarbeit nur einen Sinn für Personen, deren Horoskope man besitzt, sonst führt dies zu einem uferlosen Anschwellen der Unterlagen.

Das Sammeln der Daten von Politikern ist auch für deren Beziehungen untereinander (Kontakthoroskopie) interessant. So kann man z. B. bei parteiinternen Kämpfen meist gut beobachten, welcher Genosse dem anderen " ein Bein stellt ", alles natürlich nur " zum Wohle der Partei bezw. des Volkes ".

Diese Sammlertätigkeit ist besonders interessant, wenn man nach mehreren Jahren in den Archivunterlagen " herumstöbert ". Beim Betrachten mancher Bilder sieht man, wie sich oft die " Gesichter " gewandelt haben, zum Vorteil oder Nachteil des Betreffenden, denn " in des Menschen Gesichte, steht seine Geschichte, sein Sehnen und Trachten ". Versuchen Sie, den Wandel astrologisch zu ergründen. Manchmal gibt schon der Wechsel der progressiven Sonne in ein anderes Tierkreiszeichen einen guten Hinweis.

Beim Besitz eines Datenarchives kann man auch manchem Freund unseres Wissensgebietes mit irgendwelchen Daten helfen, um so seine Forscherarbeit zu unterstützen.

Aktuelle, chronologisch geordnete Horoskope.

Von A. Witte, Hamburg.

Eine vollständig verkehrte Anleitung zum Studium der Planetenwirkungen wird immer wieder in den Lehrbüchern dem Schüler angeraten.

Die Folge davon ist, daß er sich die Geburtsdaten von allen möglichen Verwandten und Bekannten verschafft und jetzt mit Hilfe der Aphorismen die Stände in den Häusern ausdeutet.

Er muß natürlich nach dieser Methode meistens zu falschen Schlüssen kommen, denn es wirken auf einen Planeten nicht nur die Aspekte von anderen, sondern das Gesamtbild mit diesen muß im Zusammenhang mit den Häusern ausgewertet werden, sofern die Häuserspitzen richtig sind.

Auch muß der Schüler wissen, daß das Radixbild der Planeten einem Samenkorn gleicht, das nur die Fähigkeiten und Anlagen in sich birgt.

Wenn man in Betracht zieht, wie viele neue Planetenstellungen durch Direktionen, durch progressive Stände und durch laufende Planeten hinzukommen und erwägen muß, daß Ereignisse, die durch Direktionen herbeigeführt wurden, den Menschen stark ändern können; daß also nur die Veranlagung gegeben, die Planeten aber mit zunehmendem Alter des Horoskopeigners ihre Wirkung ändern können, es kann z. B. Mars zu Uranus umgewandelt sein, so braucht man sich nicht zu wundern, wenn auch die beste Auslegung von Radixstellungen der Wahrheit nicht nahekommt.

Tritt nämlich in dem Horoskop einer jungen Person der Saturn in Tätigkeit, so hat diese mit einem älteren Menschen zu rechnen; tritt dagegen im Horoskop einer älteren Person der Merkur in Wirkung, so kann diese sicher auf Ereignisse mit jungen Menschen schließen, obwohl die Personen von anderen Planeten gekennzeichnet werden.

Schon hier zeigt sich, daß die Radixplaneten eine Differenzierung und eine Umformung mit dem Alter einer Person erfahren.

Viel wichtiger ist, Schüler zu lehren, wie ein aktueller Planetenstand auszuwerten ist, da diesen die Einzelheiten eines Ereignisses genau bekannt sind.

Die erste Bedingung für angehende Sternkundige ist natürlich eine richtiggehende Uhr, an die sie zuerst denken und sich die genaue Zeit merken müssen, wenn ein Ereignis stattgefunden.

Als ein Ereignis von besonderer Wichtigkeit ist immer die Begegnung mit einer bisher unbekannten Person. Daher rühren ja in vielen Fällen das Nichteintreffen von Ereignissen durch Transite von äußeren und inneren Planeten.

Auch Träume werden von schweren Transiten über Radixplätze hervorgerufen.

Achtet man nämlich auf Bekanntschaftshoroskope, so findet man später, wenn Ereignisse mit dem betreffenden Menschen stattgefunden haben, daß am Tage des Kennenlernens große Uebergänge waren, von denen man aber etwas anderes erwartet hatte, als nur einen Händedruck oder eine Unterhaltung.

Ich möchte nicht nur den Schülern, sondern auch allen Astrologen den Rat geben, sich ein chronologisch geordnetes Verzeichnis von aktuellen Planetenständen anzulegen, und zwar nach folgendem Muster.

Ein dickes mit Linien versehenes Schreibheft wird am linken Deckelrande mit einem auf Leinewand gezogenen Papierstreifen versehen und wird dieser so angeklebt, daß er nach innen umgebogen werden kann.

Auf diesen Streifen werden die Planetenzeichen geschrieben und die aktuellen Stände, genau nach der Zeit und dem Ort berechnet, auf eine 3 cm breite Spalte der einzelnen linksseitigen Blätter eingetragen.

Der übrige Raum des linken Blattes ist für Stände noch unbekannter Planeten und für Bemcrkungen reserviert, wenn laufende Planeten als transierende auftreten.

Der Zusammenhang aller Transite über einen Planetenort gibt dann interessante Anhaltspunkte.

Die rechten Blattseiten sind für Aufrisse bestimmt. Man konstruiere sich auf der ersten Blattseite des Heftes einen Kreis mit 12 cm Durchmesser und teile diesen Kreis in 12 Teile, so daß annähernd ein Tierkreiszeichen 3 cm groß wird; durchsteche jetzt die Spitzen der Zeichen mit einer Nadel lageweise, damit allmählich das ganze Buch durchstochen ist und die Stiche nicht zu groß werden. Es lassen sich jetzt die Planetenstände, wenn das Zeichen Krebs links oben angenommen wird, schnell einzeichnen. Die Anordnung ist für eine gute Uebersicht unbedingt notwendig und erleichtert das Auffinden von ***Planetenbildern.***

Der besseren Uebersicht halber teile man auf der linken Seite die inneren und äußeren Planeten durch Striche ab.

Untenstehende Planetenstände beziehen sich auf den Mittag in Greenwich, also auf 12 h 53 m, Berlin des 27. Februar 1881, den Hochzeitstag des früheren deutschen Kaisers.

Angeklebt. Streif.		Vermählung am 27. Februar 1881 (Zeit unbekannt)
☉	9° 04 ♓	☌ ♅ lfd. (Witwerschaft). ☍ ♄ lfd. (Selbstmord des Joachim).
☽	25° 37 ♒	☌ ♅ lfd. (Flucht nach Holland 23° 48 ♒). □ ☽ lfd. zweite Heirat.
☿	26° 57 ♓	☽ lfd. (Konzeption 1881?).
♀	25° 27 ♈	☌ ☉ lfd. (Begräbnis der Gattin). □ ☉ lfd. († Joachim).
♂	3° 10 ♒	△ ♃ lfd. 3° 20 ♊ (Geburt des Kronprinzen). □ ♃ lfd. zweite Heirat. ☌ ♑ lfd. zweite Heirat.
♃	20° 05 ♈	☌ ☉ lfd. (Tod der Gattin).
♄	25° 42 ♈	□ ☽ lfd. (Hochzeit d. Tochter). ☌ ♀ lfd. (Hochzeit d. Tochter). □ ☉ lfd. († Joachim).
♅	11° 51 ♍	☍ ☉ lfd. (Konzeption 1881). ✳ ☉ lfd. zweite Heirat.
♆	11° 56 ♉	✳ ☉ lfd. (Konzeption 1881). ♄ lfd. (Schwangerschaft 1881). ☍ ☉ lfd. zweite Heirat.
☊	23° 33 ♐	♑ lfd. (Schwangerschaft 1881).
X		
Asz.		
C.	17° 55 ♊	☋ lfd. (Schwangerschaft 1881).

♆ lfd. 23° 54 ♋ } □ ♀, ♄ }
☽ lfd. 23° 49 ♑ } □ ♀, ♄ } Hochzeit der Tochter. ♃ lfd. 17° 18 ♑ ⚻ C.

♀ lfd. 17° 31 ♊ ☌ C. Tod des Vaters }
♄ lfd. 4° 17 ♌ }
☋ lfd. 2° 26 ♌ } ☍ ♂ „ „ „ } ♂/♄ lfd. 9° 50 ♍ ☍ ☉

♂ lfd. 12° 22 ♉ ☌ ♆ Tod der Gattin.

♂/♄ ist die Halbsumme (♂ 15° 23 ♎ + ♄ 4° 1ß ♌) / 2

Planet C. (Cupido) ist der erste Transneptunplanet.

Nach dem Transit des Uranus über den Mond muß der Hauptmoment 9 h 56 m vormittags in Berlin gewesen sein (wahrscheinlich die Trauung).

Das Vermählungshoroskop, aufgebaut auf 9 h 56 m vormittags, zeigt als oberen Meridian 4° ♒, den Aszendenten 10° 06 ♊, den Mond 23° 48 ♒.

Man geht also kaum fehl, wenn ♂ 3° 04 ♒ am oberen Meridian, ☉ 8° 56 ♊ in der astronomischen Länge (Aszendent — 90°) von Berlin und ☋ im 4. Hause des Aszendenten liegt (Aszendent + 90°).

Die Möglichkeit besteht also, noch nachträglich den Augenblick eines Ereignisses zu finden.

Die eingeklammerten Bemerkungen hinter den laufenden Planetenständen beziehen sich auf aktuelle Horoskope und auf verschiedene Seiten des Heftes.

Alle laufenden Planeten am Todestage der Gattin 11. April 1921 waren mit den Planeten der Hochzeit in starker Verbindung.

Man achte im vorstehenden Planetenstand auf die wechselseitigen Verbindungen von Sonne und Saturn beim Tode des Prinzen Joachim ♄ lfd. ☍ ☉ und ☉ lfd. □ ♄; beim Tode der Gattin, ♃ lfd. ☍ ☉ und ☉ lfd. ☌ ♃. Die Sonne zeigt in beiden Fällen den Tag der Auslösung eines Punktes des Vermählungshoroskopes in Verbindung mit den laufenden Planeten Saturn und Jupiter (diese sensitiven Punkte werden in späteren Artikeln näher erörtert werden).

Durch diese Punkte aber ist die Möglichkeit gegeben, den Tag für ein kommendes Ereignis, das mit einem stattgefundenen Beziehung hat, aufzufinden.

Die Stände ♂ 4° 31 ♏, ♄ 4° 17 ♌ in Verbindung mit dem oberen Meridian der Hochzeit und ♄ 9° 26 ♏, ♂/♄ 9° 50 ♍, ☽ 9° ♍ und am Todestage der Gattin ♃ lfd. 9° 52 ♍ zeigen auf den Aszendenten 9° 52 ♊ hin.

Es war demnach der laufende Meridian für den Augenblick der Vermählung 4° 09 ♒ und die Zeit in Berlin 9 h 58 m morgens am 27. Februar 1881.

Hat man sich eine ganze Sammlung von aktuellen Horoskopen zugelegt, so kann die Auswertung stattfinden.

Es zeigt sich nämlich, daß immer wieder dieselben Grade von kreuzweise liegenden Tierkreiszeichen beeinflußt werden. Entweder liegen nun hier starke sensitive Punkte des Geburtshoroskopes oder sie sind Radixörter von noch unbekannten Planeten.

Wie ein aktueller Planetenstand ausgewertet wird, wird später gezeigt werden.

Kommentar zum Witte-Artikel
" Das horoskopische System des Planeten Erde "

Witte gibt hier einige wichtige Hinweise. Zwei von ihm formulierte Grundsätze müssen wir uns besonders einprägen:

1.) **Zum Thema Häusersystem der Erde**
Was im Steinbockpunkte als Gravitation latent liegt, wird in der Sonne als Gravitation ausgelöst, und ferner: Was in der Sonne als Gravitation latent liegt, wird in dem Meridian als Gravitation ausgelöst.

Das Erdhoroskop wird eingehend in Zusammenhang mit der Untersuchung des Horoskopes von Strindberg erläutert, so dass hier keine weiteren Erklärungen erforderlich sind.

2.) **Zum Thema Jahreshoroskop der Erde**
Auch sollte untersucht werden, ob man Auskunft erhalten kann für das Jahreshoroskop der Erde, wenn die laufende Sonne den Stand eines Planeten im Jahreshoroskop einnimmt, der Stand der andern laufenden Planeten zu dieser Sonne erläutert die Eigenschaft des Planeten und das Zeichen oder Haus, in dem er am 22. Dezember steht.

Ich möchte auch noch Heinz Schlaghecke zitieren, der in einer seiner stets brillanten und verblüffenden Arbeiten formulierte:

Die Ereignisstruktur ist immer nur Ergänzung der Anlagestruktur. Die Wurzel eines Ereignisses liegt immer (exakt nachweisbar) in der Anlagestruktur. Die Anlagestruktur entspricht der genauen Konstellation im genauen Zeitpunkt des, dem Ereignis voranliegenden Durchgang des Erdmittelpunktes durch die zodiakalen Nullwerte Steinbock, Widder, Krebs und Waage.

Witte bespricht in dieser Arbeit das Jahreshoroskop der Erde für 1914, das für den Zeitpunkt erstellt wird, wenn die Sonne genau den Punkt $0°$ Steinbock erreicht.

Damit der Studierende das Jahreshoroskop für zurückliegende oder künftige Jahre selbst errechnen kann, soll hier am Jahreshoroskop für 1914 der rechnerische Vorgang erläutert werden.

```
Sonnen-Stand am 21. 12. 1913
12.00 Uhr Gr. Zt.                          29°02'29'' Sh
es fehlen bis 0° Steinbock                  0 57 31

0°57'31'' in Zeit umgerechnet
( Tageslauf der Sonne = 1°01'07''         22^h35'00''
Korrektur der Sternzeit für 22^h35'            3 43
Sternzeit 21. 12. 1913                     17 57 48
                                           40^h36'31''
                                    ./.    24 00 00
Kulminierender Punkt für Greenwich         16^h36'31''

Für die Ermittlung des kulminieren-
den Punktes für Berlin ist eine
Zeitkorrektur ( Länge von Green-
wich ) vorzunehmen                  +       0 53 35
Kulminierender Punkt für Berlin            17^h30'06''
                                           ========
```

Das entspricht einem Meridian in 23.30 Schütze
                und einem Ascendent in 12.30 Fische

Die Sternzeit-Korrektur für die östliche Länge wurde
selbstverständlich nicht vergessen. In diesem Falle
beträgt sie nur 8''. Diese Zeitdifferenz ist meist
so unbedeutend, dass sie in vielen Fällen unbeachtet
bleiben kann.

Man könnte über das Jahreshoroskop von 1914 in Zusammenhang mit den Schüssen in Sarajewo und dem Tag
der Kriegserklärung eine umfassende Arbeit schreiben.
Dies ist aber nicht der Sinn dieses Kommentars.

Um aber den Freunden der Hamburger Schule, die es
ernst mit dem Studium der Erkenntnisse Witte's nehmen,
die Nacharbeit zu erleichtern, werden nachstehend
die Faktorenstände angegeben für

      das Jahreshoroskop 1914
      (Meridian und Ascendent wurden für Berlin
      und Sarajewo berechnet)

      Schüsse in Sarajewo (am 28. Juni 1914
      um 12.05 MEZ) und dem

      Tag der Kriegserklärung (hier nur die
      Mittagsstände, weil ein genauer Zeitpunkt
      der Kriegserklärung nicht zu ermitteln war)

Faktoren	Jahreshoroskop	Sarajewo	Kriegserklärung
Meridian	23.30 Sh	10.00 Ks	
Ascendent	12.30 Fi	8.30 Wa	
Sonne	0.00 Sb	5.53 Ks	8.22 Lö
Mond	23.14 Wa	5.24 Ju	11.22 Sh
Merkur	11.53 Sh	28.13 Ks	20.08 Ks
Venus	17.46 Sh	9.51 Lö	19.31 Ju
Mars	20.03 Ks	1.19 Ju	21.49 Ju
Jupiter	22.59 Sb	21.50 Ws	18.34 Ws
Saturn	13.27 Zw	23.37 Zw	27.43 Zw
Uranus	5.31 Ws	10.56 Ws	9.42 Ws
Neptun	27.33 Ks	27.07 Ks	28.21 Ks
Pluto	0.12 Ks	0.46 Ks	1.30 Ks
Knoten	8.54 Fi	8.57 Fi	7.09 Fi
Cupido	5.09 Lö	4.25 Lö	5.16 Lö
Hades	20.22 Fi	23.07 Fi	22.52 Fi
Zeus	25.49 Ks	25.29 Ks	26.09 Ks
Kronos	26.58 Wi	28.55 Wi	29.02 Wi
Apollon	27.29 Lö	26.29 Lö	26.55 Lö
Admetos	28.41 Fi	0.34 Wi	0.26 Wi
Vulkanus	3.09 Zw	4.10 Zw	4.30 Zw
Poseidon	22.59 Ju	21.53 Ju	22.08 Ju

Das Jahreshoroskop für 1914 zeigt die maximalbedeutsame Achsen-Besetzung

Erdachse	0.00 Widder
Sonne	0.00 Steinbock
Pluto	0.12 Krebs
Admetos	28.41 Fische
Zeus/Vulkanus	29.29 Zwillinge
Kronos/Vulkanus	15.03 Stier

Die Kurzdeutung: Grosskrieg, Isolierung einer Grossmacht

Beachten Sie bitte die starke Besetzung der Erdachse mit den Transneptunern Zeus, Kronos, Admetos und Vulkanus. Zu beachten ist auch der Zeichenwechsel von Pluto und Admetos. Es ist ja eine alte astrologische Erfahrung, dass der Zeichenwechsel von sog. Langsamläufern immer gewisse Umwälzungen bringt.

Aus der Fülle der vorhandenen Zusammenhänge sollen hier noch einige prägnante Beispiele gezeigt werden, um dem Studierenden einen kleinen Ausschnitt dessen zu demonstrieren, was die Hamburger Schule zu bieten vermag.

Abkürzungen:
SOL = Jahreshoroskop 1914
SAR = Schüsse in Sarajewo
KRI = Kriegserklärung

SOL	Saturn/Uranus	11.34	Widder
SAR	Meridian	10.00	Krebs
KRI	Zeus + Kronos	25.11	Löwe
KRI	Mars/Neptun	25.05	Löwe
SOL	Mars Hades	20.12	Stier
SAR	Sonne	5.53	Krebs
SAR	Mars/Uranus	21.07	Stier
SOL	Meridian Berlin	23.30	Schütze
SAR	Saturn	23.37	Zwillinge
KRI	Sonne	8.22	Löwe
SOL	Meridian Sarajewo	28.00	Schütze
SOL	Uranus + Zeus + Kronos	28.20	Zwillinge
KRI	Saturn	27.45	Zwillinge
SOL	Zeus + Kronos − Uranus	17.16	Waage
	Meridian vorg.Exkaiser	3.01	Fische
SOL	Uranus + Kronos − Zeus	6.40	Skorpion
KRI	Mars	22.49	Jungfrau
	Sonne rad. Exkaiser	6.58	Wassermann
SOL	Ascendent Berlin	12.30	Fische
SOL	Saturn	13.27	Zwillinge
SOL	Neptun	27.33	Krebs
KRI	Zeus/Kronos	12.36	Zwillinge

Das horoskopische System des Planeten Erde.
Das Jahres- und das Erdhoroskop.
Von A. Witte.

Die Erde wird im Laufe um die Sonne von den Planeten bestrahlt, die zu unserem Sonnensysteme gehören. Die Winkel sind daher geozentrisch gemessen, d. h. die Erde ist Mittelpunkt des Winkelsatzes. Die Sonne empfängt heliozentrisch die Strahlen von Sonnen, die zu dem Systeme der Sonne gehören, also kann nur dann von Einflüssen von Fixsternen auf die Erde gesprochen werden, wenn sie mit der Sonne in Konjunktion oder in starken Aspekten mit dieser sich befinden. Eine bestimmte Anzahl von Fixsternen werden nun Brüder unserer Sonne sein und wirken dadurch auf diese ebenso ein, wie die Nebenplaneten auf die Erde. Wir bekommen daher in der Gesamtstrahlung der Sonne die Einflüsse der Nebensonnen zu kosten und wird die jeweilige Bestrahlung der Sonne dadurch der Erde mitgeteilt, daß sie die Entwicklung der Planeten sowie der Menschheit auf der Erde insgesamt beeinflußt. Die Völkerschicksale hängen demnach mit der heliozentrischen Bestrahlung der Sonne zusammen, auch das Auftreten der verschiedenen Zeitalter, wie Steinzeit, Bronzezeit, die Zeit der Eisenindustrie und jetzt die der Elektrizität werden darauf beruhen.

Für die Bahn der Erde um die Sonne ist die Sonne der Anziehungs- oder Schwerpunkt. Die Linie Erde—Sonne ist die Gravitationslinie, die eigentlich die Nullinie für das geozentrische System sein müßte, denn mit dieser Linie bilden die Strahlen der Planeten die Hauptwinkel und die geozentrischen Winkel zweier Planeten gehören erst zur zweiten Gruppe.

Daher sind die Entfernungen von der Sonne in Bogenmaß auf der Ekliptik die primären Winkel, die Winkel der Planeten untereinander die sekundären.

Der größte Umdrehungskreis der Erde, der Äquator, der gebildet wird durch die Rotation des Erdkörpers, schneidet den Lauf der Erde in zwei Punkten, dem Widder- und dem Wagepunkt. Das Mittel dieser beiden Punkte, das rechtwinklich als Kreislinie zum Aequator und zur Ekliptik steht, ist die Meridianebene, in der die Erdachse liegt.

Die Achse verbindet die beiden Ruhepunkte der Rotation mit einander. Der dem Nordpol am nächsten liegende Schnittpunkt der Meridianebene ist der Krebspunkt oder die Spitze des X. Hauses des Erdhoroskops, der dem südlichen Ruhepunkt, dem Südpol zunächst liegende Schnittpunkt ist der Steinbockpunkt oder die Spitze des IV. Hauses. Die beiden Pole des Magneten Erde senden nach allen Seiten magnetische Ströme aus, die vom Nordpol über den Aequator hinweg nach dem Südpol fließenden sind von rötlicher, die von dem Südpol nach dem Nordpol fließenden von bläulicher Farbe, da die nach dem Nordpol gerichtete sogenannte blaue Nadel eines Kompasses bläuliche Ausstrahlung haben soll, wie von sensitiven Menschen behauptet wird und nur entgegengesetzte Pole einander anziehen.

Diese magnetischen Ströme sind in Horoskopen von Menschen leicht nachzuweisen und zwar bewegen sie sich vom Krebspunkte nach beiden Seiten auf der Ekliptik dem Steinbockpunkte zu und umgekehrt vom Steinbockpunkte auf beiden Seiten nach dem Krebspunkte; dadurch entstehen zwei Diagonalen, die gleichmäßig fortschreiten und nach einer Drehung von 90° mit einander zusammenfallen, die Verbindungslinie der Tag- und Nachtgleichenpunkte Widder- und Wagepunkt herbeiführend, um dann weiterzuwandern bis zum Krebspunkte bezw. Steinbockpunkte.

In den Erdhoroskopen, also dem Stande der Planeten zum Steinbock- bezw. Widderpunkte, von Menschen, bezeichnet jeder Grad vom Steinbock an ungefähr ein Jahr, eine vollendete Umdrehung des Ortes um die Erdachse.

Hat z. B. jemand das 25. Jahr vollendet, so liegt der betreffende Punkt entweder 25° ♑, 4° ♐, 4° ♊ oder 25° ♋, auch die Quadraturen dieser Punkte gelten 25° ♈, 4° ♓ usw.

Die rechten Winkel, die von den Schnittpunkten des Aequators und den Schnittpunkten der Meridianebene gebildet werden, lassen sich nun in beliebige Teile zerlegen, entweder in 3 oder in 6 gleiche Teile. Astronomisch werden diese Quadranten je in 90° oder in 3 Teile, die Tierkreiszeichen, geteilt.

Die Lage der Umdrehungsachse der Erde zur Erdbahn bildet nun die magnetischen Felder, die sich mit den Tierkreiszeichen decken. Wenn der Nordpol als Zenit angenommen wird, so ist das Zeichen ♈ das VII. Haus, das Zeichen ♎ das I. und das Zeichen ♑ das IV. Haus der Erde. Der Aszendent ist gemeinsam 0° ♎, der Deszendent ebenfalls gemeinsam 0° ♈.

Für einen Menschen ist die Spitze des IV. Hauses seines Horoskops der Gravitationspunkt, da die Verlängerung der Achse Ort—Erdmittelpunkt—Nadir den kleinsten Abstand von dem Aequator hat, für die Erde ist die Sonne der Gravitationspunkt und die Verlängerung der Linie bis zur Ekliptik zeigt in dieser die Spitze des IV. Hauses des Sonnenhoroskopes oder auch den Stand der Sonne.

Für den Nordpol ist demnach, wenn er als Zenit genommen wird, das IV. Haus 0° ♑ der Gravitationspunkt.

Stellt man sich vor, man säße als Beobachter am Nordpol und hätte immer den Krebspunkt im Süden stehend, so würde man sich in einem Jahre 365 Mal nach rechts drehen müssen, da die Bewegung der Erde nach Ost geht. Am 21. März wird man die Sonne im Westen aufsteigen sehen und diese wird emporsteigen, um am 22. Juni den höchsten Stand über dem Horizont, welcher jetzt auch gleichzeitig der Aequator ist, erreichen, um dann wieder am 23. September im Wagepunkt zu verschwinden. Der Blick nach Süd stellt also das X. Haus des Erdsystems dar und die Sonne als Gravitationspunkt durchwandert in einem halben Jahre die Zeichen Widder bis Wage, das VII. bis XII. Haus der Erde.

In den folgenden sechs Monaten durchläuft sie die andern Zeichen, die Häuser I bis VI und ist dann vom Beobachter nicht zu sehen.

Im Häusersystem der Erde ist 0° ♑ der Gravitationspunkt, für einen Tag ist die ☉ der Gravitationspunkt, ein Gestirn also in 25° ♑ wird, wenn die Sonne, von einem laufenden Gestirn zurückgerechnet, denselben Abstand in Bogengraden hat, ausgelöst. Dann verbindet das Gestirn im ♑ sich mit dem Gestirn östlich der laufenden Sonne stehend und der ☉-Bogen von 25⁰ Länge ist der Empfänger dieses sensitiven Punktes ☉ + a — ♑ = b lfd.

Der Grundsatz lautet also: »Was im Steinbockpunkte als Gravitation latent liegt, wird in der Sonne als Gravitation ausgelöst«, und ferner: »Was in der Sonne als Gravitation latent liegt, wird in dem Meridian als Gravitation ausgelöst.«

Maßgebend ist der Bogen in der Ekliptik, der Sonnenbogen, den die Sonne von einem Stand bis zum andern durchschreitet. Für das Alter eines Menschen also nicht die Differenz der Rektaszensionen oder der Sternzeiten sondern die Differenz der Radix- und der Progressiv-Sonne maßgebend.

Z. B. war der ☉-Bogen einer Person im Jahre 1912 = 31⁰ 51', der ☊ lfd. stand 1⁰ 13 ♒ = 31⁰ 13', der ♂ lfd. 8⁰ 55' ♍ und dieser war 31⁰ 10' von der lfd. ☉. 7⁰ 45' ♌ entfernt.

Die Stunde und Minute war ca. 31⁰ vor dem Stand der ☉ lfd. = 6⁰ 45' ⊕ und zugleich der Meridian. Es wurde also die ☉ lfd. von ♂ und ☊ getroffen in der betreffenden Minute. Aehnlich war's beim Tode Strindbergs und beim Tode Franz Ferdinands von Oesterreich.

Die Erde als Inhaberin eines horoskopischen Systems hat nun ebenfalls ein Solarhoroskop wie jeder auf ihr Geborene. Der Stand der Sonne in 0⁰ ♑ am 22. Dezember, wenn der Gravitationspunkt des Systems der Häuser sich mit dem kosmischen Gravitationspunkt ☉ deckt, ist das Solarhoroskop der Erde oder einfach das Jahreshoroskop, das für alle Menschen der Erde maßgebend ist für das betreffende Jahr bis zum nächsten 22. Dezember; das fälschlich genannte Jahreshoroskop von Personen ist ihr Solarhoroskop. Das Solarhoroskop der lfd. ☉ oder das Tageshoroskop hat die ☉ als IV. Haus und gibt ebenfalls Ereignisse für Menschen an, deren Radixsonne sich mit der lfd. Sonne deckt, dieses Tageshoroskop ist das Solarhoroskop der betreffenden Personen, nur hat man die Radix-Häuser einzufügen. In dem Solarhoroskop der lfd. ☉ hat man darauf zu achten, ob der eigene Sonnenbogen von 0⁰ ♑ an durch einen Planeten begrenzt ist und ob der Sonnenbogen von der Sonne entfernt ebenfalls von einem Planeten markiert ist. Wird der Sonnenbogen von 2 laufenden Planeten gebildet, so treten beide Planeten für die betreffende Person in Tätigkeit und schließen entweder den Bogen ☉ r bis ☉ pr oder X r bis X v ein. Es muß dann der erste Planet auf die ☉ r oder auf X r gesetzt werden, dann zeigen die andern laufenden Planeten entweder die ☉ r oder das X r einer andern Person. Die laufende Sonne am Anfang der Zeichen gibt Auskunft über das Zeichen oder im Erdhoroskop Auskunft über das betreffende Haus.

Auch sollte untersucht werden, ob man Auskunft erhalten kann für das Jahreshoroskop der Erde, wenn die laufende Sonne den Stand eines Planeten im Jahreshoroskop einnimmt, der Stand der andern laufenden Planeten zu dieser Sonne erläutert die Eigenschaft des Planeten und das Zeichen oder Haus, in dem er am 22. Dezember steht.

Bei progressiven Gestirnständen gibt der Gravitationspunkt ♑ Auskunft über das betreffende Jahr und über die progressive Sonne, wenn der Steinbockpunkt mit den progressiven Planeten auf die progressive Sonne gesetzt wird, hauptsächlich bei Herrschern, weil die ☉ die Na-

tion und den König darstellt, z. B. Kaiser Wilhelm 1914. 1. August:
progressiv: ♆ 24° 53 ♓, ☿ 17° 00 ♈, ♂ 7° 30 ♉, ♄ 5° 36 ♌, ☉ 2° 44 ♈.
♑ auf ☉ pr.: ♆ 27° 37 ♊, ☿ 19° 44 ♋, ♂ 10° 14 ♌, ♄ 8° 20 ♏, ☉ 5° 28 ♋
laufend: ♄ 27° 43 ♊, ☿ 20° 10 ♋, ♅ 9° 42 ♒, ☉ 8° 22 ♌.

Für das Jahreshoroskop wird über jeden Tag Auskunft erhalten und über die Planeten am 22. Dezember, wenn die laufende Sonne mit den Planeten vom Jahreshoroskop auf 0° ♑ gesetzt wird. Die laufenden Planeten lösen dann die jetzt gefundenen Stände aus.

J a h r e s h o r o s k o p 1914, Planetenstand vom 22. Dezember 1913.

1.	☉ 0° 00 ♑	♀ 17° 42 ♐	♄ 13° 27 ♊	☊ 18° 54 ♓.
	☽ 23° 08 ♎	♂ 20° 04 ♋ R	♅ 5° 31 ♒	♂+♄ 3° 31 ♎.
	☿ 11° 48 ♐	♃ 22° 58 ♑	♆ 27° 33 ♋ R	♂/♄ 1° 46 ♋.

1. August 1914. ☉ Stand = 8° 22 ♈.
☉ vom 1. Aug. 8° 22 ♌ auf ♑ und in Verbindung mit obigen Planeten.

2.	☉ 21° 38 ♉	♀ 9° 20 ♉	♄ 5° 05 ♏	☊ 10° 32 ♌.
	☽ 14° 46 ♓	♂ 11° 42 ♐	♅ 27° 19 ♊	☉ (lfd.) 0° 00 ♑.
	☿ 3° 26 ♉	♃ 14° 36 ♊	♆ 19° 11 ♐	♂/♄ 23° 24 ♏.

Planetenstand Kriegserklärung 1. Aug. 1914:

3.	☉ 8° 22 ♌	♀ 19° 31 ♍	♄ 27° 43 ♊	☊ 7° 09 ♓.
	☽ 11° 21 ♐	♂ 21° 49 ♍	♅ 9° 42 ♒	♂+♄ 19° 32 ♐.
	☿ 20° 10 ♋	♃ 18° 34 ♒	♆ 28° 31 ♋	♂/♄ 9° 46 ♌.

Aspekte zu 1. ☉ ☍ ♅; ☽ ☌ ☿, ☍ ♄; ☿ ☌ ♂, ☍ ♃; ♀ □ ♀, ☍ ☊; ♂ □ ♀, ☍ ☊, ♄ ⚺ ♆.
Aspekte zu 2. ☉ □ ♀, ☌ ☊; ☽ ☌ ♂; ☿ ⚻ ♆; ♀ □ ♆, ♂+♄ ⚼ ♆, ♂ △ ☉ ♂ □ ♆; ♃ ⚹ ♆; ♄ ☌ ♅; ♅ □ ♀; ☌ ☊; ♆ ⚺ ♅, ♂/♄ □ ♀.

Die laufende Sonne ist also der neue Gravitationspunkt der Erde, deren IV. Haus 0° ♑ ist. Die neuen gebildeten Planetenstände sind sensitive Punkte des Jahreshoroskops. Der Gravitationspunkt wird immer von der Summe zweier Planeten subtrahiert.

So ist ♑ + ♂ − ☉ lfd. = 11° 42 ♐ ☌ ☽ lfd., ☌ ☿ J, ☌ ♃ r des Kaisers, ☌ ☉ r Englands, ♂ ♅ r Frankreichs.
„ ♑ + ♄ − ☉ lfd. = 5° 05 ♏ □ ♅ J. □ ♄ pr des Kaisers.
„ ♑ + ♂/♄ − ☉ lfd. = 23° 24 ♏ ☌ ☽ r des Kaisers. ☍ ☽ v Zar Nicolaus.

Wegen der Umständlichkeit des Rechnens werden die Planetenstände aufgetragen und dann eine Gradscheibe mit 0° ♑ auf die laufende Sonne gesetzt, dann steht immer der Spiegelpunkt der lfd. ☉ zum Meridian der Erde auf 0° ♑, hier also ☉ = 21° 38 ♉.

Notwendig ist, daß die beiden Sonnen- und Mondfinsternisse 5° 00 ♓, 27° 30 ♌; 21° 00 ♓ und 11° 00 ♏ eingetragen werden.

Es steht dann die erste ☉finsternis 26° 38 ♋. ☌ ♆ lfd., die zweite 19° 08 ♑ □ Ascendent des Kaisers. Beim Tode Franz Ferdinands ☉ lfd. = 5° 50 ♋ war die zweite Mondfinsternis 5° 10 ♓ ☍ ☽ lfd. und die zweite Sonnenfinsternis 21° 40 ♒ ☌ ♃ lfd.; der Todesplanet war ♃, denn der Sonnenbogen vom ♑ − ♃ = ☉ Bg. Franz Ferdinands und der ♂ lfd. ging über die erste Sonnenfinsternis 29° 10 ♌. Der ♄ lfd. stand 23° 36 ♊ ☌ ☉ J. ☍ ♂/♄ J., ☿ und ♆ ☌ ♅ J.

Die Summen und Differenzen von Planeten des Radixhoroskops eines Menschen sind Punkte des Erdhoroskops, denn ☉r + ☉pr ist ☉r + ♈ : ☉p, also ☉r + ☉p — ♈, da ♈ der Gravitationspunkt ist. ☉r des Kaisers 6° 58 ♒ + ☉p 2° 44 ♈ = 9° 42 ♒ ☌ ♅ lfd. ☽ + ♀r ☍ ♃ lfd., ☿ + Xr □ ☿ lfd., ♀ + ♂r □ ♂ lfd., ♀ + ♀ ☌ ♀ lfd., ♂ + ♆ ☍ ♀ lfd., ♂ + ♄ ☌ ☉ lfd., ♃ + ♄ □ ☿ lfd., ♃ + ♅ ☍ ♅ lfd., ♃ + ♂ □ ♌ lfd., ♅ + X ☌ ☊ lfd. ♅ + ♅ = ♆ lfd. usw.

Das Solarhoroskop eines Tages ist nun wieder das Radixhoroskop des Ereignisses und bedeuten in diesem die fortschreitende Sonne mit je 1° ein Jahr, der fortschreitende Mond ein Jahr während eines Umlaufs, daher gibt der laufende Mond weitere Auskunft im nächsten Monat vom Ereignis bis ca. 30° des nächsten Zeichens.

Der Sonnenbogen des Kaisers war beim Kriegsausbruch 55° 46'. Dieser Bogen vom ♑ subtrahiert = 4° 14 ♏ und addiert 25° 46' ♒ sind sensitive Punkte des Jahreshoroskops für den Kaiser; dieser Bogen läuft nun während des Sonnenlaufs östlich und westlich der Sonne. Daher ☉ lfd. + 55° 46 = 4° 18 ♎ und ☉ lfd. - Bg. = 12° 36 ♊ ☌ ♄ J. ☍ ☿ J. und ☌ ♃r; 4° 18 ♎ ☌ ♂ + ♄. J. = 3° 31 ♎. ☉r 6° 58 ♒ — 55° 46' = 11° 12 ♐ ☌ ☽ lfd. ☌ ☿ J. Im Tageshoroskop der Erde gilt der laufende Mond als X. Haus der Erde, weil er sich einmal im Monat nach Ost um die Erdachse bewegt, wie der Meridian oder der Geburtsort eines Menschen in einem progressiven Tage, daher wird ein synodischer Umlauf des Mondes gleich einem Jahre für einen Menschen gerechnet.

Was in der laufenden Sonne latent, liegt wird von dem laufenden Mond als Meridian ausgelöst.

lfd. ☽ auf ☉ lfd. gesetzt in ☍, da ☽ = X und ☉ = IV ist.

4. ☉ 5° 23 ♎	♀ 16° 32 ♏	♄ 24° 44 ♌	☊ 4° 10 ♉.
☽ 8° 22 ♒	♂ 18° 50 ♏	♅ 6° 43 ♈	♂+♄ 16° 33 ♒.
☿ 17° 11 ♍	♃ 15° 35 ♈	♆ 25° 22 ♍	♂/♄ 6° 47 ♎.

♂ □ ♃ lfd., ♆ □ ♂ lfd., ♅ □ X r des Kaisers, ♃ ☌ des Kaisers.

♃ r = ☉ r des Königs von England, ♅ r □ ☉ r des Präsidenten Poincaré, □ ☉ r Zar Nicolaus.

Es ist nun der ☿ vom ♑ im Jahreshoroskop 18° 12' entfernt der ☿ von der lfd. ☉ 18° 12', der lfd. ☽ 18° 39', sodaß der Meridian der Erde ♑ — ⊗ den ☿ J, ☿ lfd. und den lfd. ☽ auslöst.

☽ lfd. 11° 21 ♐ + ☉ Bg. 55° 46 = 7° 09 ♒ ☌ ☉ r des Kaisers.

☽ lfd. 11° 21 ♐ — ☉ Bg. 55° 46 = 15° 35 ♎ = X. Haus lfd. am 1. Aug. 14.

☉ r des Kaisers und X lfd. wird vom laufenden Monde ausgelöst (siehe oben ☽ 8° 22 ♒ und ♃ 15° 35 ♈); dadurch tritt auch die □ von ♃ und ☽ des Jahreshoroskops in die Erscheinung. ♃ ☍ ♂ / ♆ des J. zeigt den ♃ als den Feind Deutschlands, da ♂ und ♆ r im XII. Hause des Kaisers stehen. ☽ ebenfalls in □ ♂ / ♆ J. zeigt den ☽ als das deutsche Volk in 23° 08 ♎ an. Der lfd. ♅ 1918 war am 11. Nov. im △ 23° 49 ♒ zu diesem ☽. Im Erdhoroskop des Kaisers stehen die sensitiven Punkte seines Erdhoroskops: ♑ + ♅ — ☉ = 22° 36 ♈, ♑ + ☊ — ☉ = 23° 45 ♑, ♑ + ☉ — ☿ = 23° 45 ♑, ♑ + ♄ — ☿ = 25° 50 ⊗, ♑ + ♀ — ♅ = 24° 18 ⊗, ♑ + ♆ — ♅ = 23° 23 ♎, ♈ + ♀ — ☊ = 23° 09 ♑; diese Punkte sind die □ der Differenzen der Radixplaneten. Der Bogen ♃ r : ⊗ des Erdhoroskops des Kaisers 18° 19' wurde also im Jahre 1914 am 1. Aug. durch ☽ lfd. ☍ ♃ r ausgelöst.

Kommentar zum Witte-Artikel
" Vergleichende Astrologie "

Witte bespricht hier die Differenzierung des Erdmeridians (Achse Krebs - Steinbock) durch die Sonne, durch den Geburtsmeridian und den Ascendenten. Dieses Thema wurde schon eingehend erörtert (siehe Witte-Artikel " Die Differenzierung der Radixsonne und die des unteren Geburtsmeridians " und " Differenzierung der Planeten "), so dass wir die technischen Einzelheiten übergehen können.

Witte zeigt hier ein Beispiel mit dem Uranus in 24.27 Krebs im Horoskop des Deutschen Reiches, seinen Spiegelpunkten und den Oppositionen dazu und nennt diese Verbindung das " magische System ". Wir wollen nun feststellen, wie sich das " magische System " des Meridian im Horoskop des Deutschen Reiches " auswirkt ".

Der Meridian steht in 10.17 Wassermann, der Spiegelpunkt über den Punkt 0° Steinbock gespiegelt in 19.43 Skorp. Die Oppositionen dazu sind in 10.17 Löwe bezw. 19.43 Stier.

Bildlich dargestellt sieht dies so aus:

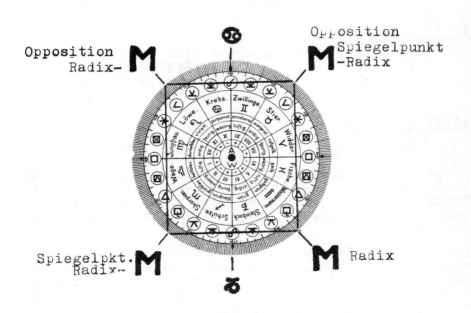

- 189 -

Was aber ist geschehen, wenn ein " Langsamläufer "
diese Punkte erreichte ?

Hier einige Beispiele:

<u>10.17 Wassermann</u>

Uranus	Kriegsbeginn 1914
Saturn	Beginn des 3. Reiches 1933

<u>19.43 Stier</u>

Pluto	Beginn des Kulturkampfes mit der katholischen Kirche 1873 (- 1875)
Uranus	Im Vorfeld des 2. Weltkrieges
Uranus	Landung deutscher Einheiten in Norwegen (9. 4. 1940), bald darauf Beginn des Frankreichfeldzuges (10. 5. 1940)
Saturn	Griechenland besetzt (6. 4. 1941) und Vorbereitungen zum Russlandfeldzug (22. 6. 1941)
Hades	Die SPD gewinnt ab 1969 immer mehr politischen Einfluss (Hades ist ja " der kleine Mann, der Besitzlose " und die SPD vertritt die Interessen dieser Bevölkerungsschicht)

<u>10.17 Löwe</u>

Neptun	Kriegsende 1918
Pluto	Kriegsende 1945
Saturn	Kohlrübenwinter 1917/1918 und grosse Notzeiten auch 1947

<u>19.43 Skorpion</u>

Neptun	Wirtschaftskrise 1966/67

Diese wenigen Beispiele bestätigen Witte's Findungen bezüglich der Spiegelpunkte bezw. des " magischen Systems ", zeigen uns aber auch, dass das Horoskop des Deutschen Reiches immer noch eine gewisse Gültigkeit hat.

Für einen in der Geschichte des Deutschen Reiches bewanderten Leser ergäbe sich hier eine dankbare Forschungsarbeit, die dann als Dokumentation veröffentlicht werden sollte. Dabei müssten auch die Direktionen berücksichtigt werden.

Ein Vergleich der Horoskope Deutsches Reich/Exkaiser
ergibt:

             Deutsches Reich   Meridian   10.17 Wassermann
             Exkaiser   Saturn   9.03 Löwe
             Exkaiser   Mars/Neptun   24.48 Fische

Diese Meridian-Belastung des Deutschen Reiches durch
die genannten Achsen war kein gutes Omen. Der vorgeschobene Meridian des Deutschen Reiches erreichte 1916
die genannte Katastrophen-Achse des Exkaisers. Wie wir
wissen, war das der Anfang vom Ende.

Da nun Witte's Artikel-Serie mit astrologischen Untersuchungen einiger Lebensereignisse des Exkaisers
zu Ende ist, noch ein letzter Hinweis, aus welcher
Radix-Stellung der Sturz des Kaisers zu ersehen ist.
Hier die Achsenbesetzung:

             Admetos   27.12 Wassermann
             Meridian/Ascend.   28.20 Löwe
             Sonne/Kronos   27.51 Löwe
             Neptun/Vulkanus   12.55 Widder

Diese Achse wurde im Juni 1918 von Uranus lfd. und im
November 1918 von Saturn lfd. 27.24 Löwe (9. 11.)
angesprochen. Zu dieser Zeit (Sonnen-Bogen 60.02)
waren auch fällig:

             Meridian rad.   7.15 Steinbock
             Neptun vorg.   22.59 Stier
             Sonne/Saturn vorg.   8.00 Krebs
             Saturn/Pluto vorg.   22.19 Löwe

Der Leser möge, bevor er im " Regelwerk für Planetenbilder " die Aussage nachschlagen will, erst mal
selbst eine Deutung versuchen.

Es sollten hier nicht alle " kosmischen Suggestionen "
aufgezeigt werden, die zum Zeitpunkt der unrühmlichen
Flucht des Kaisers in's Ausland fällig waren. Er, der
von seinem Volke, seinen Soldaten mit seinem Kampfruf
" Durch Not und Tod zum Sieg ! " alles abverlangte,
zeigte sich dann feige.

Damit der Leser nun ein zweites Beispiel bezüglich der
Bedeutung der Differenzierung des Erdmeridians durch
den Geburtsmeridian erhält, wird hier das magische
System anhand des Geburtsmeridians von Willy Brandt
gezeigt. Brandt's oberer Meridian steht zwischen
2 und 3° Steinbock, der Spiegelpunkt hierzu in 27 -
28° Schütze, der untere Meridian zwischen 2 und 3°
Krebs, dessen Spiegelpunkt in 27 - 28° Zwillinge.

Der laufende Saturn erreichte im Hochsommer 1973 diese Punkte, das war die Zeit, in der Brandt sogar von den eigenen Genossen die Führungsqualitäten abgesprochen wurden. Die Misshelligkeiten wurden immer größer. Der laufende Saturn stand Anfang des Jahres 1974 wochenlang (Ende Januar bis Mitte März) zwischen 27 - 28° Zwillinge, also im Spiegelpunkt des unteren Meridian. Erinnern wir uns daran, dass Brandt in diesen Wochen härtesten Angriffen ausgesetzt war. Die Opposition warf ihm das Scheitern seiner Innen- und Aussenpolitik vor, und der " Zuchtmeister " Herbert Wehner erkannte, dass mit Brandt kein Blumentopf mehr zu gewinnen war. Das war auch die Zeit, in der Dutzende von Witzen über Brandt und die SPD wie Pilze hervorschossen. Von Millionen wurden diese Witze an solche, die sie hören oder nicht hören wollten, weitererzählt. Und wenn Witze so massiert und mit solcher Inbrunst auftreten, dann sind sie eine Art von " Vernichtungsmagie " !

Nun haben manche Politiker die sich für das von ihnen " regierte " Volk verheerend auswirkende Eigenschaft, die Grenzen ihres Könnens und ihrer Fähigkeiten meist nicht zu erkennen. Sie sind oftmals mit einem übersteigerten Sendungsbewusstsein ausgestattet, das sie blind macht. Von dieser Sorte hatten wir schon einmal einen vor 30 - 40 Jahren. Diese Politiker blasen sich dann auf wie ein Luftballon. Dieser Luftballon will natürlich aufgeblasen bleiben, deswegen muss irgendeiner zur richtigen Zeit kommen, der hier die Luft ablässt. Für Brandt war dies der Fall Guillaume und Guillaume war der kosmische Erfüllungsgehilfe des laufenden Saturn, der just in der Zeit des längst fälligen Rücktrittes den unteren Meridian von Brandt erreichte.

Natürlich war der lfd. Saturn nicht allein " auslösend ", bei einem hartgesottenen und geschulten Polit-Strategen müssen schon noch andere geballte Ladungen des Kosmos hinzukommen, um ihn umzuwerfen (siehe auch Hamburger Hefte III/74 Seiten 18 - 20).

Die kosmische Story von Wilhelm II. und Willy Brandt hat dem Studierenden sicher einen guten Einblick gegeben darüber, wie vorzugehen ist und welche Ergebnisse damit erzielt werden können.

VERGLEICHENDE ASTROLOGIE.

Von A. Witte, Hamburg.

Die Spiegelpunkte der Planeten zum Erdmeridian, die Antiscien weisen hin auf das natürliche magische Quadrat, auf die natürliche Zahlentafel der Grade des Tierkreises.

Es enthält nämlich ein synodischer Tag, von der Kulmination des unteren Meridians bis zur Kulmination mit der Sonne des nächsten Tages 361 Grade oder das Quadrat der Zahl 19.

In der astrologischen Technik zeitigt ein synodischer Tag Ereignisse, wenn die Erdachse, um die sich der Geburtsort gedreht hat, selber einen tropischen Umlauf um die Sonne vollsührt.

Der Sonnenstand der Geburt, wiederkehrend in den dem Geburtsjahre folgenden Jahren, ist ein Haltepunkt oder ein Knotenpunkt im Leben des Horoskopinhabers, worauf sich ja die Theorie des Solar-Horoskopes stützt.

In jedem Lebensjahre, das einem synodischen Tage der der Geburt folgenden Monate entspricht, gewinnt aber die Sonne annähernd einen Grad und um diesen jährlichen Sonnenbogen vergrößert sich auch der Stand der laufenden Sonne, so daß im 60. Jahre zur laufenden Sonne ungefähr 60 Grade addiert werden müssen, um den sensitiven Punkt für den 60 jährigen Menschen zu erhalten.

Also auch hier tritt die Zahl 361 im jährlichen Lauf der Sonne oder das Quadrat von 19 wieder auf, welches die Zahl 19 mit dem Metonschen Mondzyklus, der 235 Mondläufe in 19 Jahren umfaßt, gemeinsam hat.

Diese natürliche Mondperiode von 19 Jahren, in welchen die gemeinsamen Sonnen- und Mondstände, also nicht nur die Phasen, sondern auch der Örter regelmäßig wiederkehren, kann mit einem synodischen Tage und mit einem, um den einen Grad des Sonnenbogens vermehrten Jahre in Verbindung gebracht werden.

Der Mondknoten ist deshalb bedeutsam, weil die Knoten die Schnittpunkte der Mondbahn (Weib) und der Erdbahn (Mann) die Verbindung von weiblich-männlich zeigen.

Auch die Vereinigung des feinstofflichen (☽) mit dem grobstofflichen Körper (☉) wird von den Mondknoten beeinflußt.

Die Aufstellung eines Quadrates der Zahl 19 wäre für eine Übersicht der Zeichen und Planetenstände nicht zu empfehlen, man bediene sich dafür das der Zahl 6, das einfacherer Art ist und das die D e k a n a t e der Tierkreiszeichen wiedergibt.

	0	10	20	30 / 0	10	20	30	
X	♋	♋	♋	♌	♌	♌		XI
XII	♍	♍	♍	♎	♎	♎		I
II	♏	♏	♏	♐	♐	♐		III
IV	♑	♑	♑	♒	♒	♒		V
VI	♓	♓	♓	♈	♈	♈		VII
VIII	♉	♉	♉	♊	♊	♊		XI

Für die Nordhalbkugel zeigen die links- und rechtsstehenden römischen Zahlen die Häuser der Erde.

Soll das obenstehende Schema das Erdhoroskop einer Geburt oder eines Ereignisses zeigen, so werden die Zeichen außerhalb gesetzt, die Planetenstände in die richtigen Felder eingetragen und links und rechts vermerkt.

Begönne die Zählung nicht vom Widderpunkte, sondern vom Steinbockpunkte, so wäre die Summe je zweier zusammengehöriger Spiegelpunkte stets 360° anstatt 180 und 540.

Ein Planet, z. B. ♅ 24° 27 ♋ stehend, hat seinen Spiegelpunkt 5° 33 II, die Opposition des Uraus im Steinbock hat ihn 5° 33 ♐; diese vier Punkte zusammen bilden ein magisches System, dessen Lage durch die Differenzierung der Erdachsenebene verändert wird.

Das Horoskop des Deutschen Reiches.

☉ 28° 01 ♑	♀ 7° 51 ♒	♄ 4° 01 ♑	☊ 9° 07 ♋
☽ 24° 15 ♐	♂ 5° 34 ♎	♅ 24° 27 ♋	X 10° 17 ♒
☿ 26° 59 ♑	♃ 17° 15 ♊	♆ 19° 17 ♈	Asc. 17° 19 ♊

Die Differenzierung des Erdmeridians durch die Sonne: ☉ auf 0° ♑.

☉ 0° 00 ♑	♀ 9° 50 ♑	♄ 6° 00 ♐	☊ 11° 06 ♊
☽ 26° 14 ♏	♂ 7° 33 ♍	♅ 26° 26 ♊	X 12° 06 ♊
☿ 28° 58 ♐	♃ 19° 14 ♉	♆ 21° 08 ♓	A. 19° 18 ♉

Die Differenzierung des Erdmeridians durch den Geburtsmeridian:

☉ 17° 44 ♊	♀ 27° 34 ♊	♄ 23° 44 ♉	☊ 28° 50 ♏
☽ 13° 58 ♉	♂ 25° 17 ♒	♅ 14° 10 ♐	X 0° 00 ♋
☿ 16° 42 ♊	♃ 6° 58 ♏	♆ 8° 52 ♍	A. 7° 02 ♏

Die Differenzierung des Erdmeridians durch den Aszendenten:

☉ 10° 42 ♉	♀ 20° 32 ♉	♄ 16° 42 ♈	☊ 21° 48 ♎
☽ 6° 56 ♈	♂ 18° 15 ♑	♅ 7° 08 ♏	X 22° 58 ♉
☿ 9° 40 ♉	♃ 29° 56 ♍	♆ 1° 50 ♌	A. 0° 00 ♎

Neben diesen Kardinalpunkten der Geburt differenzieren noch die fehlenden Planeten den Erdmeridian, von diesen wird der Mond auf den Krebspunkt gesetzt, weil er wie ein Punkt der Erdoberfläche die Achse der Erde umkreist, jedoch mit e i n e r a n d e r e n Schnelligkeit und mit einer veränderlichen Neigung zum Äquator.

Der aufsteigende Knoten der Bahn aller Orte der Erde ist der Wagepunkt, der aufsteigende Mondknoten muß deshalb ebenfalls auf den Wagepunkt gesetzt werden, weil er durch seinen Umlauf um die Erde diese Orte vertritt.

Vorgeschobene und laufende Planeten über diese Punkte und deren Spiegelpunkte wirken auslösend.

Die Auswertung dieser neu entstandenen Punkte erfolgt nach dem ersten Schema, z. B. Jupiter im VIII. Hause der Sonne gibt Todesfälle von Königen, Fürsten, Ministern und Würdenträgern des Reiches und anderer Länder.

♅ lfd. □ ☉, □ ☿ im VIII. des Aszendenten und im Spiegelpunkte des ♃ im VIII. Hause der Sonne, ♄ lfd. 0° ♃, ☉ lfd. 0° Steinbockpunkt im Horoskop des Mondes brachte am 28. Juni 1914 den Tod Franz Ferdinands von Österreich.

♆ lfd. ☌ ☽, ♄ lfd. □ ♂, ☿ lfd. □ ♆ im Horoskop des Mondes, Tod der Mutter des ehemaligen Kaisers.

Mars im VII. Hause des Mondes bezieht sich auf die Gatten weiblicher Personen. Neptun im I. Hause auf Ehen oder Heiraten, Uranus im V. auf männliche Nachkommen, Sonne, Merkur und Venus auf Freunde, Kupido und Jupiter im III. auf Dokumente, Briefwechsel und benachbarte Länder.

Die progressive Sonne des ehemaligen Kaisers stand in Konjunktion mit dem Mars, die laufende Sonne in der Quadratur der Venus, die laufende Venus war in Konjunktion, der laufende Uranus in der Quadratur des Kupido, der laufende Mars war in der Opposition der Sonne, und der laufende Merkur stand in Konjunktion mit dem Neptun bei der zweiten Heirat des ehemaligen Kaisers am 5. November 1922.

Vermählung des Kaisers Wilhelm II: ♂ lfd. ☌ ☿, ☉; ♀ und ♄ lfd. ☍ ♆ am 27. Februar 1881.

Vermählung der Kronprinzessin Luise am 24. Mai 1913: ♆ lfd. □ ♆, ☽ lfd. □ ♆, ♂ lfd. ☌ ♂. Die vorgeschobene Sonne des Kaisers stand in der Opposition des Kronos beim Beginn des Krieges 1914. Die vorgeschobene Sonne beim Tode der Gattin stand in Quadratur mit dem Saturn. Die laufende Sonne stand in der Opposition des Neptun und der laufende Jupiter in der Quadratur des Kupido. Diese beiden Planeten wurden auch von den sensitiven Punkten ☉ lfd. + ☉ Bg. und ☉ lfd. — ☽ Bg. im Horoskop des ehemaligen Kaisers berührt.

♄ lfd. □ Kupido, ♀ lfd. ☍ ♅, Kupido lfd. ☌ ♀ im Horoskop des Mondes brachte den Tod des Prinzen Joachim am 18. Juli 1920. ♃ lfd. ☌ ☊ im II. Hause des Meridians, ☿ lfd. ☍ ♂, ♂ lfd. ☍ ♄ im Horoskop des Aszendenten und ☉ lfd. ☌ ♅ im IX. Hause der Sonne wirkte beim Tode des Kaisers Friedrich III., außerdem waren noch ♅ lfd. mit ♂ lfd. im I. Hause in Quadratur zum ♃ und Zeus im IV. Hause und ♄ lfd. in Konjunktion mit dem Mondknoten im Horoskop des Kupido usw.

Das Quadrat der Zahl 19, das den einen Grad, den das tropische Jahr gewinnt, mehr aufweist als das der Zahl 6, hat den großen Nachteil, daß das natürliche Quadrat erst in ein magisches umgewandelt werden muß und daß auch dieses die Spiegelpunkte nicht so bestimmt erkennen läßt, weil in der Zahl 361 das Fortschreiten der Planetenstände um den einen Grad im Jahre enthalten ist.

Um die Transite der laufenden Planeten kontrollieren zu können, trage man sich die Horoskope sämtlicher Planeten ein und verfolge unablässig die laufenden Planeten. Der Aszendent und der Geburtsmeridian sind nach diesen Transiten leicht zu berichtigen.

Kommentar zum " Kongressreferat von Sieggrün über Astrophilosophie, transneptunische Planeten und sensitive Punkte "

Diese Niederschrift berichtet über den Teil des II. astrologischen Kongresses in Leipzig vom 30. 6. bis 2. 7. 1923, der die wesentlichen Grundlagen der Hamburger Schule abhandelt.

Friedrich Sieggrün (20. 12. 1877 - 4. 5. 1951) war der mutige Vorkämpfer, der hier erstmals vor den kritischen Fachleuten der traditionellen Astrologie Witte's Findungen vorbrachte. Dem Bericht können Sie selbst entnehmen, dass Sieggrün grösstenteils auf taube Ohren gestossen ist. Die Tradition, die ja meist den Fortschritt hemmt, wollte es nicht dulden, dass das alte Lehrgebäude Risse bekommt.

A. M. Grimm, der diesen Kongress einberief und leitete, war einer der Hauptgegner der Hamburger Schule, er blieb es bis zuletzt.

Damals wie heute. Die Findungen Witte's werden bekämpft, weil man sie nicht versteht oder verstehen will. Aber wir, seine Schüler, die noch viel zu lernen haben, bemühen uns unbeirrt, den von ihm gewiesenen Weg weiterzuschreiten.

Friedrich Sieggrün-Hamburg bemerkt zu seinem Referat über

› Astro-Philosophie ‹

eingangs, daß der Vorredner bereits vieles mit zum Ausdruck gebracht habe, was er habe sagen wollen. Er könne sich deshalb wesentlich kürzer fassen.

Die Astrologie könne einen wertvollen Beitrag liefern zu einer Welt- und Lebensauffassung, die es ermöglicht, in dieser ihrer Eigenschaft eine dominierende Stellung einzunehmen. Die Philosophie der vergangenen Tage kranke daran, daß sie fast niemals mit den Tatsachen der Wirklichkeit übereinstimmte und diese Tatsache nicht mit hineinverwoben hat in ihren ganzen Konnex. Hier habe die Astrologie einzugreifen, um den suchenden Menschen einen inneren Halt zu geben, den sie vergebens in den heutigen Philosophie-Systemen suchen. Astrologie würde auch heute wieder das werden, was sie schon vor uralter Zeit war: Religion und Wissenschaft zugleich. Die Astrologen seien berufen, wieder die Elemente zu einer Welt- und Lebensauffassung, die sich dem okkultistischen Standpunkte nähert, aus der Astrologie abzuleiten. Denn infolge ihrer starken Durchsetzung mit Astronomie und Mathematik sei sie imstande, Probleme, die sich sonst einer mathematischen Behandlung unzugänglich zeigen, mittels derselben einer Analyse zu unterwerfen. Sie sei daher so recht geeignet, bei Fundamentalfragen entscheidend einzugreifen und die Wagschale nach dieser oder jener Richtung zu senken.

Von dem Schicksal, daß mehr oder minder geistreich ausgeklügelt philosophische Systeme mumifiziert und in schöne Folianten eingesargt einem unbegrenzten Schlummer in einer der zahlreichen Bibliotheken entgegengehen, wurden und würden aber auch Weltanschauungen betroffen, die ihrer Zeit weit vorauseilten. Dieser Fall träfe zu bei den Lehren der Geheimwissenschaften in ihrem weitesten Umfange. Nachfolgende Generationen würden erst den richtigen Abstand haben, um die Wirksamkeit einer Blavatsky, Karl du Prel usw. voll und ganz einschätzen zu können. Wir Lebende seien aber berufen, und verpflichtet, die Fundamente dieser im Werden begriffenen neuen Weltanschauung ernstlich zu prüfen und dieselbe so zu sichern, daß der Bau ohne Einsturzgefahr vor sich gehen kann. Eine der Säulen der Geheimwissenschaft bilde die Lehre von dem Fortleben nach dem Tode.

Der Forscher, der sich mit der Prüfung und Klärung der spiritistischen Phänomene beschäftige, sei oftmals vor die Frage gestellt, ob das hier als handelnder Agent auftretende Geistwesen in seinem Wesenskern identisch sei mit der Persönlichkeit, die es nach seiner Angabe im irdischen Leben darstellte. Diese Frage sei seitens der Astrologie zu beantworten, wenn konkrete Zahlen der Untersuchung zu Grunde gelegt werden könnten. Es sei also die Kundgebung eines geistigen Wesens für den Astrologen nur dann von Wichtigkeit, wenn gegeben seien: die Daten der Geburt der irdischen Persönlichkeit dieses Wesens, Daten aus dessen Leben, der genaue Todesmoment und der Moment der Kundgebung. Ferner als unerläßlich die Daten der lebenden Person, welche die Nachricht von dem Geistwesen erhält, da diese beiden Personen (Entkörperte und Verkörperte) gesetzmäßig miteinander verbunden seien.

Ein glücklicher Umstand habe es gefügt, daß in einem solchen Falle alle die Vorbedingungen erfüllt waren, um den Versuch einer astrologischen Untersuchung zu wagen, und zwar mit den Methoden und Anschauungen der Hamburger Schule, deren Arbeiten durch Witte's Abhandlungen in der »Astrologischen Rundschau« genügend bekannt gemacht worden seien. Es handle sich um folgende Daten:

a) Verstorbener (Gefängnis-Inspektor),
  geb. 12. 3. 1845 3 h 47 m nachts Liebenau (Weser)
  † 30. 1. 1887 2 h 45 m Hamburg (an Gehirnerweichung).
  Korrekturdaten: 1. Sohn geb. 7. Sept. 1878 2 h nachm.
         2.   ,,   ,,   24. April 1880, gefallen 16. Juni 1918,
         3. Tochter ,,   29. Jan. 1882, † 9. März 1882 10 h vorm.
         4. Sohn   ,,   13. Juli 1886 8 h vorm. Hmb.

b) Lebende (Schwiegertochter).
geb. 13. Aug. 1875 5 h 45 m vorm. Buenos-Aires,
Tod des Vaters: 21. Febr. 1886.
Kfm.-Stellung: 10. April 1900—15. März 1913.
Verheiratung: 17. Mai 1913.
okk. Erlebnis (Hellhören u. Unterhaltung:
27. Sept. 1921 7 $1/4$—7 $3/4$ Vormittags.
Als Resultat der astrologischen Untersuchung habe sich ergeben:
1. Das Geistwesen ist identisch mit der im irdischen Leben dargestellten Persönlichkeit.
2. Das Horoskop der irdischen Persönlichkeit wirkt über den Tod hinaus. Es ergibt den Zeitpunkt der Kundgebung nach dem Tode, gemessen in Zeitmaß ab Geburtstag.
3. Das Horoskop errichtet auf den Moment des Todes der irdischen Persönlichkeit ist das Geburtshoroskop für das Geistwesen als solches. Auch dieses Horoskop ergibt den Zeitpunkt der Kundgebung in Zeitmaß gemessen ab Todestag.
4. Das Horoskop errichtet auf den Moment der Kundgebung ist von eminenter Bedeutung. Es hat als Ausgangspunkt aller Untersuchungen zu dienen.

Erfolge seien bei Anwendung der Astrologie auf solche Fragen nur dann erreichbar, wenn in derselben bei Anwendung des überlieferten Regelwerkes nicht das Gefühlsmäßige vorherrsche, sondern man die Mathematik als Hilfswissenschaft in größtem Umfange heranzöge. Er hoffe, daß auch andere Astrologen solchen Fragen näher treten. Welche Aussichten die Anwendung dieser Wissenschaft auf fernere Fragen, wie z. B. der Wiederverkörperungslehre, sich öffneten, sei nicht abzusehen. Er bitte um Unterstützung durch Lieferung von Zahlen u. dergl.

Nach Verfeinerung aller Hilfsmittel, wie es die Hamburger Schule (insbesondere durch Witte) bereits getan, würden wir uns wohl auch dem Zeitpunkte nähern, wo man davon Abstand nehmen wird, den Grundgedanken dieser Wissenschaft, d. h. die angenommene Abhängigkeit der irdischen Verhältnisse von den kosmischen Vorgängen als Fiktion (Erdichtung) zu stempeln. Die Astrologen hätten allen Anlaß, den Dichtern dieses Kunstwerkes der Fiktionen dankbar zu sein für den Genuß, den ihnen die »geradezu raffinierte Verwendung der Fiktion zu dem Zwecke, den Lebensverlauf eines Menschen in seinen Hauptphasen berechnen zu können«, bereite. Von nur fiktiven, also unzutreffenden, unwahren Annahmen stehe zu erwarten, daß sie nur unzutreffende, unwahre Resultate liefern. Wir erlebten aber in der astrologischen Praxis die Tatsache, daß diese erdichteten Annahmen sich selber verifizierten (bewahrheiteten). Es sei deshalb zu schließen, daß diese Annahmen in der Hauptsache nicht fiktiv, sondern zutreffend seien, also die Wahrheit darstellten.

Die Astrologie habe es nicht nötig, sich ihre Pässe von irgend einer Wissenschaft ausstellen zu lassen. Selber sei sie Wissenschaft und als solche berufen, allen Disziplinen als Kriterium zu dienen. Wissenschaft im allgemeinen, Religion und Philosophie würden dieselbe bei der Behandlung der höchsten Probleme zu Rate ziehen müssen, um einen neuen Aufstieg des Menschengeschlechts anzubahnen. Dies nur könne für den astrologischen Forscher das erhabene Ziel und der Zweck dieser uralten Wissenschaft von den Gestirnen sein. Aber alles Heil blüht nur dem Tüchtigen!

Aussprache.

A. M. Grimm leitet die Aussprache mit dem Bemerken ein, die Hamburger Schule würde wohl einen gleich schweren Stand haben wie er in der Häuserfrage, er fordere aber von ihr größere Verständlichkeit.

Sieggrün betont den Forscherstandpunkt, bei dem es zunächst gleichgültig sei, wie etwas aufgenommen würde.

Hartmann-Hamburg schildert wertschätzend Wittes Art und gewordene Auffassung, daß es notwendig sei, verständlicher zu schreiben. Witte wüßte das auch, aber er könne es nicht besser. Die Sache selbst sei ganz hervorragend.

Dittrich-Markkleeberg begrüßt, daß Sieggrün einen Gedanken zum Ausdruck gebracht habe, der auch ihn lebhaft beschäftige: die Identitätsfrage bei spirituellen Kundgebungen. Seit Dr. Dinter's »Geistlehre« die große Anregung im allgemeinen gegeben habe, sei diese Frage brennender denn je. Die Sache habe sich aber noch mehr zugespitzt dadurch, daß eine Broschüre aufgetaucht ist, die den Titel trägt: »Kundgebungen über die jenseitigen Zustände. Im Auftrage und auf besonderen Befehl Gottes gegeben von Immanuel Kant.« Hier sei etwas, wo keine Fakultät, keine Wissenschaft vorübergehen könne. Deshalb begrüßt er es, daß in Hamburg bereits Vorarbeit geleistet worden sei.

Es entspinnt sich dann eine längere Debatte zwischen Sieggrün und Grimm, die als Ergebnis hat, daß der Streit über die Hamburger Schule vertagt wird, bis die von Sieggrün in Bearbeitung genommene Broschüre erschienen ist. Außerdem wendet sich A. M. Grimm gegen den Spiritismus.

Wodan-Leipzig betont, er habe Sieggrün so verstanden, daß die Astrologie zu allen Gebieten Beziehung habe, und auch der Spiritismus für die Astrologie Beweise erbringe; dagegen brauche nicht noch weiter auf den Spiritismus eingegangen zu werden. Um so wichtiger wären vorgeburtliche und Karma-Forschung, um die nachgeburtliche Forschung besser betreiben zu können. Materialaustausch und gegenseitige Nachprüfung sei erforderlich. Die Astrologie sei Erfahrungswissenschaft und die Überlieferung müsse studiert werden.

A. M. Grimm betont, er habe seine Anerkennung Sieggrün nicht versagt, sondern eine möglichste Klärung für angebracht gehalten.

Wodan-Leipzig könne Sieggrün wohl verstehen, daß er es gut meint. Man solle jedoch mit dem Spiritismus vorsichtig sein; es könnte uns vieles in die Schuhe geschoben werden. Wir als Astrologen wollten die Sache prüfen und nicht ohne weiteres annehmen, aber das Beste behalten.

Sieggrün (Schlußwort, wörtlich): »Wenn ich ein Problem angeschnitten habe und es ist ein so einschneidendes, dann werden Sie sicher empfinden aus dem Unterton, der aus meiner Rede schwingt, daß ich nicht umsonst diese Feststellung hier bekundet habe. Ich bin der Gewißheit und der Hoffnung, daß Sie ebenso empfinden: der Mann hat gearbeitet, geprüft und geforscht und seine Mühe aufgewendet, um etwas vorzulegen. Ich selber bin weit entfernt, jemand anzuraten, Experimente anzustellen auf dem Gebiete des Spiritismus, und diejenigen, die mich kennen, werden sagen können, daß ich sie gewarnt habe, solchen Experimenten näher zu treten, weil ich eben doch lange Erfahrung habe. Seit meinem 18. Jahre, wo ich dem Spiritismus nahe trat, habe ich geprüft und geforscht und bitter gebüßt, daß unendlich viel Betrug darin liegt. Aber neben diesem gibt es auch Perlen. Ob ich richtig geschlossen habe, das werden Sie mir nachher widerlegen, wenn meine Broschüre erscheint. Astrologie hat sich zu befassen mit dem Höchsten, was uns bewegt. Wenn dies nicht das Höchste ist, dann bin ich im Zweifel, ob überhaupt Astrologie etwas ist, mit dem sich die Menschheit befassen soll.«

Schluß der Verhandlung: 6 h 20 m nachm.

Der 2. Tag.

Beginn der Sitzung mit Verspätung vorm. 10 Uhr durch Begrüßung und musikalischen Vortrag (Ave maria). Provisorisch wird dann bestimmt, daß Montag vormittag noch Kongreß-Tagung ist. Das Anwachsen der Teilnehmerzahl und das Erreichen der Münchener Zahl wird begrüßt. Zwei Begrüßungstelegramme (von Attensperger-Kempten und Nagel-Passau) werden bekanntgegeben.

A. M. Grimm geht sodann nochmals sehr eingehend auf die Thesen der Hamburger Schule ein. Er erbittet sich von Sieggrün-Hamburg den wissenschaftlichen Beweis bezüglich der behaupteten drei transneptunischen Planeten — benannt Cupido, Hades und Zeus —, deren Ephemeriden von den Hamburger Astrologen bereits berechnet, worden seien.

Sieggrün erklärt, er hätte eigentlich erwartet, daß nach seinem gestrigen Schlußwort die Akten über diesen Punkt geschlossen wären. Das sei leider nicht der Fall. Es erfolge heute ein Angriff, auf den er nicht vorbereitet sei. Eine Astrologie, der es gelingt, aus dem Schicksal der Menschen drei Planeten zu errechnen, die hinter dem Neptun kreisen, verdiene es, angehört zu werden. Es wolle etwas besagen, was die Wissenschaft geleistet habe durch Berechnung des Planeten Neptun. Das sei der Astrologie ebenfalls gelungen. Die drei Planeten seien festgestellt in ihren Bahnen, und hintereinander würden die Ephemeriden dieser astrologisch errechneten Planeten erscheinen. Man solle nicht den Stab über die Hamburger Schule brechen.

Grimm führt in längeren Ausführungen aus, vom wissenschaftlichen Standpunkte müsse man das ablehnen. Diese neueren Theorien könnten nicht ohne weiteres gelten gelassen werden. Sensitive Punkte könne man wohl behaupten, aber nicht beweisen. Er will der Hamburger Schule entgegenkommen, um zusammenzukommen zu versuchen, und macht ihr den Vorschlag zur Beteiligung am Preisausschreiben, wie es in der »Deutschen Astrologen-Zeitung« Nr. 6 vom 22. Mai 1923 enthalten ist.

Sieggrün erwidert, der Forscher, der Astrologie nicht betreibt als Beruf, habe gewisse Fälle in seiner Mappe, die er jederzeit und wiederholt der Betrachtung unterzieht. Diese Fälle würden von ihm intensiv bearbeitet und nachgerechnet, um daraus feste Formen heraus zu kristallisieren. Am Preisausschreiben sich zu beteiligen, sei ihm unmöglich, auch der Lohn reize ihn nicht. Er verweist dann auf die bereits bekannten Veröffentlichungen von A. Witte in der »Astrologischen Rundschau« und den »Astrologischen Blättern« hin und bemerkt ergänzend, daß die von dieser Hamburger Astrologenschule benutzten fünf verschiedenen Horoskope (Erd-, Mond-, Sonnen-, Meridian- und Aszendent-Horoskop) und durch die weiter ermittelten Sensitiven Punkte eine Feinarbeit geleistet würde, die der astrologische Forscher unbedingt brauche zur Förderung der astrologischen Wissenschaft. Im übrigen verweise er auf seine demnächst erscheinende Broschüre, die eine eingehende Darlegung der Arbeitsmethoden der Hamburger Astrologenschule bringen. Wir sollten uns vorläufig zufrieden geben. Die Astrologie hat doch nur Vorteile, daß einzelne selbstlos der Sache sich so sehr widmen und es ebenso selbstlos der Allgemeinheit zur Verfügung stellten.

A. M. Grimm bestreitet die Schlußworte durchaus nicht. Er möchte aber im Falle Sieggrün nicht mißverstanden werden. Die ältesten Geheimwissenschaften verkündeten bereits die hier zur Sprache kommenden, noch unsichtbaren Sterne. Es wäre gut, wenn die Hamburger Schule auf einwandfreie Weise — für ihn vielleicht — den Nachweis dafür erbrächte, damit das Kapitel heute abgetan würde. Da aber sein Vorschlag nicht angenommen worden sei, müßte er einige Fragen an die Hamburger Schule richten. Nach längeren Ausführungen, wobei auch die indische Astrologie berührt wird, sagt er, ein Horoskop sei schneller berechnet als die fünf Horoskope der Hamburger Schule, und er bitte deshalb Sieggrün, ihn über diese Anwendung der fünf Horoskope Aufschluß zu geben.

Förster-Dresden wendet sich gegen Grimm. Es ständen wissenschaftliche Probleme auf der Tagesordnung, und man solle das, was gestern gewesen, nicht heute hereinschleppen.

A. M. Grimm erklärt, er habe nicht bezweckt, diese Hamburger Schule zu verwerfen, sondern wollte nur einer Klärung vorarbeiten, und die Debatte wäre schon längst zu Ende, wenn die Selbstlosigkeit der Hamburger Schule noch einen kleinen Schritt weitergegangen wäre. Als er einen weiteren Vorschlag machen will, entsteht große Unruhe. Daraufhin schließt er die Debatte mit dem Hinweis, es seien noch weitere Probleme mit futuristischem Charakter angezeigt.

Wir bringen nun der Reihe nach folgende Arbeiten Alfred WITTE'S, die mit der Auffindung und Sicherung seiner
     vier Transneptun-Planeten zusammenhängen.

Es wird vielfach der Schluß gezogen, Hamburger Schule ist die Arbeit mit Transneptun-Planeten; das stimmt nicht. Hamburger Schule ist die Arbeit mit Planetenbildern und sensitiven Punkten, das ist schon treffender. Diese Arbeit setzte WITTE erst in die Lage, wirksame Punkte im Horoskop festzustellen und zu verfolgen und dadurch erst war die Voraussetzung für ihn gegeben, seine vier Transneptun-Planeten und ihre Ephemeriden zu berechnen und zu sichern.

Die Tafeln der
     transsaturnischen Planeten NEPTUN und URANUS

für alle Zeiten waren Vorarbeiten für WITTE, um in gleicher Art über die Sonnenkonjunktion des Planeten und den Sonnenlauf die Tafeln für seine <u>vier Transneptunischen Planeten</u>
     CUPIDO, HADES, ZEUS und KRONOS

zu berechnen. Diese von WITTE berechneten Tafeln gestatten trotz ihrer Kürze, den Stand des Planeten für alle Zeiten zu bestimmen.

Aus diesem Grunde geben wir hier diese WITTE'SCHEN Arbeiten mit seinen eigenen Worten bekannt, da sie den Weg zeigen, außerhalb der von Ruth Brummund berechneten 100 Jahre TNE von 1890-1990 die Stände selbst zu berechnen.

Vergleichbare Arbeiten wie diese WITTE'SCHEN gibt es weder in der astrologischen Literatur, noch bei den Astronomen, die Transneptunische Planeten vermuten.

In seiner Arbeit:
  Berechnung der Declination mit Hilfe zweier Tabellen
     Declinationstabellen für Neptun und Cupido

führt WITTE gleichzeitig vor, wie er auch mit Planetenbildern der Declination am Horoskop des Deutschen Kaise seinen CUPIDO sichert.

Man beachte den Unterschied dieser WITTE'SCHEN Arbeit mit der bereits Seite 43 gebrachten Arbeit:

    "Leichte Berechnung der Declination der vorgeschobenen Planeten mit Hilfe zweier Tabellen".

                                                             LR.

Tafel des Planeten Uranus für alle Zeiten

Um auch den Planeten ♅ in die Horoskope historischer Personen schnell einsetzen zu können, seien die folgenden drei Tabellen gebracht.

Aufsteigender ☊ 13° 23 II.; Neigung gegen die Ekliptik 0° 46,3'; Epoche 1880 Januar 1,0

Länge	Breite	Deklination	Länge	Breite	Deklination	Länge	Breite	Deklinat.
0 ♈	− 44'	− 0° 41	0 ♌	+ 34'	+ 20° 42	0 ♐	+ 10'	− 20 00
5 „	− 43	+ 1 20	5 „	+ 36	+ 19 35	5 „	+ 7	− 21 01
10 „	− 41	+ 3 20	10 „	+ 39	+ 18 22	10 „	+ 3	− 21 55
15 „	− 39	+ 5 19	15 „	+ 41	+ 17 00	15 „	− 2	− 22 38
20 „	− 37	+ 7 14	20 „	+ 43	+ 15 30	20 „	− 6	− 23 10
25 „	− 35	+ 9 08	25 „	+ 44	+ 13 54	25 „	− 9	− 23 30
0 ♉	− 32	+ 10 59	0 ♍	+ 45	+ 12 11	0 ♑	− 13	− 23 40
5 „	− 29	+ 12 45	5 „	+ 46	+ 10 24	5 „	− 17	− 23 38
10 „	− 25	+ 14 26	10 „	+ 46	+ 8 32	10 „	− 21	− 23 25
15 „	− 22	+ 16 00	15 „	+ 46	+ 6 38	15 „	− 24	− 23 00
20 „	− 18	+ 17 28	20 „	+ 46	+ 4 41	20 „	− 28	− 22 25
25 „	− 14	+ 18 48	25 „	+ 45	+ 2 40	25 „	− 31	− 21 38
0 ♊	− 10	+ 20 00	0 ♎	+ 44	+ 0 41	0 ♒	− 34	− 20 42
5 „	− 7	+ 21 01	5 „	+ 43	− 1 20	5 „	− 36	− 19 35
10 „	− 3	+ 21 55	10 „	+ 41	− 3 20	10 „	− 39	− 18 22
15 ♊	+ 2	+ 22 38	15 „	+ 39	− 5 19	15 „	− 41	− 17 00
20 „	+ 6	+ 23 10	20 „	+ 37	− 7 14	20 „	− 43	− 15 30
25 „	+ 9	+ 23 30	25 „	+ 35	− 9 08	25 „	− 44	− 13 54
0 ♋	+ 13	+ 23 40	0 ♏	+ 32	− 10 59	0 ♓	− 45	− 12 11
5 „	+ 17	+ 23 38	5 „	+ 29	− 12 45	5 „	− 46	− 10 24
10 „	+ 21	+ 23 25	10 „	+ 25	− 14 26	10 „	− 46	− 8 32
15 „	+ 24	+ 23 00	15 „	+ 22	− 16 00	15 „	− 46	− 6 38
20 „	+ 28	+ 22 25	20 „	+ 18	− 17 28	20 „	− 46	− 4 41
25 „	+ 31	+ 21 38	25 „	+ 14	− 18 48	25 „	− 45	− 2 40

Gegenüberstehende Zeichen haben entgegengesetzte Vorzeichen der Breite und der Deklination.

Durch die Rückläufigkeit treten Differenzen von einigen Minuten in der Breite und Deklination auf.

Synodischer Lauf des Planeten Uranus, Herr des Zeichens ♐.

Jahr	Pos.		Jahr	Pos.	
1840	16 ♓ 24		1896	24 ♏ 48	
1	20	20	7	29	19
2	24	16	8	3 ♐ 48	
3	28	13	9	8	16
4	2 ♈ 11		1900	12	42
5	6	10	1	17	06
6	10	11	2	21	27
7	14	11	3	25	47
8	18	12	4	0 ♑ 05	
9	22	15	5	4	21
1850	26	18	6	8	35
1	0 ♉ 22		7	8	35
2	4	27	8	12	47
3	8	34	9	16	58
4	12	41	1910	21	07
5	16	49	1	25	15
6	20	59	2	29	22
7	25	10	3	3 ♒ 28	
8	29	22	4	7	33
9	3 ♊ 37		5	11	38
1860	7	53	6	15	41
1	12	11	7	19	44
2	16	31	8	23	45
3	20	53	9	27	45
4	25	16	1920	1 ♓ 44	
5	29	42	1	5	41
6	4 ♋ 09		2	9	38
7	8	38	3	13	35
8	13	10	4	17	31
9	17	42	5	21	26
1870	22	17	6	25	26
1	26	54	7	29	23
2	1 ♌ 33		8	3 ♈ 22	
3	6	14	9	7	21
4	10	55	1930	11	20
5	15	37	1	15	20
6	20	21	2	19	21
7	25	06	3	23	22
8	29	50	4	27	23
9	4 ♍ 37		5	1 ♉ 26	
1880	9	24	6	5	29
1	14	12	7	9	35
2	18	58	8	13	42
3	23	46	9	17	50
4	28	33	1940	22	00
5	3 ♎ 20		1	26	03
6	8	07	2	0 ♊ 25	
7	12	53	3	4	39
8	17	38	4	8	56
9	22	22	5	13	13
1890	27	05	6	17	33
1	1 ♏ 48		7	21	55
2	6	28	8	26	19
3	11	06	9	0 ♋ 44	
4	15	42	1950	5	12
5	20	16			

Apsid.	Perioden		Jahre
1	1°	07'	84
2	2	14	168
3	3	22	252
4	4	29	336
5	5	36	420
6	6	43	504
7	7	51	588
8	8	58	672
9	10	05	756
10	11	12	840
11	12	20	924
12	13	27	1008
13	14	34	1092
14	15	41	1176
15	16	48	1260
16	17	56	1344
17	19	03	1428
18	20	10	1512
19	21	17	1596
20	22	25	1680

Die Rückläufigkeit des Planeten ♅ durch den Lauf der Erde verteilt sich mit der laufenden Sonne mit je 10° weiter von der Konjunktion an, wie die Tabelle für den Sonnenlauf zeigt.

Die laufende Sonne in 8-10° ♐ ist Jahresanfang.

Hat die laufende Sonne den Ort des Planeten im Geburtsjahre noch nicht erreicht, so ist der Stand vom vorhergehenden Jahre zu nehmen.

In zweifelhaften Fällen (☉ lfd. zwischen 8-10° ♐) rechne man ein — 10 Paralleljahr und addiere 44°. Das Resultat zeigt annähernd die gesuchte Konjunktion.

Für Daten vor 1840.

Stößt man durch Addition der Jahre und Subtraktion des Periodenzuwachses auf einen Stand von der Jahreswende und liegt die Jahreswende innerhalb des Periodenzuwachses, so muß der Zuwachs vom folgenden Jahre subtrahiert werden, denn derselbe Stand des Planeten tritt an der Jahreswende (8-10° ♐) an 2 Jahren auf.

Für den Unterschied im Sonnenlauf ist das Jahr ohne Abzug des Periodenzuwachses maßgebend, da die Verschiebung der Ellipse schon in dem Zuwachs enthalten ist. — Grundlegend für diese Tafel ist die siderische Umlaufzeit 84.01529 (in trop. Jahren) (Tafeln der Hamb. Sternwarte 1915).

Veränderung des aufsteigenden Knotens in einer Periode + 33,7′.

Unterschiede im Lauf des Planeten Uranus.

☉ Lauf	3° 58	4° 08	4° 18	4° 28	4° 38	4° 48
10	+ 0° 34	+ 0° 34	+ 0° 35	+ 0° 36	+ 0° 37	+ 0° 38
20	1° 08	1° 10	1° 11	1° 13	1° 14	1° 16
30	1° 40	1° 42	1° 45	1° 47	1° 50	1° 52
40	2° 11	2° 14	2° 17	2° 20	2° 23	2° 26
50	2° 40	2° 43	2° 46	2° 50	2° 53	2° 56
60	3° 05	3° 09	3° 12	3° 16	3° 19	3° 23
70	3° 25	3° 29	3° 33	3° 37	3° 41	3° 45
80	3° 42	3° 46	3° 50	3° 54	3° 58	4° 03
90	3° 54	3° 58	4° 02	4° 06	4° 10	4° 14
100	3° 59	4° 03	4° 08	4° 12	4° 17	4° 22
110	4° 00	4° 05	4° 09	4° 14	4° 18	4° 23
120	3° 57	4° 01	4° 06	4° 10	4° 15	4° 20
130	3° 46	3° 51	3° 56	4° 01	4° 06	4° 11
140	3° 34	3° 38	3° 43	3° 47	3° 52	3° 57
150	3° 15	3° 19	3° 24	3° 28	3° 33	3° 38
160	2° 55	2° 59	3° 03	3° 08	3° 12	3° 17
170	2° 31	2° 35	2° 39	2° 43	2° 47	2° 52
180	2° 07	2° 11	2° 15	2° 19	2° 23	2° 27
190	1° 43	1° 46	1° 50	1° 54	1° 58	2° 01
200	1° 20	1° 23	1° 26	1° 29	1° 32	1° 36
210	0° 57	0° 59	1° 02	1° 05	1° 08	1° 11
220	0° 39	0° 41	0° 43	0° 45	0° 48	0° 51
230	0° 25	0° 26	0° 28	0° 30	0° 32	0° 34
240	0° 14	0° 15	0° 17	0° 18	0° 20	0° 22
250	0° 08	0° 09	0° 11	0° 12	0° 14	0° 15
260	0° 07	0° 08	0° 10	0° 11	0° 13	0° 14
270	0° 10	0° 12	0° 14	0° 16	0° 18	0° 20
280	0° 19	0° 21	0° 23	0° 25	0° 28	0° 30
290	0° 34	0° 36	0° 38	0° 41	0° 44	0° 47
300	0° 52	0° 55	0° 58	1° 01	1° 04	1° 07
310	1° 14	1° 17	1° 21	1° 25	1° 29	1° 33
320	1° 38	1° 43	1° 48	1° 53	1° 58	2° 03
330	2° 08	2° 13	2° 18	2° 24	2° 30	2° 36
340	2° 38	2° 44	2° 51	2° 58	3° 05	3° 12
350	3° 11	3° 18	3° 26	3° 34	3° 42	3° 49
360	3° 46	3° 54	4° 03	4° 12	4° 21	4° 30

Beispiel: 27. Oktober 7 v. Chr. historisch =
27. Oktober 6 v. Chr. astronomisch.

1848 Jahre = 22 Perioden
Jahr 1842 = 24° 16 ♓ — 24° 39' (22 Perioden)
= 29° 37 ♒
Sonnenstand 1° 57 ♏
☉ Lauf = 242° 20'

Unterschied (1842-1843) = 3° 57'

= + 0° 13'
+ 29° 37 ♒

27. Oktober 7. v. Chr. historisch, Stand ♋
= 29° 50 ♒

Tafel des Planeten Neptun für alle Zeiten

Grundlegend für folgende Tabelle ist die siderische Umlaufszeit. 164, 788 29 Jahre (in tropisch. Jahren). (Tafeln der Hamburger Sternwarte 1915.) Die Rückläufigkeit durch den Lauf der Erde verteilt sich mit der laufenden Sonne mit je 10° weiter von der Konjunktion an, wie nebenstehender Sonnenlauf zeigt.

Die laufende Sonne in 8—10° ♐ ist Jahresanfang. Hat die laufende Sonne den Ort des Planeten im Geburtsjahre noch nicht erreicht, so ist der Stand vom vorhergehenden Jahre zu nehmen, wie in dem folgenden Beispiel.

In zweifelhaften Fällen (☉ lfd. zwischen 8—10° ♐ rechne man als Kontrolle ein — 10 Paralleljahr und addiere 22°; das Resultat zeigt annähernd die gesuchte Konjunktion.

Apsidenperioden:		Jahre
1	2° 47'	165
2	5 34	330
3	8 21	495
4	11 08	660
5	13 55	825
6	16 42	990
7	19 29	1155
8	22 16	1320
9	25 03	1485
10	27 50	1650
11	30 37	1815
12	33 24	1980
13	36 11	2145
14	38 58	2310
15	41 45	2475
16	44 32	2640
17	47 19	2805
18	50 06	2970
19	52 53	3135
20	55 39	3300

Beispiel:
27. Oktober, 7 v. Chr. historisch =
27. Oktober, 6 v. Chr. astronomisch
11 Perioden 1815 Jahre — 6 Jahre =

1809 ☉☌♆		6° 31 ♐
Sonnenstand		1° 57 ♏
also maßgebend 1808	=	4° 20 ♐
Periodenzuwachs		— 30° 37'
7 v. Chr. historisch	=	3° 43 ♏
Sonnenstand		1° 57 ♏
Sonnenlauf	=	358° 14
☉☌♆		3° 43 ♏
350° =	+	1° 45'
2,2' × 8¼ =	+	0° 18'
♆ Ort =		5° 46 ♏

Für Daten vor 1660. Stößt man durch Addition der Jahre und Subtraktion des Periodenzuwachses auf einen Stand vor der Jahreswende und liegt die Jahreswende innerhalb des Periodenzuwachses, so muß der Zuwachs vom folgenden Jahre subtrahiert werden; denn derselbe Stand des Planeten tritt an der Jahreswende (8—10° ♐) an zwei Jahren auf.

Beispiel: Gesucht ☉☌♆ im Jahre 180 n. Chr.

10 Perioden   1650 Jahre
               1830 = 20° 17 ♐
10 Perioden   — 27° 50
               ─────────
               22° 27 ♐

Der Stand liegt vor der Jahreswende und diese innerhalb der beiden Stände, deshalb ist maßgebend

1831 = 22° 28 ♐
— 27° 50
─────────
Im Jahre 180 ☉☌♆ =   24° 38 ♐

Synodischer Lauf des Planeten Neptun

Herr des Zeichens ♏

Year	° '	Year	° '	Year	° '	Year	° '
1660	8 ♐ 42	1703	11 ♈ 57	1746	18 ♋ 34	1789	23 ♎ 08
1	8 42	4	14 13	7	20 47	1790	25 18
2	10 53	5	16 28	8	23 01	1	27 28
3	13 05	6	18 43	9	25 14	2	29 38
4	15 17	7	20 58	1750	27 28	3	1 ♏ 48
5	17 30	8	23 13	1	29 41	4	3 58
6	19 41	9	25 28	2	1 ♌ 54	5	6 08
7	21 53	1710	27 43	3	4 07	6	8 19
8	24 05			4	6 20	7	10 29
9	26 17	1	29 58	5	8 33	8	12 39
1670	28 30	2	2 ♉ 14	6	10 46	9	14 49
1	0 ♒ 42	3	4 30	7	12 58	1800	16 59
2	2 54	4	6 45	8	15 11		
3	5 07	5	9 00	9	17 24	1	19 09
4	7 20	6	11 16	1760	19 36	2	21 19
5	9 32	7	13 31			3	23 29
6	11 45	8	15 47	1	21 49	4	25 39
7	13 58	9	18 02	2	24 02	5	27 49
8	16 11	1720	20 17	3	26 14	6	0 ♐ 00
9	18 24	1	22 33	4	28 26	7	2 10
1680	20 37	2	24 48	5	0 ♍ 38	8	4 20
		3	27 03	6	2 50	9	6 31
1	22 51	4	29 18	7	5 03	1810	8 41
2	25 04	5	1 ♊ 33	8	7 14		
3	27 17	6	3 48	9	9 26	1	10 52
4	29 30	7	6 03	1770	11 37	2	13 02
5	1 ♓ 44	8	8 18			3	15 13
6	3 57	9	10 32	1	13 49	4	17 25
7	6 11	1730	12 47	2	16 01	5	19 35
8	8 24			3	18 12	6	21 46
9	10 38	1	15 02	4	20 24	7	23 57
1690	12 52	2	17 16	5	22 35	8	26 08
		3	19 31	6	24 46	9	28 19
1	15 06	4	21 46	7	26 58	1820	0 ♑ 31
2	17 19	5	24 00	8	29 09		
3	19 34	6	26 14	9	1 ♎ 20	1	2 42
4	21 48	7	28 29	1780	3 31	2	4 54
5	24 02	8	0 ♋ 43			3	7 05
6	26 16	9	2 57	1	5 42	4	9 17
7	28 31	1740	5 11	2	7 53	5	9 17
8	0 ♈ 45			3	10 04	6	11 29
9	2 59	1	7 25	4	12 15	7	13 40
1700	5 14	2	9 39	5	14 26	8	15 52
		3	11 53	6	16 36	9	18 04
1	7 28	4	14 06	7	18 47	1830	20 17
2	9 43	5	16 20	8	20 57		

1831	22 ♐ 28	1878	7 ♉ 17	1924	20 ♌ 08	☉ Lauf	Unterschied 2° 13'		
2	24 40	9	9 32	5	22 19				
3	26 52	1880	11 46	6	24 32				
4	29 04			7	26 45	10	+ 0° 23		
5	1 ♒ 17	1	14 01	8	28 57	20	+ 0 45		
6	3 29	2	16 16	9	1 ♍ 09	30	+ 1 07		
7	5 41	3	19 32	1930	3 20	40	+ 1 26		
8	7 54	4	20 46			50	+ 1 44		
9	10 07	5	23 00	1	5 32	60	+ 2 00		
1840	12 20	6	25 16	2	7 45	70	+ 2 12		
		7	27 31	3	9 56	80	+ 2 22		
1	14 33	8	29 46	4	12 07	90	+ 2 28		
2	16 46	9	2 ♊ 01	5	14 19				
3	18 59	1890	4 15	6	16 31	100	+ 2 30		
4	21 12			7	18 42	110	+ 2 29		
5	23 25	1	6 30	8	20 53	120	+ 2 25		
6	25 39	2	8 45	9	23 04	130	+ 2 18		
7	27 52	3	11 00	1940	25 15	140	+ 2 08		
8	0 ♓ 05	4	13 14			150	+ 1 55		
9	2 18	5	15 29	1	27 26	160	+ 1 41		
1850	4 32	6	17 44	2	29 38	170	+ 1 25		
		7	19 58	3	1 ♎ 49	180	+ 1 08		
1	6 45	8	22 13	4	4 00				
2	8 59	9	24 30	5	6 11	190	+ 0 51		
3	11 12	1900	26 43	6	8 22	200	+ 0 35		
4	13 26			7	10 33	210	+ 0 20		
5	15 40	1	28 57	8	12 44	220	+ 0 07		
6	17 54	2	1 ♋ 12	9	14 55				
7	20 08	3	3 26	1950	17 06	230	− 0 04		
8	22 22	4	5 40			240	− 0 12		
9	24 36	5	7 54	1	19 16	250	− 0 16		
1860	26 50	6	10 08	2	21 27	260	− 0 18		
		7	12 22	3	23 37	270	− 0 16		
1	29 04	8	14 36	4	25 48	280	− 0 10		
2	1 ♈ 19	9	16 50	5	27 58	290	− 0 01		
3	3 33	1910	19 04	6	0 ♏ 08				
4	5 47			7	2 19				
5	8 02	1	21 18	8	4 27	300	+ 0 11		
6	10 16	2	23 31	9	6 39	310	+ 0 26		
7	12 31	3	25 45	1960	8 50	320	+ 0 43		
8	14 46	4	27 58			330	+ 1 02		
9	17 01	5	0 ♌ 12	1	11 00	340	+ 1 23		
1870	19 16	6	2 25	2	13 10	350	+ 1 45		
		7	4 38	3	15 20	360	+ 2 07		
1	21 30	8	6 51	4	17 30				
2	23 45	9	9 04	5	19 40				
3	26 00	1920	11 17	6	21 51	R.	+ 2° 30		
4	28 15			7	24 01	D.	− 0° 18		
5	0 ♉ 30	1	13 30	8	26 11				
6	2 45	2	15 42	9	28 21	Apsidenperiode			
7	5 01	3	17 55	1970	0 ♐ 31	165 Jahre + 2° 47'			

Astrologische Blätter

Organ der Astrologischen Gesellschaft in Berlin
✶ ✶ Zentral-Organ für wissenschaftliche Astrologie ✶ ✶
Linser-Verlag G. m. b. H., Berlin-Pankow, Breite Straße 34
Schriftleiter: M. Erich Winkel.

5. Jahrgang   Monat Juli 1923   Heft 4

Erscheint monatlich. Abonnements-Bedingungen: Vierteljährig im voraus für Deutschland und Oesterreich M. 300.—, zuzüglich M. 90.— Porto, für das übrige Ausland M. 600.—, zuzügl. M. 180.— Porto.

Der erste Transneptunplanet Cupido?
Von A. Witte, Hamburg.

Der französische Astronom Le Verrier hatte durch Störungen der errechneten Bahn des Neptun vermutet, daß hinter diesem Planeten sich noch ein Planet befinden müsse, der diese Störungen verursacht und dessen Ort im Tierkreiszeichen Krebs errechnet.

Wenn durch Gestirnsorte Ereignisse im Menschen- und Völkerleben gegeben sind, so muß man auch imstande sein, durch Ereignisse einzelner Menschen und Völker, Planetenorte feststellen zu können.

Der Ort des Planeten im Zeichen Krebs war nun der Ausgangspunkt folgender astrologischen Berechnungen.

Durch Konstruktion einer graphischen Fallkurve der Planetenentfernungen von der Sonne, und zwar in gleichen Winkelabständen voneinander gelang ich zu einer genäherten Entfernung dieses vermuteten Planeten.

Mit Hilfe dieser Entfernung und der aus dieser abgeleiteten Umlaufzeit, ausgehend vom Stande im Krebs, ist nun die im nächsten Hefte folgende Tabelle, die zuerst als Kreislinie berechnet und dann durch Transite und Planetendirektionen berichtigt wurde, entstanden.

Ich bin nun auf die Mitarbeit vieler Astrologen angewiesen, um die berechneten Planetenorte kontrollieren und hauptsächlich feststellen zu können, ob die Exzentrizität richtig eingesetzt ist, da ich mit meinem Material schon die Stände berichtigt habe.

Aus diesem Grunde ist auch der Planet bis 1640 zurückgeführt worden, damit auch die Horoskope historischer Personen daraufhin untersucht werden können, wenn die Planetenstände mit den Neugebauerschen Planetentafeln richtig berechnet sind.

Hier könnten sich Historiker ein Verdienst erwerben, wenn sie den Astrologen Material von Ereignissen und richtigen Planetenständen der damaligen Zeit liefern würden.

Nachstehend sind einige Berechnungsarten angeführt, wie man den jedesmaligen richtigen Stand durch Direktionen mit dem Sonnenbogen (☉ progr. — ☉ rad.) oder auch durch Transite erhält. Auch durch sensitive Punkte läßt sich der jedesmalige richtige Ort feststellen, wenn Astrologen diese Punkte mit ihren Variationen gut beherrschen.

Dieser Planet hat sehr großen Einfluß auf eheliche Verbindungen, Verhältnisse, Verlobungen und auch auf Ehetrennungen; er ist der Herr des Tierkreiszeichens Wage, dem Marszeichen Widder gegenüber und gibt mit Mars zusammen Verlobungen und Ehebündnisse, mit Jupiter Verlobungen, auch in schlechten Aspekten mit ihm, die aber nachher wieder aufgehoben werden.

Mitunter führt auch diese Zusammengestirnung den Tod des Familienoberhauptes herbei.

Die Verbindung mit Mond und Venus bringt Verlobungen, Heiraten und Familienzuwachs. Seine beiden Hauptgegner sind Saturn und Neptun; doch auch mit Neptun bringt er Heiraten, wenn dieser als Vertreter des Eros auftritt, d. h. wenn er stark mit Venus und Mars verbunden ist.

Zusammengestirnt mit Uranus gibt er plötzliche Heiraten und plötzliche Veränderungen in der Familie, Familienzuwachs, Tod und Ehescheidungen, die auch vom Neptun als Komplementärplanet des Mars herbeigeführt werden.

Sind seine Strahlen stark mit der Sonne verbunden und in schlechten Aspekten, so wird er stets einen Widerwillen gegen die Ehe bringen, der aber doch gebrochen wird, wenn er als laufender Planet mit der Sonne zusammengeht.

Da der Planet Cupido (sein Planetenzeichen ist das des Jupiter mit der darin hängenden Venus), den ich durch das harmonische Zusammenklingen der Planeten Venus und Jupiter (Liebesglück) im Zeichen Wage mit diesem Namen benannt habe, sich laut Tabelle augenblicklich mit dem Neptun im Zeichen Löwe in Konjunktion befindet, ist jetzt die Zeit für die Astronomen gekommen, durch genaue Messungen die Abweichung des Neptun von seiner errechneten Bahn festzustellen und dadurch den Planeten Pluto, den Herrscher der Unterwelt, den Unsichtbaren, wie ihn Le Verrier benannte, rechnerisch aus den Störungen zu ermitteln; denn eine solch günstige Zeit kehrt erst in 440 Jahren wieder.

Die Unsichtbarkeit des Planten ist vielleicht darauf zurückzuführen, daß der Reflex der Sonnenemanation, in diesem Falle in lichtblauer Tönung auftritt und diese Farbe sich von dem Nachthimmel nur wenig abhebt.

Mit zunehmender Entfernung von der Sonne wird die Emanation feinstofflicher, wodurch die Farbe bedingt wird.

Mit größerer Entfernung tritt auch die Strahlengattung mehr als Farbe auf, was bei den der Sonne näher kreisenden Planeten nicht der Fall ist, da der Reflex des nahen Sonnenlichtes die Farbe überstrahlt.

Der Reflex der Sonnenemanation durch die Planeten in Farben ausgedrückt, wäre ungefähr bei:

☿ blaurot	♂ rotgelb	♄ grün	C. lichtblau
♀ rot	Pb. gelb	♅ blaugrün	K. indigoblau
♁ gelbrot	♃ grünblau	♆ grünblau	D. violettblau

Die Strahlungsart Gelb hat immer die größte Lichtstärke; man vergleiche die α-, γ- und β-Strahlen der Radiumemanation. Es sind die γ-Strahlen, die den größten Wert an Durchdringungsvermögen aufweisen, und die schädigende Wirkung einer allzu langen Bestrahlung wird wohl keinem mehr unbekannt sein.

Man kommt nun unwillkürlich zu einem Analogieschluß, warum gerade hier die Planetoiden liegen; eine Zurückstrahlung von einem großen Planeten würde alles mit seiner Strahlung vernichten, aber geteilt in 900 und mehr Planeten kann jetzt der Reflex der Emanation wohltätig einwirken.

Die vernichtende Wirkung der vereinigten Strahlen von Mars und Neptun ist leicht erklärlich, da sie komplementär sind. Auch Uranus als Kriegsverkünder und Vernichter des Friedens (Venus), sowie Saturn und Neptun mit Venus vereinigt, läßt immer auf eine Unterdrückung von Venus (Liebe) schließen, da hier Gegenfarben auftreten. Die Strahlen von Uranus und Neptun zusammen geben immer „tote Personen" als der Erde komplementär.

Der nächste Transneptunplanet K. mit der Gegenfarbe Indigoblau zu den Planeten Jupiter und Mars ist demnach der Zusammengestirnung dieser Planeten feindlich und bringt dadurch Aufhebung von Verlobungen und wenig Neigung für den Ehebund.

Nach bisherigen Untersuchungen ist er der Herr des Tierkreiszeichens Jungfrau und ist maßgebend für Freudenmädchen, unverheiratete Frauen, Nonnen und Witwen.

Er ist der Planet, der die meisten Ehetrennungen herbeiführt, ferner ist er maßgebend für Krankheiten und Krankenhäuser.

In diesem Sinne muß also der zweite eingesetzt werden, um seinen jedesmaligen Stand feststellen zu können. Auch die Bahn dieses Planeten kann beinahe als fest betrachtet werden, doch muß noch viel Material von weit zurückliegenden Ereignissen geprüft und viele Paralleldirektionen gemacht werden, um auch für diesen die Breite und den aufsteigenden Knoten bestimmen zu können.

Mit Material von genauen älteren Horoskopen und genauen Ereignistagen wäre mir sehr geholfen und ich bitte deshalb Astrologen und Historiker um Zusendung durch den Verlag, damit sie mir von dort, gesammelt, zugestellt werden können.

Für den zweiten fehlt mir noch der Name einer griechischen Göttin; der Name „Kronos", welcher in Betracht gezogen ist, weil dieser Planet auch große Bedeutung für die geschichtlichen Ereignisse Deutschlands hat, hat aber zu wenig Beziehungen zu den allgemeinen Vorkommnissen, die dieser Planet verursacht.

Der Name muß, wenn möglich, die oben angeführten Begriffe vereinigt vertreten. Das Planetenzeichen dieses Planeten ist das des Kreuzes mit abnehmender Mondsichel auf der linken oberen Seite, deren unteres Horn den unteren Balken schneidet. ().

Der dritte Planet, der jetzt verfolgt wird und welcher der Herr des Zeichens Löwe ist, hat als solcher, weil er als oberster Kriegsplanet als Erzeuger und Schöpfer auftritt, das ♀-Zeichen mit dem daraufstehenden Pfeil und den Namen „Deus" erhalten.

Nachfolgend einige Kontrollberechnungen für den Transneptunplaneten Cupido.

Heirat der Prinzessin Louise am 24. Mai 1913.
☾ lfd. 3° 42 ♌ in □ zum ☊ rad. 3° 43 ♏.
☾ lfd. 4° 57 ♌ ☌ ♀ rad. 4° 53 ♌ am 18. März 1914.
                                      Geburt des Sohnes.
☽ rad. 15° 06 ♊. + ☉ Bg. 20° 17′ (Heirat) = 5° 23 ♋.
                                            ☌ C rad. 5° 31 ♋.

Die Empfängnis erfolgte 1 Monat später, also + 6 bis 8′ mehr; die Konjunktion des vorgeschobenen Mondes deckt sich dann mit dem Radix Cupido.

C rad. 5° 31 ♋. + ☉ Bg. 20° 17 = 25° 48 ♋. □ ♃ rad. 23° 29 ♈ wirkte also 2 Jahre vorher.

Der laufende ♆ 23° 54 ♋ in ☍ zum lfd ☽ 23° 49 ♑ am Tage der Hochzeit berührt also den ♃ rad. und den vorg. Cupido.

Der ☽ rad. 15° 06 ♊ steht in ☌ mit ♆ rad. 11° 19 ♊, die vorgeschobene ☉ stand 11° 02 ♎ in △ zum ♆ rad., der laufende ♄ 17° 18 ♐ in △ zum C rad. 17° 27 ♉ des früheren Kaisers und der vorgeschobene ♆ des Kaisers stand 17° 20 ♉, also in Konjunktion mit C rad. Da ♂ ☌ ♆ und ♆ □ ♀ im Horoskop des Vaters, so tritt ♆ als Eros auf, was auch bei der Prinzessin Louise bestätigt ist, da dieser ♆ 11° 19 ♊ eine Konjunktion mit dem ♃ 11° 41 ♊ des Vaters hat und dieser als vorgeschobener Planet in ☍ zur Radixsonne steht. Der Radix ♃ des Gatten steht in △ zum C rad. seiner Frau, bekam also auch das △ des vorgeschobenen Mondes seiner Gattin.

Die progressiven Stände, ☽ 16° 56 ♏ und ♀ 16° 33 ♒ in starker Verbindung mit dem C rad. 17° 27 ♉ und mit dem Geburtsmeridian der Prinzessin, zeigten diese als liebende Braut im Horoskop des Kaisers.

Zweites Beispiel:

Goethe, geb. d. 28 Aug. 1749.   Radix ☉ = 5⁰ 06 ♏
                                        C 1848   — 15° 23 ♐ = 15° 23 ♐
                                        ☉ Lauf   259⁰ 44′ = 0⁰ 23 ♐
Am 28. Aug. 1749.   Stand C   = 15° 00 ♐

Am 6. Juni 1816, Tod der Gattin ☉ lfd. 15° ♊.
Am 19. Okt. 1806. Heirat mit Chr. Vulpius C lfd. 5° 06 ♓.
                                               ☍ ☉ rad. 5° 06 ♍.

Die Halbsumme ☉ / ☽ ist Freundschaft, Eltern, Ehe = 8° 11 ♊.

Die Summe ist der Spiegelpunkt des Widderpunktes zur Halbsumme, sie zeigt demnach Verbindungen mit anderen Bewohnern des Erdballs.

(☉ + ☽) = 16° 21 ♌ + ☉ Bg. 37° 56′ = 24° 17 ♍ (Gewissensehe mit Chr. Vulpius am 13. Juli 1788).

X rad. = 24° 00 ♍.

(☉ + ☽) in ☍ ☊ rad. im 2. Hause, □ ♄ rad. am Aszendenten, zeigt im ☊ den Verbindungsplaneten der Freundschaft, der Saturn dagegen Verbindungen, Trennungen und den Tod der mit Goethe in Freundschaft lebenden Personen an.

♅ rad. 18° 57 ♒ + ☉ Bg. 37° 56′ = 26° 53 ♓, ☌ ♃ rad. 26° 11 ♓ = ☍ ♀ rad. 26° 24 ♓. Der vorgeschriebene ♅ am 4. Hause brachte also die Verbindung mit Chr. Vulpius und das Liebesglück (♀, ♃), im Meridian Goethes, d. h. Goethe selbst als Vertreter des Liebesglücks, dem Weibe ♅.

Nun ist das Liebesglück dieser Frau (♀ + ♃ — ♅) 3° 18 ♏ im Jahre 1788 + ☉ Bg. 37° 56′ = 11° 34 ♐ in □ zum Rad. ☽ 11° 15 ♓. Es war daher ♀ + ♃ — ♅ + ☽ oder „Liebesglück einer Frau“ (♀ + ♃ — ☽) + ☉ Bg. = ♅ rad. (♅ + ☽) = 0° 12 ♒ + ☉ Bg. 37° 56′ = 8° 08 ♓. □ ☉/☽ 8° 11 ♊.

Es war also verbunden ♀, ♃ Liebesglück, ☉, ☽ Freundschaft und ☽, ♅ die Frau. Die Summe ☽ + ♅ 0° 12 ♒ wurde am 13. Juli 1788 vom ♅ lfd. 29° 50 ♋ ausgelöst, damit also diese Frau bestätigt. Die Gattin Goethes (☽ + C — ☉) 21° 11 ♊ + ☉ Bg. 37° 56′ = 29° 07 ♋ wurde ebenfalls vom ♅ lfd. ausgelöst.

♀ rad. 26° 24 ♍ + ☉ Bg. 1788 = 4° 20 ♏ ⚹ ♂ rad. 3° 58 ♋ brachte die sexuelle Verbindung, ♂ vorg. 11° 34 ♒ wurde von dem laufenden *Cupido* 11° 11 ♒ ausgelöst, die Summe (♂ + C) rad. eheliche Verbindung 18° 38 ♍, die ein ⚹ der laufenden Sonne 20 ♋ erhielt, wurde als vorg. 26° 34 ♎ vom ♆ rad. 26° 40 ♋ am 8. Hause stehend verletzt, so daß eine offizielle Ehe nicht eintrat. Erst die Konjunktion dieser Summe mit dem Radix ♄ brachte die standesamtliche Trauung (14° 41 ♏), welche am 19. Oktob. 1806 stattfand.

(☽ + ♄) Verbindung mit einer Frau 26° 20 ♎ war in Konjunktion mit ☉ lfd. 25° ♎, mit ♅ lfd. 25° 51 ♎ und mit den Punkten (C rad. + C lfd. 1788) 26° 11 ♎.

♅ rad. + ☉ Bg. 56° 03′ = *15° 00* ♈ △ C rad. *15° 00* ♐.

☉ progr. 1° 09 ♏ lief über (♅ + ☽) rad. 0° 12 ♒ und ging auf den Punkt der Heirat (☉ + ☽ + C) rad. 1° 21 ♉ zu. C rad. + ☉ Bg. = 11° 03 ♒ stand in dem Punkte des lfd. C 11° 11 ♒ (1788) und hatte den Punkt (☉ rad. + C lfd. 1788) = 10° 12 ♒ überschritten.

Tod der Gattin am 6. Juni 1816.

♅ rad. + ☉ Bg. = 10° 48 ♏. □ C lfd. 1788. 11° 11 ♒.
□ ♂ vorg. 1788. 11° 34 ♒.
□ (C rad. + ☉ Bg. 1806). 11° 03 ♒.
□ (☉ rad. + C lfd. 1806). 10° 12 ♒.

(C. rad. + ☉ Bg. 1816) = 20° 42 ♒.

(☉ rad. + C rad.) Ehemann = 20° 06 ♉.

♅ rad. + ☉ Bg. = 24° 39 ♈ ☌ ☉/C rad. 25° 03 ♈, ☌ (♂ + ♄) 1816 24° 25 ♈.

♅ lfd. 9° 11 ♐. ☌ ☉/☽ 8° 11 ♐, ☌ ♂/♄ rad. 9° 22 ♐.

Trennung der Ehe [(♂ + ♄) — (☉ + ☽)] + ☉ Bg. 1816 = 8° 04 ♊.

(☉ + C) rad. + ☉ Bg. 25° 48 ♋ ☌ ♆ rad. 26° 40 am 8. Hause.

Der Punkt für Ehemann der Frau (☉ + C — ☽) rad. 8° 51 ♊ stand in ☍ zum laufenden ♅ 9° 11 ♐.

Dieser Punkt (☉ + C — ☽) + ☉ Bg. 14° 32 ♌ ging in die Quadratur zum ♄ rad. 15° 05 ♏ und brachte die Trennung von der Ehefrau (☽ + C — ☉) 21° 11 ♊ durch *C lfd. 20° 39* ♓.

(♂ + ♄) rad. 18° 43 ♌ steht in ☍ zum ♅ rad. 18° 57 ♒.

♂/♄ rad. 9° 22 ♐ stand am Todestage in Konjunktion mit ♅ lfd. 9° 11 R.

♂/♄ + ☉ Bg. = 15° 04 ♒ □ ♄ rad. 15° 05 ♏.

Die Frau bezogen auf die Heirat (♅ + ☽ — C) 15° 12 ♉ bekam also die □ von ♂/♄ vorgeschoben und zeigt auch deutlich den Punkt (♂ + C) 1806 14° 41 ♏ (eheliche Verbindung).

(♅ + ☽ — C) + ☉ Bg. 1806 = 11° 15 ♋ △ ☽ rad. 11° 15 ♓.

(♅ + ☽ + C) die verheiratete Frau, also die Verbindung mit einem anderen Menschen 15° 12 ♎ + ☉ Bg. 1806 = 11° 15 ♐ □ ☽ rad. 11° 15 ♓.

(♅ + ☽ + C) + ☉ Bg. (1816) = 20° 54 ♐. □ C lfd. 1816 20° 39 ♓.

Aus allen Direktionen geht deutlich hervor, daß ♅ maßgebend für Chr. Vulpius gewesen ist.

Der Planet Cupido lief in der Zeit des ehelichen Zusammenseins von 9° 33 ♒ bis 20° 39 ♓ und schloß somit den Bogen ♅ bis ☽ ein.

Die Breiten sind, wenn vorläufig das Mittel 1° 05′ angenommen wird, für:

	—		—		—		—		+
10° ♉	1° 05′	5 ♊	0° 59′	30 ♊	0° 42′	25 ♋	0° 16′	20 ♌	0° 11′
15° „	1° 05′	10 „	0° 56′	5 ♋	0° 38′	30 ♋	0° 11′	25 ♌	0° 16′
20 „	1° 04′	15 „	0° 53′	10 ♋	0° 33′	5 ♌	0° 06′	30 ♌	0° 22′
25 „	1° 03′	20 „	0° 50′	15 ♋	0° 27′	10 ♌	0° 00′	5 ♍	0° 27′
30 „	1° 01′	25 „	0° 46′	20 ♋	0° 22′	15 ♌	+ 0° 06′	10 ♍	0° 33′

Der Lauf des Cupido im Jahre 1923-24.

8. Juni	16° 07 ♌	21. Aug.	17° 51 ♌	31. Okt.	19° 15 ♌	9. Jan.	18° 52 ♌
18. „	16° 19 ♌	31. „	18° 07 ♌	10. Nov.	19° 19 ♌	19. „	18° 41 ♌
29. „	16° 31 ♌	11. Sept.	18° 22 ♌	20. „	19° 20 ♌	28. „	18° 29 ♌
9. Juli	16° 45 ♌	21. „	18° 36 ♌	30. „	19° 19 ♌	7. Febr.	18° 17 ♌
19. „	17° 00 ♌	1. Okt.	18° 49 ♌	10. Dez.	19° 16 ♌	17. „	18° 04 ♌
30. „	17° 16 ♌	11. „	19° 00 ♌	20. „	19° 10 ♌	27. „	17° 52 ♌
9. Aug.	17° 32 ♌	21. „	19° 09 ♌	30. „	19° 02 ♌	9. März	17° 40 ♌

Ich bitte also alle Astrologen, den Lauf zu verfolgen und die Differenzen der Transite mit den Radixplaneten zu notieren, damit im Laufe von vielleicht zwei Jahren genügend Material zusammengebracht wird, um die Exzentrizität kontrollieren zu können.

Wahrscheinlicher Lauf des zweiten Transneptun-Planeten „Hades".

Von A. Witte, Hamburg.

Die Oerter dieses Planeten sind, wie in dem Artikel „Aktuelle, chronologisch geordnete Planetenstände" ausgeführt, aufgefunden und die genäherten Stände wieder durch Direktionen mit dem Sonnenbogen berichtigt.

Da immer wieder in den astrologischen Zeitschriften behauptet wird, „ein wirklich brauchbarer Direktionsschlüssel für die Berechnung der Jahre und Tage ist überhaupt noch nicht gefunden", so muß ich immer wieder betonen, daß der einzige richtige Direktionsbogen der Sonnenbogen, d. h. ☉ progr. — ☉ rad. ist.

Mit diesem Sonnenbogen kann und darf nur geführt werden; die Berechnungen mit dem Direktionsschlüssel $1° = 1$ Jahr ist vollkommener Unsinn. Diese Bequemlichkeit haben sich nur faule Astrologen ausgedacht.

Man vergleiche nur im Horoskope Bismarcks den Sonnenbogen für seinen Tod $80° 32'$ mit seinem Alter 83 Jahre und 4 Monate und man wird in allen Direktionen den Bogen $80° 32'$ bestätigt finden, dagegen nicht den Bogen $83° 20'$.

Der Einfluß dieses zweiten Transneptunplaneten auf die Menschen ist ein nicht guter; durch die Zugehörigkeit zum Zeichen Jungfrau verleiht er hauptsächlich denen, die dieses Tierkreiszeichen in den Angelpunkten liegen haben, Unbeständigkeit und Wankelmut.

Nicht die ariogermanische Monatsgöttin „Freya", sondern das „Freimadel" ist Herrin dieses Zeichens.

Man findet in den Horoskopen der meisten Dirnen das Zeichen Jungfrau und den Planeten Hades in starker Stellung. Auch die Tiere, die diesem Zeichen unterstehen sollen, das Schwein und der Sperling, deuten auf die Minderwertigkeit des Zeichens hin, und der Chrysolith, der als Edelstein die Macht verleihen soll, die sonnlichen Genüsse und Gedanken zu bezähmen wird für dieses Zeichen zu tragen empfohlen.

Das Zeichen Jungfrau vereinigt die Eigenschaften von Mond und Saturn, die Trigonstellung des Zeichens Stier mit dem Neumond und des Zeichens Steinbock mit dem Saturn als Herrscher. Die schwarze Mondgöttin, die dunkle Macht ohne Mondschein, die Beschützerin der Dirnen und Diebe ist also die Herrin des Zeichens Jungfrau. Der Merkur, in schlechter Stellung, in der oberen Konjunktion mit der Sonne, der ja auch als Herr dieses Zeichens auftritt und als Gott der Diebe und Kaufleute in Betracht kommt, steht dennoch in naher Verbindung mit diesem Zeichen, dem 12. Haus der Erde, den Großbetrieben, den Gefängnissen, den Krankenhäusern.

Nicht nur Großbetriebe über der Erde, sondern gerade Bergwerke, Minen usw. unterstehen dem Zeichen Jungfrau und aus diesem Grunde ist der Name „Hades" die „Unterwelt" für den Herrn des Zeichens gewählt worden. Es hat sich auch herausgestellt, daß dieses Gestirn mit den meisten Todesfällen in Verbindung steht, bei Krankheitsfällen häufig auftritt, und immer den überlebenden Gatten, hauptsächlich Witwen, anzeigt.

Nicht nur Witwen, sondern alle ledigen Frauen werden von diesem Planeten in den Horoskopen angegeben. Ist bei jungen Personen der Planet maßgebend, so achte man auf das Zeichen Jungfrau, dieses steht dann in dominierender Stellung bei der in Frage kommenden.

Das Planetenzeichen für Hades ist das des Kreuzes mit dem linksseitigen abnehmenden Mond, dessen unteres Horn den unteren langen Kreuzbalken schneidet.

Im Horoskope Wallensteins ist der Herr des 7. Hauses, des Zeichens Jungfrau, der Planet Hades, in Konjunktion mit dem Eheplaneten Cupido im 2. Hause, zeigt demnach eine Heirat mit einer begüterten Witwe, die ihm durch ihren Tod ermöglichte, dem damaligen Kaiser ein Kürassierregiment zu stellen, da der „Heerführer" ☿ ☌ ♂ ☌ ☉ im Zeichen Jungfrau stand.

Im Horoskop Ludwig XIV. steht Hades im 7. Hause in Opposition zum Zeus im 1. Hause und das Zeichen Jungfrau, besetzt von ☉ und ♀ als Herr des 11. Hauses brachte ihm die Freundschaften mit den Maitressen Lavallière, Montespan, Pontanges und der Pompadour. Das 1. Haus ist das der Ehegemeinschaft, dem 7., dem Hause das, des Ehepartners gegenüber.

Die Radixsonne in scharfen Aspekten mit Hades gibt bei männlichen Personen „Vorliebe für zweifelhafte Frauenzimmer" und mehrerer Ehen.

Alle anderen Zusammengestirnungen sind noch nicht genügend geprüft, so daß eine allgemeine Beschreibung nicht gegeben werden kann. Soviel seht aber fest, daß dieser Planet ein Krankheits- und Todesplanet ist, der wohl noch die Verbindung von Saturn und Mars überragt.

Die Deklinationen des Planeten sind wie die des Cupido in der angegebenen Art zu prüfen, denn je mehr Stände untersucht werden, desto sicherer wird der Lauf dieses Planeten festgestellt werden können, da die nachfolgende Tabelle nur aus den von mir gefundenen und gemittelten Werten entstanden ist.

Synodischer Lauf des Planeten ⚷ „Hades".
Herr des Zeichens ♍.

Jahr	Position		Jahr	Position		Jahr	Position		⊙Lauf	Unterschied 1° 01'	
1560	23 ♓	27	1855	21 ♉	34	1898	5 ♓	25			
70	3 ♈	38	6	22	36	9	6	26			
80	13	48	7	23	37	1900	7	27	10	+ 0°	13'
90	23	58	8	24	38	1	8	28	20	+ 0	26
1600	4 ♉	07	9	25	39	2	9	30	30	+ 0	39
10	14	16	1860	26	40	3	10	31	40	+ 0	50
20	24	25	1	27	41	4	11	32	50	+ 1	00
30	4 ♊	33	2	28	42	5	12	33	60	+ 1	09
40	14	40	3	29	44	6	13	34	70	+ 1	16
50	24	47	4	0 ♎	45	7	14	35	80	+ 1	21
60	4 ♋	54	5	1	46	8	15	37	90	+ 1	24
70	15	01	6	2	47	9	16	38	100	+ 1	25
80	25	07	7	3	48	1910	17	39	110	+ 1	24
90	5 ♌	13	8	4	50	1	18	40	120	+ 1	21
1700	15	19	9	5	51	2	19	41	130	+ 1	16
10	25	24	1870	6	52	3	20	42	140	+ 1	09
20	5 ♍	30	1	7	53	4	21	43	150	+ 1	01
30	15	38	2	8	54	5	22	44	160	+ 0	52
40	26	45	3	9	55	6	23	46	170	+ 0	42
50	5 ♎	53	4	10	57	7	24	47	180	+ 0	31
60	16	01	5	11	58	8	25	48	190	+ 0	21
70	26	09	6	12	59	9	26	49	200	+ 0	11
80	6 ♏	17	7	14	00	1920	27	50	210	+ 0	01
90	16	26	8	15	01	1	28	51			
1800	26	36	9	16	03	2	29	52	220	− 0	07
10	6 ♐	46	1880	17	04	3	0 ♈	53	230	− 0	14
20	16	56	1	18	05	4	1	54	240	− 0	19
30	27	07	2	19	06	5	2	55	250	− 0	23
1840	7 ♑	18	3	20	07	6	3	56	260	− 0	25
1	8	19	4	21	09	7	4	57	270	− 0	23
2	9	20	5	22	10	8	5	59	280	− 0	20
3	9	20	6	23	11	9	7	00	290	− 0	15
4	10	21	7	24	12	1930	8	01	300	− 0	08
5	11	23	8	25	13	1	9	02			
6	12	24	9	26	14	2	10	03	310	+ 0	01
7	13	25	1890	27	16	3	11	04	320	+ 0	11
8	14	26	1	28	17	4	12	05	330	+ 0	22
9	15	27	2	29	18	5	13	06	340	+ 0	24
1850	16	28	3	0 ♓	19	6	14	07	350	+ 0	47
1	17	30	4	1	20	7	15	08	360	+ 1	00
2	18	31	5	2	21	8	16	09			
3	19	32	6	3	23	9	17	10	R	+ 1°	25'
4	20	33	7	4	24	1940	18	11	D	− 0°	25'

Sidersche Umlaufszeit des Planeten „Hades" 360,66 (in trop. Jahren).
Entfernung 50,667 Sonnenweiten.
Mittlerer synodischer Lauf 1° 00,90'.
Absteigender Knoten ☋ 12° ♓; Neigung gegen die Ekliptik 1° 03'.
Im Jahre 1874 in Sonnennähe?
⊙ lfd. 8—10° ♑ ist Jahresanfang. In zweifelhaften Fällen, ⊙ lfd. in 8—10 ♑, rechne man ein 10 — Paralleljahr und addiere 10°; das Resultat zeigt annähernd die gesuchte Konjunktion.
Die Rückläufigkeit des Planeten ⚷ durch den Lauf der Erde verteilt sich mit der laufenden Sonne mit je 10° weiter von der Konjunktion an, wie nebenstehender Sonnenlauf zeigt.

Hat die laufende Sonne den Ort des Planeten im Geburtsjahr noch nicht erreicht, so ist das vorhergehende Jahr zu nehmen.

Für Daten vor 1560: Agsidenperiode: 360 Jahre + 4° 23′.

Stößt man durch Addition der Jahre und Subtraktion des Periodenzuwachses auf einen Stand vor der Jahreswende und liegt die Jahreswende innerhalb des Periodenzuwachses, so muß der Zuwachs vom folgenden Jahre subtrahiert werden; denn derselbe Stand des Planeten tritt an der Jahreswende (8—10° ♑) an zwei Jahren auf.

1. Beispiel: 27. Oktober 7 v. Chr. historisch
   = 27. Oktober 6 v. Chr. astronomisch.

5 Perioden = 1800 Jahre

Jahr 1794 = 20° 30′ ♏	1790 = 16° 26′ ♏
5 Perioden — 21° 55′	4 = 4° 04′
♃, 7 v. Chr. historisch = 28° 35′ ♎	1794 = 20° 30′ ♏
Sonnenstand = 1° 57′ ♏	♃ 28° 35′ ♎
Sonnenlauf = 3° 22′	= + 0° 04′
27. Oktober 7 v. Chr. histor. Stand ♃	= 28° 39′ ♎

2. Beispiel: Gesucht ☉ ☌ ♃ 1484
   1 Periode 360 = 10° 21′ ♐
   Im Jahre 1844
   1 Periode = 4° 23′
   5° 58′ ♐

Der gesuchte Stand liegt vor der Jahreswende und diese innerhalb der beiden Stände, daher 1845 = 11° 23′ ♐
— 4° 23′
☉ ☌ ♃ 1484 = 7° 00′ ♐

12 ♓	0° 00′	2 ♉	— 48	22 ♊	—1° 02	12 ♌	— 31	2 ♎	+ 21
17 ♓	— 5	7 ♉	— 51	27 ♊	—1° 01	17 ♌	— 26	7 ♎	+ 26
22 ♓	— 11	12 ♉	— 54	2 ♋	—1° 00	22 ♌	— 20	12 ♎	+ 31
27 ♓	— 16	17 ♉	— 57	7 ♋	—0° 57	27 ♌	— 16	17 ♎	+ 36
2 ♈	— 21	22 ♉	—1° 00	12 ♋	— 54	2 ♍	— 11	22 ♎	+ 40
7 ♈	— 26	27 ♉	—1° 01	17 ♋	— 51	7 ♍	— 5	27 ♎	+ 45
12 ♈	— 31	2 ♊	—1° 02	22 ♋	— 48	12 ♍	0° 00′	2 ♏	+ 48
17 ♈	— 36	7 ♊	—1° 03	27 ♋	— 45	17 ♍	+ 5	7 ♏	+ 51
22 ♈	— 40	12 ♊	—1° 03	2 ♌	— 40	22 ♍	+ 11	12 ♏	+ 54
27 ♈	— 45	17 ♊	—1° 03	7 ♌	— 36	27 ♍	+ 16	17 ♏	+ 57

Gegenüberliegende Zeichen haben entgegengesetzte Vorzeichen der Breite.

Der 2. Transneptun-Planet »Hades«.
Von A. Witte.
Erläuterungen zur Planetentafel.

Die Rückläufigkeit des Planeten Hades durch den Lauf der Erde verteilt sich mit der laufenden Sonne mit je 10° weiter von der Konjunktion an, wie die Kolonne für den Sonnenlauf zeigt.

Die laufende Sonne in 9—10 ° ♑ ist Anfang des Jahres. Hat die laufende Sonne den Ort des Planeten im Geburtsjahre noch nicht erreicht, so ist der Stand vom vorhergehenden Jahre zu nehmen.

In zweifelhaften Fällen (☉ lfd. zwischen 9—10 ° ♑) rechne man ein — 10 Paralleljahr und addiere 10 ° 10'. Das Resultat zeigt annähernd die gesuchte Konjunktion.

Für Daten vor 1400.

Für die Verschiebung der Bahnelipse des Hades ist vorläufig die des Uranus und die des Neptun angenommen; die Apsidenlinie bewegt sich in 10 Jahren um 8,5' Bogenminuten vorwärts. Die Apsidenperiode für folgende Tabelle ist daher rund . . 360 Jahre + 4 ° 23'.

Stößt man durch Addition der Jahre und Subtraktion des Periodenzuwachses auf einen Stand vor der Jahreswende und liegt die Jahreswende innerhalb des Periodenzuwachses, so muß der Zuwachs vom folgenden Jahre subtrahiert werden, denn derselbe Stand des Planeten tritt an der Jahreswende (9—10 ° ♑) an zwei Jahren auf, 1842/43 und 1486/87.

Beispiele:

Wolfgang von Goethe, geb. 28. Aug. 1749.
Radixsonne   155 ° 06'
  + 360 ° 00'
  ─────────
              515 ° 06'
1748 ☉ ♂ H. — 183 ° 51' + 23'
  ─────────
Sonnenlauf = 331 ° 51'

Ort des Hades = 4 ° 14 ♎

Napoleon I., geb. 15. August 1769.
Radixsonne   142 ° 42'
  + 360 ° 00'
  ─────────
              502 ° 42'
1768 ☉ ♂ H. — 204 ° 07' — 9'
  ─────────
Sonnenlauf = 298 ° 35'

Ort des Hades = 23 ° 58' ♎

27. Okt., 7 v. Chr. historisch = 27. Okt., 6 v. Chr. astronomisch. 5 Perioden = 1800 Jahre — 6 Jahre = Jahr 1794 ☉ ♂ H. 20 ° 30' ♏
  — 5mal Periodenzuwachs 21 ° 25'

                                7 v. Chr. historisch ☉ ♂ H. = 29 ° 05' ♎
          29 ° 05' ♎   Sonnenstand   1 ° 57' ♏
        + 0 ° 04'
Ort des Hades 29 ° 09' ♎   Sonnenlauf   2 ° 52'

Länge	Breite	Deklin.	Länge	Breite	Deklin	Länge	Breite	Deklin	Länge	Breite	Deklin.
2♈	—21'	+ 0° 28'	22♉	—1°00'	+17° 19'	7♋	—57	+22° 19'	27♌	—16	+12° 15'
7	—26'	+ 2° 23'	27	—1°01'	+18° 31'	12	—54	+22° 00'	2♍	—11	+10° 35'
12	—31'	+ 4° 16'	2♊	—1°02'	+19° 33'	17	—51	+21° 31'	7	— 5	+ 8° 51'
17	—36'	+ 6° 08'	7	—1°03'	+20° 27'	22	—48	+20° 51'	12	0°00	+ 7° 03'
22	—40'	+ 7° 57'	12	—1°03'	+21° 12'	27	—45	+20° 02'	17	+ 5	+ 5° 13'
27	—45'	+ 9° 43'	17	—1°03'	+21° 47'	2♌	—40	+19° 04'	22	—11	+ 3° 20'
2♉	—48'	+11° 25'	22	—1°02'	+22° 10'	7	—36	+17° 56'	27	+16	+ 1° 26'
7	—51'	+13° 03'	27	—1°01'	+22° 24'	12	—31	+16° 41'	0°46♎	+20	+ 0° 00'
12	—54'	+14° 35'	0°46♋	—1°00'	+22° 27'	17	—26	+15° 19'	2	—21	— 0° 28'
17	—57'	+16° 01'	2♋	—1°00'	+22° 27'	22	—21	+13° 50'	7	+26	— 2° 23'

Gegenüberliegende Zeichen haben entgegengesetzte Vorzeichen der Breite und der Deklination.

Geozentrische Örter des Planeten Hades in den Jahren 1924 und 1925:

Datum 1924	°	'	Datum	°	'	Datum	°	'	Datum	°	'
23. Dez. 1923	0° ♈	30	4. Juli	3° ♈	18	13. Janr.	1° ♈	39	6. Aug.	4° ♈	09
2. Janr.	0°	33	14. „	3° R	16	22. „	1°	46	16. „	4° R	03
12. „	0°	38	25. „	3°	13	1. Febr.	1°	54	27. „	3°	55
22. „	0°	45	4. Aug.	3°	08	11. „	2°	04	6. Sept.	3°	45
31. „	0°	53	14. „	3°	02	21. „	2°	16	16. „	3°	35
10. Febr.	1°	03	25. „	2°	54	3. März	2°	28	26. „	3°	25
20. „	1°	15	4. Sept.	2°	44	13. „	2°	41	7. Okt.	3°	15
1. März	1°	27	14. „	2°	34	24. „	2°	55	17. „	3°	05
11. März	1°	40	25. „	2°	24	3. April	3°	08	27. „	2°	56
22. „	1°	54	5. Okt.	2°	14	13. April	3°	21	6. Nov.	2°	47
1. April	2°	07	15. „	2°	04	24. „	3°	35	16. „	2°	41
12. „	2°	20	25. „	1°	55	4. Mai	3°	45	26. „	2°	36
22. „	2°	33	4. Nov.	1°	46	14. „	3°	55	6. Dez.	2°	32
2. Mai	2°	44	14. „	1°	40	25. „	4°	04	15. „	2° D	31
12. „	2°	54	24. „	1°	35	4. Juni	4°	10	25. „	2°	32
23. „	3°	03	4. Dez.	1°	31	14. „	4°	15	1926.		
2. Juni	3°	09	14. „	1° D	30	25. „	4°	18	4. Janr.	2°	35
13. „	3°	14	23. „	1°	31	5. Juli	4°	19	14. „	2°	40
23. „	3°	17	1925.			16. „	4° R	17	24. „	2°	47
			3. Janr.	1°	34	26. „	4°	14	3. Febr.	2°	55

Die von der Sonne ausgehenden Emanationskörperchen haben in der Entfernung des Neptun eine Feinstofflichkeit, die der Schwingung oder der Farbe Grünlichblau entspricht. Je größer die Entfernung von der Sonne wird, desto feiner und kleiner werden die in diesem Raume kreisenden Emanationskörperchen nach dem Gesetze der Kapillarität sein müssen.

Tropft man auf einen großen Bogen feuchten weißen Löschpapiers einen Tropfen schwarzer Anilintinte und läßt das Papier langsam trocknen, so wandern die feinsten und kleinsten Partikelchen der Tinte je nach der Kapillarität des Bogens weit ab vom Tropfen und erscheinen als violettgrauer Farbenring, welcher die Farbringe der groben und noch gröberen der anderen vom Mittelpunkte abgewanderten Körperchen einschließt. Vom Tropfen aus liegen die Regenbogenfarben kreisförmig um den Mittelpunkt.

Auch die Äthermasse, die die Sonne umgibt, zieht die kleinsten Emanationskörperchen weit ab von dem Mittelpunkte unseres Sonnensystemes, so daß in der Entfernung des Planeten Cupido diese feinstoffliche Masse der Farbe Lichtblau entspricht. In der nächstfolgenden muß daher dieser Emanationsstoff aus noch feineren Teilchen bestehen und ähnelt er für die Entfernung des Planeten »Hades« der Farbe Indigoblau.

Es ist also nicht der Planet, dem die Farbe zugehört, sondern die Schwingungsart der Emanation ist an die Entfernung von der Sonne gebunden und wird von dem jedesmaligen Planeten, welcher in diesem Raume kreist, zurückgeworfen.

Nähert sich im Laufe von Jahrmillionen der Jupiter der Sonne, so wird er Mars- und weiter hinaus Venuseigenschaften bekommen.

Die psychomechanische Wirkung auf die Lebewesen der Erde geht also von den um die Sonne liegenden Kugelzonen der Emanation aus und der Planet, der in dieser Zone schwimmt, ist der Reflektor dieser betreffenden Schwingungsfarbe und dadurch der Ausgangspunkt.

Nicht nur die Sonne, sondern jeder Planet hat seine eigenen Emanationszonen; auch jeder einzelne Körper auf dem Planeten hat wieder seine ihn umgebende Aura, sodaß alle Zonen der verschiedenen Körper nach dem

Planetentafel.

Synodischer Lauf des 2. Transneptun-Planeten „Hades" ⊖
Herr des Zeichens Jungfrau.

Jahr	Pos		Jahr	Pos		Sonnenlauf	
1400	11 ♎ 37	7	3 ♐ 43	3	19 ♑ 32	1900	7 ♓ 27
10	21 45	8	4 44	4	20 33	1	8 28
20	1 ♏ 53	9	5 45	5	21 34	2	9 30
30	12 02	1810	6 46	6	22 36	3	10 31
40	22 12	1	7 47	7	23 37	4	11 32
50	2 ♐ 22	2	8 48	8	24 38	5	12 33
60	12 32	3	9 49	9	25 39	6	13 34
70	22 43	4	10 50	1860	26 40	7	14 35
80	2 ♑ 54	5	11 51	1	27 41	8	15 37
90	12 05	6	12 52	2	28 42	9	16 38
1500	22 17	7	13 53	3	29 44	1910	17 39
10	2 ♒ 29	8	14 54	4	0 ♒ 45	1	18 40
20	12 41	9	15 55	5	1 46	2	19 41
30	22 53	1820	16 56	6	2 47	3	20 42
40	3 ♓ 04	1	17 57	7	3 48	4	21 43
50	13 16	2	18 58	8	4 50	5	22 44
60	23 27	3	19 59	9	5 51	6	23 46
70	3 ♈ 38	4	21 00	1870	6 52	7	24 47
80	13 48	5	22 02	1	7 53	8	25 48
90	23 58	6	23 03	2	8 54	9	26 49
1600	4 ♉ 07	7	24 04	3	9 55	1920	27 50
10	14 16	8	25 05	4	10 57	1	28 51
20	24 25	9	26 06	5	11 58	2	29 52
30	4 ♊ 33	1830	27 07	6	12 59	3	0 ♈ 53
40	14 40	1	28 08	7	14 00	4	1 54
50	24 47	2	29 ♑ 09	7	15 01	5	2 55
60	4 ♋ 54	3	0 10	9	16 03	6	3 56
70	15 01	4	1 11	1880	17 04	7	4 57
80	25 07	5	2 12	1	18 05	8	5 59
90	5 ♌ 13	6	3 14	2	19 06	9	7 00
1700	15 19	7	4 15	3	20 07	1930	8 01
10	25 24	8	5 16	4	21 09	1	9 02
20	5 ♍ 30	9	6 17	5	22 10	2	10 03
30	15 38	1840	7 18	6	23 11	3	11 04
40	25 45	1	8 19	7	24 13	4	12 05
50	5 ♎ 53	2	9 20	9	25 13	5	13 06
60	16 01		Jahres-wende	9	26 14	6	14 07
70	26 09	3	9 ♑ 20	1890	27 16	7	15 08
80	6 ♏ 17	4	10 21	1	28 17	8	16 09
90	16 26	5	11 23	2	29 18	9	17 10
1800	26 36	6	12 24	3	0 ♓ 19	1940	18 11
1	27 37	7	13 25	4	1 20	50	28 21
2	28 38	8	14 26	5	2 21	60	8 ♉ 30
3	29 39	9	15 27	6	3 23	70	28 39
4	0 ♐ 40	1850	16 28	7	4 24	80	28 48
5	1 41	1	17 30	8	5 25	90	8 ♊ 56
6	2 42	2	18 31	9	6 26	2000	19 03

Sonnenlauf	
10°	+ 0° 13'
20	+ 0° 26'
30	+ 0° 39'
40	+ 0° 50'
50	+ 1° 00'
60	+ 1° 09'
70	+ 1° 15'
80	+ 1° 20'
90	+ 1° 23'
100	+ 1° 24'
110	+ 1° 22'
120	+ 1° 19'
130	+ 1° 14'
140	+ 1° 08'
150	+ 1° 00'
160	+ 0° 50'
170	+ 0° 40'
180	+ 0° 30'
190	+ 0° 20'
200	+ 0° 10'
210	+ 0° 01'
220	− 0° 08'
230	− 0° 14'
240	− 0° 19'
250	− 0° 23'
260	− 0° 24'
270	− 0° 23'
280	− 0° 20'
290	− 0° 15'
300	− 0° 08'
310	+ 0° 00'
320	+ 0° 10'
330	+ 0° 22'
340	+ 0° 34'
350	+ 0° 47'
360	+ 0° 00'

Siderischer Umlauf
360,66 Jahre
Entfernung
50,667
Sonnenweiten
Im Jahre 1874
in Sonnennähe

Gesetze der gleichgestimmten Saiten miteinander in Verbindung sein müssen und diese Verbindung durch den jeweiligen Planeten gekennzeichnet wird.

Jede Zone eines jeden Körpers wird aber ebenso wie die Gesamtausstrahlung differenziert, sodaß der Sonnenstrahl oder der winzige Raum, den der Sonnenstrahl einnimmt, durch Brechung mit einem Prisma die spektrale Anordnung der Farben zeigt, die roten sind dem Erdmittelpunkte näher als die violetten. Die Fraunhoferschen Linien im Spektrum geben daher die Lage der Elemente um den Mittelpunkt einer Kugel an. Die Linien im Spektrum, die senkrecht die Fraunhoferschen schneiden, die also durch alle Farben hindurchgehen, sind radikale Strahlen der einzelnen Elemente und weisen dadurch auf die körperliche Selbständigkeit dieser Elemente hin.

Besteht noch die Möglichkeit, den vermuteten Planeten Cupido, trotz seines schwachen Reflexlichtes, mit dem Fernrohre erfassen zu können, so wird man wohl nie damit rechnen können, auch den zweitfolgenden transneptunischen Planeten Hades mit dem Teleskop jemals zu sichten, weil seine indigoblaue Farbe sich vollständig mit der Farbe des nächtlichen Himmels deckt. Die Farben der nachfolgenden Planeten »Zeus« und »Kronos« wirken mit der Schwingung Violettblau und Lavendelgrau als Reflexstrahlen der Sonnenemanation auf die Erde und deren Bewohner ein.

Nur durch photographische Aufnahmen, die mit für ultraviolette Strahlen empfindliche Platten gemacht werden müssen, besteht die Möglichkeit der Entdeckung dieser durch Berechnung gefundenen transneptunischen Planeten.

Die verschiedenen Schwingungsarten der von den erwähnten Planeten zurückgesandten Strahlen werden beeinflußt oder vernichtet durch die Komplementärfarben oder Gegenstrahlen der anderen im Sonnensystem kreisenden Planeten.

Der »Hades« mit der Farbe Indigoblau hat in den Planetoiden seine Gegner, da diese die Farbe Gelb als Reflexstrahlen aussenden.

Von den in der Astrologie benutzten Planeten kämen demnach die beiden, diesen Ring der Asteroiden einschließenden Planeten Mars und Jupiter in Betracht, die, wenn sie mit vereinten Strahlen auftreten, Verlobungen oder gerichtliche Strafen und Strafvollziehungen körperlicher Art anzeigen.

Der Planet Hades begünstigt daher alleinstehende Frauen, Witwen, Nonnen und Jungfrauen; die letzteren werden jedoch zu Freudenmädchen, wenn er mit dem Monde in den betreffenden Häusern zusammengeht.

Als Herr des XII. Erdhauses, des Zeichens Jungfrau, beschützt er die gemeinnützigen Anstalten, wie Gefängnisse, Krankenhäuser, Sanatorien und in seiner Mischung von Mond und Saturn (Nachtgöttin) alle unter Tag arbeitenden Menschen. Ebenso müssen alle Nachttiere und Nachtinsekten diesem Planeten unterstellt sein.

In den Horoskopen einzelner Menschen ist er der Planet, der meistens langwierige Krankheiten verursacht, mit Venus vereint, wirkt er auf die Unterleibsorgane und bringt häufig Gebärmutterbeschwerden.

Mit der Sonne stark verbunden bringt er je nach den Häusern und den Zeichen Krankheiten und Todesfälle männlicher Personen, mit den heißen Planeten Mars, Uranus und Zeus vereinigt ruft er Mord und Totschlag hervor; tritt noch der Mond hinzu, so gibt er Überfälle, die von jungen Personen ausgeführt werden, sobald sich noch der Merkur hinzugesellt.

Der Planet Hades tritt immer auf, wenn tote Personen in Frage kommen, er weist auf das dunkle Tor, auf die Unterwelt, auf das Jenseits hin.

Mit Merkur verbunden bringt dieser Planet Vorliebe für Diebstähle und schwarz-magische Handlungen, die von Erfolg gekrönt sind, wenn noch der Uranus im Zusammenhange mit dem Merkur steht.

Hades in starker Verbindung mit Sonne und Uranus gibt plötzliche Trennung vom Gatten, mit Venus und Uranus verbunden gibt er entweder plötzliche Trennung von der Mutter, von Geschwistern oder auch Neigung zu galanten Abenteuern.

Hades mit Saturn in scharfen Aspekten läßt auf eine uneheliche Geburt und auf einen von der Mutter getrennten Vater schließen.

Hades mit Neptun stark verbunden bringt langwierige Krankheiten durch Vergiftung und Todesfälle, die durch Gasvergiftung herbeigeführt sind. Hades mit Neptun und Merkur bringt Gehirnerweichung, wenn noch die Sonne und die Venus hinzutritt, so bringt diese Verbindung Gehirnerkrankungen des Gatten oder mit Mond und Venus solche der Gattin. Hades mit Uranus und Mond gibt plötzliche Trennungen von weiblichen Personen oder Trennung von der Gattin.

Hades mit Sonne und Merkur bringt Neigung für betrügerische Handlungen, mit Mond und Jupiter vereinigt bringt er Verkehr mit wohlhabenden, leichtfertigen Frauen, in Quadratur mit diesen Planeten geben solche Frauen leicht ihr ganzes Vermögen dem Liebhaber und noch mit Neptun verbunden gibt er geradezu Verschwendung von Geld mit leichtgeschürzten Frauen.

Hades mit Mondknoten gibt öftere Verbindungen mit Halbweltdamen und langsames Siechtum, das zum Tode führt.

Hades mit Cupido vereint bringt Aufhebung von Verlobungen, Ehescheidungen oder das Zusammenleben mit Halbweltdamen.

Hades mit Mars bringt Verwundungen und Operationen, die glücklich gelungen sind, aber doch den Patienten unglücklich hinüberbringen; mit Mars und Saturn verbunden bringt er lange Gefangenschaft, daher auch lange Trennung von den Angehörigen und einen Tod durch langsames Absterben.

Hades mit Zeus bringt uneheliche Zeugung oder illegitime Geburt.

Hades im I. Hause zeigt die frühe Witwenschaft und dunkle Familienangelegenheiten der Mutter an.

Hades im II. Hause zeigt erwerbsunfähige Menschen oder Personen, die Geld durch Lumpensammeln, Kehrichtsammeln, durch Produktenhandel oder durch Althandel verdienen. Ferner haben solche Personen den Hades im II., die schwer in der Landwirtschaft, im Bergbau oder in Gruben arbeiten müssen. Auch der nicht einwandfreie Erwerb von Geld durch Hochstapelei, Diebstahl und Betteln wird durch den Hades im II. Hause bedingt.

Hades im III. Hause bringt Umgang mit alleinstehenden Frauen und Frauen leichtsinniger Lebensart, sowie Gänge und Schriftwechsel wegen Ehescheidungen, oder er zeigt Trennungen von Verlobungen benachbarter Menschen.

Hades im IV. Hause zeigt in den meisten Fällen eine alleinstehende oder geschiedene Mutter oder ein Zusammenwohnen mit der Mutter.

Hades im V. Hause gibt moralisch nicht einwandfreie Geschwister oder Kinder mit zweifelhaftem Gelderwerb. Auch kann von diesem Hause aus auf die Krankheiten oder auf den Tod von Geschwistern oder Kindern geschlossen werden, je nach den Aspekten mit den Planeten, eventuell auf

Kindesmord, da dieses Haus kreuzweis mit dem II. und dem VIII. Hause verbunden ist.

Hades im VI. Hause bringt Beschäftigung in Sanatorien oder Krankenhäusern, mit Venus vereinigt, Krankheiten des Unterleibes und Hautkrankheiten bei Frauen.

Hades im VII. Hause verschafft Umgang mit kranken, nahestehenden Personen, die auch wieder durch die mit dem Hades stark verbundenen Planeten gekennzeichnet werden. In Verbindung mit Saturn im VII. Hause Krankheiten und Tod des Vaters und des Gatten, sowie Trennung vom Gatten durch Ehebruch mit Hadesdamen. Ebenfalls gelten die Verbindungen vom I. Hause und beziehen sich meistens auf das Familienleben.

Hades im VIII. Hause zeigt langsames Siechtum von Bekannten, Verwandten oder nahestehenden Personen, die wieder durch scharfe Aspekte aus den anderen Häusern bestimmt sind.

Hades im IX. Hause: Verkehr mit leichtfertigen Frauen und Mädchen, die entweder nicht am Orte wohnen oder deren Bekanntschaft man auf Reisen macht. Er bringt in diesem Hause auch schwere Arbeit oder Gefangenschaft (Sklaverei) in ferner Gegend.

Hades im X. Hause bringt Verluste durch Diebstahl in der Öffentlichkeit oder wenn mit Sonne und Mond stark verbunden, Herrschaft durch das niedere Volk und den Pöbel. Ferner bringt Hades in diesem Hause mit der Venus in Konjunktion Vorliebe für Straßenmädchen.

Hades im XI. Hause zeigt Freundschaft mit alleinstehenden Frauen und leichtfertigen Weibern.

Hades im XII. Hause bringt Verkehr mit Personen, die in Krankenhäusern oder in Gefängnissen beschäftigt sind; steht er noch nahe dem Aszendenten, so ist der Inhaber selbst Leiter oder Beamter im Gefängnis.

Selbstverständlich sind vorstehende Ausführungen nur vorläufige aus Horoskopen und Ereignissen zusammengestellte Divinationen, die entweder durch vielfache Forschungen bestätigt oder teilweise verneint werden müssen.

Jeder Astrologe ist gewissermaßen verpflichtet, seine in dieser Beziehung gemachten Erfahrungen zu sammeln und sie durch Veröffentlichung den Lesern dieser Zeitschrift mitzuteilen, damit im Laufe der Zeit Klarheit über die Wirkungen dieses bisher unbekannten Planeten eintreten kann.

Berechnung der Deklination mit Hilfe zweier Tabellen.
Deklinationstabellen für Neptun und Cupido.
Von A. Witte, Hamburg.

Ehe die Deklinationen vom Neptun und Cupido gebracht werden, müssen noch die beiden nachfolgenden Tabellen, mit denen man leicht die Deklination, die Breite und die Länge eines Gestirns rechnen kann, erörtert werden.

Diese Tabellen sind höchst notwendig für die Sekundär-Direktionen, und zwar in Länge und in Deklination, und es wird noch in manchen folgenden Beiträgen auf sie hingewiesen werden.

Der Neptun hat eine Neigung gegen die Ekliptik von 1° 46,9'; sein aufsteigender Knoten liegt 10° 27 ♉.

Die Formel für die Berechnung der Breite ist folgende: sin. (Unterschied Länge des Neptun mit einem Knoten) mal sin. Neigung (i) = sin. Breite (β).

Gesucht Ort und Breite des Neptun für den 27. Januar 1859. Raphaels Ephemeris zeigt ihn mit 22° 57 ♓ und — 3° 54 Dekl.

$$(22^0\ 57\ ♓ - ♉\ 10^0\ 27\ ♒) = 42^0\ 30' = 9.82968\ (\log.\ \sin.)$$
$$i = 1^0\ 47' = 8.49304\ (\log.\ \sin.)$$
$$β = 1^0\ 12' = 8.32272\ (\log.\ \sin.)$$

Die nachfolgend aufgeführten Breiten zeigen:
20 ♓ — 1° 08' }
20 ♓ — 1° 15' } Differenz 7'; $\dfrac{7' \times 3^0}{5} = 4' + 1° 08' = -1° 12' = β$.

Die Tabelle I zeigt bei 22° 57 ♓ — 2° 48 Deklination.
Die Tabelle II zeigt (Breite 1° 12' — 6') = — 1° 06'.

Da beide Vorzeichen gleich, so ist — 3° 54' die Deklination. Raphaels Ephemeris gibt dieselbe Deklination, doch fehlt hier, wie in den älteren Jahrgängen die Breite des Neptun, die somit also leicht mit diesen Tabellen festgestellt werden kann, wenn von der gegebenen Deklination — 3° 54 die Deklination des Ekliptikortes — 2° 48 (Tab. I) subtrahiert und die Differenz — 6' (Tab. II) addiert wird — 1° 12' = β.

Im Geburtsmoment, d. h. beim ersten Atemzug des Geborenen bilden die Gestirne für diesen Menschen eine Kristallisation, die während des ganzen Lebens unverändert bleibt und die immer mit der scheinbar sich fortbewegenden Sonne, mit der Erde verbunden ist.

Es zieht also auch die progressive Sonne (die in den der Geburt folgenden Tagen des Geburtsjahres) diese Kristallisation mit sich fort und zwar mit denselben Radixbreiten parallel zur Ekliptik. Dadurch werden von diesen von der progressiven Sonne vorgeschobenen Planeten neue Deklinationslinien gebildet, die die Radixdeklinationen schneiden.

Im vorliegenden Falle stand die Radixsonne 6° 58 ♒, sie lief dem Widderpunkte zu und mußte die Deklinationslinie des Neptun in ihrem Laufe treffen.

Die Sonne hat keine Breite; es zeigt demnach die Tabelle I bei 3° 54' Deklination die Sonnenstände:
20° 10 ♓ und 9° 50 ♈; die progressiven Stände der Sonne: 19° 50 ♓ und 9° 21 ♈ brachten den Tod der Mutter am 5. Aug. 1901 und den Tod der Gattin am 11. April 1921. Für eine Berichtigung der Radixsonne und somit auch der Geburtszeit kämen die Stände 7° 18 ♎ und 7° 27 ♒ in Betracht, da beide ein Plus zeigen; doch läuft der Saturn etwas der Sonne vorauf, sodaß auch dieser mitgewirkt haben muß.

Für den Saturn mit einer Radixbreite von + 0° 47' gestaltet sich nun die Berechnung wie folgt:
Die Sonnenbögen sind 42° 52' und 62° 23'
♄ vorgeschoben 21° 55 ♍ und 11° 26 ♎
(Tab. I) Deklinationen der Ekliptikorte + 3° 12' und — 4° 31'
(Tab. II) (0° 47 — 0° 04') und (0° 47 — 0° 04') + 0° 43' und + 0° 43'
Deklinationen des vorg. ♄ + 3° 55' und — 3° 48'
Deklination des ψ rad. ist 3° 54'

Mit solchen Deklinationsschnittpunkten oder Parallelen läßt sich demnach die jedesmalige Breite feststellen.
Planet Cupido rad. 17° 26 ♉, Deklination + 16° 01' und Breite — 1° 04' Cupido vorg. parallel ♃ rad.: Hochzeit der Tochter am 24. Mai 1913.
(rad. 17° 26 ♉ + 54° 23') = 11° 49 ♋ = + 22° 56 (Ekliptikort).
Breite (1° 04 — 0° 01' = 1° 03'
Dekl. des vorg. Cupido = + 21° 53'
♃ rad. = + 21° 45'
Diff. — 0° 08'
Breite C. = — 1° 04'
Bei Länge 17° 26 ♉ soll β sein — 1° 12'

Cupido vorg. parallel ☿ rad.: Tod der Mutter am 5. August 1901.
(rad. 17° 26 ♉ + 42° 52') = 0° 18 ♋ = + 23° 27' (Ekliptikort).
Breite C. = — 1° 04'
Dekl. des vorg. C. = + 22° 23'
Dekl. des ☿ rad. = — 22° 26'
Diffz. + 0° 03'
Breite C. = — 1° 04'
Bei Länge 17° 26♉ soll β sein — 1° 01'

C. v. II ☿ rad. Tod Bismarcks am 30. Juli 1898
C. vorg. 27° 17 II = + 23° 25' (Ekliptikort)
— 1° 03' (Bismarck hatte C ☌ ☿ im VIII)
+ 22° 22'
Dekl. ☿ rad. — 22° 26'
Diffz. + 0° 04'
Breite C. — 1° 04'
also Breite C. = 1° 00' bei 17° 26 ♉. (Soll).
C. v. II ♃ rad. Tod des Vaters am 15. Juni 1880.
C. vorg. 17° 08 II = + 22° 50' (Ekliptikort)
— 1° 03'
+ 21° 47'

$$\begin{aligned}
\text{Dekl. } ♃ \text{ rad.} &\quad +21°\ 45' \\
\text{Diffz.} &= \overline{0°\ 02'} \\
\text{Breite C.} &\quad -\ 1°\ 04' \\
\text{also Breite C} &= \overline{1°\ 06'} \text{ bei } 17°\ 26\ ♉\ (\text{Soll}).
\end{aligned}$$

C. v. II ♃ rad. Kriegsbeginn am 1. August 1914.

$$\begin{aligned}
\text{C. vorg. } 13°\ 12\ ♋ &= +22°\ 48'\ (\text{Ekliptikort}) \\
&\quad -\ 1°\ 03' \\
&\quad \overline{+21°\ 45'} \\
\text{Dekl. } ♃ \text{ rad.} &\quad +21°\ 45' \\
\text{Diffz.} &= \overline{0°\ 00'} \\
\text{also Breite C.} &\quad -\ 1°\ 04' \text{ bei } 17°\ 26\ ♉\ (\text{Soll}).
\end{aligned}$$

♃ v. II C. Tod der Gattin am 11. April 1921.

$$\begin{aligned}
♃ \text{ vorg. } 14°\ 04\ ♌ &= +16°\ 37'\ (\text{Ekliptikort}) \\
\text{Breite } ♃\ -\ 0°\ 28'\ (-\ 0°\ 01') &= -\ 0°\ 27' \\
\text{Dekl. des vorg. } ♃ &= +16°\ 10' \\
\text{Dekl. des C. rad.} &= +16°\ 01' \\
\text{Diff.} &\quad \overline{+\ 0°\ 09'} \\
\text{Breite C.} &\quad -\ 1°\ 04' \\
\text{also Breite C.} &= \overline{0°\ 55'} \text{ bei } 17°\ 26\ ♉\ (\text{Soll}).
\end{aligned}$$

♆ v. II C. Hochzeit der Tochter am 24. Mai 1913.

$$\begin{aligned}
♆ \text{ vorg. } 17°\ 20\ ♉ &= +17°\ 01'\ (\text{Ekliptikort}) \\
\text{Breite } ♆\ -\ 1°\ 12'\ (-\ 0°\ 04') &-\ 1°\ 08' \\
\text{Dekl. des vorg. } ♆ &\quad \overline{+15°\ 53'} \\
\text{Dekl. C. rad.} &\quad +16°\ 01' \\
&\quad \overline{-\ 0°\ 08'} \\
\text{Breite C.} &\quad -\ 1°\ 04' \\
\text{also Breite C.} &= \overline{1°\ 12'} \text{ bei } 17°\ 26\ ♉\ (\text{Soll}).
\end{aligned}$$

Die aus den bekannten Ereignissen abgeleiteten Breiten des Planeten Cupido für diesen Radixstand sind:

$$\left.\begin{aligned}
&-\ 1°\ 12' \\
&-\ 1°\ 01' \\
&-\ 1°\ 00' \\
&-\ 1°\ 06' \\
&-\ 1°\ 04' \\
&-\ 0°\ 55' \\
&-\ 1°\ 12'
\end{aligned}\right\} \quad \begin{aligned}&\text{Ort } 17°\ 26\ ♉ \\ &\text{Mittel } 1°\ 04' \text{ als Probe für die} \\ &\text{in der Tabelle gegebenen Breite.}\end{aligned}$$

Zweite Heirat am 5. November 1922.

♃ vorg. 15° 36 ♌, Dekl. + 15° 43'

C. lfd. 17° 54 ♌, Breite + 0° 09', Dekl. + 15° 37' (also Breite + 0° 15').

Tod der Mutter am 5. August 1901.

C. lfd. 17° 56 ♋, Breite — 0° 23', Dekl. + 21° 53' (also Breite — 0° 31'). Dekl. ♃ rad. + 21° 45'.

Mit einigen Horoskopen von Personen desselben Geburtsjahres ist es möglich, die Breite dieses Planeten nach obigen Beispielen genau genug festzustellen.

Ich bitte also Forscher der Astrologie festgestellte Breiten und Längen dem Verlage einzusenden, damit eine Gesamtprüfung erfolgen und eine genauere Tafel ausgearbeitet werden kann.

Um eine gute Uebersicht von allen Deklinationen zu erhalten, verwende man quadriertes Schreibpapier $28^1/_2 : 44^1/_2$ cm, nehme je 2 Spalten nach oben für 1° Dekl. und je 1 Spalte nach rechts für 1 Jahr und lasse jedes Jahr mit dem 0. Januar beginnen. Es decken sich also nicht die Jahresabschnitte mit den Sonnenbögen, da diese immer verschieden groß sind. Man rechne sich die vorgeschobenen Planetenstände für den 0. Januar der Jahre 20, 40, 60, 80 vor dem 21., 41., 61., 81. Geburtstage und trage die Deklinationspunkte jedes Planeten gesondert auf.

Verwendet man immer dasselbe Format und die Quadrate der Linien von gleicher Größe, so ist es praktisch, sich ein diesem Formate angepaßtes Kurvenlineal aus Pappe anzufertigen, indem man sich den Ekliptikbogen (Tab. I) aufträgt und die senkrechten Linien als Gradabschnitte benutzt; dann diesen Bogen sich auf einen Pappstreifen von 50 cm Länge und 7 cm Breite durchsticht und den Bogen ausschneidet.

Mit Hilfe dieses Lineals lassen sich nun schnell alle gefundenen Punkte verbinden.

Wenn die Rechenarbeit nicht genehm ist, kann mit Hilfe eines Zirkels und mit einer von mir angefertigten „Tafel zur graphischen

Breite-Unterschied der Deklinationen.

Länge		Breite									Länge	
		1°	2°	3°	4°	5°	6°	7°	8°	9°	10°	
♈	0°	5'	10'	15'	20'	25'	30'	34'	39'	44'	49'	30°
	5									43	48	25
♎	10	5	9	14	19	24	29	33	38	42	47	20	♓
	15			13	18	23	28	32	37	41	45	15	♍
	20	4	8	12	17	22	27	31	36	40	44	10
	25				16	21	25	29	34	37	41	5
	30	4	7	11	15	19	23	27	31	34	38	0
♉	5			10	14	17	20	24	28	31	35	25
	10	3	6	9	12	15	18	21	25	28	32	20	♒
♏	15			8	10	13	16	19	22	25	28	15
	20	3	5	7	9	11	13	16	19	22	24	10
	25			6	8	10	11	13	15	18	20	5	♌
	30	3	4	5	6	8	9	10	12	14	16	0
♊	5	2	3	4	5	6	7	8	9	10	11	25
	10	2	2	3	4	5	6	6	6	7	7	20
♐	15			3	3	4	4	4	5	5	15	♑
	20	1	1	2	2	2	3	3	3	3	3	10	♋
	25				1	1	2	2	2	2	2	5
	30	0'	0'	0'	0'	0'	0'	0'	0'	0'	0'	0'

Bestimmung der Deklinationen der vorgeschobenen Planeten" sich leicht und schnell eine Uebersicht über die meisten Ereignisse seines Lebens verschaffen.

Man hat dann nur einen Quadranten vor sich liegen, da die Deklination ┼ sich an der unteren Linie, dem Aequator, wieder nach oben wendet, wenn die Deklination in — übergeht.

Tabelle der Rektaszension und Deklination

Länge ♈ ♉ ♊ ♋ ♏ ♐	für ♈ ♎ +180° α	♈♍+ ♓♎)(— δ	für ♍)(+180° α	für ♉ ♏ +180° α	♉♌+ ♏ ♒— δ	für ♌ ♒ +180° α	für ♊ ♐ +180° α	♊♐+ ♐ — δ	für ♑ ♑ +180° α	Länge ♑ ♌ ♍ ♓ ♒)(
°	°	°	°	°	°	°	°	°	°	°
1	0 55	0 24	179 05	28 52	11 50	151 08	58 52	20 22	121 08	29
2	1 50	0 48	178 10	29 49	12 10	150 11	59 54	20 34	120 06	28
3	2 45	1 12	177 15	30 47	12 31	149 13	60 57	20 46	119 03	27
4	3 40	1 36	176 20	31 45	12 51	148 15	62 00	20 57	118 00	26
5	4 35	1 59	175 25	32 43	13 12	147 17	63 03	21 08	116 57	25
6	5 30	2 23	174 30	33 41	13 32	146 19	64 07	21 19	115 58	24
7	6 26	2 47	173 34	34 39	13 51	145 21	65 10	21 29	114 50	23
8	7 21	3 10	172 39	35 38	14 11	144 22	66 14	21 39	113 46	22
9	8 16	3 34	171 44	36 37	14 30	143 23	67 18	21 49	112 42	21
10	9 11	3 58	170 49	37 35	14 49	142 25	68 22	21 58	111 38	20
11	10 07	4 21	169 53	38 34	15 08	141 26	69 26	22 06	110 34	19
12	11 02	4 45	168 08	39 33	15 27	140 27	70 30	22 14	109 30	18
13	11 58	5 08	168 02	40 33	15 45	139 27	71 34	22 22	108 26	17
14	12 58	5 32	167 07	41 32	16 03	138 28	72 39	22 29	107 21	16
15	13 49	5 55	166 11	42 32	16 21	137 28	73 43	22 36	106 17	15
16	14 44	6 18	165 16	43 32	16 38	136 28	74 48	22 43	105 12	14
17	15 40	6 41	164 20	44 32	16 55	135 28	75 52	22 49	104 08	13
18	16 36	7 04	163 24	45 32	17 12	134 28	76 57	22 55	103 03	12
19	17 32	7 27	162 28	46 33	17 29	133 27	78 02	23 00	101 58	11
20	18 28	7 49	161 32	47 33	17 45	132 27	79 07	23 04	100 53	10
21	19 24	8 12	160 36	48 34	18 01	131 26	80 12	23 09	99 48	9
22	20 20	8 34	159 40	49 35	18 17	130 25	81 17	23 12	98 43	8
23	21 17	8 57	158 43	50 36	18 32	129 24	82 22	23 16	97 38	7
24	22 13	9 19	157 47	51 37	18 47	128 23	83 28	23 19	96 32	6
25	23 10	9 41	156 50	52 39	19 01	127 21	84 33	23 21	95 27	5
26	24 06	10 03	155 54	53 40	19 16	126 20	85 38	23 23	94 22	4
27	25 03	10 24	154 57	54 42	19 30	125 18	86 44	23 25	93 16	3
28	26 00	10 46	154 00	55 44	19 43	124 16	87 49	23 26	92 11	2
29	26 57	11 07	153 03	56 47	19 57	123 13	88 55	23 27	91 05	1
30	27 55	11 29	152 05	57 49	20 10	122 11	90 00	23 27	90 00	0

Planet Neptun | Planet Cupido

Länge	Breite	Deklination	Länge	Breite	Deklination
10 ♌	− 0° 01′	+ 17° 44′	10 ♌	0° 00′	+ 17° 45′
15 „	+ 0° 08′	+ 16° 29′	15 „	+ 0° 05′	+ 16° 26′
20 „	+ 0° 18′	+ 15° 06′	20 „	+ 0° 11′	+ 14° 59′
25 „	+ 0° 27′	+ 13° 38′	25 „	+ 0° 16′	+ 13° 28′
0 ♍	+ 0° 36′	+ 12° 03′	0 ♍	+ 0° 22′	+ 11° 50′
5 „	+ 0° 45′	+ 10° 22′	5 „	+ 0° 27′	+ 10° 06′
10 „	+ 0° 53′	+ 8° 38′	10 „	+ 0° 33′	+ 8° 20′
15 „	+ 1° 01′	+ 6° 50′	15 „	+ 0° 37′	+ 6° 30′
20 „	+ 1° 08′	+ 5° 00′	20 „	+ 0° 42′	+ 4° 36′
25 „	+ 1° 15′	+ 3° 08′	25 „	+ 0° 46′	+ 2° 40′
0 ♎	+ 1° 21′	+ 1° 15′	0 ♎	+ 0° 50′	+ 0° 45′
5 „	+ 1° 27′	− 0° 39′	5 „	+ 0° 53′	− 1° 11′
10 „	+ 1° 32′	− 2° 34′	10 „	+ 0° 56′	− 3° 07′
15 „	+ 1° 37′	− 4° 24′	15 „	+ 0° 59′	− 5° 01′
20 „	+ 1° 40′	− 6° 15′	20 „	+ 1° 01′	− 6° 52′
25 „	+ 1° 43′	− 8° 04′	25 „	+ 1° 03′	− 8° 42′
0 ♏	+ 1° 45′	− 9° 49′	0 ♏	+ 1° 04′	− 10° 29′
5 „	+ 1° 46′	− 11° 27′	5 „	+ 1° 05′	− 12° 10′
10 „	+ 1° 47′	− 13° 07′	10 „	+ 1° 05′	− 13° 47′
15 „	+ 1° 47′	− 14° 39′	15 „	+ 1° 05′	− 15° 19′
20 „	+ 1° 45′	− 16° 05′	20 „	+ 1° 04′	− 16° 44′
25 „	+ 1° 43′	− 17° 23′	25 „	+ 1° 03′	− 18° 01′
0 ♐	+ 1° 41′	− 18° 34′	0 ♐	+ 1° 01′	− 19° 12′
5 „	+ 1° 37′	− 19° 34′	5 „	+ 0° 59′	− 20° 12′
10 „	+ 1° 33′	− 20° 28′	10 „	+ 0° 56′	− 21° 04′
15 „	+ 1° 28′	− 21° 10′	15 „	+ 0° 53′	− 21° 45′
20 „	+ 1° 21′	− 22° 03′	20 „	+ 0° 50′	− 22° 15′
25 „	+ 1° 16′	− 22° 06′	25 „	+ 0° 46′	− 22° 35′
0 ♑	+ 1° 09′	− 22° 18′	0 ♑	+ 0° 42′	− 22° 45′
5 „	+ 1° 02′	− 22° 19′	5 „	+ 0° 37′	− 22° 44′
10 „	+ 0° 54′	− 22° 11′	10 „	+ 0° 33′	− 22° 32′
15 „	+ 0° 46′	− 21° 51′	15 „	+ 0° 27′	− 22° 10′
20 „	+ 0° 37′	− 21° 22′	20 „	+ 0° 22′	− 21° 38′
25 „	+ 0° 28′	− 20° 41′	25 „	+ 0° 16′	− 20° 53′
0 ♒	+ 0° 19′	− 19° 52′	0 ♒	+ 0° 11′	− 20° 00′
5 „	+ 0° 10′	− 18° 51′	5 „	+ 0° 05′	− 18° 56′
10 „	+ 0° 01′	− 17° 44′	10 „	0° 00′	− 17° 45′
15 „	− 0° 08′	− 16° 29′	15 „	− 0° 05′	− 16° 26′
20 „	− 0° 18′	− 15° 06′	20 „	− 0° 11′	− 14° 59′
25 „	− 0° 27′	− 13° 38′	25 „	− 0° 16′	− 13° 27′
0 ♓	− 0° 36′	− 12° 03′	0 ♓	− 0° 22′	− 11° 50′
5 „	− 0° 45′	− 10° 22′	5 „	− 0° 27′	− 10° 06′
10 „	− 0° 53′	− 8° 38′	10 „	− 0° 33′	− 8° 20′
15 „	− 1° 01′	− 6° 50′	15 „	− 0° 37′	− 6° 29′
20 „	− 1° 08′	− 5° 00′	20 „	− 0° 42′	− 4° 36′
25 „	− 1° 15′	− 3° 08′	25 „	− 0° 46′	− 2° 41′
0 ♈	− 1° 21′	− 1° 15′	0 ♈	− 0° 50′	− 0° 46′
5 ♈	− 1° 27′	+ 0° 39′	5 ♈	− 0° 53′	+ 1° 11′

Gegenüberliegende Zeichen haben entgegengesetzte Vorzeichen der Breite und der Deklination.

Kommentar zum Witte-Artikel
" Der 4. Transneptun-Planet Kronos "

Witte stellt hier den letzten der von ihm ermittelten Transneptuner vor. Anhand seiner Untersuchungen hat dieser Planet eine Beziehung zu Personen mit Herrschergewalt. In der Hamburger Schule (siehe Regelwerk für Planetenbilder) ist er die Grundformel

> für alles Grosse, Besondere, über den Durchschnitt und über das Allgemeine hinausgehende, für die ausübende Macht.

In diesem Zusammenhang erwähnt Witte auch den ehemaligen ersten Reichspräsidenten der deutschen Republik, Friedrich Ebert, und führt gewisse kosmische Kontakte zum deutschen Freistaat, zur Revolution am 9. 11. 1918 und zum Verfassungstag 11. 8. 1919 auf.

Wir wollen hier den " Kronos " im Horoskop von Ebert untersuchen. Ebert ist geboren am 4. 2. 1871 mittags 12.00 Uhr in Heidelberg (das wäre ein Meridian in 11.45 Wassermann und ein Ascendent in 14.00 Zillinge). Die Faktorenstände sind in der astrologischen Rundschau X. 1924, Seite 218, erwähnt (aus " British Journal of Astrologie "). Die Geburtszeit wurde von E. H. Baley mit der Epoche korrigiert (korrigierte Geburtszeit $11^h 54'09''$). Der so korrigierte Meridian hat schon deswegen eine gewisse Berechtigung, weil er dann mit dem Meridian des deutschen Reiches von 1871 in 10.17 Wassermann in genauer Konjunktion steht. Aber auch die nachstehend vorgenommene Untersuchung bestätigt den korrigierten Meridian.

Hier die Faktorenstände, ergänzt mit Pluto und den Transneptunern:

Meridian	10.16 Ws	Pluto	16.53 St
Ascendent	12.50 Zw	Knoten	8.13 Kr
Sonne	15.15 Ws	Cupido	4.04 Zw
Mond	1.59 Lö	Hades	8.03 Ws
Merkur	20.29 Ws	Zeus	20.12 Zw
Venus	29.07 Ws	Kronos	27.10 Fi
Mars	8.02 Wa	Apollon	29.52 Kr
Jupiter	16.27 Zw	Admetos	4.13 Fi
Saturn	5.49 Sb	Poseidon	1.43 Ju
Uranus	23.43 Kr	Vulkanus	9.26 St
Neptun	19.25 Wi		

Ebert wurde am 11. 2. 1919 (SB 48.07) von der Weimarer Nationalversammlung zum vorläufigen Reichspräsidenten gewählt, und 1922 verlängerte der Reichstag unter Verzicht auf die verfassungsmässige unmittelbare Volkswahl die Amtszeit bis 30. 6. 1925. Ebert starb am 28. 2. 1925 (SB 54.08) an den Folgen einer Operation.

Welche kosmischen Suggestionen waren es, die dem ehemaligen Sattlergesellen den Reichspräsidentenstuhl öffneten ? Er, der von der Presse des nationalen Bürgertums als Emporkömmling beschimpft wurde, den man als Vaterlandsverräter und " Dolchstosspolitiker " bezeichnete (er trat im Januar 1918 für die Fortdauer des Munitionsarbeiterstreikes ein, nach Ausbruch der Novemberrevolte übernahm er die Leitung des Rates der Volksbeauftragten) erlebte einen ungewöhnlichen Aufstieg.

Nun - wir stellen den Pfeil unserer drehbaren Gradscheibe auf den Transneptuner Kronos ein und stellen fest:

    Kronos   27.10 Fische   ) Ich bin ein mäch-
    Sonne/Vulkan 27.41 Fische   ) tiger Mann in
    Meridian   10.16 Wassermann) führender Position

In enger Tuchfühlung zu dieser Achse stehen:

    Vulkanus   9.26 Stier   ) Ich setze mich
    Zeus/Kronos 8.41 Stier   ) unter erschweren-
    Meridian   10.16 Wassermann) den Umständen
    Hades   8.13 Wassermann) durch

Ferner:

    Meridian/Sonne 12.30 Wassermann) Präsident
    Sonne + Kronos 12.25 Wassermann)

Das Horoskop zeigt auch eine sehr kritische Achsenbesetzung:

        Neptun = Merkur = Kronos/Vulkanus
               = Hades/Admetos

Diese war aber relativ schwach, weil hier die persönlichen Punkte Meridian, Ascendent, Sonne und Mond nicht beteiligt sind. Am Todestag wird sie aber angesprochen (siehe nächste Seite).

Natürlich interessiert uns, warum Ebert ausgerechnet im Jahre 1919 (11. 2. = SB 48.07) zum Reichspräsidenten gewählt wurde. Hier der kosmische Beweis:

      Kronos vorg.   15.17 Stier
      Sonne/Vulkanus vorg. 15.48 Stier
      Sonne rad.   15.15 Wassermann

Ferner

Meridian pr.	25.43 Fische
Meridian rad.	10.16 Wassermann
Vulkanus rad.	9.26 Stier
Jupiter/Kronos vorg.	24.55 Zwillinge

und

Sonne lfd.	12.35 Wassermann
Meridian/Sonne rad.	12.30 Wassermann
Sonne + Kronos rad.	12.25 Wassermann
Kronos rad.	27.10 Fische

Jetzt interessiert uns noch, welche kosmischen Belastungen zum Zeitpunkt des Todes (28. 2. 1925 = SB 54.08) fällig waren:

Mars + Saturn - Meridian vorg.	27.43 Waage
Saturn + Uranus pr. - Meridian vorg.	27.42 Widder
Meridian pr.	28.39 Widder
Mars + Saturn - Meridian rad.	24.07 Stier
Meridian + Sonne + Mars + Saturn rad.	9.22 Widder
Sonne vorg.	9.23 Widder
Mars + Saturn - Sonne lfd.	19.37 Widder
Neptun rad	19.25 Widder
Mars + Saturn + Sonne lfd.	8.37 Fische
Uranus rad.	23.43 Krebs
Mars + Saturn pr	4.43 Widder
Meridian vorg.	4.24 Widder

Der Ring ist geschlossen. Die Beweisführung mathematisch genau erbracht, ohne mystische Spekulationen.

Der 4. Transneptun-Planet »Kronos«.
Von A. Witte, Hamburg.

> Einem Wunsche des Autoren folgend, veröffentlichen wir nachstehenden Artikel über den vierten transneptunischen Planeten. Die vorhergehenden drei transneptunischen Planeten werden Cupido, Hades und Zeus benannt. Wir hoffen, hierüber näheres in nächster Zeit veröffentlichen zu können und verweisen heute nur auf das Kongreß-Referat in Heft 2 Jahrg. XIV S. 25 der A. R. über »Transneptunische Planeten und Sensitive Punkte«, ferner auf die Artikel von A. Witte in Jahrg. XI u. XII unserer Zeitschrift. Eine ausführlichere und klare Darlegung der Arbeitsmethoden Wittes ist bereits in Vorbereitung und wird in Kürze veröffentlicht.
> Die Schriftleitung.

Erläuterungen zur Planetentafel (auf S. 94).

Die Rückläufigkeit des Planeten Kronos durch den Lauf der Erde verteilt sich mit der laufenden Sonne mit je $10°$ weiter von der Konjunktion an, wie die Kolonne für den Sonnenlauf zeigt.

Die laufende Sonne in $8—10°$ ♑ ist Jahresanfang. Hat die laufende Sonne den Ort des Planeten im Geburtsjahre noch nicht erreicht, so ist der Stand vom vorhergehenden Jahre zu nehmen.

In zweifelhaften Fällen (☉ lfd. zwischen $8—10°$ ♑) rechne man ein — 10 Paralleljahr und addiere $7°$. Das Resultat zeigt annähernd die gesuchte Konjunktion.

Beispiel I. Friedrich Ebert, geb. 4. Februar 1871.
Sonnenstand der Geburt $15°$ 15 ♒
Die Tafel zeigt 1871 die Konjunktion mit der Sonne $27°$ 50 ♓
Die laufende Sonne hatte den Ort des Kronos noch nicht erreicht, deshalb ist maßgebend 1870 $= 27°$ 08 ♓
☉ Stand $= 15°$ 15 ♒
(☉ — Kronos) $=$ Sonnenlauf $= 318°$ 07
Kronos ☌ ☉ 1870 $= 27°$ 08 ♓ $+ 0°$ 02' $= 27°$ 10 ♓

Für Daten vor 1340.

Für die Verschiebung der Bahnellipse des Kronos ist vorläufig die des Uranus und die des Neptun angenommen; die Apsidenlinie bewegt sich in 10 Jahren um 8,5 Bogenminuten vorwärts. Die Apsidenperiode für folgende Tabelle ist daher

$$522 \text{ Jahre} + 7° 25'$$

Stößt man durch Addition der Jahre und Subtraktion des Periodenzuwachses auf einen Stand der Jahreswende und liegt die Jahreswende innerhalb des Periodenzuwachses, so muß der Zuwachs vom folgenden Jahre subtrahiert werden, denn derselbe Stand des Planeten tritt an der Jahreswende ($8—10°$ ♑) an zwei Jahren auf.

Planetentafel.

Synodischer Lauf des 4. Transneptun-Planeten „Kronos" ♋
Herr des Zeichens Krebs.

										Sonnenlauf	
1340	14 ♓ 06	7	5 ♒ 47		4	8 ♓ 52		1	11 ♈ 51		
50	21 07	8	6 30		5	9 34		2	12 34	10°	+ 10'
60	28 08	9	7 12		6	10 16		3	13 16	20	+ 20'
70	5 ♈ 09	1800	7 54		7	10 58		4	13 58	30	+ 30'
80	12 09	1	8 37		8	11 41		5	14 40	40	+ 38'
90	19 10	2	9 19		9	12 23		6	15 22	50	+ 46'
1400	26 10	3	10 01	1850		13 05		7	16 04	60	+ 53'
10	3 ♉ 10	4	10 43		1	13 47		8	16 46	70	+ 58'
20	10 11	5	11 26		2	14 29		9	17 28	80	+ 1°01'
30	17 12	6	12 08		3	15 11	1900		18 10	90	+ 1°03'
40	24 13	8	12 50		4	15 53		1	18 52	100	+ 1°04'
50	1 ♊ 14	8	13 33		5	16 36		2	19 34	110	+ 1°03'
60	8 15	9	14 15		6	17 28		3	20 16	120	+ 1°00'
70	15 17	1810	14 57		7	18 00		4	20 58	130	+ 56'
80	22 19	1	15 39		8	18 42		5	21 40	140	+ 51'
90	29 21	2	16 22		9	19 24		6	22 22	150	+ 44'
1500	6 ♋ 23	3	17 04	1860		20 06		7	23 04	160	+ 37'
10	13 26	4	17 46		1	20 49		8	23 46	170	+ 29'
20	20 29	5	18 28		2	21 31		9	24 28	180	+ 21'
30	27 32	6	19 10		3	22 13	1910		25 10	190	+ 13'
40	4 ♌ 35	7	19 53		4	22 55		1	25 52	200	+ 5'
50	11 39	8	20 35		5	23 37		2	26 34	210	− 2'
60	18 43	9	21 17		6	24 19		3	27 16	220	− 9'
70	25 47	1820	21 59		7	25 01		4	27 58	230	− 14'
80	2 ♍ 52	1	22 42		8	25 43		5	28 41	240	− 18'
90	9 56	2	23 24		9	26 26		6	29 23	250	− 21'
1600	17 01	3	24 06	1870		27 08		7	0 ♉ 05	260	− 22'
10	24 06	4	24 48		1	27 50		8	0 47	270	− 22'
20	1 ♎ 11	5	25 30		2	28 32		9	1 29	280	− 20'
30	8 17	6	26 13		3	29 14	1920		2 11	290	− 16'
40	15 23	7	26 55		4	29 56		1	2 53	300	− 11'
50	22 29	8	27 37		5	0 ♈ 38		2	3 35	310	− 4'
60	29 35	9	28 19		6	1 20		3	4 17		
70	6 ♏ 41	1830	29 02		7	2 02		4	4 59	320	+ 3'
80	13 46	1	29 44		7	2 44		5	5 41	330	+ 12'
90	20 51	2	0 ♓ 26		9	3 27		6	6 23	340	+ 21'
1700	27 57	3	1 08	1880		4 09		7	7 05	350	+ 31'
10	5 ♐ 02	4	1 50		1	4 51		8	7 47	360	+ 42'
20	12 07	5	2 32		2	5 33		9	8 29		
30	19 11	6	3 15		3	6 15	1930		9 11	Siderischer	
40	26 16	7	3 57		4	6 57		40	16 11	Umlauf	
50	3 ♑ 20	8	4 39		5	7 39		50	23 12	521,8 Jahre	
1759	9 41	9	5 21		6	8 21		60	0 ♊ 13	Entfernung	
1760	9 41	1840	6 03		7	9 03		70	7 14	64,8	
70	16 45	1	6 45		9	9 45		80	14 15	Sonnenweiten	
80	23 48	2	7 28		9	10 27		90	21 17	Im Jahre 1654	
1790	0 ♒ 51	3	8 10	1890		11 09	2000		28 19	in Sonnennähe	

Beispiel II. 27. Oktober 7 v. Chr. historisch =
27. Oktober 6 v. Chr. astronomisch

$$\begin{aligned}
&& 1566 \text{ Jahre} &= 3. \text{ Perioden} \\
(1566 - 6) &= \text{Jahr} & 1560 &= 18^0\ 43\ \Omega \\
& -\ 3 \text{ Perioden} & &-\ 22^0\ 15' \\
&& (\odot\ \sigma\ K) &= \overline{26^0\ 28\ \mathfrak{S}} + 1^0\ 04' \\
&& \odot \text{ Stand} &\ \ \ 1^0\ 57\ \mathfrak{m} \\
&& \text{Sonnenlauf} &\ \overline{95^0\ 29'}
\end{aligned}$$

Ort des Kronos 27. Okt. 7 v. Chr. historisch $\underline{27^0\ 32\ \mathfrak{S}}$

Nach den bis jetzt angestellten Untersuchungen unterstehen diesem Planeten Kaiser, Könige und Fürsten, also Personen, die Herrschergewalt ausüben, was für den Herrn des Tierkreiszeichens Krebs zutreffend wäre, da das 4. Zeichen des Zoodiakus, dem X. Erdhause, welches Öffentlichkeit und öffentliche Handlungen zeigt, entspricht. Verfolgt man die Planetenstände für die von Herrschern ausgeübten Handlungen und bringt sie in Verbindung mit den Horoskopen dieser Personen oder mit denen der Nachfolger oder mit den Planetenständen der wieder von diesen hervorgebrachten Ereignissen, so findet man in den meisten Fällen einen Zusammenhang des Ortes des Planeten Kronos mit dem Sonnenstande, da auch die Sonne als Vertreter herrschender Personen auftritt.

Die sonst noch auftretenden Planetenverbindungen erörtern das Ereignis näher oder geben in den Horoskopen verschiedener Personen den Zusammenhang miteinander. So wird wohl manchen Schüler der Theosophie interessieren, daß gerade dieser Planet die Zusammengehörigkeit zweier Personen durch Jahrhunderte wiedergibt.

Als Beispiele seien folgende Ausführungen gebracht.

Friedrich Ebert ʃ ⊙ rad 15⁰ 15 ♒ Kronos rad. 27⁰ 10 ♓ ⎫
Deutscher Freistaat ⎨ ⊙ progr. 3⁰ 10 ♍ „ vorg. 15⁰ 05 ♉ ⎬
9. Nov. 1918 ⊙ lfd. 16⁰ 18 ♏. Kronos lfd. 0⁰ 57 ♉
Verfassungstag 11. August 1919. ⊙ lfd. 17⁰ 44 ♌. Kr. lfd. 2⁰ 33 ♉

Man beachte die Aspekte des vorgeschobenen Kronos mit der Radexsonne, welche auch die Quadratur des vorgeschobenen Kronos des »Deutschen Reiches« 15⁰ 15 ♉ am 9. Nov. 1918 empfing, mit den laufenden Sonnen und die Verbindung des laufenden Kronos mit dem Radixmonde 2⁰ 02 ♌ im Horoskop des Präsidenten der Deutschen Republik.

Der Planet Jupiter am Ascendenten des Deutschen Reiches und am Ascendenten des Präsidenten stand als laufender Planet am Verfassungstage 1⁰ 29 ♌ in Konjunktion mit dem Radixmonde und in Quadratur mit dem laufenden Kronos und stellte somit durch das Volk die Verbindung mit dem Reiche her.

Planeten am Ascendenten geben Verbindungen oder Trennungen. Im Horoskop des Fürsten Otto von Bismarck steht Kronos am Descendenten und im VII. Hause, er brachte daher dem Fürsten den Umgang mit Königen und nach den vier Hauptregeln für den Tod:

1. Planeten an den Kardinalpunkten ♈ und ♎ bringen Todesfälle,
2. Planeten im Kreuz der Sonne bringen Todesfälle,
3. Planeten am Horizont bringen Todesfälle und
4. Planeten im 6 Stunden-Winkel mit Meridian bringen Todesfälle,

brachte der laufende Kronos 19⁰ 50 ♓ am 24 Jan. 1861 (⊙ lfd. 11⁰ ♑) in Quadratur mit dem Radixneptun 19⁰ 53 ♐ und in Konjunktion mit Merkur im VIII den Tod des Königs Friedrich Wilhelm IV., der auch durch den vorgeschobenen Kronos in Opposition mit dem Radixjupiter angezeigt war. Der laufende Kronos beim Tode Wilhelms I. am 8. März 1888 in 9⁰ 32 V in Konjunktion mit dem vorgeschobenen ♃ 9⁰ 32 V des Kaisers Friedrich III. und der laufende Kronos 10⁰ 44 V in Konjunktion mit der Radixsonne 10⁰ 55 V beim Tode dieses Kaisers und der vorgeschobene Jupiter in Quadratur zum Merkur im VIII. Hause zeigt deutlich die richtige Stellung des Kronos und die Verbindung mit dem Reiche durch Jupiter. Der vorgeschobene Kronos 9⁰ 48 ♉ in Quadratur zum Radixsaturn 10⁰ 16 ♒ brachte dem Fürsten selbst (Kronos am Descendenten) den Tod und die Trennung von anderen Fürsten, da Mars in Konjunktion mit Saturn im VII. Hause sich befand.

Nachfolgend bitte ich alle Astrologen Deutschlands, die im Besitze sind von Horoskopen mit richtigen Planetenständen der Kaiser und Könige der deutschen Lande oder des Hohenzollernhauses von dem Zeitpunkte an, als der Burggraf Friedrich von Hohenzollern Kurfürst von Brandenburg wurde, am 30. April 1415, ☉ lfd. 1⁰ 26 ♉, Kr. lfd. 6⁰ 36 ♉, mir diese Horoskope mit zugehörigen Daten, möglichst mit Tagesangabe, zur Verfügung zu stellen, damit eine Korrektur der gebrachten Planetentafel und eine genauere Aufstellung möglich ist.

Die Berichtigung dieser Planetentafel, rückwärts von 1859 an, dessen Stand durch viele Ereignisse genau festgestellt ist, muß möglichst gründlich und schnell erfolgen, damit wieder durch die Örter des Kronos die Stände des 3. Transneptun-Planeten »Zeus« kontrolliert sind und eine Überholung der Tafel dieses Planeten vorgenommen und dann herausgebracht werden kann.

Geozentrische Örter des Planeten Kronos in den Jahren 1924 u. 1925.

27. Dez.	3⁰ ♉ 59'	7. Aug.	6 03	16. März	5 02	8. Nov.	5 54
1924		18. „	6 02	26. „	5 11	18. Nov.	5 46
		28. „	5 R 59	5. April	5 20	28. „	5 38
5. Janr.	3 ♉ 56	7. Sept.	5 55	15. „	5 30	8. Dez.	5 ♉ 32
15. „	3 D 55	18. „	5 50	25. „	5 41	17. „	5 27
25. „	3 55	28. „	5 43	6. Mai	5 51	28. „	5 23
4. Febr.	3 57	8. Okt.	5 36	17. „	6 01	**1926**	
14. „	4 01	18. „	5 28	27. „	6 11	6. Jan.	5 ♉ 20
24. „	4 06	28. „	5 20	7. Juni	6 ♉ 19	16. „	5 D 19
5. März	4 13	7. Nov.	5 12	17. „	6 27	26. „	5 19
15. „	4 20	17. „	5 04	27. „	6 33	5. Febr.	5 21
25. „	4 29	27. „	4 57	8. Juli	6 39	15. „	5 25
4. April	4 38	7. Dez.	4 51	18. „	6 42	25. „	5 30
14. „	4 48	17. „	4 ♉ 45	29. „	6 44	7. „	5 37
24. „	4 59	27. „	4 47	8. Aug.	6 45	17. „	5 44
5. Mai	5 09	**1925**		19. „	6 44	27. „	5 53
16. „	5 10	5. Janr.	4 ♉ 38	29. „	6 R 41	6. April	6 02
26. „	5 29	15. „	4 D 37	9. Sept.	6 37	16. „	6 12
6. Juni	5 37	25. „	4 37	19. „	6 32	27. „	6 23
16. „	5 ♉ 45	4. Febr.	4 39	29. „	6 25	7. Mai	6 33
26 „	5 51	14. „	4 43	9. Okt.	6 18	18. „	6 33
7. Juli	5 57	24. „	4 48	19. „	6 10		
17. „	5 59	5. März	4 55	29. „	6 02		
28. „	6 02						

Sollte der Kronos als transitierender Planet eine + oder — Differenz mit einem Radixplaneten zeigen, so ist für die Kontrolle der Tafel erwünscht, die Konjunktion des Planeten mit der Sonne um diesen Unterschied zu berichtigen und diese Stände zu sammeln. Z. B. 2. Heirat des ehem. Kaisers Kronos lfd. 3⁰ 49 ♉ ☌ ☉ rad 3⁰ 43 ♏ der Prinzessin Louise, demnach 1922 = 3⁰ 29 ♉ anstatt 3⁰ 35 ♉.

Kommentar zu den Witte-Artikeln " Die Bestimmung der unbekannten Geburtszeit" und " Unbekannte Geburtszeit".

Hier behandelt Witte ein Thema, das wohl eines der größten Sorgenkinder der Astrologen ist. Selbst bei einer Geburtszeitangabe z.B. "zwischen 9 und 1o Uhr " stehen wir häufig genug vor Problemen, die uns sehr zu schaffen machen. Das kostet oft viel Zeit und Geduld. Und wenn wir dann glauben, die Sache in den Griff bekommen zu haben, werden wir hin und wieder enttäuscht. Dann beginnen die Probleme von vorne.

Witte hat zwei Wege gezeigt, Der Studierende kann dieserhalb nur dann einigermaßen erfolgreich sein, wenn er die Daten des Witte Artikels nacharbeitet, um so auf den Kern der Sache zu stoßen.

Zu beachten haben wir Witte's Fingerzeige:

> "Der Stand des Radixmondes muß zuerst gesucht werden, um dadurch annähernd die Geburtszeit zu erhalten"

und ferner:

> "Am leichtesten läßt sich der eigene Geburtsmeridian aus den Horoskopen anderer Personen, mit denen man die stattgefundenen Ereignisse geteilt hat, errechnen, weil für die andere Person jetzt der Radixgestirnstand, d.h. die Orte der Gestirne in den Tierkreiszeichen, die gleichzeitig Erdhäuser sind, maßgebend ist: denn die Erdmeridianebene ist immer der verbindende Meridian aller Wesen".

Als Ergänzung zu den von Witte gezeigten Wegen verweise ich auf den " Leitfaden der Astrolgie " von Ludwig Rudolph (Seiten 92 - 96).

Es wird dort ein Beispiel für die "Bestimmung der unbekannten Geburtszeit" mit dem Mond gezeigt.

Die Kritik des Herrn Alexander Baradoy an diesem Witte-Artikel veranlaßte Alfred Witte zu einer Entgegnung. Es ist die einzigste, die er abgab in seiner Arbeit zum Artikel "Unbekannte Geburtszeit". Diese Entgegnung führt Witte durch seine ganze Theorie und sollte sehr ernsthaft von jedem gelesen werden.

Es ist eine Meisterarbeit, aus der viel gelernt werden kann.

LR.

Die Bestimmung der unbekannten Geburtszeit.

Von *A. Witte*, Hamburg.

Bei unbekannter Geburtszeit können verschiedene Methoden Anwendung finden, von denen die einfachen Arten hier in Betracht gezogen werden sollen.

Von einer Geburt am 11. Oktober 1873 zu Altona ist die Zeit nicht bekannt, auch nicht, ob sie vormittags oder nachmittags stattgefunden.

Die Angaben waren folgende:

Vater geb. 22. März 1834, gest. 16. Juni 1912.
Mutter geb. 13. November 1832, gest. 17. März 1905.
Erste Begegnung mit der jetzigen Gattin Ende Oktober 1902.
Verlobung 5. April 1903, Heirat 6. Oktober 1903.
Einberufung 25. Sept. 1914, entlassen wegen Krankheit 18. Febr. 1915.
Zum zweiten Male eingezogen 1. Aug. 1916, schwer erkrankt am 13. Februar 1917, ins Lazarett am 16. Febr. 1917, zum Ersatz-Bataillon am 18. Mai 1917, entlassen am 4. Dez. 1918.

Es werden zuerst die ☉-Bögen der Ereignisse festgestellt und zwar vom Mittagsstand der ☉ in Greenwich gerechnet. ☉ am 11. Okt. 1873 = 18°14' ♎; Tod der Mutter = 31 Jahre 5 Monate 6 Tage = 11 Okt. + 31 Tage = 42. Okt. − 31 Tage = 11. Nov. ☉-Stand 19°12' ♏ + 26' für 5 Monate und 6 Tage = 19°38 ♏.

Der Unterschied beider Sonnenstände ist der ☉-Bogen von der Geburt bis zum Tode der Mutter = 31°22' † Mtt.

Tod des Vaters 38 Jahre 8 Monate 5 Tage = ☉-progr. 26°16' ♏ + 41' = 26°57' ♏, ☉-Bg. also † Vt. = 38°43', Begegnung 28°59', Verlobung 29°27', Hochzeit 29°56', Einberufungen 41°01' und 42°53', Entlassung 45°16'.

Die Planetenstände am Mittag in Greenwich am 11. Okt. 1873 waren:

☉ 18°14' ♎	♀ 16°09 ♍	♄ 26°12' ♑	☊ 16°20' ♉
☽ 27°33' ♊	♂ 28°21' ♐	♅ 10°03' ♌	☽ ☍ ♂, △ ☿.
☿ 29°37' ♎	♃ 19°56' ♍	♆ 27°25' ♈	☿ ✱ ♂.

Jetzt betrachte man das Horoskop des Erdkörpers für den Tag der Geburt, der Meridian ist die Ebene ♋—♑, der Aszendent 0° ♎, der Deszendend 0° ♈. Im ♉ im VIII. Haus der Erde steht der ☊, er kommt also für Todesfälle in Betracht, der ♆ im ♈ für Verwandte, Bekannte, Ehehälfte. ☉ und ☿ in der ♎ zeigt einschneidende Ereignisse für die Person mit anderen Menschen an, ♀ und ♃ in der ♍ Liebesglück in geschlossenen Gesellschaften und Todesfälle von geliebten Personen, ♅ im ♌ zeigt Freunde, ♂ im ♐ zeigt den Planeten an, der den Verkehr mit Nachbarn und den Briefwechsel beherrscht, ☽ in den ♊ im △ zu ☉ und ☿ gibt Auskunft über das V. Haus.

Der Herrscher des Erdkörpers ist ♂ am unteren Meridian, am ♑ in Verbindung mit dem ☽ am ♋-Punkte.

Der ☊ im ∠ zum ♋-Punkte wirft auf ihn den schlechtesten Aspekt.

Die Kardinalpunkte geben uns in den Abständen von den Planeten in ☉-Bögen Ereignisse mit fremden Personen oder allgemeiner Natur an.

So zeigt ♂ und ☽ in ☍ am Meridian Kriegsvolk an, ☊ in ∠ zum Erdmeridian Todesfälle von fremden Personen bei den ⊙-Bögen von 46° 20′ und 43° 40′.

Die Planeten, welche den Mond am stärksten aspektieren, zeigen die Gattin oder die Mutter an.

Hier wäre ♂ in ☍ ☽ maßgebend für die Gattin und ☿ im △ mit 29° 37′ ♎ zeigt mit diesem Bogen ungefähr die Heirat. ♅ und ☊ sind maßgebend für den Krieg 1914—18.

Der Stand der Planeten bildet im Moment der Geburt mit dem Gravitationspunkt ⊙ eine feste Kristallisation, die während des ganzen Lebens dieselbe bleibt und immer mit der laufenden Sonne verbunden ist. Dadurch schafft die progressive Sonne, da sie die Planeten um den ⊙-Bogen vorschiebt, neue Planetenstände, die in Aspekten mit den Radixplaneten diese in Tätigkeit setzen und als laufende Planeten auslösen.

Die vorgeschobenen Planeten können auch als laufende bei andern Personen wirken. Z. B. ☽ vorg. ☍ ♄ rad. wie ☽ laufend ☍ oder □ ♄ rad. einer andern Person; oder auch zeigen ☽ und ♄ den Radixaspekt einer andern Person, sodaß man immer durch die vorgeschobenen Planeten mit anderen Personen in den Ereignissen verbunden ist.

Im vorliegenden Horoskop muß der Mond liegen zwischen Mitternacht und Mitternacht 20° 36′ ♊ bis 3° 30′ ♋.

Der ☊ im ♉ zeigt Todesfälle, daher ☊ rad. 16° 20′ ♉ + 38° 43′ = 25° 03′ ♊ als vorgeschobener ☊, wahrscheinlich in ☌ mit dem Radixmond beim Tode des Vaters.

Der erste Stand des ☊ von 17° 42 ♊ beim Tode der Mutter reicht nicht an den verlangten Mondstand hinan, wohl aber ist er in □ zu ♃ und ♀ im XII. Erdhause.

Der Stand des Radixmondes muß zuerst gesucht werden, um dadurch annähernd die Geburtszeit zu erhalten.

Der Mond ist in Applikation mit dem ♂, es treten also Ereignisse mit weiblichen Personen ein, wenn er in Verbindung tritt mit dem ♄ und dem ♆, da ♆ der Komplementärplanet vom ♂ ist, weil ♂ rötlich gelb und ♆ grünlich blau als Strahlung sendet; außerdem ist ♂ und ♄ Tod oder Krankheit.

Es müssen demnach Aspekte des Mondes mit dem ♄ und dem ♆ wirksam beim Tode der Mutter gewesen sein.

Der vorgeschobene ♂ in ☌ ♄ rad. mit dem ungefähren ⊙-Bogen von 28° zeigt Krankheit einer Frau an, ☽ vorgeschoben □ ♆ wird dann das Ableben einer weiblichen Person angeben, die eine nahe Verwandte war, weil ♆ im VII. Erdhause.

Deshalb □ ♆ rad. 27° 25′ ♋ — ⊙-Bogen † Mutter = 26° 03′ ♊ }
Der vorgeschobene ☊ beim Tode des Vaters = 25° 03′ ♊ } ☽ rad

Beide Stände geben also annähernd den Radixmond an. Im Erdhoroskop sind ♂ und ☊ in ⚼ zu einander in starker Stellung zum Erdmeridian, und beide sind maßgebend für Verbindungen mit andern Personen, ☊ für die Familie und ♂ für Nachbarn und Verwandte. Der ♆ ist also der Zerstörer dieser Verbindungen.

♆ lfd. † Vater 22° 26′ ♋, ☊ lfd. 18° 15′ ♈ beide □ ⊙ rad. und ☍ ⊙ r.
♆ lfd. † Mutter 5° 22′ ♋, ☊ lfd. 8° 28′ ♍.

Es ist nun ⊙ + ☽ Freundschaft, Ehe oder Eltern.

☉ 18° 15' ♎ + ☽ mittel 25° 33' ♊ = 13° 48' ♑.

☽ laufend † Vater 12° ♋, ☉ lfd. Verlobung 14° 32' ♈, ☉ lfd. Hochzeit 12° 3' ♎, ☽ lfd. Hochzeit, 10° 24' ♈, ☿ lfd. Begegnung 19° 11' ♎ ☌ ☉ rad., ☊ lfd. Verlobung 16° 10' ♎.

Und es ist ☉—☽, Mann der Frau = 22° 42' ♋ ☌ ♆ lfd. † Vater.

☽ lfd. 20' ♋ Verlobung, ☿ lfd. 23° 44' ♎ und ♄ lfd. 21° 56' ♑ Begegnung.

Ferner ist ☽—☉ Frau des Mannes. 7° 18' ♊ ☍ ♃ lfd. 8° 39' ♐ † Vater, ☊ lfd. 8° 28' ♍ † Mutter, ☽ lfd. 8° 04 ♍ Begegnung, ♃ lfd. 10° 19' ♓ Verlobung und ♃ lfd 8° 12' ♒ Begegnung, ♂ laufend 9° 45' ♐ Hochzeit.

Der Punkt 5° 22' ♋ ♆ lfd. beim Tode der Mutter ist annähernd der Spiegelpunkt zum Radixmond.

Der lfd. ♆ Begegnung 3° 37' ♋ schloß mit dem Radixmond den Meridian der Erde ein, sodaß der Spiegelpunkt des lfd. ♆ mit 26° 23' ♊ sich mit dem ☽ rad. decken würde.

Der lfd. ♆ der Verlobung 1° 04 ♋ ist der Spiegelpunkt des ♂ rad. Durch beide wird der Aszendent der Erde, der ♎ Punkt umklammert.

Im Erdhoroskop zeigt der ☊ Todesfälle, der ♅ Freunde an, beide waren maßgebend für die ☉-Bögen während des Krieges. ☽ ☍ ♂ am Meridian der Erde heißt aber Kriegsvolk und der ♂ vorg. verbunden mit dem ♅ rad. gibt dann blutige Verletzungen von Freunden durch das Kriegsvolk der Erde.

♂ rad. + 41° 01' und + 45° 16' ♒ 9° 22' bis 13° 37' ♒ im ☍ ♅ rad. 10° 03' ♌ in den Kriegsjahren.

Da nun der ☽ ☍ ♂ steht, so müßte der vorgeschobene Mond in ☌ mit dem ♅ rad. ein Ereignis geben.

Vom Lazarett ☉-Bogen 43° 41' zum Ersatz-Bataillon entlassen und bis Kriegsende 45° 16' beim Militär.

Also ♅ rad. − 43° 41' und − 45° 16' = 26° 22' ♊ und 24° 47 ♊.

Beide Stände bestätigen die zuerst gefundenen Mondstände 26° 03' ♊ und 25° 03' ♊.

Für den 1. Stand 25° 03' ♊ wird jetzt die Zeit in Greenwich bestimmt.

Mittag 10. Okt.	☽ = 14° 20' ♊		☽ = 14° 20' ♊
„ 11. Okt.	☽ = 27° 33' ♊		☽ = 25° 03' ♊
Unterschied	13° 13' in 24 Stund.	wie	10° 43' in x Std.

Mit Diurnal-Logarithmen gerechnet 3501
− 2591
910 = 19h 28m Greenwich.
für Altona + 0h 40m
in Altona 20h 08m
und für den 2. Mondstand, je 30' für 1 Std. = 22h 10m

Diese Stunden und Minuten in Grade umgewandelt und zur ☉ rad. addiert, zeigt als Summe ungefähr den Geburtsmeridian.

302° 30' + 18° 14' ♎ = 20° 44' ♌ bis 21° 00' ♍.

Der Aszendent zu beiden ist 0° 00' ♏ bis 26° 00' ♏.

Der Aszendent ist der Schnittpunkt der Erdbahn mit dem Horizont, der Horizont ist aber der Kreis, welcher den Geburtsort als Pol hat und deshalb vom Ort überall einen Bogenabstand von 90° hat. Sein Mundanaspekt ist die □ zum Zenit oder zum Geburtsort. Der Aszendent ist also für den Geborenen der schlechteste Punkt der Ekliptik, er ist daher nicht Grundlage des Geschickes, sondern des Mißgeschickes und der Herr des Zeichens, in welchem der Aszendent liegt, ist nicht Herrscher des Horoskops, sondern er ist der Planet, welcher dem Geborenen das größte Ungemach zufügt. Der Herrscher ist immer der Planet, welcher am Geburtsmeridian sich befindet.

Der Aszendent und der Deszendent gleichen den ☊, ☋, dem ♎ und dem ♈-Punkt, sie geben Verbindungen und Trennungen an.

Man ziehe jetzt die progressiven Sonnen in Betracht, ob diese den Aszendenten berühren. Beim Tode der Mutter war ☉ progressiv 19°38′ ♏, sie schloß mit dem Spiegelpunkt des ♅ 19°57′ ♏ den ♎-Punkt ein und sie kann deshalb für den Aszendenten nicht in Frage kommen, weil der ♎-Punkt schon der Aszendent der Erde ist und ausgelöst wurde.

Die progr. ☉ beim Tode des Vaters 26°57′ ♏ kann schon mit dem Aszendenten zusammenfallen, um das Ereignis anzugeben.

Wird jetzt der ♂ und der ☽ für weibliche Personen maßgebend mit dem Ascendenten in Verbindung gebracht, so finden wir den ☉-Bogen beim Tode der Mutter als Asz. vorg. ☌ ♂ rad. und Desz. vorg. ☌ ☽ rad., Verlobung oder † Mtt. bezeichnend.

♂ rad. 28°21′ ♐ — 31°22′ † Mtt. = 26°59′ ♏; beide Ereignisse geben also denselben Aszendenten mit 26°58′ ♏ und der Deszendent um den ☉-Bg. 29°56′ der Hochzeit vorg. gibt den Mondstand 26°54′ ♊.

Dieser gefundene Aszendent gibt für Altona die Rektaszension des Meridians von 11h 33m. Der Geburtstag hatte am Mittag 13h 20m sid. Zeit.

11h 33m — 13h 20m = 22h 13m, in Altona, Geburtszeit
Oestliche Länge — 0h 40m für Altona

Geburtszeit = 21h 33m in Greenwich.

Mit dieser Zeit werden nun die Planetenstände rad. berechnet und dann die angeführten ☉-Bögen mit den richtigen Ständen addiert bezw. davon subtrahiert.

☉ 18°08′ ♎	♀ 16°02′ ♍	♄ 26°12′ ♑	☊ 16°20′ ♉,
☽ 26°14′ ♊	♂ 28°17′ ♐	♅ 10°03′ ♌	X 22°36′ ♍,
☿ 29°27′ ♎	♃ 19°57′ ♍	♆ 27°25′ ♈	A 26°53′ ♏.

Also ☉ 18°08′ ♎ + 38°43′ († Vt.) = 26°51′ ♏ = Asc. } Mittel 26°53′ ♏
♂ 28°17′ ♐ — 31°22′ († Mtt.) = 26°55′ ♏ = Asc. }

☽ r 26°14′ ♊ — Dsz. rad. 26°53′ ♉ = 29°21′ Verlobung = 29°27′, der ☿ r 29°27′ ♎ zeigt von 0° ♎ den ☉-Bogen der Verlobung und die Zusammengehörigkeit von ☽ und ☿ in den Radixaspekten. ♅ r. 10°03′ ♌ — ☽ r. 26°14′ ♊ = 43°49′ fällt in die Zeit der zweiten Entlassung vom Lazarett zum Ersatz-Bataillon mit 43°51′.

Mit den Tabellen Bd. III wird für den Aszendenten 26°53′ ♏ der Geburtsmeridian gesucht für 53°33′ nördliche Breite.

Bei 53° ist 26°56′ ♏ = 22° ♍.
„ „ „ 26° 18′ ♏ = 21° ♍.
0°38 : 60′ = 0°03′ : x.
22°00′ ♍ − x (0° 04) = 21° 56′ ♍.

Bei 53°00′ = 21°56′ ♍.
„ 54°00′ = 23°09′ ♍.
0°60′ : 1° 13′ = 0°33′ : z.
z = 0°40′

Bei 54° ist 27°26′ ♏ = 24° ♍.
„ „ „ 26°47′ ♏ = 23° ♍.
0°39′ : 60′ = 0°06′ : y.
23°00′ + y (0°09′) = 23°09′ ♍.

21°56′ ♍
+ 0°40′
22°36′ ♍ = X. Haus radix.

22°36′ ♍ — ♅ rad. 10°03′ ♌ = 42°26′ fällt in die Zeit der ersten Entlassung mit 41°25′ bis zur zweiten Einziehung mit 42°53′, sodaß mit den obigen ☉-Bögen der ♅ rad. zwischen X rad. und ☽ rad. steht, welches zeigt, daß der ♅ die Verbindung der eigenen Person mit der Frau und dem Volke angibt.

Es muß also der laufende ♅ Verbindung mit Frauen geben, er stand Oktober 1902 im ✱ 18—19 ♐ mit der ☉ rad. 18°08′ ♎, am Verlobungstage 25°38′ ♐ in ☌ ☽ rad. und 22°10′ ♐ bei der Hochzeit.
Die sensitiven Punkte geben die näheren Tage durch die Aspekte der laufenden Planeten an.

☉+☽ Mann und Frau gibt Freundschaft oder Ehe.

☉+☽−♁ als IV. Haus der Erde zeigt das häusliche Zusammensein der Gatten, in diesem Horoskop 14° 22′ ♈ ☌ ☉ lfd. Verlobung, ☍ ☉ lfd. Hochzeit.

☉+☽−♅ Freundschaft von Mann und Frau und Todesfälle von Freunden und in der Familie. 4° 19′ ♍ ☌ ♂ lfd. 4° 20′ ♍ am 31. Oktober 1902.

♁+☉−☽ Mann der Frau 21° 54′ ♈ □ ☽ lfd. 22° 00′ ♋ Verlobung, ☍ ♀ 22° 00′ ♎ am 25. Okt. 1902, □ ♆ 22° 26′ ♋ † des Vaters.

♁+☽−☉ Frau des Mannes 8° 06′ ♍ ☌ ☊ lfd. 8° 28′ ♍ † der Mutter, □ ♃ lfd. 8° 39′ ♐ † des Vaters, □ ♂ 9° 45′ ♐ Hochzeit, ☍ ♃ 10° 19′ ♓ Verlobung, ☌ ☽ am Sonntag, den 26. Oktober 1902 nachmittags erste Begegnung.

Durch die laufenden ☉ 26° 14′ ♓ † der Mutter und 25° 00′ ♊ † des Vaters wird der Radixmond auch noch bestätigt.

☉+☽−♃ Mann und Frau verbunden durch Glück 24° 25′ ♋, ☌ ☉ lfd. Verlobung, □ ☽ lfd. Hochzeit, □ ☊ lfd. 24° 42′ ♎ und □ ♀ lfd. 24° 04′ ♎ Begegnung (Mittel 24° 23′ ♎). ☉+☽−♃ heißt in diesem Falle auch persönliche Freundschaft oder Ehe, weil ♃ rad. am Meridian steht.

☉+☽−♂ gibt die Ehe mit der bestimmten Frau an, da ♂ ☍ ☽ rad., 16° 03′ ♈ ☌ ☋ lfd. 16° 10′ ♈ Verlobung und ☽ lfd. Hochzeit.

Am 26. Oktober 1902 hatte auch der lfd. ☽ mit dem lfd. ♂ eine ☌ miteinander in dem Punkte ☉+☽+☊ Verbindung von Mann und Frau.

☉+☽−☊ gibt Trennungen und Todesfälle in der Familie an, da ☊ im ♉ im VIII. Erdhause, 28° 02′ ♏ △ ♄ lfd. 27° 40′ ♋ † des Vaters und □ ♄ lfd. 27° 18′ ♒ † der Mutter. ♄ rad. steht im II. Hause des Geburtsmeridians.

☉+☽−☿ 14° 55′ ♍. Ehegedanken (vergleiche auch ☽ ☌ ☿ rad.). △ ☿ lfd. 14° 37′ ♉ Verlobung und ☌ ♀ lfd. 15° 48′ ♍ Hochzeit. ☍ ♃ lfd. 15° 19′ ♓.

Der ☿ rad. 29° 27′ ♎ hat die Verlobung im Erdhoroskop mit dem ☉-Bogen von ♎-Punkt gebracht, weil der Punkt ☉+☽−♀ Liebe verbindet Mann und Frau (Liebesehe) 28° 20′ ♋ in □ zu ihm steht.

Die ☍ von ♀ und ♃ lfd. bei der Hochzeit bestätigen die Konjunktion derselben Planeten im Radix im IX. des Geburtsmeridians, im XII. der Erde und im X. des Aszendenten.

Der Mond steht im IX. Hause der Erde, im VII. des Meridians und im VII. des Ascendenten.

Der vorgeschobene Aszendent in ☌ ♂ rad. brachte den Tod der Mutter. Der Punkt A+☽−♑ brachte die Trennung von der Mutter 22° 07′ ♉ in ☍ mit dem ♂ lfd. 23° 35′ ♏ am Todestage der Mutter.

Der Punkt A−☽ Auftauchen der Frau am Horizont 0° 40′ ♍. ☌ ♂ lfd. am Tage der Begegnung.

Der Punkt X+☽ persönliche Verbindung mit Frauen 18° 50′ ♐ brachte in ☌ mit dem lfd. ♅ 18° 45′ ♐ am 26. Oktober 1902 die Begegnung mit der Frau.

Der Punkt ☽−X Mutter des Geborenen 3° 36′ ♑ in ☌ mit dem lfd. ♅ 4° 02′ ♑ den Tod der Mutter, und der Punkt ☽−IV 3° 36′ ♋ in ☌ mit dem lfd. ♆ 3° 37′ ♋ die erste Begegnung.

Der Punkt ♂−X. 5° 41′ ♋ brachte in ☌ mit ♆ lfd. 5° 22′ ♋ den Tod der Mutter und mit ♆ lfd. 5° 57′ ♋. □ ☊ lfd. 6° 25′ ♎ die Hochzeit.

* * *

Eine andere Methode zur Bestimmung der unbekannten Geburtszeit ist die Wiederkehr der Mondaspekte der Radixstellung durch den progressiven Mond mit den progressiven Planeten.

Das Erdhoroskop wird beherrscht durch den ♂ am Unteren Meridian ♑ und durch den ☽ am Oberen Meridian ♋.

Die Opposition von ☽ und ♂ fand wieder statt zwischen dem 9. und 10. November 1873.

Die Zeit dieser Konstellation für Altona wird festgestellt; es ist der Zeitpunkt für Altona ein bestimmter Meridian und es ist dieser Meridian ein bestimmter Tag eines Jahres, wenn ein Tag nach der Geburt oder eine Drehung des Ortes um die Erdachse als ein Jahr gerechnet wird.

Ferner ist der Stand der progressiven Sonne für die Zeit der Konstellationen festzuhalten, damit die Reihenfolge der Mondaspekte besser zu übersehen ist.

☽ am 9. Nov. 18° 27′ ♋, ♂ = 19° 39′ ♑. Unterschied ☽ u. ♂ = 1° 12′
☽ am 10. Nov. 1° 01′ ♌, ♂ = 20° 24′ ♑. die Zeit ist t.
12° 34′ 0° 45′

$$t = \frac{1^0\,12'}{12^0\,34' - 0^0\,45'} = \frac{72'}{709'} = 0{,}102 \text{ Tage} = \frac{24 \text{ Std.}}{1000} \times 102 = 1{,}44' \times 102$$
$$= 2^h\,27^m \text{ in Greenwich.}$$

☽-Stand 19° 44′ ♋, ♂ 19° 44′ ♑, ☉ 17° 18′ ♏, $2^h 27^m$ Greenwich + $0^h 40^m$ = $3^h 07^m$ in Altona.

Diese $3^h 07^m$ in Grade umgewandelt und zur Sonne addiert, gibt annähernd den Meridian und den Tag für Altona.

17° ♏ + 47° = 4° ♑ und Aszendent 11° ♈.

Da der Geburtsort in einem Tage nach der Geburt eine Drehung um die Erdachse ausführt, so muß der Ort in diesem Meridian liegen, wenn das Ereignis fällig ist.

Der ♂ zeigt die Frau an, die Gattin werden soll, also muß dieser Meridian in der Zeit von der Begegnung bis zur Verlobung liegen.

Die Tage vom Geburtstage bis zum Ereignistage werden um die progressiven Tage vermehrt und von dem gefundenen Meridian subtrahiert, oder auch zur Differenz der ☉rad. und der ☉lfd. wird der ☽-Bogen des Ereignisses addiert und vom progressiven Meridian subtrahiert, um das X. Haus rad. zu erhalten.

Am Tage der ersten Begegnung stand ♆ lfd. im Unteren Meridian 3° 37′ ♋ und ☿ lfd. 19° 11′ ♎ □ zur ☍ von ♂ und ☽ progressiv. Es ist also ☍ ☿ und ♆ rad. maßgebend gewesen für das Ereignis.

Am Tage der Verlobung stand ☽ lfd. 20 ♋ in ☌ mit ☽ progr. und ♂ lfd. in □ mit dem gefundenen Meridian 4° 40′ ♎.

Es bestätigt also die Verlobung die progressive ☍ von ☽ und ♂ in Altona.

Am Tage der Hochzeit stand ☽ lfd. 10° 24′ ♈ bis 20° ♈, ☿ lfd. 6° 07′ ♎, ♆ lfd. 5° 57′ ♋; ☿ lfd. □ ♆ lfd. bestätigt den Radixaspekt ♆ ☍ ☿ und ☽ lfd. die ☍ von ☽ und ♂ progressiv; fällig in Altona durch ♆ und ☿.

Das ⚹ ☽ rad., mit ♆ rad., von den progr. Planeten gebildet, fällt zwischen den 7. und 8. November 1873, es ist also im Jahre 1901 fällig gewesen.

Der △ ☽ rad. mit ☿ rad., von den progressiven Planeten erneut gebildet, ☽ 11° 45′ ♌ △ ☿ 11° 45 ♐, ☉ progr. 19° 05′ ♏, Meridian progr. 14° ♎, fällt zwischen den 10. und 11. November 1873, also in die Zeit des ersten Ehejahres.

Die laufende ☉ der Verlobung 14° 32′ ♈ und die der Hochzeit 12° 03′ ♎ bestätigen den progressiven Meridian für Altona und den Aspekt ☽ △ ☿, außerdem steht noch der ☊ lfd. 16° 10′ ♎ Verlobung im Meridian und der ☽ lfd. 10° 24′ ♈ Hochzeit in ☌ ☉ lfd. Verlobung, in □ zum Meridian und im △ zu ☽ und ☿ progr.

Es stand der lfd. ♃ 10° 19′ ♓ □ ☿ progr. am Verlobungstag, der ♂ lfd. 9° 45′ ♐ ☌ ☿ progr. bei der Hochzeit, □ dem ♃ der Verlobung und □ dem ☽ der Begegnung.

Die progressiven Aszendenten der progr. Meridiane 4° ♑ und 14° ♎ waren 11° ♈ und 11° ♐, die durch ☉, ♃ Verlobung, ☽, ♂ Hochzeit und ☽ Begegnung aktiv wurden.

Angezeigt waren diese Planeten durch die Zodiakaldirektionen von ☉, ♃, ☊, ♀ und ☿.

Eine Übersicht der progressiven Aspekte mit dem Meridian und dem Aszendenten der Zeitfolge geordnet zeigt folgende Stellungen.

☽△☉	17° 05′ ♋	☽☍♂	19° 44′ ♋	☽□♀	22° 14′ ♋	☽⚹♃	25° 27′ ♋
☉	17° 05′ ♏	☉	17° 18′ ♏	☉	17° 30′ ♏	☉	17° 46′ ♏
M.	19° ♎	M.	4° ♑	M.	16° 30′ ♓	M.	18° ♊
A.	15° ♐	A.	11° ♈	A.	19° ♋	A.	21° ♍

☽□♆	26° 37′ ♋	☿△♅	10° 36′ ♐	☽☍♄	27° 02′ ♋	☽☌♅	10° 36′ ♌
☉	17° 51′ ♏	☉	17° 55′ ♏	☉	17° 55′ ♏	☉	18° 22′ ♏
M.	22° ♋	M.	19° ♌	M.	17° ♌	M.	9° 30′ ♍
A.	16° ♎	A.	5° ♏	A.	4° ♏	A.	18° 30′ ♏
☽△☿	11° 45′ ♌	☽□☉	19° 44′ ♌	☽⚹☿	25° 37′ ♌	☿∠♃	12° 36′ ♐
☉	19° 05′ ♏	☉	19° 44′ ♏	☉	20° 14′ ♏	☉	20° 00′ ♏
M.	14° ♎	M.	22° ♊	M.	2° ♐	M.	10° ♍
A.	11° ♐	A.	24° ♍	A.	27° ♑	A.	19° ♏.

☽∠☊ 14° 41′ ♌, ☉ 19° 19′ ♏, Meridian 12° ♑, Asz. 2° ♉.

Der Stand der Radixsonne muß zwischen Mitternacht des 10. Oktober 1873 = 17° 45′ ♎ und Mitternacht des 11. Oktober 1873 = 18° 45 ♎ liegen. Die ☉-Bögen der Ereignisse werden zum 1. Stand der ☉ addiert, um die progressive ☉ zu erhalten. Zwischen diesem Stand und dem um 1° vermehrt, muß das betreffende Ereignis liegen.

☉ r. 17° 45′ ♎	+ ☉-Bog. Begegnung	=	16° 44′ ♏ bis 17° 44′ ♏
	+ ☉-Bog. Verlobung	=	17° 12′ ♏ bis 18° 12′ ♏
	+ ☉-Bog. Hochzeit	=	17° 41′ ♏ bis 18° 41′ ♏
	+ ☉-Bog. Tod Mutter	=	19° 07′ ♏ bis 20° 07′ ♏

Beim Trigonaspekt des Mondes mit der Sonne ist der Meridian in ☌ mit der Radixsonne 19° ♎ und der Aszendent 15° ♐ in □ ♀ rad. Die Radix ♀ 16° ♍ steht im X. Hause des Aszendenten. Es ist also der liebende Mann ☉, ♀ im △ zum ☽ zum Weibe und die progr. ☉ in ☌ mit dem ☋, was Verbindung in diesem Sinne anzeigt. Der progr. ☽ steht in □ zur ☉rad. und der ♀ lfd. in ☌ ☉rad., was eine körperliche Zusammenkunft mit einer jungen Frau gibt.

Daher ☉progr. 17°05′ ♏ — ☉-Bg. Begegnung 28° 59′ = 18° 06′ ♎ = ☉ rad

Die progr. ♀ steht in ☌ ☉ rad. und im progr. Meridian 19° ♎. Die laufende ♀ befand sich mit dem lfd. ☊ in ☌ im Meridian, der laufende ☽ war in ☌ mit der ♀ rad. sodaß ☽ und ☉ durch ♀ verbunden waren.

Der ☿ rad. ☍ ♆ rad. gibt durch diesen die Eigenart der Frau an und bezeichnet sie näher. ♆ lfd. stand im Meridian in 4° ♋ des Aspektes von ☽ und ♂, der Aszendent dazu war im △ ☿ progr. 11° ♐; dieser ☿ stand wieder in □ ♃ lfd. 10° 19′ ♓ Verlobung und □ ☽ lfd. Begegnung. Deshalb liegt ☽ ☍ ♂ in der Zeit zwischen Begegnung und Verlobung.

Der ☿ lfd. Begegnung 19° 11′ ♎ weist auf den Aszendenten und den ☽ des Aspektes ☽□☿, der ☽ lfd. der Begegnung auf den Meridian und der ☽ lfd. Verlobung auf den Aszendenten hin. Der progr. ♂ 20 ♑ steht ebenfalls im Meridian.

Daher ist ☉progr. 17° 30′ ♏ — ☉ Bg. Verlobung 29° 27′ = 18° 03 ♎ = ☉rad.

Der Aspekt der progr. Gestirne ☽ ⚹ ♃, Liebesglück der Frau, da im Radix ♃ ☌ ♀, zeigen die Zeit zwischen Verlobung und Hochzeit.

Daher ☉-Bg. 29° 27′ / ☉-Bg. 29° 56′ } 29° 42′ von ☉prog. 17° 46′ ♏ = 18° 04′ ♎ = ☉ rad.

Der ♅ lfd. im Meridian 18° 45′ ♐ ist der Freundschaftsplanet (im ♌), und lfd. 22° 10′ ♐ Hochzeit in □ ♃ rad. zeigt die Freundschaft für den Horoskopinhaber an. Der lfd. ♄ 21° 56′ ♑ Begegnung im △ zu dem Aszendenten des Aspekts gibt die dauernde Verbindung (♄ im ♑) mit ♆

und ♀ und mit dem ♂ und ☽, da beide als vorgeschobene Planeten mit den vorhergehenden in starken Aspekten stehen. Diese zeigen auch für die Frau den Tod der Schwiegermutter an.

Die vier Aspekte ☽□♆, ☿△♅, ☽☍♄ und ☽☌♅ brachten dann die Hochzeit. Das Mittel aus den Sonnen = 18° 02′ ♏.

☉ progr. 18° 02′ ♏ — ☉-Bg. Hochzeit 29° 56′ = 18° 06′ ♎ = ☉ rad.

Der Meridian des Aspektes ☽□♆ 22° ♋ wird von dem ☽ lfd. Verlobung und der Aszendent 16° ♎ wird von dem laufenden ☊ bestätigt.

Die progressive ☉ steht in ☌ ☊ rad., daher Verbindung von Mann und Frau durch den lfd. ♂ 4° 40′ ♎ □ zum Meridian des Aspektes ☽☍♂ progressiv.

☽□☉ und ☽□☊, Mittel der progr. ☉ 19° 44′ ♏ und 19° 19′ ♏ = 19° 32′ ♏ brachte die Trennung der Ehe der Eltern und das Ableben der Mutter, da ♅ lfd. □ ♆ lfd. □ ♀ lfd. und ☽ lfd. □ ♃ war. Die lfd. ☉ 26° ♓ stand im Deszendenten des Aspektes ☽□☉, der ☽ lfd. 5° ♌ war in □ des Aszendenten des Aspektes ☽☍♄, der ☊ lfd. 8° 28′ ♍ in ☌ des Meridians des Aspektes ☽☌♅.

☉ progr. 19° 32′ ♏ — ☉-Bg. Tod der Mutter 31° 22′ = 18° 10′ ♎ = ☉ rad.

Das Mittel aus den 5 Sonnenständen rad. ist = 18° 06′ ♎.

Zum Kapitel »Die Bestimmung der unbekannten Geburtszeit.«

Im ersten Doppelheft des laufenden Jahrganges der »Astrologischen Rundschau« steht auf Seite 9 bis 17 ein Artikel »Die Bestimmung der unbekannten Geburtszeit« von A. Witte. — Dieses Thema ist für jeden Astrologiekundigen, namentlich dort, wo eine genaue Geburtszeit nicht zu erlangen ist, eine Horoskopberechnung aber im Interresse der Forschung und der Wissenschaft geboten erscheint, von großem Wert. Darum werden viele Leser in der nur zu verständlichen Hoffnung, nun eine Anleitung zu einer neuen Berechnungsart vor sich zu haben, den zitierten Artikel wohl freudig begrüßt haben. Ohne die Verdienste des Autors bei dieser Arbeit zu verkennen und ohne sie ihm schmälern zu wollen, muß ich dennoch sagen, daß der Artikel, im Sinne einer Anleitung, gänzlich enttäuscht. Jeder selbständig arbeitende Forscher geht seine eigene Wege — und niemand kann, wird oder will ihm dies verwehren. Wenn er aber neue unbekannte Wege einem Leserkreis vorführen will, deren Benutzung als selbstverständlich erscheint, so darf er nicht die Sätze lapidarisch abmessen. Wenn der zitierte Artikel einen Zweck erfüllen und einen praktischen Nutzen bringen soll, so müßte er weit ausführlicher und verständlicher abgefaßt sein, selbst auf die Gefahr hin, daß sich sein Umfang dadurch vergrößern würde. Es wird sich mancher Leser fragen, ob die abgehackten, sprunghaften, oft unverständlichen oder zweideutigen Sätze etwa einen neuen expressionistischen Stil bedeuten. Von vielen hier nur ein Beispiel. Seite 15, Absatz 8: »Das ⚹ ☽ rad. mit ♆ rad. von den progressiven Planeten gebildet, fällt zwischen den 7. u. 8. November 1873.«

Was soll oder will dieser Satz besagen? Ein Radix-Sextil von den progressiven Planeten gebildet. Welchen progressiven Planeten? Können denn progressive Planeten überhaupt einen Radix-Aspekt bilden? — Dieser Satz ist ein Nonsens. Er mag für den Autor auf dessen Notizblatt Giltigkeit haben, nicht aber für andere. Der Satz lautet in Wirklichkeit: »Die Wiederkehr des ✶ von ☽ rad. mit ♂ rad., durch den vorrückenden Lauf dieser beiden Himmelskörper gebildet, fällt zwischen den 7. u. 8. November 1873.« Wenn man sich derart jeden Satz erst »herausdeuten muß, so ist das eine mühevolle Arbeit, nicht jedermanns Geschmack und nicht jedem Erfolg bringend, zumal wenn man über den ganzen Artikel keinen Ueberblick hat, wegen der mangelhaften Gliederung der einzelnen Abschnitte. Viel zweckdienlicher wäre es gewesen wenn die einzelnen Ereignisse gesondert, in Abschnitten, behandelt worden wären. —

Der Verfasser sagt Seite 9 wörtlich: »Jetzt betrachte man das Horoskop des Erdkörpers für den Tag der Geburt,...« Abgesehen von den fremden, in ihrer Bedeutung zweilelhaften Ausdrücken, fragt man sich: wie man denn bloß das anstellen soll, da ein Horoskop noch nicht aufgestellt oder bezeichnet wurde (es soll ja erst die Geburtszeit gefunden werden), doch der Autor läßt uns keine Zeit zur Ueberlegung und fährt fort: »der Meridian ist die Ebene ⊗—♑, der Aszendent 0° ♎, der Deszendent 0° ♈.« Woher nimmt der Autor diese Zahlen? »Lächerlich, er gewann sie durch eine Berechnung«, höre ich eine Stimme. Er hätte aber sagen können, für welche Zeit diese Berechnung aufgestellt wurde. Doch ich schmeichle mir, durch die zwölf Jahre meines Studiums etwas von der Astrologie zu verstehen und so fertige ich schnell für den Tag der Geburt: 12 Uhr Mittag 11. Oktober 1873 zu Altona, die Horoskopfigur an. Was erhalte ich da als Resultat? Aszendent: 16° 40' ♐, 2. Haus: 27° ♑, 3. Haus: 16° ♓, 10. Haus: 21° ♎, 11. Haus: 14° ♏, 12. Haus: 2° ♐. — Vielleicht klärt mich Herr Witte darüber auf, wie er rechnete. Da ich noch anderwärts zwei Rechenfehler vorfand, so erscheint mir der ganze Artikel recht ungenügend durchgearbeitet.

Als eigentümlich muß ich auch folgendes bezeichnen. Der Verfasser, Herr Witte, wirft ohne jegliche Einleitung oder Vorbereitung altbekannte astrologische Lehren und Regeln um und stellt mit einer Selbstverständlichkeit, die verblüfft, dafür seine hin, formt Worte und Sätze, die nirgends gehört wurden und ihrer Bedeutung rätselhaft bleiben. Was sollen diese Benennungen: »Horoskop des Erdkörpers« — »Herrscher des Erdkörpers (!)« — »Erdhoroskop« — »Erdmeridian« — »Kriegsvolk der Erde« — Haus der Erde«. Dem Verfasser scheint die Erde sehr ans Herz gewachsen zu sein, wohl weil er ein — Erdensohn ist.

Direkt unverständlich bleiben die Benennungen, die die astrologische Praxis bisher nicht kannte: »IX. Haus des Geburtsmeridians, XII. Haus der Erde, X. Haus des Aszendenten, VII. Haus des Aszendenten, VII. Haus des Meridians.« — Wenn der Verfasser nur von den Häusern der Erde spräche, so könnte man meinen, er wählte einen etwas unpassenden Namen für »Horoskop«- oder »Himmels«häuser. Aber dem ist nicht so, denn er spricht ja einen Unterschied zwischen Häusern der Erde, des (Geburts-)Meridians und des Aszendenten. Und zu allen dem kein Wort der Erklärung!

Dann heißt es weiter Seite 14: »Das Erdhoroskop wird beherrscht durch den ♂ am unteren Meridian ♑ und durch den ☽ am oberen Meridian ☊.« Seit wann ist ♂ der Herr von ♑? Für Herrn Witte ist das eine Selbstverständlichkeit, die keines Kommentars bedarf. —

Seite 12: »Der Aszendent ist also für den Geborenen der schlechteste (!) Punkt der Ekliptik, er ist daher nicht Grundlage des Geschicks, sondern des Mißgeschicks und der Herr des Zeichens, in welchem der Aszendent liegt, ist nicht (!!) Herrscher des Horoskops, sondern er ist der Planet, welcher dem Geborenen das größte Ungemach zufügt (!). Der Herrscher ist immer d e r Planet, welcher am Geburtsmeridian sich befindet.«

Da haben wir's also. Geburtsgebieter ist richtig der Herr des 10. Hauses, und nicht vom Aszendent. Kommentar darum überflüssig, denn Herr Witte sagt es. —

Mich wundert's, daß die Schriftleitung hierzu kein Fragezeichen, keine Bemerkung fand. Das letztangeführte Thema ist nicht minder wichtig wie der Titel dieser Abhandlung. In der aufgestellten Behauptung kann etwas Wahres sein, aber man schaltet doch so eine aufsehenerregende Behauptung nicht als nebensächliche Bemerkung in ein anderes Thema ein, ohne jegliche weitere Erklärung. Worauf stützt Herr Witte seine Behauptung, womit will er sie begründen. Hat er Belege, Beweise, gewichtige Forschungsergebnisse, aus e i g e n e n Beobachtungen? Wenn ja, dann wäre es für alle Freunde der Astrologie höchst erfreulich, wenn Herr Witte über dieses Thema eine Extra-Abhandlung schriebe, allgemeinverständlich und ausführlich.

Zu wünschen bliebe auch, daß der Artikel »Bestimmung der ungenauen Geburtszeit« eine gründliche Umarbeitung, unter Vermeidung der zitierten Mängel, erführe. *Alexander Baradoy.*

A n m e r k u n g d e r S c h r i f t l e i t u n g : Die Schriftleitung nimmt zu keinem Aufsatze, der zum Druck gelangt, Stellung, nicht einmal durch Fragezeichen. Jeder gezeichnete Artikel wird von dem Autor selbst vertreten, für alles Nichtunterzeichnete nimmt die Schriftleitung die Verantwortung auf sich. Gerade dadurch wird die Einseitigkeit vermieden, es wird die Möglichkeit des Gedankenaustausches geschaffen, der allein fördern kann, wie ja das Beispiel zeigt. —

Zum Artikel »Unbekannte Geburtszeit«.

Zu einer Umarbeitung des Artikels »Bestimmung der ungenauen Geburtszeit« kann ich mich nicht herbeilassen, denn ich habe nie einen solchen Artikel geschrieben, viel weniger denke ich daran, eine »ungenaue« Geburtszeit zu bestimmen.

Diese Bestimmung wird ja meistens von den Vätern der Kinder bei Anmeldung ins Geburtsregister gemacht, und sind deshalb die Astrologen gezwungen, diese »ungenaue« Geburtszeit zu berichtigen.

Von einem Geburtsgebieter habe ich noch nie geschrieben, immer nur von Herrschern und Herren.

Wenn der Verfasser, Herr Baradoy aus dem Satze Seite 12 falsch

Schlüsse zieht, indem er etwas in den Satz hineingelegt, was nicht darin steht, wie: »Geburtsgebieter ist richtig der Herr des X. Hauses«, so ist einmal wieder die Einbildungskraft mit dem Astrologen durchgegangen. Das ist ja gerade der Fehler der heutigen Astrologen, daß sie zuviel in die Aspekte hineinlegen, was die Gestirne nicht zeigen.

Es ist ganz deutlich gesagt, daß der »Herrscher« der Planet ist, welcher am »Geburtsmeridian« steht und es ist nicht von dem Herrn des Zeichens, in dem der obere Meridian liegt, die Rede gewesen.

Gerade dieses Hineinphantasieren hat mich gezwungen zu antworten, weil ohne Widerlegung die meisten Leser der Astrologischen Rundschau jetzt diese Annahme als richtig hinnehmen, da fast alle ein wenig denkfaul sind, sonst müßten viel mehr Fragen und Arbeiten von ihnen eingehen, denn 50% aller Angaben in den Büchern stimmen nicht und können auch nicht stimmen, da immer das Gesamtbild der Planeten berücksichtigt werden muß.

Weiter habe ich gesagt, daß das Erdhoroskop vom ♂ am unteren Meridian ♑ beherrscht wird. Aus dem Meridian wird nun durch eine falsche Interpretation das Tierkreiszeichen Steinbock gemacht.

Ich schreibe schon seit zwei Jahren von einer Meridianebene des Erdkörpers, welche durch 0°♑ und durch 0°♋ geht und in welcher die Erdachse liegt und doch hat man mich noch nicht verstanden.

Wenn die 12 Jahre, die der betreffende Herr auf die Erforschung der astrologischen Gesetze gebraucht hat, in demselben Maße wie die beiden letzten angewandt sind, so kann man sich nicht wundern, wenn die Früchte eines solchen Studiums keine besseren sind.

Schon Ptolemaeus spricht von Häusern des Ascendenten und von solchen des Geburtsmeridians.

Auch Sepharial führt mitunter den Herrscher als den Planeten an, der gerade am Meridian steht, so stand das Jahr 1914 unter der Herrschaft des Saturn, denn er stand ungefähr 0°♋; und wenn die aktuellen Horoskope besser ausgewertet würden, fände man leicht den Herrscher seines Horoskops in den Horoskopen anderer Menschen, mit denen man das Ereignis hatte.

Ich habe ausführlich in dem Artikel »Sensitive Punkte« über die einzelnen Häusersysteme berichtet und erwähnte damals auch Zenithäuser, die aber nicht weiter besprochen wurden, weil die meisten Forscher sich nicht die Mühe machen, ein Zenithoroskop zu untersuchen.

Wenn man sich Klarheit über die Technik der Astrologie verschaffen will, so gehört unbedingt dazu, daß man auch die Koordinaten dieses Systems auswertet.

Durch meine Studien auf diesem Gebiete, wozu nicht wenig Rechenarbeit gehört, denn es müssen alle Gestirnsstände der Radix-, der progressiven, der vorgeschobenen und der laufenden Planeten in Höhe und Azimut umgerechnet werden, gefunden, daß dieses Horoskop nur für die Person selbst maßgebend ist.

Es bezieht sich auf Krankheitsfälle, auf Unfälle und auf den Tod der betreffenden Person. Alle Ereignisse, die mit anderen Menschen zusammenhängen, kann man in dem Horoskop des Breitekreises des Geburtsortes (Häuser des Aszendenten) und in dem Meridianhoroskop (2 Stundenhäuser vom Geburtsmeridian an) finden.

Von innen heraus ergeben sich folgende Systeme, wenn von dem jedesmaligen Pol ausgegangen wird.
Pol — Zenit, Höhe, und Azimut vom Nordpunkt.
Pol — Nordpol, Deklination, und Rektaszension vom Geburtsmeridian (obere und untere Kulmination).
Pol der Ekliptik, Breite, und Länge vom Aszendenten — 90° an und schließlich:
Pol — Nordpol, Deklination, und Rektaszension vom Erdmeridian ♋—♑.
Pol E. und (Nordpol), Breite, und Länge vom Erdmeridian, maßgebend für den Lauf der Erde um die Sonne.

Diese letzten Koordinatensysteme beziehen sich auf den Erdmittelpunkt als Sammelpunkt der Einflüsse aller Planeten und Fixsterne auf den Erdkörper.

Da man allgemein den festgehaltenen Gestirnsstand für einen bestimmten Augenblick mit dem Worte »Horoskop« bezeichnet, auch wenn nicht die Stunde (hora), sondern die Minute gemeint ist, so kann man auch mit Recht von einem Erdhoroskop sprechen, denn zuerst muß auch in dem Horoskop einer Person der Einfluß der Gestirne auf den Mittelpunkt der Erde festgestellt werden, was schon aus dem »geozentrischen« Stand der Planeten hervorgeht.

Diese Auswertung wird von allen Astrologen noch nicht vorgenommen, da man die Kardinalpunkte einfach fortläßt und doch ist es gerade der Mittelpunkt der Erde, (bestimmt durch die Kardinalpunkte) von dem wir die Kraftäußerungen der Gestirne zu spüren bekommen und nicht von außen her. Der Transit eines Planeten löst nur aus, das heißt, der Kraftstrom vom Mittelpunkt hat einen Ausweg gefunden und der Stromkreis Mitte Erde — Person — Planet — Sonne — Erdmitte ist geschlossen

Ich habe im letzten Jahreshoroskop eine Anleitung gegeben, welche Punkte für den Erdmittelpunkt und somit auch für die Meridianebene des Erdkörpers maßgebend sind.

Wenn jeder Schüler, der sich Klarheit über die Planeten verschaffen will, diese Summen, die halben Summen und die Differenzen der Radixplaneten feststellen und die Summen, sowie die halben Summen, die gleichen Wert haben, mit einander vergleichen würde, so würden sich ihm die Geheimnisse der Planeten in seinem Horoskop bald entschleiert haben, sobald er ein aktuelles Horoskop vor sich liegen hat.

Gleiche Werte bedeuten Oppositionen, Quadraturen, 45° und 135° der halben Summen zueinander.

Was uns im Laufe der Zeit von den Lehren alter Astrologen geblieben ist, ist kaum wieder zu erkennen. Das Meiste wurde von den Nachfolgern entweder gar nicht oder falsch verstanden oder durch Abschreiben ohne Überlegung und durch Mißverstehen, wie aus dem Beispiel Seite 90 hervorgeht, so verdreht, daß der Sinn des Satzes vollständig geändert wird.

Es ist besser, wenn ein Wort, wie »erneut« vergessen wird, und es dem Leser überlassen bleibt, sich das Richtige zu denken, als durch solchen Kommentar die Sache zu verballhornisieren.

Wenn schon in dieser kleinen Zurechtweisung des Herrn Baradoy die doch nur als Korrekturlesen zu bewerten ist, so viele Unstimmigkeiten vorkommen, so kann man sich vorstellen, wenn ein Artikel, der nicht berichtigt werden kann, da ein Korrekturlesen von dem Autor nicht stattfindet und man selbst manchmal den Sinn eines Satzes kaum wieder erkennt, wenn man für Summen = Sonnen und für Soll = Voll liest usw., wie wenig die Auslassung von »erneut« oder das Vorkommen von 2 Druck- Schreib- oder Rechenfehlern zu bedeuten hat.

Die Hauptsache liegt doch in der Anwendung der Methode zur Bestimmung der unbekannten Geburtszeit, und wer die nicht aus dem Aufsatz erkennen kann, der lernt die Astrologie nie.

Die Methode zur Auffindung der »genauen« Geburtszeit ist eine ganz andere.

Es gibt da eine Mittelkorrektur mit sensitiven Punkten, die den Geburtsmeridian zwischen 1° schwankend anzeigt und eine Feinkorrektur durch die sensitiven Punkte eines aktuellen Gestirnstandes.

Am leichtesten läßt sich der eigene Geburtsmeridian aus den Horoskopen anderer Personen, mit denen man die stattgefundenen Ereignisse geteilt hat, errechnen, weil für die andere Person jetzt der Radixgestirnstand, d. h. die Orte der Gestirne in den Tierkreiszeichen, die gleichzeitig Erdhäuser sind, maßgebend ist; denn die Erdmeridianebene ist immer der verbindende Meridian aller Wesen.

Ich spreche von Wesen, da alle lebenden und toten Wesen den Einflüssen der Gestirne unterworfen sind, weil mit zunehmender und abnehmender Entfernung der Planeten (Erdferne — Erdnähe) die Moleküle eine Veränderung der Lagerung der Atome erfahren.

Es kann ein Hundehoroskop uns Aufschluß über unsere Person geben, wenn wir von dem Hund gebissen werden oder wenn er nicht stubenrein ist und man ihm Prügel gegeben hat.

Nicht das eigene Horoskop zeigt uns unsere maßgebenden Planeten auf den ersten Blick, sondern man lernt diese Planeten erst aus den Horoskopen anderer Personen kennen.

Es treten dann meistens drei Planeten auf und zwar der Herrscher des Tages (starke Sonnenaspekte), der Herrscher des Geburtsmeridians (starke Meridianaspekte) und der Herrscher der Abschneidelinie (Aszendent — Deszendent) oder des Horizonts. Die Herren der betreffenden Zeichen, die von dem Meridiankreis und vom Horizont geschnitten werden, spielen immer mit und man lernt dadurch die Herren der Zeichen kennen, die in den Büchern nicht richtig wiedergegeben sind.

Hier liegt noch ein großes Feld brach, das der Bearbeitung von arbeitslustigen Astrologen harrt.

Hauptsächlich sollten sich pensionierte Geschichtsprofessoren mit dem Erdhoroskop beschäftigen; denn die alten Astrologen zogen ihre Weisheit und die Kenntnis von kommenden Völkerschicksalen nur aus den Ständen der Fixsterne in den Spitzen der Tierkreiszeichen und hauptsächlich aus dem Stande in 15° ♉, 15° ♒ 15° ♏ und 15° ♌, weil hier das Mittel aus dem Meridian und dem Horizont der Erde liegt, wenn der Nordpol als Zenit oder als Geburtspunkt der nördlichen Halbkugel betrachtet wird.

Da den alten Astrologen die Einwirkung der Fixsterne bekannt war, verglichen sie deren Kräfte mit denen der bekannten Planeten und fügten ihnen deren Bezeichnungen (Regulus ♂/♃) hinzu.

Die Tierkreiszeichen sind die Häuser des Erdkörpers (♎ = I, ♈ =

VII), außerdem teilten sie den Himmelsglobus ein, indem durch Parallelkreise zum Äquator jedes Zeichen in sechs Teile zerlegt wurde und diese Teile (die sphärischen Dreiecke und Vierecke) wurden wahrscheinlich als Orte bezeichnet. Auch bei Zenithoroskopen wendete man diese Teilung an. Es wirken bekanntlich (d. h. für den Forscher) auch die Parallelen zum Meridian, zum Horizont und zum Ersten Vertikal und es ist nicht gleichgültig, wo das Sternbild der Plejaden oder das des großen Bären in dem Zenithoroskop einer Person steht.

Auch hier wäre noch ein Gebiet für ernste Forscher betreffs der Zenithoroskope, wenn die großen unsichtbaren Nebelflecke mit in Betracht gezogen würden.

Schon aus den Stellungen der Sternbilder zum Zenit oder zum Geburtsort einer Person konnten die alten Astrologen vieles feststellen, und die Planeten unterstrichen nur das schon Angedeutete.

Das oben Gesagte wird auch von dem Stande der Sonne in den 12 Tierkreiszeichen und dem aufgehenden, sowie dem absteigenden Zeichen des Horoskops, da diese Punkte (Asz. und Desz.) die schärfsten Mundanaspekte (□) zum Geburtsort haben, bestätigt, denn der Sonnenstand gibt in den meisten Fällen schon den Charakter eines jeden Menschen. Vor 10 Jahren brachte das Zentralblatt für Okkultismus sogar den Stand der Sonne von 5 zu 5° der Zeichen und deren Einfluß in diesen. Ich konnte in vielen Fällen den Sonnenstand der Mutter aus dem Gesichtsausdruck einer Person erkennen.

Setzt man nun noch die Sternbilder mit den Deutungen der alten Astrologen ein, so kann man beinahe ohne irgendwelche Planeten das Wissenswerte über jede Person erkennen. Die Planeten geben dann nur die Zeit für die einzelnen Ereignisse an.

Es ist deshalb auch nicht gleich, wie ein Sternbild zur Erdachse oder zum Nordpol steht.

Durch das Rückwärtsgehen des Widderpunktes und durch die Pendulation der Erdachse werden im Laufe eines Platonischen Jahres immer andere Sternbilder im Zenit des Erdkörpers (Nordpol) stehen und dadurch vielleicht mit den Fixsternen an den Kardinalebenen auch die Zyklen der Menschen in Verbindung mit den Zenithoroskopen der einzelnen Personen geben.

Hierzu gehört das Auftreten von großen Führern und man kann wohl annehmen, daß Nostradamus nur nach dieser Methode arbeitete, und die Planeten bei seinen Voraussagungen überhaupt nicht berücksichtigte.

Wir Astrologen müssen darauf hinarbeiten, die Gesetze der astrologischen Technik, die schon bekannt waren, aber vollständig verloren gegangen sind, zu ergründen. Erst dann, wenn man das Gehen gelernt hat, und jedes Ereignis vorher berechnen kann, kann die Zeit kommen, wo man Vereinfachungen vornehmen und Weltereignisse bekannt geben darf. Die heutigen Veröffentlichungen von kommenden Kriegen auf astrologischer Grundlage berechnet und vorausgesagt, führen nur dazu, die Astrologie in den Schmutz zu ziehen.

Wir Astrologen müssen auch danach trachten, einheitliche Bezeichnungen für die vorrückenden Planetenstände einzuführen.

Es geht nicht an, wenn man immer wieder auseinander setzen soll, welcher Planetenstand nun eigentlich gemeint ist.

Durch die Bewegung der einzelnen Punkte des Horoskops entstehen die verschiedenen Direktionen.

Geht man von dem Geburtsort aus und betrachtet ihn als einen Stern, so ergibt sich zuerst der Lauf des Ortes um die Erdachse parallel zum Äquator.

Eine vollständige Rotation des Ortes bis zur Geburtsminute des nächsten Tages wird in der astrologischen Technik als ein Jahr gerechnet, jeder weitere Umlauf des Ortes um die Erdachse vermehrt die Tage und in diesen Tagen werden die Planeten nicht mehr die Stände aufweisen, die die »Radixplaneten« bei der Geburt innehatten.

Diese vorgerückten Stände bezeichne ich mit »progressiv« und deute damit auch gleichzeitig die Direktion des Geburtsmeridians an (Tage mal 361° plus Geburtsmeridian).

Das Progressivhoroskop, welches für das 40. Jahr eines Menschen maßgebend ist, wird aufgestellt auf die Wiederkehr der 40. Geburtsminute.

Man nehme aber jetzt nicht an, daß der Unterschied des jetzigen Meridians mit dem Radixmeridian der Direktionsbogen sei, sondern denke sich 39 vollständige Umdrehungen des Geburtsortes hinzu. Dieser progressive Meridian gilt für den Geburtstag der betreffenden Person.

Der Radixmeridian zeigt demnach immer den Tag des Jahres, welcher je nach den Lebensjahren, um ebensoviele Tage vom Geburtstage an zurückliegt.

Mit Hilfe einer Gradscheibe kann man sich am besten den Lauf des progressiven Meridians während eines Jahres veranschaulichen, indem man den progressiven Meridian des Geburtstages oder des Progressivhoroskopes auf den Stand der Radixsonne der Scheibe setzt, und jetzt den Sonnenlauf des Jahres verfolgt.

Die Direktion für Tage des Jahres wird also mit der Sternzeit ausgeführt und kann der Bogen bis 361° groß sein.

Während 40 Rotationen des Ortes hat aber die Erde nach dem Geburtsmoment einen gewissen Bogen, je nach dem Sonnenstande (Erdnähe oder Erdferne) zurückgelegt und dieser Sonnenbogen (☉ progr. — ☉ rad) ist maßgebend für die Direktionsbogen der Jahre und Tage.

Man merke sich demnach: Eine Rotation des Geburtsortes (361°) ist ungefähr 1 Grad des Ekliptikbogens.

Der Mond, welcher sich auch um die Erde bewegt, hängt aus diesem Grunde mit den Orten, welche gleich ihm um die Erdachse laufen, zusammen. Somit vertritt der Mond die Erdoberfläche.

Während eines Lebensalters von 84 Jahren läuft der Mond dreimal um die Erde, wenn nach der Geburtsminute jeder Tag als ein Jahr gerechnet wird.

Vertritt aber der Mond den Geburtsort, so sind drei vollständige Lunationen verflossen und jede Lunation zeigt für den Geborenen ein Jahr an.

Bis zu drei Jahren nach der Geburt oder ein wenig mehr kann der Mond als progressiver und als Lunationsmond auftreten. Nach diesem Zeitpunkt, im höchsten Falle etwas über 100 Tage nach der Geburtsminute, müssen die jetzt auftretenden vorrückenden Planetenstände wieder anders als »progressiv« bezeichnet werden.

Ich möchte für diese Planetenstände allgemein das Hinzufügen von »lun« in Vorschlag bringen, sodaß ♀ lun oder ☽ lun die Planetenstände genau genug bezeichnen würden.

Die auslösenden oder aktuellen Planetenstände, die während eines Ereignisses am Himmel standen oder stehen werden, sollte man kurz mit laufend oder lfd. bezeichnen.

Somit ist für mich die Frage der »Wiederkehr durch den vorrückenden Lauf der Planeten« erledigt.

Es ist z. B. in dem Artikel Seite 91 »Das Horoskop am Grabmal« von Transit ♄ zu Transit ♂ die Rede.

Wenn die »laufenden« Planeten ♄ und ♂ gemeint sind, so sollte man sie doch nie dann transitierende Planeten nennen, wenn kein Übergang über einen Radixplaneten stattgefunden hat.

Mathematisch unstatthaft ist die Schreibweise ♄ : ♂, die in allen Büchern gelehrt wird. Man sollte sich daran gewöhnen zu schreiben: ♂ — ♄ + ✠ oder ✠ + ♂ — ♄, weil dann der Sinn besser zu Tage tritt.

Wie in diesem Artikel erwähnt, war Mars (Schußwunde) maßgebend für den Tod, so tritt auch in dem Ausdruck ✠ + ♂ — ♄ die Zusammengehörigkeit von Tod und Mars, bezogen auf den Saturn besser in die Erscheinung.

Von den altbekannten Lehren und Regeln möchte ich auf die Herren der Zeichen und die Herren der Dekanate hinweisen.

Wenn man weiß, wie die Herren der Zeichen entstanden sind, wird man diesen Herren keinen großen Wert beilegen können (siehe Ptolemaeus).

Die Astrologen sind sich kaum schlüssig, in welche Zeichen die Planeten ♆ und ♅ hineinpassen und schon hat ein Planetenschieber herausgefunden, daß ♆ im 9° ♌ seinen Fall hat. Der ☊ des Neptun liegt annähernd 10° ♌.

Die Lehren der alten Astrologen sind gut gewesen, ob aber das, was jetzt als alte Lehren und Regeln verzapft wird, diese Lehren sind, möchte ich stark bezweifeln.

Erst, wenn man selbst grundlegende Gesetze herausgefunden und dann in alten Schmökern durch ganz kurze Bemerkungen findet, daß auch den alten Astrologen die betreffenden Gesetze bekannt gewesen sein mußten, dann weiß man, daß man auf den Spuren der wirklich guten alten Astrologie ist.

Allen Schülern kann ich nur den Rat geben, ihre Horoskope von allem Ballast zu reinigen, als da sind: Herren der Zeichen, Fixsterne, sensitive Punkte, Stärken und Schwächen der Planeten, und dafür mehr auf die Verbindungen der Planeten miteinander zu achten.

Hat man die Eigenart der Planeten im eigenen Horoskop kennen gelernt, jeder Planet in jedem Horoskop hat andere Wirkungen, dann erst kann man auch die obigen Auslassungen wieder einsetzen, um damit noch mehr herauszuholen.

Es ist aber dann zu empfehlen, jeden Punkt für sich zu behandeln. Das Radixhoroskop soll möglichst nur die Planeten und die Häuser zeigen um immer eine schnelle Übersicht bei einer Frage zu haben.

Dem Verfasser des Schriftsatzes, Herrn Baradoy spreche ich hiermit meinen Dank für sein gründliches Durcharbeiten des Artikels »Bestimmung der unbekannten Geburtszeit« aus. Wenn jeder Leser die Beiträge in derselben Weise durchlesen und hauptsächlich mit Hilfe einer Gradscheibe nacharbeiten würde, dann würde auch ihnen die Methode bald klar sein. Die jetzt in den meisten Lehrbüchern angeführte Technik ist noch sehr mangelhaft und bedarf dringend einer Richtigstellung.

In erster Linie müssen die Astrologen danach streben, die mechanische Seite der Astrologie auszubauen und an Hand aktueller Horoskope ins Innere der Radixhoroskope einzudringen.

Erst dann, wenn man nicht mehr auf die Transite allein achtet und aus diesen nur die Auslösung erhofft, hat man einen großen Schritt vorwärts getan.
A. Witte.

Herr Alexander Baradoy, der durch seine Kritik die voraufgehende Klarstellung Wittes auslöste, ist meines Wissens weder Witte noch Sieggrün persönlich bekannt geworden und auch nicht auf Tagungen und Kongressen in Erscheinung getreten.
Es wurde schon damals vermutet, ein "Inkognito" verbirgt sich dahinter.

WITTE unterscheidet die Spiegelung um die Solstitien Krebs-Steinbock von der Spiegelung über die Äquinoktien Widder - Waage.

Über die Solstitien Krebs-Steinbock gespiegelt, handelt es sich um die seit altersher benutzten Antiscien oder Gegenschatten.

Diese Punkte stehen zwar zueinander in Opposition, aber in der Deutung unterscheidet WITTE sie.

LR.

Kommentar zum Witte-Artikel " Das Verhältnis der sensitiven Punkte zueinander ".

Die " sensitiven Punkte " (nachstehend s. P. bezeichnet) gehören zu den wichtigsten Erkenntnissen Witte's. Er hat sie schon in seinem Artikel " Sensitive Punkte" eingehend erörtert. Witte bespricht dort das Thema anhand des Horoskopes eines Unbekannten.

Hier werden die s. P. z. Zt. des Explosionsunglücks in Oppau (bei Ludwigshafen) am 21. 9. 1921 noch einmal besprochen und von Witte bildlich sehr anschaulich und leicht verständlich dargestellt.

Da die s. P., wenn man mit den Erkenntnissen Witte's arbeitet, von grösster Bedeutung sind, müssen frühere Hinweise wiederholt werden. Gezeigt werden nochmals die Arbeit mit der drehbaren Gradscheibe und die rechnerische Ermittlung der s. P. Der Leser muss diese Wiederholung in Kauf nehmen, sie dient der Festigung des Wissens.

Witte sagt:

> Ein sensitiver Punkt ist das fehlende Element eines nicht symmetrisch geformten Planetenbildes, das zur Herstellung der Symmetrie diesen Punkt verlangt.

Nach Witte gibt es 6 verschiedene Kategorien von s.P., die nachstehend anhand der Faktorenstände des Explosionsunglückes aufgeführt werden. Zuerst aber nochmals der Hinweis, dass wir als Sammelbegriff für Sonne, Mond, Planeten, Meridian, Ascendent und Knoten die Bezeichnung " Faktor " verwenden.

1. Kategorie

Spiegelpunkt über die Erdachse (Erdmeridian) Krebs - Steinbock. Witte bezeichnet ihn in dieser Arbeit Anareta. In der traditionellen Astrologie versteht man unter Anareta etwas anderes, nämlich das Gestirn, das auf den Hyleg den bösesten Aspekt wirft (Hyleg = Lebensspender, der Planet also, von dessen Stand, Ausgang und Direktion über den Stand des Lebens geurteilt wird).

Die Formel

Krebs + Krebs - Faktor = Antiscium
oder
Steinbock + Steinbock - Faktor

Feststellung mit der drehbaren Gradscheibe

Pfeil auf den Punkt 0° Krebs stellen. Dann den zu spiegelnden Faktor erfassen und den gleichen Gradwert auf der gegenüberliegenden Seite der Gradscheibe ermitteln (markieren).

Rechnerische Ermittlung

```
Punkt 0° Krebs              =   90.00
Punkt 0° Krebs              + _90.00_
                               180.00
Mars 1.09 Jungfrau          = -151.09
                                28.51
                            =   28.51 Widder
```

oder
```
Punkt 0° Steinbock          =  270.00
Punkt 0° Steinbock          + 270.00
                              540.00
Mars 1.09 Jungfrau          = -151.09
                              388.51
                            - 360.00
                               28.51
                            =  28.51 Widder
```

2. Kategorie

Halbsummen (Achsen) der Faktoren, die in ihrem Punkte die Kräfte beider Faktoren vereinigen.

Die Formel

$\frac{a + b}{2}$ = Halbsumme (Achse)

Feststellung mit der drehbaren Gradscheibe

Pfeil derselben genau in die Mitte (Achse) der beiden Faktoren stellen.

Rechnerische Ermittlung

```
Sonne    27.45 Jungfrau     = 177.45
Neptun   15.03 Löwe         =+135.03
                              312.48
```

$\frac{312.48}{2}$ = 156.24 = 6.24 Jungfrau

Die Halbsumme von Sonne und Neptun in 6.24 Jungfrau ist besetzt durch den Uranus in 6.51 Fische. Besetzte Halbsummen sind ein " Planetenbild ", denn Witte sagt (alles Wiederholung):

" Ein Planetenbild wird von drei
  Planeten (Faktoren) geformt,
  wenn einer von ihnen in der
  Mitte steht ".

Die Formulierung: " .... wenn einer von ihnen in
der Mitte steht " ist nicht ganz wörtlich zu
nehmen, weil wir auch " indirekte Planetenbilder "
(also auch die Besetzung im 45°, 90° oder 135°-
Winkel) gelten lassen und verwenden.

Zu der Gruppe der " Planetenbilder " gehören auch
Faktoren mit gleichen Entfernungen (Differenzen).
Es sind dies keine Aspekte, sie erfüllen aber die
Forderung einer gemeinsamen Achse. Beispiel:

Sonne	Jupiter	Venus	Mars
10° St	20° St	20° Ju	0° Wa

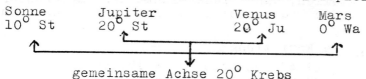

gemeinsame Achse 20° Krebs

Sonne zu Jupiter = 10° Differenz
Venus zu Mars   = 10° Differenz,
also gleiche Differenzen (haben eine gemeinsame
Achse).

3. Kategorie

Zu dieser Kategorie gehören die Spiegelpunkte zu
einem Faktor. Diese Kategorie hat Ähnlichkeit mit
der 1. Kategorie, jedoch mit dem Unterschied, dass
ein Faktor nicht über die Achse des Erdmeridian
(Krebs - Steinbock) gespiegelt wird, sondern
über einen anderen Faktor.

Die Formel

a + a - b

Feststellung mit der drehbaren Gradscheibe

Pfeil derselben auf den Faktor a stellen, dann
Faktor b erfassen und den gleichen Gradwert auf
der gegenüberliegenden Seite der Gradscheibe ermitteln (markieren).

Rechnerische Ermittlung

```
Neptun      15.03 Löwe       = 135.03
Neptun      15.03 Löwe       + 135.03
                               270.06
Mars         1.09 Jungfrau = - 151.09
                               118.57
                             =  28.57 Widder
```

4. Kategorie

Hierunter fallen die s. P., die durch die Addition der Stände zweier Faktoren entstehen. Sie sind Zukunfspunkte und werden erst aus der Latenz gehoben, wenn die s. P. von einem direktionalen Faktor besetzt werden.

<u>Die Formel</u>

a + b - Widder

<u>Feststellung mit der drehbaren Gradscheibe</u>

Pfeil derselben in die Mitte (Achse) der Faktoren a und b stellen, dann Widder-Punkt der Papierunterlage über die Pfeilachse spiegeln, dort ablesen und markieren.

<u>Rechnerische Ermittlung</u>

Sonne	27.45 Jungfrau	=	177.45
Saturn	27.59 Jungfrau	=	+ 177.59
			355.44
Widder-Punkt		=	+ 0.00
			355.44
		=	25.44 Fische

Da Widder immer " Null " ist, können wir auf die rein rechnerische Einbeziehung dieses " Nullpunktes " verzichten. Bei der Feststellung des Summenpunktes mit der drehbaren Gradscheibe ist jedoch die Einbeziehung des Widder-Punktes der Papierunterlage unerlässlich.

5. Kategorie

Witte führt hier an: Krebs + Uranus + Mond. Hier werden also die Stände des Punktes 0° Krebs und von zwei Faktoren addiert.

<u>Die Formel</u>

Krebs + Faktor + Faktor

<u>Feststellung mit der drehbaren Gradscheibe</u>

Pfeil derselben in die Mitte (Achse) von Krebs und Uranus stellen, dann Widder-Punkt der Papierunterlage über die Pfeilachse spiegeln, dort ablesen und markieren. Dann den Pfeil zwischen Mond und den eben markierten Punkt stellen und den Widder-Punkt der Papierunterlage über die Pfeilachse spiegeln, dort ablesen und markieren.

Rechnerische Ermittlung

Punkt 0°	Krebs	=	90.00
Uranus	6.51 Fische	=	+ 336.51
Mond	13.42 Stier	=	+ 43.42
			470.33
			− 360.00
			110.33
		=	20.33 Krebs

6. Kategorie

Hier werden die Grade von drei Faktoren addiert. Der so errechnete s. P. wird auch Summenpunkt genannt.

Die Formel

a + b + c

bezw. (a + b − Widder) + c − Widder

Feststellung mit der drehbaren Gradscheibe

Zunächst sinngemäss so verfahren wie bei der 4. Kategorie, also: Pfeil derselben in die Mitte (Achse) von a + b stellen, dann Widder-Punkt der Papierunterlage über die Pfeilachse spiegeln, dort ablesen und markieren. Dann den Pfeil zwischen c und den eben markierten Punkt stellen und den Widderpunkt der Papierunterlage über die Pfeilachse spiegeln, dort ablesen und markieren.

Rechnerische Ermittlung

Mars	1.09 Jungfrau	=	151.09
Neptun	15.03 Löwe	=	+ 135.03
Merkur	18.46 Waage	=	+ 198.46
			484.58
			− 360.00
			124.58
		=	4.58 Löwe

Witte hat in diesem Artikel geschrieben:

> Vorläufig bildet den Schluss der sensitiven Punkte die 6. Kategorie und zwar bezugnehmend auf die Summe oder auf die halbe Summe zweier Planeten; man kann aber die Reihe noch ausdehnen, in dem man wieder auf einen Punkt Bezug nimmt.

" Vorläufig " schrieb Witte. Ich muss darauf hinweisen, dass Heinz Schlaghecke mit Erfolg in seinen meta-

gnostischen Untersuchungen Summenpunkte mit vier
Faktoren, aber auch die Minuspunkte (a - b - c)
als sensitive Punkte überzeugend darlegt. Es würde
zu weit führen, auch hierauf einzugehen. Der interessierte Leser wird auf die in den Hamburger-Heften
erschienenen Artikel von Heinz Schlaghecke verwiesen.

Da Witte bei seiner Besprechung auch das Jahreshoroskop für 1921 erwähnt, müssen wir diese Faktorenstände ebenfalls in unsere Arbeit einbeziehen. Diesbezüglich verweise ich auf den Kommentar zum Witte-Artikel " Das Jahreshoroskop der Erde ". Die dort
angegebenen Faktorenstände können genau übernommen
werden. Ausnahme: Meridian und Acendent, weil sie
für den Ort " Doorn " berechnet wurden. Für die Untersuchung des Explosionsunglückes in Oppau müssen,
wegen der Längen- und Breitendifferenz, die sich ja
entsprechend auswirkt, der Meridian mit 26.00 Löwe
und Ascendent mit 11.50 Skorpion in die Horoskopzeichnung eingetragen werden. Die Berücksichtigung
dieser Tatsache ist sehr wichtig.

Witte hat in seiner Oppau-Untersuchung den Pluto
und die Transneptuner noch nicht verwendet. Wir
wollen sie aber der Vollständigkeit wegen berücksichtigen. Hier die fehlenden Faktorenstände für
den Tag des Unglücks:

Pluto	9.08	Krebs	Apollon	1.59	Jungfrau
Cupido	15.54	Löwe	Admetos	4.05	Widder
Hades	29.23	Fische	Vulkanus	8.55	Zwillinge
Zeus	2.19	Löwe	Poseidon	26.05	Jungfrau
Kronos	3.40	Stier			

Ich muss den Studierenden bitten, die im Kommentar
zum Witte-Artikel " Das horoskopische System des
Planeten Erde " wiedergegebenen Lehrsätze von Witte
und Schlaghecke vor der Nacharbeit der nachfolgend
aufgeführten Zusammenhänge Jahreshoroskop/Ereignishoroskop nochmals auf sich einwirken zu lassen. Es
werden hier nur die wichtigsten Kontakte aufgezeigt,
wobei an Abkürzungen verwendet werden:

    SOL = Wintersolstitium (also Jahreshoroskop)
    ERG = Ereigniszeit

SOL	Meridian	26.00 Löwe
ERG	Mars + Hades - Admetos	26.27 Löwe
ERG	Uranus + Zeus + Admetos	11.52 Krebs

SOL	Meridian/Ascendent	3.50	Widder
SOL	Admetos	2.47	Widder
SOL	Sonne/Pluto	3.58	Widder
SOL	Uranus + Zeus	3.57	Widder
SOL	Mars	19.00	Wassermann
SOL	Widder/Pluto	18.58	Stier
ERG	Admetos	4.05	Widder
ERG	Meridian/Vulkanus	3.50	Krebs
ERG	Uranus/Zeus	19.35	Stier
ERG	Mars + Uranus + Zeus + Vulkan	19.14	Wassermann
SOL	Ascendent	11.50	Skorpion
SOL	Mond	13.18	Stier
SOL	Neptun	13.24	Löwe
SOL	Hades	27.58	Fische
SOL	Widder/Saturn	27.19	Zwillinge
SOL	Sonne/Saturn	12.19	Stier
ERG	Sonne	27.45	Jungfrau
ERG	Saturn	27.59	Jungfrau
ERG	Mond	13.42	Stier
ERG	Ascendent/Mars	26.47	Jungfrau
SOL	Saturn/Uranus	13.32	Zwillinge
SOL	Meridian/Widder	13.00	Zwillinge
SOL	Sonne/Meridian	28.00	Waage
SOL	Mars/Pluto	28.28	Widder
SOL	Mars + Uranus + Zeus + Vulkan	29.55	Krebs
ERG	Meridian	28.55	Krebs
ERG	Mars/Saturn	14.34	Jungfrau
ERG	Sonne/Mars	14.27	Jungfrau
SOL	Vulkanus	6.58	Zwillinge
SOL	Mars/Saturn	6.49	Zwillinge
SOL	Widder/Neptun	6.42	Zwillinge
SOL	Sonne/Neptun	21.42	Widder
SOL	Widder/Mond	21.39	Widder
SOL	Sonne/Mond	6.39	Jungfrau
SOL	Ascendent/Admetos	22.18	Krebs
ERG	Ascendent	22.24	Waage
ERG	Uranus	6.51	Fische
ERG	Neptun/Hades	7.13	Zwillinge

Die Ausdeutung der aufgezeigten Verbindungen möge der Studierende selbst vornehmen. Aber es sind samt und sonders handfeste kosmische Hinweise auf diese Katastrophe:

>Im Solstitium angezeigt,
>im Ereignishoroskop ausgelöst.

Der aufmerksame Leser wird sicher bemerkt haben, dass der Summenpunkt der vier " Feuerplaneten "

      Mars + Uranus + Zeus + Vulkanus

in die Arbeit einbezogen wurde. Dieser Summenpunkt

    ist im SOL   =   Meridian usw. ERG
    und im ERG   =   Meridian/Ascendent usw. SOL

" An den sensitiven Punkten sollt ihr sie erkennen ". Mit diesen Worten hat Witte diesen Artikel abgeschlossen.

Und hier das Horoskop.
    Innen Faktorenstände SOL
    Aussen Faktorenstände ERG

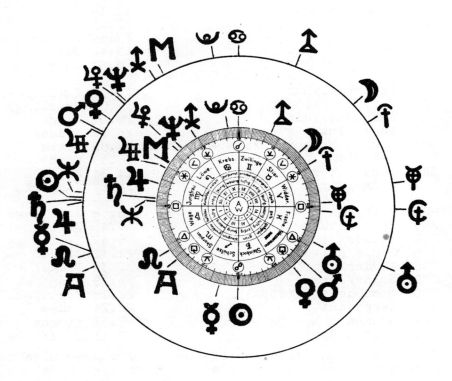

Das Verhältnis der sensitiven Punkte zu einander.

Von *A. Witte*, Hamburg.

Es wird wohl manchem nicht klar geworden sein, warum ein Planet addiert oder subtrahiert werden muß, um einen sensitiven Punkt zu erhalten?

Nehmen wir als Unterlage zu den ausgeführten Beispielen die Planetenstellung der Explosion in Oppau am 21. September 1921, so erhalten wir, wenn die Planetenstände, obwohl sie für die Zukunft auch schon sensitive Punkte der Ekliptik sind, mit ihren Bezeichnungen beibehalten werden, noch folgende sensitive Punkte.

Die ersten sich ergebenden sensitiven Punkte sind die Spiegelpunkte zum Erdmeridian ♋—♑, die mit Anareta bezeichneten Punkte.

Die zweite Kategorie sind die halben Summen der Planeten, die in ihrem Punkte die Kräfte beider Planeten vereinigen und die auf den Planeten wirken, mit dem der Punkt, die Spiegelkonjunktion genannt, scharfe Aspekte hat.

Die dritte Kategorie sind die Spiegelpunkte zu einem Planeten und zwar zuerst die Spiegelpunkte der Kardinalpunkte ♎, ♑, ♈ und ♋, welche sich mit den Anareta decken.

Zu der dritten gehören auch die Differenzen der Planeten, welche durch Direktionen ausgelöst werden, da sie Zukunftspunkte sind.

Die vierte Kategorie enthält die Punkte, die von der Summe zweier Planeten gebildet werden und die auch Zukunftspunkte sind.

Aus der zweiten Folge gehen nun die jetzt kommenden hervor; denn zu den halben Summen können die Planeten auch Spiegelpunkte bilden, indem der Abstand des betreffenden Planeten von der Spiegelkonjunktion ebenso groß ist, wie der Abstand des neu gebildeten Punktes von der Spiegelkonjunktion. Liegt zum Beispiel ein Planet in der Mitte zweier Planeten, so hat er von der Spiegelkonjunktion den Abstand 0^0 nach beiden Seiten und wird von beiden Planeten gleichmäßig beeinflußt. Z. B.

(♑ + ☽) / 2 = ♅; ♑ + ☽ = ♅ + ♅; ♑ + ☽ − ♅ = ♅.

Der Punkt also, der von zwei Planeten beeinflußt wird, wird von den beiden subtrahiert, um den sensitiven Puukt zu erhalten. Liegt der Punkt nicht in der Mitte zweier Planeten, sondern außerhalb, so wird er später aspektiert, er gehört also auch zu den Zukunftspunkten.

Ein Beispiel gibt der auslösende Meridian, denn ♂ + X − ♆ = ♆; ♂ + X − ☽ = ☽; ♆ − ♂ + ♆ = X; ♆ + ♆ − ♂ = X.

Dieser letzte Punkt leitet wieder über zur dritten Kategorie.

Der zweite Punkt dagegen, ♂ + X — ☽ = ☽ mit dem ersten vereinigt, weil ☽ □ ♆ zu X + ♂ — ♆ = ☽ und ☽ + ♆ − ♂ = X.

Eine weitere Entwicklung des Punktes ist ☽ — (♆ + ♂) = ♑ — X. ♑ — X ist aber der Spiegelpunkt zum Erdmeridian.

Der Ortsmeridian □ ♑ − ♂ ist X = ♑ − ♂ oder X + ♂ = ♑ und der Aszendent ☌ ♑ − ♅ ist A = ♑ − ♅ oder A + ♅ = ♑ oder ♎.

Die Resultate gehören zur vierten Kategorie, zeigen aber auch, daß im Erdmeridian letzten Endes alles ausgelöst werden muß, um überhaupt in Erscheinung zu treten.

Der Planetenstand am 21. September 1921, morgens $7^h\,32^m$ für Oppau bei Ludwigshafen war:

☉ $27^0\,45$ ♍	♀ $24^0\,09$ ♌	♄ $27^0\,59$ ♍	☊ $19^0\,03$ ♎
☽ $13^0\,42$ ♉	♂ $1^0\,09$ ♍	⚷ $6^0\,51$ ♓	X $28^0\,55$ ⊗
☿ $18^0\,46$ ♎	♃ $29^0\,00$ ♍	♆ $15^0\,03$ ♌	A. $22^0\,24$ ♎

Sensitive Punkte:

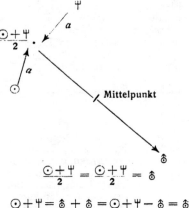

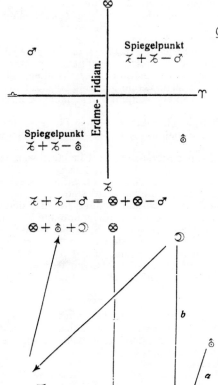

Nebenstehendes Bild zeigt die dritte, vierte und fünfte Kategorie der sensitiven Punkte. Es zeigt, wie zuerst die Differenz zweier Planeten durch den Abstand des Mondes von der Spiegelkonjunktion ⚷/☊ im Spiegelpunkt dazu gebildet wird. Ob von dem Punkte 270° oder ⚷ subtrahiert wird, um die reine Differenz zu erhalten, bleibt für den Wert gleichgültig, obwohl nicht gleichbleibend für den Stand des Punktes, da er bei ☊−☽ $23^0\,09$ ⚷, dagegen bei ⚷+☊−☽ $22^0\,09$ ♎ liegen würde, der Aszendent ist $22^0\,24$ ♎. Der Punkt liegt dann in einem andern Erdhause. Richtiger ist, man setzt den Mond auf den ⚷ (⚷−☽) und nimmt den jetzt entstehenden Stand für ☊ als maßgebend an $= 23^0\,09$ ♎.

Die Summe zweier Planeten entsteht erst durch die Differenz oder wie oben gezeigt als Spiegelpunkt (⊗+☊+☽) des Spiegelpunktes

(♑ + ♅ − ☽) zum ♅, denn die Entfernung ♅ bis (♑ + ♅ − ☽) = ♅ bis (♋ + ♅ + ☽), weil $\frac{270^0 + ♅ - ☽ + 90^0 + ♅ + ☽}{2} = \frac{360^0 + 2\,♅}{2} = ♅$.

Wird der Steinbockpunkt auf den Mond gesetzt, so zeigt ♅ 20⁰33 ♋ = (♋ + ♅ + ☽).

Aus der Skizze geht hervor, daß die Entfernung ☽—♅ gleich ♑—(♑ + ♅ − ☽) ist und der Punkt auch entsteht durch Addition von ♅—☽ zum ♑, dann steht der Mond auf dem Steinbockpunkte und der Uranus zeigt den sensitiven Punkt ☽ : ♅ + ♑, d. h. daß Erde (♑) und ♅ (Erschütterung) auf den ☽ (das Volk) wirkte, oder wenn der Mond die Stunde am Tage angibt, die Zeit der Erschütterung festsetzte.

An Stelle des ♑-Punktes kann nun aber auch ein Planet die sensitiven Punkte bilden und es wird dadurch die fünfte Kategorie hergestellt.

Z. B. $\frac{♂ + ♆}{2}$ = 23⁰ 06 ♌; ♂ + ♆ − ☿ = 27⁰ 26 ♊ = ☽ + ☽ = 27⁰ 24 ♊ in □☉, ♄. Der Punkt (♂ + ♆ + ☿) 4⁰ 58 ♌ ist von (♂ + ♆) 16⁰ 12 ♑ ebenso weit entfernt wie (♂ + ♆ − ☿) 27⁰ 26 ♊ von (♂ + ♆) und wird von (♆ + ♆ − ♀) 5⁰ 57 ♌ ausgelöst in □ (♑ − ♀) 5⁰ 51 ♉ und es ist ☿ ☌ $\frac{♂ + ♆}{2}$ = ♂/♆ und ♀ am X. Hause des Jahreshoroskops für Oppau 25⁰ 49 ♌, sodaß die ♀ zwischen ♂ und ♆ den Tag und den Ort Oppau beherrschte.

Die halbe Summe ♅/♆ 25⁰ 57 ♉, ♏ □ 25⁰ 49 ♒, ♌, dem Jahresmeridian von Oppau wirkte am Tage des Unglücks und der vorgeschobene Meridian 23⁰ 34 ♉ stand in □ von ♂/♆ 23⁰ 06 ♌, sodaß ♂, ♅ und ♆ den Punkt ♂/♅ 25⁰ 44 ♒, ♌ des Jahres auslösten.

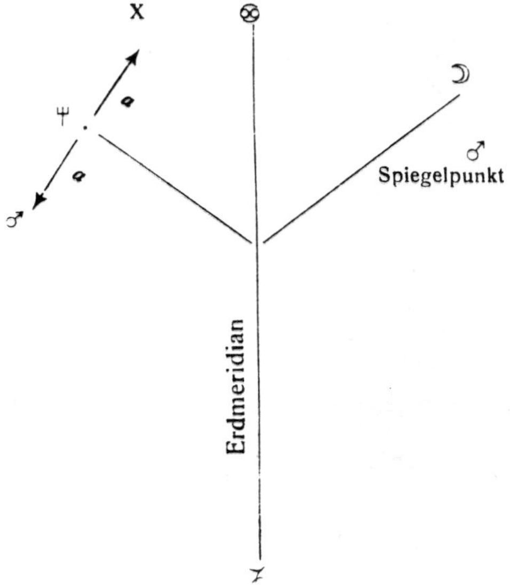

Der in nebenstehender Skizze sich zeigende sensitive Punkt des ♂ zum ♆ ist:

♆ + ♆ − ♂ = 28⁰57 ♋ = X.

Dieser Punkt wurde von dem laufenden Meridian ausgelöst und zwar deshalb, weil in dem Ort durch die halben Summen von ♂/♅ des Jahres, ♅/♆ des Tages, ♂/♆ des Tages □ Meridian vorgeschoben des Jahres, der Uranus schlummerte bis zu der Stunde, in der ♅ + ♅ = ☽, und ☽ + ☽ = ☉ (Tag) war. Der Spiegelpunkt des ♅ 23⁰ 09 ♎ am aufgehenden Punkte, dem Aszendenten gab den Moment für den Einfluß des ♅

Da der ♆□☽ steht, der Mond also denselben Wert hat, so lautet der Punkt auch ☽ + ♆ − ♂ = X und der Spiegelpunkt des ♂ □ X lfd. heißt demnach ♑ − ♂ = X oder der Punkt ☽ + ♆ − ♂ = ♑ − ♂ = ☽ + ♆ = ♑ wurde an dem betreffenden Tage und in der betreffenden Minute in Oppau fällig, weil im Jahreshoroskop das Ereignis ☽ □ ♆ und ♆ ⚼ ☿, ☍ ♂, ♂/♅ im Aszendenten für Oppau angezeigt war.

Die Punkte dafür sind ♂ + X = ♅ + A oder ♂ + X − ♅ = A oder ♂ − ♅ = A − X.

Vorläufig bildet der Schluß der sensitiven Punkte die sechste Kategorie und zwar bezugnehmend auf die Summe oder auf die halbe Summe zweier Planeten; man kann aber die Reihe noch ausdehnen, indem man wieder auf einen Punkt Bezug nimmt.

So sind ♀ im Meridian des Jahres und ♅ als latente Kraft im laufenden Meridian als zwei Kräfte anzusprechen, auf die der Ort sich beziehen kann, indem vom Meridian ♅ + ♀ subtrahiert wird = X − (♅ + ♀) = 27° 55 ♓. ☍ ⊙, ♄, ♃ oder ⊙ + ♅ + ♀ = X oder ♄ + ♅ + ♀ = X. oder ⊙ + ♅ − X = (♑ − ♀) oder ⊙ + ♅ + ♀ − X = ♑.

Der Punkt A − (♆ + ♅) 0° 30 ⊗ zeigt die Fälligkeit für die Erde in Oppau und ☾ + ♆ 28° 45 ♏ = ♃/♄ 28° 30 ♏ oder ☽ + ♆ − ♃/♄ = 0° 15 ♈ fällig im Deszendenten der Erde.

X − ♂/♄ = 14° 21 ♒ □ ☽, □ ♆; X − (♂ + ♄) = 29° 47 ♌. ☍ ♂ + ♄, ☌ ♂, ☽ + ♆ − X = 29° 50 ♉ □ ♂ + ♄; ⊙, ♄, ♃ − (☽ + ♆ − X) = 27° 55 ⊗ bis 29° 10 ⊗. ☽ + ♆ − A = 6° 23 ♓ ☌ ♅; ♅ − (☽ + ♆ − A) = 29° 32 ♓ ☍ ♃.

Also ist ☽ + ♆ − ♅ = A und ☽ + ♆ − (♂ + ♄) = X.

☽ + ♆ − (♂ + ♄ + ♅) = 22° 46 ♏ im vorgeschobenen Meridian des Jahreshoroskops und (♂ + ♄ + ♅) = 5° 59 ♒ □ ♑ − ♀ = 5° 51 ♉, ♀ − (♂ + ♄ + ♅) = 18° 10 ♎ ☌ ☿; ♀/♂ − (♂ + ♄ + ♅) = 21° 40 ♎ ☌ Aszendent.

Auf die Ausdeutung der einzelnen Punkte kann hier nicht weiter eingegangen werden, da sie für ein allgemeines Ereignis andere Bedeutung haben als für die einzelne Person.

Im allgemeinen gilt aber der Satz für die Astrologie:

»An den sensitiven Punkten sollt ihr sie erkennen«!

Kommentar zum Witte-Artikel
" Jahr, Monat und Stunde "

Witte gibt hier eine allgemeine Einführung in seine Methodik. Sie ist so leicht verständlich gehalten, dass sich ein Kommentar erübrigt.

ASTROLOGISCHE FORSCHUNGS-ERGEBNISSE.

Jahr, Monat und Stunde.*)

Von A. Witte.

Betrachtet man den Planeten Erde als einen einzigen Punkt im Sonnensysteme, so schwimmt dieser Punkt einer Kugel gleich auf der von dem Radiussektor, der Verbindungslinie Erde—Sonne, bestrichenen Kreisfläche, die anscheinend von der Ekliptik, der Erdbahn begrenzt wird.

Diese Grenze ist nicht in die Unendlichkeit zu verlegen, sondern sie wird durch den Innendruck der Erde und den Außendruck des Äthers, der in dem Erdabstande von der Sonne vorhanden ist, bestimmt.

Der die Sonne umgebende Weltäther ist nicht gleichförmig anzunehmen, sondern er muß den von der Sonne abgestoßenen Emanationskörperchen gemäß, feinstofflich und grobstofflich sein.

Die Planeten sind Reflexspiegel der von der Sonne ausgesandten Emanation, in der Nähe der Sonne ist diese grobstofflicher als in der Ferne. Die oberen Planeten senden demnach die positiv empfangenen feinen Korpuskel, entladen, also negativ zurück, die auf ihrem Wege zur Sonne die anderen Planeten treffen und in deren Mittelpunkten sich mit der von der Sonne ausgestoßenen positiven Emanation verbinden. Es entsteht daher in jedem Mittelpunkte eines Planeten ein Lichtbogen von einem von der Sonne ausgehenden Strahle und der von einem anderen Planeten zurückgesandten Emanation der Sonne.

Je entfernter also ein Planet von der Sonne seinen Lauf zieht, desto größer wird auch die elektrische Spannung der Strahlenverbindung Sonne — Erde — Planet sein. Daher kommt es, daß weit entfernte Planeten einen merklichen Einfluß auf zeitlich beschränkte Ereignisse erkennen lassen, die alltäglichen dagegen werden von den erd- und sonnennahen Planeten hervorgerufen und erwecken kaum noch das Interesse der Allgemeinheit.

Von den erdnahen Planeten übt der Mars eine größere Spannung auf die Erde aus als die Venus, da diese der Sonne näher ist.

Für die Erde sind Merkur und Venus Sonnenmonde; steht der Merkur zwischen Sonne und Erde (1924, am 7. und 8. Mai), in der Ephemeris erkenntlich zwischen R und D, in der Konjunktion mit der Sonne und im Laufe weniger Grade zurücklegend als die Sonne, so wird von ihm keine Sonnenemanation zurückgeworfen, seine Strahlen senden nur die von der Erde ausgehende Emanation zurück, sind demnach mehr tellurischen Ursprungs und besitzen die größere elektrische Spannung der Erde in positiver Form, weil Sonnen- und Erdemanation jetzt gleichpolig sind.

---

*) Vorliegender Artikel bringt eine gute Einführung in Wittes astrologische Methodik, sodaß wir die beiden anderen geplanten Artikel »Vergleichende Astrologie« und »Direktionen und Planetenbilder« zurückstellen müssen im Interesse aller beteiligten Kreise.   D. Schriftl.

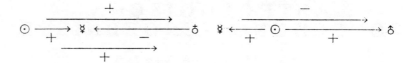

Steht dagegen die Sonne zwischen Merkur und Erde, in der Ephemeris doppelt so schnell laufend als die Sonne, so sendet er der Erde negative Sonnenemanation und es findet der Stromschluß in dem Planeten Erde statt. Im ersteren Falle muß daher der Einfluß der Merkurstrahlen derartig sein, daß der Körper, im zweiten Falle, daß der Geist beweglicher ist.

Also nur im ersteren Falle sind die Planeten Merkur und Venus verbrannt (in den Strahlen der Sonne), was als Schwäche für diese Planeten gebucht wird. Es können daher nur diese beiden in Betracht kommen.

Ob eine vollständige Bedeckung (Okkultation) eines Planeten durch die Sonne oder den Mond ein Erlöschen der Planetenkraft herbeiführt, muß erst durch eine genaue astrologisch-wissenschaftliche Untersuchung festgestellt werden.

Wie vordem erwähnt, schwimmt die Erde in der Ekliptikebene als ein Elektromotor, dessen sich drehender Eisenkern der Körper der Erde ist und dessen feinstofflich elektro-magnetische Emanation durch die Stellung der Erdachse zur Erdbahn festgehalten wird.

Die Änderung der magnetischen Felder geschieht nur durch die Präzession und es haben deshalb die Tierkreiszeichen noch immer dieselben Bedeutungen wie in alten Zeiten, nur Fixsterne in scharfen Winkeln zu den Kardinalpunkten verändern teilweise die Aussagen der Zeichen.

Für diese festgehaltene Emanationskugel, deren elektrische Achse durch die Ekliptikpole und deren magnetische durch den Nord- und Südpol der Erde bestimmt ist, steigt die Sonne, wenn die Äquatorebene als Gesichtsfeld der Nordhalbkugel betrachtet wird, am 21. März rechter Hand empor, kulminiert am 21. Juni und geht am 23. September am Osthorizonte unter.

Diesem Laufe der Sonne durch die Zeichen Widder bis Jungfrau entspricht der astrologischen Technik nach einem Tage, von Sonnenaufgang bis Sonnenuntergang, hauptsächlich in der Zeit der Nacht- und Taggleichen, wenn die laufende Sonne den Widder- und den Wagepunkt berührt.

Da aber eine Rotation eines Ortes um die Erdachse einem Laufe der Erde um die Sonne entspricht und die Konstellationen der progressiven Gestirne erst dann Ereignisse für den Geborenen zeitigen, wenn das betreffende Jahr dieselbe Ordnungsnummer wie der Tag nach der Geburt zeigt, so muß der Geburtsort der Erde, und der Mittelpunkt der Erde der Sonne, also den Ekliptikpolen und somit den Kardinalpunkten oder der Erdachse entsprechen. Also die für den Erdlauf feststehende Sonne entspricht der Erdachse und den Kardinalpunkten im Zusammenhang mit den Häusern der Erde, mit den Tierkreiszeichen.

Für jeden Menschen ist daher das Häusersystem der Erde, der Fundamentalkreis, die Ekliptik vom Erdmeridiane an in 12 gleichgroße Teile zerlegt, maßgebend. Wie aber die laufende Sonne durch die Zeichen erst den Lauf der Erde um die Sonne sichtbar macht, so wird auch der

Lauf des Geburtsortes erst sichtbar durch den Stand der Sonne zum Meridiane.

Der Aufstieg der Sonne über den Äquator durch das Zeichen Widder entspricht dem Stande der Sonne im XII. Hause, von 6—8 Uhr vormittags, der Lauf der Sonne durch das Zeichen Stier entspricht den Stunden von 8—10 Uhr vormittags und dem Stande der Sonne im XI. Hause.

Dieser Zusammenhang der Sonne im Widder im Jahre und der Sonne im XII. Hause am Tage und dem Zeichen Jungfrau, als das XII. Haus der Erde, erklärt die alte Bezeichnung »Gegenschatten« oder Antiscien, welche die Spiegelpunkte der Planeten zur Erdachsenebene sind. Der Tag ist gleichsam das »Spiegelbild« des Jahres.

Durch die vorhergehenden Ausführungen ist auch erklärlich, weshalb die Alten den Aszendenten, den aufsteigenden Punkt am Osthorizonte mit der im Jahre aufsteigenden Sonne am Widderpunkte in Verbindung brachten und vom aufsteigenden Punkte an, jeden aufsteigenden gleichen Grad des Tierkreises mit dem Laufe der Jahressonne durch die Zeichen gleichsetzten, sodaß immer der nachfolgende Grad dem Widderpunkte entspricht, d. h. Aszendent=Widderpunkt, 0 Grad Stier=Anfang des XII. Hauses des Ascendenten usw.

Bringt man aber den Sonnenlauf des Jahres mit dem Stande der Tagessonne zum Meridiane in Verbindung, so steigt die Sonne bis zum Erdmeridiane, bis 0°Krebs aufwärts, was dem Stande der Sonne im oberen Meridiane entsprechen würde.

Läuft demnach bei einem morgens 6 Uhr geborenen Menschen der Meridian der Sonne ostwärts entgegen, so gleicht dieser dem Erdmeridiane mit der vom Widderpunkte aufsteigenden Jahressonne, d. h. also: die Direktionen der Planeten gegen die Zeichen gleichen dem Laufe der Sonne in der Zeichenfolge. Will man wissen, wie ein laufender Planet in einem Zeichen auf die Radixplaneten in den Radixhäusern wirkt, so müssen die Spiegelpunkte der Planeten zum Geburtsmeridiane und die zur astronomischen Länge des Geburtsortes (Ascendent − 90°) zur Aussage herangezogen werden.

Im Radixhoroskop sind demnach für die Transite der laufenden Planeten folgende »sensitive Punkte« festzustellen:

X+X — Planeten und Ascendent + Descendent — Planeten. Alle Orte der Erde bewegen sich in Parallelkreisen um die Erdachse. Vergrößert man diese Kreisebenen bis zur Himmelskugel, so fallen die aufsteigenden Knoten aller Bahnen der Erdorte in den Wagepunkt. Gibt man sich jetzt der Vorstellung hin, das Feste der Erde sei nicht vorhanden, so schweben die Orte und Städte der Erde wie ein Milchstraßensystem in parallelen Bahnen um die Erdachse und Himmelsachse. Alsdann wäre auch der Mond, welcher sich ebenfalls um den Erdkörper bewegt, ein diesem Schwarme von Sternen zugehöriger Planet, dessen Neigung sich zu der Gesamtbahn aller Orte, dem Äquator, fortwährend ändert.

Die Nachtgleichenpunkte und die Schnittpunkte der Erdbahn mit der Erdachsenebene geben die vier Kardinalpunkte. Diese vier Punkte und die Unterteilung der vier Quadranten der Ekliptik in drei gleiche Teile geben die elektro-magnetischen Felder oder die Tierkreiszeichen des Planeten Erde. Es ist also die Bahn des Erdkörpers der Fundamentalkreis der Erdhäuser. Der Lauf der Sonne oder die Stellung der Erde im eigenen System ist maßgebend für die Beeinflussung der beiden geographischen Pole. Läuft die Sonne durch das Zeichen Widder, so steigt die Erde selbst im Zeichen Wage vom Äquator hinab und vergrößert den Deklinationsabstand und somit die eigene Zenitdistanz, wenn der Nordpol als Zenit und der Südpol als Nadir gilt.

Im Laufe eines Jahres beschreibt also der Nordpol im System der Erde einen vom Krebspunkte über den Wagepunkt bis zum Krebspunkte zurücklaufenden Kreis mit einem Bogenabstande von 23° 27' vom Ekliptikpole.

Analog dem Laufe der Erde mit ihrer Stellung der geographischen Pole läuft auch der Geburtsort eines Menschen nach dem Geburtsaugenblick einmal am Tage durch das System der Radixhäuser (die Pole sind Nord- und Südpol der Erde, der Fundamentalkreis ist der vom Meridiane an in 12 Teile zerlegte Äquator) mit einem Bogenabstande in der Größe der geographischen Breite des Geburtsortes zum Äquator.

Der Geburtsort gleicht also dem Nordpol der Erde, der kulminierende Punkt oder der progressive Meridian gleicht dem Laufe der Erde um die Sonne.

Der Mond, der hier gleichsam als himmlischer Ort der Erde in Betracht kommt, hat seinen Fundamentalkreis, nämlich die Mondbahn. Annähernd steht also der Mond in demselben Verhältnis zur Erde und zur Sonne, wie der Geburtsort zum Erdmittelpunkte und zur Sonne. Das Alter des Tages oder die Stunden vom Mittage gerechnet, gleichen dem Alter des Mondes vom Neumonde an. Der Mond vertritt somit den oberen Geburtsmeridian oder den Geburtsort.

In Beziehung zum Erdmeridiane gebracht, gleicht also das Alter des Mondes von der Konjunktion mit der Sonne an, den Zeichen der Ekliptik, nämlich 0°—30° dem Zeichen Steinbock, 30°—60° dem Zeichen Wassermann u. s. f.

Vergleicht man noch den Lauf des Mondes zur Sonne mit der Stellung der Sonne im Radixhoroskop eines Menschen, sodaß der obere Meridian mit dem Monde identisch wäre, dann hätte der Geburtsort, wenn die Sonne am Anfang des V. Hauses stände, den gleichen Einfluß von ihr, wie der Mond mit einem Alter von 150°. Steht die Sonne am Ascendenten, so gleicht der Geburtsort dem 270° alten Monde, steht die Sonne im Descendenten, so gleicht er dem 90° alten Monde.

Wie aus den vorhergehenden Ausführungen zu entnehmen ist, sendet uns dieses Nachtgestirn um so mehr negative Sonnenemanation, je mehr von seiner Fläche beschienen wird. Der Mond gibt aber auch die von der Erde ausgehenden Strahlen negativ zurück, welche in dem Maße verstärkt werden, wie die von den Sonnenstrahlen bestrichene Fläche groß ist.

Der Strom von der Sonne ausgehend, geht durch die Erde zum Vollmonde, welcher dadurch eine ziehende Eigenschaft bekommt. Beim

Neumonde dagegen hat die Erde durch die größere Entfernung von der Sonne auch die größere elektrische Spannung, zumal im Monde der Stromkreis schon teilweise geschlossen ist.

Die Häuser des Ascendenten, vom aufsteigenden Punkte oder von der astronomischen Länge des Geburtsortes an (Aszendent — 90°), je zu 30° auf der Ekliptik, beziehen sich auf die laufende Sonne durch die Zeichen. Die Häuser des Geburtsmeridians, je 30° auf dem Äquator und die Schnittpunkte der Zweistunden-Meridiane mit der Ekliptik beziehen sich auf den Lauf des Geburtsortes in den der Geburt unmittelbar folgenden Tagen. Die ersteren gelten also für das Jahr, die letzteren dagegen für den Tag.

Den Spiegelpunkten der Radixplaneten zur astronomischen Länge des Geburtsortes bringen Verbindungen mit anderen Menschen, die Spiegelpunkte zum M. C. bringen vorwiegend körperliche und seelische Ereignisse.

Sollten diese beiden Punkte, Aszendent und M. C. nicht richtig berechnet sein oder eine ungenaue Geburtszeit vorgelegen haben, so bringen die mit dem Sonnenbogen vorgeschobenen Planeten in Aspekten mit der vorher erwähnten Spiegelpunkten Klarheit und lassen den genauen Geburtsmoment erkennen, wenn die Summe des betreffenden Radixplaneten mit dem vorgeschobenen Planeten halbiert wird.

Auch wenn annähernd dieselbe Differenz durch Transite der laufenden Planeten mit diesen Spiegelpunkten auftritt, so kann schon auf eine ungenaue Geburtszeit geschlossen werden und sind dann die Angelpunkte des Horoskopes um den halben Unterschied zu berichtigen.

Die nachstehende Tabelle gibt eine Übersicht der in dem vorstehenden ausgeführten Erörterungen.

Laufende Sonne im Zeichen	der Sonne im	gleicht			
		dem Erdhause	den Stunden	dem Monde im Zeichen	dem Alter des Mondes
♋	IX	♊	12—2	♑	0—30°
♌	VIII	♉	2—4	♒	30—60
♍	VII	♈	4—6	♓	60—90
♎	VI	♓	6—8	♈	90—120
♏	V	♒	8—10	♉	120—150
♐	IV	♑	10—12	♊	150—180
♑	III	♐	12—2	♋	180—210
♒	II	♏	2—4	♌	210—240
♓	I	♎	4—6	♍	240—270
♈	XII	♍	6—8	♎	270—300
♉	XI	♌	8—10	♏	300—330
♊	X	♋	10—12	♐	330—360

Kommentar zum Witte-Artikel
" Das Lunarhoroskop eines Tages "

Durch das Studium der vorangegangenen Witte-Artikel ist der Leser sicher in der Lage, diese Hinweise Witte's ohne Kommentar zu verstehen.

Wir haben den Mond im Ereignishoroskop als Entsprechung für die Stunde kennengelernt. Im Radix-Horoskop gibt er Auskunft über das weibliche Prinzip, die Frau. Sein Einfluss auf die Menstruation ist unbestritten. Der naturverbundene Gärtner oder Landwirt beachtet die Mondphasen, um danach das Säen und Pflanzen durchzuführen. Auch unsere Emotionen werden von ihm gesteuert.

Bei der Untersuchung des Mondes, seiner Häuser und Achsen, stellen wir immer den Punkt 0° Krebs auf den Stand des Mondes.

Das Lunarhoroskop eines Tages.

Von A. Witte, Hamburg.

Durch Erfahrung heben sich verschiedene Grundgesetze der astrologischen Technik heraus.

Das erste heißt: Der allein maßgebende Direktionsbogen ist der Sonnenbogen, der Bogen vom Radixstand der Geburtssonne bis zum progressiven Stande der Sonne nach ebensovielen Tagen wie Jahre nach der Geburt verflossen sind.

Eine Folge von Gesetzen heißt: Was in den Planetenständen zu den Kardinalpunkten latent liegt, wird von den Ständen zur Sonne ausgelöst und was in den Ständen zur Sonne latent liegt, wird von dem Stand des Mondes zu den Planeten ausgelöst. Demnach muß auch der Mond zu den Planeten die Stände zu den Kardinalpunkten auslösen und daher auf den Erdkörper im Mittelpunkte dieses einwirken.

Die Planeten in den Zeichen gibt das Jahr, die Sonne im Zusammenhang mit den Planeten den Tag, der Mond die Stunde, der Meridian die Minute und der Aszendent den Ort an.

Hat die Auswertung eines Sonnenstandes, wie im „Tageshoroskop" gezeigt, stattgefunden, so behandle man den Mond ebenso, doch setzt man ihn in den Krebspunkt, der Sonne gegenüber, da er die Reflexstrahlen der Sonne der Erde übermittelt und der Vertreter der Erdoberfläche ist. Das Schema ist dann folgendes:

☽ auf ♋, Spiegelpunkte, ♋ auf ☽, Spiegelpunkte.

Hat man jedoch das Planetenbild der Sonne im Zusammenhang mit den Erdhäusern noch nicht in Betracht gezogen, so muß zuerst die Auswertung in den Sonnenhäusern stattfinden und das Schema lautet dann:

☽ ☍ ☉, Spiegelpunkte, ☉ ☍ ☽, Spiegelpunkte.

Die Verbindung mit den verschiedenen Häusern muß untersucht werden.
1. In welchem Hause der Erde steht die Sonne? Das Alter des Jahres.
2. In welchem Hause der Sonne steht der Mond? Das Alter des Mondes.
3. In welchem Hause des Mondes steht der Ereignisort? Aszendent — 90° ist die astronomische Länge des Ortes.
4. In welchem Hause des Ortes stehen die Planeten und der Geburtsmeridian, oder der Meridian eines Ereignisses?
5. In welchen Häusern des Meridians stehen sämtliche Planeten und die Länge des Ortes?

Der *Mond* ist der Vertreter der *astronomischen Länge des Ortes* (des Aszendenten).

Die *Sonne* ist die Vertreterin des *unteren Meridians*.

Bringt man 2—5 in Verbindung mit den Erdhäusern, so kann man mit 3—5 die Angelpunkte des Radixhoroskopes durch Transite von progressiven, vorgeschobenen und laufenden Planeten berichtigen.

Es wird also ☉ auf ♑, Aszendent auf ♎ und X auf den Krebspunkt gesetzt und die Planetenstände neu gerechnet, sie treten jetzt als sensitive Punkt der angeführten Angelpunkte auf.

☉ auf ♑ gibt körperliche Verbindungen.

♄ ♃ auf ♎ gibt Verbindungen mit anderen Personen.

X auf ♋ gibt psychische Erlebnisse usw.

Schlusswort

Die Leser bitte ich um Verständnis, wenn vielleicht das eine oder andere Thema nicht nach ihrem Geschmack ausgefallen ist. Ich weiss, dass " die alten Hasen " der Hamburger Schule in meinen Kommentaren nichts Neues dargeboten bekommen. Für sie sind die Originalartikel von Witte als bleibende Erinnerung gedacht, des Mannes, dem wir so viel neue Erkenntnisse zu verdanken haben, dessen Wirken genial und leider durch die Ungunst des Zeitgeistes zu kurz war.

So bleibt mir nur die Hoffnung, den Anhängern der Hamburger Schule, die kaum etwas von ihr hörten oder noch nicht so sattelfest sind, die Gedankengänge Witte's so leicht verständlich vorgebracht zu haben, dass sie mit diesem Rüstzeug ein gutes Stück weiterkommen.

Die Beschäftigung mit dem Wissensgebiet der Astrologie bildet eine weltanschauliche Grundlage, die uns in die Lage versetzt, die kosmischen Suggestionen, die auf den Einzelmenschen einströmen, besser zu verstehen. Wir wissen, dass das Weltgeschehen einer Bühne gleicht, auf der auch einmal eine Hure den Zarenthron einnimmt und ein kleiner Gefreiter der Diktator eines grossen Volkes wird. Wir leben nun einmal im Riesenzirkus der Polarität. Und wir sollten uns abgewöhnen, das Weltgeschehen als Taten einzelner Männer aufzufassen. Sie sind nur Werkzeuge ihrer Kultur und des jeweiligen Zeitgeistes, die auftauchen und untertauchen in ihrem Strome. Wie sie heissen, ist gleichgültig.

Mit Hilfe der modernen Astrologie, wie sie uns Witte gelehrt hat, können wir etwas Licht in das Dunkel bringen, warum dies so ist.

Astrologie ist ein Schlüssel (nicht der einzige) zu höherer Selbsterkenntnis. Wenn sie uns dazu führt, dann hat sie ihren eigentlichen Zweck erfüllt. Wer Astrologie betreibt, wird seine Beziehung zum Ewigen wesentlich vertiefen, weil ihn die Beschäftigung damit zwangsläufig zu den Randgebieten führt, die in Zusammenhang mit Religion, Philosophie, Psychologie usw. stehen.

Der Studierende muss Geduld und Ausdauer besitzen, er muss auch methodisch, Schritt für Schritt vorgehen. Witte's Bestreben war, den Weg zu zeigen. Da dieser Weg nicht so bequem ist, wie sich das manche wünschen, führt er nicht immer zum Ziel. " Per aspera ad astra " (auf rauhen Pfaden zu den Sternen) passt besonders gut auf die von Witte gelehrten Erkenntnisse.

Das Arbeitsgebiet der Hamburger Schule kann und muss nicht auf einmal vom Studierenden erfasst werden, dazu ist es zu komplex. Der Studierende muss auch hier lernen, warten zu können. Er darf die Geduld und Ausdauer nicht verlieren. Selbstverständlich wird der eine schneller, der andere langsamer an's Ziel kommen. Es wird auch welche geben, die das Ziel nicht erreichen. Sie werden es dann sein, die über den schlechten Weg schimpfen (in übertragenen Sinne die Transneptuner, die Planetenbilder und sensitiven Punkte, die sie nicht verstehen lernten).

Dem Studierenden rate ich, sich erst einmal mit einem Horoskop eingehend und tiefschürfend zu befassen. Besorgen Sie sich z. B. die Biographie von Strindberg (abgedruckt im Schauspielführer von der Antike bis zur Gegenwart), dessen Geburtsdaten wir bekannt gegeben haben, und beleuchten Sie seine Persönlichkeit, arbeiten Sie alle Feinheiten heraus. Man wird hier alles astrologisch bestätigt finden, was diese eigenartige Erscheinung des europäischen Geisteslebens um die Jahrhundertwende ausmacht. Suchen Sie die Achsen und Häuserbesetzung im Horoskop, die Strindberg's Charakter und Schicksal kennzeichnen. Ich bin überzeugt, dass es wichtiger ist, zunächst e i n Horoskop gründlich auszuwerten, als 10 Horoskope oberflächlich zu betrachten. Der Studierende wird dann erst den Wert der genialen Findungen von Witte kennen und schätzen lernen.

Wenn wir, die Anhänger Witte's, so begeistert mit seinen Erkenntnissen arbeiten, dann ist dies kein blinder Glaube an seine Erkenntnisse. Getreu der indischen Weisheit " Prüfe auch die Lehren Deines Meisters " haben wir gehandelt, seine Gedankengänge immer wieder geprüft und für richtig gefunden.

Der Studierende soll genau so vorgehen um sich diese Überzeugung selbst zu erarbeiten.

Wir leben in einer Zeit, in der sich die technischen Fortschritte in einem rasanten Tempo entwickeln. Durch die modernen Kommunikationsmittel werden die Menschenmassen wie nie zuvor umfunktioniert. Es werden Hassblöcke geschaffen, die Millionen von Menschen einbeziehen. Und diese negativen, immer wieder eingepeitschten Hassgefühle kristallisieren sich und werden eines Tages zur Entladung kommen. Der Geist ist bereits von der Materie überwuchert. Es scheint so, dass die Apokalypse unausbleiblich ist.

Begleitworte des Herausgebers.

Wir haben bis hier die Witte'schen Grundsatz-Arbeiten geschlossen behandelt. Wilhelm Hartmann hat sie dankenswerter Weise in der Veröffentlichung III über Wissenschaft und Weltanschauung der Astrologie:

    Die Hamburger Astrologenschule, (1925)

gesammelt.
Diese Veröffentlichung des Theosophischen Verlagshauses ist die lange erwartete erste zusammenhängende Schrift über die Witte'sche Astrologie.
Die Schrift von 64 Seiten gliedert sich in

    Teil I <u>Wilhelm Hartmann</u>: Einführung in die astrologische Arbeitsmethode der Hamburger Schule. <u>Technischer Teil.</u>
    Teil II <u>Friedrich Sieggrün</u>: Die Fliegerbombe, astrologische Skizze, <u>Praktischer Teil.</u>

Diese Schrift ist lange vergriffen, aber sie ist nie eine Standart-Schrift für die Hamburger Schule geworden. Im Gegenteil, sie beginnt gleich mit einer Kritik an Witte seinem Stil und seinen Findungen.

Wer die voraufgehenden Witte'schen Grundsatz-Artikel über sein System und die Sporner'schen Kommentare gelesen und versucht hat mitzuarbeiten in Witte's Sinne, weiß bereit Entscheidenderes mehr über Witte's Lehre, als diese klei Schrift vermitteln konnte.

Ich habe mich entschlossen, die Schrift im Wortlaut zu bringen, um den Leser an <u>eine</u> der <u>Quellen</u> des Widerstand gegen die Witte'schen Neuerungen in der Astrologie der Neuzeit heranzuführen.
Der Sieggrün'sche praktische Teil der Schrift bekennt sich klar zu den bedeutenden Witte'schen Erkenntnissen einer neuzeitlichen praktischen Astrologie.

Der I. Teil von Wilhelm Hartmann setzt sofort Zweifel. Sieggrün war überzeugter Witteaner, Hartmann aber nicht. Er hat wohl die Bedeutung Witte's erkannt, aber nicht di Anwendung seiner Theorien. Um dies zu zeigen, greife ich etwas zurück.

Es ist bekannt, daß Friedrich Sieggrün mein erster astro logischer Lehrer war, daß diese Bekanntschaft mir außerdem von dem Pariser astrologischen Institut Clay Burton Vance für den Juli 1914 richtig angekündigt wurde.

Wilhelm Hartmann lernte ich als Student der Astronomie **kennen,** der sich auch mit astrologischen Studien befaßte

Da er in Hamburg war, beschäftigte ihn die Witte'sche
Astrologie, die seinerzeit sehr von sich reden machte.

Hartmann war soweit an der Witte'schen Sache interessiert,
daß er als Mitherausgeber der oben zitierten Schrift in
Erscheinung trat. Nach der Herausgabe der obigen Schrift
begann für den Studenten Hartmann die Zeit, seine Prüfungen in Astronomie abzulegen. Dazu wählte er bezeichnender
Weise das Thema: "Transneptunische Planeten".
Dieses Thema war ja auch ein Thema Witte's.
Aber Witte hatte auf astrologischem Wege seine vier Transneptuner gefunden und ihre Ephemeriden erstellt mit denen
man den Stand für alle Zeiten bestimmen konnte.

Hartmann beschäftigte sich mit den Vermutungen transneptunischer Planeten, die von Astronomen in der Literatur
gemacht wurden. Es ist eine stattliche Anzahl, die er in
den Astrologischen Blättern 1927 veröffentlichte.
Ephemeriden hatten die Astronomen dafür nicht berechnet.
Es waren ja nur "Vermutungen".

Für die Hamburger Schule wurde aber diese Hartmann'sche
Arbeit zu einem Pfeil, der auf dem 5. Astrologen-Kongreß
1926 in Hamburg auf Witte abgeschossen wurde. Man beschuldigte Witte des Plagiats, weil nach den Hartmann'schen
Feststellungen Namen und vermutete Bahnelemente in einigen Fällen übereinstimmten.

Ich stand beim Kongreß gerade neben Witte, als dieser
Angriff vorgetragen wurde. Wir schauten uns an. Witte
sagte: " Ich dachte, Wulff wollte eine Lanze für mich
brechen? und nun dies?".
Ich sagte zu Witte: "Wenn Sie diese astronomischen Vermutungen gekannt haben und selbst, wenn Sie diese als
Ausgang benutzt haben, können Sie das ruhig sagen, denn
beides wäre kein Plagiat."
Witte konterte erregt: "Ich habe heute zum ersten Male
davon gehört!"
Ich glaube, es Witte schuldig zu sein, diese Episode an
dieser Stelle ohne Kommentar festzuhalten.

Und ich muß hier auch noch eine zweite Episode anfügen.
Es war ca. 45-46 Jahre später. Wilhelm Hartmann hatte
inzwischen als Dr. und Professor der Astronomie und Leiter des Planetariums Nürnberg seine berufliche Laufbahn
vollendet, als er in meine Buchhandlung kam.

Ich kam von einem Gang zurück, sah ihn und begrüßte ihn
namentlich. Er tat erstaunt, daß ich ihn noch kannte,
um dann sein Anliegen zu formulieren.

Er sagte: " arbeiten Sie immer noch mit diesen, diesen."
Ich ergänzte: Sie meinen mit den Transneptun-Planeten?"
"Jawohl, Herr Professor, damit arbeite ich immer noch
und ich will Ihnen auch ganz genau sagen, warum ich das
garnicht lassen kann".

Dann erzählte ich ihm von meinen Berechnungen über den
Start des ersten Sputnik, den die Russen in die Erdumlaufbahn geschossen hatten. Ich hatte dafür eine Gleichung gefunden, wie Witte es fordert, sie bestand aus
6 Faktoren und war fast exakt.
Aus den Unschärfen der Gleichung berechnete ich 3 Tage
mittels Sonnenbogen, an denen ich Ereignisse um Sputnik
erwartete. Diese drei Tage wurden von der Weltpresse als
solche groß herausgestellt.

 1. Tag: Sputnik stellt seine Sendungen ein.
 2. Tag: Sputnik in der Atmosphäre verglüht und
 3. Tag: eine sonderbare Himmelserscheinung! ob sie
     wohl mit Sputnik zusammenhängt?

Hartmann meinte: "Davon weiß ich ja garnichts! Ist denn
darüber geschrieben worden?"

Ja, sagte ich, im "Neuen Zenith" und ich habe noch
einen Satz Hefte, den ich Ihnen mitgeben kann".

Aber die Pointe fehlt noch. Ich sagte schon, die Startgleichung bestand aus 6 Faktoren; wenn ich nun die drei
beteiligten Transneptuner herausstreiche, habe ich überhaupt keine Gleichung mehr. Ich kann also nicht die betreffenden Folgerungen ziehen und ich kann erst recht
nicht die drei kritischen Tage daraus berechnen.

<u>Das Beispiel zwingt mich also, mit den Transneptunern
Witte's und Sieggrün's zu arbeiten.</u>

Der Professor nahm meinen Bericht zur Kenntnis und ging
schweigend. Es war das letzte Mal vor seinem baldigen
Tode, daß ich ihn sah.

  Alfred Witte's neuzeitliche praktische Astrologie

  hat also mit einem gelungenen Experiment Pate ge-

  standen bei der Geburt des Zeitalters der Raum-

  fahrt. Seine Theorie bestätigte sich und erweist

  sich als Grundlage dafür,

  daß kosmische Suggestionen vom Wesen Mensch

  empfangen werden und seine geistigen Erkennt-

  nisse beeinflussen.   LR.

Zwei spätere Arbeiten von Alfred WITTE folgen:

1. Direktionen und Planetenbilder (S. 280-284)
2. Ein Beitrag zur kriminalistischen Studie. (Deklinationen) (S. 284-290)
   - do.- 1. Fortsetzung (S. 291-295)

Die angekündigte weitere Fortsetzung fehlt in meinem Material; ich wäre dankbar für Zusendung, wenn ein Leser sie haben sollte. Ich bringe sie dann gern in den Hamburger Heften.

Am Schluß dieses Buches bringen wir den Abdruck der vergriffenen Schrift von Wilhelm Hartmann und Friedrich Sieggrün: "Die Hamburger Astrologenschule"

Direktionen und Planetenbilder.
Von A. Witte.

Vergleicht man die in dem Artikel »Die Differenzierung der Radixsonne und des progressiven Meridians«*) angeführten vorgeschobenen Planeten mit den Radixplaneten des ehemaligen Deutschen Kaisers beim Tode seiner Gemahlin, so findet man folgende Aspekte:

☉ ⌑ ☽ rad.,   ♂ ☌ ☊ rad.,   ☉ △ ♄ rad.
♂ ⌑ ☿ rad.,   ♃ ☍ ☽ rad.,   ♄ △ ♃ rad.

von denen je zwei Planeten gleiche Aspekte mit den Radixplaneten oder gleiche Winkelunterschiede mit ihnen bilden.

Sind in einem Radixhoroskop vier Planeten vorhanden, von denen je

---

*) Siehe »Astrologische Rundschau«, Jahrgang XVI, Heft 1. Man studiere zum besseren Verständnisse dieses Artikels die in früheren Jahrgängen der »Astrolog. Rundschau« erschienenen Artikel von A. Witte, ferner die in Vorbereitung befindliche Veröffentlichung III über Wissenschaft und Weltanschauung der Astrologie: »Die Hamburger Astrologenschule«, mit erläuternden Artikeln von Fr. Sieggrün und W. Hartmann. D. Schriftl.

Obige Ausführungen können nur von denjenigen voll erfaßt werden, die gewillt sind, die Radplaneten, die vorgeschobenen und die laufenden Planeten mittels einer Gradscheibe mit verschiedenen Tinten aufzuzeichnen und durch Drehen der Aspektscheibe zu verfolgen. D. Verf.

zwei gleiche Winkelunterschiede zeigen, so formen die vier Planeten ein Planetenbild, wie die folgenden im Horoskop des Exkaisers:

☽ . . . ☿ . . ☉ . . . ♂

Die Bogenunterschiede, die Mond mit Merkur und Sonne mit Mars bilden, sind annähernd von gleicher Größe und schaffen dadurch zwei Planetenpaare ☽, ☿ und ☉, ♂.

Das obige Bild wird geschrieben: ☽ + ♂ = ☿ + ☉ und kann astrologisch auch als ☽ ☌ ♂, ☉ ☌ ☿ und als ☽ ☌ ☿, ☉ ☌ ♂, sowie als ☉ ☌ ☽ ♂ ☌ ☿ auftreten. Selbstverständlich gelten auch alle durch 45⁰ teilbaren Aspekte; bei den durch 30⁰ teilbaren Aspekten achte man auf die innen stehenden und auf die das Bild abschließenden Planeten.

Im obigen Beispiele ist ☉+♄ = ♄+♃ und steht als Bild:

☉ vorg. . . . . ♃ . | . ♄ . . . . ♄ vorg.

in welchem der Strich in der Mitte die Symmetrieachse darstellt, die durch die beiden Halbsummen ☉/♄ 10⁰ 24 ♋ und ♃/♄ 10⁰ 22 ♋, deren Mitte 10⁰ 23 ♋, ♑ ist, gebildet wird und die jetzt empfänglich ist als sensitiver Punkt oder als Symmetrieachse für die Halbsumme von laufenden, vorgeschobenen oder Radixplaneten. Beim Tode der Gattin wurde die Symmetrieachse von der Halbsumme der laufenden Planeten Mars und Jupiter 11⁰ 07 ♋ berührt. Mars zwischen Sonne und Jupiter und Jupiter zwischen Saturn und Saturn stehend, stellten nun mit den vorgenannten Planeten ein Planetenbild von sechs Gestirnen, zu denen sich noch der Radixneptun gesellte, welcher in diesem Gesamtbilde von dem laufenden Mondknoten ausgelöst wurde.

Auch die Halbsumme des Geburtsmeridians mit dem Merkur 10⁰ 24 ♑ wurde von dem □-Schein der Mitte von Neptun und Jupiter, die durch die laufenden Planeten den Wert 25⁰ 26 ♌ hatte, getroffen. Das Mittel aus dem Mondknoten und dem Radixneptun 10⁰ 19 ♑, ebenfalls im ⚼-Schein zu der Halbsumme der laufenden Planeten Neptun und Jupiter, gab mit dieser den verlangten Stand der Symmetrieachse des Planetenbildes 10⁰ 23 ♋ ♑ und bezog sich durch den Merkur auf den Geburtsmeridian.

Der Radixmerkur als Punkt des Planetenbildes:

♂+♃ = ☽+☿ des Radix zeigt in diesem Zusammenhange den Verlobungsplaneten, denn ♂+♃—☽ heißt Verlobung oder eheliche Gemeinschaft für eine Frau. Die Stände der progressiven Planeten ☽ ♀ und ☊ in dem Punkte des Planetenbildes ♄+♃—☽ gab daher die Aufhebung einer ehelichen Verbindung für eine Frau, die Mutter war. Auch der Punkt des laufenden Planeten ♂+♃—☽ wies auf diese progressiven Gestirne ☽ und ♀, und der Punkt für den Mann (♄+♃—☉) lfd. auf den Radixsaturn und auf die Radixsonne.

Das Bild des Radix ☽+♂ = ☿+☉ sagt aus, daß eine Frau, die Gattin wird (☽, ♂), sich mit einem jungen Manne vereinigt; da aber der Merkur in diesem Horoskop der Herrscher der Geburtsstunde ist (☿ am oberen Meridian stehend), so sagt das Planetenbild, daß der ehemalige Kaiser sich schon in jungen Jahren verehelichen würde.

Der Merkur zeigt in diesem Horoskop nicht nur die Verlobung einer Frau ♂+♃—☽ = ☿, sondern auch das Liebesglück einer Frau ♀+♃—☽ = ☿ und die Verbindung mit toten Personen durch die Radixsonne in dem Punkte ♆+♅—☉ = ☿.

Wenn nun durch die progressive Sonne ein Planetenpaar gleichzeitig vorgeschoben wird, so daß nur zwei, den betreffenden Bogen bildenden, Planeten forschreiten und wie hier, sich der Merkur mit der Sonne deckt, dann wird das Planetenbild, wenn das Paar ☽, ☿ ist, wie bei der Vermählung, die Form haben:

☽ . . . ☿ ☉ . . . ♂

und immer noch geschrieben werden: ☽+♂ = ☿+☉ und heißt jetzt, daß eine Frau sich mit dem am 27. Januar (☉ rad.) geborenen Manne verloben und glückliche Gattin werden wird. Auch wenn das Planetenpaar (☉, ♂) »Männchen« von der Progressiv-Sonne mitgezogen wird, so daß noch das folgende Bild bei der Vermählung entstand:

☽ . . . ☿ . . . ☉ rad. . . ☉ progr. . . . ♂
☊ rad.
□ ♅ rad.,

in welchem wieder die Summe ☽ + ♂ = ☿ + ☉ ist, in der die Planeten jedoch, wie auch im vorhergehenden Bilde, teils als vorgeschobene, teils als Radixplaneten auftraten. In diesem Bilde kann aber für die progressive Sonne einmal der Mondknoten und einmal der Uranus eingesetzt werden, entweder als ☽ + ♂ = ☊ + ☿ oder als ☽ + ♂ = ♅ + ☿.

Da in diesem Horoskop der Mond in der Opposition des Uranus steht, so zeigt der laufende Uranus die Frauengattung an.

Es ist also die Gattin, bezogen ☽ + ♂ — ☿ = ☊
auf Verlobungs- und Liebesglück ☽ + ♂ — ☿ = ♅

und nach dem ersteren Bilde, wenn in Betracht gezogen wird, daß der Saturn in der Opposition der Sonne liegt:

☽ + ♂ — ☿ = ☉
☽ + ♂ — ☿ = ♄

und die Gattin des am 27. Januar Geborenen ☽ + ♂ — ☉ = ☿ = ♄

Der Mondknoten zeigt die Verbindung von Mann (☉) und Frau (☽) an, weil der Erdlauf und der Mondlauf sich in dem Mondknoten schneiden.

Der laufende Mondknoten und der laufende Uranus mußten nach dem vorhergehenden Bilde auslösend eingreifen, und am Tage der Vermählung standen:

☊ lfd. 23° 33 ♐ ☌ ♀ rad. 23° 52 ♐
♅ lfd. 11° 51 ♐ □ ♃ rad. 11° 41 II,
d. h. also: ☊ lfd. — ♀ rad. = ♅ lfd. — ♃ rad.
oder: ♃ rad. — ♀ rad. = ♅ lfd. — ☊ lfd.

Der Bogenunterschied von Jupiter und Venus im Radix hat denselben Wert in den Quadraturen wie der Unterschied von Uranus und Mondknoten am Firmament.

Die Bogenhälfte von Jupiter und Venus (♃|♀) rad. 17° 17 ♓, ♍ zeigt Liebesglück einer Frau nicht nur durch den vorgeschobenen Mond 16° 44 ♐, sondern auch durch den vorgeschobenen Uranus 21° 56 II, welche beide in den Quadraturen der Halbsumme ♃|♀ lagen.

Die beiden auslösenden Planeten Sonne und Saturn standen am Tage der Vermählung, am 27. Februar 1881, ☉ 8° 56 ♓ und ♄ 25° 42 ♈ ☌ ♀ lfd. 25° 27 ♈, die Sonne war in der Quadratur der Halbsumme (♀|☽) rad. »liebende Frau«, der Saturn mit der Venus in die Symmetrieachse des Planetenbildes ☽ + ♂ = ☿ + ☉ eine Quadratur werfend, in welcher der zweite Transneptunplanet »Hades« mit 25° 53 ♑ steht und dessen vorgeschobener Stand 18° 15 ♒ die Quadratur des Eheplaneten »Cupido« 17° 26 ♉ überschritten hatte und in der Halbsumme von ☉|☊ 18° 50 ♒ des Radix lag. Der laufende Hades befand sich 18° 32 ♒, löste also die Halbsumme von ☉|☊ aus, und der laufende Cupido 17° 33 II, welcher eine Quadratur auf die Halbsumme ♃|♀ des Radix warf und in der Opposition des vorgeschobenen Mondes stand, führte die Ehe der Frau herbei und brachte die Verbindung mit dem Gatten durch den sensitiven Punkt X + ♅ — ☽ vorg. = Cupido lfd., sowie die Hochzeit in Berlin durch den Punkt Aszendent + Cupido — ☽ vorgeschoben = Cupido lfd.

Der Planet Saturn, der für den Kaiser der Tagesherrscher ist, weil im Kreuz der Sonne stehend, gab die körperliche Verbindung, durch die Konjunktion mit der laufenden Venus, mit der Gattin ☽ | ♂ in dem Punkte (☽ + ♂) rad. — ♀ lfd. = ♄ lfd. Der laufende Saturn kennzeichnet die Radix-Sonne, somit ist die Verbindung ☽ + ♂ = ♀ + ☉ vorhanden. In dem Punkte (☽ + ♂ — ♀) rad. 27° 10 ♒ (begehrliches Weib) stand am Hochzeitstage der laufende Mond.

Die laufende Sonne in der Quadratur des Planetenbildes des Radix ☽ . ♃ . ♀ brachte den Tag der körperlichen Verbindung mit der »glücklichen Braut«. Der laufende Merkur 25° 52 ♓ in der Halbsumme der Radixplaneten ♂ | ♆, genau denselben Stand einnehmend wie am Todestage der Gattin mit ebenfalls 25° 52 ♓, stand durch den Punkt (♂ + ♆ — ☽) = ♀ = ♄ lfd. in Verbindung mit dem Radix »Hades« 25° 53 ♑, mit dem Planetenbild ☽ + ♂ = ☿ + ☉ und zeigte schon am Hochzeitstage das Ende der Ehe durch den Punkt ♂ + ♆ — Hades = progressiver Meridian des Todesjahres und durch den vorgeschobenen Mond in Konjunktion mit dem »Hades«.

Das Planetenbild des Radix ☽ + ♂ = ☿ + ☉, das im Todesjahre der Gattin zu ☉ + ♂ = ☿ + ☽ umgeformt war, zeigt in der Halbsumme der vorgeschobenen Planeten ☉ | ♂ 4° 12 ♉ im □ Schein zur Halbsumme ☽ | ☿ 18° 48 ♐ stehend, die Trennung des Gatten von der ehemaligen verlobten jungen Frau.

Das zweite, am Anfang des Artikels stehende Bild ♂ + ♆ = ☽ + ♅ zeigt den Tod der Frau durch den Punkt des Radix ♂ + ♆ — ☽ = Hades, welcher am Anfang der Ehe von den laufenden Planeten Saturn und Venus aspektiert war und die Bestattung, als die laufende Sonne über diese sensitiven Punkte ging, in Konjunktion mit dem Saturn und der Venus des Hochzeitstages war und in Quadratur mit dem Radix Hades stand.

Das zweite Bild, das auch noch ♅ + ♆ = ☽ + ♂ geschrieben werden kann, zeigt in dem Punkte ♅ + ♆ — ☽ = ♂ den Verbindungsplaneten Mars mit toten weiblichen Personen oder auch den Tod der Gattin ♅ + ♆ — (☽ + ♂) = ♈-Punkt.

Die beiden laufenden Planeten Uranus und Neptun schlossen den Radixmond ein und stellten am Todestage der Gattin mit dem laufenden Monde das Bild ♅ | ♆ = ☽, welches das von dem vorgeschobenen Neptun mit dem Radixuranus und dem Monde gestellte Bild auslöste.

Die Todesstunde an dem betreffenden Tage wurde von dem laufenden Monde, dessen Deklination in der Halbsumme der Deklinationen von Mars und Neptun stand, herbeigeführt, weil die Auslösung des Planetenbildes ♂ + ♆ = ☽ + ♅ erfolgen mußte.

Auch das Planetenbild ☽ + ♂ = ☿ + ☉ wurde am Todestage in dem Punkte ☿ + ☉ — ☽ = ♂ rad. = ☿ lfd. vom laufenden Merkur, wie am Hochzeitstage ausgelöst.

Ein transitierender Planet löst in den meisten Fällen nicht nur einen Planeten, sondern ein Planetenbild aus und die Aussage dieses Bildes mit dem Gesamteffekt in dessen Symmetrieachse gibt das kommende Ereignis.

Eine Tabelle »Der Lauf der Erde (Sonnenbogen) in Tagen vom Geburtstage an« wurde nach Redaktionsschluß von A. Witte eingesandt und wird im nächsten Hefte veröffentlicht. **D. Schriftl.**

Ein Beitrag zur kriminalistischen Studie.
Deklinationen.
Von A. Witte.

Das Leben des Menschen ist reich an Erlebnissen und doch sind die Astrologen, die wissenschaftliche Untersuchungen anstellen wollen, arm an Material für diese.

Jeder, der Interesse für Astrologie hat, sollte sich bemühen, markante Tatsachen und die dazu gehörigen astrologischen Bedingungen, wie Zeit und Ort zu sammeln, um sie den Astrologieforschern zur Verfügung stellen zu können.

Auch Zeitungsausschnitte würden bei kriminalistischen Fällen noch gute Auskunft demjenigen geben können, welcher nicht am Tatorte wohnt. Ich habe in den Artikeln über transneptunische Planeten öfters gebeten, Material zu sammeln und mir durch den Verlag zugehen zu lassen, jedoch bis jetzt nichts erhalten.

Die Ephemeriden dieser vermuteten Planeten sind veröffentlicht, um den Forschern Gelegenheit zu geben, bei ihren Analysen auch diese Planeten auf ihre Richtigkeit zu prüfen, sie sind nicht veröffentlicht für Planetenkünstler, die von der astrologischen Technik nur wenig verstehen und die Analyse überhaupt nicht beherrschen.

Nicht nur, daß Astrologen ihre kostbare Zeit für die Forschung hergeben, sie müssen sich noch für diese Arbeit alles, was sie benötigen, zusammenholen und werden dann noch von müßigen Fragestellern, bei denen Dummheit und Anmaßung sich die Wage halten, gebeten, zehn und mehr Fragen zu beantworten, deren Beantwortung ein ganzes Buch ausfüllen und noch Studien dafür nötig machen würden.

Es wäre zu begrüßen, wenn mehr solcher Fälle, wie der von Frh. v. Klöckler im Heft 3 der „Astrologischen Blätter" mitgeteilte, gesammelt würden, um sie zu Studienzwecken den Astrologen anzubieten. Nur durch Häufung von gleichen Fällen kann der Statistik und der astrologischen Analyse gedient sein.

In den folgenden Artikeln soll nun gezeigt werden, wie eine astrologische Analyse ausgeführt werden muß, um nicht auf ganz falsche Wege zu geraten, die für die Forschung nicht nutzbringend sind, da in den meisten Fällen von falschen Voraussetzungen ausgegangen wird.

Ein Beispiel einer nicht fertigen Analyse bringen die „Statistischen Mitteilungen" unter dem Titel „Gestirnsstand und Geisteskrankheit" von Dr. med. Erich Hartung.

Für die Forscher und diejenigen, die die Auswertung nutzbringend anwenden wollen, ist die ganze Arbeit, trotz aller guten Absicht des Verfassers, wertlos, da gerade die Hauptmerkmale, welche in den Horoskopen Geisteskranker und nicht nur in diesen, sondern auch in Horoskopen solcher Personen, die nur zur Beobachtung ihres Geisteszustandes den betreffenden Anstalten überwiesen sind, auftreten, überall fehlen.

Wer bei den Aspekten stehen bleibt und diese nur anführt, kann nie zu richtigen Resultaten kommen. Man soll bei Geisteskranken, und die es werden können, immer auf das *„Bild"* von Merkur, Mars und Neptun achten.

Gerade Kriminalbeamte haben die Möglichkeit, den Astrologen wertvolles Material zu liefern, da ihnen leicht alle Daten und Tageszeiten von Ereignissen bekannt werden. Im vorliegenden Falle fehlte auch die Tageszeit des Mordes und die Art des Todes, welche mir inzwischen mitgeteilt sind.

Wenn auch die Zeit nicht genau angegeben werden kann, so genügt doch in den meisten Fällen die genäherte, um damit vielleicht den wirklichen Augenblick astrologisch erfassen zu können.

Auch die Frage, ob der mutmaßliche Mörder derjenige gewesen, welcher die Tat ausgeführt hat, könnte dann, wenn genügend Material bearbeitet ist, bestimmt bejaht oder verneint werden.

Man nimmt an, daß das betreffende Mädchen um 8 h 30 min. vormittags am Sonntag, dem 18. Mai 1924, ermordet wurde.

Der Gestirnsstand für diese Zeit und den Ort Leipzig ist:

☉ 27° 05 ♉ (+ 16° 31')   ♂ 13° 16' ♒ (− 18° 54')   ♆ 17° 42 ♌ (+ 15° 47')
☽ 18° 30 ♍ (− 12° 29')   ♃ 17° 19' ♐ (− 22° 08')   ☊ 27° 41 ♌ (+ 12° 17')
☿ 12° 20 ♉ (+ 13° 02')   ♄ 26° 58' ♎ (− 7° 51')   ♅ 29° 36 ♓ (+ 51° 20')
♀ 9° 15 ♋ (+ 26° 39')   ⚷ 20° 55' ♓ (− 4° 18')   A. 26° 11 ♋ (+ 20° 55')

    Dieser Gestirnsstand, als Gesamtbild, muß nun den Auslösungsmoment für den Radixplanetenstand, von den vorgeschobenen und den progressiven Planeten beeinflußt, enthalten.

    Man merke sich die Stundengeschwindigkeit des Mondes, oder rechne sich den Stand für runde Stunden, hier für 8 h 18° 09 ᵐ, für 9 h 18° 47 ᵐ. Den Stand für die Zwischenzeiten kann man dann auf meiner graphischen Berechnungstafel für Planetenstände schnell ablesen oder die Zeit für einen Mondstand bestimmen.

    Dann notiere man sich noch den Fortschritt des Meridians und des Aszendenten für 1° der Rektaszension, hier 1° 05' und 0° 41' am Horizont.

    Es ist selbstverständlich, daß die Kardinalpunkte der Geburt, die Angelpunkte, der Meridian und der Azendent in dem Gesamtplanetenbilde enthalten sein müssen, meistens sind auch noch die beiden Planetenstände, also das Alter des Menschen vermerkt.

    Für diese Punkte sind im Heft 3, Seite 83, angegeben: Meridian 21° ♍, Aszendent 16° ♑.

    Nicht nur Transite, sondern in der Hauptsache sind sensitive Punkte und Planetenbilder für die Auslösung maßgebend.

    Am leichtesten dringt man in das Gebiet dieser Punkte durch die *Deklinationen* der laufenden Planeten ein. Man beachte nur die Deklinationen von Sonne, Venus und Mondknoten; Mars, Sonne, Mond, Merkur und Mondknoten.

    Die scheinbar laufende Sonne zeigt das Fortschreiten der Erde in der Ekliptik und den Oppositionsstand des Erdmittelpunktes.

    Dieser Punkt ☉ ist *immer* der auslösende Punkt für *den Tag* und zwar als Erdmittelpunkt der auslösende Punkt für die Kardinalpunkte und für die Aequatorebene, da diese Linie in ihrem ganzen Umfange ebenfalls den Mittelpunkt der Erde zeigt.

    Die astrologische Technik lehrt, daß, wie hier, die Gestirnsstände für den 15. Tag nach der Geburt Ereignisse zeitigen, wenn die Erde im 15. Lebensjahre ihren Kreislauf um die Sonne vollführt.

    Der Ort also, welcher sich in einem Tage um die Erdachse bewegte, wird zum Mittelpunkt der Erde im Ereignisjahre. Das erste Ereignisjahr beginnt aber schon mit dem Geburtstage, so daß die laufende Sonne und der progressive Meridian ständig in Verbindung bleiben und zwar in einem ungefähr gleichen Bogen mit wechselnder Zenitdistanz der Sonne.

    Es wirken deshalb die Radixstände und die laufenden Planeten nicht egozentrisch, sondern geozentrisch und jeder Mensch oder jedes geborene Wesen ist Inhaber des ganzen Erdballes, von dessen Mittelpunkte ein Stollen nach außen, nach dem Geburtsorte und dessen Festlegung im Augenblick der Geburt, ihm gehört.

    Vom *Erdmittelpunkte* aus wirken die Planetenkräfte und entspricht der Leitstrahl Erdmitte — Ort dem Leitstrahle Sonne — Erde.

Infolge der Rotation der Erde ist der Erdmittelpunkt in ihrem Häusersystem durch den größten Umdrehungskreis, den Aequator, durch die beiden Pole und durch die Nachtgleichenpunkte festgelegt. Die laufende Sonne als Erdmittelpunkt geltend, differenziert in der Kreisebene der Ekliptik diese 4 Punkte, den Aequator und jeden anderen Punkt der Himmelskugel, von dem einer der Punkt des Geburtsortes und des Geburtsaugenblickes ist.

Blicken wir jetzt auf die Deklinationsstände der Planeten und denken nur noch die hier fehlenden Parallellinien mit dem Aequator, die des Zenits, des Nadirs und die der beiden Pole hinzu, so steht die Sonne, also der Erdmittelpunkt in seinem Oppositionsstande, zwischen der Nordpollinie und der Linie des Nadirs und der Mars in seiner Parallele zur Sonne in der Deklination des Erdmittelpunktes (Erde) zwischen der Südpollinie und der Linie des Zenits. Die Summe von Nordpol und Nadir ist gleich der doppelten Deklination der Sonne.

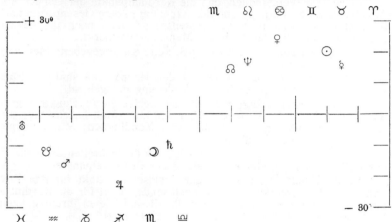

Mathematisch ausgedrückt ist:
  Nordpol + Nadir = ☉ + ☉,
  oder Nordpol + Nadir — ☉ = ☉ = — ♂,
  oder Südpol + Zenit + ☉ = ♂.

Da Südpol, Nordpol und Sonne den Erdmittelpunkt angeben, so wirkt der Mars im Zenitkreise des Ortes Leipzig durch ♂ — (☉ + Südpol) = Zenit.

  + (— 18° 54') — (+ 19° 31') — (— 90° 00) = + 51° 35'

Der Aequator liegt zwischen Sonne und Mars sowie zwischen Mond und Merkur, beide Halbsummen schließen den größten Umdrehungskreis, in deren Ebene der Erdmittelpunkt liegt, ein.

Beide Halbsummen wirken daher auf den Erdmittelpunkt. Ferner sehen wir, daß die Linie der Deklination der Halbsumme von Venus und Mondknoten mit der Deklination der Sonne zusammenfällt und diese den entgegengesetzten Wert der Deklination des Mars hat. Die Halbsumme von Venus und Mondknoten wirkt daher auf die Sonne und somit auch auf den Mittelpunkt der Erde.

Es ist: ☊ + ♀ − ☉ = ☉ = − ♂ **oder** ☊ + ♀ + ♂ = ☉

Liegt die Sonne zwischen dem Nordpol und dem Nadir, so liegt auch die Linie der Halbsumme von Mondknoten und Venus zwischen den beiden erstgenannten Linien.

Es ist auch: ☊ + ♀ = Nordpol + Nadir
oder ☊ + ♀ — Nordpol = Nadir

+ (+ 12° 17′) + (+ 26° 39′) − (+ 90° 00′) = 51° 04′ =
und ♂ − (☉ + Südpol = 51° 35′ +
Nördliche Breite von Leipzig + 51° 20′; Mittelwert 51° 20′

Da die Erdachse (Nordpol — Südpol) senkrecht zum Aequator steht, so ist auch die Halbsumme von Sonne und Mars, sowie die von Mond und Merkur in die Gleichung einzusetzen. Dann ist:

☊ + ♀ − ☉ | ♂ = **Nadir.**
und ☊ + ♀ − ☽ | ☿ = **Nadir.**

♀ + ☊ („Liebesverbindung") war am „Tage" (— ☉) und durch den Mittelpunkt der Erde (— Nordpol) im Nadir, in Leipzig, fällig; außerdem zeigt noch der Erdmittelpunkt = ☉ die „geschlechtliche Verbindung" (♂ + ♀ + ☊) auf den Aequator bezogen durch die Parallele von Sonne und Mars. Aus der Gleichung ☽ + ☿ = ♂ + ☉ ergibt sich die Einwirkung des Punktes ☽ + ☿ — ♂ auf den Erdmittelpunkt (= ☉) und auf den Ort Leipzig durch ☽ + ☿ — ♂ = Nordpol | Nadir.

„Geschlechtliche Verbindung am Tage" ☊ + ♀ — ☉ | ♂ und die „Liebesverbindung eines jungen Mädchens" ♀ + ☊ — ☿ | ☽ waren nach obigen beiden Gleichungen in der Nadirlinie in der betreffenden Stunde (☽) fällig.

Außerdem zeigt noch der Mond in der Gleichung „Liebesverbindung einer weiblichen Person" ♀ + ☊ — ☽ den Zenit + 51° 25′ und die Wirkung des Mondes im Erdmittelpunkte, denn es ist ♀ + ☊ — Nordpol = Nadir.

Hier, wo es sich um den Tod einer weiblichen Person handelt, die noch im Mädchenalter stand, ist der Punkt ♂ + ♄ — ☽/☿ (— 26° 45′ — 0° 17′) = 27° 02′ — maßgebend, welcher in der Parallele von — ♀ 26° 39′ stand; daher ist, auf den Aequator bezogen:

♂ + ♄ + ♀ = ♂ + ♀ + ☊ − ☉ = ☽ | ☿

In den beiden Gleichungen kann, weil auf beiden Seiten mit gleichen Vorzeichen vorhanden, ♂ + ♀ gestrichen werden, dann bleibt:

☊ — ☉ = 7° 14′ —,

welcher mit dem Punkte ♂ + ♄ + ☉ = 7° 14′ — gleiche Deklination hat. Beide Gleichungen zeigen ferner, daß ☊ — (♂ + ♄) = 39° 02′ = ☉ + ☉ ist und diesen Wert hat auch der Punkt: Aequator + Zenit — ☊ = 39° 03′, also ist:

☊ – (♂ + ♄) + ☊ = Zenit
oder (☊ + ☊) – (♂ + ♄) = Zenit
oder ♂ + ♄ – Nadir = ☊ + ☊ d. h.

Mars + Saturn, der Tod, wirkte im Nadir durch die Mondknoten, welcher gleiche Deklinationen mit dem Monde haben, im Punkte (♂ + ♄ + ☽) 39° 14′ — gleich (Nadir + ☊) 39° 02 — gleich (♀ + ☊) 38° 56 + gleich (♂ — ☉) 38° 25 —. (□ Zenit = 38° 40 —.)

„Die tote weibliche Person" (♂ + ♄ + ☽) in der geographischen Breite von Leipzig + 51° 20′ ist durch den Mondknoten + 12° 06′ bedingt gewesen.

Der Punkt (♂ + ♄ + ☉) 7° 14 bezogen auf (♂ + ♄ + ☽) — Nadir, d. h. dieser letzte Punkt mit der Deklination + 12° 06′ von dem ersten subtrahiert, gibt — 19° 20′, die Halbsumme von Zenit und Südpol, die ideale Auslösungslinie vom Mittelpunkte der Erde zum Zenit, die von der laufenden Sonne + 19° 31′ und von dem laufenden Mars — 18° 54′ ausgelöst wurde.

Der Sonnenbogen (☉ progr. 21° 14 II — ☉ rad. 6° 54 II) des getöteten Mädchens war 14° 20′. Die mit diesem Bogen mit der Radixbreite parallel zur Ekliptik vorgeschobenen Planeten zeigen in den jetzt vorhandenen Deklinationen

den Uranus – 19° 29′ den Jupiter + 5° 28′
den Neptun + 19° 31′ den Saturn + 10° 34′
in der Parallele des Radixsaturn + 5° 30′
und des Radixjupiter + 10° 36′

Diese vier Planeten stellen das folgende Planetenbild (♅ + ♆ — ♄ vorg. = — ♄ rad. oder (♅ + ♆) vorg. — ♄ rad. = — ♃ vorg.

Der in den Deklinationen der laufenden Planeten (♅ = ♆ = ♄) — ♄ = + 19° 20′ vorhandene Punkt stand also auch in der Auslösungslinie Nordpol | Nadir.

Dieses Bild galt dem jungen Mädchen, da im Radix dasselbe Bild der Längenorte ♅ + ♆ — ♄ die astronomische Länge des Geburtsortes zeigt und die beiden Planeten Uranus und Neptun am Horizonte standen, welche nach einem Gesetze „Planeten am Horizonte bringen den Tod" auch hier den Tod eintreten ließen, weil nebenher noch der laufende Uranus zur progressiven Sonne und der laufende Neptun zum Geburtsmeridiane einen Quadratschein warf.

Wird der Mittelpunkt der Erde, Aequator oder Widderpunkt, auf die Summe der laufenden Planeten Uranus und Neptun bezogen, so ist ♈ Punkt — (♅ + ♆) = 21° 23 ♏ in Konjunktion mit (♂ + ♀) — ♎ Punkt = 22° 31 ♏, in scharfer Verbindung mit den Radixmeridianen beider Menschen.

Bezieht man beide Planeten auf den Stand des Erdmittelpunktes in der Ekliptik, auf die Sonne oder auf den Tag ♆ + ♅ — ☉ = 11° 32 II, so zeigt dieser Punkt den Tod und das Alter des Mädchens, denn ☉ lfd. + ☉ Bg. = 11° 25 II.

Da es sich um eine weibliche Person handelt, so wird auch die Summe auf den Mond bezogen und man erhält ♆ + ♅ — ☽ = 20° 07 ♐ in der Halbsumme von ♂ | ♄ 20° 07 ♐ liegend, welche die tote weibliche Person ♂ | ♄ + ☽ durch Neptun + Uranus kennzeichnet.

Daß der Körper des 15jährigen Mädchens hier in Frage kommt, zeigt das Planetenbild,

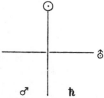

das „den gewaltsamen Tod" ♂ + ♄ — ☋ mit der progressiven Sonne, welche von dem Antiszium der laufenden Venus 20° 45 II begrüßt wurde, verband. Die Summe ♂ | ♄ + ♀ lag also im Widderpunkte, was von der Summe der Deklinationen von ♂ + ♄ + ♀ im Aequator bekräftigt wurde.

Wie aus vorhergehenden Ausführungen zu ersehen ist, sind die Deklinationen der Gestirne im Zusammenhange mit der geographischen Breite des Geburts- und des Tatortes von großer Wichtigkeit, und doch wird in den meisten Fällen gerade diese Festlegung eines Ereignisses entweder vergessen oder absichtlich fortgelassen. In den „Statistischen Mitteilungen" Heft 7/8 1924 fordert Herr R. Fischer unter den Titel „Ein unaufgeklärter Mord" zur Mitarbeit und Ausarbeitung einer Analyse auf, läßt aber bei den aufgeführten Horoskopen des Ermordeten und des Täters den Geburtsort fort und verschweigt vollständig die Breite und die östl. Länge des Tatortes. Eine Analyse ist aus diesem Grunde entweder nicht ausführbar oder sie bleibt in den Hauptauslösungen unvollständig, also zweifelhaft.

Ein Beitrag zur kriminalistischen Studie.
Aufsuchung des Geburtsmeridians.
Von A. Witte.
(1. Fortsetzung.)

Aus der in dem vorhergehenden Artikel beschriebenen Gleichung der Deklinationen der laufenden Planeten

$$\text{Südpol} + \odot + \text{Zenit} = \mars$$

geht hervor daß $\mars - \odot -$ Südpol auf den Erdmittelpunkt und durch diesen auf den Zenit wirkte. Uebertragen wir diese Gleichung auf die Längen der Planeten, indem für den Südpol die Quadratur dieses Punktes, der Aequator in seinen Schnittpunkten mit der Ekliptik eingesetzt wird, dann ist $\mars - \odot -$ Widderpunkt $= \mars - \odot$. Nun liegt aber immer der Punkt der laufenden Sonne dem Punkte der Ekliptik, in welchem sich der Erdkörper befindet, gegenüber und auf diesen Punkt wirkte der Mars im Mittelpunkte der Erde ein mit einer Länge von 16° 11′ ♓.

Dieser Stand des Mars, als sensitiver Punkt des Tageshoroskopes der Erde, deckt sich genau mit dem Orte des vorgeschobenen Mars des Opfers. Der Radixmars 1° 51 ♓, um den Sonnenbogen 14° 20′ vorgeschoben und der Stand der laufenden Sonne sind daher richtig. Wird nochmals zum vorgeschobenen Mars 16° 11′ ♓ der Sonnenbogen addiert, so steht bei 0° 31′ ♈ der sensitive Punkt des laufenden Mondknotens mit 0° 36′ ♈.

Es stellt also der sensitive Punkt $\mars v + \mars v - \mathrm{☊}$ lfd. die Verbindung des 15jährigen Mädchens mit dem Radixmars her.

Die mathematische Schreibweise dafür ist

$$\text{Krebspunkt} + \mars - \odot = \mathrm{☊} \mid \mars \text{ rad.}$$
$$\text{oder } \mars + \mars - (\odot + \odot) = \mathrm{☊} + \mars \text{ rad.}$$

Man vergleiche den Ausdruck $\mars + \mars$ und $\odot + \odot$ mit den Werten der Deklinationen im vorhergehenden Artikel.

$$\odot + \odot \text{ ist } \mathrm{☊} + \venus \text{ und } -(\odot + \odot) \text{ ist } -(\mathrm{☊} + \venus)$$
$$\text{der Ausdruck } -(\mathrm{☊} + \venus) \text{ ist aber } \mars + \mars.$$

In dem Punkte des Tageshoroskop der Erde ($\odot$ lfd auf 0° ♑) wirkte der Radixmars der Getöteten; dieser Punkt der laufenden Planeten ($\mars + \mars - \mathrm{☊}$) 28° 51 ♑ deckt sich annähernd mit dem Todespunkte des Radixmeridians.

$(\mars + \saturn - \mathrm{IV})$ radix und mit $(\mars + \saturn - \odot)$ vorg. 28° 50 ♑
Also ist $(\mars + \saturn)$ rad. $+ \mathrm{☊} - (\mars + \mars) = \mathrm{IV}$ rad.
$(\mars + \saturn)$ rad. 21° 24 ♓ $- 28°51$ ♑ $= 22°33$ ♉ $= \mathrm{IV}$ rad.

Da der Sonnenbogen 14° 20′ der Ermordeten annähernd von der Differenz $\mathrm{☊} - \mars$ der laufenden Planeten gebildet wird, so ist der laufende Mars auslösend für das Planetenbild:

$$\mars \text{ rad.} + \mathrm{☊} \text{ lfd.} = \mars \text{ vorg.} + \mars \text{ lfd.}$$

$\mars$ rad. 1° 51 ♓	$\mars$ vorg. 16° 11 ♓	Mittelwert	Vorgeschobe-
+ $\mathrm{☊}$ lfd. 27° 41 ♒	+ $\mars$ lfd. 13° 16 ♒		[ner
= 29° 32 ♑	= 29° 27 ♑	29° 30 ♑	$\neptune$ 29° 43 ♋

Die Achse des Planetenbildes liegt 29° 45 ♒, in dem vorgeschobenen Mondknoten des Mörders und in der Quadratur der Halbsumme von ☉ rad und IV rad.

Also ist 29° 32 ♑ – ☉ rad. 6° 54 II = 22° 38 ♉ = IV rad.

und 29° 27 ♑ – ☉ rad. 6° 54 II = 22° 33 ♉ = IV rad.

Die Mondknoten sind die Schnittpunkte der Erdbahn mit der Mondbahn, sie zeigen die Verbindung von (☉) Mann und (☽) Weib oder auch die Verbindung des Mittelpunktes der Erde mit der Erdoberfläche, weil der Mond sich ebenfalls wie die Orte um die Erdachse bewegt. Das vorhergehende Planetenbild heißt also: männliche Verbindung des 15jährigen Mädchens, in der Differenz von ♂ vorg. — ♂ rad. Der Unterschied von ☋ und ♂ lfd zeigt gleichfalls das Alter der Getöteten; da es sich aber um ein weibliches Wesen Wesen handelt, so muß diese Differenz auf den Mond bezogen werden.

Der Punkt (♂ + ☋ — ☽) lfd = 22° 27 ♉ zeigt den Geburtsmeridian des Mädchens. Legen wir vorläufig den zweimal gefundenen Wert 22° 33♉ zugrunde, dann wäre der Stand des laufenden Mondes 18° 24 ♏ für das junge Mädchen maßgebend gewesen.

Der Neptun mit seiner Strahlenschwingung „Grünlichblau" vernichtet oder verhindert das Vorhaben des Mars, da dessen Farbe „Rötlichgelb" die Gegenfarbe des Neptun ist. Die Verneinung einer männlichen Verbindung eines Weibes ist daher im mathematischen Ausdruck (☊ + ♆ — ☽) enthalten.

Der Mond 18° 30 ♏ weist auf die laufende Sonne mit 26° 53 ♉. Die Verneinung einer Verbindung des Körpers (☊ + ♆ — ☉) oder an dem betreffenden Tage ging von dem Monde 18° 18 ♏ aus.

Die Weiblichkeit am Tage (☽ — ☉) 21° 25 II zeigt auf die progressive Sonne 21° 14 II, also auf das 15jährige Mädchen. Soll sich dieser Punkt mit dem Sonnenstande decken, so gilt der Mondstand 18° 19 ♏ für diese Person.

Außerdem zeigt die Symmetrieachse des Planetenbildes ☊ + ♆ = ☉ + ☽ bei einem Mondstande von 18° 18 ♏ mit 22° 42 ♉ auf den Geburtsmeridian des Mädchens, und sagt damit, daß die verneinende Person unter diesem Himmelsmeridiane geboren ist. Vernichtend war diese Achse für das Mädchen, weil beide Halbsummen zum Meridiane eine Quadratur warfen.

Der Todespunkt des Radix, bezogen auf den Erdmittelpunkt (♂ + ♄ — ♈) 21° 24 II wurde von dem Punkte der laufenden Planeten (☽ — ☉ — ♑) 21° 25 II ausgelöst. Es ist also:

(♂ + ♄ – ♈) rad. = (☽ – ☉ – ♑) lfd.

oder (♂ + ♄) rad. + ☉ lfd. = ☽ lfd. = 18° 29 ♏

Für den Ort Leipzig war nach Mitteleuropäischer Zeit der Stand des laufenden Mondes um 8 h 00 m vormittags 18° 09 ♏, und für 9 h 00 m vorm. 18° 47 ♍. Für den obigen Mondstand, der den Tod des Mädchens anzeigte, ist 8 h 32 m maßgebend. Der laufende Meridian wäre demnach 0° 09 ♈ und der Ascendent 26° 31 ♋ gewesen.

In den Todespunkt der Erdachse 21° 24 II lief die progressive Sonne mit 21° 14 II, es ist nun (♂ + ♄) rad. — ☉ progr. = ♂ *0° 10* ♈
und es liegt dieser Punkt in der Aequatorebene im laufenden Meridiane; der zugehörige Aszendent ist *26° 32* ♋, der zum laufenden Saturn 26° 58 ♎ eine Quadratur bildet und mit dem Radixcupido 27° 01 ♋ in Konjunktion steht.

Der Todespunkt (♂ + ♄ — IV) rad. befindet sich in Konjuktion mit dem Radixuranus, der Todespunkt (♂ + ♄ — ☉) rad. in Opposition zum Radixneptun.

Diese beiden Planeten berühren nun wechselnd als laufende Planeten die progessive Sonne und den Radixmeridian.

Anscheinend erreichte der laufende Uranus mit 20° 55 ♓ nicht die Quadratur der vorgeschobenen Sonne, bezieht man ihn aber auf die Radixhäuser und den Stand der Planeten in diesen, so muß der Schnittpunkt des Meridians, der durch den Planeten geht, mit der Ekliptik, bestimmt werden. Hierzu braucht man nicht erst die Rektascension der Planeten zu rechnen, sondern benutze eine Tabelle der Längen und der Deklinationen der Grade des Tierkreises und stelle den Unterschied der Länge, der durch die Breite entsteht, fest.

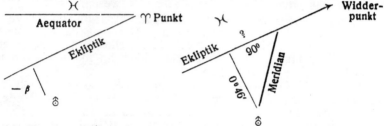

Das kleine Dreieck gebildet aus Ekliptik, einer Parallelen zum Aequator und dem Unterschiede der Deklinationen von 21° und 22° ♓ und dem Unterschiede der Rektascensionen dieser Grade gibt den Schlüssel zur Berechnung. Die Rektascension wird jetzt zur Breite und der Deklinationsunterschied zum gesuchten Längenabschnitt.

Länge: 1° 00′; Rektasc. 0° 55; Dekl.: 0° 24′
Es verhält sich 0° 55′ : 0° 46′ = 0° 24′ : x; x = 0°
Länge des Uranus 20° 55′ ♊ + 0° 20′ = *21° 15′* ♊

Dieser Schnittpunkt des Uranusmeridians mit der Ekliptik liegt in der Quadratur der progressiven Sonne 21° 14 II.

Dieselbe Berechnung wird für den Neptun angewandt:
♆ lfd. 17° 42 ♌, Breite + 0° 16′
1° 00′ : 0° 16′ = 0° 18′ : x; x = 0° 04′
Länge des laufenden Neptun 17° 42 ♌ + 0° 04′ = 17° 46 .

Von dieser Ekliptikstelle wird die Rektascension mit der
Tabelle bestimmt = 140° 13′
+ 90° 00′
gibt die Rektascension ♓ radix 230° 13′
Länge *22° 38′* ♏

(♂ rad. — ☉ rad. + ☋ lfd.) = 22° 38′ ♉
Mittelwert von 22° 33 ♉ u. 22° 42 ♉ = 22° 38′ ♉
Der Radixascendent ist dann 18° 00′ ♑.

Die in den vorhergehenden Ausführungen gefundenen Punkte:

(♂ + ♄) rad. + ☉ lfd.	= 18° 29 ♏	☽ lfd.
(♂ + ☋) lfd. — IV rad.	= 18° 19 ♏	☽ lfd.
(♆ + ☊ ☉) lfd.	= 18° 18 ♏	☽ lfd.
☉ progr. = (☽ — ☉) lfd.	= 18° 19 ♏	☽ lfd.

geben in dem Stande des laufenden Mondes von 18° 19 ♏ bis 18° 29 ♏ das Ereignis mit dem getöteten Mädchen von *8 h 16 m* bis *8 h 32 m* vormittags. Der Meridian lief in dieser Zeit von 25° 49 ♓ bis 0° 10 ♈; der Ascendent von 23° 48 ♋ bis 26° 32 .

Die Halbsumme ♂/♄ rad. 25° 42′ ♓ bezieht sich also durch die angeführten Punkte auf den Stand des laufenden Mondes 18° 19 ♏ und auf den laufenden Meridian.

Das Planetenbild des Radixhoroskops

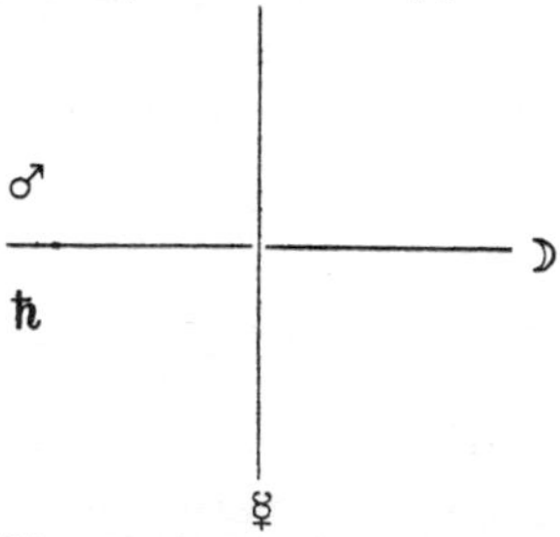

(♂ + ♄) Tod = (☿ + ☽) junges Mädchen, d. h. „Tod im Mädchenalter“ wurde von der Sonne, dem Monde und dem Meridiane ausgelöst.

Der Gestirnsstand für die Geburt des Opfers am 28. Mai 1909 abends 11 h 00 (nicht berichtigt) unter 51° 20′ nördl. Breite und 49 m 34 s östl. Länge ist.

☉ 6° 54 ♊ (+ 21° 26′)	♂ 1° 51 ♓ (— 13° 10′)	♆ 15° 23 ♋ (— 21° 51′)
☽ 27° 17 ♍ (+ 5° 50′)	♃ 5° 39 ♍ (— 10° 36′)	☊ 17° 16 ♊ (+ 22° 50′)
☿ 26° 48 ♊ (+ 24° 26′)	♄ 19° 33 ♈ (+ 5° 30′)	X 22° 38 ♍ (+ 51° 20′)
♀ 14° 56 ♊ (+ 22° 48′)	♅ 20° 38 ♑ (— 22° 19′)	☊ 18° 00 ♑ (— 22° 14′)

Die vorgeschobenen Planetenstände haben folgende Deklinationen:

+ 23° 09′	— 7° 43′	+ 19° 31′
+ 0° 17′	+ 5° 28′	+ 23° 26′
+ 23° 53′	+ 10° 34′	+ 51° 20′
+ 23° 41′	— 19° 29′	— 19° 39′

Die Häuser des Radix entstehen durch die 12-Teilung des Aequators von der Rektascension des Geburtsmeridians an. Die Schnittpunkte dieser 2 Stundenmeridiane mit der Ekliptik sind die Häuserspitzen. Je 2 Stunden des Ortslaufes durch ein Haus entspricht dem Laufe der Sonne durch die Zeichen, der progressive Meridian durch das X Haus gleicht dem Laufe der Sonne vom Geburtstage bis zum Datum desselben Tages im nächsten Monat.

X 22° 38 ♏   I 17° 46 ♒   IV 22° 38 ♉   VII 17° 46 ♌
XI 21° 01 ♐   II 19° 21 ♓   V 21° 01 ♊   VIII 19° 21 ♍
XII 18° 40 ♑   III 21° 53 ♈   VI 18° 40 ♋   IX 21° 53 ♎

Die astronomische Länge des Geburtsortes 18° 00 ♎ liegt im VIII Hause des Geburtsmeridians, der Ascendent im XI, an der Spitze des XII Hauses.

Die Halbsumme Leipzig/Mond 7° 38 ♎ in Quadratur mit dem Radix ♄ 7° 34 ♋ und in Konjunktion mit dem progr. ☊ 7° 37 ♎ der Mutter des Mädchens, lief vorgeschoben 21° 58 ♎ in die Quadratur des Rad. ☊ 20° 38 ♑ und wurde von dem Punkte (♑ + ♄ — ☾) lfd. 21° 45 ♑ („Tod einer weiblichen Person") ausgelöst.

Dieser letzte Punkt entspricht der Zeit 8 h 32 m und einem Mondstande 18° 29 ♏, der Stand 18° 28 ♏ und 8 h 30 m weist auf den Punkt 21° 46' ♑ hin, der sich in Konjunktion mit dem progressiven ☊ 21° 46 ♑ und in der Quadratur des progressiven ☊ 21° 45 ♎ des Mörders befand.

In der folgenden Fortsetzung geben einige Hilfshoroskope weitere Auskunft über den Zeitpunkt im Radix und die Verbindung mit dem Mörder, worauf dann als Schluß die Deutung des Radixhoroskopes nach Planetenbildern folgen wird. (Fortsetzung folgt.)

Zur Kritik der Hamburger Schule.
Von Wilh. Th. H. Wulff.

In einer der letzten Nummern der „Astrologischen Blätter" (Jahrgang 7, Heft 3 — 4, Seite 77) fragt Herr Dr. med. Grabert, Berlin, weshalb bis jetzt die „Einleitung" in die astrologischen Arbeitsmethoden der Hamburger Schule" und die wissenschaftlichen Belege für die Annahme der Existenz von transneptunischen Planete noch nicht veröffentlicht worden sind.

Ihm und vielen anderen Fragern sei mitgeteilt, daß Herr Hartmann den ersten Teil dieser „Einleitung" bereits am *14. August 1924* und den zweiten Teil Anfang März dieses Jahres beim Theosophischen Verlagshause in Leipzig eingereicht hat. Infolge technischer Schwierigkeiten konnte die Arbeit (etwa 25 Seiten Druck und 8 Seiten Zeichnungen) bisher noch nicht heraus gegeben werden. Da Herr Hartmann nun aber vor einiger Zeit die Korrekturbogen für den Druck und auch den Klischeeabzug für die erste Hälfte der Zeichnungen erhalten hat, so ist zu hoffen, daß nun bald der Abzug für die zweite Hälfte der Zeichnungen angefertigt wird, und die kleine Schrift dann endlich erscheinen kann.

Eine Arbeit über die transneptunischen Planeten von Herrn W. Hartmann liegt im Konzept seit langem vor. Sie enthält eine Zusammenstellung der gesamten Weltliteratur über dieses Problem in einer Vollständigkeit, wie sie wohl kaum anderweitig zu finden ist. — Man gedulde sich also noch ein Weilchen.

I.
EINFÜHRUNG IN DIE ASTROLOGISCHEN ARBEITSMETHODEN DER HAMBURGER SCHULE.
Von Wilhelm Hartmann.

Allgemeiner Überblick.

Schon im Jahre 1914, also vor nunmehr 11 Jahren, als ich zum ersten Male mit dem Hamburger Astrologen Alfred Witte zusammenkam, drang ich darauf, das bei Witte aufgestapelte umfangreiche astrologische Material zu verarbeiten und zu veröffentlichen. Aber der Krieg vereitelte zunächst die Ausführung dieses Planes. Witte wurde bald nach Kriegsausbruch eingezogen und stellte sein ganzes Material für den Fall seines Todes Herrn Albert Kniepf, Hamburg, zur Verfügung.

Doch glücklicherweise konnte Witte die Veröffentlichung seiner Forschungsergebnisse selbst in die Hand nehmen, nachdem er sich endlich im Jahre 1919 leidlich von den Folgen eines schweren Gelenkrheumatismus, welchen er sich durch den Aufenthalt in den nassen Unterständen zugezogen hatte, erholt hatte.

Witte hat dann bis heute etwa 40 Arbeiten veröffentlicht. Aber die Richtlinien, nach denen Witte seine Arbeiten verfaßte, waren leider wenig glücklich gewählt. Er glaubte seine Methode am besten vorführen zu können, wenn er Tatsachen brachte und weniger auf die Methodik an sich einging. Aber die Fülle der Tatsachen schreckte ab, anstatt anzuregen. Dazu kam, daß selbst die wenigen Erklärungen, die Witte gab, wegen der etwas sehr knappen Schreibweise Wittes zumeist nicht verstanden wurden.

Trotzdem aber wuchs das Interesse. Vor allem nach dem II. Astrologen-Kongreß (Leipzig 1923) liefen in Hamburg dauernd Anfragen ein und immer dringlicher wurde der Ruf nach einer systematischen Zusammenfassung der Arbeitsmethoden der »Hamburger Schule«.

Diesem Ruf soll nun endlich entsprochen werden. Es ist jedoch nun nicht meine Absicht, diese vielen Arbeiten Wittes (mit etwa 150 Druckseiten) nur in veränderter Form wiederzugeben, sondern die nachfolgenden Seiten sollen teils eine Brücke sein zu diesen Arbeiten, teils ein Führer. Zum tieferen Eindringen in die Methoden der Hamburger Schule wird es immer unbedingt erforderlich bleiben, auch Wittes Originalarbeiten zu verfolgen. Sie sind zum größten Teile in der »Astrologischen Rundschau« erschienen und im Anhang dieses Sonderheftes mit Hinweisen alle aufgeführt, worauf nachdrücklichst hingewiesen sei.

Wodurch unterscheidet sich nun eigentlich die Hamburger Schule von den übrigen astrologischen Systemen?

1. Durch das vorgeschobene Horoskop mit dem Direktionsschlüssel Sonnenlauf pro Tag gleich ein Jahr und ausgiebiger Berücksichtigung der sich hierbei bildenden neuen Deklinationen;

2. durch die Verwendung und Verbindung mehrerer Horoskope: Erdhoroskop, Sonnenhoroskop, Meridianhoroskop, Aszendentenhoroskop, Jahreshoroskop der Erde, Solarhoroskop usw. usw.;
3. durch die Einführung des Begriffes »Planetenbilder« und durch die Auswertung dieser Planetenbilder;
4. durch eine umfassende Erweiterung der Theorie der sensitiven Punkte (Spiegelpunkte, Halbsummen, Summen und Differenzen);
5. durch die Einführung transneptunischer Planeten.

Diese Unterschiede sind aber zugleich die Grundlagen des ganzen Witteschen Systems. Hat man diese Grundlagen verstanden, so werden die Witteschen Arbeiten trotz der knappen Schreibweise keine Schwierigkeiten mehr bereiten.

Außer einer ausführlichen Darlegung dieser Grundlagen war noch beabsichtigt, gleich die erforderlichen astrologischen Hilfsmittel mit herauszugeben und auch die Methode durch beigegebene Zeichnungen möglichst anschaulich zu machen. Leider mußte aus technischen Gründen hiervon abgesehen werden, so daß einstweilen mit den paar Skizzen vorlieb genommen werden muß. Sollten die Hilfsmittel später doch noch in Originalgröße hergestellt werden, so wird dieses rechtzeitig in der »Astrologischen Rundschau« bekannt gegeben.

Wilhelm Hartmann.

Zur Kritik der Hamburger Schule.

In der Zeitschrift »Astrologische Blätter« sind mehrere Artikel erschienen, die sich mit einer Kritik der »Hamburger Schule« beschäftigten. In Heft 5, Jahrg. VII dieser Zeitschrift hat nun Wilh. Th. H. Wulff in Hamburg eine Erklärung abgegeben, aus der wir folgendes entnehmen:

»Zunächst: Was und wer nennt sich nun eigentlich die »Hamburger Schule?« »Die Hamburger Schule« ist lediglich eine von Herrn Sieggrün eingeführte Bezeichnung für die von ihm abgehaltenen astrologischen Unterrichtskurse, in denen nach Wittes Methoden gearbeitet wird, also kein Verein und keine größere astrologische Gemeinschaft...

»Im Namen der übrigen bekannteren Astrologen hier in Hamburg (Herrn H. Frank, W. Hartmann, F. Langner) habe ich dann noch zu erklären, daß wir zwar die astrologischen Methoden des Herrn Witte kennen und zum Teil auch anwenden, durchaus aber nicht mit allem einverstanden sind, was Witte lehrt und schreibt...«

Wir geben diese Erklärung den Lesern dieser Veröffentlichung bekannt, damit über die Umschreibung des Wortes »Hamburger Astrologenschule« begriffliche Klarheit herrscht. Der Ausdruck »Hamburger Astrologenschule« wurde unseres Wissens zum erste Male klar formuliert und bekanntgemacht während des II. Astrologen-Kongresses in Leipzig, auf dem Friedrich Sieggrün die Arbeitsmethoden des Herrn Witte erstmalig öffentlich vertrat. Auf dem III. Astrologen-Kongresse in Berlin hat Friedrich Sieggrün eine graphische Darstellung und ausführlichere Erläuterungen hierzu bekanntgegeben. (Vgl. »Astrologische Rundschau«, Jahrg. XIV, Bericht über II. Astrologen-Kongreß, und Jahrg. I des »Nachrichtenblattes«, Referate zum III. Astrologen-Kongreß.)

Beide Arbeiten von Wilhelm Hartmann und Friedrich Sieggrün schätzen wir als die besten Einführungen in »Hamburger Arbeitsmethoden«, und wir hoffen, daß ihnen weitere folgen werden.

Die Schriftleitung der »Astrologischen Rundschau«.

EINFÜHRUNG.

Das vorgeschobene Horoskop.

Wer die astrologische Literatur der letzten Jahre verfolgt hat, dem wird sicher aufgefallen sein, daß durchweg nur noch d i e Direktionsmethoden mit besonderer Empfehlung erwähnt wurden, bei denen nicht e i n Punkt oder e i n Planet dirigiert wird, sondern m e h r e r e zu gleicher Zeit oder gar das ganze Radixhoroskop. So trat A. M. Grimm, München, in seinen Lehrbüchern besonders für die Profektionen ein, bei welchen das ganze Horoskop jährlich um $30°$ gegen das Radix verschoben wurde, eine uralte Direktionsmethode, die bereits Tycho de Brahe besonders bevorzugte. Rödiger-Hof (»Astrolog. Rundschau, XII. Jahrg., Heft 9/10, 1922), glaubte aus einer Verschiebung von $1°$ pro Tag alle Ereignisse des Lebens ableiten zu können (womit er den oft von Witte ausgeführten Satz »die Radixsonne, Lunarsonne und laufende Sonne führen bei ihrem Fortschreiten alle Radixstände mit sich«, praktisch anwendete). Und in jüngster Zeit tritt Frank Glahn in seinem Buche »Erklärung und systematische Deutung des Geburtshoroskops« für eine Verschiebung um einen Quadranten pro 25 resp. 75 Jahre ein.

Vor allen Dingen aber hat Witte immer wieder auf die Bedeutung des vorgeschobenen Horoskopes hingewiesen, und zwar verschiebt er das ganze Horoskop auf dem progressiven Sonnenbogen, wobei dem Sonnenlaufe pro Tag in den Tagen nach der Geburt ein Jahr entspricht.

Warum nun 1 Tag = 1 Jahr und nicht 1 Grad = 1 Jahr?

Es gibt einzelne Fälle, in denen dieser Bogen mit dem Direktionsbogen von Glahn übereinstimmt, und zwar dann, wenn 3 Häuser zusammen etwa $75°$ groß sind. Hierauf soll später noch eingegangen werden. Ich erwähne dieses deshalb schon jetzt, um einmal darauf aufmerksam zu machen, daß gerade solche Übereinstimmung verschiedener Direktionsmethoden in einzelnen Fällen die Ursache ist, weshalb man über den Direktionsschlüssel zu keiner einheitlichen Ansicht gelangt. Denn ebenso gibt es sehr viele Horoskope, bei denen tatsächlich für einzelne Ereignisse der Bogen $1° =$ 1 Jahr mit dem Bogen 1 Tag = 1 Jahr übereinstimmt. Hat man dann in verschiedenen Horoskopen zufällig mit dem Bogen $1° =$ 1 Jahr Ereignisse bestätigt gefunden, so schwört man natürlich auf diese Methode, und wenn es dann einmal n i c h t stimmt, dann wird versucht, durch »Korrektur« die Auslösung stimmend zu machen.

Aber was ist denn eigentlich ein Grad? Doch nur der 360. Teil eines Kreises, der gar nichts mit den wirklichen Bewegungen am Himmel zu tun hat. Wenn ich mit Bewegungen von Planeten arbeiten will, muß ich mich doch auch an die w i r k l i c h e n Bewegungen dieser Planeten halten und nicht mit ganz willkürlichen Kreiseinteilungen arbeiten. Die Kreiseinteilung von $360°$ ist sicherlich die beste und praktischste für unsere astrologischen Arbeiten. Sie entspricht ja auch annähernd der täglichen Bewegung der Sonne. Aber doch nur a n n ä h e r n d! Darüber kann man doch gar nicht streiten! (Siehe Kontroverse Hentges-Winkel im V. Jahrgang der Astrol. Blätter, Heft 3.)

Erfreulicherweise wird jetzt endlich auch von anderer Seite häufiger auf das Mangelhafte des Schlüssels $1° =$ 1 Jahr hingewiesen. (Z. B. Ferdinand Hoyer im XV. Jahrg. »Astrolog. Rundschau«, Heft 6.)

Ebenso ist es mit der Profektion $30° =$ 1 Jahr. Man läßt sich leicht verleiten, etwa folgendermaßen zu schließen: Weil ein laufender Planet nach je $30°$ eine Stelle im Zodiak erreicht, in welcher er eine besondere Wirkung erzielt (Aspektbildung), die Sonne zudem in jedem Monat u n g e f ä h r an d e n s e l b e n Tagen diese Stelle erreicht und nach 12 solchen Konjunktionen mit diesen um je 30° entfernten Perioden e i n e n Zyklus vollendet, der Mond ferner nach u n g e f ä h r je 30° auch solchen Zyklus vollendet — so müssen nach je 30° periodische Wirkungen ausgelöst werden usw. Aber auch dieser Schlüssel ist, abgesehen von den Aspekten, doch auch nur wieder u n g e f ä h r! Der genaue Schlüssel muß von den w i r k l i c h e n Bewegungen abgeleitet werden, wie dieses Witte für diese Profektion im XII. Jahrg. »Astrolog. Rundschau«, Seite 85—89, nachgewiesen hat.

Weshalb nun das ganze Horoskop dirigiert wird und nicht wie bisher nur einzelne Punkte, weshalb ferner ein Mensch, der am 15. Tage nach seiner Geburt eine schlechte Mars-Saturn-Stellung zum Aszendenten hat, ausgerechnet in seinem 15. Lebensjahre sterben oder krank werden muß — das sind Fragen, auf die einstweilen keine wissenschaftlich befriedigende Antwort gegeben werden kann. Zwar hat gerade Witte in ausführlicher Weise dargetan, wie die Wirkungen der Gestirne zu erklären sind. Auch wird nach dem heutigen Stande der Naturwissenschaft eine Einwirkung der Planeten auf die Erde und somit auf die Menschen nicht mehr geleugnet. Aber alle bisher festgestellten Einwirkungen sind einstweilen nur elektro-magnetischer Natur und vor allen Dingen nur von kurzer Dauer und ohne längere Nachwirkung. Es bleibt unerklärlich, weshalb eine bestimmte kosmische elektro-magnetische Konstellation bei der Geburt nach vielen Jahren bei dem e i n e n Menschen einen Beinbruch und bei dem a n d e r e n Menschen eine Liebesaffäre verursacht.

Ich erwähne dieses, um von vornherein eine Diskussion über die Berechtigung oder Nicht-Berechtigung einer nachgeburtlichen Direktion, soweit es sich um das Prinzip der Direktionen an sich und nicht um die Methode selbst handelt, abzuschneiden. Wir müssen uns mit der Ansicht begnügen, daß der junge neugeborene Körper besonders empfänglich für kosmische Einflüsse ist, und daß diese Einflüsse ganz bestimmte seelische und körperliche Dispositionen schaffen, die sich im späteren Leben in ganz bestimmter Richtung auswirken. Vergleicht man dabei den neugeborenen Menschen mit einem Samenkorn, welches man in die Erde legt, und berücksichtigt die Beschaffenheit der Erde, des Kornes selbst und die Einflüsse von außen (Regen, Wärme usw.), so kann man sich ein ganz plausibles Bild von der Wirkung von Direktionen machen. —

Wie verändern sich nun die astronomischen Positionen der Planeten und Punkte, wenn man das Horoskop als Ganzes in der Ekliptik verschiebt? In Figur 1 seien a_1, b_1, c_1, drei Planeten des Horoskopes mit den Werten:

Planet	Länge	Breite	Deklination
a_1	9° 51′ ♉	0°	+ 14° 46′
b_1	17° 36′ ♌	+ 0° 16′	+ 15° 49′
c_1	19° ♐	+ 0° 44′	− 22° 17′

Beachten wir, daß die Planeten fest miteinander verbunden angenommen werden, so ergibt sich:

1. Die Länge verändert sich für alle Planeten und Punkte bei der Verschiebung um denselben Betrag;

2. die Breite bleibt bei der Verschiebung für alle Planeten dieselbe;
3. die Deklination ändert sich bei der Verschiebung ungleichmäßig für alle Planeten und alle Punkte.

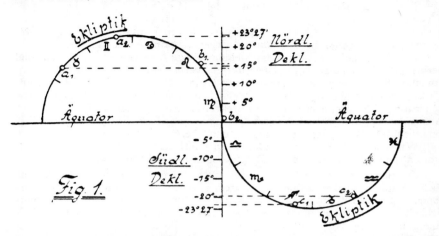

Fig. 1.

Verschiebe ich die obigen drei Punkte z. B. um 40°, so erhalte ich folgende neue Positionen:

Planet	Länge	Breite	Deklination
a_2	19° 51′ ♊	0°	ca. + 23° 03′
b_2	27° 36′ ♍	+ 0° 16′	ca. + 1°
c_2	29° ♐	+ 0° 44′	ca. − 19° 50′

Bei dieser Verschiebung überschritt a_1 die ursprüngliche Deklination von b_1, bildete also einen Parallelschein mit b_1, ferner, da südl. und nördl. Deklination gleich gewertet werden, auch die Deklination von c_1 usw. Auf diese sich bildenden Parallelscheine legt nun Witte großen Wert und hat deshalb verschiedentlich Tabellen veröffentlicht, um diese neuen Deklinationen zu ermitteln. (Astrol. Rundschau, 10. Jahrg., S. 57—60.) (Astrol. Blätter, 5. Jahrg., S. 71—75.) Außerdem hat Witte eine »Tafel zur graphischen Bestimmung der Deklinationen der vorgeschobenen Planeten« gezeichnet, die demnächst durch das Theosophische Verlagshaus bezogen werden kann, und aus welcher die neuen Positionen ohne weitere Rechnung entnommen werden können.

Aber sowohl die genaue Berechnung als auch die Entnahme der Werte aus der Tafel erfordert noch recht viel Zeit. Witte hat deshalb noch eine dritte Methode ersonnen, und zwar eine graphische Darstellung, die mit eigens zu diesem Zwecke hergestelltem Kurvenlineal in kurzer Zeit und einfacher und eleganter Art und Weise angefertigt werden kann und sämtliche sich bildenden Parallelscheine für das ganze Leben enthält.

Warum diese Parallelscheine wirken oder weshalb man eine Wirkung annehmen darf, soll später bei den sensitiven Punkten gezeigt werden. Hier interessiere uns zunächst nur die Anfertigung dieser graphischen Darstellung, wie sie Witte öfter beschrieben hat, z. B. in der oben angeführten Arbeit in den Astr. Blättern, Jahrg. 5.

Die folgende Beschreibung der Herstellung der graphischen Darstellung der Deklinationen der vorgeschobenen Planeten weicht in einigen Punkten von Witte's Verfahren ab, ist aber im Prinzip und im Ergebnis ganz genau dasselbe. —

Da die Planeten bei der Verschiebung Wege beschreiben, welche parallel der Ekliptik (weil immer dieselbe Breite!) verlaufen, und der Ekliptikbogen nur unwesentlich von den Längenkreisen (Anm.: Die Parallelkreise der Ekliptik heißen Längenkreise. Die durch die beiden Ekliptikpole hindurchgehenden größten Kreise nennt man Breitekreise. Siehe: Laska, Lehrbuch der Astronomie, Seite 55.) abweichen, so kann man diese Ekliptikbogen selbst benutzen, um die bei der Verschiebung entstehenden Kurven zu zeichnen.

Wir zeichnen uns deshalb die Ekliptik auf starke Pappe auf, schneiden diese aus und benutzen diesen Ekliptikbogen als Kurvenlineal.

Zweckmäßig verfährt man dabei etwa folgendermaßen: Man nimmt starke Pappe von der Größe 50×100 cm und legt auf diese einen Zeichenbogen von gleicher Größe mit Millimetereinteilung. Dabei vergewissere man sich, daß die Millimetereinteilung auch wirklich genau ist. Es gibt nämlich eine ganze Reihe von Fabrikaten, bei welchen die Einteilung auf ca. 50 cm 2 bis 3 mm ungenau ist. Da 1 cm auf dem Bogen 1° auf dem Äquator sein soll (gleich etwa 1 Jahr), so würde, wenn das später zu verwendende Millimeterpapier 2 bis 3 mm mit dem Kurvenlineal differiert, die Zeichnung die Ereignisse um 3 bis 4 Monate verschoben anzeigen. Wenn man Millimeterpapier mit genauer Einteilung nicht erhalten kann, so verschaffe man sich von vornherein eine größere Anzahl Millimeterbögen, welche dieselbe Teilung haben wie das für die Zeichnung des Kurvenlineals verwendete. (Gangbarste Größe: Schulzeichenbrettgröße, etwa 50×65 cm.) Aus diesem gleichen Grunde, um also möglichst genaue Zeiten für die Ereignisse zu bekommen, wird das Format (wie hier beschreiben) etwa doppelt so groß gewählt, wie Witte gewöhnlich angibt. Bei den vielen Zeichnungen, die ich bereits angefertigt habe, hat sich dieses größere Format als sehr zweckmäßig herausgestellt.

Etwa 10 cm von dem unteren Rande zieht man die Anfangslinie (Abszisse), welche den Äquator darstellt. Auf dem Äquator trägt man 90 cm ab, läßt also links und rechts etwa 5 cm frei und markiert von links nach rechts auf diesen 90 cm gleich 90° gleich 1 Quadrat des Äquators, resp. der Ekliptik, die Grade der ersten 3 Tierkreiszeichen Widder, Stier und Zwillinge.

Nach Tabelle XIII in Band X der Astrol. Bibliothek werden nun zu den einzelnen Graden die zugehörigen Deklinationen markiert. Als Maßstab für die Deklinationen wählt man $1\frac{1}{2}$ cm gleich ein Grad. Da man etwa 24 Grad (genau 23° 27') gebraucht, so wird die Ordinate (die Senkrechte in 0° Widder nach oben) etwa 36 cm lang. Es sind also

1 mm auf der Abszisse gleich sechs Bogenminuten,
1 mm „ „ Ordinate „ vier „

Die einzelnen zugehörigen Deklinationspunkte zeichne man gar nicht erst auf den Millimeterbogen auf, sondern steche gleich mit einer feinen Nadel (Zirkelspitze!) an den betreffenden Punkten durch das Papier hindurch, so daß die Punkte auf der Pappe noch zu sehen sind. Man erspart sich dadurch die Arbeit, nachher noch einmal den Ekliptikquadranten auf die Pappe zu übertragen. Auch wird das Kurvenlineal genauer und ferner kann man den Millimeterbogen noch zu anderen Zwecken gebrauchen.

Hat man so von $0°$ Widder bis $30°$ Zwillinge alle Werte aufgetragen, so geht man noch etwa $5°$ über Widder nach links (Fische!) und Zwillinge nach rechts (Krebs!) hinaus, markiert auch die Punkte des Äquators und zeichnet jetzt, nach Entfernung des Millimeterbogens, auf der Pappe selbst alles Erforderliche ein und schneidet aus.

V o r s i c h t   b e i m   S c h n e i d e n ! ! Scharfes Messer nehmen! 2 bis 3 mm starke Pappe läßt sich nicht leicht verarbeiten. Scharten und Ungleichheiten lassen sich gut mit Sandpapier glätten. Mit Ausnahme des linken Viertels schneidet man auch die untere Kante des Lineals möglichst glatt ab; rechts schneidet man noch einen Bogen heraus, um das Lineal bequem handhaben zu können.

Man erhält so ein Kurvenlineal, wie es in Fig. 2 maßstäblich im Verhältnis 1 : 5 wiedergegeben ist. Auch geht aus der Figur die Beschriftung beider Linealseiten hervor. Man erhält die Punkte auf der Rückseite in einfacher Weise dadurch, daß man die Punkte auf der Vorderseite oben und unten am Lineal markiert, diese Seite dann auf einen Spiegel legt und nun die im Spiegel sichtbaren Punkte auf die Rückseite überträgt.

Will man sich erst eine ungefähre Übersicht über die Arbeitsweise mit diesem Kurvenlineal verschaffen, und scheut nun die Mühe, dieses Lineal gleich in der oben beschriebenen Größe herzustellen, so schneide man sich Figur 2 sorgfältig aus und klebe Vorder- und Rückseite genau aufeinander. Man kontrolliere dann mit diesem kleinen Lineal die folgenden Zeichnungen. Es ist das das beste Mittel, mit der Methode vertraut zu werden. (Die Zeichnungen sind mit dem Lineal Figur 2 angefertigt!)*)

(Es ist die Anfertigung des Lineals im Vorhergehenden so beschrieben worden, als wenn die Abszisse den Äquator und die Kurve die Ekliptik darstellt. Das ist in Wirklichkeit nicht der Fall, sondern gerade umgekehrt. Will man sich ein genaues Lineal anfertigen, so muß man die 90 cm der Abszisse erst nach Band 10 der Astrologischen Bibliothek, Tabelle I, u n g l e i c h in 90 Teile teilen und dann erst die Ordination nach Tabelle XIII auftragen. Da man dann aber auch bei der Anfertigung der Zeichnung wieder die ungleiche Abszisseneinteilung nötig hat und diese Einteilung von jedem Punkte auf der Ekliptik an wieder ungleich ist, so wird dadurch die Arbeit recht kompliziert. Weil jedoch die wahre Kurve von dem Kurvenlineal nur unwesentlich abweicht, ferner für die genaue Darstellung so wie so für jede Kurve mindestens 2 bis 3 Kontrollpunkte berechnet werden müssen, so ist im Folgenden diese Abweichung ganz unberücksichtigt gelassen worden. Wer jedoch die Absicht hat, sich eingehender mit dieser Methode zu befassen, der möge nicht die Mühe scheuen, sich auch mit dieser genauen Methode zu befreunden. Sie ist ein ausgezeichnetes Mittel, sich mit dem Wesen der astronomischen Koordinaten vertraut zu machen!)

Nun zur Zeichnung selbst! Als Beispiel diene ein Horoskop, errichtet auf den 1. Mai 1924, Greenwich'er Mittag und London, so daß die Stände

---

*) Es ließ sich bei der Reproduktion der von mir eingesandten Originalzeichnungen leider nicht verhindern, daß sich der Maßstab für die Zeichnungen etwas veränderte. Die Figuren 2, 8 und 9 sind um etwa $1/10$, die Figuren 1, 3, 4, 5, 6, 7 noch um etwas mehr zu klein ausgefallen. Es lassen sich deshalb nur Figur 8 und 9, nicht aber 5, 6 und 7 mit dem Kurvenlineal Fig. 2 kontrollieren.

Will man eigene Horoskope mit dem Lineal herstellen, s o   m u ß   m a n   s i c h d e n   i n   F i g. 2   (l i n k s)   e i n g e z e i c h n e t e n   M a ß s t a b   g e n a u   a b t r a g e n. D a r a u f   s e i   a u s d r ü c k l i c h   a u f m e r k s a m   g e m a c h t !

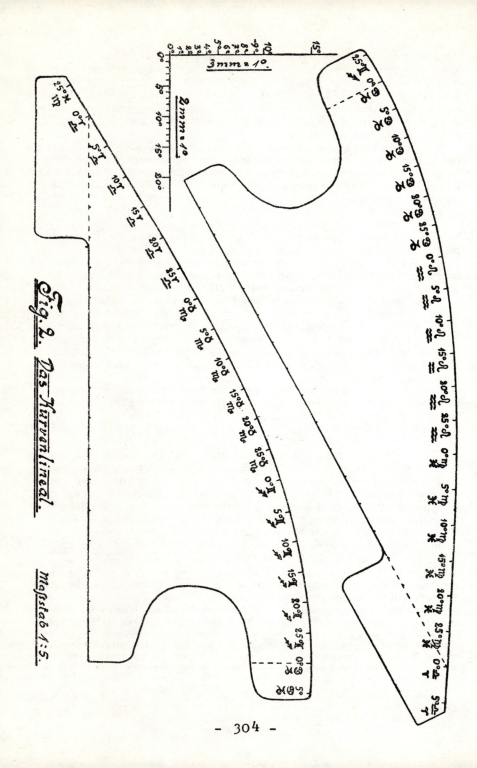

Fig. 2. Das Kurvenlineal. Maßstab 1:5.

direkt aus den Ephemeriden in Heft 1 der Astrologischen Rundschau, April 1924, Seite 32, entnommen werden können. Wir finden dort:

Länge:	Deklination:	Länge:	Deklination:
☉ 10° 49′ ♉	+ 15° 05′	♄ 28° 06′ ♎	− 8° 14′
☽ 13° 30′ ♈	+ 2° 07′	♅ 20° 18′ ♓	− 4° 32′
☿ 20° 35′ ♉	+ 19° 35′	♆ 17° 36′ ♌	+ 15° 49′
♀ 26° 02′ ♊	+ 27° 04′	☊ 28° 35′ ♌	+ 12° 58′
♂ 3° 58′ ♒	− 20° 44′	Asz. 24° 19′ ♌	+ 13° 26′
♃ 18° 55′ ♐	− 22° 16′	10.H. 11° 38′ ♉	+ 15° 20′

Etwa 3 cm vom unteren Rande des Millimeterzeichenbogens zieht man die Abszisse und etwa eine Handbreit vom linken Rande die Ordinate. Da die Ordinate auf der Abszisse in dem Anfangspunkt für die graphische Darstellung errichtet wird und dieser Anfangspunkt gleich der Länge der Sonne ist, so legt man die Ordinate am besten s o , daß auf dem Zeichenbogen die Zentimetereinteilung mit den vollen Graden übereinstimmt. In unserem Falle ist der Anfangspunkt gleich 10° 49′ Stier (gleich Länge der Sonne). Man fängt deshalb einige Zentimeter links vom Rande auf der Abszisse mit 10° Stier an zu zählen; jeder ist cm gleich 1°. Dann errichtet man in 10° 49 gleich 10 cm 8 $^1/_6$ mm die Ordinate (siehe Figur 3), und teilt diese wie das Kurvenlineal ein, also je $1^1/_2$ cm gleich ein Grad. Vom Anfangspunkt nach oben zählen! Bei hoher Deklination und großer Breite braucht man etwa 30°, meistens jedoch weniger.

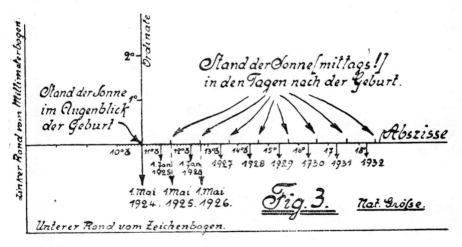

Will man mit dem kleinen Lineal, Figur 2, Zeichnungen anfertigen, so hat man, da das Lineal $^1/_5$ nat. Größe ist, ein Koordinatensystem nötig, in welcher 3 mm auf der Ordinate und 2 mm auf der Abszisse gleich ein Grad sind. In Figur 2 ist links ein Teil dieses Koordinatensystems in der dem Kurvenlineal entsprechenden Größe angegeben.

Auf der Abszisse hat man noch außer der gleichmäßigen Ekliptikteilung, die ungleichmäßige Zeitteilung aufzutragen, die durch den täglichen Gang der Sonne bestimmt wird. Lauf der Sonne in einem Tage gleich ein Jahr!

Man markiert sich zunächst die Mittagsstände der Sonne (in der Fig. 3 die kleinen Striche auf der Abszisse nach oben! Man kontrolliere mit der Ephemeride!).

In unserem einfachen Fall, bei welchem absichtlich als Geburtsstunde null Uhr gewählt worden ist, geben diese Mittagsstände die Geburtstage des Horoskopeigners in den Jahren nach der Geburt, also immer den 1. Mai. Da es aber für die Auswertung der Zeichnung nachher praktischer ist, immer vom 1. Januar eines Jahres auszugehen, so benutzen wir diese Mittagsstände nur, um diese Punkte auf der Abszisse bestimmen zu können.

Schon durch Augenmaß wird man diese Punkte ziemlich genau festlegen können. Man stellt den 1. Januar nach der Geburt fest und sieht, wie weit dieser Punkt vom nächsten Mittagspunkt entfernt ist. Dieselbe Entfernung trägt man dann von allen Mittagsständen ab resp. zu.

Die Berechnung dieser Jahresanfänge ist folgendermaßen: Vom 1. Mai 1924 bis zum 2. Mai 1924 (Greenwicher Mittag) ging die Sonne um 58' 13" oder rund 58' weiter. (Sekundenwerte lasse man prinzipiell unbeachtet!! Ferner sei darauf aufmerksam gemacht, daß für das vorliegende Beispiel die oben angegebene Ephemeride in Heft 1, Jahrg. XVI der Astrol. Rundschau benutzt werden muß, da andere Ephemeriden kleine Abweichungen zeigen. so gibt z. B. die deutsche Ehpemeride von Huber als Sonnenstand 10^0 49' 42" Stier an, während obige Ephemeride 10^0 49' 21" Stier angibt.) Diese 58' sind also gleich 365 Tage. Vom 1. Mai 1924 bis zum 1. Januar 1925 sind 245 Tage. Demnach:

$$365 \text{ Tage} = \frac{58}{60} \text{ cm.}$$
$$1 \text{ Tag} = \frac{58}{60 \cdot 365} \text{ cm.}$$
$$245 \text{ Tage} = \frac{58 \cdot 245}{60 \cdot 365} \text{ cm} = \text{ca.} \frac{39}{60} \text{ cm} = 6 \tfrac{1}{2} \text{ mm.}$$

Diese $6\,^1/_2$ mm zu 10^0 49', gleich 10 cm $8\,^1/_6$ mm addiert gibt 11 cm $4\,^4/_6$ mm. (Siehe Fig. 3) Zu allen Mittagsständen werden also $6\,^1/_2$ mm addiert, um den nächsten 1. Januar zu erhalten.

2. B e i s p i e l. H. M., geb. am 20. April 1893. nachmittags 9 Uhr 33 M. E. Z. in Hamburg.

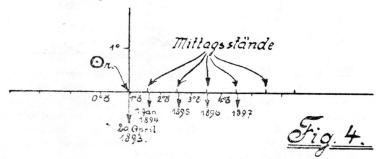

Fig. 4.

	Länge:	Deklination:		Länge:	Deklination:
☉	0° 58′ ♉	+ 11° 49′	♄	7° 48′ ♎	− 0° 38′
☽	29° 54′ ♊	+ 27° 52′	♅	9° 02′ ♏	− 14° 05′
☿	6° 02′ ♈	− 0° 43′	♆	9° 32′ ♊	+ 20° 24′
♀	27° 56′ ♈	+ 9° 41′	Asz.	22° 51′ ♏	− 18° 29′
♂	15° 02′ ♊	+ 23° 41′	M.C.	16° 16′ ♍	+ 5° 26′
♃	6° 12′ ♉	+ 12° 41′	☋	28° 40′ ♍	+ 10° 51′

Sonnenlauf vom 20. bis 21. April $58^{1}/_{2}{}' = 365$ Tage. Vom 20. April bis 1. Jan. = 256 Tage. Demnach wie (oben): $\dfrac{58^{1}/_{2} \cdot 256}{60 \cdot 365} = \dfrac{41}{60}$ cm = $6^{5}/_{6}$ mm.

Sonnenlauf bis zum 1. Jan.		$6^{5}/_{6}$ mm
Sonnenstand am 20. April		$9^{4}/_{6}$,,
Demnach: 1. Jan.	1 cm	$6^{3}/_{6}$,,
Nächster Mittag (laut Ephemeriden)	1 ,,	$5^{5}/_{6}$,,
Differenz:		$^{4}/_{6}$ mm.

Zu den Mittagständen sind also in diesem zweiten Beispiel immer $^{4}/_{6}$ mm hinzuzählen, um den nächsten 1. Januar zu erhalten.

Hat man auf diese Weise Abszisse und Ordinate eingeteilt, so trägt man sich die Deklinationsstände der Planeten und Punkte auf der Deklinationsachse (Ordinate!) an den betreffenden Stellen ein und schreibt die zugehörigen Längen gleich hinzu. Durch diese Punkte werden dann einerseits Horizontale, also Parallele zur Abszissenachse und andererseits die Deklinationskurven gezogen. Letztere am Kurvenlineal, indem man d e n Punkt der Kurve auf den Ordinatenpunkt legt, der die gleiche Länge zeigt wie der betreffende Planet oder Punkt, dessen Deklinationskurve man zeichnen will.

In Beispiel 1 hatte die Sonne eine Länge von 10° 49′ ♉ und eine Deklination von + 15° 05′. Fig. 5 zeigt für diesen Fall, wie das Lineal liegen muß. Man zieht das erste Stück der Kurve bis 0° ♋, dreht dann die Lineal um 180° und zieht dann beliebig weit, je nachdem für welche Zeit man die graphische Darstellung wünscht. In Fig. 8 und Fig. 9 reicht die Darstellung für ca. 60 Jahre, also etwa der Lebensabschnitt, der auch auf den gebräuchlichen Zeichenbogen dargestellt werden kann.

Da die Sonne keine Breite hat, muß die untere Kante des Lineales sich mit der Abszissenachse decken. Es ist dieses zugleich eine Kontrolle, ob man die Punkte o h n e Breite richtig auf der Ordinatenachse aufgetragen hat, also eine Kontrolle für Asc., M. C., Sonne und Mondknoten. Haben die Gestirne eine Breite, so wird die untere Kante des Lineals entweder über oder unter der Abszissenlinie liegen, mit der seltenen Ausnahme, daß Deklination und Breite sich aufheben. Man achte jedoch darauf, daß i m m e r untere Kante des Lineals und Abszissenlinie parallel sein müssen.

Für die Venus in unserem Beispiel 1 mit einer Länge von 26° 02′ ♊ und + 27° 04′ Deklination ist die Anfangslage wie in Fig. 6. Die untere Kante des Lineales liegt erheblich über der Abszisse. Die Venus muß deshalb eine größere Breite haben. Die vollständige Ephemeride gibt + 3° 40′ an. (In den Zeichnungen 5 bis 7 deutet die punktierte Linie die zweite Lage des Lineales an.)

Fig. 7 gibt beide Lagen des Lineals für Uranus wieder, 20° 48′ ♓ und — 4° 32.

Muß das Lineal, wie in den Beispielen Fig. 5 bis 7 um 180° gedreht werden, so achte man auch streng darauf, daß die untere Kante des Lineals nach der Drehung wieder genau in derselben Höhe zu liegen kommt. Man

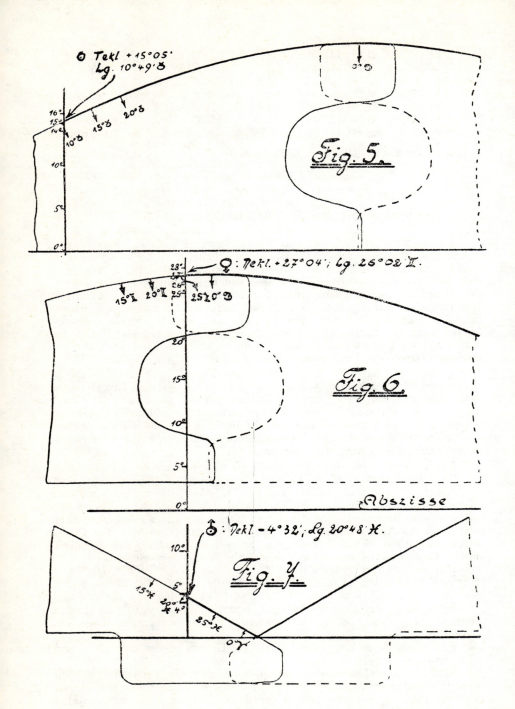

findet die neue Lage leicht, wenn man sich in der ersten Lage immer den Schnittpunkt der Kurve mit der Abszissenlinie merkt. Es empfiehlt sich ferner noch, die negativen Deklinationen gestrichelt zu zeichnen und die einzelnen Schnittpunkte der Kurven durch einen kleinen Kreis zu markieren,

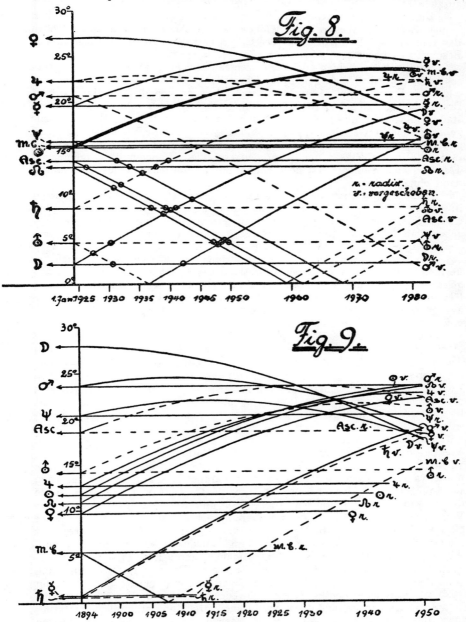

wie es teilweise in der linken Hälfte von Fig. 8 durchgeführt worden ist. Auch erhöht es die Übersichtlichkeit, wenn man die Radixdeklinationen und die Deklinationen der vorgeschobenen Planeten in verschiedenen Tuschen auszieht.

Fig. 8 und 9 endlich sind die fertigen Zeichnungen für die gewählten beiden Beispiele. Wegen der Kleinheit der Zeichnungen sind die Angaben der Längen und Deklinationen fortgelassen worden. Auch ist sonst in der Beschriftung gespart.

Schon diese beiden Beispiele zeigen, welche eigenartigen und verschiedenen Formen man bei dieser Darstellung erhält. Da ja die Lage der einzelnen Kurven sowohl von der Länge als auch von der Deklination und Breite abhängt, so geben sie zugleich ein vollständigeres Bild eines Planetenstandes als das Radixhoroskop. Man erkennt auf den ersten Blick das zugehörige Tierkreiszeichen für jede Kurve, wenn man sich einmal diese Zugehörigkeit am Kurvenlineal eingeprägt hat. Man versuche es gleich einmal und schreibe in Fig. 8 und 9 zu den einzelnen Planeten die zugehörigen Tierkreiszeichen hinzu; erst noch einmal unter Zuhilfenahme des Lineals und dann ohne Lineal.

Dann zeichne man sich einige Beispiele, in welchen 4 oder 5 Planeten in einem Tierkreiszeichen liegen, um die für jedes Tierkreiszeichen ganz charakteristische Darstellung kennen zu lernen. Man wird dann sicher zugeben, daß diese neue Methode eine recht brauchbare und anschauliche Darstellung eines Planetenstandes liefert.

Hat man sich solche Beispiele gezeichnet, dann wird es sich auch erübrigen, näher darauf einzugehen, weshalb das Kurvenlineal gerade s o angelegt wird, weshalb man nördliche und südliche Deklination nach e i n e r Richtung auftragen darf, weshalb alle Deklinationslinien von einer Ordinate aus gezogen werden dürfen usw. Das sind alles Fragen, die sich dann von selbst beantworten. —

Alle Schnittpunkte in der Zeichnung, also sowohl die Schnittpunkte der Horizontalen (= Radixdeklinationen!) mit den Kurven (= Deklinationen der vorgeschobenen Planeten!) als auch die Schnittpunkte der Kurven untereinander sollen nach Witte Ereignisse anzeigen, deren Zeitpunkt durch Projektion dieser Schnittpunkte auf die Abszisse gefunden wird. Treffen sich drei Linien in einem Punkte, wie dieses in Fig. 9 zwischen den Jahren 1924 bis 1935 (etwa) häufiger der Fall ist, so kann man mit besonders hervortretenden **Ereignissen rechnen.**

Von allen diesen Linien haben nun die Asz.-Linien und M.-C.-Linien eine besondere Bedeutung. Verfolgt man in Fig. 9 die beiden M.-C.-Linien, so findet man für etwa 1906 M. C. vorgeschoben // ☿ radix und ♄ radix und etwa zur gleichen Zeit ☿ und ♄ vorg. parallel M. C. radix. Weiter 1909 wieder M. C. v. // ♄ und ☿ und 1922/23 M. C. v. // M. C. r. Man würde daraus ganz allgemein folgern: 1906, 1909 und 1922 Berufsereignisse. **Die Wirklichkeit stimmte hiermit gut überein.** Der Native mußte, noch nicht ganz 14 Jahre alt, die Schule verlassen und kam in die Schlosserlehre, hielt hier aber nur einige Monate aus und kam dann in die kaufmännische Lehre. Also 2 mal 2 Schnittpunkte kurz hintereinander und 2 Ereignisse kurz hintereinander! 1909/10 Beendigung der Lehrzeit. Dann ohne Unterbrechung (also kein weiteres Ereignis) bei derselben Firma, bei welcher er dann 1922/23 Auslandsreisender (nach Schweden, Norwegen, Finnland) wurde.

Setze ich voraus, daß diese graphische Darstellung stimmt, und es stimmen die Ereignisse mit den aus der Zeichnung abgelesenen Zeitpunkten n i c h t überein, dann geben mir diese M.-C.-Linien (und auch Asz.-Linien) ein bequemes Mittel an die Hand, d a s H o r o s k o p n a c h d e n E r e i g n i s s e n z u k o r r i g i e r e n, worin eben die oben erwähnte besondere Bedeutung dieser Linien liegt.

Wie man sich leicht überzeugen kann, würden beide Linien, wenn die Geburt nur um einige Minuten früher oder später fällt, merklich ihre Lage ändern. Hätten die beiden Berufsereignisse in unserem Beispiel erst im Jahre 1907 stattgefunden, so müßte die M.-C.-Linie etwa um 1 cm (in Fig. 9 2 mm) höher liegen, um die ♄- und ☿-Linie an der betreffenden Stelle schneiden zu können. Dabei würde man aber auf der Ordinate eine andere Deklination erhalten, zu welcher natürlich auch eine andere Länge und somit auch eine andere Geburtszeit gehört.

Nehmen wir einmal an, das Berufsereignis hätte ein Jahr später stattgefunden. Dann ergibt sich für unser Beispiel folgendes Verfahren: Abgelesenes Datum, etwa April 1906; das Ereignis trat ein April 1907. Man zieht durch den Punkt April 1907 (auf der Abszisse) eine Parallele zur Ordinate, bis zum Schnittpunkt mit der ☿-Linie. Dann zieht man durch diesen Schnittpunkt eine Parallele zur M.-C.- (vorgesch.) Linie, welche die Ordinate etwa in + 6⁰ 12 (Deklination!) schneidet. Die neue Deklination ist demnach um 46' größer. Zu 6⁰ 12' gehört aber nach Tabelle 13, Band X der Astrol. Bibliothek, eine Länge von 14⁰ 16'. Die angenommene Länge war 16⁰ 16', ist also um 2⁰ zu groß. Aus der Häusertabelle für 53⁰ 30' ersieht man ferner, daß zu einem M.-C. von 14⁰ 16' ein Aszendent von 21⁰ 40 ♏ gehört. Da 1⁰ Unterschied im M.-C. etwa 4 Zeitminuten Unterschied in der Geburtszeit ausmachen, so würde obige Differenz gerade 8 Minuten sein, um welche die Geburt hätte e h e r stattgefunden haben müssen. Analog läßt sich dieselbe Rechnung auch für genau bekannte Aszendenten-Ereignisse durchführen.

Solch genaue Arbeiten lassen sich natürlich mit dem kleinen Kurvenlineal n i c h t darstellen. Auch ist für diese Arbeiten unbedingt erforderlich, daß man sich für jede Kurve mindestens 2—3 Kontrollpunkte nach den oben schon erwähnten Tabellen von Witte berechnet. Meistens sind die Abweichungen so gering, daß man sie als innerhalb der Fehlergrenzen dieser Methode liegend ansehen kann. Aber die Kontrollpunkte sind deshalb von Wichtigkeit, weil sie sofort erkennen lassen, ob nicht auch einmal das Kurvenlineal falsch angelegt worden ist. Bei Abweichungen von mehr als 4 mm (für die Zeichnungen in Originalgröße!) in der Höhe liegen immer Zeichenfehler vor.

Was nun den Grad der Genauigkeit anbelangt, mit welchem man überhaupt die Ereignisse ablesen kann, so begnüge man sich damit, nur Jahre und die Jahreszeit (Frühling 1906, Sommer 1907 usw.) abzulesen. Man kann zwar die Monate und manchmal auch noch die Wochen abschätzen, aber da schon Verschiebung des Lineals um 1 mm bei flachen Kurven wie ♊ und ♐ leicht einen Unterschied in der Zeit von einem Jahr hervorrufen kann, so hat jede Ablesung an sich immer nur einen bedingten Wert.

Natürlich kann man die Ereignisse noch genauer festlegen, wenn man die Zeichnungen noch weiter vergrößert. Das ist denn auch gemacht worden. Es kommt hierfür eine Zeichnung in Frage, in welcher je 1 cm, resp. je 1 Jahr der bis jetzt beschriebenen graphischen Darstellung s o auseinander gezogen worden ist, daß nun 2 mm auf der Abszisse einen Tag darstellen. Bei sehr genauer Arbeit und korrigiertem Horoskop lassen sich dann die Ereignisse bis auf halbe Tage gut ablesen.

In diese Zeichnung sind dann außerdem noch die Deklinationen der laufenden Planeten für das ganze Jahr eingezeichnet, so daß auch alle kleineren täglichen Ereignisse abgelesen werden können. Es war ursprünglich beabsichtigt, diese Zeichnung für das Jahr 1925 in Originalgröße (etwa 100 × 50 cm) diesem Hefte beizulegen. Leider mußte aus technischen Gründen hiervon Abstand genommen werden. Es können jedoch Abzüge, resp. Abdrücke der Zeichnungen der Deklinationen der laufenden Planeten für die letzten Jahre durch den Verlag oder von Hamburger Astrologen bezogen werden, auch werden gegen ein mäßiges Honorar die hier besprochenen graphischen Darstellungen von uns angefertigt.

Diese letzte Darstellung hat aber nur Wert, wenn wirklich ein genaues Horoskop zugrunde gelegt werden kann. Man kann ja zwar, wie oben gezeigt wurde, mit diesem Verfahren auch sehr genaue Korrekturen ausführen, aber jedoch nur, wenn die Geburtszeit nicht gar zu erheblich von der wahren Geburtszeit abweicht. Für die Festlegung der wahren Geburtszeit bei großer Abweichung der angenommenen Geburtszeit dient ein anderes Verfahren, welches später ausführlicher behandelt werden soll.

Erwähnt sei noch, daß diese Methode von Witte auch dazu benutzt wurde, die Bahnen der von ihm neu eingeführten transneptunischen Planeten Cupido, Hades, Zeus und Kronos festzulegen.

Berichtigung. In Fig. 7 ist versehentlich Uranus mit 20^0 48 X angegeben und auch so gezeichnet worden. Der Ephemeridenstand ist 20^0 18 X.

Das Transitrad und die Längen des vorgeschobenen Horoskopes.

Wenn es auch möglich ist, wie im Vorhergehenden gezeigt wurde, aus der graphischen Darstellung der Deklinationen der vorgeschobenen Planeten die Längen der Planeten abzulesen und somit auch die Aspekte der vorgeschobenen Planeten zu den Radixständen, so ist es doch besser und übersichtlicher, die sich bildenden Aspekte in Länge gesondert darzustellen. (Ein Verfahren, wie man mit einfachen Hilfsmitteln aus der Deklinationszeichnung Aspekte ablesen kann, wird in einer demnächst erscheinenden Arbeit von Herrn Sieggrün beschrieben. Auch wird dort ein Beispiel mit etwa 200 genau berechneten Direktionen vorgeführt. Sieggrün's Arbeit ist eine Erweiterung vorliegender Arbeit, weshalb besonders darauf aufmerksam gemacht sei. Auch wurde von Herrn Sieggrün über die hier beschriebene graphische Darstellung auf dem III. Berliner Astrologen-Kongreß referiert.)

Berücksichtigt man also in der Deklinationszeichnung nicht, daß in ihr auch Längen enthalten sind, so ist eben damit das betreffende Ereignis nur eindeutig bestimmt. Das sei ausdrücklich noch einmal betont. Ebenso einseitig, wie es ist, für die Auswertung eines Horoskopes nur die Längen der Planeten zu benutzen, wie dieses ja seltsamerweise von fast allen Astrologen heute gemacht wird, so einseitig wäre es, wenn man nur die Deklinationen benutzen wollte. Die Darstellung der Deklination ist in vorliegender Arbeit nur deshalb vorweg genommen, weil sie bisher in fast allen Lehrbüchern und Abhandlungen ganz stiefmütterlich behandelt wurde. Das Deklinationshoroskop soll aber immer in Verbindung mit dem Längenhoroskop benutzt werden. (Wie einseitig die Benutzung nur einer Koordinate ist, kann man sich sehr gut an folgendem Beispiel klarmachen: Sonne und

Mond gleiche Länge, gleiche Breite — verschiedene Breite. Das eine — Sonnenfinsternis, das andere — normal!)

Für die Darstellung der Längen der vorgeschobenen Planeten werden hier in Hamburg zwei Methoden benutzt. Witte empfiehlt eine ähnliche Darstellung wie für die Deklinationen, ich selbst bevorzuge das an zweiter Stelle beschriebene Verfahren: Aspektscheibe vom Radixhoroskop und Verschiebung des Radix auf einer Drehscheibe an dem progressiven Sonnenbogen.

1. D a r s t e l l u n g. Bei diesem Verfahren macht man sich die Tatsache zunutze, daß alle Aspekte eines Planeten oder eines Punktes innerhalb der einzelnen Tierkreiszeichen immer an derselben Stelle liegen. Steht z. B. die Sonne in 10^0 Widder, so liegen die Aspektstellen, mit Ausnahme der Halb- und Eineinhalbquadraturstellen, in 10^0 Stier, 10^0 Zwillinge, 10^0 Fische usw. Steht nun etwa in 15^0 Zwillinge ein anderer Planet, so wird die Sonne 5^0 vorgeschoben, eine Aspektstelle dieses anderen Planeten, in diesem Falle die Halbsextilstelle, überschreiten. Man kann deshalb so tun, als ob sämtliche Planeten in e i n e m Zeichen stehen.

Die Herstellung der graphischen Darstellung geht dann etwa folgendermaßen vor sich:

Man nimmt einen Zeichenbogen möglichst in derselben Größe wie für die graphische Darstellung der Deklinationen der vorgeschobenen Planeten. Ordinate und Abszisse kommen wieder an dieselbe Stelle. Auch wird die Abszisse wieder genau so eingeteilt wie dort. Dann trägt man auf der Ordinate 30^0 ab. Der Maßstab hierfür kann beliebig sein. Am besten ist es jedoch, denselben Maßstab wie für die Deklinationen zu benutzen, also $1^1/_2$ cm pro Grad. Man kann dann nämlich event. beide Zeichnungen auf einem Bogen anfertigen. Auf der Ordinate trägt man sämtliche Planeten und Punkte auf (also ohne Rücksicht auf das Zeichen!) und zieht durch diese Punkte Parallele zur Abszisse.

Zählt man nun auf der Abszisse 30 cm gleich 30^0 vom Nullpunkt (nach rechts) ab, d. h. also, schiebt man die Sonne um 30^0 in Länge vor, so hat sie alle in einem Zeichen vorkommenden Aspektstellen überschrittten.

Man projiziert diesen Punkt auf die Abszisse B, verbindet diesen Schnittpunkt mit dem Nullpunkt und zieht durch alle Punkte (Planeten) auf der Ordinate Parallelen zu dieser Verbindungslinie. Damit hat man dann alle Transite des vorgeschobenen Horoskopes über das Radixhoroskop für 30 Jahre des Nativen.

Welche Aspekte diese Schnittpunkte darstellen, muß man aus dem Radix ablesen. Am besten schreibt man alle Aspekte gleich in die Zeichnung hinein, möglichst wieder mit verschiedenen Tuschen: Die guten Aspekte rot, die schlechten schwarz und die Konjunktionen wieder grün.

Ebenso bestimmt man die Halb- und Eineinhalbquadraturen. Für diese Aspekte ist es jedoch nicht empfehlenswert, die Parallelen ganz durchzuziehen. Man markiert sich nur die in Frage kommenden Schnittpunkte. Da nämlich zu jedem Punkte zwei Halb- und Eineinhalbquadraturstellen gehören, so müßte man zu jedem Punkte noch zwei Linien ziehen, was aber die Darstellung sehr unübersichtlich machen würde.

Will man eine Darstellung für mehr als 30 Jahre herstellen, so projiziert man die Schnittpunkte der Parallelen mit der Abszisse B auf die Abszisse A und zieht durch diese Punkte wieder Parallelen auf.

Fig. 10 zeigt die Darstellung für das zweite Beispiel (vom 1. Teil). Um die Zeichnung nicht zu unübersichtlich zu machen, sind nur für einige

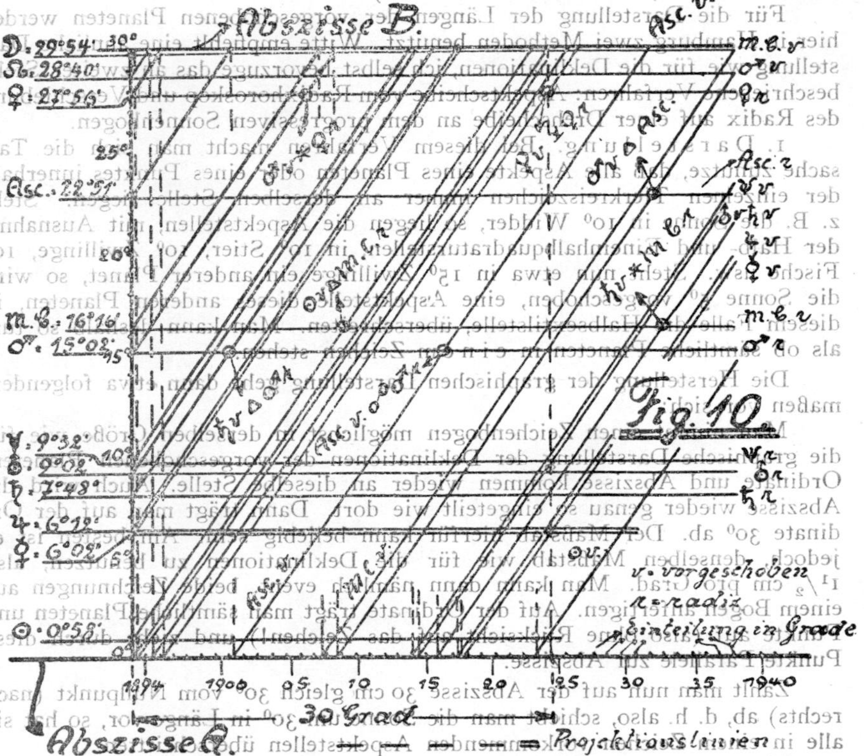

Mond gleiche Länge, gleiche Breite — verschiedene Breite. Das eine Sonnensystems, das andere — normal!)

Für die Darstellung der Längen der verschiedenen Planeten werden hier zur Anwendung zwei Methoden benützt. Bitte empfiehlt eine Darstellung, die für die Deklinationen selbst. Bevorzugt, das auf der W vorweg alle beschrängt V ziehen. Außerdem eignet wird Radix-horoskop der U.V. Darstellung des Radix auf den Radix, ehe an dem Tageswert Sonnenbogen.

1. Darstellung. Da bei dieser Form man macht die Tatsache Antityke, daß als Aspekte eines Planeten oft eines Punktes innerhalb der einzigen Tierkreiszeichen immer an derselben Stelle liegen. Sieht z. B. wahrsch. in 10° Widder, so liegen die Aspektstellen mit Ausnahme der Halb- und Einemhalbquadratur-Aspekte in 10° Stier, 10° Zwillinge, 10° Fische usw. Hebt man in 15° Zwillinge ein anderer Planet, so wird die Sonne deren gegeneben, eine Aspektsverbindung anderer Planeten in diesem allen Halbachsstelle übereinandern. Die Landungen dieser sind, als ob sämtliche Horoskope ein und zurzeit stehen.

Die Darstellung der graphischen Darstellung Art sich dann etwa folgendermaßen dieser die graphischen Darstellungsgrößen möglich, da der erhaltene Größe, die graphische Darstellung der Deklinationen der vorgegebene Stelle, auch die Ordinate und Abszisse kommen wieder an diese Stelle. Nach Stelle der Abszisse wieder genau so eingeteilt wie dort. Dann trägt man auf der Ordinate 30° ab. Da Maßstab hierin kaum bergibt sein. Man empfiehlt es jedoch, denselben Maßstab wie für die Deklinationen zu nehmen, also 1½ cm pro Grad. Man kann dann natürlich eventuell beide Verbindungen auf einem Bogen fügen. Auf der Ordinate trägt man sämtliche Planeten und Punkte trägt ab...

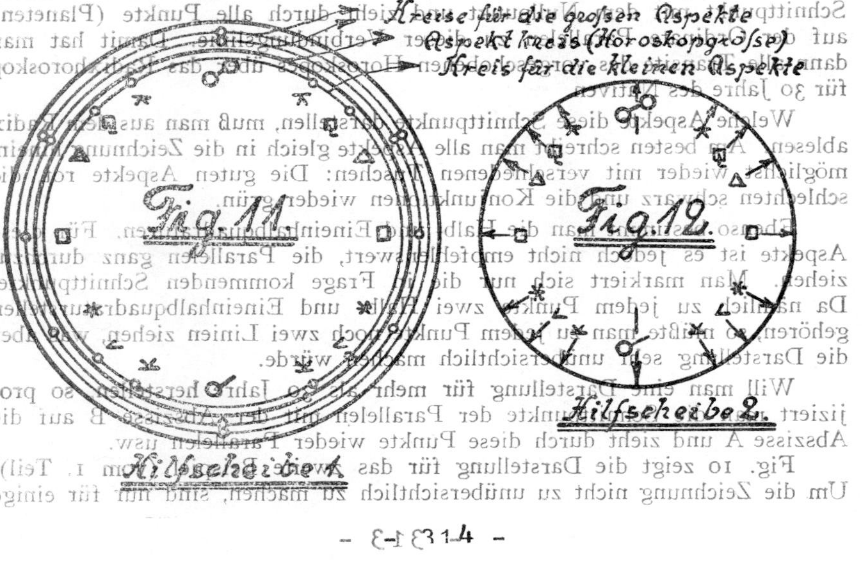

Fig. 10

Man projiziert diesen Punkt auf die Abszisse B, verbindet diesen Schnittpunkt mit dem Nullpunkt, verlängert durch alle Punkte (Planeten) auf das vorgegebene... Verbindungslinie. Damit hat man dann auf... Horoskopgröße... das Radix-Horoskop für 30 Jahre des Natives.

Welche Aspekte diese Schnittpunkte darstellen, muß man auszählen Radix ablesen. Am besten schreibt man alle Aspekte gleich in die Zeichnung ein, möglichst wieder mit verschiedenen Farben: Die guten Aspekte rot, die schlechten schwarz und die Konjunktionen wieder grün.

Ebenso sei an die Halbquartalswert, die Parallelen ganz durch-Aspekte ist es jedoch nicht empfehlenswert, die Parallelen ganz durchziehen. Man markiert sich nur die in Frage kommenden Schnittpunkte. Da nämlich zu jedem Punkt zwei Trigon und Einsechsundzwanzigquadratur-Aufgetragen geboten müßte man zu jedem Punkt doch zwei Linien ziehen, wodurch über die Darstellung sehr unübersichtlich machen würde.

Will man eine Darstellung für mehr als 30 Jahre herstellen, so projiziert man einfach die Punkte der Parallelen mit den Abszisse B auf die Abszisse A und zieht durch diese Punkte wieder Parallelen usw.

Fig. 10 zeigt die Darstellung für das Kreishoroskop im 1. Teil).

Um die Zeichnung nicht zu unübersichtlich zu machen, sind nur für einige

Schnittpunkte die zugehörigen Aspekte eingetragen. Den Zeitpunkt für das Eintreffen dieser Konstellation liest man natürlich wieder auf der Abszisse ab.

Der Vorteil dieser Darstellung liegt darin, daß man aus einer Zeichnung sowohl die Deklinationsparallelen als auch die Aspekte der Planeten des vorgeschobenen Horoskopes entnehmen kann. Die Nachteile dieser Darstellung sind jedoch folgende:

1. Das, was man durch die Größe der Darstellung gewinnt, verliert man wieder dadurch, daß die Parallelen in Wirklichkeit gar keine geraden, sondern schwach gebogene Linien sind, die dadurch entstehen, daß die Sonne mit verschiedener Geschwindigkeit durch die Ekliptik wandert. Bei dieser Darstellung ist demnach ein gleichmäßiger täglicher Lauf der Sonne vorausgesetzt.

2. Bei der Bestimmung der Aspekte unterlaufen leicht Fehler.

3. Die Bestimmung der Halbquadraturen und Eineinhalbquadraturen ist zeitraubend und wenig übersichtlich.

Alle diese Nachteile lassen sich nun leicht durch die folgende 2. Darstellung beseitigen. Diese Methode besteht darin, daß man alle Radixaspekte in das Radixhoroskop einträgt, ferner an irgendeiner Stelle den progressiven Sonnenbogen, und dann an diesem Sonnenbogen das Radixhoroskop auf einer um den Mittelpunkt drehbaren Scheibe verschiebt.

Die Einzeichnung der Radixaspekte wird fast in allen Lehrbüchern gezeigt. Ganze Abbildungen eines solchen sog. Transitrades (oder Transitring, Aspektring, Aspektkreis) findet man z. B. in Libra (Astrologie, ihre Technik und Ethik. 2. Aufl. Seite 201). Hier allerdings angewandt auf Profektionen. — Besser noch in Wolff, Grundlagen der Astrologie, Seite 111. Diese Abbildung zeigt zugleich ein ganz brauchbares Horoskopformular, welches im Original etwa 30 cm Durchmesser hat. Auch Glahn bringt in seinem Buche (Erklärung und systematische Deutung des Geburtshoroskops) eine Abbildung in dem beigelegten Musterhoroskop. Usw.

Aber alle in diesen Lehrbüchern angegebenen Verfahren zur Herstellung dieser Scheiben erfordern doch noch recht viel Zeit. Durch Einführung von Abkürzungen und Benutzung der folgenden kleinen Hilfsmittel kann man die Herstellung wesentlich vereinfachen.

Zunächst einige Bemerkungen zu dem Horoskopformular selbst! Man überzeuge sich davon, daß die Kreiseinteilung möglichst genau ist, was bei dieser zweiten Darstellung der Längen der vorgeschobenen Planeten sehr wesentlich ist. Leider sind die meisten käuflichen, sogenannten Horoskopformulare ungenau. Die beste Kreisteilung fand ich bei Papieren der bekannten Firma Schleicher und Schüll, Düren (Rheinland).

Es sind dieses die sog. »Grunddrucke für Erdbebenforschung«, Nr. 317 1/2. Die einzelnen Bogen, aus gutem Schreibpapier, haben ein Format von 41 × 24 cm und enthalten einen Vollkreis von 20 cm Durchmesser, der sehr genau in 720 Teile geteilt ist (also in halbe Grade). Die Grade sind von 10 zu 10 Grad nach links und rechts herum (bis 180 Grad) bezeichnet, sonst enthalten diese Papiere keine weiteren Aufdrucke. Auch ist der Preis im Verhältnis zu den anderen käuflichen Formularen ein verhältnismäßig geringer. Bei direktem Bezuge werden 50 Stück auf einem Block zum Preise von etwa M. 3,50—4,— (also 7—8 Pfg. pro Stück) inkl. Porto und Verpackung abgegeben.

Auch das »Polarkoordinatenpapier« 316 1/2 ist für unsere Zwecke gut zu gebrauchen. Format 33 × 35 cm. Vollkreis von 30 cm Durchmesser. Enthält fast bis zur Mitte in Abständen von einem Millimeter konzentrische

Kreise, kann deshalb als Vorlage für alle Horoskopformulare bis zu 30 cm Durchmesser benutzt werden. Kreisteilung allerdings nur von 2 zu 2 Bogengrade, leider aber nicht so genau wie obiges Papier Nr. 317^1/$_2$.

Oder aber, man benutze bei der Herstellung des Transitrades einen Vollkreistransporteur aus durchsichtigem Zelluloid oder ähnlichem Material. Diese Vollkreistransporteure sind sehr exakt gearbeitet, meistens in 720 Teile geteilt und kosten je nach Größe etwa 2—5 M. Für viele Arbeiten sind sie unentbehrlich und daher sehr zu empfehlen. —

Hat man sich für eine bestimmte Größe des Horoskopformulars entschieden, so trägt man auf dem äußeren Rande die Planeten und Punkte ein (unter »Punkte sind immer Aszendent, M. C. und Mondknoten gemeint) und bestimmt dann mit den beiden Hilfsscheiben Fig. 11 und 12 die Aspektstellen. Man befreunde sich mit folgenden Vereinfachungen: Nie große und kleine Aspekte auf einen Ring abtragen, sondern kleine Aspekte nach innen, große Aspekte nach außen! Ist übersichtlicher und systematischer.

Man arbeite möglichst immer mit verschiedenen Tuschen, und zwar: 30, 60, 120 und 150 Grad trägt man mit r o t e r, 45, 90, 135 und 180 Grad mit s c h w a r z e r und die Konjunktionsstelle mit g r ü n e r Tusche (oder Tinte) ein.

Die Zeichen für die Aspekte schreibt man nicht mehr in die Zeichnung hinein, sondern markiert sie nur durch Punkte, die sich durch die Benutzung der Hilfsscheibe Fig. 11 von selbst ergeben. Es bedeutet:

    Ein roter Punkt nach innen   30 oder 150 Grad,
    ein roter Punkt nach außen   60 Grad,
    zwei rote Punkte nach außen   120 Grad,
    ein schwarzer Punkt nach innen 45 oder 135 Grad,
    ein schwarzer Punkt nach außen 90 Grad,
    zwei schwarze Punkte nach außen 180 Grad,
    zwei grüne Punkte nach außen 0 Grad (Konjunktion).

Man hat nun nur noch nötig, die Zeichen für die Planeten hinzuzusetzen, spart sich also viel Schreiberei. Das Zeichen für die Konjunktionsstelle schreibe man doppelt so groß wie die anderen Zeichen.

Für die Festlegung der Aspektpunkte fertigt man sich folgende Hilfsscheiben an:

Man zeichnet auf dünnem Karton (oder dickem Zeichenpapier) einen Kreisbogen von demselben Durchmesser wie das Horoskopformular, ferner nach innen in einem Abstande von etwa 1½ mm einen weiteren Kreis und nach außen noch z w e i Kreise, auch mit Abständen von etwa 1½ mm.

Von einer beliebigen Stelle anfangend, zerlegt man die Kreise in die Aspekte und durchbohrt nun die mit einem Kreise (in der Figur 11) versehenen Punkte mit einer Nadel. Legt man jetzt diese Scheibe auf das Horoskop, Konjunktionsstelle auf Planet, und sticht mit einem spitzen, nicht zu weichem Bleistift durch die kleinen Löcher hindurch, so markieren sich auf dem Horoskop die genauen Aspektstellen des betreffenden Planeten. So kann man in ein paar Minuten alle vorkommenden Aspektstellen im Horoskop festlegen, und zwar genauer und einfacher — und daher weniger Zeit beanspruchend — als mit allen bisher empfohlenen Aspektscheiben. (Also auch genauer und schneller als mit Glahn's reichsgesetzlich geschütztem Horoskopgerät!) Auch ist eine Vollscheibe, vor allen Dingen bei längerem Gebrauch, natürlich stabiler und länger haltbar als die meistens empfohlenen Kreisringe.

Nun fertige man sich eine zweite Scheibe an, die um soviel kleiner ist als die erste, daß man zwischen dem äußeren Rande der Scheibe und dem äußeren Rande des Horoskopes noch die Zeichen für die Planeten einschreiben kann. Die Scheibe muß also etwa 1 cm kleiner sein als der Aspektkreis in der Figur 11.

Auch diese Scheibe ist nach den Aspekten eingeteilt, trägt also dieselbe Teilung wie Scheibe 1. Siehe Figur 12. — Man legt wieder die Konjunktionsstelle auf den Radixplaneten und schreibt dann zu den markierten Aspektstellen das zugehörige Planetenzeichen hinzu. Etwa erst in schwarz, dann in rot. —

Besser als diese aus Papier oder Karton angefertigten Hilfsscheiben sind solche aus Gelatinefolie, d. s. etwa $1/_3$ bis $1/_2$ mm starke durchsichtige Bögen aus Gelatine. Gangbare Größe etwa 58×51 cm. Preis etwa M. 1,20 bis 1,50. Diese Gelatinescheiben sind mir für viele Arbeiten unentbehrlich geworden. Man hat trotz aufgelegter Scheibe immer einen Überblick über das ganze Horoskop. Man kann deshalb auch Horoskopformulare verwenden, bei welchen die Tierkreiszeichen in der Mitte des Formulars eingezeichnet sind. Bei den Pappscheiben ist immer ein Teil des Horoskopes verdeckt, selbst wenn man einen Kreisring benutzt (wie Glahn).

Ferner kann man mehrere Scheiben übereinander legen, z. B. zum Vergleichen von Ehehoroskopen oder verschiedenen Horoskopen von einer Person u. a. — Auch sind diese Scheiben so stabil, daß man sie an einem an der Wand hängenden Horoskop drehbar aufhängen kann, ohne daß sie sich biegen. Sie biegen sich nur dann, wenn sie unmittelbar mit Wasser in Berührung kommen. —

Will man Zeichnungen auf diesen Bögen herstellen, so legt man sie auf einen dunklen Untergrund, ritzt die Zeichnung mit der Zirkelnadelspitze ein und zieht mit T i n t e nach. Man benutze keine Tusche! Tusche springt nach dem Trocknen leicht wieder ab, während sich die Tinte fest einsaugt und dann nur mit dem Messer wieder zu entfernen ist. Auch mit Wasser läßt sich die Tinte nicht wieder abwaschen.

Die kleinen Löcher bohrt man mit der Spitze der Reisfeder, indem man die Reißfeder leicht hin und her dreht. Erst von der einen Seite, dann von der anderen Seite. Bei dem Bohren der Löcher achte man vorsichtig darauf, daß diese nicht zu groß werden!

Diese Scheiben sind, sorgfältig angefertigt, unverwüstlich im Gebrauch. Natürlich muß man für jede Horoskopgröße eine besondere Scheibe haben, doch kann man auf derselben Scheibe für die verschiedenen Horoskopgrößen mehrere Hilfsringe einarbeiten.

Hat man im Horoskop alle Aspekte eingetragen, so trägt man vom Stande der Sonne an (oder auch an einer beliebigen Stelle) im Sinne der Tierkreiszeichen den progressiven Sonnenbogen ab. Es ist dieses im Prinzip dasselbe wie die Herrichtung der Abszissen für die vorher beschriebenen graphischen Darstellungen, weshalb ich mir wohl die nochmalige Beschreibung sparen kann.

Die einzelnen Jahre markiert man mit möglichst feinen Strichen. Auch versteht es sich von selbst, daß man sehr genau arbeiten muß, da selbst bei dem verhältnismäßig großen Horoskopdurchmesser von 25 cm ein Grad (gleich ein Jahr!) doch nur etwa 2,2 mm sind. Man kann deshalb die Monate nur ungefähr schätzen. Will man später für Direktionsbestimmungen den genauen Tag der Fälligkeit eines Aspektes wissen, so muß man ihn entweder berechnen oder durch eine weitere graphische Methode, wie sie später noch gezeigt wird, festlegen.

ist als die erste, daß man zwischen dem äußeren Rande der Scheibe und dem
äußeren Rande des Horoskopes noch Hilfseinteilungen anbringen ein-
wiedergegeben. Der äußere Ring trägt die Radixaspekte. Nach innen, vom
schreiben kann. Die Scheibe muß also etwa so aussehen wie der innere
Kreis in der Figur 11.

Auch diese Scheibe ist nach den Aspekten eingeteilt, trägt also dieselbe
Teilung wie Scheibe 1. Siehe Figur 12. — Man legt sie über die Konjunktionsstelle auf den Radixplaneten und schreibt dort an den markierten
Aspektstellen das zugehörige Planetenzeichen hinzu. Etwa erst in schwarz,
dann in rot. —

Besser als diese aus Papier oder Karton angefertigten Hilfsscheiben
sind solche aus Gelatinefolie, d. h. ½ bis 1 mm starke durchsichtige
Bögen aus Gelatine. Gangbare Größe 40×55 cm. Preis etwa M. 1,20
bis 1,50. Diese Gelatinscheiben sind mir für viele Arbeiten unentbehrlich
geworden. Man hat also trotz aufgelegter Scheibe immer einen Überblick über
das ganze Horoskop. Man kann deshalb auch Horoskopformulare verwenden,
bei welchen die Tierkreiseinteilung nur der Mitte des Formulars eingezeichnet
sind. Bei den Pappscheiben ist immer ein Teil des Horoskopes verdeckt,
selbst wenn man einen Kreisring benutzt (wie Glas I).

Ferner kann man zum Übereinanderlegen und Vergleichen
gleichen von Ehehoroskopen (oder erschiedener Horoskopen von einer Person u. a. — Auch sind diese Scheiben so steif, daß man sie an einem an der
Wand hängenden Horoskop dranlegen kann, ohne daß sie sich biegen.
Sie biegen sich nur, wenn sie unmittelbar mit Wasser in Berührung
kommen. —

Will man Zeichnungen auf diese Bögen bringen, so legt man sie auf
einen dunklen Untergrund, ritzt die Zeichnung mit der Zirkelnadelspitze ein
und zieht mit Tusche nach. Man benutze keine Bratsche! Tusche springt
nach dem Trocknen ab, während sich die Tinte fest einsaugt und
dann auch mit Messer wieder zu entfernen ist. Auch mit Wasser läßt
sich die Tinte nicht wieder abwaschen.

Die Löcher zum Durchbohren man mit der Spitze der Reisfeder, indem
man die Reisfeder leicht hin und her dreht. Erst von der einen Seite, dann
von anderen Seite. Bei dem Bohren der Löcher achte man vorsichtig
darauf, daß diese nicht zu groß werden.

Natürlich muß man für jede Horoskopgröße eine besondere Scheibe haben,
doch kann man auf derselben Scheibe für die verschiedenen Horoskopgrößen
mehrere Lochungen anbringen.

Hat man im Horoskop alle Aspekte eingetragen, so trägt man vom
Stande der Sonne (oder auch an einer beliebigen Stelle) im Sinne der
Tierkreise (des progressiven Sonnenbogens) ab. Es ist dieses im Prinzip
dasselbe wie die Errichtung der Abszissen für die vorher beschriebenen
graphischen Darstellungen, wenn auch mir wohl die nochmalige Beschreibung sparen kann.

Die einzelnen Jahre markiert man mit möglichst feinen Strichen. Auch
versteht es sich von selbst, daß man sehr genau arbeiten muß, da selbst bei
dem verhältnismäßig großen Horoskopdurchmesser von 25 cm ein Grad
(gleich ein Jahr!) doch nur etwa 2 mm sind. Man kann deshalb die Monate
nur ungefähr schätzen. Will man später für Direktionsbestimmungen den
genauen Tag der Fälligkeit eines Aspektes wissen, so muß man ihn entweder
berechnen oder durch eine weitere graphische Methode, wie sie später noch
gezeigt wird, festlegen.

= 348 =

Stande der Sonne ab, ist ein Teil des progressiven Sonnenbogens eingetragen. Aus Rücksicht auf die technischen Schwierigkeiten der Herstellung von mehrfarbigen Abbildungen, sind die guten Aspekte in der Zeichnung zum Unterschied von den Quadraturen usw. unterstrichen worden.

Jetzt fehlt nur noch die Drehscheibe mit dem Radix. Sie wird in derselben Größe hergestellt wie das Radixhoroskop (möglichst durchsichtig! Also keine Pappe, sondern Gelatinefolie!). Man markiert die Radixstellen, zieht von hier nach der Mitte einige cm lange Linien und setzt an das Ende das Zeichen für den zugehörigen Planeten. Das hat den Zweck, daß man nun auch noch den Platz zwischen Rand und Zeichen für Eintragungen verwenden kann und dann gut die Aspekte mit diesen Stellungen überblicken kann. Siehe Figur 13: Platz für die Eintragung der progressiven Planeten und der sensitiven Punkte. — Die um den Mittelpunkt bewegliche Drehscheibe mit den Radixständen ist in der Figur gestrichelt gezeichnet.

Die Sonne oder den Anfangspunkt der Zählung versieht man mit einem Pfeil. Hat man diesen Pfeil auf das zu untersuchende Jahr eingestellt, so liest man am Rande alle fälligen Aspekte des vorgeschobenen Horoskopes mit den Radixstellungen ab.

In Figur 13 steht der Pfeil auf 1925. In dem kleinen Ausschnitt, welchen die Figur 13 von dem ganzen Transitrade zeigt, sind nur einige wenige und nicht sehr wichtige Aspekte angezeigt und zwar: Venus vorgeschoben — Halbsextil — Mondknoten und Mondknoten v. — Halbsextil — Mond radix.

Die progressiven und die laufenden Planeten lassen sich natürlich nur auf entsprechend großen Formularen unterbringen. Das erwähnte Papier Nr. 317 $^1/_2$ von Schleicher und Schüll reicht für alle diese Eintragungen gut aus, so daß man alle zur Auswertung kosmischer Rhythmen erforderlichen Konstellationen — R a d i x h o r o s k o p und Horoskop der v o r g e s c h o b e n e n , p r o g r e s s i v e n und l a u f e n d e n Planeten — in einer Zeichnung vereinigen kann.

Der Halbsummenzirkel und die Halbsummenhilfsscheibe.

Alle sensitiven Punkte gruppieren sich immer um die Halbsummen, alle Symmetrielinien gehen durch diese Punkte. Es ist deshalb ganz zweckentsprechend, wenn man auch diese Halbsummenpunkte in das Horoskop einträgt. Es seien deshalb hier im vorweg schon die beiden kleinen Hilfsmittel beschrieben, mit welchen man in kurzer Zeit alle Halbsummenpunkte im Horoskop festlegen kann — ohne schon jetzt ausführlicher auf die sensitiven Punkte an sich einzugehen.

Ganz abgesehen davon, wie man zu den sensitiven Punkten steht, scheut doch wohl jeder davor zurück, wenn er hört, daß er einige hundert solcher Punkte berechnen soll. Und das ist wohl auch der Grund, weshalb sich bis jetzt so wenig Astrologen mit den sensitiven Punkten beschäftigt haben.

Ich habe deshalb einen kleinen Zirkel konstruiert, mit welchem man, ohne auch nur eine einzige Berechnung auszuführen, diese Punkte leicht bestimmen kann und den man sich wie folgt anfertigt. Der Zirkel gilt für einen Horoskopdurchmesser von etwa 20 cm. Will man für andere Größen solchen Zirkel anfertigen, so braucht man nur alle Abmessungen in Figur 14 proportional zu verkleinern oder zu vergrößern.

Figur 14 wird auf Gelatinefolio übertragen (oder man zeichnet sie auf festen Karton), Schenkel und Verbindungsstück zweimal, und dann vorsichtig ausgeschnitten. Dann legt man die beiden Schenkel genau aufeinander, sticht mit einer feinen Zirkelnadelspitze durch beide Schenkel zugleich das Loch 1, läßt die Nadel stecken und sticht dann mit einer zweiten Nadel das Loch 2.

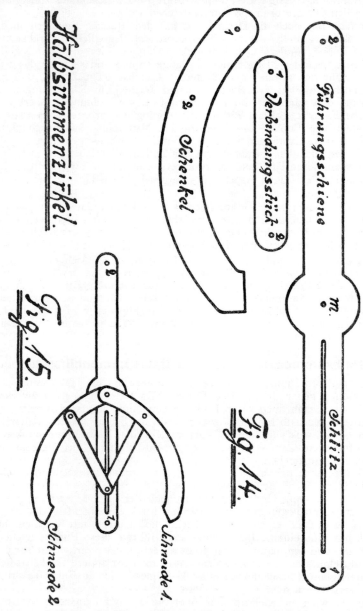

Die Löcher müssen in beiden Schenkeln genau an derselben Stelle liegen, sonst arbeitet nachher der Zirkel nicht richtig! Ebenso markiert man sich die beiden Löcher in den Verbindungsstücken und bohrt dann alle Löcher vorsichtig aus. Auch die drei Löcher in der Führungsschiene. Werden die Löcher zu groß, dann hat nachher der Zirkel in den Verbindungsstellen toten Gang und ist ungenau. Also Vorsicht! Den Führungsschlitz schneidet man mit einem scharfen Messer aus.

Z u s a m m e n s e t z u n g: Von unten durch M und Schlitz je eine Heftzwecke. Beide Schenkel mit 1 auf M. Von hinten durch 2 wieder je eine Heftzwecke. Beide Verbindungsstücke mit 2 auf die Heftzwecke im Schlitz, mit je 1 auf 2 der Schenkel. Auf die Heftzweckenspindel preßt man ein kleines Stückchen Gummi oder Kork. Der fertige Zirkel sieht dann etwa wie Figur 15 aus. (Um die Hälfte verkleinert!)

Will man den Zirkel gebrauchen, so löst man die Heftzwecke in der Mitte wieder, schiebt sie von unten durch das Horoskop und setzt den Zirkel wieder auf. Setzt man jetzt Schneide 1 auf den einen, Schneide 2 auf den anderen Planeten, so hat man in 1 der Führungsschiene die Halbsummenstelle, in 2 die Opposition dazu, die man sich wie bei den Aspekthilfsscheiben markiert.

Auf diese Weise stellt man sich alle Halbsummen-Punkte von e i n e m Planeten zu den übrigen Planeten her, also etwa der Sonne zu dem anderen. Hat man 9 Planeten, so hat man 8 Halbsummen-Punkte und ebenso viele Oppositionen.

Diese Punkte u n d den Radixstand des Planeten, zu welchem man die Halbsummen festgestellt hat (in unserem Beispiel Fig. 16 bis 18 die Sonne), überträgt man sich auf eine Hilfsscheibe und durchbohrt diese Stellen wieder wie bei den Aspekthilfsscheiben. Die Punkte selbst kennzeichnet man mit d e m Planeten, zu welchem man die Halbsumme festgestellt hat. Also die Halbsummenstelle zwischen Sonne und Merkur bezeichnet man mit Merkur, die Stelle zwischen Sonne und Venus mit Venus usw.

Legt man nun diese Scheibe auf das Radix und setzt nacheinander Planet-Scheibe auf denselben Planeten-Radix, sticht durch die kleinen Löcher mit einem Bleistift, so hat man alle im Radix vorkommenden Halbsummen-Stellen markiert.

In Figur 16 bis 18 ist etwa dieselbe Stelle aus unserem Übungshoroskop gewählt wie in Fig. 13. In Fig. 16 steht Sonne auf Sonne. Sie zeigt also die Halbsummenstellen zwischen Sonne und den übrigen Planeten.

Um die Zeichen (Bezeichnung) für die Halbsummenstellen gleich bequem hinschreiben zu können, schneidet man vor den kleinen Löchern ein Stückchen aus der Hilfsscheibe heraus und setzt dort das Zeichen hin.

In Fig. 17 ist die Scheibe nach links verschoben. Merkur-Scheibe steht auf Merkur Radix. Die kleinen Löcher geben jetzt alle Halbsummenstellen zwischen Merkur und den übrigen Planeten.

In Fig. 18 ist die Scheibe nach rechts verschoben. Deszendent-Scheibe steht auf Deszendent-Radix usw.

Für die Festlegung der Opposition dreht man die Scheibe um 180 Grad und legt dann immer Planet-Scheibe auf die Opposition Planet-Radix.

Man mache sich mit den Eigenschaften dieser Hilfsscheibe gut vertraut und überlege sich schon einmal, weshalb sie bei der obigen Handhabung die Halbsummenstellen anzeigt. Eine sehr schöne Einführung in die Theorie der sensitiven Punkte!

Die weiteren Arbeiten dieser »Einleitung« werden sich mit folgenden Themen befassen:

beiden Löcher in den Verbindungsstücken und bohrt dann alle Löcher vorsichtig aus. Auch die drei Löcher in der Führungsschiene. Werden die Löcher zu groß, dann hat nachher der Zirkel in den Verbindungsstellen toten Gang und ist ungenau. Also Vorsicht! Den Führungsschlitz schneidet man mit einem scharfen Messer aus.

Zusammensetzen: Von unten drückt man M und Schlitz je eine Heftzwecke. Beide Schenkel mit 1 auf M. Von oben durch 2 wieder je eine Heftzwecke. Beide Verbindungsstücke mit 2 an die Heftzwecken im Schlitz, mit je einer Schraube. Auf die Heftzwecenspindel preßt man ein kleines Stück Blei oder Kork. Der fertige Zirkel sieht dann etwa wie Figur 15 aus. (Um die Hälfte verkleinert!)

Will man jetzt aufzeichnen, so löst man die Heftzwecke in der Mitte wieder, schiebt sie von unten durch das Herzkop und zeichnet den Zirkel wieder fest. Setzt man jetzt Schneide 1 auf den einen, Schneide 2 auf den anderen Planeten, so hat man in 1 der Führungsschiene die Oppositionsstelle. Jetzt die Opposition, daß die man sich wie bei den Aspektscheiben markiert.

Auf diese Weise stellt man sich alle Halbsummen-Punkte von je in e m Planeten zu den übrigen Planeten her, also etwa das Sonne/Mond-Sondern. Hat man 9 Planeten, so hat man 8 Halbsummen-Punkte, also ebensoviele Oppositionen.

Die Punkte u n d den Radix und des Planeten, zu welchen man die Halbsummen festgestellt hat (in unserem Beispiel Fig. 16 bis 18 die Sonne), überträgt man sich auf eine Hilfsscheibe und durchbohrt diese Löcher wieder wie bei den Aspekthilfsscheiben. Auf der Hilfsscheibe selbst kennzeichnet man mit dem Planeten, zu welchem man die Halbsumme festgestellt hat. Also die Halbsummenstelle zwischen Sonne und Mond bezeichnet man mit Merkur, die Stelle zwischen Sonne und Venus mit Venus usw.

Legt man nun diese Scheibe auf das Radix und setzt nacheinander Planet-Scheibe auf denselben Planeten-Radix, sich durch die kleinen Löcher mit einem Bleistift, so hat man alle in dieser Beziehung werdenen Halbsummen-Stellen markiert.

In Figur 16 bis 18 ist etwa dieselbe Schreibweise mit unserem Übungskroskop gewählt wie in Fig. 13. In Fig. 16 geht somit die Sonne auf. Sie zeigt also die Halbsummenstellen zwischen Sonne und den übrigen Planeten.

Um die Zeichen (Bezeichnungen) für die Halbsummenstellen gleich bequem hinschreiben zu können, schneidet man vor den kleinen Löchern ein Stückchen an der Hilfsscheibe heraus und setzt dort das Zeichen hin.

In Fig. 17 ist die Scheibe nach links verschoben, Merkur-Scheibe steht auf Merkur Radix. Die kleinen Löcher geben jetzt die Halbsummenstellen zwischen Merkur und den übrigen Planeten.

In Fig. 18 ist die Scheibe nach rechts verschoben, Deszendent-Scheibe steht auf Deszendent-Radix usw.

Für die Festlegung der Opposition dreht man die Scheibe um 180 Grad und legt dann immer Planet-Scheibenzeichen die Opposition Planet-Radix. Man mache sich an Einzelheiten mit der Hilfsscheibe gut vertraut und überlege sich schon einmal, weshalb sie bei der obigen Handhabung die Halbsummenstellen anzeigt. Eine sehr schöne Einführung in die Theorie der sensitiven Punkte!

Die weiteren Arbeiten dieser »Einleitung« werden sich mit folgenden Themen befassen:

Zum Schluß seien hier noch die bis jetzt erschienen Arbeiten von Witte aufgeführt, ohne jedoch bereits jetzt schon ausführlichere Erläuterungen hierzu zu geben. Diese werden später erscheinen.

Die astrologischen Arbeiten von Alfred Witte, Hamburg.

1. Betrachtung über Zahl, Trom... — Astr. Rundschau, IV. Jahrg. 1913, Heft 1, Seite 28/...

2. Sensitive Punkte. — Astr. Rundschau, X. Jahrg., Dez. 1919, Heft 1 bis 3, Seite 23 bis 29. (Versuch einer elektromagnetischen Deutung der kosmischen Rhythmen.)

3. Leichte Berechnung der Deklinationen der vorgeschobenen Planeten mit Hilfe von Tabellen. — Astr. Rundschau, X. Jahrg., März 1920, Heft 4—6, Seite 57—60. (Diese Tabellen sind von mir für das Jahr 1900 neu berechnet worden, mit genauen Sekundenwerten. Sie werden in der Fortsetzung dieser »Einleitung« veröffentlicht werden.)

4. Die magnetischen Farben der Tierkreiszeichen. — Astr. Rundschau, X. Jahrg., Juni 1920, Heft 7 bis 9, Seite 123 bis 126. (Diese Arbeit und Arbeit 2 sind Erweiterungen der kleinen Schrift von Albert Kniepf: Kurzgefaßte Begründung oder Physik der Astrologie. Hamburg 1898.)

5. Nochmalige mathematische Horoskopie des Exkaisers. — Astr. Rundschau, Jahrg. X, Sept. 1920, Heft 10 bis 12, Seite 161 bis 166. (Hier wird zum ersten Male ausführlich an einem Beispiel die Wirkungsweise des vorgeschobenen Horoskopes gezeigt.)

6. Das Horoskopische System des Planeten Erde. — Das Jahres- und das Erdhoroskop. Astr. Rundschau, XI. Jahrg., Jan. 1921, Heft 3/4, Seite 44 bis 48.

7. Das Tageshoroskop mit dem persönlichen Meridian. — Astr. Rundschau, XI. Jahrg., Mai 1921, Heft 7—8, Seite 108 bis ...

8. Die Auswertung des Erdhoroskop und die Auslösung er persönlichen sensitiven Punkte. — Astr. Rundschau, XI. Jahrgang, Heft 9—10, Seite 137—145, Juli 1921, und Heft 11—12, September 1921, Seite 168—177. (Wichtige Arbeit! Vor allem Seite 176/177. — In den vorhergehenden und nachfolgenden Arbeiten behandelt Witte ausführlich die verschiedenen Horoskope — Meridian-, Erd-, Sonnen-, Solar-, Lunar- usw. Horoskop — und die sensitiven Punkte.)

9. Die Ereignisse mit anderen Menschen aus dem eigenen Radixhoroskop. — Astr. Rundschau, XI. Jahrg., Sept. 1921, Heft 11—12, Seite 180.

10. **Die Bestimmung der unbekannten Geburtszeit.** — Astr. Rundschau, XII. Jahrg., Nov. 1921, Heft 1/2, Seite 9—17.

11. **Die Auswertung eines aktuellen Planetenbildes.** — Astr. Rundschau, XII. Jahrg., Januar 1922, Heft 3/4, Seite 42—48. (Behandelt das Horoskop der verstorbenen Gemahlin des Exkaisers.)

12. **Das Jahreshoroskop der Erde 1922.** — Astr. Rundschau, XII. Jahrg. (wie 11.), Seite 48—52.

13. **Die Synodische Lunation.** — (Wie 11 und 12), Seite 52—55.

14. **Die Profektion und die Lunation.** — Astr. Rundschau, XII. Jahrg., März 1922, Heft 5—6, Seite 85—89. (Witte legt dar, daß der Profektionsbogen nicht 30 Grad, sondern 29, 53 ist.)

15. **Das Verhältnis der sensitiven Punkte zueinander.** — Astr. Rundschau, XII. Jahrg., Juli 1922, Heft 9/10, Seite 148—151. (Handelt von den verschiedenen sensitiven Punkten.)

16. **Sterntafel des Uranus und Neptun.** — Astr. Rundschau, XII. Jahrg., Seite 185/188.

17. **Zum Artikel »Unbekannte Geburtszeit«.** — Astr. Rundschau, XIII. Jahrg., November 1922, Heft 1/2, Seite 11—18. (Erwiderung auf den Artikel von Rödiger im XII. Jahrg., Seite 188—190.)

18. **Der erste Transneptunplanet Cupido.** — Astr. Blätter, 5. Jahrg., Juli 1923, Heft 4, Seite 49—54.

18 a. Kongreß-Referate von Sieggrün über »Astrophilosophie«, »Transneptunische Planeten« und »Sensitive Punkte«. Astr. Rundsch., XIV. Jahrg., August 1923, Heft 2, Seite 11—15 und Seite 25—29.

19. **Tafel des Planeten Neptun für alle Zeiten und Lauf des Cupido.** — Astr. Blätter, 5. Jahrg., Seite 71—75.

20. **Berechnung der Deklinationen mit Hilfe zweier Tabellen, und Deklinationstabellen für Neptun und Cupido.** — Astr. Blätter, V. Jahrg., September 1923, Seite 99 bis 104. (Bereits in Arbeit 3. und zum Teil in 16. veröffentlicht.)

21. **Berechnung einer Konstante für Tage des progressiven Horoskops.** — Astr. Blätter, V. Jahrg., November 1923, Seite 183—184.

22. **Tafel des Planeten Uranus für alle Zeiten.** — Wie 21., S. 185.

23. **Der progressive Meridian während eines Jahres.** — Astr. Rundschau, XV. Jahrg., Januar 1924, Heft 2, Seite 34—37.

24. **Der 4. Transneptun-Planet »Kronos«.** — Astr. Rundschau, XV. Jahrg., Februar 1924, Heft 4, Seite 93—97.

25. **Das Erdhoroskop.** — Astr. Blätter, V. Jahrg., Januar 1924, Seite 202—207.

26. **Planetenbilder und sensitive Punkte.** — Astr. Rundschau, XV. Jahrg., März 1924, Heft 6, Seite 171—173.

27. **Die Differenzierung der Radixsonne und die des unteren Geburtsmeridians.** — Astr. Rundsch., XVI. Jahrg., April 1924, Heft 1, Seite 13.

28. **Die Differenzierung der Planeten.** — Wie 27. Seite 16—20.

29. **Aktuelle, chronologisch geordnete Horoskope.** — Astr. Blätter, V. Jahrg., Februar 1924, Heft 11, Seite 244—247. (Vor-

schlag, chronologisch geordnete Verzeichnisse von aktuellen Planetenbildern anzulegen.)

30. Das Planetenbild. — Astr. Blätter, VI. Jahrg., April 1924, Seite 15.
31. Die Häuser des Aszendenten. — Wie 30., Seite 21—23.
32. Das Tageshoroskop. — Wie 30., Seite 26—28.
33. Jahr, Monat und Stunde. — Astr. Rundsch., XVI. Jahrg., Mai 1924, Heft 2, Seite 41—45.
34. Die Häuser des Geburtsmeridians. — Astr. Blätter, VI. Jahrg., Mai 1924, Heft 2, Seite 55—60.
35. Das progressive Jahreshoroskop. — Wie 34., Seite 37—40.
36. Der 2. Transneptun-Planet »Hades«. — Astr. Rundschau, XVI. Jahrg., Juni 1924, Heft 3, Seite 73—79.
37. Wahrscheinlicher Lauf des zweiten Transneptun-Planeten »Hades«. — Astr. Blätter, 6. Jahrg., Juni 1924, Heft 3, Seite 76—79.
38. Die Häuser der Planeten. — Astr. Blätter, Juli 1924, Seite 119.
39. Vergleichende Astrologie. — Astr. Rundschau, XVI. Jahrg., August 1924, Heft 5, Seite 137—140.
40. Das Lunarhoroskop eines Tages. — Astr. Blätter, VI. Jahrg., Sept. 1924, Seite 187.

II.
DIE FLIEGERBOMBE.
ASTROLOGISCHE SKIZZE
VON FRIEDRICH SIEGGRÜN.

ZUM GELEIT

In der vorliegenden Abhandlung ist der Versuch unternommen, weitere Kreise der Astrologen mit den Forschungsergebnissen der Hamburger Schule bekannt zu machen. Die Grundzüge sind in dieser Arbeit niedergelegt und ich hoffe, daß ihre Gedankengänge manchen Freund dieser Wissenschaft anregen möge, die Resultate praktisch zu verwerten. Die Prüfung der hier veröffentlichten Methoden und Resultate wird stets dasselbe Resultat zeigen: Übereinstimmung mit dem Geborenen. Die vorgetragenen Neuerungen danke ich meinem verehrten Lehrer Alfred Witte, welcher dieses vielumstrittene Gebiet seit vielen Jahren mit Erfolg bearbeitet.

Die Brauchbarkeit ist in den von mir erteilten Unterrichtskursen klar hervorgetreten. Sehr günstig haben sich diese in der letzten Zeit bewährt. Mit ihrer Hilfe war es mir möglich, eine Todesprognose zu stellen, welche an dem berechneten Tage ihre Bestätigung fand durch das Ableben des Nativen. Dieselbe wurde vorher bei Herrn Dr. med. Ferdinand Maack, Hamburg, dem Vorsitzenden der »Xenologischen Gesellschaft«, hinterlegt.

Es verlohnt sich also, diese neuen Wege zu beschreiten. Herrn Witte spreche ich an dieser Stelle meinen herzlichen Dank aus für alle Bemühungen, die er in selbstloser Art auf sich genommen hat, um mich in seine durchaus neuen Gedankengänge einzuführen.

Dieselben erscheinen mir berufen, dem Problem eine Wendung zu geben. Sie kennzeichnet sich dadurch, daß sie eine mathematische Durchdringung des Horoskopes fordert.

Der schmale, unendlich verschlungene Pfad der Mystik mündet ein in den Weg der Naturwissenschaft.

Diese Einstellung der Hamburger Schule, die schon so manches günstige Resultat zeitigte, bedingt eine präzisere Arbeit, wie sie im allgemeinen bisher üblich war. Die Ergebnisse lehren aber, daß man hierdurch auch bedeutend mehr erzielt.

Friedrich Sieggrün.

Eine Katastrophe.

Das Studium der Astrologie zeigt uns die Tatsache, daß Ereignisse, welche unvorhergesehen an uns herantreten und uns seelisch stark berühren, in der Nativität durch eine größere Anzahl von starken Direktionen und Transiten zum Ausdruck gelangen. Die Stände des Radixhoroskopes sowie der Hilfshoroskope werden unter solchen Umständen mit Differenzen von nur wenigen Bogenminuten von den laufenden Gestirnen berührt. Zu diesen Ereignissen gehören in erster Linie unvermutete Todesfälle uns nahestehender Personen. Maßgebend für die Bearbeitung ist der Zeitpunkt, an welchem uns die schwere Nachricht ereilt. Der Weltkrieg, der unendliches Leid heraufbeschworen hat, bietet Daten für solche Untersuchungen in großer Zahl. Diesem dunklen Zeitabschnitt ist auch das in dieser kleinen Arbeit gewählte Beispiel entnommen.

Am 24. April 1918 wurden durch eine Fliegerbombe in Süddeutschland drei Personen, Vater, Mutter und Sohn, in ihrer Wohnung getötet. Die Nachricht erreichte den erstgeborenen Sohn, welcher seinen Wohnsitz in Hamburg hat und nun letzter Sproß der Familie ist, am 26. April 1918, abends 6 Uhr 5 Min. Es wird in dieser Abhandlung die mathematische Auswirkung des Ereignisses in den Nativitäten dieses Sohnes und seiner Ehefrau geschildert.

Der auslösende Moment ist gegeben durch das Lesen der Depesche, welche dieses Unglück dem Sohne sowie seiner Ehefrau in Hamburg zur Kenntnis bringt und die seelische Erregung bewirkt. Dieser Zeitpunkt ist, wie schon erwähnt, der 26. April 1918, abends 6 Uhr 5 Min. Das nachfolgende aktuelle Horoskop ist für diesen Zeitpunkt errichtet.

26. 4. 1918 Sommerzeit 6 h 5 m − 1 h = M. E. Z. 5 h 5 m
M. E. Z. = 5 h 5 m − 1 h + ö. L. (40 m) = 4 h 45 m Ortszeit
☉ m 26. 4. 1918 = 2 h 14 m 42 s.
Korrektur für ☉ (10 s. pro h) = 47 s.
K. P. = 7 h 0 m 29 s.
R. A. X. = 105° —'.

Die aktuellen Planetenstände sind folgende:

	λ	δ		λ	δ
☉	5° 36' ♉	13° 23' +	♄	7° 53' ♌	19° 12' +	☿	6° 23' ♉	14° 47' +
☽	9° 23' ♍	17° 54' +	♃	12° 35' ♊	21° 55' +	☊	24° 55' ♐	13° 21' +
♅	4° 21' ♌	19° 03' +	♂	13° 51' ♍	8° 24' +	X	13° 48' ♋	22° 44' +
♆	27° 10' ♒	13° 08' −	♀	19° 27' ♓	4° 31' −	Asz.	10° 18' ♎	4° 05' −

Transneptunische Planeten:

	λ	δ	Häuserspitzen:
Cupido	8° 56' ♌	17° 59' +	X. 13° 48' ♋
Hades	26° 32' ♓	1° 37' −	XI. 12° 31' ♌
Zeus	27° 58' ♑	?	XII. 13° 43' ♍
Kronos	0° 52' ♊	?	II. 16° 17' ♎

II. 17° 28' ♏
III. 16° 10' ♐

Die aktuellen Horoskope zeigen dem Astrologen die Wirkung der laufenden Gestirne auf den Geborenen in einer sehr deutlichen Art. Von großem Vorteile ist es, sich stets die Minute eines Ereignisses zu merken und für eine Reihe von Begebenheiten die aktuellen Horoskope zu berechnen. Die Radixhoroskope allein sind nicht imstande, über einschneidende Begebenheiten uns derartig zu unterrichten. Sie zeigen die in dem Nativen ruhenden Entwicklungsmöglichkeiten. Die laufenden Gestirne, progressiven Stände usw. formen und wandeln einen Geborenen in unaufhörlichem Flusse. Es kann daher das Geburtshoroskop niemals völligen Aufschluß geben. Dasselbe muß immer in Verbindung mit den laufenden Ständen einer Betrachtung unterzogen werden.

Die korrigierten Nativitäten des Ehepaares haben die Stände:

	Ehemann			Ehefrau		
	geb. 6. 2. 1874, 11½ h a. m.			geb. 13. 9. 1887, 3 h p. m.		
	8° 22' ö. L. 52° 36' n. Br.			9° 58' ö. L. 53° 33' n. Br.		
		Radix	Spiegel	Radix	Spiegel	
	δ	λ	λ	λ	λ	δ
☉	15° 36′ —	17° 32′ ♒	12° 28′ ♏	20° 28′ ♍	9° 32′ ♈	3° 47′ +
☽	2° 44′ —	12° 19′ ♎	17° 41′ ♓	26° 31′ ♋	3° 26′ ♊	18° 52′ +
♆	8° 27′ +	26° 03′ ♈	3° 57′ ♍	0° 04′ ♊	29° 56′ ♋	18° 30′ +
⛢	18° 53′ +	9° 11′ ♌	21° 49′ ♉	11° 27′ ♎	18° 33′ ♓	3° 57′ —
♄	19° 08′ —	6° 33′ ♒	23° 27′ ♏	2° 53′ ♌	27° 07′ ♉	19° 44′ +
♃	0° 55′ +	1° 04′ ♎	28° 56′ ♓	4° 37′ ♏	25° 23′ ♒	12° 08′ —
♂	1° 20′ —	27° 52′ ♓	2° 08′ ♎	11° 03′ ♌	18° 57′ ♉	18° 33′ —
♀	17° 54′ —	13° 23′ ♒	16° 37′ ♏	2° 56′ ♎	27° 04′ ♓	8° 56′ —
☿	16° 49′ —	19° 42′ ♒	10° 18′ ♏	22° 57′ ♍	7° 03′ ♈	4° 08′ +
☊	14° 50′ +	10° 04′ ♉	19° 56′ ♌	17° 03′ ♌	12° 57′ ♉	15° 44′ +
X	18° 24′ +	7° 31′ ♒	22° 29′ ♏	11° 33′ ♏	18° 27′ ♒	15° 18′ —
Asz.	22° 30′ +	14° 05′ ♊	15° 55′ ♋	2° 57′ ♑	27° 01′ ♐	23° 25′ —
⯘	20° 45, +	8° 13′ ♊	21° 47′ ♋	29° 40′ ♊	0° 20′ ♋	22° 45′ +
⯙	16° 52′ +	11° 13′ ♒	18° 47′ ♏	24° 17′ ♒	5° 43′ ♏	13° 08′ —
⯚	?	22° 39′ ♊	7° 21′ ♋	5° 16′ ♋	24° 44′ ♊	?
⯛	?	29° 17′ ♓	0° 43′ ♎	9° 36′ ♈	20° 24′ ♍	?
	R. A. X 309° 56′			R. A. X 219° 06′		

Häuserspitzen.

X.	7° 31′ ♒	11° 33′ ♏
XI.	8° 17′ ♓	12° 59′ ♐
XII.	10° 49′ ♈	10° 37, ♑
I.	12° 23′ ♉	9° 06′ ♒
II.	11° 29′ ♊	10° 01′ ♓
III.	9° 07′ ♋	12° 34′ ♋

Das Häuserproblem.

Zu den Häuserspitzen ist zu bemerken, daß dieselben nicht identisch sind mit den in den gebräuchlichen Häusertabellen angegebenen Werten. Es liegen die Pole des Häusersystemes, das sich bei den Hamburger Astrologen eingebürgert hat, nicht im Nord- und Südpunkt des Horizontes, sondern in den Himmelspolen. Diese Häuser sind Zweistundenmeridiane und werden dadurch erhalten, daß man zunächst die Schnittpunkte der Meridiane mit dem Äquator, von der R. A. des Geburts-Meridianes ab, je 30° für jedes Haus feststellt und für diese Schnittpunkte in R. A. die Ekliptiklängen aufsucht. Das ist ohne Berechnung möglich durch Benutzung der Tabelle I in Band X der Astrol. Bibliothek, Verwandlung der Längenorte in Rektaszension.

Beispiel: Die Häuserspitzen für das Radixhoroskop des Ehemannes festzustellen:

Länge nach Band X der A. B.

Ehemann R. A. X. = 309° 56'   X. = 7° 31' ♒
     + 30°
R. A. XI. = 339° 56'   XI. = 8° 17' ♓
     + 30°
R. A. XII. = 9° 56'   XII. = 10° 49' ♈ usw.

Diese Häuser stellen Zeitabschnitte von je zwei Stunden während der Rotation des Geburtsortes dar. Der Geburtsort vollführt während eines Tages eine Umdrehung um die Erdachse. Fundamentalkreis dieser Umdrehung ist der Äquator, deshalb wird der Äquator in 12 Teile zerlegt, analog der Ekliptik mit ihren 12 Tierkreiszeichen, dem Kreise der Rotation des Erdkörpers um die Sonne. Es wird stets der Fundamentalkreis der Rotation in 12 Teile zerlegt. Die Häuser des Meridians werden bestimmt durch die Lage der Achse des Ortes Zenit—Erdmittelpunkt—Nadir, zur Fundamentalebene der Rotation, der Äquatorebene. Die Pole dieser Ebene sind Nord- und Südpol des Himmels, und die Häuserpole des Radixhoroskopes liegen dieserhalb im Nord- und Südpol der Himmelskugel. Der natürliche Aufbau dieses Systemes sowie die Leichtigkeit der Häuserberechnung ermöglichen es jedem Astrologen, dasselbe ohne große Mühe zu prüfen und anzuwenden.

Der astrologische Begriff »Häuser« wird von der Hamburger Schule in folgendem Sinne umrissen:

a) Allgemein.

Häuser sind Zeitabschnitte des Fundamentalkreises der Rotation. Sie sind gegeben durch $1/12$ des Zeitraumes, in welchem derselbe durchlaufen wird.

b) Bezogen auf ein System.

1. System des Äquators.

Umlauf des Geburtsortes um die Erdachse.

Ein Haus ist gleich $1/12$ des Zeitraumes, in welchem der Ortsmeridian zu demselben Punkte des Äquators zurückkehrt.

Der Äquator ist Fundamentalkreis der Rotation des Erdkörpers um seine Achse: Eine Rotation entspricht 24 h ☉. Ein Haus entspricht 2 h R. A.

2. System der Ekliptik.

Umlauf der Erde um die Sonne.

Ein Haus ist gleich $1/12$ des Zeitraumes, in welchem die Sonne zu demselben Punkte der Ekliptik zurückkehrt.

Die Ekliptik ist Fundamentalkreis der Rotation des Erdkörpers um die Sonne. Eine Rotation entspricht einem tropischen Jahre.

Ein Haus umfaßt den Zeitraum eines Monats und entspricht einem Tierkreiszeichen.

Das Häusersystem hat den Vorzug, für jede geographische Breite verwendbar zu sein. Von dem gebräuchlichen Häusersystem läßt sich dies für höhere Breiten nicht behaupten. In den nördlichen Breiten, wo die Sonne während des kurzen Sommers ständig über dem Horizont steht, wird sie bei dem üblichen Systeme des Placidus niemals durch die unteren Häuser laufen, während der arktischen Winternacht dagegen niemals durch die oberen Häuser des Horoskopes. Bei den geschilderten Zweistunden-Meridianen kann dieser Fall nie eintreten. Die Horoskopstellung für extreme Breitengrade ist durch die übliche Art der Häuserberechnung zu einer heiklen Angelegenheit geworden.

Die auftretenden mathematischen Schwierigkeiten können an dem Horoskop der Marie Peary, welches Alan Leo in seiner Nativitätssammlung unter Nr. 909 bringt, eingehend studiert werden. Dieselbe ist am 12. Sept. 1893, 6 h 45 m p. m. unter 77° 44' nördl. Breite und 76° westl. Länge geboren. Die R. A. des 10. Hauses ist gleich 18 h 13 m 49 s. entsprechend 273° 27' 15". Für die Feststellung des kulminierenden Punktes ist in der Astrologie der obere Meridian maßgebend, welcher vom Nordpol über den Zenit des Ortes zum Südpol führt. Dieser R. A. des 10. Hauses von 273° 27' entspricht einer Länge des 10. Hauses von 3° 10' ♐, nicht wie angegeben 3¼ ♋. Das 10. Haus der Nativität liegt im Meridian gegen Süd, nicht gegen Nord. Wie aus dem Text bei Alan Leo hervorgeht, stimmen auch andere Astrologen diesen Häuserspitzen nicht zu. Das System bringt durch seinen Aufbau die an diesem Beispiel so recht ersichtlichen Schwächen hervor. Es nimmt den Horizont zur Basis und die Häuser 1—6 liegen unterhalb, die Häuser 10—12 oberhalb des Horizontes. Die Häuserpole sind hier Südpunkt und Nordpunkt des Horizontes. Die Spitze des 10. Hauses, 3° 10' ♐ liegt in dieser hohen Breite ca. 10 Grad unterhalb des Horizont-Südpunktes. Der unlösbare Widerspruch tritt hierdurch hervor. Das System der Hamburger Schule, welches den Äquator zur Basis hat, ist von der Lage des Horizontes zur Ekliptik unabhängig und wird nie in solches Dilemma geraten, weil die Häuserpole sich in den Himmelspolen befinden.

Zum Vergleich seien die Häuserspitzen einander gegenübergestellt:

Alan Leo	Hamburger Schule
10. 03° ¼' ♋	10. 3° 10' ♐
11. 04° ♊	11. 1° 13' ♒
12. 00° ¼' ♉	12. 1° 25' ♓
1. 26° ¼' ♓	1. 3° 46' ♈
2. 26° ♒	2. 5° 46' ♉
3. 29° ½' ♐	3. 5° 23' ♊

Aszendent = 26° 14' ♓.

Die Häuser laufen **nicht** in der Zeichenfolge.   Die Häuser laufen in der Zeichenfolge.

Zu wünschen bleibt, daß solche Systeme, welche in sich derartig widerspruchsvoll sind, ausgemerzt und durch andere ersetzt werden. Es ist aber dringend davon abzuraten, durch Verbesserungen die alten Systeme umzumodeln. Man kann durch solche **Kunstfertigkeit** vielleicht billige Lorbeeren ernten, zerstört aber hierdurch den an sich guten Grundgedanken, welcher diesen Schöpfungen innewohnt und ihnen gewiß nicht abzusprechen ist. Für die Hamburger Astrologen ist die Angelegenheit nicht von fundamentaler Bedeutung, weil sie durch die Häuser ihrer sonstigen Horoskope von denen des Geburts-Meridianes unabhängig geworden sind.

Das beschriebene einfache System, dessen sie sich bedienen, hat in nunmehr sechsjähriger Praxis sich als durchaus brauchbar erwiesen, für die Prognose sowohl, als auch für Direktionszwecke.

Der Aszendent mit seinem Ausgangspunkte, der astronomischen Länge des Geburtsortes (astron. Länge des Ortes + 90° = Asz.) gehört nicht zum System des Äquators, sondern zu dem System der Rotation des Erdkörpers um die Sonne. Fundamentalebene dieses Systems ist die Ekliptikebene, Achse dieser Ebene ist die Ekliptikachse.

Der Breitenkreis, welcher vom Nordpole der Ekliptik über den »Zenit des Geburtsortes« zum Südpol der Ekliptik führt, steht auf dieser senkrecht und schneidet die Ekliptik in der »astronomischen Länge des Geburtsortes«. Diese Länge um 90° vermehrt, zeigt den Aszendenten des Horoskopes. Der Bogen des Breitenkreises von der astr. Länge des Ortes bis zum Zenit des Ortes mißt die »astronomische Breite des Geburtsortes«. Es sind bei dem Aszendenten die äquatorialen Koordinaten des Geburtsortes in ekliptikale umgewandelt. Diese Überleitung wird in der Folge noch an einem Beispiele gezeigt werden.

Die in der theoretischen Astronomie gebräuchlichen Formeln zur »Verwandlung der Rektaszension und Deklination in Länge und Breite« können bei der Berechnung des Aszendenten ohne weiteres zur Anwendung gelangen. Diese empfehlen sich dadurch, daß sie logarithmisch sehr bequem sind und alle Winkel in Tangensfunktionen ergeben.

Der Aszendent bildet in dem Häusersystem der Zweistunden-Meridiane nicht die Spitze des 1. Hauses, weil hier der Äquator der Fundamentalkreis ist und nicht die Ekliptik. Achse ist hier die Himmelsachse und nicht die Ekliptikachse.

Der aufsteigende Punkt kann daher eine Lage in verschiedenen Häusern des Meridian- oder Radixhoroskopes erhalten. Durch den Schnittpunkt der Erdbahn mit dem wahren Horizonte ist derselbe gegeben. Achse des Horizontes ist die Horizontachse: Zenit—Ort—Erdmittelpunkt—Nadir. Der Geburtsort, welcher als Pol des Horizontes anzusehen ist, hat von demselben überall einen Abstand von 90 Graden. Die fundamentale Bedeutung des Aszendenten ist dadurch bedingt, daß er sich in Mundan-Quadratur zum Geburtsorte befindet, demnach auch in Mundan-Quadratur zum Zenit des Geburts-Ortes. Diese Lage stempelt den Aszendenten zum ungünstigen Punkte der Ekliptik für einen Geborenen.

Das gebräuchliche Häusersystem stellt ein Konglomerat verschiedener Systeme dar. Die »Hamburger Schule« hat es verlassen und stellt für die einzelnen Koordinatensysteme verschiedene Horoskope auf.

Aufgestellt werden:
I. für die Geburtsminute:
    a) das Zenithoroskop,
    b) das Geburtshoroskop oder Radixhoroskop.
II. für den Tag:
    a) das Horoskop der Sonne,
    b) das Horoskop der Erde.

Die Direktionen.

Der Zeitpunkt für das Eintreffen eines Ereignisses wird in der Astrologie durch Direktionen ermittelt. Von der »Hamburger Schule« werden die ☉-Bogen-Direktionen bevorzugt, weil dieselben einfach zu berechnen sind und sich als brauchbar erwiesen haben. Es wird in diesen Direktionen nicht der übliche Bogen $1° = 1$ Jahr, sondern der Sonnenbogen, welcher durch die progressive Sonne bedingt ist, zur Anwendung gebracht. Die Berechnung desselben wurde schon mehrfach in der »Astrol. Rundschau« erörtert und wird auch an dieser Stelle noch einmal in Kürze wiederholt.

Der Ehemann ist geboren am 6. Februar 1874.

Mittagsstand der ☉ am:			Differenzen der aufeinanderfolgenden ☉-Stände	☉ Bogen am Geburtstage in Abständen von 10 Jahren	☉ Bogen	entstanden aus
6. Febr. 1874	17° 35′	♒		6. Febr. 1874	0° 00′	
16. Febr. 1874	27° 41′	♒	10° 06′	6. Febr. 1884	10° 06′	0° 00′ + 10° 06′
26. Febr. 1874	7° 45′	♓	10° 04′	6. Febr. 1894	20° 10′	10° 06′ + 10° 04′
8. März 1874	17° 46′	♓	10° 01′	6. Febr. 1904	30° 11′	20° 10′ + 10° 01′
18. März 1874	27° 44′	♓	9° 58′	6. Febr. 1914	40° 09′	30° 11′ + 9° 58′
28. März 1874	7° 38′	♈	9° 54′	6. Febr. 1924	50° 03′	40° 09′ + 9° 54′
7. April 1874	17° 29′	♈	9° 51′	6. Febr. 1934	59° 54′	50° 03′ + 9° 51′

Zwecks leichterer Berechnung des Direktions-Bogen für ein gegebenes Datum des Lebens ist es empfehlenswert, den ☉-Bogen stets für den 0. Januar des Kalenderjahres zu berechnen. Es ist deshalb von dem Bogen am Geburtstage der Sonnen-Bogen für die Zeit vom 0. Januar bis 6. Februar gleich 1 Monat 6 Tage zu subtrahieren. Diese Zeit entspricht 0° 06′. Von allen Bögen am Geburtstage sind 0° 06′ zu subtrahieren und man erhält dadurch den in der Tabelle für den Ehemann angegebenen Sonnen-Bogen. Es kann jede beliebige Ephemeride für die Berechnung verwandt werden. Hier sind zur Berechnung die ☉-Stände des Geburtsjahres herangezogen. Für den Anfänger ist es ratsam, den ☉-Bogen für den 0. Januar eines jeden Kalenderjahres aufzustellen, um sich leichter einarbeiten zu können. Die ☉-Bogen, errechnet für den 0. Januar, sind in der folgenden Aufstellung ersichtlich:

Ehemann			Ehefrau		
☉ Bogen	6. Febr. 1874	0° 00′	☉ Bogen	13. Sept. 1887	0° 00′
	0. Jan. 1884	10° 00′		0. Jan. 1890	2° 15′
	0. Jan. 1894	20° 04′		0. Jan. 1900	12° 02′
	0. Jan. 1904	30° 05′		0. Jan. 1910	21° 52′
	0. Jan. 1914	40° 03′		0. Jan. 1920	31° 46′
	0. Jan. 1924	49° 57′		0. Jan. 1930	41° 43′
	0. Jan. 1934	59° 48′		0 Jan. 1940	51° 43′

Durch Interpolation können die Bogen für jedes beliebige Datum entnommen werden. Der Direktionsbogen für das am 26. April 1918 eingetretene Ereignis ist für

den Ehemann = 44° 20′

die Ehefrau = 30° 6′.

Bevor näher auf die Direktionen eingegangen wird, sei noch Folgendes den weiteren Ausführungen vorangestellt. Das Radixhoroskop ist eine Fixierung des Planetenstandes zur Zeit der Geburt. Dasselbe zeigt uns die Bestrahlung des Erdkörpers durch die Glieder des Sonnensystems und hierdurch die Beeinflussung des auf diesem Erdkörper Geborenen durch die planetarischen Kräfte. Die Planetenstände sind geozentrisch gemessen und beziehen sich auf den Erdmittelpunkt, d. h. Länge und Breite der Gestirne sind durch die Ephemeride so gegeben, als ob der Beobachter die Gestirnstände aus dem Erdmittelpunkt wahrnehme und messe. Der Erdmittelpunkt steht durch den Fahrstrahl Sonne-Erde stets mit der laufenden Sonne, dem Zentralkörper des Planetensystems in Verbindung. Dieser Fahrstrahl ist als Nullinie des geozentrischen Systems in der Astrologie anzusehen, und die von den Planeten mit dieser Gravitationslinie gebildeten Winkel sind als primäre, die von den Planeten untereinander gebildeten Stände dagegen als sekundäre zu betrachten.

Für die Astrologie sind diese geozentrischen Planetenstände von besonderer Bedeutung, weil die Gestirnkonstellation der Geburt durch die Sonne in unveränderter Form während des Fortschreitens in der Ekliptik mitgeführt wird und durch den Radiusvektor stets mit der laufenden Sonne verbunden bleibt. Der Radixgestirnstand bewegt sich in Tagen nach der Geburt um denselben Bogen in der Ekliptik vorwärts, wie ihn die laufende Sonne (progressive Sonne) zurücklegt. Das scheinbare Vorrücken der Sonne entspricht in Wirklichkeit dem Fortschreiten der Erde in der Ekliptik während ihres Umlaufes um die Sonne. Die laufende Sonne repräsentiert daher die Opposition des Erdkörpers und demzufolge auch den Körper des auf der Erde Geborenen. Sie zeigt uns die Lage und den Zustand dieses Körpers, wenn alle Planetenstände des Radix-Horoskopes mit dem Bogen in der Ekliptik vorrücken, den die progressive Sonne seit der Geburt zurückgelegt hat. Diese mit dem Sonnenbogen weitergeführten Stände bringen durch ihre Aspektbildung mit den Radixplaneten im Leben des Geborenen Ereignisse zur Wirkung, welche nach der Natur der beteiligten Planeten zu werten sind und durch laufende Planeten und Planetenbilder zur Auslösung gelangen. Die neuen Stände der Planeten, die durch Weiterführung der Radixstände mit dem von der progressiven Sonne zur Zeit eines Ereignisses zurückgelegten Bogen entstehen, führen in dem Terminus technicus der Hamburger Schule die Bezeichnung v o r g e s c h o b e n e S t ä n d e.

In Band 5 der Astrologischen Bibliothek, 2. Auflage, findet man einen kurzen Abschnitt über »Primärdirektionen in Länge«. Es wird dort ausgeführt, daß diese sehr einfach in der Berechnung und sehr stark in der Wirkung seien. Die Einfachheit liege darin, daß der Unterschied der Längengrade von Signifikator und Promissor als Direktionsbogen verwendet würde.

Die geschilderten Direktionen weisen Übereinstimmungen mit den von der Hamburger Schule verwendeten auf. Sie unterscheiden sich von diesen dadurch, daß die Umwandlung des Direktionsbogens in Zeit nach dem bekannten Schlüssel »Ein Grad gleich ein Jahr« erfolgt, während die Hamburger Schule den Sonnenbogen benutzt. Sie führt den Signifikator mit dem Sonnenbogen, weil das Fortschreiten aller Radixgestirne in ihrem Systeme bedingt ist durch den Lauf der progressiven Sonne. Aus diesem Grunde werden die angewendeten Direktionen auch als Sekundärdirektionen bezeichnet.

Das System hat sich in zehnjähriger Praxis durchaus bewährt. Die Erleichterung, die es dem Astrologen bietet, wird man erst dann richtig werten, wenn man sich mit allen möglichen Arten der Direktionen beschäftigt hat und am Ende erkennen mußte, daß trotz aller ernsten Bestrebungen die erzielten Resultate oftmals sehr problematischer Natur waren. Die Differenzen, welche zwischen Ereignistag und berechneter Zeit lagen, erreichten mitunter einen Betrag, der die auf die Arbeit verwendete Zeit als nutzlos verschwendet erscheinen ließ. Aus der Literatur wird ebenfalls ersichtlich, daß man nur wenig Neigung verspürt, dieses Problem, einen Ereignistag durch Direktionen zu bestimmen, in Angriff zu nehmen. Werden solche Rechnungen durchgeführt, so wird es meistens versäumt, anzugeben, welche Differenzen zwischen dem errechneten Datum und dem wirklichen bestehen. Prüft man die Differenzen, so stellt sich heraus, daß die Zeitunterschiede manchmal ein Jahr und noch mehr betragen. Der Wert solcher Rechnungen ist natürlich gleich Null. Durch die Einführung des Sonnenbogens als Maß wird die Zeitbestimmung und die Korrektur des Horoskopes bedeutend vereinfacht und günstiger gestaltet. Nur eine Direktionsart, die sich als völlig ausreichend erwiesen hat, wendet die Hamburger Schule an.

Sie führt den Signifikator:

a mit dem Sonnenbogen,

b mit dem Sonnenbogen und der Radixbreite, zur Bestimmung der neuen Deklination.

Die übersichtliche Anordnung der während eines Menschenlebens fälligen Direktionen in Form graphischer Darstellungen erleichtert die Auffindung der zu einer beliebigen Zeit des Lebens fälligen Direktionen außerordentlich. Auf je einer Tafel gelangen die Längendirektionen und die Paralleldirektionen zur Aufzeichnung. Diese graphischen Darstellungen beider Direktionssysteme, welche den Sonnenbogen als Zeitmaß zugrunde legen, betrachtet die Hamburger Schule als ihr ausschließliches geistiges Eigentum.*)

Es sollen nun die Direktionen, die zur Zeit des Ereignisses fällig waren, einer Betrachtung unterzogen werden.

Die mit dem ☉-Bogen des Ereignisses vorgeschobenen Radix-Stände des Ehepaares sind in der folgenden Tabelle zusammengestellt.

	r + ☉ Bg. 44° 20′ Ehemann		r + ☉ Bg. 30° 06′ Ehefrau	
☉	1° 52′	♈	20° 34′	♎
☽	26° 59′	♏	26° 37′	♌
♆	10° 23′	♊	0° 10′	♋
♅	22° 31′	♍	11° 33′	♏
♄	20° 53′	♓	2° 59′	♍
♃	15° 24′	♏	4° 43′	♐
♂	12° 12′	♉	11° 09′	♍
♀	27° 43′	♓	3° 02′	♏
☿	4° 02′	♈	23° 03′	♎
☊	24° 24′	♊	17° 09′	♍
X.	21° 51′	♓	11° 39′	♐
Asz.	28° 25′	♋	3° 03′	♒
♈	14° 20′	♉	0° 06′	♉
Cupido	22° 33′	♋	29° 46′	♋
Hades	25° 33′	♓	24° 23′	♒
Zeus	6° 59′	♌	5° 22′	♌
Kronos	13° 37′	♉	9° 42′	♉

Der mathematische Ausdruck für diese Stände hat die Form:

☉ pr. + Planet — ☉ r.

Untersucht man die Nativitäten auf die fälligen Längen-Direktionen, so findet man bei dem Ehemann folgende angezeigt:

I. v. ♅ zu □ X r. X r = 307° 31′
— ♅ v = 172° 31′
Abstand = 135° 00′ = □ Differenz 0° 00′

(v. ♅ = vorgeschobener ♅)

II. v. ♅ zu ⚹ ÷ X (Spiegel) r ÷ X r = 232° 29′
— ♅ v = 172° 31′
Abstand = 59° 58′ = ⚹ Differenz 0° 02′

*) Graphische Darstellungen in der Größe 1100×700 mm werden durch den Verfasser angefertigt. Preise auf Anfrage.

III. v. ⛢ zu □ ‡ r

$$\begin{array}{lrl} & ⛢\ v = & 172^0\ 31' \\ & -\ ‡\ r = & 82^0\ 39' \\ \hline \text{Abstand} & = & 89^0\ 52' = □ \text{ Differenz } 0^0\ 08' \end{array}$$

IV. v. ⛢ zu $^{13}/_{48}$ ♑ Punkt
Aspekt $^{13}/_{48} = 97^0\ 30'$ —
♑ Punkt = Erdmeridian

$$\begin{array}{lrl} & ♑\ \text{Punkt} = & 270^0\ 00' \\ & ⛢\ v = & 172^0\ 31' \\ \hline \text{Abstand} & = & 97^0\ 29' = {}^{13}/_{48} \text{ Differenz } 0^0\ 01' \end{array}$$

V. v. ⛢ zu $^{11}/_{48}$ ☉/☽ r
Aspekt $^{11}/_{48} = 82^0\ 30'$
☉/☽ = Halbsumme
$= 14^0\ 55'$ ♐

$$\begin{array}{lrl} & ☉/☽ = & 254^0\ 55' \\ & -\ ⛢\ v = & 172^0\ 31' \\ \hline \text{Abstand} & = & 82^0\ 24' = {}^{11}/_{48} \text{ Differenz } 0^0\ 06' \end{array}$$

VI. v. ♂ zu $^{11}/_{48}$ ☿ r
$^{11}/_{48} = 82^0\ 30'$

$$\begin{array}{lrl} & ♂\ v = & 42^0\ 12' \\ & + & 360^0\ 00' \\ \hline & & 402^0\ 12' \\ & -\ ☿\ r = & 319^0\ 42' \\ \hline \text{Abstand} & = & 82^0\ 30' = {}^{11}/_{48} \text{ Differenz } 0^0\ 00' \end{array}$$

VII. v. ♂ zu □ ⚳/♀ r
Halbsumme = $12^0\ 18'$ ♒

$$\begin{array}{lrl} & ♂\ v = & 402^0\ 12' \\ & -\ ⚳/♀\ r = & 312^0\ 18' \\ \hline \text{Abstand} & = & 89^0\ 54' = □ \text{ Differenz } 0^0\ 06' \end{array}$$

VIII. v. Asz. zu $^{11}/_{24}$ ♀ r
$^{11}/_{24} = 165^0$

$$\begin{array}{lrl} & \text{Asz. v.} = & 118^0\ 25' \\ & + & 360^0\ 00' \\ \hline & & 478^0\ 25' \\ & -\ ♀\ r & 313^0\ 23' \\ \hline \text{Abstand} & = & 165^0\ 02' = {}^{11}/_{24} \text{ Differenz } 0^0\ 02' \end{array}$$

IX. v. ♃ zu ⊻ ‡ r

$$\begin{array}{lrl} & ♃\ v = & 112^0\ 33' \\ & -\ ‡\ r = & 82^0\ 39' \\ \hline \text{Abstand} & = & 29^0\ 54' = ⊻ \text{ Differenz } 0^0\ 06' \end{array}$$

X. v. ♃ zu $^{11}/_{24}$ r X
$^{11}/_{24} = 165^0$

$$\begin{array}{lrl} & ♃\ v = & 112^0\ 33' \\ & + & 360^0\ 00' \\ \hline & & 472^0\ 33' \\ & -\ X\ r = & 307^0\ 31' \\ \hline \text{Abstand} & = & 165^0\ 02' = {}^{11}/_{24} \text{ Differenz } 0^0\ 02' \end{array}$$

XI. v. ♃ zu $^{1}/_{16}$ ♋ Punkt
♋ Punkt = Meridian der Erde
$^{1}/_{16} = 22^0\ 30'$

$$\begin{array}{lrl} & ♃\ v = & 112^0\ 33' \\ & -\ ♋\ P. = & 90^0\ 00' \\ \hline \text{Abstand} & = & 22^0\ 33' = {}^{1}/_{16} \text{ Differenz } 0^0\ 03' \end{array}$$

XII. v. ♄ zu $^{5}/_{48}$ ♀ r
$^{5}/_{48} = 37^0\ 30'$

$$\begin{array}{lrl} & ♄\ v = & 350^0\ 53' \\ & -\ ♀\ r = & 313^0\ 23' \\ \hline \text{Abstand} & = & 37^0\ 30' = {}^{5}/_{48} \text{ Differenz } 0^0\ 00' \end{array}$$

XIII. v. ☿ zu $^{5}/_{16}$ Spitze des VIII. Hauses (Todesnachricht)
— Spitze VIII. Haus
(Modus Aequalis)

$$\begin{array}{lrl} & ☿\ v = & 364^0\ 02' \\ & = & 251^0\ 29' \\ \hline \text{Abstand} & = & 112^0\ 33' = {}^{5}/_{16} \text{ Differenz } 0^0\ 03' \end{array}$$

XIV. v. ♂ zu ⊼ ☽ r

$$\begin{array}{lrl} & ☽\ r = & 192^0\ 19' \\ & -\ ♂\ v = & 42^0\ 12' \\ \hline \text{Abstand} & = & 150^0\ 07' = ⊼ \text{ Differenz } 0^0\ 07' \end{array}$$

Addiert man die Differenzen der 14 aufgeführten Direktionen, erhält man 0° 46'. Die mittlere Abweichung einer Direktion von der Wirklichkeit ist demnach 46 : 14 = 0° 03,3'. Ein gleiches Resultat dürfte wohl von keiner anderen Direktionsart erreicht werden. Die astrologische Literatur hat, so viel mir bekannt, kein Beispiel aufgewiesen, welches sich mit dem vorgeführten auch nur annähernd messen könnte. Die Zuverlässigkeit der Direktionen, welche von den Astrologen so stark unterschätzt wurde, wird durch dieses Beispiel in glänzender Weise gerechtfertigt.

Es sind mit dieser Aufstellung die fälligen Direktionen noch nicht erschöpft und jeder Leser, welcher sich diese Horoskope mittels der Gradscheibe zur Nachprüfung aufzeichnet, wird noch leicht einige andere finden, die übergangen sind. Es zeigt sich jedoch deutlich, wie viele Kräfte zusammen wirkten, diese Familientragödie heraufzubeschwören. Die aufgeführten Direktionen sprechen für sich selber. ♅, der Planet der Explosionen, zeigt allein 5 Direktionen. Man beachte ferner, daß der Meridian der Erde (Solstitialkolur) durch Direktionen getroffen wird von ♅ und ♃ mit Differenzen von 0° 01' und 0° 02', also auch hier eine präzise Auslösung vorliegt. ♅ und ♃ sind im Radixhoroskop durch ✳ verbunden und jeder der beiden Planeten aspektiert den Erdmeridian in ungünstiger Weise.

In der Aufstellung finden sich eine Reihe Aspekte, die in der Astrologie bisher nicht üblich sind. Schon auf dem Astrologen-Kongresse 1923 hatte ich Gelegenheit genommen, darauf hinzuweisen, daß auch andere Winkelgrößen wie die bisher gebräuchlichen, ihre volle Berechtigung haben bei der mathematischen Auswertung eines Horoskopes. Die Prognose kann derselben entraten. Die bisherigen Untersuchungen bestätigen immer wieder die Richtigkeit dieser Aspekte, die ständig aufgefunden werden, in den der mathematischen Auswertung unterworfenen Horoskopen. Nachdem diese Aspekte in Ekliptiklängen geprüft waren, sind die Untersuchungen auch auf die Deklinationen ausgedehnt. Auch hier ist ein Erfolg zu verzeichnen. Der Kongreß 1924 bot mir Gelegenheit, die Ergebnisse den deutschen Astrologen zu unterbreiten. Für die Deklination kam als einziger Aspekt bisher nur der Parallelschein, d. h. gleicher Abstand der Gestirne, nördlich oder südlich vom Äquator in Frage. Es zeigen sich auch in der Deklination Aspekte folgender Art: ✳ ∠ ⌵ ⋁ $1/16$, $1/48$, $5/48$, $7/48$ usw., welche durch die Direktionen mit der vorgeschobenen Länge und Breite der Planeten bestätigt werden. Die graphischen Darstellungen der vorgeschobenen Planeten in Länge und Breite bildeten den Ausgangspunkt der Forschung auf diesem Gebiete.

Durch einen geeigneten Maßstab, für Gradmaß eingerichtet, ist man in der Lage, die verschiedenen Aspekte in δ ohne weiteres der Zeichnung ent-

Aspekte:

☌ = 0° 00'	∠ = 45° 00'	□ = 90° 00'	⚃ = 135° 00'
$1/48$ = 7° 30'	$7/48$ = 52° 30'	$13/48$ = 97° 30'	$19/48$ = 142° 30'
⊼ = 15° 00'	✳ = 60° 00'	⟁ = 105° 00'	⊼ = 150° 00'
$1/16$ = 22° 30'	$3/16$ = 67° 30'	$5/16$ = 112° 30'	$7/16$ = 157° 30'
⌵ = 30° 00'	⊠ = 75° 00'	△ = 120° 00'	$11/24$ = 165° 00'
$5/48$ = 37° 30'	$11/48$ = 82° 30'	$17/48$ = 127° 30'	$23/48$ = 172° 30'
			☍ = 180° 00'

nehmen zu können. Die Aufsuchung der Aspekte und Direktionen wird durch die von A. Witte angegebene Gradscheibe ungemein erleichtert, wenn die angegebenen Winkel auf dieser eingetragen werden.

Bei Anwendung der Scheibe erübrigen sich Horoskopformulare. Jedes Blatt Papier von genügender Größe kann verwendet werden. Die gefundenen Aspekte werden nunmehr bei der **mathematischen Auswertung** stets zur Anwendung gebracht. Sie sind in ihrer Reihenfolge im Halbkreise angegeben. Die bisher nicht üblichen sind unterstrichen.

Alle Aspekte, in Bruchform dargestellt, mit dem Zähler 16 und 48 wirken scharf und ähneln in ihrer Wirkung dem ∠.

Wie diese Winkelgrößen in den Direktionen wirken, zeigt die Aufstellung der Direktionen für den Ehemann in einwandfreier Weise. Diese sind teilweise schon von den englischen Astrologen angegeben und zur Anwendung gebracht worden. Geo Wilde erwähnt in seiner Schrift: »Das Horoskop als Schlüssel zum Erfolg«, welche schon 1911 herausgegeben ist, die Viertelquadratur $= 22^1/_2^0$. Der dort angegebene Aspekt Septil, welcher 52^0 umfaßt, würde sich decken mit dem Aspekte $7/_{48}$ gleich 52^0 30'. Auch andere der angegebenen Winkel findet man in der englischen Literatur verzeichnet. Die konsequente Teilung mit dem Abstande von 7^0 30' ist jedoch nicht durchgeführt. Die Vermehrung der Aspekte wird der Astrologie wohl bei den Direktionsverfahren nützen, insbesondere bei den summarischen, wie sie in den graphischen Darstellungen zur Anwendung gelangen, vermag aber nicht unbedingt sicheren Aufschluß zu geben über die Schicksalsgestaltung. Direktionen sind nur als Anzeiger zu werten. Die maßgebenden Faktoren liegen auf anderem Gebiete. Die Direktionen finden sich stets bei wichtigen Anlässen, kommen als treibende Kräfte aber nicht in Frage. Diese werden einzig und allein durch die laufenden Gestirne zur Zeit eines Ereignisses repräsentiert. Als Zeitmesser, sowie für Korrekturzwecke sind die Direktionen dem Astrologen unentbehrlich.

Das Geburtsdatum der Ehefrau wurde mir erst kürzlich bekannt gegeben. Es deckt sich der ☉-Bogen des Ehemannes annähernd mit dem gebräuchlichen Direktionsbogen $1^0 = 1$ Jahr. Das ist bei der Ehefrau durchaus nicht der Fall. Das Alter der Frau, die am 13. September 1887 geboren ist, beträgt am 26. April 1918 30 Jahre 7 Monate 13 Tage. Rechnet man $1^0 = 1$ Jahr, so ist der Direktionsbogen gleich 30^0 37'. Berechnet man den ☉-Bogen, so ist derselbe $= 30^0$ 06'. Wie bewährt sich nun dieser von der Schablone abweichende ☉-Bogen in dieser Nativität?

Es werden in der Nativität zum 26. April 1918 zwei einschneidende Direktionen fällig, und zwar:

    I v. ♄ zu △ Asz.
    II v. ☋ zu ☌ X
  v. ♄ $= 2^0$ 59' ♍ $+$ △ Asz. $= 2^0$ 59' ♓
  v. ☋ $= 11^0$ 33' ♏ $=$ X 11^0 33' ♏ als **Direktionswerte**.

Wird jetzt der v. ☋ aus naheliegenden Gründen der Berechnung des Aszendenten zugrunde gelegt und führt man diese aus, so erhält man ein überraschendes Resultat.

Gegeben a und δ, gesucht λ, R. A. X 219^0 06'.

$a = 39^0\ 06'$ $\qquad \delta = 53^0\ 33'\qquad$ (δ = Polhöhe)

$$\frac{\text{tg }\delta}{\sin a} = \text{tg m}$$

tg δ	10,13158
$-$ sin a	9,79981
tg m	10,33177
tg a	9,90992
$+$ cos q	8,42746
	8,33738
$-$ cos m	9,62568
tg λ	8,71170

$m = 65^0\ 01'$
$+ \varepsilon = 23^0\ 27'$
$q = 88^0\ 28'$

$$\frac{\text{tg }a \cdot \text{cos q}}{\text{cos m}} = \text{tg }\lambda$$

$\lambda = 2^0\ 57'$

tg β = sin λ · tg q.

a vom Wagepunkt gemessen zeigt $\lambda = 2^0\ 57'$ ⇌ als astronomische Länge des Ortes. $\qquad 2^0\ 57'$ ⇌ $+ 90^0 = 2^0\ 57'$ ♑ Aszendent.

Der durch die Direktion I gefundene Asz. 2^0 59' ♑ weicht also von den durch Rechnung festgestellten nur 0° 02' ab. Es liegt hier der ziemlich vereinzelte Fall vor, mit einem Ereignis X und Asz. zu bestimmen. Dieses Resultat kann mit dem üblichen Direktionsbogen nicht erzielt werden, weil derselbe einen mittleren Wert darstellt, welcher von dem wahren um 0° 31' abweicht. (In dem Horoskope des Fürsten Bismarck zeigt der Direktionsbogen bei Lebensende, verglichen mit dem Sonnenbogen, eine Differenz von ca. 3 Graden.)

Weitere Direktionen, welche für dieses Ereignis in Frage kommen, sind die folgenden:

Der v. � in 11° 33' ♏ steht in △ ☽ r.

III $\quad$ ☉ v. = 221° 33'
$\quad -$ ☽ r. = 116° 31'
$\quad$ Abstand = 105° 02' = $\quad$ (Trigonquadrat = 105°) Differenz 0° 02'.

IV $\quad$ v. ☉ zu $^{23}/_{48}$ ☌ ÷ r.
$\quad$ ☉ v. = 221° 33'
$\quad -$ ☌ ÷ r. = 48° 57'
$\quad$ Abstand = 172° 36' = $^{23}/_{48}$ = 172° 30', Differenz 0° 06'.

V $\quad$ v. ♄ in $^{23}/_{48}$ ♃ ÷ r. zeigt den Tod eines Beamten. Der Schwiegervater war höherer Beamter, ♄-Tod.
$\quad$ ♃ ÷ r. = 325° 23'
$\quad$ ♄ v. = 152° 59'
$\quad$ Abstand = 172° 24' = $^{23}/_{48}$ = 172° 30', Differenz 0° 06'.

VI $\quad$ v. ♄ in ⚹ ♀ r. Planeten im Achsenkreuz des Erdhoroskopes ergeben Todesfälle und Trennungen.
$\quad$ ♀ r. = 182° 56'
$\quad -$ ♄ v. = 152° 59'
$\quad$ Abstand = 29° 57' = ⚹. Differenz 0° 03'.

VII $\quad$ v. ☊ zu $^{11}/_{48}$ ☍ ÷ r.
$\quad$ ☊ v. = 125° 22'
$\quad -$ ☍ ÷ = 42° 57'
$\quad$ Abstand = 82° 25' $^{11}/_{48}$ = 82° 30', Differenz 0° 05'.

VIII $\quad$ v. ♅ zu ☌ ♆ ÷ r.
$\quad$ ♆ ÷ r. = 29° 56' ♋
$\quad -$ ♅ v. = 29° 46' ♋
$\quad$ Abstand = 0° 10', Differenz 0° 10'.

Der ♆ ÷ steht in der Halbsumme ☽/♄ r. = 29° 42' ♋, der v. ♃ gleich 29° 46' ♋ steht also mit 0° 04' Abstand in dieser Habsumme. Es sind daher auch die Direktionen zu den Halbsummen statthaft. Vielfache Beobachtungen haben ergeben, daß die hiermit gemessenen Bogen zuverlässiger sind wie diejenigen zu dem Planeten, welcher nicht genau in der Mitte eines Planetenbildes steht, wie hier in diesem Falle, wo der ♆ ÷ die Abweichung 0° 14' von der Symmetrieachse zeigt. Die Wirkung tritt erst dann ein, wenn die Halbsumme getroffen wird.

IX v. X zu □ ☽ r.
   X v. = 251° 39'
   — ☽ r. = 116° 31'
   Abstand = 135° 08' = □, Differenz 0° 08'.

X   v. ♀ zu $1/_{24}$ ☉ ÷
   ☉ ÷ = 9° 32' ♈
   + 360° 00'
   369° 32'
   — ♀ v. 354° 23'
   15° 09' = $1/_{24}$ = 15°, Differenz 0° 09'.

Der durch dieses eine Ereignis festgestellte Meridian sei hier noch auf seine Richtigkeit geprüft durch zwei andere Sonnenbogen. I. für den Beginn der Lehre in einem Modewarengeschäfte am 2. Januar 1903. Der ☉-Bogen am 2. 1. 1903 gleich 14° 59'. Die hierfür maßgebende Direktion ist

   v. X zu △ ☽ r. (☽ r. im 6. Hause)
   X r. = 11° 33' ♏
   + 14° 59'
   X v. = 26° 32' ♏ = △ ☽ r. 26° 31' ♋, Differenz 0° 01'.

II. Bekanntwerden mit dem Ehemann 9. 10. 1909.
   ☉-Bogen = 21° 39'.
Direktionen für dieses Ereignis:
      a) v. Asz. zu ⚹ ☉ — r
      b) v. Asz. zu ⚹ ♀ r
Direktion a ☉ ÷ r. = 9° 33' ♈
      + 360° 00'
      369° 33'
   — Asz. v. 294° 36'
   Abstand = 74° 57' = ⚹, Differenz 0° 03'.
Direktion b ♀ r. = 9° 36' ♈
      + 360° 00'
      369° 36'
   — Asz. v. 294° 36'
   Abstand = 75° 00' = ⚹, Differenz 0° 00'.

Der abgeleitete Meridian 11° 33' ♏ wird also auch durch dieses Ereignis bestätigt. Bei den Direktionen, die zu den Spiegelpunkten der Planeten geführt sind, ist zu erwähnen, daß durch den vorgeschobenen Planeten ein vollkommen symmetrisches Planetenbild geformt wird. Z. B. Direktion VIII v. ♃ zu ☌ ♆ ÷

Die Entfernung des ♆ vom Meridian der Erde ♋—♑ ist = 29° 56', die Entfernung des ÷ ♆ vom Meridian der Erde ist ebenfalls 29° 56'.

Der v. ♃ der jetzt in den Spiegelpunkt des ♆ tritt, hat also den Abstand 29° 56' vom Meridian der Erde und bringt hierdurch das Bild zur Wirkung.

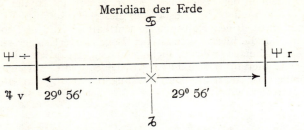

Bei den Direktionen zu den Spiegelpunkten ist also stets der Meridian der Erde (Solstitialkolur) von dem r. Planeten des Spiegelpunktes und dem v. Planeten eingeschlossen. Das Bild gelangt zur Wirkung, wenn der Minus-Planet durch einen Aspekt getroffen wird.

Die Spiegelpunkte der Planeten, auch Antiszien genannt, zeigen uns also s e n s i t i v e P u n k t e der Radixplaneten auf der Ekliptik, welche erregt werden durch Eintritt eines laufenden, vorgeschobenen oder progressiven in dieselben. Der Nachweis hierfür ist in den vorstehenden Ausführungen enthalten.

Der Kampf um die sensitiven Punkte wird hiermit auf eine andere Basis verlegt, und es kann behauptet werden, daß diejenigen, die vermeinen, eine Wirkung sei ihnen nicht beizumessen, in einem verhängnisvollen Irrtum befangen sind. Durch ihre Anwendung wird nicht der Boden der Astrologie verlassen, sondern das Gesichtsfeld erweitert.

Es sei noch ein Beispiel dieser Nativität geschildert:
Tod des Vaters am 30. Juni 1916.
⊙=Bogen = 28° 19'.
Direktion v. ♐ zu □ ♃ ÷ r.
♐ v. = ♐ r + ⊙ Bg. = 219° 46'
− ♃ ÷ = 84° 44'
Abstand = 135° 02' = □ Differenz = 0° 02'.

Diese Ausführungen dürften genügen, den Wert der Spiegelpunkte zu erkennen und diese in weitgehendstem Maße bei der Auswertung heranzuziehen. Das bisherige Rätsel dieser Punkte ist gelöst. Zum Verständnis ist ein Eindringen in höhere geistige Erkenntnisstufen anscheinend nicht unbedingt erforderlich.

Die Spiegelpunkte sind seit Jahren eingehend beobachtet und haben sich stets bewährt. Der Erfolg bei Heranziehung dieser Punkte oder Minus-Planeten in der mathematischen Auswertung wird sich auch dadurch zeigen, daß man in steigendem Maße u n a b h ä n g i g wird von dem in alten dickleibigen Folianten aufbewahrten Regelwerk. Dieses wird gerne in solchen Fällen herangezogen, wo andere Hilfsmittel versagen, um schließlich damit noch einen Nachweis (?) zu führen. Derselbe kann dem mathematisch eindringenden Astrologen aber niemals genügen. Eintretende Ereignisse müssen rechnerisch nachgewiesen werden. Jeder Nachweis anderer Art, der keine mathematische Fassung zuläßt, ist als durchaus verfehlt zu betrachten und muß entschieden abgelehnt werden, weil hierdurch die Astrologie zu einem Tummelplatze wüster Spekulationen wird. Die mathematischen Beziehungen innerhalb eines Horoskopes aufzusuchen, muß vorerst die Hauptaufgabe der Astrologie sein, um einen festen Grund zu erhalten. Die hierdurch gewonnenen Regeln, welche der Verstand zu leiten hat, werden uns befähigen, mit steigender Schärfe Ereignisse festzulegen und zu analysieren. Es wird dann Astrologie das werden, was ihre Vertreter erhoffen: »W i s s e n s c h a f t.« Die ausgeführten Direktionen mit dem ☉=Bogen zeigen in der Nativität der Ehefrau schlagend den Wert der Richtigkeit dieses Bogens, weil der Direktionsbogen mit seiner Länge von 30⁰ 37' bei einem Alter von 30 Jahren 7 Monaten 13 Tagen eine Differenz von 0⁰ 31' aufweist gegen den ☉-Bogen mit seiner Länge von 30⁰ 06'. Mit dem üblichen »Bogen« schießt man ein halbes Jahr daneben. Auch die Korrektur muß ein entsprechendes Ergebnis zeitigen.

Es finden sich noch immer Astrologen, welche davon abraten, einen anderen Bogen zu benutzen wie den bisher gebräuchlichen. Dies ist vollkommen irreführend und kann nur auf Unkenntnis der Dinge beruhen. Die umfangreiche Prüfung des ☉-Bogens seitens der Hamburger Astrologen erstreckt sich auf einen nunmehr zwölfjährigen Zeitraum und hat sich derselbe stets als maßgebend bewährt.

Bei der Korrektur eines Horoskopes wird man durch Anwendung der Sekundär=Direktionen mit dem ☉-Bogen s t e t s zum Ziele gelangen. Es wird übersehen, daß dieser Bogen nicht willkürlich aufgestellt, sondern astronomisch begründet ist durch den Entdecker Alfred Witte. Die astronomische Seite der Astrologie liegt aber noch sehr im argen und wird von deren Vertretern nicht in gebührender Weise berücksichtigt. Die Hamburger Astrologenschule betrachtet es als ihre Pflicht, dem Schüler bei Beginn seines Studiums einen Schatz gediegener astronomischer Kenntnisse zu übermitteln, um hierdurch ein tieferes Eindringen in die Probleme der Astrologie zu ermöglichen. Zu einer erfolgreichen Betätigung sind dieselben unbedingt erforderlich.

Durch die fortschreitende Sonne wird der Stand der Erde in der Ekliptik bestimmt. Die Erde befindet sich stets in Opposition zu der laufenden Sonne. Das Fortschreiten des Erdkörpers in seiner Bahn während eines Tages wird durch den von der Sonne während dieses Tages zurückgelegten Bogen genau gemessen. Dieser Bogen der Sonne zeigt uns also auch, an welchem Punkte der Ekliptik sich der Erdkörper und der auf diesem Erdkörper lebende Geborene in Tagen nach der Geburt befindet. Da für einen Menschen nun ein Tag nach der Geburt einem Jahre des Lebens entspricht, nach der alten Regel, ist der von der Sonne in einem Tage nach der Geburt zurückgelegte Bogen maßgebend für ein Jahr des menschlichen Lebens. Dieser ☉-Bogen, wie er von der Hamburger Schule genannt wird, ist variabel. Der allgemein zur Anwendung gelangende Bogen »ein Grad gleich ein Jahr« ist ein »Durchschnittswert«, welcher eine gute Annäherung darstellt, jedoch nicht genau ist.

Transneptunische Planeten.

In den aufgeführten Direktionen der beiden Nativitäten findet man verschiedene mit den transneptunischen Planeten verzeichnet. Diese zeigen ihre Tätigkeit in einer Weise, die dem Einsichtigen Möglichkeiten eröffnet, welche er nicht ungenützt lassen sollte.

Die von mir begründete Astrologenschule dient dem Zwecke, die Forschungsergebnisse der »Hamburger Schule« auf ihre Richtigkeit und Brauchbarkeit zu prüfen. Es werden hier die vier errechneten Planeten i n j e d e N a t i v i t ä t eingesetzt und haben die Erwartungen in vollstem Maße bestätigt.

Diese neuen Wandelsterne werden in demselben Maße wie die bisher bekannten zur Prognose und Auswertung herangezogen. Den Schülern ist es zu etwas Selbstverständlichem geworden, dieselben für jede Nativität zu berechnen, weil hierdurch Erfolge zu verzeichnen sind. Diese Bewährung in der Praxis zeigt, daß etwas Beachtenswertes vorliegt.

Die Berechnung für die δ und β der beiden Planeten Zeus und Kronos sind im Flusse, und dürfte es nicht allzu lange währen, bis auch diese Stände, welche einzig und allein aus den während des Lebenslaufes eintretenden Ereignissen abgeleitet werden, in den Händen aller Astrologen sich befinden. Es liegt hier der Fall vor, daß man diese Planeten optisch bisher nicht wahrnimmt, ihren Einfluß aber desto stärker spürt in dem Ablauf des Lebens. Die vielfach wiederkehrende Ansicht, daß die Menschheit noch nicht imstande sei, auf die Schwingungen der äußeren Planeten zu reagieren, wird durch die astrologische Praxis widerlegt. Die Gegner des unsterblichen Galilei wollten nicht durch das Fernrohr schauen, um keine unbequemen Tatsachen wahrzunehmen. In dem Falle der transneptunischen Planeten ist eine Betrachtung bisher nicht möglich, eine rechnerische Bestätigung ist aber zu erhalten. Ernste intensive Arbeit ist erforderlich, um die Resultate zu sichern.

Jedes Horoskop zeigt ihre Wirkung in der Richtung, wie sie ihrer Natur und Stellung im Tierkreise entspricht.

Cupido ♃ Herr des Zeichens ♎ Liebe, Ehe, Familie
Hades ⚥ „ „ „ ♍ Trauer, Krankheit, Witwen, Unmoral, Tod
Zeus ⚷ „ „ „ ♌ Kraft, Mut, Zeugung, Blutsverwandte
Kronos ⚴ „ „ „ ♋ Fürsten, Könige, Herrscher, Vorfahren, Chef

Auf den Planeten Hades, den Herrn des Zeichens Jungfrau, will ich an dieser Stelle besonders hinweisen und ihn der Beachtung aller Astrologen empfehlen. Derselbe ist von den Malefizplaneten der übelste und übertrifft den Saturn. Sein Anteil an den Sexualverbrechen wäre besonders zu untersuchen. Die Nativität des Mörders Haarmann z. B. ist für den Astrologen sehr instruktiv. Dieselbe weist einen sehr stark beschädigten Hades auf.

Die bisherige Zuteilung der Planeten zu den einzelnen Tierkreiszeichen muß einer Kritik unterzogen werden. Diese Aufgabe ist in Angriff zu nehmen von der gesamten Astrologenwelt. Auf diesem Gebiete ist von seiten der praktischen Astrologen zu erwarten, daß sie ihre Beobachtungen bekanntgeben, um auch hierin eine Reform herbeizuführen, welche eine präzise und sichere Formulierung der Prognose gewährleistet.

Von der Hamburger Schule ist folgende Anordnung der Planeten in den Zeichen des Tierkreises als sehr brauchbar erkannt:

Herrscher	Herrscher	Herrscher
♈ Mars	♌ Zeus	♐ Uranus
♉ Mond	♍ Hades	♑ Saturn
♊ Venus	♎ Kupido	♒ Jupiter
♋ Merkur, Kronos	♏ Neptun	♓ Planetoiden

Die Planeten gleicher Natur sind im Trigon angeordnet, Feuerplaneten ♂ ⚴ ⚷ im Feuerzeichen, Erdplaneten im Erdzeichen usw.

Betrachtet man die Aufstellung in der umgekehrten Folge der Zeichen beginnend mit ♋, erhält man folgende Aufstellung:

Herrscher	Herrscher	Herrscher
♋ Merkur, Kronos	♓ Planetoiden	♏ Neptun
♊ Venus	♒ Jupiter	♎ Kupido
♉ Mond	♑ Saturn	♍ Hades
♈ Mars	♐ Uranus	♌ Zeus

Es wird hierdurch ersichtlich, daß bei dieser Anordnung die Planeten in ihrem Abstande von der Sonne einander folgen, demnach hier ein natürliches System vorliegt, dessen Anwendung für die Aufsuchung der transneptunischen Planeten von größter Bedeutung war. In dieser Aufstellung ist der Sonne kein Zeichen zugewiesen. Der Mond als Vertreter der Erde besetzt das Zeichen Stier. Wäre kein Satellit der Erde vorhanden, würde also die Erde eingesetzt für den Mond.

Die transneptunischen Planeten zeigen auch in den Nativitäten des vorliegenden Falles Direktionen, welche als unheilbringend angesprochen werden müssen. Die Stände der laufenden Planeten, welche auslösend wirken als Transitoren, sollen jetzt der Betrachtung unterzogen werden. Auch hier weisen die stattfindenden Transite der transneptunischen Planeten darauf hin, daß dieselben ebenfalls ihren Anteil an dieser Familienkatastrophe haben.

Transite.

Wie die Erfahrung lehrt, zeigt uns das Radixhoroskop in vielen Fällen, daß bei einem bedeutenden Ereignis keine starken Transite über die Plätze der Radixplaneten stattgefunden haben. Schon mancher Schüler stutzte über die Ungenauigkeit der Zeitangabe für eintretende Ereignisse.

Vergleicht man in den vorliegenden Nativitäten die laufenden Gestirnstände mit den Radixständen, so findet man folgende Übergänge:

Differenzen sind in Minuten neben den Aspekten angegeben.

	I. Ehemann.	II. Ehefrau.
☉	⊠ ☿ 6	☍ Hades ÷ 7
☽		⚼ Hades 6
♆	☍ ☿ 21	
♅	⚼ ☽ 9	⚹ Asz. ÷ 9
♄	☌ ♅ 18 ☍ X. 22	∠ ☿ 4
♃	△ ☽ 16 ⊼ ☉ ÷ 7	
♂	△ Asz. 14 ☍ ♃ 5	
♀		⚼ ♃ 10
☿	□ ♄ 10	
☊		☍ Zeus ÷ 11
X.	⍓ ♃ 8	
Asz.	⊼ ☊ 14 ⊻ ☿ ÷ 0	⚼ ♃ 5
Cupido		
Hades	∠ Hades 19	△ ☽r 1 11/24 ♅ 5 ⚼ X. 1
Zeus	△ ♂ 6	
Kronos	⊼ ♃ 12	⊻ Kronos ÷ 9

Scharfe Transite bis zur Differenz 0° 04′ find-n nur 4 statt.

lfd.	Asz.	in	⊻ ☿r des Ehemannes	Differenz 0° 00′
„	♄	„	∠ ☿r der Ehefrau	„ 0° 04′
„	Hades	„	△ ☾r „ „	„ 0° 01′
„	Hades	„	⚼ Xr „ „	„ 0° 01′

Bis auf die Transite des Hades sind sie nicht derartig schwerwiegend, daß eine Katastrophe hieraus abgeleitet werden kann.

Deklinationsaspekte.

Als Deklinationsaspekt war bisher nur ein einziger bekannt unter dem Namen Parallelschein. Man versteht darunter den gleichen Abstand zweier

Gestirne vom Himmelsäquator, demnach eine gleiche Deklination derselben. Die Längendifferenz der Planeten ist für diesen Aspekt belanglos. Es ist nicht erforderlich, daß beide Deklinationen gleichnamig sind, sondern ungleichnamige können ebenfalls diesen Aspekt formen, wenn die Abstände einander gleich sind. Wer den Ausführungen über die Spiegelpunkte aufmerksam gefolgt ist, wird leicht erkennen, daß in dem Falle, wo durch nördliche und südliche Deklination ein Aspekt gebildet wird, die Wirkung desselben darauf beruht, daß der eine Planet in den Spiegelpunkt der Deklination des anderen eintritt. Diese Spiegelpunkte in der Deklination werden von der Hamburger Schule zur Anwendung gebracht.

Es ergeben sich:

1. Für die Stände in Länge:
Radixstände und deren Spiegelpunkte.

2. Für die Stände in Deklination:
Radixdeklination und deren Spiegeldeklination.
Radix-Deklination = r. δ
Spiegel- „ = Sp. δ

Die Spiegelpunkte der Planeten in Länge haben denselben Abstand vom Meridian der Erde ♋ — ♑ wie der Planet, jedoch in entgegengesetzter Richtung.

Die Spiegelpunkte der Planeten in Deklination haben denselben Abstand vom Äquator wie der Planet, aber auch in entgegengesetzter Richtung.

Beispiel: ♂ r. = 15° 00′ ♊, — ♂ = 15° 00′ ♋ (sprich Minus Mars)
♂ r. = 10° 00′ + r δ, ♂ r. = 10° 00′ ÷ Sp. δ

Wie schon bei der Bekanntgabe der neuen Aspekte mitgeteilt wurde, ist die Wirkung der bekannten sowie der neuen Aspekte in der Deklination sicher gestellt. Es treten demnach auch in der Deklination die Aspekte auf, welche bisher nur für die Winkelbestimmung in Länge in Gebrauch waren.

Die Untersuchung der vorliegenden Nativitäten des Ehepaares bi Gelegenheit, dieselben auf ihr Bestehen und ihre Wirksamkeit zu prü

Um dieses Problem übersichtlicher zu gestalten, sind in der folgen Aufstellung die in Betracht kommenden Deklinationen noch einmal geordnet.

	Ehemann				Ehefrau				aktuell		
	r. δ		Sp. δ		r. δ		Sp. δ		r. δ		
⊙	15° 36′	÷	15° 36′	+	3° 47′	+	3° 47′	÷	13° 12′	+	⊙
☽	2° 44′	÷	2° 44′	+	18° 52′	+	18° 52′	—	17° 54′	÷	☽
♆	8° 27′	+	8° 27′	÷	18° 30′	+	18° 30′	—	19° 03′	+	♆
♅	18° 53′	+	18° 53′	÷	3° 57′	÷	3° 57′	+	13° 08′	÷	♅
♄	19° 08′	÷	19° 08′	+	19° 44′	+	19° 44′	—	19° 12′	+	♄
♃	0° 55′	+	0° 55′	—	12° 08′	÷	12° 08′	+	21° 55′	+	♃
♂	1° 20′	÷	1° 20′	+	18° 33′	÷	18° 33′	+	8° 24′	+	♂
♀	17° 54′	÷	17° 54′	+	8° 56′	÷	8° 56′	+	4° 31′	÷	♀
☿	16° 49′	÷	16° 49′	+	4° 08′	+	4° 08′	—	14° 47′	+	☿
☊	14° 50′	+	14° 50′	—	15° 44′	+	15° 44′	—	23° 21′	÷	☊
X.	18° 24′	+	18° 24′	—	15° 18′	÷	15° 18′	+	22° 44′	+	X.
Asz.	22° 30′	+	22° 30′	—	23° 25′	÷	23° 25′	+	4° 05′	÷	Asz.
♃	20° 45′	+	20° 45′	—	22° 45′	+	22° 45′	—	17° 59′	+	♃
⚳	16° 52′	+	16° 52′	—	13° 08′	÷	13° 08′	+	1° 37′	÷	⚳

Werden jetzt die Deklinationen der laufenden Planeten mit denen der Radixstände verglichen, so werden von den vier Malefizplaneten ♆, ♅, ♄, ♂

sowie X, Aszendent und ☋ die in der Tafel ersichtlichen Deklinationstransite zur Minute des Ereignisses gebildet.

lfd.	Ehemann	Ehefrau
♂	♂ r. ☌ ♃ (3)	⚷ r. Sp. ☌ Asz. (1)
♂	1/48 r. ☌ ♃ (1)	
♄	♂ r. Sp. ♄ (4)	⚷ r. ☌ ☿ (4)
☋	⚷ r. ☌ ♀ (0)	♂ r. ☌ ♀ (0)
☋	⚷ r. Sp. ☌ ☿ (3)	
♃	5/48 r. Sp. ☌ X. (3)	5/48 r. Sp. ☌ ♃ (3)
Asz.	⚷ r. ☌ ♄ (3)	♂ r. Sp. ☌ ☿ (3)
☋	1/16 r. ☌ ♃ (4)	

Die eingeklammerten Zahlen neben den Aspekten geben die Differenz in Gradminuten gegen den genauen Aspekt an. In dieser Tafel sind nur Transite mit einer Differenz bis zu 0° 04' aufgenommen. Einige andere mit einer größeren Differenz, denen wohl ebenfalls ein Einfluß auf dieses Ereignis beizulegen ist, seien hier noch erwähnt:

    lfd. ♃ in ♂ r. Sp. ☌ ♄ Ehemann (5)
    „ ☋ „ ⚷ r. ☌ ♃   „ (6)
    „ ♀ „ ⚷ r. Sp. ☌ ♀   „ (15)
    „ ♃ „ ⚷ r. Sp. ☌ ☋ Ehefrau (6)
    „ ♃ „ 5/48 r. ☌ ♂   „ (6)
    „ ♀ „ ⚷ r. Sp. ☌ ♀   „ (15)
    „ Asz. „ 1/16 r. ☌ ♃   „ (5)

Die Aspektbildung in der Deklination ist aus der nebenstehenden graphischen Darstellung ersichtlich und wird auch die Berechnung der Aspekte erleichtern.

    Beispiel aus der Tafel:
lfd. ♂ in ⚷ r. Sp. ☌ Asz. (1) der Ehefrau

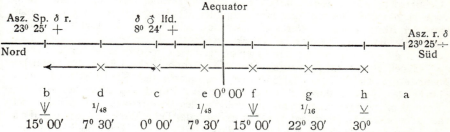

Der laufende ♂ mit seiner ☌ 8° 24' + wirft seine Aspekte, die in Abständen von 7° 30' aufeinander folgen, und ähnlich wie bei einer vibrierenden Saite als Schwingungsknoten zu betrachten sind, auf die Orte a b e f g h. Die Sp. ☌ der Asz. trifft er mit der Differenz 0° 01'.

Die Ergebnisse dieser Darlegung der Deklinationsaspekte bilden ein weiteres Glied in der Entwicklung der Astrologie. Nach dem Resultat der hier ausgeführten Untersuchung erscheint es nicht mehr angängig, sich nur auf wenige Aspekte zu beschränken für Planeten in Länge, sowie auf einen einzigen für die Deklination, den Parallelschein.

Die Tafel mit den Deklinationstransiten zur Minute des Ereignisses zeigt noch ein anderes außerordentliches Ergebnis:

Die Radix-Deklination des Hades wird durch die Transite sehr gut bestätigt.

Die δ des lfd. ☊ trifft bei dem Ehemann die r δ ♀ im ♑, und bei der Ehefrau die r. δ ♀ in ♂. Die Auslösung ist eine exakte, da keine Differenzen auftreten. Die der Ephemeride entnommenen Werte haben sich bei diesem Ereignis im Leben des Ehepaares als zutreffend erwiesen.

Die naheliegende Deutung der Transitverbindung ☊ ♀ = Tod durch Explosion hat durch die Tatsachen eine furchtbare Bestätigung erhalten.

Für den ♃ liegt diese Angelegenheit ebenso günstig. Der progressive ♄ des Ehemannes befindet sich in der δ 17° 58' ÷. Der laufende ♃ steht in der δ 17° 59' + (Tod von Familienangehörigen). Da die Differenz nur 0° 01' beträgt, ist auch hier die Übereinstimmung eine gute zu nennen. Die Aspekte der Deklination werden in den graphischen Darstellungen der Planeten in Länge und Breite ebenfalls aufgefunden bei allen wichtigen Ereignissen. Sie werden hier zu Direktionszwecken verwandt. Die mechanische Auffindung derselben in dieser Tabelle vermittels Maßstab erleichtert die Prognose sehr.

Die Transite in Deklination wirken in beiden Nativitäten sehr stark. Transite in Länge haben in dem jetzt folgenden Horoskop große Bedeutung.

Horoskop des Aszendenten.

Über Trennungen und Verbindungen im Laufe des Erdenlebens gibt dem Jünger der Hamburger Schule dieses Horoskop des Aszendenten Auskunft, welches in der Aufstellung der Horoskope der Hamburger Schule mit 1 c bezeichnet ist und auf die Geburtsminute Bezug nimmt.

Um es verstehen zu können, verweise ich auf den Artikel Witte's in den Astr. Bl., 6. Jahrg., Heft 1, »Die Häuser des Aszendenten«. Eine Erklärung desselben wird jedoch auch hier den Lesern willkommen sein.

Es muß für jede Nativität die Länge des Geburtsortes gesucht werden. Entnimmt man den Aszendenten einer Häusertabelle, so ist die Länge des Geburtsortes gleich A s z e n d e n t — 90°. Berechnet man den Aszendenten, wie es das Beispiel für das Horoskop der Ehefrau angibt, so erhält man aus der Formel ohne weiteres die astronomische Länge des Ortes. In dem Beispiele ist dieselbe mit 2° 57' ♎ errechnet. D e r A s z e n d e n t i s t d a n n g l e i c h a s t r o n o m i s c h e r L ä n g e + 90° = 2° 57' ♑.

Noch einmal sei hervorgehoben: die astronomische Länge des Geburtsortes ergibt sich aus der Überleitung des äquatorialen Koordinaten des Geburtsortes, welche durch den kulminierenden Punkt des Äquators (in der Formel mit α bezeichnet) und die Polhöhe des Geburtsortes (in der Formel als δ bezeichnet) festgelegt sind, in ekliptikale. D i e D e k l i n a t i o n d e s Z e n i t e s ist gleich der P o l h ö h e d e s O r t e s, weil Polhöhe + Äquatorhöhe = 90° = Zenit und die Polhöhe gleich der geographischen Breite ist. Der Breitenkreis der Ekliptik, welcher über den Zenit des Ortes geht, schneidet die Ekliptik in der astronomischen Länge des Ortes. Der Bogen dieses Breitenkreises von der astronomischen Länge des Ortes bis zum Zenit des Ortes mißt die a s t r o n o m i s c h e B r e i t e d e s O r t e s. Die Position des Ortes ist durch dieses Verfahren auf der Ekliptik fixiert. Ungemein erleichtert dem Schüler das Verständnis dieser Beziehungen die anschauliche Darstellung an der Armillarsphäre und dem Himmelsglobus, welche beiden Hilfsmittel für jeden Astrologen von großem Werte sind. In der Astrologenschule sind dieselben stets im Gebrauch und haben sich für den Unterricht in der theoretischen Astronomie und Astrologie bestens bewährt. Die Enwicklung der für die Astrologie in Frage kommenden trigonometrischen Formeln kann durch die anschauliche Darstellung der Hauptkreise der Himmelskugel an der Armillarsphäre bedeutend einfacher und leicht faßlich gestaltet werden.

Durch die Umrechnung der Ortsposition auf die Ekliptik ist jetzt die Länge des Ortes mit den Längen der Gestirne in Verbindung gebracht. Diese Verbindung der Länge der Gestirne mit der Länge des Ortes ist unbedingt erforderlich und muß von jedem Astrologen berücksichtigt werden.

In der astrologischen Technik ist nun ein Umlauf des Ortes um die Erdachse gleich einem Umlauf der Erde um die Sonne. Die alte Regel lautet: Ein Tag gleich einem Jahre. Die Richtigkeit dieser Regel erhellt aus der Wirkung der progressiven Gestirne, welche in Aktion treten in den betreffenden Jahren im Leben, welche in Tagen nach der Geburt verflossen sind. An diesem Axiom ist nicht zu rütteln. Die Richtigkeit desselben wird durch die angewandte Astrologie bestätigt. Eine Erklärung hierfür zu geben ist unmöglich. Es ist dies ein Axiom der Astrologie, welches in demselben Maße zu Recht besteht wie die Axiomata jeder anderen Wissenschaft, deren Gebäude ja ebenfalls auf derartigen Grundsätzen errichtet sind.

Der Umlauf des Ortes um die Erdachse erfolgt nun in einer Bahn, welche stets dem Äquator parallel ist. Daher ist die Bahn des Ortes dem Äquator gleich zu setzen. Entspricht nun ein Umlauf des Erdortes um die Erdachse in einem Tage einem Umlaufe des Erdkörpers um die Sonne in einem Jahre, so ist für diesen Fall der Erdort dem Erdmittelpunkt gleich zu setzen. Er hat die Lage des Erdmittelpunktes eingenommen. Dieser Mittelpunkt liegt aber in der Erdachse, um welche auch der Erdort rotierte. Aus diesem Grunde muß jetzt die astronomische Länge des Geburtsortes in die Erdachse gelegt werden. Erdachse und Ekliptikachse liegen nun in einer Ebene, welche Nord- und Südpol der Erdachse sowie Nord- und Südpol der Ekliptik in sich aufnimmt. **D i e s e E b e n e** wird **M e r i d i a n e b e n e d e r E r d e** genannt von den Astrologen der »Hamburger Schule«. Es ist das Fundamentalebene des Erdhoroskops. **D i e s e l b e s c h n e i d e t d i e E k l i p t i k i m ♋- u n d ♑- P u n k t e.**

Wird nun die astronomische Länge des Ortes in die Meridianebene gebracht und gleich 0° ♋ gesetzt, oder, da die astronomische Länge des Ortes + 90° gleich dem Aszendenten ist, der Aszendent mit 0° 00' ♎, so erhält man die Verbindung des Geburtsortes mit der Erdachse und durch die laufende Sonne mit dem Erdhoroskop, weil durch den Radiusvektor diese Verbindung stets aufrecht erhalten wird. Die sensitiven Punkte Wagepunkt + Planet-Aszendent, welche hierdurch entstehen, sind individuelle Stände des Geborenen im Erdhoroskope und verbindet diese mit den laufenden Planeten.

Über das Erdhoroskop wird in einem besonderen Artikel Bericht erstattet.

In der Praxis ist das Verfahren, das Horoskop des Aszendenten zu erhalten, dessen theoretische Entwicklung hier gegeben wurde, ein verblüffend einfaches, wenn man die schon erwähnte Gradscheibe benutzt, welche den Hamburger Astrologen zu einem unentbehrlichen Hilfsmittel geworden ist. Die Anwendung derselben sei nochmals jedem Astrologen dringend geraten. Zum Verständnis der nachfolgenden Ausführungen ist dieselbe unentbehrlich, wenn man das hier gebotene Material selber prüfen will, was ich hoffe und wünsche. Die Scheibe dient außerdem dazu, sämtliche Aspekte eines Planeten mit einer Drehung des Nullpunktes der Scheibe auf denselben überblicken zu können. Ferner wird dieselbe als Rechenschieber benutzt, um sensitive Punkte der Form ☉+☽—☿ ohne weiteres ablesen zu können.

Werden die Häuserspitzen eingetragen, wie die Tabellen sie ergeben, so entstehen sehr ungleiche Abmessungen derselben. Diesen Umstand nehme man ruhig mit in den Kauf. Die Vorteile, welche durch die Scheibe erreicht werden, lassen die ungleichförmige Häuserteilung als völlig belanglose Formalität erscheinen und werden durch deren Vorteile zehnfach aufgewogen. Für die »Hamburger Schule« ist diese Angelegenheit von gänzlich untergeordneter Bedeutung, weil die Zweistundenmeridiane, welche sie für ihre Häuserteilung benutzt, nur wenig von 30° pro Haus abweichen.

Hat man eine Nativität mittels der Gradscheibe richtig aufgezeichnet, indem man den Geburtsmeridian nach oben legt oder wie es in der Schule üblich ist, den ♋-Punkt als Meridian der Erde nach oben, ♑ unten, ♎ links, ♈ rechts auf dem Papier, so dreht man die Gradscheibe so, daß der ♎-Punkt der Scheibe mit dem Aszendenten des Horoskopes zusammenfällt. Die neuen Stände der Planeten werden jetzt **auf der Scheibe** abgelesen und geben ohne weiteres den Stand derselben im Horoskop des Aszendenten. Dasselbe führt die Formel **Aszendent auf ♎**. Die **zweite** Bezeichnung, also hier ♎, gibt stets den **Punkt der Gradscheibe** an, welcher auf die erste [hier Aszendent] des Horoskopes gesetzt werden soll. Derjenige Planet oder Punkt, welcher auf die Scheibe gesetzt wird, ist in der Gleichung der Subtrahend, wird aber von der Summe abgezogen. Werden zu einer mathematischen Auswertung die genauen Stände benötigt, wie in den beiden vorliegenden Nativitäten, so ist das Verfahren folgendes:

Es ist der Aszendent:
      des Ehemannes = 14° 05 ♊, der Ehefrau = 2° 57 ♑.

Jeder dieser Stände soll gleich 0° 00 ♎ werden. Man subtrahiere bei dem Ehemann 14° 05′, bei der Ehefrau 2° 57′ von allen Ständen der Planeten und erhält hierdurch die Gradzahl derselben, den Stand in den Tierkreiszeichen findet man durch Ablesen des Zeichens auf der Scheibe, wenn deren Punkt 0° 00 ♎ auf den Aszendenten des betr. Horoskopes gelegt ist. Macht man die Probe mit der vorhin gegebenen Formel für die sensitiven Punkte dieses Horoskopes ♎ + Pl. — Asz., so erhält man z. B. für die Sonne des Ehemannes folgenden Stand:

$$
\begin{array}{rl}
\text{♎-Punkt} = & 180°\ 00' \\
+\ ☉\ \text{r.}\ 17°\ 32'\ ♒ = & 317°\ 32' \\
\hline
 & 497°\ 32' \\
-\ \text{Asz.}\ 14°\ 05'\ ♊ = & 74°\ 05' \\
\hline
 & 423°\ 27' \\
-\ & 360°\ 00' \\
\hline
 & 63°\ 27' \\
= & 3°\ 27'\ ♊
\end{array}
$$

Dieser Stand stimmt mit dem in der Tafel angeführten überein. Durch diese Umrechnung erhält man folgende Stände:

Horoskop des Aszendenten:

Ehemann Radixstände — 14° 05'			Ehefrau Radixstände — 2° 57'			Ehemann Radixstände — 14° 05'			Ehefrau Radixstände — 2° 57'	
☉	3° 27'	♊	17° 31'	♊	☿	5° 37'	♊	20° 00'	♊
☽	28° 14'	♑	23° 34'	♍	☊	25° 59'	♌	14° 06'	♉
♃	11° 58'	♌	27° 07'	♒	X.	23° 26'	♉	8° 36'	♌
☊	24° 06'	♏	8° 30'	♋	Asz.	0° 00'	♎	0° 00'	♎
♄	22° 28'	♉	29° 56'	♍	♃	24° 08'	♍	26° 43'	♓
♄	16° 59'	♑	1° 40'	♌	♀	27° 08'	♉	21° 20'	♏
♂	13° 47'	♋	8° 06'	♉	♆	8° 34'	♎	2° 19'	♍
♀	29° 18'	♉	29° 59'	♊	♇	15° 12'	♋	6° 39'	♑

Häuserspitzen im Horoskop. Aszendent auf ♎.

	Ehemann		Ehefrau	
X.	23° 26'	♉	8° 36'	♌
XI.	24° 12'	♊	10° 02'	♍
XII.	26° 44'	♋	7° 40'	♎
I.	28° 18'	♌	6° 09'	♏
II.	27° 24'	♍	7° 04'	♐
III.	25° 02'	♎	9° 37'	♑

Radix — 14° 05'   Radix — 2° 57'

Vergleicht man nun diese Stände mit den laufenden Planeten und nimmt als Umkreis der Transite nur 0° 00'—0° 04' an, so werden folgende Auslösungsaspekte ersichtlich, wenn man, wie bei den Transiten, über die Radixplätze sich auf die Aspekte 15°, 30°, 45°, 60°, 75° usw. beschränkt und nur Differenzen bis zu 0° 04' zuläßt.

lfd. Pl.	Ehemann	Ehefrau
☉	⩡ ☿ 1	
☽	⊡ ☿ 0	
☊	□ ♀ 2	☌ ♃ 3
♂	⁎ ♂ 4	
☿	∠ ♇ ÷ 3	△ ☽ ÷ 3 ♆ X. 1
X.	☌ ♂ 1	
♀	△ ☉ ÷ 1	
♇	⊡ ♃ ÷ 3	⊿ ☊ ÷ 2

Die Zahlen neben den Aspekten geben die Differenzen gegen den vollen Aspekt an.

Man beachte ferner die Aspekte der laufenden Planeten zu den Häuserspitzen dieses Horoskopes und stelle Vergleiche an zwischen der Aspektierung der Häuserspitzen, welche der Tabelle entnommen sind und derjenigen, welche durch die Zweistundenmeridiane entsteht. Die Häuserspitzen für das Ehepaar sind als Spitzen der Radixhäuser und ferner als Häuser im Horoskop des Aszendenten aufgeführt in der Tafel.

	Ehemann nach Tabelle Radix		Asz. auf ♎		Ehefrau nach Tabelle Radix		Asz. auf ♎	
X.	7	♒	23	♉	11	♏	8	♋	X.
XI.	3	♓	19	♊	1	♐	28	♌	XI.
XII.	17	♓	3	♌	17	♐	14	♍	XII.
I.	14	♊	0	♎	3	♑	0	♎	I.
II.	2	♋	18	♎	24	♒	21	♏	II.
III.	19	♋	5	♏	11	♓	8	♑	III.

Der Vergleich wird ohne weiteres zu Gunsten des Hamburger Umlaufssektoren ausfallen.

Bei der Auslösung der Radixstände und deren Spiegelpunkten durch Transite wurden für beide Horoskope nur vier Aspekte aufgefunden, welche einen Umkreis von 0° 00'—0° 04' zeigten. Die vorstehende Tabelle für das Horoskop des Aszendenten weist dagegen deren zwölf auf.

Das Horoskop des Aszendenten beweist hierdurch voll und ganz seine Gleichberechtigung mit dem Radixhoroskop. In der Auslösung durch Transite ist es demselben in dem hier aufgeführten Falle stark überlegen.

Das Mittel der zwölf Differenzen ist gleich 0° 02'. Es bewähren sich also hier wiederum die sensitiven Punkte in einer Weise, wie dieselbe besser nicht gedacht werden kann. An diesem Beispiel ist klar ersichtlich, daß dieselben nicht auf Willkür und Laune, sondern auf astronomischen Voraussetzungen beruhen, die hier eine glänzende Bestätigung erhalten.

Jedem wahrhaften Freunde der Astrologie, welcher an deren Entwicklung regen Anteil nimmt, sei also geraten, diese hier bekannt gegebenen Methoden ohne Zögern anzuwenden. Die darauf verwandte Mühe wird sich lohnen in dem Maße, wie es das hier systematisch durchgeführte Beispiel zeigt. Die praktischen Astrologen sowie die Theoretiker dieser königlichen Kunst werden gleichgroßen Nutzen haben von dieser Vervollkommnung, welche in ihren letzten Ausläufern auf uraltem geistigen Erbgut des Menschengeschlechtes basiert. Es wird das unbestrittene Verdienst Alfred Witte's bleiben, die Grundgedanken des alten Weistums mit neuem, stark pulsierendem Leben erfüllt zu haben dadurch, daß die astronomische Betrachtung derselben Ausblicke eröffnete, die für die Entwicklung der Astrologie von weittragendster Bedeutung sind, wie an dem Horoskop des Aszendenten ersichtlich. Die genialen Entdeckungen dieses bescheidenen Forschers scheinen berufen zu sein, eine neue Epoche der Astrologie herauf zu führen, welche die kritische Sonde anlegt und erbarmungslos aufräumt mit alten unhaltbaren Vorstellungen, an denen die Astrologie krankt. Dieselben können nur historisches Interesse beanspruchen und sind vom Standpunkte früherer Erkenntnisstufen zu beurteilen. Die Rumpelkammer der Vergessenheit bietet Raum genug, dieselben verschwinden zu lassen, bis — — ein Schatzgräber sie wiederum an das Licht zieht und den Zeitgenossen als »prima Ware« anpreist.

Die Gegenwart stellt andere Anforderungen an jegliche Disziplin wie vor Jahrhunderten, weil der Fortschritt auf allen Gebieten ein außerordentlicher gewesen ist. Dem muß auch die Astrologie Rechnung tragen und ihr Gewand wechseln. Mathematisch und astronomisch begründete Vorstellungen müssen einziehen in dieselbe, um der heutigen Zeit gerecht zu werden. Die Axiome der Astrologie bleiben unangetastet und werden stets respektiert, weil Tatsachen eine so eindringliche Sprache reden, daß man sie wohl zeitweilig überhören, aber niemals aus der Welt schaffen kann. Eines dieser Axiome lautet:

»Ein Tag nach der Geburt entspricht einem Jahre des Lebens.«

Dieser alte Satz wurde von uns schon bei der Erklärung des Aszendent-Horoskopes herangezogen und war in die folgende Form gebracht:

»Der Umlauf des Erdortes um die Erdachse, welcher in einem Tage erfolgt, entspricht einem Umlaufe des Erdkörpers um die Sonne in einem Jahre.«

Die progressiven Gestirne bringen demnach im Leben des Geborenen Wirkungen hervor, welche sich in den betreffenden Jahren geltend machen, die in Tagen nach der Geburt vergangen sind. Um diese Einwirkungen dem Studium zu unterziehen, wird für das in Frage kommende Lebensjahr ein Progressivhoroskop errichtet.

Progressiv-Horoskope und Planetenbilder.

Die progressiven Horoskope des Ehepaares errichtet für den Tag des Ereignisses haben folgende Stände:

	Ehemann		Ehefrau			Ehemann		Ehefrau	
☉	1° 52′	♈	20° 34′	♎	☿	25° 10′	♓	11° 33′	♏
☽	3° 34′	♊	12° 21′	♍	☊	7° 45′	♉	15° 26′	♌
♆	27° 16′	♈	29° 39′	♉	X.	9° 55′	♊	26° 47′	♋
♅	6° 41′	♌	13° 21′	♎	Asz.	15° 03′	♍	19° 46′	♎
♄	11° 15′	♒	5° 25′	♌	⯕	8° 26′	♊	29° 42′	♊
♃	26° 15′	♍	10° 44′	♏	⯖	11° 59′	♒	23° 55′	♒
♂	0° 48′	♉	29° 51′	♌	⯗	22° 35′	♊	5° 20′	♋
♀	8° 34′	♈	20° 16′	♍	⯘	29° 59′	♓	9° 16′	♈

Der progressive obere Meridian wird berechnet nach der Formel ☉ lfd. + ☉ Bg. + X rad. — ☉ r. Siehe den Artikel: Berechnung einer Konstanten für Tage des progressiven Horoskopes von A. Witte, Astr. Bl., Jahrgang 5, Heft 8.

Die Beziehungen der progressiven Planeten zu den Radixständen möge der Leser selber aufsuchen und Vergleiche anstellen. Erwähnt sei nur, daß der pr. Saturn der Ehefrau 5° 25' Löwe den Spiegelpunkt des Kronos 20° 24' ♍ in Halbquadrat berührt.

Zeichnet man dieses Horoskop mittels der Gradscheibe auf, zwecks Untersuchung der kritischen Konstellationen, welche für das Ereignis von Bedeutung sind, so findet man in dem progr. Horoskop des Ehemannes folgende Gestirnstellung:

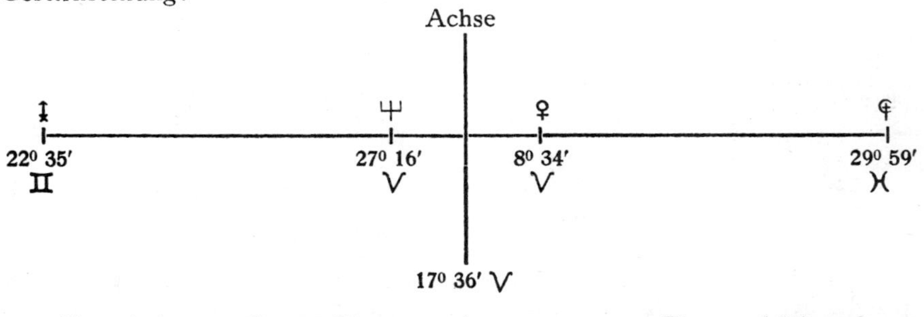

Es wird von diesen Planeten ein sogenanntes Planetenbild geformt, dessen Glieder sich symmetrisch um eine gemeinsame Achse geordnet haben.

Die Summe der inneren Glieder dieses Bildes ist gleich der Summe der äußeren Glieder des Bildes. Demnach ist hier ♃ + ⚷ = ♅ + ♀. In der Achse des Bildes sind die planetarischen Kräfte vereinigt, wie bei der Linse die Lichtstrahlen im Brennpunkte. Planeten oder Punkte des Horoskopes, welche von derselben getroffen werden, stehen dann unter der Einwirkung von vier Planeten, um Ereignisse heraufzuführen, die durch die berührten Planeten und das auf dieselben einwirkende Planetenbild näher gekennzeichnet werden.

Die Achse des hier angegebenen Bildes wird berechnet nach folgender Formel:

$$\text{Achse} = \frac{\dfrac{♃ + ⚷}{2} + \dfrac{♀ + ♅}{2}}{2}$$

♃ = 22° 35′ ♊ + ♃ = 82° 35′
⚷ = 11° 59′ ♒ + ⚷ = 311° 59′
                    394° 34′ : 2 = 197° 17′ = 17° 17′

♅ = 27° 16′ ♈   ♅ = 27° 16′
♀ = 8° 34′ ♈ + ♀ = 8° 34′
                    35° 50′ : 2   = 17° 55′
                                  35° 12′ : 2
                                = 17° 36′ Achse = 17° 36′ ♈

Die Achse stellt den Punkt dar, welcher in die Rechnung des Astrologen als Faktor eingeführt wird. **Die Achse ist ein sensitiver Punkt.** Um sich näher über Planetenbilder zu informieren, studiere man die Ausführungen Witte's in der Astr. Rundschau, Jahrg. XV, Heft 6.

Ein Planetenbild, welches progressiv angezeigt ist, wird zu der Stunde das angedeutete Ereignis herbeiführen, wenn es in gleicher oder ähnlicher Form von den laufenden Gestirnen am Himmel dargestellt wird. Dies ist eine empirische Regel, die sich bisher stets bewahrheitet hat. Die Auffindung derselben ist dem Hamburger Astrologen Witte zu danken. In der kommenden Astrologie wird dieselbe eine große Bedeutung erlangen. Auch bei dem Ereignis, welches hier untersucht wird, ist dieselbe zutreffend.

Am 26. April 1918 abends 6 Uhr stand dieses Planetenbild am Himmel. Es zeigte folgende Formation:

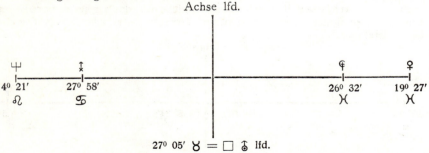

In diesem Bilde des aktuellen Horoskopes sind die Planeten des progressiven Horoskopes zu inneren und die inneren desselben zu äußeren geworden. ♅ + ♀ = ♃ + ⚷. Die Symmetrieachse ist gleich 27° 05′ ♉.

Dieses Bild kehrt außerdem wieder:
>   im Radixhoroskop des Ehemannes,
>   „ Radixhoroskop der Ehefrau,
>   „ progressiven Horoskop der Ehefrau.

Es ist fünfmal für den vorliegenden Fall zu prüfen.

In den einzelnen Fällen zeigt es sich in den nachstehend aufgeführten Formen:

Nativität des Ehemannes.

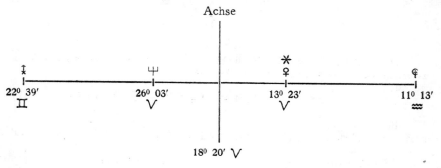

Die r. ♀ wirft einen Sextilschein zu dem Ort, den sie einnehmen muß, um das Planetenbild zu formen. Der Stand der r. ♀ ist 13° 23' ♒ und wird durch den Sextil = 13° 23' ♈. Ohne diesen Punkt 13° 23' ♈, welchen die ♀ durch Sextil erreicht, wird das von den drei übrigen Planeten ♃, ♄ und ⚷ dargestellte Verhältnis als sensitiver Punkt bezeichnet. Es ist dann ♃ + ⚷ — ♄ = s. Jeder sensitive Punkt der Form a + b — c = s, erfordert demnach einen Planetenstand in s, damit derselbe zu einem Planetenbilde ergänzt wird. Senstive Punkte der Form a + b — c = s sind deshalb unvollständige Planetenbilder.

Nativität der Ehefrau.

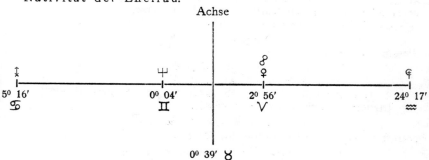

Die r. ♀ steht in 2' 56 ♎ und steht in ☍ zu dem Punkte 2° 56' ♈, welchen sie einnehmen muß, um das Bild zu einem symmetrischen zu formen.

Progressives Horoskop der Ehefrau.

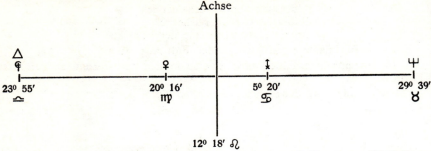

Werden die Achsen der Radixbilder mit dem ☉-Bogen zu Direktionszwecken vorgeschoben, so ist dieselbe für
den Ehemann:
v. Achse = 18⁰ 20' ♈ + 44⁰ 20' = 2⁰ 40' ♊ = ⊟ ☉ r Differenz 0⁰ 08'
⊠ ☽ ÷ r „ 0⁰ 01'

die Ehefrau:
v. Achse = 0⁰ 39' ♉ + 30⁰ 06' = 0⁰ 45' ♊ = △ ♄ ÷ des Ehemannes 0⁰ 43' ♎
Differenz 0⁰ 02'
♄ = Vorfahre = ³/₁₆ ☊ r des Ehemannes 8⁰ 11' ♌
Differenz 0⁰ 04'
= ∠ Asz. des Ehemannes
Differenz 0⁰ 10'

Diese Direktionen zeigen deutlich, daß die Eltern des Ehemannes von einem plötzlichen Unglück betroffen werden. Die Direktionen mit den Achsen des für beide Eheleute gemeinsamen Bildes aspektieren Stände in dem Horoskop des Ehemannes. Vater und Mutter desselben sind durch die Direktionen der Achse des eigenen Bildes angedeutet. Die Sprache dieses Unglücksbildes ist beredt und jedem verständlich, welcher mit den Wirkungen der Gestirne vertraut ist. Es wirken demnach die Achsen der Planetenbilder auch in den Nativitäten anderer Personen.

Die Achse des progressiven Bildes ist für den
Ehemann = 17⁰ 36' ♈,
dieselbe aspektiert:
die r ☉ = 17⁰ 32' ♒ in ✳
den r ☽ ÷ = 17⁰ 41' ♓ in △
und den r ☿ ÷ = 10⁰ 18' ♍ in ⁷/₁₆ [☿ jüngere Brüder].

In dem Horoskop der Ehefrau wird
der r ♄ = 2⁰ 53' ♌ in □
getroffen. Die Progressivachse des Bildes der
Ehefrau liegt in 12⁰ 18' ♌,
dieselbe aspektiert
den ☽ r des Ehemannes 12⁰ 19' ♎ in ✳
die ☉ ÷ „ „ 12⁰ 28' ♍ in □
den ☿ r „ „ 19⁰ 42' ♒ in ²³/₄₈
den r ÷ ♄ der Ehefrau 27⁰ 07' ♉ in □.

Auch durch diese beiden progressiven Achsen wird ersichtlich, daß Vater, Mutter und jüngerer Bruder des Ehemannes in Frage kommen.

Beide progressiven Achsen dieser Planetenbilder gleicher Form aspektieren dieselben Planeten im Horoskop des Ehemannes. Durch beide progressiven Achsen wird der ♄ r. der Ehefrau getroffen. Durch diese bedeutsamen Tatsachen läßt sich astrologisch der Schluß begründen, daß Vater, Mutter und jüngerer Bruder des Ehemannes durch ein Unglück in diesem Jahre den Tod finden. Ausgelöst wird das Bild, wenn es in gleicher oder ähnlicher Form laufend erscheint, wie es am 26. April 1918 der Fall war.

Die Achse des laufenden Planetenbildes hat ihre Lage in 27° 05 ♉. Dieselbe wirkt nun auslösend durch die Transite, welche sie hervorruft.

Im Aszendenten-Horoskop
des Ehemannes trifft sie den ⚷ = 27° 08' ♒ in ☐ Differenz 0° 03'
der Ehefrau   „   „   „ ♅ = 27° 07' ♉ in ☌   „   0° 02'

In dem Radixhoroskop der Ehefrau werden folgende Spiegelpunkte von der Achse getroffen:

1. des ♄ in 27° 07' ♉ in ☌ Differenz = 0° 02'
2. der ♀ in 27° 04' ♓ in ✶   „   = 0° 01'.

Aus dieser Einwirkung der Achse auf sensitive Punkte, wie sie die Spiegelpunkte darstellen, geht zweifellos hervor, daß in der Achse die Kräfte des Planetenbildes vereinigt sind. Es wäre undenkbar, wie ein sensitiver Punkt (Achse) auf einen anderen sensitiven Punkt (Spiegelpunkt) einwirken könnte. In der folgenden Skizze ist die Sachlage für den Minus Saturn der Ehefrau dargestellt:

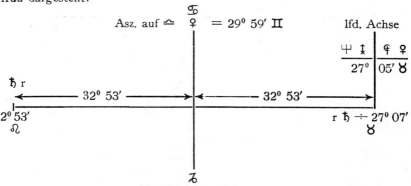

Meridian der Erde.

Die von der lfd. Achse des verhängnisvollen Planetenbildes auf den Spiegelpunkt des ♄ übertragenen Kräfte werden von der Ebene des Erdmeridians auf den ♄ r. reflektiert und bringen dort die Wirkung hervor. Die ♀ der Ehefrau steht im Horoskop des Aszendenten in 29° 59' ♓, ist also nur 0° 01' von dem Erdmeridian entfernt. Dieser Stand ist kritisch, weil die Beeinflussung des Erdkörpers durch die Glieder des Planetensystemes in der Meridianebene stattfindet. In der Nativität des Ehemannes findet man ferner den bezeichnenden Unglückspunkt ☊+♄—☽ = s in folgender Gestaltung:

☊	☽	Achse	s	♄
8° 11'	12° 19'	7° 22'	2° 25'	6° 33'
♌	♎	♍	♐	♒

Dieser Punkt bedarf zur Herstellung eines Planetenbildes noch eines Standes in dem Punkte s. Die Summe der äußeren Glieder ☊ + ♄ muß gleich sein der Summe der inneren Glieder ☽ + s. Es ist:

$$☊ + ♄ = ☽ + s \text{ oder } ☊ + ♄ - ☽ = s$$

$$\begin{aligned}
☊ &= 8°\ 11'\ ♌ = 128°\ 11' \\
+ ♄ &= 6°\ 33'\ ♒ = 306°\ 33' \\
&\hphantom{= 00°\ 00'\ \ } \overline{434°\ 44'} : 2 = 217°\ 22' = \text{Achse } 7°\ 22'\ ♍ \\
- ☽ &= 12°\ 19'\ ♎ = 192°\ 19' \\
&\hphantom{= 00°\ 00'\ \ } \overline{242°\ 25'} = s = 2°\ 25'\ ♐
\end{aligned}$$

Der progressive Meridian 9° 55' ♊ berührt diesen Punkt s in dem Aspekt 23/48 = 172° 30'.

$$\begin{aligned}
\text{Prog. Mer.} &= 9°\ 55'\ ♊ = 69°\ 55' \\
+ {}^{23}/_{48} &= 172°\ 30' \\
\text{Aspektort } 242°\ 25' &= 2°\ 25'\ ♐ = s.
\end{aligned}$$

Der progressive Meridian wirkt in diesem Falle exakt auslösend. Wird die Achse dieses Radix-Punktes mit dem ☉-Bogen vorgeschoben, so entsteht folgende Direktion r. Achse zu ⚺ ÷ ☊ mit einer Differenz von 0° 07. In dem aktuellen Horoskop ist derselbe Punkt durch folgende Stände gegeben:

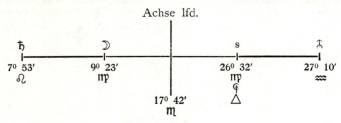

Die Achse dieses laufenden Punktes, welcher durch △ ⚷ zum Planetenbilde umgeformt wird, trifft die Radix-Sonne des Ehemannes 17° 32' ♒ im Quadratschein.

Die Feinkorrektur.

Das Horoskop des Aszendenten zeigt alle Planetenstände als sensitive Punkte. Der Stand derselben ist von dem Stande des Aszendenten in dem Radixhoroskope abhängig. Dieses Horoskop zeigt uns die Kopplung des Radix-Aszendenten mit dem Aszendenten der Erde 0° 00' ♎. Auftretende Differenzen in den Transiten der laufenden Gestirne über diese Stände ermöglichen eine vorzügliche Korrektur, welche als Feinkorrektur bezeichnet wird. Da diese Planetenstände sensitive Punkte darstellen, ergibt sich die sonderbare Überraschung:

Die »Hamburger Schule« korrigiert mittels sensitiver Punkte.

Jedes Horoskop, welches durch Direktionen korrigiert ist, muß auf seine Richtigkeit geprüft werden mittels der Transite aktueller Gestirne über sensitive Punkte und wird durch diese Feinkorrektur nochmals auf seine Richtigkeit kontrolliert.

Die astrologische Literatur weist einen stark hervortretenden Mangel an korrigierten Horoskopen auf. Dies ist verständlich, weil die bisherigen Methoden eine Ableitung der Größen X und Asz. nur durch einen großen Aufwand von Zeit und Arbeitskraft erlauben und viele Astrologen in dieser Angelegenheit resigniert die Feder zur Seite legen. Dazu ist kein Grund vorhanden. Durch die Anwendung der sensitiven Punkte und der Direktionen mit dem Sonnenbogen gelangt man stets zum Ziele. Auch dann, wenn keine Geburtsstunde gegeben ist, aber genügende Daten aus dem Leben vorliegen. Siehe den maßgebenden Artikel von A. Witte in der »Astrolog. Rundschau«, Jahrg. XII, Heft 1/2, welcher, wie es den Anschein hat, nicht beachtet worden ist, trotz seiner fundamentalen Wichtigkeit in einer Frage, an deren Lösung jeder Astrologe interessiert ist. Die dort angeführten Methoden versagen niemals. Die von A. Witte veröffentlichten Arbeiten stellen eine Fundgrube astrologischen Wissens dar, welche unerschöpflich scheint. Ein liebevolles Eingehen in dieselben ist notwendig, weil die gebotene Form sehr abstrakt gehalten ist und astronomische Kenntnisse voraussetzt. Der innere Wert der Arbeiten erleidet aber hierdurch keinen Abbruch. Die mathematische Durchdringung des Horoskopes hat durch dieselben einen entscheidenden Schritt vorwärts getan und ist nach den von ihm gewiesenen Richtlinien weiter auszubauen. In weiteren Artikeln werde ich den Versuch unternehmen, die Forschungsergebnisse der »Hamburger Schule« den Astrologen Deutschlands zu übermitteln, um eine Klärung herbeizuführen. Es wird vielleicht eingewendet, daß durch diese Neuerungen der mathematische Apparat sich stark vergrößert und eine Erschwerung der Arbeiten eintritt, welche manchen Interessenten abhalten wird, sich dem Studium zu widmen. Dem ist entgegenzuhalten, daß für alle praktischen Arbeiten bisher keine weiteren mathematischen Kenntnisse verlangt werden als die elementaren, zu denen auch die sphärische Trigonometrie gehört. Jeder Fortschritt einer Wissenschaft bedingt unweigerlich eine Vertiefung des Studiums. Die rechnerische Arbeit, die geleistet werden muß, lohnt auch die darauf verwandte Mühe und Sorgfalt durch den Erfolg, welcher hierdurch erreicht wird. Die Beantwortung der Frage: »Wann werden Ereignisse fällig?« ist bedeutend erleichtert und der Weg zu ihrer Beantwortung aufgezeigt. Hiermit ist schon viel gewonnen. Die mathematische Seite ist sogar sehr einfach, wie die ausgeführten Direktionen zeigen. Wer sich eingehend mit Direktionsberechnungen befaßt hat, wird dies ohne weiteres anerkennen. Maßstab für die Wertung einer Methode kann nur das mittels derselben abgeleitete Resultat sein. Die Resultate dieser Abhandlung sprechen für sich selber und werden hoffentlich manchen Astrologen zur Nachprüfung und eigenem Forschen anregen.

Werden die Ergebnisse der Auswertung noch einmal in Kürze zusammengefaßt, ergibt sich folgendes:

1. Der Sonnenbogen ist der richtige Direktionsbogen.
2. Der übliche Direktionsbogen $1°$ gleich 1 Jahr stellt einen Annäherungswert dar.
3. Die Auslösung der Ereignisse erfolgt durch Transite über Radixstände und sensitive Punkte.
4. Transite über sensitive Punkte ermöglichen die genaueste Korrektur.
5. Progressiv angezeigte Planetenbilder bedürfen zu ihrer Auslösung laufender Planetenbilder derselben Form in dem betr. Lebensjahre.
6. Das durch progressive Planetenbilder angezeigte Ereignis wird in der Stunde fällig, in welcher dasselbe Bild laufend am Himmel erscheint.

Der Forscher, welcher die Astrologie als Objekt seines Studiums erkoren hat, ist verpflichtet, alle Fäden aufzuzeigen, die uns in den Stand setzen können, das kunstvolle und vielfach verschlungene Gewebe des Lebens zu entwirren. Diese Verpflichtung kann dadurch nicht aufgehoben werden, daß die abgeleiteten Resultate das Studium verwickelter gestalten oder den Meinungen derjenigen Astrologen zuwiderlaufen, welche sich wohlgefällig als Autoritäten auf diesem Gebiete betrachten.

Die Wirklichkeit ist höchste Richterin in allen Angelegenheiten, welche auf Mehrung unserer Erkenntnis abzielen. Sie ist allein berufen, den Urteilsspruch zu fällen. Es wäre eine durchaus verfehlte Ansicht, daß ein astrologisches System allen Tatsachen gerecht werden könne. Nur ein System von Systemen kann imstande sein, den Reichtum der Wirklichkeit annähernd zu erschöpfen. Jedes System, welches ein wichtiges Grundprinzip zur Basis nimmt, hat daher seine bleibende Berechtigung. Das Grundprinzip der »Hamburger Schule« heißt: »Sensitive Punkte«.

Eine Synthese aller in Betracht kommenden Prinzipien wird uns zum Ziele führen.

Der Weg dahin ist weit und beschwerlich, doch allen denen, die ihn einschlagen, gilt mein Ruf:

A l a f s a l F e n a !

Alfred WITTE oben erster von links mit Hut.
Dr. Hubert Korsch neben WITTE.
Friedrich SIEGGRÜN oben dritter von rechts.
Ludwig Rudolph oben zweiter von rechts.

28,-